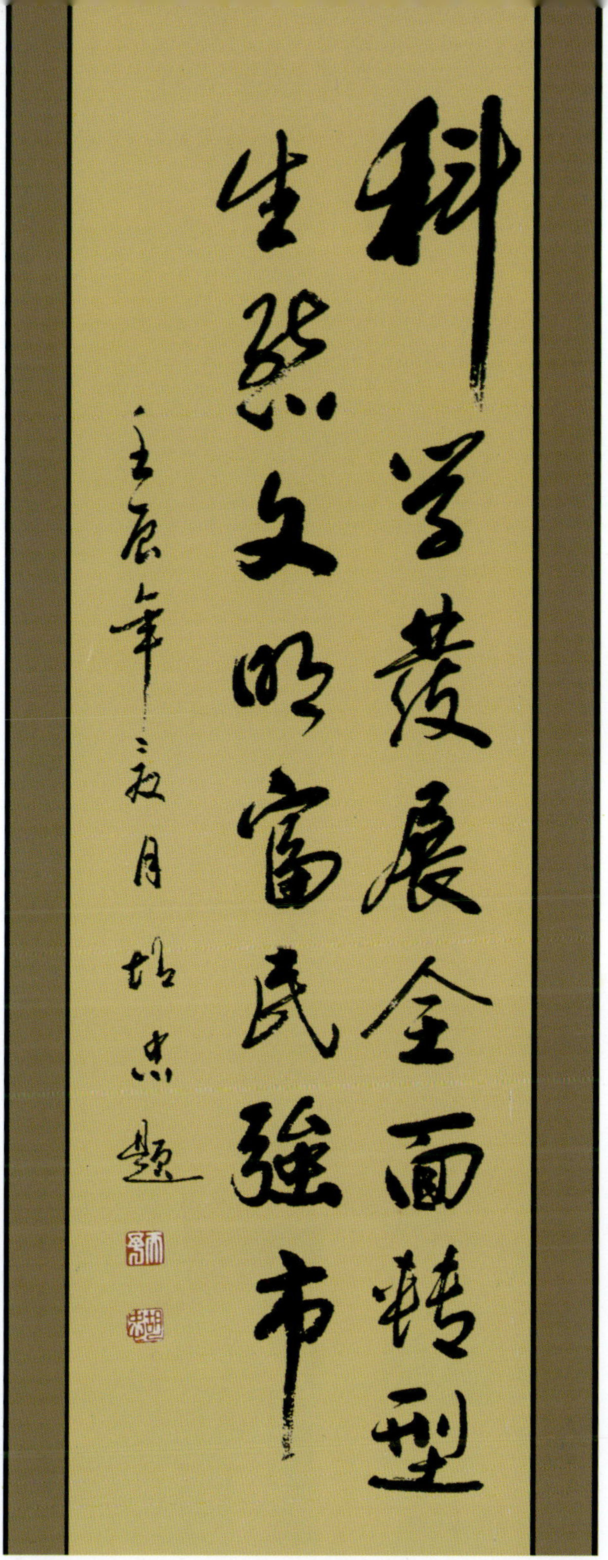

胡忠，曾任内蒙古自治区党委常委、包头市委书记，自治区党委常委、政法委书记，自治区人大常委会副主任。现任中国法学会党组成员、副会长。

民族经济全面转型发展战略研究

李建中　主编

中国财政经济出版社

图书在版编目（CIP）数据

民族经济全面转型发展战略研究／李建中主编．—北京：中国财政经济出版社，2012.11

ISBN 978－7－5095－3927－9

Ⅰ.①民… Ⅱ.①李… Ⅲ.①民族经济－经济转型期－经济发展战略－研究－包头市 Ⅳ.①F127.263

中国版本图书馆 CIP 数据核字（2012）第 219049 号

责任编辑：卢关平　　责任校对：李　丽
封面设计：孙俪铭　　版式设计：董生萍

中国财政经济出版社出版

URL：http：//www.cfeph.cn

E－mail：cfeph@cfeph.cn

社址：北京市海淀区阜成路甲 28 号　邮政编码：100142

营销中心电话：88190406　北京财经书店电话：64033436　84041336

北京富生印刷厂印刷　各地新华书店经销

787×1092 毫米　16 开　44.75 印张　659 000 字

2012 年 11 月第 1 版　2018 年 1 月北京第 2 次印刷

定价：78.00 元

ISBN 978－7－5095－3927－9/F·3187

（图书出现印装问题，本社负责调换）

本社质量投诉电话：010—88190744

编辑委员会

主　编：李建中

副主编：王德山　贾铭珍

编　委：（按姓氏笔画为序）

王德山　卢锦浩　刘　洁　刘　燕

李建中　杨春才　武利琴　陈国瑞

赵建帜　赵寅生　贾铭珍　郭庆林

关于民族经济全面转型战略重点的探讨

（代序）

李建中①

党的十七大报告提出："加快转变经济发展方式，推动产业结构优化升级。这是关系国民经济全局紧迫而重大的战略任务。要坚持走中国特色新型工业化道路，坚持扩大国内需求，特别是消费需求的方针，促进经济增长由主要依靠投资、出口拉动向依靠消费、投资、出口协调拉动转变，由主要依靠增加物质资源消耗向主要依靠科技进步、劳动者素质提高、管理创新转变。"从此"转变经济发展方式"代替了"转变经济增长方式"，转变发展方式由经济领域扩展到经济社会等一切有关领域，带有全面转型的性质，并具有在较长时期现代化建设过程中的主线地位与作用。

"十二五"时期是包头市（以下简称"包头"或"包"）全面建设小康社会，并为在2020年基本实现现代化打好基础的重要发展阶段。围绕主题与主线，加快转变发展方式，推动产业结构优化升级，实施经济发展全面转型，保持经济又好又快发展，对于破解民族地区资源型重化工业城市全面转型的战略重点，具有十分重要的意义。

---

① 李建中：（1946年～　　），男，汉族，河北宁晋人，包头综合开发研究院研究员、内蒙古科技大学兼职教授。研究方向：区域经济理论与方法、系统科学理论。

一、全面转型的本质内涵

“十二五”规划确定了包头经济社会发展的战略指导思想——“科学发展、全面转型、富民强市”。科学发展是旗帜、是方向、是硬道理、是永久的发展主题。全面转型是转变发展方式的各个系统与各个领域，是发展的路径—关键—着力点，是长期发展的主线。富民强市是科学发展与全面转型的奋斗目标，是“十二五”及更长时期的发展任务，是全面小康建设的起始点和落脚点。因此说，“科学发展、全面转型、富民强市”是包头长时期发展的一个完整思想理论体系，坚持下去一定能取得发展的丰硕成果。

全面转型的本质内涵，是指在经济、社会、政治、文化、生态等领域都存在着由现质态向更高质态转变跃迁的必要性和紧迫性。也就是在建设全面小康社会和现代化建设过程中，时刻都存在着创新自我，不断科学发展的客观要求，这是人类社会发展的经验总结。全面转型的价值标准，是用较少的资源消耗换取满足人民需要的日益增长的物质技术知识与服务的最大化。全面转型的动力，来源于经济主体的内生创新动力，也来源于社会环境对企业主体发展的外在驱使力，更来源于市场机制的导向激励机制。所以说全面转型要看企业主体—社会主体—市场配置资源机制—政府导向转型的体制与制度的整合才能取得全面转型的叠加效应，即 $1+1>2$。经济发展方式是一个系统整体运动发展的态势，包括与经济相关的政治—社会—文化—生态环境—人的素质水平等要素都在内，是物质—能量—信息的总和。用马克思主义的理论来说经济发展方式是生产力与生产关系的总和。

经济转型。经济转型就是全面转变经济发展方式，包括生产方式—分配方式—流通方式—消费方式，以及与生产方式相关联的人的思维方式、行为方式的转变。经济方式转变要沿着人类所取得的共同认可的成果方向转变。生产方式是全面、协调、可持续的；分配方式是公平、正义、诚信的；流通方式是便捷、减排、绿色的；消费方式是节约、健康、均衡的。全面转变经济发展方式，具有全面调整、深化改革、永不停止的转型与发展的内在规定性。全面转型带有实践无止境、转型无止境、改革发展也无止境的涵义。人类社会发展就是一部从不停止的发展—调整—改革—再发展的进步历史。否则历史就会倒退，发展就会产生曲折。

产业转型。产业转型就是产业结构能否向现代化转变，这决定着该地区经济能否可持续发展。构建现代化产业结构，就要按市场消费结构发展趋势即商品高品质化、服务优质化的方向演进。通过一系列行政制度的调整，促进产业结构的技术创新和现代服务业的提升，开拓民族经济发展的新空间，推动发展方式的转变，实现可持续的发展。产业结构调整要在自身比较优势和自身具有竞争力的产业上进行调整与优化。

企业转型。全面转型就是以企业主体自主创新为主，包括以技术创新与管理制度创新为内生动力的经营方式的转变。企业拥有核心技术与自主知识产权，拥有产品与服务的自我品牌，经济发展有导向力，企业经营在行业与区域内有影响力，企业与资源生态、与市场需求、与职工收入、与社会责任都是全面协调可持续发展的。企业整体处于市场经济发展的前端，企业盈利能力、竞争实力、经营活力、自主创新力都处在同行业前列。

全面转型要遵守三大定律，即恩格尔（需求变动）定律、库兹涅茨（产业劳动生产率变动）定律和雷蒙德·弗农（产品生命周期）定律。

——恩格尔定律是指，在市场配置资源机制作用下，随着居民收入水平的提高，食品消费占消费比重逐步下降，扩展为物质消费比重下降，服务消费比重不断上升，同时要求食物的品质不断提高，因消费结构的现代化趋势是高品质化和服务优质化，这就会引致第一、第二产业向高品质化发展和第三产业特别是现代服务业向优质化发展。

——库兹涅茨定律是指，在市场配置资源机制作用下，第一、第二、第三产业部门存在着劳动生产率的差异，推动了劳动力在产业间转移，导致资源在产业间的再分配。制造业劳动生产率高于农业，大量农业就业人口就会转入制造业，劳动者可以在高效率部门获得更高的报酬，资本也会集中在高效率部门获得资本收益，产业随之转型。当服务消费需求增加，而且服务业效率超过了制造业，服务业特别是高劳动效率的现代服务业快速发展，服务业比重超过制造业。经济越发达，现代服务业比重越高。在拉美和包括中国在内的亚洲国家都不同程度地存在着服务业劳动生产率比第二产业低，导致现代服务业的发展受到挤压，制造业自主创新不足，整个产业的优化调整相对滞后，这种现象被称之为“转型陷阱”。

——雷蒙德·弗农定律是指，产品的市场寿命，即一种新产品从开始进入市场到被市场淘汰的整个过程，要经历形成、成长、成熟、衰退这样的周期。重化工业城市的生命周期和资源型产业经济发展的周期性具有相关性，同样要经历兴起期—成长期—繁荣期—衰退期。如果资源型重化工业城市在成长期或繁荣期，充分利用资源、市场、技术和人才等优势，着力培育发展战略性新兴产业，构建经济发展新的增长点和支撑点，重化工业城市就能实现全面转型发展，有效避免“转型陷阱”。

从发达国家的产业结构演进过程得出这样一个结论，发展中国家产业结构优化调整过程有两步要走：第一步，第三产业发展规模要超过第二产业，占到经济总量60%以上；第二步，第三产业劳动生产率也要超过第二产业的劳动生产率，两个条件都满足，现代化产业结构才会达到理想目的。只有一个条件实现转变，经济发展方式不会实现最后转型，也存在着跌入“转型陷阱”的可能性。

转变经济发展方式具有超越经济范畴的规定性。我们面临着转变发展方式动力不足的问题，这里存在着不会转型或想转又转不到位的问题，这就使转变发展方式出现许多难题：人口老龄化、资源趋紧、环境恶化、创新无力、工业化处于重化工业阶段、城镇化进程缓慢、农民工问题、贫民窟现象、交通拥堵、分配不公、腐败滋生、城乡差距拉大、自然灾害频发等一系列矛盾和问题。解决这些问题，绝不是单一经济领域的问题，而是包括经济、社会、政治、生态、文化等整个复杂社会系统。因此，转变发展方式是一场更加深刻的改革，尤其是通过法治建设的“顶级设计”来推动全面转型，促使转变方式、深化改革、法治建设形成系统有机整体，相互耦合、相互制约、整体推进，以解决转变发展方式动力不足的问题。

二、全面转型的战略重点

包头属于民族地区的资源型重化工业城市，面临转变经济发展方式的任务更加艰巨。2011 年包头经济结构（三次产业结构）为 2.7∶55.4∶41.9；全年 GDP 达到 3005.4 亿元，同比增速为 15.5%；三次产业增加值增速分别为 6%、17.2%、13.9%；人均 GDP 达到 11.27 万元，按当年平均汇率折算已达到 1.75 万美元；城镇化率为 81%。从以上实现数据分析，包头应属于一座现代化城市，而且走在全国的前面。但我们仍存在以下主要问题：

一是产业结构处于工业化后期阶段。包头还没有进入后工业化时期，主要表现在第二产业占 GDP 比重为 55.4%，增速为 17.2%，不管总量规模，不管年均增速，也不管内在重化工业结构，第二产业的资源型重化工业将在较长时期内仍是经济结构的主体。经济总量与人均 GDP、城镇化率都属现代化城市，而第二产业又牢固地处于主体地位，这样的城市不可能很快迈进现代化城市，要转型到真正意义上的现代化城市，包头还有很长的路要走。

二是第三产业发展滞后。2011 年包头第三产业占 GDP 比重为 41.9%，增速为 13.9%，不管总量还是增速都不可能很快超越第二产业。如果包头到 2020 年建成现代化城市，第三产业增加值占 GDP 的比重需要达到 60% 左右。按长远规划，2020 年 GDP 将实现 8500 亿元左右，第三产业增加值要达到 5100 亿元，年均增速不能低于 15.1%。加快发展现代服务业，优化升级传统服务业的切入点在哪里？这是一个战略选择问题。

三是整体产业关联度不够紧密。从包头资源型重化工业发展的现状看，产业关联度低，相互支持能力较弱。包钢、一机、北重等大型企业主要同国家工业体系布局相关，而与地方中小企业关联度较小，这就形成了大型国有企业与中小型企业并存，城乡二元社会结构并存，造成“二元结构矛盾”相对突出。由于经济社会二元结构矛盾的存在，这就导致城市功能缺失，自我发展能力弱；科技人才缺乏、整体创新能力不强；生态环境脆弱，人居环境较差。

资源型重化工业过重，第三产业发展不足，二元经济社会结构等矛盾，客观要求民族经济实施全面转型，而全面转型的战略重点选择则成了问题的核心。

（一）全面转型的战略重点，是加快发展服务业

民族经济转变发展方式，必须加快发展服务业。服务业是现代化产业体系的重要特征，是产业结构调整的主要方向，是转变经济发展方式的重要标志。包头市第三产业发展总体落后，赶不上第二产业，也不适应社会发展要求。包头全面转型的战略重点，是把第三产业发展转变为地区经济的主导产业，构建现代产业体系。

据数据显示，1980～2010年，世界服务业出口从3673亿美元扩大为36639亿美元，30年增长9倍。全球经济呈现出“工业经济”向“服务经济”转变的大趋势。第三产业发展能够促进社会专业分工、完善市场化体系、提高劳动生产效率、提高全社会现代化水平。全球服务业增加值比重平均达到60%、发达国家超过70%、中国为43.1%，包头只有41.9%，落后全国平均水平1.2个百分点，不适应时代发展的潮流。

随着经济社会发展和人均收入水平的提高，人民生活由生存型向享乐型发展转型，由物质型向文化服务型转变。发展服务业有利于坚持以人为本、创造就业、增加收入、更好地改善民生。服务业具有引领消费、创造需求、拉动经济增长的潜能，是经济可持续发展的增长点。

服务业已成为现代化产业体系的重要领域，是最重要最活跃的产业形态，支持和服务于第一、第二产业的健康发展。包头是经济大市，由于服务业发展滞后，还不是真正意义上的经济强市。加快发展服务业，是促进产业结构优化升级、增强区域经济竞争力的重要途径。

服务业与工农业相比，资源消耗较低、污染排放较小。科技—教育—文化—卫生—环保等服务业的发展，可促进全社会节约资源、保护环境。包头属于资源型重化工业城市，节能减排形势严峻。这与重化工业结构过重，发展过快有关。发展服务业可有效缓解经济发展与资源环境的矛盾。

服务业是现代市场体系的重要内容和重要保障。服务业发展滞后，限制了市场配置资源基础性作用的有效发挥。2011 年我国服务业占 GDP 的 43.1%，就业人口达到 2.7 亿人，服务贸易额达 4191 亿美元，居世界第四位。我们要大力发展国际服务贸易业，发展海外营销—贸易融资—国际经营—工程外包—跨境并购等，这都需要发展国际服务贸易。我们应放开眼界，发展高端国际贸易业务，为包头制造走向世界服务。

调整结构、转变发展方式，包头一定要把推动服务业大发展作为产业结构优化升级的战略重点。突出高端、全面发展，把发展服务业与强化公共服务相结合，自主创新与深化改革相结合，利用市场机制与加大政策扶持相结合，把现代服务业提升到一个新水平。加快发展现代服务业，充分体现着“科学发展、全面转型、富民强市”的本质要求，是贯彻落实主题与主线的战略切入点，也是资源型重化工业城市转变发展方式的必然选择。

服务业在资源型重化工产业链延伸上大有作为。以低碳、绿色和再生资源利用为抓手，围绕园区开发—基地建设—大企业集团转型为服务对象，发展技术咨询—现代管理—生态设计—环保服务—人才培养等现代服务业，为重化工业全面转型服务，为农牧业产业化服务，为农村城镇化服务，为农牧民居民化服务，即提供现代服务业的强有力的支持。

（二）发展服务业的战略重点，是发展现代物流业

加快发展服务业是转变发展方式的战略重点，是现代化建设的大趋势，是改善人民生活质量的必然要求，是保增长保发展的战略举措，是调整产业结构的重要内容，是推进节能减排的重要抓手，更是深化改革开放的客观要求。服务业领域很广泛，大致分为为生产服务的服务业、为人民生活服务的服务业、为社会服务的公共服务业等。如此繁多的服务业，在现阶段民族区域经济转型过程中，最重要最有潜力的服务业就是现代物流业。物流业与第一、第二、第三产业和人民生活紧密相连。

加快发展现代物流业，是由物流本质属性所决定的。从物流未来市场发展来看，2020 年包头货运总量将达到 10 亿吨左右，这表明资源型重化工业城市物流市场需求规模巨大。从 2011 年服务业主导行业来看，

第三产业增加值达到1260.05亿元，增速13.9%，其中物流业实现增加值为450亿元，占全市服务业增加值的35.7%，占全市GDP的15%。金融业、旅游业、信息业、会展业、传统服务业、国际服务贸易业等，在包头都还赶不上物流业，物流业正在发展成为包头支柱产业。2011年包头工业增加值为1665.18亿元，在增加值中由于生产与流通属混业经营，这种经营又不符合现代产业结构，未来将从生产领域把物流业剥离出去，形成第三方物流，这是新型工业化向社会化、专业化转型的必然要求。2011年国家工业增加值中流通支付约占20%~21%。按此测算，工业方面的物流业增加值还将有300亿元左右的发展空间；2015年将达到500亿元左右。在“十二五”期间，物流业发展潜力巨大，不仅物流业直接联系人民生活，而且更重要的是联系资源型重化工业各个产业，物质资源的大进大出，第三方物流业发展将有一个质的跨越。

发展物流业的基本思路清晰。“十二五”规划提出“服务带动，物流先行”的基本方针。全力构建钢铁化工、装备机电、煤炭“三大物流基地”；稀土产品、铝业综合、原材料、农副产品、国际临港、满都拉口岸“六大物流园区”；电子物流、货运服务、冷链产品、建材、家用电器、粮油、肉羊、蔬菜水果、马铃薯“九大物流中心”。包头发展物流业有思路、有规划、有重点工程、有政策、有园区聚集、有典型企业引领，物流业大发展的春天就要到来。

包头发展物流业综合优势叠加效应突显。国务院关于内蒙古自治区又好又快发展若干意见、物流业振兴规划、主体功能区规划、双沿经济产业带发展建设、西部大开发第二轮规划的实施、包头属全国17个区域性物流节点城市等，都为包头大力发展物流业提供了政策支撑。包头区位优势、陆空交通优势、资源优势、产业优势、口岸优势等基础设施优势，使得软硬件环境优势叠加效应突显，为物流—包装—金融等现代服务业大发展提供了强大的物质技术基础。

（三）支柱产业全面转型的战略重点选择

包头支柱产业为钢铁、稀土、铝业、电力、机械装备和煤化工（见表1）。

表1　　2011年包头支柱产业增加值在地区生产总值中所占比重一览表

产业类项	实现增加值（亿元）	同比增速（%）	占全市工业增加值比重（%）	占全市GDP比重（%）
钢 铁	376.46	15.9	25.3	12.5
装备制造业	285.15	20.9	14.7	9.5
电 力	92.93	11.8	6.3	3.1
铝 业	66.55	26.4	4.5	2.2
稀 土	56.59	42.1	3.8	1.9
煤化工	—	—	—	—

注：资料来源于包头市统计局：《2011年包头统计快报》。

由表1可以看出，因煤化工处于试运行过程中，暂无法进行比较分析。从其余五大支柱产业来看，钢铁产业增加值占全市工业增加值的25.3%，占全市GDP总量的12.5%，排各产业第一位；装备制造业增加值占全市工业增加值的14.7%，占全市GDP总量的9.5%，排各产业第二位；电力产业增加值占全市工业增加值的6.3%，占全市GDP总量的3.1%，排各产业第三位；铝产业增加值占全市工业增加值的4.5%，占全市GDP总量的2.2%，排各产业第四位；稀土产业增加值占全市工业增加值的3.8%，占全市GDP总量的1.9%，排各产业第五位。在各支柱产业增加值排序中，说明这些产业大都是资源型重化工业，其特征是资源能源消耗大、排放大、污染也大。这些支柱产业面临着转变发展方式的重大压力。这五大产业增加值之和为877.9亿元，占全市工业增加值的59.0%，占全市GDP总量的29.2%。这些产业是包头经济的支柱产业，而且属资源型重化工业。在对产业地位言判中，理论界人士有一个共识，只有那些在地区经济总量中所占比例在7%以上产业才能作为支柱产业。按这一原理，包头真正的支柱产业只有钢铁与机械装备业，而电力、铝业、稀土还不具备支柱产业的地位与作用，只能构成地区经济的较大行业。从培植支柱产业这个层面来分析，这些产业仍具有较大的发展空间，但不是传统式的发展，而是高技术、高附加值、低资源能源消耗、环境污染小的可持续发展。

从2010年能耗指标分析，单位GDP能耗包头为2.0123吨标准煤，万元工业增加值能耗为3.0981吨标准煤。在全国294个地级及以上城市中，包头属发展成本较高城市，在全国地级及以上城市中排序为211位，处于下游，属“高碳”重化工业城市。从能耗可以看出，重化工业的发展面临资源节约型与环境友好型社会发展的制约，节能减排客观要求第二产业，尤其是重化工业要实施转变发展方式战略，走自主创新、技术改造、清洁生产、循环经济的发展之路。2005～2009年，包头原煤消耗量分别为：1572万吨、1823万吨、2022万吨、2218万吨，原煤消耗总量呈现逐年递增的趋势。原煤消耗的增加，必然导致排放空间的狭窄和污染的严重。

2005～2009年间，包头“黑色冶金—有色冶金—电力热力”三大行业工业废气产生量占全市总量的97%；占全市二氧化碳产生总量的85.1%；占全市工业烟尘产生总量的80.8%；占全市工业固体产生总量的54.7%。“黑色冶金”与“有色冶金”两大行业占全市工业粉尘产生量的83.3%。重化工业“三废”是包头重要污染源，其污染源占全市工业污染源的96%以上。

“十一五”期间，包头市能源结构发展存在的主要问题，为“科学发展、全面转型”指明了方向，提出了调整工业结构的战略重点是“黑色冶金产业—有色冶金产业—电力热力产业”；全面转型的切入点是能源结构的优化升级。

——钢铁产业。钢铁产业围绕清洁生产—节能减排—企业重组—优化布局—整体技改—生产高端思路来发展，通过技术改造，不断提高稀土钢、优质钢比重，重点开发汽车、能源、高铁等新特钢种，以提高企业市场竞争力。“十二五”期间，包钢将采用国际先进冶炼技术，进行整体改造，产业内部实施合理布局，这将会收到更大的经济与社会效益。包钢技术改造将会引导重化工业调整产业结构与转变发展方式的大方向，使我们看到了现代化重化工业转型发展的光明前景。

——机械装备制造业。机械装备制造业已经走上了调整结构、转变发展方式的新路子，把机械装备制造业打造成非资源型产业发展的主力军，应是包头全面转型的重要战略着力点。围绕特种汽车制造、综采设备、铁路车辆、工程机械、风电装备、煤炭机械、冶金机械等，依托装备工业园区，依靠军工技术与人才队伍，自主研发、营造品牌、制造高端、集团引领、专业分工、发展整机，由“包头制造”转型为“包头创造”，使包头机械装备制造业发展充满活力，不断增强内生动力。

——电力产业。电力产业围绕风电、光伏电的快速发展调整优化能源结构，转变发展方式。技术改造、优化结构、智能电网、降低能耗、减少污染、安全运行，为电力产业转型的主攻方向。同时，为发展核电工业做好技术与人才准备。电力产业一定要跳出“火电”的思维圈子，开放思路，开拓眼界，立体式发展，做大做强电力产业。

——铝镁产业。铝镁产业围绕节能减排与降耗增效，通过技术改造，走出一条装备一流、产品高端、降耗领先、自主创新，拥有自主核心技术的发展之路。以“煤炭—电力—铝镁业”一体化发展为基础，以铝镁业生态工业园区为载体，延伸产业链与产品链，开发铝镁业新材料、新产品、新产业，走出一条清洁生产、节能减排、循环发展的新路子。

——稀土产业。稀土产业已经步入发展的黄金阶段。抓住时机、自主创新、把握核心、节约资源、信息导向，构建国家级以及国际级产业集群，引领稀土产业由原料型向稀土功能材料型转变，进而向科技原件总成迈进。稀土产业要以稀土高新区为载体，构建研发→生产→制造→营销→配送等一条龙现代产业体系，真正成为稀土产业研发基地。

——煤化工产业。围绕神华煤制烯烃项目，抓好甲醇、聚乙烯、聚丙烯等原料就地转化，加大产品链开发力度，发展高端系列产品，打造塑料产业集群。

其上是包头支柱产业调整产业结构、转变发展方式的基本思路。这个思路还需要在实践中不断完善、不断提升，用理念开拓思路，用思路打开发展之路，把产业做大做强，使包头由一个经济大市转变为一个经济强市。

三、加快民族经济全面转型的对策与建议

资源型重化工业全面转型是经济、社会、政治和文化多方面、全过程的系统整体的变革，属于复杂系统工程。

（一）确定全面转型发展战略的模式

从国际视角来分析，一般可概括为三种模式：市场主导模式、政府主导模式、政府和市场共同主导模式。

1. 市场主导模式。以美国为代表，政府主要做好规划和服务工作，城市是兴盛还是衰败，更多是通过市场力量和企业自身发展决定。产业转型主要由企业自主决定何时进入—何时退出—如何退出。资源型重化工业城市就出现了两种截然相反的前途：一种是美国西部由于资源开发殆尽、人去城空而形成的“鬼城”；另一种类似休斯敦这样的综合型城市。休斯敦是美国的石油之都，20 世纪 60 年代，石油开采出现下滑态势后，其结构调整与全面转型所走的路子基本上是市场主导，政府只起必要的干预和协调作用。充分发挥市场配置资源机制，按照延伸和拓展传统产业以形成产业集群、构建宇航等主导产业、带动服务业与现代农牧业发展，以及完善基础设施来推进全面转型，最终连城市性质也发生了根本变化：由资源型重化工业城市转型发展为区域性综合型城市。

包头属于我国中西部地区市场机制不完善，采用这种模式难度比较大，极易产生资源破坏、环境污染、市场失控状态。但是，美国休斯敦成功转型的例子为包头全面转型发展提供了经验。

2. 政府主导模式。以日本为代表，政府根据国内外市场的变化情况设定目标、制定法规与政策主导城市转型。日本的资源型产业主要是煤炭产业。20 世纪 60 年代，由于廉价石油的冲击，煤炭产量大幅度下降，煤矿数目急剧减少，该产业出现危机。为此，1961 年日本政府规划了产煤地域，到 1991 年制定了多部煤炭政策和相关法律。日本九州就是政府主导模式的实证。为了促进产业转型，政府不断出台政策措施。主要包括：一是九次调整煤炭政策；二是成立统一负责产煤地的工矿振兴；三是将煤炭区域振兴纳入法律轨道；四是大力兴办产业开发区；五是对九州实施倾斜的财政政策与基础设施建设政策；六是高度重视转型中出现的大规模失业问题。

政府主导模式有利于资源型重化工业城市发展全面转型，但也加大了政府承担转型的执政成本，市场机制不到位，转型速度会比较缓慢。资源型重化工业城市在全面转型过程中，政府不能缺位，它的主导作用是非常重要的。

3. 政府和市场共同主导模式。以欧盟为代表，政府主导与市场机制相结合，协同推动城市转型。法国洛林地区和德国鲁尔地区是典型的煤炭基地和重化工业区，曾经是当地的骄傲。但原有的以煤炭、钢铁、煤化工、重型机械等为主的单一重化工业结构日益显露弊端。当地政府成立了专门委员会负责产业转型，制定了一系列的措施，并投入重资支持产业转型。诸如用高技术改造传统产业，发展新兴的替代产业，大力扶持中小企业发展，通过职业培训和个人创业等方式帮助下岗人员再就业等。

如何正确处理政府引导与市场机制的关系是一个非常现实的问题。对于市政府来讲，必须着眼长远，作长期规划，既要注意充分发挥市场机制的作用，又要注意政府科学引导、循序推进，在转型发展中寻求产业结构的优化升级。通过政府政策引导，大力实施产业转型、城市转型和环境再造工程，引导企业从传统产业走向新兴产业，促进产业良性循环，推动资源型重化工业城市持续和谐发展。

政府主导和市场机制协同作用于全面转型，应是包头地区实施全面转变经济发展方式的主要模式。政府主导坚持转型的方向，市场机制参与为全面转型提供内生动力。两者结合，协同作用，就会加快资源型重化工业城市向区域性综合型经济城市转型。

包头不属于单一资源型城市，而属于多资源型（铁矿、稀土矿、铜矿和煤矿等）重化工业城市，产业结构门类比较齐全，而且初具现代化城市规模。沿着现代化区域中心城市转型的基本方向无疑是正确的。世界上不同模式的转型经验有它的历史、背景、环境等条件的约束，但都有学习借鉴的意义。归纳起来主要有：一是资源型重化工业城市发展在成熟期、繁荣期就应谋划城市未来的发展；二是建立完善的法规体系和专门的组织机构；三是改善投资环境，吸引外来投资；四是发展中小企业；五是重视就业培训；六是制定优惠政策体系。以上几点是资源型重化工业城市全面转型、调整结构、优化升级所要必须坚持的原则，它具有该类城市全面转型成功的约定性。

（二）确定全面转型的发展路径

全面转型的主导模式确定之后，紧跟的就是全面转型发展路径选择问题。这是调整结构、转变发展方式带有发展战略的属性。

1. 制定经济社会发展战略规划。包头已经制定出“十二五”规划和远景发展规划，“科学发展、全面转型、富民强市”三者有机结合构成包头重化工业转变经济发展方式的基本战略框架。其核心内容是：以科学发展观为指导，走可持续发展之路。在推进资源型重化工业全面转型过程中，应集中有限资金，支持优势产业发展和集中，尽力发挥各自产业优势，采用最小的调整和投入实现协调发展。按照区域综合中心城市发展的客观要求，朝着多功能、集约式的工业经济型城市建设方向转型。

“十二五”规划的最终目标，就是把包头建设成为资源节约型和环境友好型社会，构建成区域综合性经济中心城市。

2. 营造良好的全面转型的社会环境。资源型重化工业城市由于其特殊的发展背景，经济自循环能力较弱，营造良好的社会环境促进经济全面转型发展，显得格外重要。加大资金等方面的投入，加快实施城镇化、生态化改造，建设草原生态文明城市，促进环境与经济实现可持续发展，增强对外辐射能力，为发展外向型经济营造良好的投资环境。在加快建立健全城乡一体化社会保障体系的同时，大力弘扬创业文化，形成鼓励个人创业的良好社会氛围。通过开展有针对性的职业技能培训，提高劳动者的劳动技能，从而实现人员的“转型”。

经济、社会、政治、文化的全面转型，最大困难是“人”的“转型”。由低素质、低技术、寻找就业为主，向提高素质、掌握技能、自主创业为主转型。这就要求每位居民自觉营造学习技能的良好氛围，敢于创业、敢于立业。包头要紧紧抓住“人—人才—团队”的构建，为“全面转型”提供人才环境支撑。

3. 改善重化工业发展的生态环境。改善资源型重化工业城市的生态环境，必须做到节能减排与环境治理并举。我们的发展思路是：坚持走新型工业化道路，以优化资源利用方式为核心，以提高资源利用率和降低废弃物排放为目标，以技术创新和制度创新为动力，采取确实有效措施，加快发展低耗能、低排放的非资源型产业和高新技术产业，采用高新技术和先进实用技术改造提升传统产业，淘汰落后工艺、技术和设备，严格限制高耗能、高耗水、高污染和浪费资源的产业落户包头，大力推进循环经济发展。在经济发展中遵循生态学规律，将清洁生产、资源综合利用、生态设计和可持续发展等融为一体，构筑“资源—产品—再生资源”经济发展方式，从而实现废物减量化、资源化和无害化，达到经济系统和自我生态系统的物质和谐循环，维护自然生态平衡。围绕资源高效循环利用，积极开展替代技术、减量技术、再利用技术、资源化技术和系统化技术等关键技术研究，突破制约循环经济发展的技术瓶颈。积极推进生态建设与环境保护，对于资源开采过程中对环境的污染和破坏要加大治理力度，加强生态修复和建设，加强环境保护和污染治理。对于包头来讲，保护水资源、保护黄河湿地、绿化大青山、防止草原退化等工作非常重要。生态文明的基础环节是水。有了清洁的水，山青地绿，人世间就充满生机，经济社会就会可持续发展。包头一定要营造一个亲水、爱水的良好生态环境。

（三）大力推进支柱优势产业向高端转型

钢铁、稀土、铝业、电力、装备制造、煤化工等产业是包头的支柱优势产业。这些产业由现在低水平的技术物质装备必须向高新技术物质装备水平转型，清洁生产—节能减排—自主创新—高端制造—赢得利润最大化应是各产业、各企业永恒的发展动力与方向，这是企业生存与发展的根本所在。支柱优势产业要积极谋划自身企业发展的高端接续产业与替代产业。依据城市经济在国际与国内市场体系中的定位—产业比较优势—技术装备水平—市场占有率等因素来筛选符合自身的高端产业与高端产品，要整合各方面的条件，经过专家评定，通过市场实证来确定高端产业与产品转型的方向。

1. 延长产业链与产品链。延长产业链与产品链就是使支柱优势产业向高端制造业方向转型，也就是要大力发展新型的接续产业。接续产业是对原有老产业的进一步延伸和发展，选择加快对资源原材料的精细加工，挖掘科技含量高的产品，发展高科技产业，使产业链向纵深方向发展，彻底改变资源性原材料产品初级化、粗加工、低效益的状况，推进初级产品深加工、精细化，延长产品链，提高“钢铁—电力—有色”等资源产业的经济效益。

延长产业链与产品链的关键是要拥有自主核心技术、自身产品品牌、先进技术装备和技术管理人才队伍。在这里技术改造（以下简称“技改”）是企业优化升级的基础环节。只有先进的技术装备才能生产出高端产品。要成龙配套搞技改、要创新搞技改、要引进搞技改。技改就是要使企业进行脱胎换骨的改变。只有先进的技术装备水平，才有可能制造出符合市场要求的高端制造与高端产品。自主创新的“煤制烯烃”，北重引进的“泰勒克斯”矿用汽车生产线，一机引进的“北奔重卡”生产线，还有包钢正在进行的全系统改造等等，说明了只有高水平的技改，才能真正延长具有“高端”意义的产业链与产品链。这是包头重化工业转型的经验总结，也是包头支柱优势产业调整结构，实现全面转型的路径所在。

2. 积极培育发展战略性新兴产业。包头积极培育发展战略性新兴产业有三大优势：一是国内外产业创新发展大趋势，用来应对世界金融危机；二是重化工业结构客观要求积极培育发展新兴产业，以寻找新的经济增长点；三是包头拥有战略性新兴产业发展所需要的丰富资源、产业结构和技术人才队伍。依据三大优势，有选择地承接先进产业转移，把握国家产业政策，从基础研究与集成创新中，从引进—消化—吸收—创新中寻找发展战略性新兴产业的突破口。包头应突出抓好新能源、新材料、新生物技术三大领域的战略性新兴产业的构建。在新能源方面，风电—光伏电包头初具规模，设备生产—风场运行—电网输变已基本成体系，光伏电发展也很快；核电产业也在发展中，尤其是以“钍”为核燃料的新一代核电，包头应紧紧跟踪其发展，不失时机地跟进这一新型战略产业的发展。在新材料方面，稀土新材料包头具有资源—研发—生产—应用—信息—市场等方面的优势，抓住机遇，应由稀土新材料向稀土功能材料—稀土应用产品方向发展。包头应把构建“稀土交易中心”事宜放在发展稀土战略新兴产业的突出位置来推进，其意义不可估量。同时，包头还应把铌—钍—铀等新材料研发放在一个战略高度来推进落实。新生物技术是一个没有被我们所充分认识的一个新领域，如羊脂生物技术、鹿茸生物技术、苁蓉生物技术、锁阳生物技术、黄芪生物技术等中蒙药材研发工作，至今还没有很好地开展起来。还有生物育种技术、动物克隆技术、种羊种牛种马技术，应提出课题，实施招标研发，以推动具有包头地区特点的战略性新兴产业的发展。

战略性新兴产业是调整结构、转变方式、优化升级、培育新经济增长点的一条重要战略路径。德国的鲁尔、法国的洛林、美国的休斯顿、日本的九州等国际资源型重化工业城市，就是以发展战略性新兴产业来实现经济转型的。积极培育发展战略性新兴替代产业，是构筑包头经济新增长极的重要战略支撑。

（四）建立和完善区域自主创新体系

区域创新体系不完善、不健全、不成系统，落后现实发展，是包头发展中的一个突出问题。经济全面转型的内生动力在于自主创新，研发创新的关键在于研发创新的人才队伍，而人才队伍的发展与壮大的基础又在于良好的人才生存与发展环境。我们从宏观层面来分析，包头没有东部沿海发达地区的经济社会与生态环境，甚至也缺乏与呼和浩特市（以下简称“呼市”或“呼”）、鄂尔多斯市（以下简称“鄂市”或“鄂”）相应的政治与生活环境。留人难、留人才更难，留人才队伍就难上加难。改革开放以来，“五二所”把主体研发队伍分流去宁波和烟台；“中冶东方设计研究院”也把主力分流去秦皇岛和青岛，而且总部也搬去青岛；“稀土院”也积极在天津新区筹建研发中心；还有神华的煤制烯烃，华瑞风电等引进项目的研发中心，也大都在北京等大都市。这说明包头只是一个“制造大市”，而不是“制造强市”，因为你没有研发队伍。因此，包头建立和完善区域自主创新体系迫在眉睫，尤其是区域研发创新的政策体系严重落后经济社会发展的现实，应引起我们的高度重视。当务之急，要把构建包头创新体系当作一项综合性、系统性工程来研究部署，采取灵活政策，有针对性的对研发机构、研发中心等社会组织产生激励作用，形成包括技术创新—产品创新—人才创新—制度创新—管理创新—理念创新—体制创新的综合创新机制，形成全社会性的创新氛围，以推动包头经济社会“科学发展、全面转型、富民强市”的最终实现。

加强人才队伍建设。包头“科学发展、全面转型”需要以人才队伍建设为根本。加快建立以企业为主体，以市场为主导，产学研相结合的地区创新体系，引导支持创新要素向企业集聚，在关键领域打造好坚实的人才队伍基础。构筑经济可持续发展的人才优势，加大对新型产业需要人才的培养力度。以人才资源能力建设为核心，重点培养产业需要的各类人才的学习能力和实践能力，着力提高他们的创新能力。进一步完善人才市场配置机制。逐步形成层次高、规模大、覆盖面广、辐射性强的人才服务体系。进一步拓展服务领域，增强服务功能，加强法制建设，确保人才竞争公开、公平、公正，促进人才资源高效、科学合理配置，充分调动企业在人才和资源开发中的积极性，构筑起科学发展、全面转型、可持续发展的人才优势。

（五）构筑非资源型产业体系，解决产业发展短板矛盾

包头属资源型重化工业城市，而非资源型产业发展滞后，与资源型重化工业不相匹配，形成产业结构的“一条腿长、一条腿短”，造成非资源型产业发展成为“短板”。我们要克服“资源丰富取之不尽”—“环境容量大不怕污染”—“发展资源型产业轻车熟路”等不正确思维方式，树立资源不可再生与“矿竭城衰”的危机感。资源型重化工业城市要千方百计构筑非资源型产业集群，打造资源型与非资源型产业“双轮驱动机制”。构筑非资源型产业是重化工业城市全面转型的必然选择，是做大做强优势支柱产业的客观要求，是培育发展新的支柱产业重要途径。包头在做大做强优势支柱产业的同时，做好用足现有政策，“延伸—扩展—补足”产业链来发展非资源型产业，按照产业园区规模化—链条化—循环化—高新技术化—低碳绿色化，大力发展黑色与有色冶金业下游产业、稀土材料应用产业、多晶硅光伏制造业、煤化工延伸产业、新型建材产业、乳品加工业产业、机械装备制造业、战略性新兴产业等。对于重化工业延伸产业链、扩展产业链工作，一定要把调整结构与优化布局同步，把资源型与非资源型产业发展的“力度—节奏—时序”有机结合，相得益彰。

加快发展非资源型产业，设立非资源产业发展基金，引导重化工产业转变发展方式，延伸产业链条。加快发展生产型现代服务业，加大投入，突出发展与战略性特色优势产业密切相关的现代服务业，改变资源

依赖为主现状，大力发展非资源型产业，培育经济新的增长点。统筹抓好资金筹措—项目谋划等工作，遵照集中财力办大事原则和“四两拨千斤”的机制，加大直接融资力度，扩大信贷规模，推进企业上市，调动社会资金参与大项目—大园区—大基地建设。建立政策扶持体系，在资源配置—税收扶植—财政支持—产业门槛—金融信贷—土地利用—技术攻关等方面，有机整合，助推非资源型产业快速发展。

（六）内外联动，促进全面转型

围绕优势支柱产业的全面转型，还应积极推动和促进中小企业的发展。通过技术改造，使传统产业优化升级，并成为新产业集群，从而构建新的产业竞争优势。在市场竞争中，中小企业具有发展的潜在动力，对新技术、新工艺、新产品、创新人才需求旺盛，是地区经济全面转型不可小视的力量。中小企业能够解决大量社会就业问题，为地区稳定发展创造良好环境。政府应把中小企业发展放到重要的战略位置来对待，创造发展的良好氛围。解决中小企业发展过程中出现的“融资难”、“用地难”、“招工难”等具体困难，鼓励和扶植中小企业在延长产业链与产品链过程中的积极作用，使原料供应—配件供应—技术服务本地化，这有利于地区综合竞争实力的提升。加快培育一大批市场竞争力强的龙头企业，沿着“精、特、专、强”的方向发展，构建中小企业全面转型的新格局。

扩大对外开放促进资源型重化工业城市全面转型。如果说地区优势支柱产业与中小企业是全面转型的内生动力，而在经济全球化大趋势下，扩大对外开放，推动资源型重化工业城市全面转型则是不可或缺的重要条件。包头应积极扩大对外开放，营造良好投资环境，“引进来”与“走出去”相结合，吸引外资、外商、外企来包头兴业发展，为全面转型注入新的强大动力。

加快推进经济发展方式转型。“科学发展、全面转型、富民强市”战略的实施，“三农三牧”问题是全面转型的一个重要方面，通过落实城乡一体发展规划，着力推进城乡统筹发展；通过大力发展现代服务业，特别是现代物流业，着力推进产业结构的优化升级；通过鼓励自主创新与技术改造，推进重化工业结构优化升级，着力构筑现代产业结构体系；通过实施西部大开发——呼和浩特市—包头市—鄂尔多斯市（以下简称“呼包鄂”）一体化发展和建设沿黄（河）沿线经济带，着力构建蒙西地区新的增长极；通过全面提高开放型经济水平，积极参与经济全球化互利共赢的国际合作，着力推进包头经济结构优化升级。

2012年7月18日于包头

目录

Contents

关于实现“四个率先”的发展研究

——关于包头现代化进程目标、体制与路径的研究

（2005 年 1 月 20 日）

王德山[①] 李晓东[②]

党的十六大确立了全面建设小康社会的目标，并要求“有条件的地方可以发展得更快一些，在全面建设小康社会的基础上，率先基本实现现代化”。党的十六届三中全会通过的《中共中央关于完善社会主义市场经济体制若干问题的决定》，明确了完善社会主义市场经济体制的目标、任务、指导思想和原则。同时，完整地提出了坚持以人为本，树立全面、协调、可持续的科学发展观。由此可见，全面建设小康社会、基本实现现代化、完善社会主义市场经济体制、落实科学发展观，是我国在 21 世纪推进现代化进程的旗帜、路径和目标，对于构建和谐社会，进而实现社会主义现代化的宏伟目标，具有重要而深远的现实意义。

本课题就包头市在自治区、中西部地区乃至全国率先全面建设小康社会、率先基本实现现代化、率先完善社会主义市场经济体制、率先落实科学发展观（以下简称“四个率先”）等相关问题，进行理论和实践的探索，

① 王德山：（1949 年～ ），男，汉族，北京人，包头综合开发研究院研究员。研究方向：区域经济分析。

② 李晓东：（1974 年～ ），男，汉族，河北宁晋人，中冶东方钢铁设计研究院高级会计师。研究方向：区域经济发展、经济成本核算与财务管理。

力求解决包头市在新世纪新阶段立什么志、举什么旗、走什么路的根本问题，团结奋斗，发挥优势，把包头建设成我国中西部地区的一个经济强市。

一、"四个率先"的提出

（一）基本概念

——全面建设小康社会。江泽民同志在党的十六大对全面建设小康社会作出了科学概括："我们要在本世纪头20年，集中力量，全面建成惠及十几亿人口的更高水平的小康社会，使经济更加发展、民主更加健全、科教更加进步、文化更加繁荣、社会更加和谐、人民生活更加殷实。"在数量上可以用"GDP比2000年再翻两番"、"人均GDP达到3000美元"来描述。全面建设小康社会涵盖了经济、政治、文化和可持续发展的内容，是对小康社会更全面的描述，是对小康社会水平提出了更高的要求，是人的全面发展的和谐社会。

——基本实现现代化。基本实现现代化是在全面建设小康社会奋斗目标的基础上，向更高标准与更高层次发展的第二步奋斗目标。在数量上表述为：人均GDP为6000美元；第三产业增加值占GDP比重在55%以上；人口城市化水平为55%以上；非农化水平为75%以上；恩格尔系数为35%以下；婴儿死亡率为2‰以下；高等教育毛入学率为25%以上；每万人口医生数20人以上；信息指数为150‰以上；森林退化率为0%以下。

——完善社会主义市场经济体制。社会主义市场经济体制是指在生产资料公有制的基础上，在国家宏观调控下以市场作为资源配置基本手段的经济体制，是中国经济改革的目标模式。社会主义市场经济是同社会主义基本制度结合在一起的。自党的十四大提出建立社会主义市场经济体制，党的十四届三中全会作出《关于建立社会主义市场经济体制若干问题的决定》，我国经济社会发展取得了举世瞩目的成就，社会主义市场经济体制已初步建立起来。但社会主义市场经济体制还不完善，经济发展的体制性障碍仍然存在，主要表现在：经济结构不合理、分配关系尚未理顺、农民收入增长缓慢、就业矛盾突出、资源环境压力加大、经济整体竞争力不强等。为适应经济全球化和科技进步加快的国际环境，适应全面建设小康社会的新形势，必须加快推进经济体制改革，完善社会主义市场经济体制，进一步解放和发展生产力，为经济发展和社会全面进步注入强大动力。

——科学发展观。是以人为本，全面、协调和可持续的发展观。它是在中国全面建设小康社会的情况下，新一届中央领导集体根据中国实际和改革开放的实践提出来的，是结合当代世界发展趋势的一种新的发展观。科学发展观的基本内涵包括五个方面：坚持以人为本，是科学发展观的核心内容；促进全面发展，是科学发展观的重要目的；保持协调发展，是科学发展观的基本原则；实现可持续发展，是科学发展观的重要体现；实行统筹兼顾，是科学发展观的总体要求。科学发展观主要是解决好“五个统筹”，即“统筹城乡发展、统筹区域发展、统筹经济社会发展、统筹人与自然和谐发展、统筹国内发展和对外开放”。

（二）“两个率先”的提出

为了贯彻落实党的十六大精神，包头市委于 2003 年 1 月召开了九届五次全委（扩大）会议，要求构筑“四个方面军”共同发展的经济格局，提出了在内蒙古自治区和我国中西部地区率先全面建成小康社会、率先基本实现现代化（简称“两个率先”）的奋斗目标，把包头建成我国中西部地区的一个经济强市，进而建成全国的经济强市的发展目标。

（三）“四个率先”的提出

2004 年 2 月，内蒙古自治区党委领导来包头市调研，在高度评价了包头市近年经济社会发展所取得的成就后，要求包头市按照建设经济强市的目标，继续在自治区和我国中西部地区率先发展，在率先全面建成小康社会、率先实现现代化的同时，要率先建立完善的市场经济体制、率先落实科学的发展观，为自治区的经济社会发展作出更大的贡献。

（四）实现“四个率先”的基础条件

“率先”即带头、首先的意思。包头市能否在内蒙古自治区和我国中西部地区实现率先全面建设小康社会、率先基本实现现代化、率先建立完善社会主义市场经济体制、率先落实科学发展观，就看其是否具备实现“四个率先”的条件。我们认为，包头市实现“四个率先”有如下基础条件：

1. 实施“四个率先”具有带动、示范和推动作用。包头市是一座伴随新中国成立而发展起来的工业城市。在“一五”期间，国家156个重点建设项目就有6项落户包头。经过50多年的建设与发展，包头市有了一定的经济实力和工业基础，既是我国的老工业基础，又是经济改革的试点城市，在自治区经济社会发展中具有举足轻重的地位，在中西部地区乃至全国都有较大影响。因此，包头市实施“四个率先”对加快推进自治区全面建设小康社会、基本实现现代化进程，对“呼包银”经济带、“呼包鄂”经济圈的发展具有带动、示范和推动作用。

2. 实施“四个率先”具有产业优势。包头市第一、第二、第三产业结构为5∶56∶39，符合产业发展趋势，正在步入新型工业化道路，特别是工业经济内部结构趋优，工业经济质量和效益同步快速提高。包头市工业门类齐全，尤其钢铁、铝业、机械制造、电力、稀土、乳业、建材等优势和支柱产业规模不断壮大，市场竞争力明显提高。这些产业的发展壮大，将成为包头市构筑新优势、实施“四个率先”的强有力支撑。包头市具有相当的经济优势，预计2004年包头市生产总值可达到600亿元以上，人均GDP可突破3000美元（达到全面建设小康社会主体经济指标要求），财政收入可达到70亿元以上。这就为包头市实施“四个率先”奠定了坚实的物质技术基础。

3. 21世纪显现出快速发展态势，有利于实施“四个率先”。进入21世纪以来，包头经济凸显快速发展态势：2001年GDP为248.7亿元，增长10.1%，人均GDP为12057元，增长7.6%；2002年GDP为330.02亿元，增长20.6%，人均GDP为16010元，增长32.8%；2003年GDP为450.2亿元，增长31.5%，人均GDP为19089元，增长29.7%；2004年预计GDP为600亿元，增长33.3%，人均GDP突破3000美元大关，增长28.9%。包头市经济快速增长为实现“四个率先”寻找到了一条科学与可行的快速发展路径。

4. 具备实施“四个率先”的优良人文环境。包头是一个重化工业特大城市，按户籍计算总人口为209万人。“一五”期间，为了建设包钢、一机、二机、一电厂、二电厂、二〇二厂、铝厂等特大型、大型企业，国家从全国各大城市调集了大批优秀领导干部、专业技术人员和技术工人来包头参加生产建设，包头市形成了以外来人口为主体的新中国最早的移民城市之一。包头市城市化率高，达到62.9%，比全国城市人口的比重多出26个百分点。包头市人力资源素质高，主要表现在：受教育程度高，社会交往广泛，信息交流快，容易接受新鲜事物，创新意识强，具有很好的包容性和民族融合性。工程技术人员、技术工人和管理专业人员等人力资源较为充足。这些都为包头市实施“四个率先”构成了较好的人文环境。

（五）实现“四个率先”的制约因素

我们应该清醒地看到在实现“四个率先”的进程中存在着差距，主要表现在：市场经济体制有待进一步完善，产业结构调整有待进一步优化，经济增长方式有待进一步转变。具体表现在：小康社会的建设水平还比较低，“三农”问题还没得到根本解决，城市化率高，但城镇化率推进难度较大；制造业的基础优势和规模效益没有充分发挥出来，传统产业的改造提升还不够理想，第三产业仍然相对滞后；市场经济体制、机制与制度还不完善，国有企业（以下简称“国企”）改革有待进一步深入；特别是当前电力、运输、部分原材料紧张，低水平、高污染的“五小”企业有死灰复燃迹象等，这些问题与矛盾都需要在实施“四个率先”过程中，逐一给予解决。

二、“四个率先”的辩证关系

（一）率先全面建设小康社会

全面建设小康社会的奋斗目标的实现必然是一个分领域、分地区、分时段的发展过程。包头要率先全面建设小康社会和率先基本实现现代化，就必须对现阶段的本市小康社会水平有一个清晰的认识，把握不同领域推进的不平衡性、时空推进的差异性、发展进程的不协调性，以求率先全面建设小康社会和率先基本实现现代化的系统整体性。

根据党的十六大精神，包头市委、市政府提出了实施全面建设小康社会与基本实现现代化“三步走”的战略目标：第一步，到2005年，国内生产总值（GDP）达到560亿元，人均GDP为20000元以上，主要经济指标进入我国中西部地区经济强市行列。第二步，到2010年，国内生产总值达到1000亿元以上，人均GDP为40000元以上，进入我国中西部地区经济强市，率先全面建成小康社会。

率先全面建设小康社会是包头市到2010年经济社会发展实现的第一步奋斗目标，必须在逐步完善的社会主义市场经济体制框架内实现，并提供体制保障。同时，实现这一奋斗目标，必须走全面、协调、可持续科学发展的路子。

（二）率先基本实现现代化

在全面建设小康社会奋斗目标的基础上递进发展的，是更高层次的第三步奋斗目标：到2020年，包头市国内生产总值等主要经济指标在2010年的基础上再翻一番，即GDP达到2000亿元以上，人均GDP为80000元以上。率先基本实现现代化，建成全国经济强市。

同实现率先全面建设小康社会奋斗目标一样，实现这一奋斗目标，同样由完善的社会主义市场经济体制来提供体制保障，落实科学发展观，走科学发展的路径。

（三）率先建立完善的社会主义市场经济体制

包头市率先建立完善的市场经济体制，要按照机制活、产业优、实力强、环境好的标准去发展完善。机制活，就是要进一步深化改革，建立完善的市场经济体制；产业优，就是把各次产业进一步做大做强，使其产业结构更加优化；实力强，就是国内生产总值、财政收入、城乡人民收入等各项经济指标在总量和人均水平上都有大的提高；环境好，就是要营造最佳人居环境和最佳的经济发展环境。

率先建立完善的社会主义市场经济体制为率先全面建设小康社会和基本实现现代化的奋斗目标提供强有力的体制保障。全面建设小康社会和基本实现现代化必须在完善的社会主义市场经济体制框架内完成。为适应全面建设小康社会、基本实现现代化的需要，必须建成完善的社会主义市场经济体制和更具活力、更加开放的经济体系，进一步解放和发展生产力，为经济发展和社会全面进步注入强大动力。

（四）率先落实科学的发展观

26 年的改革开放启示我们：经济社会发展的战略目标，不是单纯追求国内生产总值的增长，而在经济发展的基础上促进社会全面进步，促进人的全面发展；经济体制不仅要有利于促进生产力的发展，而且要有利于全面体现社会主义现代化事业的要求，实现社会和谐和全面进步。因此，要牢固树立和全面落实科学发展观。

在这样的理念指导下，党的十六届三中全会鲜明地提出了“五个统筹”的重要思想，即统筹城乡发展、统筹区域发展、统筹经济社会发展、统筹人与自然和谐发展、统筹国内发展和对外开放。

率先落实科学发展观，包头市要在经济与社会的协调发展、城乡协调发展、经济与环境协调发展上多做文章，促进全市的教育、科技、卫生、文化、体育等社会各项事业协调发展。

率先落实科学发展观为建立完善的社会主义市场经济体制提供了重要指导思想和必须遵循的基本原则，也为实现全面建设小康社会与基本实现现代化提供了正确的路径保证。同时，全面建设小康社会、基本实现现代化和完善市场经济体制的实践过程，也在不断地丰富着科学发展观的内涵。

（五）“四个率先”的辩证关系

率先全面建设小康社会与率先基本实现现代化，是 21 世纪头 20 年共产党人执政的伟大志向与奋斗目标。包头市委与市政府以这个伟大志向与宏伟目标，去号召与团结全市人民，就有了发展的方向与动力。“两个率先”是 236 万人民的共同志向，它解决了市委与市政府带领全市人民要不要发展，敢不敢发展，发展的目标在何方的问题，解决了立什么志的大问题。率先建立与完善社会主义市场经济体制，是实现“两个率先”的前提条件，它为“两个率先”的最终实现提供了制度—

体制—机制的根本保障，这是包头构建经济强市与和谐社会的旗帜。这面旗帜就是社会主义市场经济，有了这面旗帜就有了“发展是硬道理”、“发展是第一要务”、“与时俱进，改革开放”的内在含义与本质要求。率先认真树立和全面落实科学发展观是解决了“两个率先”与率先完善市场经济体制怎样结合的具体理论与实践问题，即解决了包头发展走什么路和怎样走的大问题，科学发展观的全面落实，就要求包头在发展中要解决“五个方面”的统筹问题，解决经济结构发展的不均衡问题，解决经济增长方式由粗放到集约、由单一外延到内延与外延相结合，由速度型向速度效益型的根本转变。率先落实科学发展观把包头发展立什么志、举什么旗落在了实处。因此，我们说“四个率先”是一个系统整体，是立什么志—举什么旗—走什么路的有机结合，它们之间是一个互为条件、相互依存、彼此转化、协调发展的辩证关系。从另一个角度来讲，“四个率先”为包头经济强市与和谐社会的构建，提供了更科学、更完整的认识问题与实践问题的理论体系，它是认识论—方法论—价值论—实践论的有机结合。

三、实施“四个率先”的目标体系

根据党的十六大、十六届三中与四中全会精神，包头市委在九届六次全委（扩大）会议上提出了实施全面建设小康社会与基本实现现代化的奋斗目标：

——2004 年预计，全市地区生产总值完成 600 亿元，同比增长 20% 以上；人均地区生产总值完成 25000 元，同比增长为 32%，达到 3012 美元，跨入全面小康社会的门槛；财政收入完成 70 亿元，同比增长 45% 以上；城镇居民人均可支配收入达到 11508 元，同比增长 24%；农牧民人均纯收入达到 4100 元，同比增长 20% 左右。

——到 2005 年，全市地区生产总值力争达到 780 亿元左右，同比增长 30% 左右；财政收入力争达到 90 亿元左右，同比增长 30% 以上；城镇居民人均可支配收入力争达到 13200 元左右，同比增长 26% 左右；农牧民人均纯收入力争达到 4600 元，同比增长 12% 左右。预计以上四项指标分别比“十五”原计划翻一番左右，对自治区的经济贡献将会更大。

——到2010年，四项主要经济指标在2005年的基础上再翻一番，预计生产总值达到1600亿元以上，财政收入达到180亿元以上，城镇居民人均可支配收入达到26000元左右，农牧民人均纯收入达到10000元左右。基本实现工业化，把包头建成我国中西部地区的经济强市。

——到2020年，包头地区生产总值、财政收入、城乡居民收入分别在2010年的基础上再翻一番，进入全国经济强市前60名，率先基本实现现代化。并最大限度地把以人为本，全面、协调、可持续发展的科学发展观落到实处，构建和谐社会的水平也将有一个质的飞跃。

四、发展思路

（一）指导思想

以邓小平理论和“三个代表”重要思想为指导，认真落实党的十六大和十六届三中、四中全会精神，全面落实科学发展观，坚持发展这个党执政兴国的第一要务，在积极提升贯彻落实中央大政方针自觉性的基础上，进一步深化改革开放，完善社会主义市场经济体制，加快调整经济结构，转变经济增长方式，抢抓西部大开发、加入WTO和振兴东北等老工业基地的战略机遇期，解放思想，实事求是，与时俱进，开拓创新，加快推进包头市率先全面建设小康社会、率先基本实现现代化、率先完善社会主义市场经济体制、率先全面落实科学发展观的进程，坚持以人为本，努力构建和谐社会。

（二）实施“四大”战略

——资源转化战略。包头是重化工业城市，其实质是把资源优势转化成经济优势。冶金、电力、机械、化工、建材、绒纺、乳业等支柱产业都是实施资源转化战略所取得的成果。包头还有铌—石墨—富钾板岩—盐碱硝—非金属等矿产资源的转化没有开发；还有肉—皮—毛等资源没有开发；还有大山、大漠、大河，古刹、古庙、古陵、古战场，多地貌、多地形、多民族文化等旅游资源没有开发等。围绕资源转化，把企业链—产品链—市场链进一步延长，把产业集团—大项目—大市场用政策进行整合，把国内外500强—大专院校—大科研院所有机结合，狠抓资本运营，把这项战略贯彻到底。

——科教兴市战略。大力实施科教兴市战略，内部调整大中小学布局与教学结构，外部挂靠大专院校、大科研机构和高科技产业，推进产—学—研一体化进程，把培养人才—吸引人才—用好人才的工作抓好。增强自主创新能力，提高投资者—经营者—劳动者的素质，以企业经营管理人才、专业技术人才和党政人才为主体，建设规模宏大、结构合理、素质较高的人才队伍，缓解产业结构优化升级带来的人才与技术“瓶颈”问题，为包头实施“四个率先”提供人才保障。

——开放带动战略。充分利用西部大开发与加入WTO的历史机遇，以优惠的政策，优质的服务，优良的环境，吸引外资—外商—外企，尤其是国内外500强落户包头，积极实施开放带动战略。我们的观点是，挂靠国外跨国公司—国外高科技产业—国外大金融财团，以及有影响力的科研项目引进包头，应是我们对外开放的重心。加快让世界了解包头，让包头走向世界。

——可持续发展战略。包头市地区生产总值将达到600亿元，人均GDP已超越3000美元，进入了新型工业化进程的关键点。21世纪初，包头经济社会已步入起飞阶段，为了可持续的快速发展，包头以后的发展过程中，应十分重视经济效益、社会效益和生态环境的协调统一，更重视经济发展的速度—效益—质量—结构—生态环境的有效统一。在发展是第一要务的前提下，把效益好、质量高、环境污染少、资源浪费小的项目抓好，使生产—生态—生活形成良性互动，使资源—人口—环境形成可持续发展，使基础设施建设更趋现代化，城市结构完善与功能齐全。要注重解决生态问题—环保问题—经济社会问题，使其形成构建和谐社会的坚实基础。

实施“四大”战略就是要学会抢抓机遇。包头要发展经济就要认识机遇在哪里，如何把机遇用好。从大环境的角度来分析，和平与发展仍是世界的主潮流，给我们提供了经济建设的机遇；科技浪潮的世界化，给我们提供了利用成果实现跨越式发展的机遇；加入世贸组织，给我们提供了利用世界技术、资金、市场和管理的机遇；我国宏观经济发展战略，为我们提供了利用西部大开发政策的机遇；振兴东北等老工业基地，给我们提供了国企技术改造升级的机遇；市场经济体制的进一步完善，给我们提供了整合国内外两大市场、两大资源的机遇。特别是江泽民同志在1999年1月提出的“把包头建设成我国中西部地区一个经济强市”，为包头经济社会文化的发展指明了方向。认清趋势，把握潮流，抓住机遇，与时俱进，团结创新，才能取得“四个率先”的更大成果。

（三）走“五化”之路

——走新型工业化道路。党的十六大提出，“走新型工业化道路”，这是党中央在我国进入全面建设小康社会，加快推进社会主义现代化建设做出的重大战略决策。包头属于传统工业为主体的重化工业城市，层次较低，竞争力不强，特别是机械制造业的水平还不高，第三产业较落后。包头应“坚持以信息化带动工业化，以工业化促进信息化，走出一条科技含量高、经济效益好，资源消耗低、环境污染少、人力资源优势得到充分发挥的新型工业化路子”。加快科技进步与科技成果的推广运用，用高新技术改造提升传统产业，提高科技在经济发展中的贡献率；提高资金投入产出率，优化资源配置，降低生产成本；提高能源、原材料利用效率，减少资源占用与消耗、推进清洁生产、文明生产方式，发展绿色产业、环保产业，使经济、生态与环境相协调；充分利用人力资源丰富和劳动力低廉的条件，处理好提高生产率与扩大就业的关系，提高企业竞争力，不断增加就业。走新型工业化道路，要正确处理好发展高新技术产业和用新技术改造提升传统产业的关系，要正确处理好发展资金技术密集型产业和发展劳动密集型产业的关系，要正确处理好第一、第二、第三产业结构优化提升的关系，尤其是第一产业的综合开发与其他产业的关系。

——走城镇化道路。城镇化（城市化）道路是把传统落后的乡村社会转化成现代化城镇（城市）社会的社会发展过程，它是衡量社会进步和全面建成小康社会的重要指标。一般规律，工业化与城镇化是互为条件，相伴而生。从地区来看，包头城市化水平较高，但城镇化进程较为缓慢，这与农牧区的散、小、差相关联。也就是说城市与农牧区的二元经济结构严重失调，解决这个矛盾的办法就是走城镇化道路，把布局合理、大小适度、各具特色的大城区与小城镇有机结合，把农牧区小康与城市小康相融合。没有城乡经济的统筹协调发展，就不可能有包头的全面协调可持续发展，构建和谐社会也很难落到实处。城镇化是包头全面建设小康社会，提升人民生活质量的重要途径。走城镇化道路，应遵循市场化和以人为本的原则，规划优先、尽力而为、量力而行的可持续发展的原则，走出一条能够缩小城乡差距、地区差距、各具特色、体制创新的城镇化道路。积极改革城乡分治的户籍制度，完善就业制度，健全社保制度，充分发挥市场机制，吸引社会力量投资城镇建设，促进城镇化发展。

——走信息化道路。21 世纪是信息技术飞速发展的时代，已广泛渗透到经济社会文化的各个领域，为农业、工业、服务业和科学技术的进步，提供了现代化的手段，大大加速了现代化的进程。信息技术的普遍运用，极大地提高了劳动生产率，降低了资源消耗和生产成本，减少环境污染，成为现代社会生产力和人类文明进步的新的重大动力。以 IT 技术为代表的信息化正在引起世界经济和社会的巨大变革。包头由于地处西部地区，相对不具优势，在走信息化道路上，应积极实施“跟进”战略，在跟进上创新，在创新中跟进。我们的工作重点是用 IT 技术改造和提升传统产业，广泛运用先进的信息技术，加快国民经济和社会信息化，大力推进电子政务、电子商务、远程教育、网络服务等。离开了信息化的产业，不是现代化的产业；先工业化再信息化的道路也行不通。要把工业化与信息化叠加起来，协同发展。离开了工业化的信息化，将使信息化成为无本之木，缺乏了物质基础。只有把信息化与各次产业优化提升相结合，坚持“跟进”战略，才能真正加快包头实施“四个率先”的步伐。

——走农牧业产业化道路。产业化道路对于包头来讲主要是指实施农牧业的产业化。农牧业产业化道路是指农牧民为了提升自身市场竞争地位转为集中和联合的新的一种生产经营方式，改变一家一户的小农生产方式。其特征是农牧业生产者之间或者与其产前一产后部门相关企业签订长期合约来代替市场中相应的一系列临时性交易关系，使生产处于稳定状态，实现规模经营和增强竞争活力的双重效果。其发展路径有：一是用工业化改造传统农牧业，使其走向农牧业工业化生产的路了；二是用市场化改造农村的集贸市场，使其成规模、有特色、有品牌；三是扶植龙头企业，实施订单农业，并运用龙头企业加农户订单来促进农牧业的产业化；四是在农牧业地区规划建设好良种培育中心—培训技术中心—监测指导中心—市场贸易中心。包头“三农”问题主要表现在产业化水平太低，产业内部结构趋同发展，市场处在单位原型竞争的阶段上，自给自足的自然经济留着很粗很长的尾巴，走农业产业化进程缓慢。农业产业化的实质，是农业的组织结构应由家庭联产承包向农工商—种养加—区域集中化—一体化经营发展，向农户联产合作→订单联营公司→龙头企业方向发展。这一发展进程的原动力是市场取向加上政策导向，来构筑不同农产品为基础的农牧业基地和农牧业园区，这是广大农牧民群众的伟大实践，是实现农牧业产业化的必由之路。大力发展农牧业产前和产后服务，营造产中发展的外部有利环境，延伸农牧业产业链条，以规模生产来解决农户经营规模超小、滞后、自给现象。以科技生产来提高劳动生产率，降低单位产品成本，使农牧民增产增收。农牧业产业化的方向无疑是正确的，但要因地制宜，从实际出发，应走外引龙头企业，内培农牧业发展大户，走特色种养加与园区建设发展之路。各级政府在农牧业产业化过程中的主导作用：一是制定政策；二是抓典型；三是营造良好的服务环境，建立健全农牧业社会化服务体系、农畜产品市场体系、对农牧业投资的公共财政体系，促进产业集中、有序竞争和一体化经营。

——走市场化道路。改革开放20多年来的经历，就是由计划经济体制向市场经济体制转变的过程，市场经济体制—机制—制度基本形成。由于产业发展梯度的不同，地域和历史背景的不同，在第二、第三产业可以说市场化地位与作用已占主导。在农牧业方面，市场化存在的问题依然严重，突出表现在“三农”问题上。农牧业市场化是指按照市场经济体制、机制与制度的要求，在家庭联产承包经营基础上，加快农牧业两个根本转变，以国内外市场需求为导向，以提高经济效益为中心，以农户为基础，以龙头企业公司、协会、合作社、信用社为纽带，把农业生产过程的产前—产中—产后诸环节构建系统整体，参与市场竞争，使市场真正成为资源配置的有效手段，因地制宜，培植多元化、多层次、多形式的市场参与主体，实施种养加、产供销、贸工农一体化的市场经营方式。农牧业市场化进程的推进有利于解决“小生产”与“大市场”——“供给”与“需求”——“增产”与“低收”等矛盾，有利于以市场化促进产业化，以产业化带动市场化；有利于加快工业与农牧业、城市与农牧区、农牧业与商贸业的有机结合，从而有利于资源的合理配置，剩余劳动力的有序转移，要在推进农牧业市场化进程中，充分推广运用农牧业的高新技术，增加产量，改进品种，提高资源利用率和经济效益，保护生态环境，保障丰衣足食和食品安全，实施农牧业可持续发展。

包头在全面建设小康社会和基本实现现代化进程中，要走好新型工业化—城镇化—信息化—产业化—市场化道路，最终实现现代化。

五、实现“四个率先”的战略原则

包头市要实现“四个率先”，在坚持党的十六大、十六届三中、四中全会精神的基础上，必须认真把指导思想贯彻到实处，同时要把如下原则坚持到“四个率先”实施的全过程。

1. 优势整合原则。包头实现率先全面建设小康社会、率先基本实现现代化的奋斗目标，就必须坚持扬长避短、发展特色、优势整合的原则，把包头的事情办好。包头市由于历史背景、地域环境、市场作用、政策支持、生产力等原因，导致经济社会在发展水平、发展速度、发展结构、发展质量、发展效益等方面与国内发达地区有较大的差距。但我们也应看到自己的长处和优势，主要有：包头拥有经济增长新的空间，自然资源、矿产资源、人力资源、市场资源等要素齐备。包头拥有50多年建设的物质与技术基础，钢铁、稀土、铝业、电力、机械、纺织、食品、化工、建材等已形成支柱产业，发展潜力巨大。随着市场经济体制不断完善，经济结构的优化，国企改革的深化，这些资源和产业的潜能将会发挥出来，成为经济腾飞的火车头。

包头在实现“四个率先”进程中，发展路径应为以人为本，全面、协调、可持续发展；发展动力是区域发展不平衡带来的压力；发展的制度保障应是市场经济体制。

包头在现代化进程中与发达地区相比所处的落后地位，导致其发展具有一定的压力，这种压力可转换成动力，使包头地区具有后发优势，使其受益。我们称落后的这种受益，叫做后发优势。后发优势的规定性在于：一是选择参照系的优势。包头市可参照发达地区现代化进程的成功经验，选择适合本市发展的模式，并进行科学的分析和理性的选择，形成自身的发展模式决策。参照系的多样性与选择的综合性，能节省大量时间和资源，发展成本将大大降低。二是选择路径的优势。发达地区的发展进程为包头市选择发展路径，提供了经验捷径，避免了“摸着石头过河”所付出的路径成本。三是铸造包头精神的优势。区域间经济发展的不平衡，可激发包头地区强烈的经济社会改革意识。把这种改革精神融合到现代化进程中，可产生巨大的物质技术力量，可形成强大的赶超凝聚力。四是构筑学习型社会的优势。把握发达地区的发展目标和方向、掌握发达地区的科技成果、运用发达地区的管理经验都属于学习的范畴。这种学习成本低廉，有效地缩短与发达地区在发展进程中的差距，节约了研究的时间成本。

后发优势是由多种要素构成的复杂的动态的系统整体。包头市具有资源、机遇、产业结构等多种后发优势要素，应把多种要素进行捆绑整合，形成整合的后发优势，这是包头市实施“四个率先”所必须坚持的战略原则之一。

2. 发展经济是第一要务的原则。经济发展与发展经济并非是等同的概念。发展经济是前提条件，而经济发展是发展经济实施的结果。要有主观能动性，团结一切可以团结的人们，整合各种主观的、客观的要素与因素，抢抓机遇。要把发展经济作为轴心，实施跨越式发展，要有大手笔，要学会借势—造势—乘势—构筑包头优势。要营造经济“洼地”，聚天下之人气—物气—财气，共筑地区景气。要深化改革，扩大开放，健全和完善体制—机制—制度，争取改革的深度、发展的速度、稳定的力度，“三度”有效统一。要抓产业结构调整，要把总量扩张—均量增加—质量提升相结合，要时刻把握进程中的数量差距—增速差距

—质量差距的数值变动趋势。要发展经济就要抓大企业集团—抓大项目—抓大科研院所，使其有机结合，成为经济发展的质量和效益的有力支撑。要发展经济就要抓科技兴市，要把人口—人力—人才有机结合，使其成为发展经济的主体。要发展经济就要坚持可持续发展，使人口—资源—环境进入良性循环，使生活—生产—生态进入良性循环，使农业—农民—农村问题得到较快改善。要发展经济更要注意数量—质量—效益之间的协调关系，注重供给—需求—市场之间的平衡关系。发展是硬道理，发展是第一要务，发展是解决落后的关键。因此我们要聚精会神搞建设，一心一意谋发展，竭尽全力抓效益。

3. 正确、全面落实科学发展观的原则。提出科学发展观，不是说我们20多年来的发展有问题，而是在发展过程中，我们的一些发展思路、发展观念、发展模式已经越来越不适应新阶段发展的要求。应正确理解以下几个关系。

(1) 关于经济社会全面发展与以经济建设为中心的关系。社会发展的客观规律告诉我们，生产力的发展是人类社会发展和最终决定力量。只有坚持以经济建设为中心，不断解放和发展生产力，才能为社会全面进步和人的全面发展奠定坚实的物质基础。离开经济建设这个中心，就有丧失物质基础的危险。当然政治发展与文化发展也会反过来对经济发展产生作用。

(2) 关于不唯 GDP 与重视 GDP 的关系。单纯追求 GDP，把 GDP 作为唯一衡量发展成败的指标，甚至不惜盲目建设、破坏资源、降低效益等为代价片面追求 GDP 增长，是有很大问题的。但增长是发展的基础，没有经济的数量增长，没有物质财富的积累，就谈不上发展。GDP 作为衡量一个国家或一个地区经济发展规模、发展速度的重要标志，是我们一切发展的基础。在整个现代化建设进程中，保持 GDP 的增长是至关重要的。我们应用科学精神、科学态度和科学的思想方法去对待现有的 GDP 核算制度，防止片面化、绝对化。

(3) 关于全面发展与重点发展的关系。全面发展，主要是针对片面畸形的发展而言。在发展过程中总是存在着主要矛盾和矛盾的主要方面，这就是我们要把握的重点。有些方面一直是贯穿整个发展全过程的，比如经济发展，这肯定是重点；还有些方面过去可能不是重点，但是随着发展进程的变化，其重要性日渐凸显出来，如果不予以足够的重视，可能会影响整体的发展，这也就成为重点。比如“三农”问题就是我们当前发展过程中的重点，所以我们党把它作为全党工作的重中之重。此外，增加居民收入、扩大社会就业、解决与人民群众切身利益密切相关的问题等等也是当前发展中需要解决的重点。

（4）关于协调发展与平均发展的关系。协调发展不等于搞平均发展。由于发展起点的不平衡，比如区域资源条件的优劣、自然条件的差异，以及发展机遇的偶然性，都会产生结果上的不平衡，出现有的地区发展快一点、有的社会群体发展好一些的现象。但是这种现象如果不进行有意识的调控，会自发形成“马太效应”，好的越来越好、差的越来越差。发展作为一个有机的系统，如果其中某些环节过于薄弱，就不可能有更大的发展。据有的学者保守估计，目前我国城乡收入差距至少是3.3:1，“基尼系数”达到0.4以上，地区间差距东中西是1:0.7:0.4，这些数字是抽象的，但所表达的含义却是严峻的，其结果用一句话来说就是，我们发展中的薄弱环节已经严重制约着我们的发展了。

（5）关于可持续发展与现阶段发展的关系。可持续发展是我国国情的必然要求。我们在实施可持续发展还是有潜力可挖的。据有关部门统计，虽然改革开放以来我国经济平均增长一直保持在8.8%以上的高速度，但经济增长成本却高于世界平均水平25%以上。我国创造每万美元GDP所消耗的能源数量，是美国的3倍、德国的5倍、日本的近6倍。实施可持续发展，我们不是无所作为，而是大有可为的。

（6）关于统筹兼顾与发展速度的关系。统筹兼顾不是放慢发展速度，更不是不去发展。发展能快就不要慢，这是总结我国几十年经验提出的一个正确命题。但是，“欲速则不达”，要想保持较快的发展速度，不把握好发展节奏、发展步伐是不行的，不照顾到影响发展的方方面面更是不行的。尤其现阶段我们正处于改革的攻坚阶段，发展的关键时期，各种矛盾、各种问题已经积累到了非解决不可的地步了。不对这些问题进行通盘的考虑，不采取切实有效的措施，任何方面“单兵突进”的发展都是不可能的。

总之，我们要牢固树立和全面落实科学发展观，以科学发展观指导我们建设全面小康社会—基本现代化—现代化的进程。

六、实现“四个率先”的对策措施

2005年是深化改革年。包头是以国有企业为主体的一个老工业基地城市，借助国家宏观经济推进改革的客观要求，围绕非涉及国家安全的国有企业，要全面推向社会发展混合所有制经济，涉及国家安全的国有企业要进行股份多元化改制。在改制过程中，要注意国有资产的市场估价机制作用的发挥，要注意国有企业债权债务的处理，要注意国有职工身份转变过程中的问题处理。

（一）积极推进改革，完善社会主义市场经济体制

1. 完善国有资产管理体制，深化国有企业改革。企业是经济、社会发展的微观基础，激发企业的活力，使企业的发展与社会和人的发展保持和谐，是实现经济全面、协调、可持续发展的重要保障。国有企业是中国经济的重要组成部分，在经济增长、科技进步、增加就业等方面发挥着重要的作用。

（1）加强国有资产监督管理的法制建设。完善国有资产管理的法律法规体系，依法推进国有企业改革和发展，推动国有大中型企业建立健全法律顾问制度，提高企业依法经营水平。

（2）加快现代企业制度建设步伐。推进国有企业进行规范的公司制改革，完善法人治理结构，支持具备条件的国有大中型企业通过重组上市、中外合资等多种途径实行股份制改革，实现投资主体多元化，使股份制成为公有制的主要实现形式。

（3）积极推进国有经济布局结构和战略性调整。适应国内外产业结构调整的大趋势，按照有进有退，有所为有所不为的原则，优化布局结构，加强资源整合，发展形成一批具有国际竞争力的大公司大集团，加快劣势企业退出市场步伐，支持引导外国企业特别是跨国公司作为战略投资者参与大型国有企业的重组改组。

（4）加快国有企业技术进步步伐。加大技术创新投入，充分发挥企业研发中心的作用，支持国有企业与外国公司进行技术研发方面的国

际合作，形成具有自主知识产权的核心技术和优秀品牌，创造有利于科技人才自主创新和脱颖而出的条件和环境。

（5）加快建立适应现代企业制度要求的选人用人机制和经营者激励约束机制。充分利用国内外人力资源，面向海内外招聘国有企业高级管理人员，积极培育职业经理人市场，探索多种形式的有效的企业经营者的激励约束方式和途径。

（6）提高企业科学管理水平。充分吸收和利用当代世界先进的企业管理技术和方式，加快信息化建设步伐，采取科学的考核办法，建设学习型企业，加强职业教育和技术培训，提高职工队伍素质。同时，政府还要支持国有企业进一步减少企业冗员，分离办社会职能，使国有企业真正能够平等地参与市场竞争。

在今后一段时间内，我市国企改革在完善现代企业制度的同时，应继续突出抓大扶小、鼓励兼并、规范上市，抓大企业集团—大项目—经济园区。应进一步深化改革和完善企业内部经营机制和产权结构。中小企业中国有股份应坚持“国退民进”，引导个体私营经济的发展。2007年包头再没有国有职工之说，中小企业再没有国有股份之说。

2. 调整所有制结构，大力发展混合所有制经济。

（1）发展混合所有制经济。党的十六大提出，在深化国有企业改革中，积极发展混合所有制经济。党的十六届三中全会进一步明确指出，积极推行公有制的多种有效实现形式，大力发展国有资本、集体资本和非公有资本等参股的混合所有制经济，实现投资主体多元化，使股份制成为公有制的主要实现形式。所谓混合所有制经济，主要是指企业股权的混合状态，即各种所有制经济能够融为一体，形成了以股份制为主要形式的混合所有制经济。它突破了单一的公有制和单一的私有制等传统所有制的界限，实现了“公有”或“私有”两种或两种以上基本所有制的相互融合和相互合作。

就包头市而言，面对新的形势，实现改革新突破的首要任务是，要在未来5年，采取多种有效措施发展混合所有制经济，即一方面，鼓励和促进包括外资、私营等非国有经济取得更大发展，提高非国有经济的规模和实力，为混合所有制经济发展创造有利条件；另一方面，努力加大混合所有制经济占各类所有制经济的比重，为建立完善的社会主义市场经济体制构筑更坚实、更稳定的微观基础。

（2）大力促进和引导非公有制经济健康发展。非公有制经济包括个体私营经济、境外资本所形成的经济成分等。各种形式的非公有制经济是社会主义市场经济的重要组成部分。随着国有经济布局调整与国有资产管理体制改革的推进，随着国有企业改革的深化与财政体制向公共财政体系的转轨，随着对外开放的扩大和市场经济体制的不断完善，非公有制经济的地位将更加重要，将是社会主义市场经济中与公有制经济平等竞争、相互融合的成分，并将在以后相当长的时期内发挥一种特殊作用。

尽管非公有制经济在国民经济中已占很大比重，且在社会主义市场经济中的地位越来越重要，但现实中仍然存在一些严重问题。第一，非公有制经济发展的政策环境不平等，主要体现就是复杂繁琐的审批制度；第二，缺乏法制化的财产保护体系、税收体系和其他经济活动规范体系；第三，融资困难；第四，存在相当多违反税法、劳动法、知识产权法、商标法等现象，存在一些“官商勾结”和“寻租”现象。

包头非公有经济在未来20年发展中有着十分重要的战略地位，将是解决地区就业，促进经济结构调整，保持经济持续快速增长的重要力量。非公有经济发展的关键，就是要营造非公有经济发展的环境，简化注册登记手续，规范税收与收费标准，消除产业壁垒，平等用地用工，解决贷款融资难等问题。地方政府要把维护非公有经济的合法权益、实施国民待遇，作为改革任务来落实。

3. 构建成熟市场体系，抓好整体配套改革。进一步加快以资本、产权、土地、劳动力、技术和管理等市场要素为重点的市场体系建设。完善市场经济发展所要求的一系列制度、规则、规范，维护公平竞争，规范市场秩序，完善政府的经济调节、市场监管、社会管理和公共服务职能，调整和优化政府管理范围，完善政府的决策机制，按照行为规范、运转协调、公正透明、廉洁高效的要求改革行政管理体制、完善行政运行机制、健全行政规章制度，率先形成较完善的宏观调控体系。积极推进城镇公用事业向市场化经营、社会化服务转变。深化农村税费改革，激发农牧业经济发展活力。加快事业单位人事制度改革，全面推行规范化的人员聘用制度。

（二）全面落实科学发展观，坚持可持续发展

全面落实科学发展观是任何一个城市都应重视的重大战略。作为重化工业基地、生态脆弱地区、自治区最大经济中心城市的包头来讲，就显现的更为重要。包头市在可持续发展中，存在着人口的整体素质亟待提高，经济发展与资源、生态环境的矛盾亟待缓解，科技投入不足亟待解决等问题。

1. 可持续发展的核心是提高人口的整体素质。可持续发展与人口素质紧密相关，只有地区人口素质整体提高，才能重视环境和可持续发展。实施科教兴市方针，把教育放在优先地位是非常重要的。包头在贯彻九年制义务教育的基础上，应扩大高中生教育的规模；同时根据经济社会对人才的需求，有针对性地发展中等职业技术教育，争取到2010年把义务教育延伸到12年，普及中等教育；在钢院、师院、医学院合并成立内蒙古科技大学与教育资源重新整合的新形势下，设置适应内蒙古和包头市经济社会发展的二级学院或专业，在教育部控制名额外扩大自费招生人数，并与国际接轨，试行学分制，不限制在学年限，地区承认学历，市场选择就业。这样做就可尽快提高人口中高等学历比例，部分人因学习推迟就业，缓解就业压力，学习与实际需求相结合，更具有针对性，可推行非义务教育产业化进程。

2. 可持续发展的重要内容是保护生态环境。包头目前的生态环境比较差，随着未来经济的发展和人口的增长，要保持现在生态环境不再恶化，并有所恢复，就要付出巨大努力。包头生态环境的保护与恢复的关键是解决水资源缺乏问题。没有水，风沙难以治理；没有水，植树树难活，种草草不生；没有水，地下水逐年减少，导致地壳不稳；没有水，可以说工业规模难以扩大，农牧业难以集约化。水的问题涉及全市人民的生存与发展，是全面建设小康社会和基本实现现代化的重要因素之一，也是子孙后代长期发展的需要。出路在于：一是巴盟的退水净化后引入包头境内；二是在政策允许的条件下直接“引黄入市”；三是采取生态移民，保护植被；四是封山育林，退耕还草；五是对“三废”进行达标治理；六是建议国家南水北调西线工程尽早开工。

3. 可持续发展的根本保证是资源综合利用。重化工业城市属于资

源高消耗区，也是高污染地区。包头应通过立法、行政和经济多种手段，降低对资源的消耗强度，减轻“三废”污染。构筑新型工业化的一个重要内容，就是用高新技术改造传统工艺，降低不可再生资源的消耗与占用量，包括白云铁矿与石拐煤矿开采计划、土地审批制度、保护草原与耕地、限制地下水开采与节约用水等。包头抓好土地资源—水资源—矿产资源—能源等为主的综合利用，使其合理高效，把可持续发展落到实处。除了用好、保护好自己的资源外，重视建立后续资源基地，如合作开发或进口蒙古、俄罗斯等沿边国家和其他国家的资源。

4. 可持续发展的直接动力是加大科技投入。加大科技投入进行科技创新是重化工业城市提高经济效益、降低污染、综合利用资源的根本途径，也是实现可持续发展的主要手段。包头要力争使 R&D 在 2010 年达到 GDP 的 2%，到 2020 年达到 GDP 的 3% 左右。只有不断增大科技投入，用高新技术改造和提升传统产业才有财力支撑，才能不断提高资源利用效率，降低生产成本，同样的投入，产出才能最大，产品质量才能提高，开发新产品的能力和企业的市场竞争能力才能不断增强。

（三）大力推进结构调整，促进经济增长方式转变

1. 落实产业合理布局，推进结构调整。包头市要抓住影响结构优化和协调发展的主要环节，加大结构调整的力度。

（1）结构调整的重点。包头经济结构调整的方向是构筑适应经济全球化要求的新型工业化结构。包头经济结构调整的重点，就是要从产业结构的实际出发，围绕促进资源优势向经济优势转化，传统产业结构向新型工业化结构转化，落后的经济结构向新经济结构转化，选择具有发展基础好、市场竞争力强、产业关联度大、技术含量高、经济效益好、地区辐射力广的新兴产业，进行改造提升，并有重点地大力发展高新技术产业，使其成为包头国民经济发展的新支柱与新增长点。

（2）结构调整的途径。要围绕新型工业化目标，用信息化带动工业化，用高新技术改造提升传统产业，加快高新技术产业的发展，积极推进新型工业化—社会信息化—农村城镇化的规划实施，加快所有制结构的调整。改革开放和技术创新是经济结构调整的直接动力，大企业集团与上大项目是结构调整的最为有效的途径。

（3）结构调整的主体。经济结构调整必须以市场为导向，充分发挥市场机制在资源配置中的基础性作用。企业是市场的主体，也是经济结构调整的主体。市政府要通过构筑新型工业化，就是要使包头地区的产业升级、技术升级，使地区所有企业素质整体上台阶、上水平，解决企业在新形势下自我发展能力不强、创新动力不足的矛盾。

（4）结构调整的目标。节约能源、资源是结构调整的重要目标。针对包头是重化工业基地的现状，必须坚持扭转高消耗、高污染、低产出状况，走合理消耗、少污染或不污染的循环经济的路子，全面转变经济增长方式。要坚持开发与节约并举，把节约放在首位，大力发展循环经济，逐步构建节约型的产业结构和消费结构，走节约型发展之路。

（5）结构调整的政府作用。在市场经济条件下，抓好新经济结构调整，除市场机制作用外，更要发挥好地区政府的作用。政府在经济结构调整中的作用有这样几个方面：一是规划、引导、协调、支持；二是制定公共政策，建立市场运行法则，创造良好市场竞争环境，维护市场公平、公正、公开的竞争秩序；三是要集中所掌握的资源，以市场为导向选择重点支柱产业和技术进行导向性投资，并以权限范围的优惠政策给以扶植；四是对于不符合地区产业政策、环境保护、技术落后的企业进行关停并转；五是为企业提供信息服务，定期发布某类产品的生产规模、生产能力、社会需求和市场容量的预测报告，以及市场价格、技术发展、产品更新的趋势；六是协调计划、财政、金融关系，协调中央、自治区与地区企业的关系，协调部门间、行业间、企业间的关系，来促进地区新型工业化结构的形成。

2. 以科技创新为主导，促经济增长方式转变。科技创新战略应包括自主知识产权的创造能力，高科技产业的开发能力，传统产业的改造提升能力；包括科技创新的管理体制—激励机制—运转顺畅的制度；还包括科技人才的培养、使用与提高。实施科技创新战略，就要提高高科技研发投入在 GDP 中的比重，通过科技创新，大力发展关键技术和核心技术，实现技术的跨越式发展，努力使市场优势、资源优势转化为产品优势、产业优势，用科技创新促进经济增长方式转变。

（1）抓成果转化推广。2000 年包头科技成果转化率只有 25%，推广率只有 15%，其中真正形成产业化的只有 5% 左右，新产品开发能力较低。要扭转这种被动局面，就要促进科研成果尽快转化、推广产业化。引导企业集团加强新产品的研发工作，推进技术创新。根据国外资料反映，外国企业投入研发项目的资金一般不低于3%；而我国企业大多数还不到1%，包头也只有1.5%左右。通过改革企业内部经营机制，首要的是建立企业技术创新体系，完善创新机制，实施技术创新期股制，加大研发投入，提高企业新产品和技术创新能力，加快传统产业的改造优化升级。要加大力度，继续营造“尊重知识、尊重人才”的氛围。科技创新重在人才。包头有人才，关键是建立一个发挥人才作用的好机制。江泽民同志在党的十五大报告中指出：“人才是科技进步和经济社会发展的最重要的资源，要建立一整套有利于培养和使用的激励机制，积极引进国外智力。鼓励留学人员回国工作或以适当的方式为祖国服务。”包头应把人才培养、使用和吸引工作放在政府工作的重要地位上来。

（2）抓消化、吸收、创新。包头大型企业集团在技术改造提升过程中，先进技术设备引进不少，但缺乏消化—吸收—创新。包头应抓好消化引进技术，吸收其合理内核，再结合地区资源与技术优势，搞二次自主知识产权创新，这是落后地区技术创新的一个捷径。要选择重点、保证资金、组织团队创新，开发概念机、原理机、样板机，抢占技术制高点。包头引进技术的消化吸收工作可以从引进设备、进口零部件的国产化起步，逐步向设计技术知识产权创新迈进。

（3）抓自主知识产权开发。发展高新技术要有重点，例如以稀土为主的新型功能材料的研发，新能源、生物技术、电子信息技术、机电一体化等领域的研发。包头围绕稀土所进行的一系列开发项目就具有重点性与方向性，应尽快完成中试，拿出成果，投资建厂，形成产业规模，为包头培育新的经济增长点。

（4）抓传统产业技术改造提升。用高新技术改造提升传统产业，是包头技术创新的最重要的组成部分。由于产业、行业、企业不同，高新技术的标准也有所不同，改造提升的重点也不一样，但实现不同层次的技术开发和升级则是方向一致的。无论是发展高新技术产业，还是用高新技术改造提升传统产业，都要结合本部门、本地区的具体条件，发挥各自比较优势，经过改造提升，以适应新型工业化的要求。

(四) 统筹城乡发展，解决好“三农”问题

在未来10年的发展中，包头能否实现全面建设小康社会和基本现代化战略目标，在很大程度上取决于农村经济的发展程度。农村经济的发展，从根本上取决于区旗县经济，农民—农村—农业“三农”问题，对包头市发展至关重要，应利用其经济份额与人口比例相对比较小的条件，尽快推进产业化、市场化、城镇化建设进程。

1. 推行农牧业产业化的发展措施。包头农牧业地区跨度大、面积广，要围绕农牧业的产业化、集约化和市场化制定区域发展规划。达茂旗围绕“增草增畜，提高质量，提高效益”方针，实施“牲畜种子”工程和“北繁南育”工程，抓牧业的集约化生产；固阳抓“两麦一蛋”的集约化生产；土右旗抓小麦、玉米、葵花的集约化生产；九原区抓菜园子、果园子集约化生产，改变传统的小农经济模式。要推行畜牧业生产基地、粮油生产基地、果木生产基地、蔬菜生产基地和中草药生产基地建设，高科技园区与示范区建设。要推行“龙头企业”→“基地园区”→“农户”相结合的新组织模式，实施农牧业产业化生产发展措施。

2. 推行乡镇企业二次创业。包头地区乡镇企业在“九五”期间存在“虚高度化现象”，在拧干水分消除“虚高”现象的基础上，应实施乡镇企业二次创业规划。乡镇企业发展的方向是围绕当地的农业资源—畜牧业资源—矿产资源—旅游资源的开发，发展深度加工业、信息服务业、交通运输业、旅游业等。乡镇企业应在各区旗县以及各乡镇苏木适度集中，推行工业园区管理，这样做有利于信息技术的交流，有利于环境的改造，从而推动城镇化建设。地区政府应把发展乡镇企业作为农业产业化、农村市场化、农民城镇化的根本来进行规划。经过10年的努力，使乡镇企业有个质的飞跃，成为农村经济的主导力量。

3. 提高城镇化水平。包头农牧业地区面积大，人口相对较少，实施农村城镇化有不少困难。但是，农村城镇化水平是农牧业经济发展水平的主要特征，是解决剩余劳动力转移和缩小城乡差距的根本途径，也是全面建设小康社会和基本实现现代化的重要组成部分。小城镇建设是一项涉及农村长远发展的大事，应由各级政府进行认真规划，并与乡镇

企业的发展统筹布局，对农村教育、文化卫生、基础设施、环境保护等进行整体规划，分步实施，要防止散、乱、差现象蔓延。包头市到2020年市区以外的城镇人口应发展到40万人左右。

4. 实施城镇人口扩张。实施人口扩张战略要注意人口增长与城市建设和经济增长相协调的政策。在未来20年，包头城市人口处于快速扩张时期。这是伴随国家加快城市化进程，放宽户籍管制，鼓励老少边穷地区，尤其是不易人类生存的地方，通过有计划的生态移民，来扩张城镇人口。对于经济增长所需要的大量高素质人才和劳动力，包头市能够分批分期尽快落户包头，有计划地对达茂、固阳、石拐等不易人类生存、生态环境亟待恢复的地区，实施积极移民政策，使其向市区、市郊、乡镇进行转移。在实施人口扩张的同时，要控制大量低素质人口盲目涌入市区，防止因人口扩张过快而给市区建设与环境保护带来的过度压力。

人口增长是城市发展的基本特征。一方面人口扩张为经济发展提供大量劳动力，提供更大的市场需求，有利于全面建设小康社会和基本实现现代化。另一方面人口扩张如不能与经济发展协调，就会消费更多的资源，带来环境污染，增加就业压力，加重城市整体负担。按现行户籍管理的口径，包头2000年人口总量为204万人，其中非农人口为125.42万人；预测到2010年人口总量为228万人，其中市区人口应达到150万人左右；到2020年包头人口总量应为235万人左右，其中市区人口将达到190万人左右。

（五）提高对外开放水平，增强市场竞争能力

为了适应经济全球化趋势和我国经济持续较快发展的新形势，包头市应不断提高对外开放水平，发展外向型经济，积极全面地参与国际经济技术的合作与竞争，开创对外开放的新局面。

1. 树立新理念。包头“四个率先”的实现，客观要求建立全方位、多层次、宽领域开放型经济体系。包头要充分发挥地理区位—资源丰富—经济中心城市等综合比较优势，实施开放优先战略，建立全方位开放型经济体系，抢抓发展机遇。首先，包头应成为“呼包银”经济增长带的中坚力量，联手对外开放。实施内联北进，企业既要引进来，又要

走出去，并开拓俄罗斯、蒙古、西欧市场。提高产成品出口比例，拓宽国际空间，融入经济全球化中去，以提高市场竞争能力。要紧紧盯住世界500强企业，把国际的资金、先进技术、设备引进来。开放能给包头带来资本、技术、人才与市场，只有全方位、多层次、宽领域开放，包头才会增强发展活力，才能获得跨越式超常规发展的长效作用。中国加入WTO和西部大开发为建立“呼包银”经济增长带和包头实施开放优先战略创造了实现的前提条件。

2. 加大引资力度。包头在实施“四个率先”进程中，不论是传统产业的改造提升，也不论高科技产业的新兴，发展缓慢的根本，就是投资不足，形成资金“瓶颈”。解决这一问题，就要创造条件吸引国内外企业来包头投资办实业，并允许国内外投资商参与当地资产交易，购买国有资产与股权，以利于实现资产置换，优化提升产业结构。包头在今后的发展中，要把抓大企业、大项目和吸引国内外资本当作发展经济、优化结构的头等大事来对待。到2010年使外来投资达到我国中西部128个地级城市平均水平以上，力争排序在前26名之内。

3. 加大引进人才力度。在未来10年中，要努力创造一个留住人才、使用人才、吸引人才的良好环境。虽说包头已经在人才引进方面做了重大改革，逐步取消本市所需要的非本市户籍人口的就业招工、子女入学、购买住房等方面的某些歧视政策；对于技术专业人才，具有较高素质的劳动力，以及能带来资金的企业家，则应采取优惠政策，吸引他们到包头落户，这有利于改善投资环境、吸引人才、提高人口的总体素质。引进人才的方式，应由注重单体个人，转变到注重引进企事业单位、项目与技术上来，吸引人才队伍与团队。包头应防止做“引进一个女婿，走掉一群儿子”或“引来一只凤凰，飞走一群孔雀”的傻事。吸引人才政策要科学可行，不应说过头话，不应给企业添乱，不要形成新的歧视。

4. 构筑外向型经济。外向型经济重点在于增加出口。对包头而言，出口创汇是一个薄弱环节，2003年出口仅有3亿美元。实施开放优先战略很重要的一个方面，就是要构筑包头外向型经济，强化产品出口，尤其是产成品的出口与创汇。通过扩大企业出口权和本市产业优化提升等措施，增加出口产品的来源，有力拓展海外市场。到2010年力争使外贸出口达到10亿美元左右，到2020年达到20亿美元以上。

（六）加快转变政府职能，全面推行依法行政

要以贯彻实施行政许可法为契机，加快政府职能转变，为经济发展创造良好的环境，提供优质的公共服务产品。当前要抓以下五个方面的工作：

1. 全面履行政府职能。在市场经济条件下，政府的职能是搞好经济调节、市场监管、社会管理和公共服务，营造良好的发展环境，为市场主体服务。政府必须解决“越位”和“缺位”问题，要明确定位、职责、提高效率、搞好服务。在继续搞好经济调节、加强市场监管的同时，更加注重履行社会管理和公共服务职能。特别要加快建立健全各种突发事件应急机制，提高政府应对公共危机的能力。要把财力物力等公共资源向社会管理和公共服务倾斜。领导干部的精力要更多地放在推进社会发展和解决人民生活问题上来。

2. 加快实行政企分开。进一步理顺政府与企业、政府与市场、政府与社会的关系，更大程度上发挥市场在资源配置中的基础性作用。政府该管的事情，必须真正管好，不能出现“管理真空”；政府不该管的事情，下决心交给市场、企业和社会中介组织。同时，要加强对中介机构的规范和监管。要引入竞争机制，从根本上打破行业性垄断。要加快推行行政审批制度改革，大幅度减少行政审批事项，并与推进政府职能转变和改革行政管理体制结合起来。特别要深化投资体制改革，按照谁投资、谁决策、谁收益、谁承担风险的原则，确立企业在投资活动中的主体地位。

3. 坚持科学民主决策。要进一步完善公众参与、专家论证和政府决策相结合的决策机制，保证决策的科学性和正确性。加快建立和完善重大问题集体决策制度、专家咨询制度、社会公示和社会听证制度、决策责任制度。所有重大决策，都要在深入调研、广泛听取意见、进行充分论证的基础上，由集体讨论决定，这要作为政府的一项基本工作制度，长期坚持下去。

4. 推进政府管理方式创新。推行政务公开，有计划、分步骤地推进电子政务建设，利用现代信息技术改进政府的组织和管理，及时把政

府决策、服务程序、办事方法向社会公布，为人民群众提供公开、透明、高效的公共服务产品。

5. 全面推行依法行政。通过贯彻实施行政许可法，把政府的依法行政水平大大提高一步，要严格按照法定的权限和程序行使权力、履行职责。

将来政府结构是“小政府、大社会”，政府功能是向“服务行政”转变。在全面建设小康社会目标完成之前，应重点深入三项改革：一是继续建立和完善现代企业制度，完善法人治理结构，淡化政府直接管理企业的职能；二是完善国有资本与资产监管、营运、经营体制，完善特派员制度，组建好新的“发展和改革委员会（以下简称“发改委”）”——“国有资产监督管理委员会（以下简称“国资委”）”——“商务管理局”，实施有效行政管理；三是执行国有股减持方针，稳妥地把国有资产从中小企业中退出来，完成国有职工转换身份的收尾工作，实现体制、机制、制度和管理的创新。

包头率先全面建设小康社会、率先实现基本现代化、率先建立完善的社会主义市场经济体制、率先落实科学发展观，是一个复杂巨大的系统工程，需要通盘考虑、统筹发展、突出重点、循序前进，也需要方方面面的共同努力。“四个率先”的伟大意义，远远超过了其自身价值，它将使我们更加理智地走向富强、民主、文明、和谐的社会。

参阅资料

1. 刘国光等：《2005 年中国经济形势分析与预测》，社会科学文献出版社 2004 年版。

2. 李崇林、林建公：《“三个代表”与历史唯物主义》，中国社会科学出版社 2002 年版。

3.《包头统计年鉴》（2000 ~ 2004 年）、《中国城市统计年鉴》（2000 ~ 2003 年）、《内蒙古自治区统计年鉴》（2000 ~ 2004 年）。

4. 李建中：《关于包头经济结构调整研究——大胆构筑包头新经济结构》，包头市政府专家顾问组、包头市发展研究中心 2002 年 2 月专题报告。

5. 李建中：《关于包头率先全面建设小康社会、率先实现基本现代化进程的研究》，包头综合开发研究院 2003 年 4 月专题报告。

6. 李建中：《新世纪包头经济强市发展研究》，包头综合开发研究院 2003 年 8

月专题报告。

7. 李建中：《“强政府”导向经济社会协调发展——包头发展模式的系统分析》，包头综合开发研究院 2004 年 4 月专题报告。

8. 李建中、陈国瑞：《落实科学发展观，实现包头新跨越》，包头综合开发研究院 2004 年 4 月专题报告。

9. 李建中：《关于加快“呼包银”经济带和“呼包鄂”经济圈的发展研究》，包头综合开发研究院 2004 年 11 月专题报告。

落实科学发展观
实现包头新跨越

（2004 年 4 月 5 日）

陈国瑞①

牢固树立和全面落实科学发展观，是党中央从新世纪、新阶段的实际出发作出的重大决策，其现实意义和历史意义不可估量。发展中的包头如何树立和落实科学发展观，不断实现新的跨越，是我们面临的重大使命。

一、牢固树立科学发展观

牢固树立科学发展观是全面落实科学发展观的前提。因此必须深刻理解科学发展观的丰富内涵、理论基础和精神实质及其指导意义。

（一）深刻理解科学发展观的真谛

发展观是关于发展的本质、目的、内涵和要求的总体看法和根本观点。有什么样的发展观就会有什么样的发展道路、发展模式和发展战略，就会对发展的实践产生根本性的、全局性的重大影响。

---

① 陈国瑞：（1946 年～　　），男，汉族，山西忻州人，包头综合开发研究院研究员。研究方向：民族经济。

科学发展观则是我们党根据马克思主义辩证唯物主义和历史唯物主义的基本原理，在认真总结了国内外在发展问题上的经验教训，吸收人类文明进步新成果的基础上，第一次完整地提出的新发展观。这一发展理论的创新是对社会主义现代化建设指导思想的新发展，它全面回答了新世纪、新阶段我国要发展、为什么发展、怎么发展的重大问题。

党的十六届三中全会及随后召开的中央经济工作会议，全面、系统、深入地阐述了科学发展观。明确提出要“坚持以人为本，树立全面、协调、可持续的发展观，促进经济社会和人的全面发展”。强调“按照统筹城乡发展、统筹区域发展、统筹经济社会发展、统筹人与自然和谐发展、统筹国内发展与对外开放的要求”，推进改革和发展。胡锦涛同志把这样的发展观称为科学发展观。这是对我国现代化建设的实践总结和重大的理论创新，深化了对党的执政规律、社会主义现代化规律和人类发展规律的认识。

这一科学发展观从广阔的发展视角，以全新的发展理念揭示了发展的真谛。其本质和核心是坚持“以人为本”；其根本目的是促进人的全面发展。统筹兼顾、协调发展是它的基本要求：一是要全面发展，这是一种综合发展理念，主要是经济、社会和人的全面发展；二是要协调发展，主要是城乡、区域发展要相协调；三是要可持续发展，主要是经济与人口、资源、环境相协调，实现可持续发展。

科学发展观的内涵极为丰富，涉及经济、政治、文化、社会发展各个领域，既有生产力和经济基础问题，又有生产关系和上层建筑问题；既管当前，又管长远；既是重大的理论问题，又是重大的实践问题。因此，深刻理解科学发展观的丰富内涵，对于牢固树立科学发展观至关重要。

（二）准确把握科学发展观的精髓

科学发展观坚持以人为本、全面发展，强调统筹兼顾、协调发展是对传统发展观的扬弃。

1. 发展实践的升华，发展理论的创新。邓小平理论的发展观具有两个显著特点：一个是经济中心论；一个是部分先富论。这是由当时的实践决定的。一是改革开放之初，中国经济发展的最大瓶颈是经济上的严重落后，因此，要推动社会前进，首先必须从经济领域寻求突破；二是平均主义的分配制度根深蒂固，严重制约经济的发展，必须启动允许和鼓励一部分人先富的利益机制。20世纪80年代，邓小平的这"两论"把改革开放迅速推向深入。1992年，邓小平视察南方第一次提出"发展是硬道理"，从此，这句名言就成为中国现代化的箴言，这是对现代化建设规律认识上的一次飞跃。中国特色的社会主义和现代化建设"三步走"发展战略的实施，大大推动了中国的改革和发展进程。

理论的创新不可能凭空产生。它既需要一定的实践基础，也离不开思想成果的传承。"三个代表"重要思想顺应历史的要求，在继承邓小平理论发展观核心内容的基础上，强调发展是执政兴国的第一要务，提出科教兴国和可持续发展战略以及西部大开发等重大战略，进一步丰富了现代化建设的理论和实践。

20多年来，中国的基本国情发生了根本变化。改革开放和现代化建设呼唤着发展观的创新，从而催生了新的发展观。

概念是在实践中形成的，伴随着实践的发展而不断丰富。党的十六届三中全会从新的时代特点和实践基础出发，第一次明确提出了科学发展观，把坚持以人为本和经济社会全面、协调、可持续发展统一起来，并强调按照"五个统筹"的要求推进改革和发展。这标志着党对现代化建设规律的认识更加成熟更加深入，体现了辩证唯物主义和历史唯物主义的基本观点，闪烁着马克思主义哲学的光辉。因而，它是与时俱进的马克思主义发展观。

2. 全新的发展理念，深邃的精神实质。科学发展观的第一要义，毫无疑问是发展。中国解决所有问题的关键是要靠自己的发展。离开发展，就无所谓发展观，更谈不上科学发展观。传统的发展观把发展仅仅看做是经济的发展，甚至只是经济的增长，这是一种简单的、孤立的、近视的发展观。而科学发展观则是从更广阔的空间和更长远的时间范畴去思考问题，是站在历史和现实的交汇点上，深刻揭示了发展的基本规律，诠释了发展的精神实质，使发展的内涵更加清晰，发展的途径更加明确，发展的眼光更加深远。

科学发展观的根本着眼点是要用新的发展思路、现代发展理念，在实现经济发展的基础上，推动社会全面进步和人的全面发展，促进社会主义物质文明、政治文明、精神文明协调发展；着力提高经济增长的质量和效益，努力实现速度和结构、质量、效益相统一，经济发展和人口、资源、环境相协调；不断保护和增强发展的可持续性，从而实现经济社会更快更好的发展。这种以人为本，全面、协调、可持续的发展理念充分体现了现代科学精神，标志着党对人类发展规律的认识更加理性更加高远，这就是科学发展观的精神实质所在。因而，它也是高瞻远瞩的现代发展观。

3. 全面小康的希望所在，现代化的根本指针。全面小康和现代化是中国人梦寐以求的希望。而科学发展观的确立使这一希望离我们越来越近。进入 21 世纪，我国经济社会发展跃进新时代。2003 年我国国内生产总值突破 11 万亿元，人均 GDP 已突破 1000 美元，但离全面小康的目标还有很大距离。当前，现代化建设正朝着第三步战略目标行进，但在经济快速发展的同时，积累了大量矛盾，城乡、地区、居民收入差距持续扩大，人口与资源、环境的矛盾日益加剧，我国经济社会发展变得很不协调，实现全面小康和现代化任重道远。这一切都在昭示，我国的现代化建设正处在一个非常关键的时期。

在这个机遇与挑战俱在、希望与困难同行的关键时刻，科学发展观为我们紧紧抓住机遇、着力解决前进道路上面临的矛盾和问题、加快发展、顺利推进全面建设小康社会和整个现代化建设事业，注入了强大的精神力量，提供了正确的指导思想和根本指针，标志着党对执政规律的认识更加清醒更加坚实，彰显了科学发展观的重大现实意义和深远历史意义。因而，它还是求真务实的新发展观。

牢固树立和全面落实科学发展观，是贯彻“三个代表”重要思想和党的十六大精神的需要，它关系到党和国家工作的大局，关系中国特色社会主义事业的长远发展大计。因此，深刻理解科学发展观的真谛，准确把握科学发展观的精髓，把思想统一到科学发展观上来，自觉运用科学发展观指导我们的各项工作，推进各项事业的健康发展是时代赋予我们新的历史使命。

二、时代孕育了科学发展观

要认识科学发展观，必须解构科学发展观产生的时代背景。这将大大有助于牢固树立科学发展观。而分析研究它产生的时代背景又必然涉及人类发展的历史进程，以便深刻了解和把握其时代特征。

人类的发展，离不开自然界。在处理与自然界的关系上，人类经历了三个阶段：即崇拜自然阶段、征服自然阶段和协调自然阶段。人类社会在经济发展过程中也经历了三种模式，代表三种不同的层次。第一种是“线形经济”模式。该模式的物质流动方式是：“资源—产品—废弃物”的单向线形流动过程，其结果是不加任何处理地向自然界排放废弃物。第二种是“生产过程末端治理”模式。该模式虽然开始注意环境问题，但“先污染，后治理”技术难度太大，付出的成本太高，生态恶化难以遏制，经济效益、社会效益和生态效益都很难达到预期目标。第三种是“循环经济”模式。这是一种“资源—产品—再生资源”的闭环反馈循环过程，即“低开采—高利用—低排放”的循环利用模式。该模式遵循生态学规律，合理利用自然资源和环境容量，在物质不断循环利用的基础上发展经济，使经济系统和谐地纳入到自然生态系统的物质循环过程中，实现经济活动的生态化，最终实现最佳生产、最适消费、最少废弃。

三个发展阶段和三种经济发展模式的演变，折射出科学发展观产生的时代背景。

（一）经济全球化催生科学发展观

众所周知，在经济全球化背景下，一国的发展决不可能孤立进行，而是越来越多地依赖于国际环境。因此只有适应不断变化的国际形势，充分利用和平国际环境，才有助于本国更快更好的发展。

1. 传统经济发展模式及其理论把世界经济不断推向全球化的过程中受到了前所未有的挑战。风行了三个世纪，建立在线形经济模式基础之上的传统经济学揭示了市场经济的基本规律，它通过几个简单的原理为人们提供了开启现实世界之门的钥匙。由此引发的几次产业革命和几次生产力发展高潮把世界经济不断推向前进。18 世纪下半叶，英国在发展贸易业的同时，通过圈地运动变革生产方式，应用线形经济模式大力发展制造业，经济逐渐超越荷兰，最早进行了产业革命；19 世纪中叶到 20 世纪初，落后农业国德国通过化工技术革命超过英国成为欧洲经济强国；19 世纪下半叶，美国在电力技术革命中奠定了世界经济大国的地位；二战后的日本通过科技综合创新迅速跃升为亚洲经济强国。实践证明，传统经济发展模式及其理论对推动现代社会发展，起到了决定性作用，为人类社会的文明进步做出了前所未有的巨大贡献。

然而，在传统经济发展模式驱动下，工业化国家发展的结果是：资源耗竭，环境污染，生态恶化。最为典型、影响最大的是处在工业革命高潮中的“世界工厂”英国伦敦成为著名的“雾都”，这些现象在今天的工业化发展中国家仍然存在。100 多年前英国霍华德（Ebenezer Howard, 1850～1928）先生对当时英国工业革命带动城市化蓬勃发展、资本主义疯狂扩张所造成的环境问题深感忧虑，渴望回归理想的田园城市。1898 年他所出版的《明日的田园城市》一书中设想的未来城市应该是：充满自然之美、社会公正、城乡和谐的田园城市。直至今日仍不失其理性精神光芒的历史价值。这之后，人们开始注意环境问题，逐步采用“生产过程末端治理”模式。该经济发展模式按照“发展—污染—治理”运行方式又将陷入“要发展，必治理”的发展怪圈，使工业化国家面临无法回避的现实问题。

20 世纪 60 年代以来，工业化国家的经济发展开始威胁到人类的生存环境，资源枯竭、生态恶化、大气污染等问题发展为世界性问题，引起了人们的深刻反思。在传统发展观指导下的传统经济模式及其理论受到了前所未有的挑战。经济发展的实践迫切要求更新经济发展模式，并催生着新的发展理论。

2. “零增长”下的可持续发展战略成为 21 世纪发达国家的持久战略。20 世纪 60～70 年代，传统经济发展模式及其理论开始受到挑战，发达国家在完成工业化向现代化进军过程中，开始探索新的经济发展模式、新的发展理论和发展战略。

（1）“零增长”理论挑战传统经济理论。1972 年 3 月，一个由科学家米都斯领导的17人小组，耗资25万美元做出了一篇研究报告，题为《增长的极限》。研究的结论是：地球是有限的，人类必须自觉地抑制增长，否则随之而来的将是人类社会的崩溃。这一理论又被称为"零增长"理论。这一理论认为，首先必须实现人口自然增长率为零；人口的零增长之后才会有第二个零增长，即资源和能源消耗速率实现零增长；而只有在人口、资源和能源消耗速率这两个方面的零增长依次实现的基础上，生态环境的退化速率才能实现零增长。这"三大零增长"的依次通过是一条必经之路。在这一理论影响和推动下，许多发达国家已经走过或者即将走过这条充满科学与理性的文明之路。

（2）循环经济模式挑战传统经济模式。20世纪60年代，美国经济学家鲍尔丁提出了"宇宙飞船理论"。该理论认为，地球就像一艘在太空中飞行的宇宙飞船，要靠不断消耗和再生自身有限的资源而生存，如果不合理开发资源，肆意破坏环境，就会走向毁灭。这是循环经济思想的早期萌芽。随着环境问题在全球范围内的日益突出，人类赖以生存的各种资源从稀缺走向枯竭，以资源稀缺为前提所构建的末端治理模式逐渐为循环经济模式所替代。这种替代使物质世界发生了革命性变革，堪称一次"范式革命"。

20世纪60~70年代，美国和日本在"零增长"理论和循环经济模式的影响下，相继提出"可持续发展"的概念，并把"可持续发展"确立为本国的重要经济发展战略。经过20多年的实施，从20世纪90年代开始，两国的环境已经大为改观。

（3）新的经济形态"知识经济"主导世界。知识经济的兴起是一场革命。它是继农业经济和工业经济之后的第三种经济形态。随着知识经济的兴起和发展，人类社会将由传统农业社会、传统工业社会进入知识经济社会。它不仅改变着世界经济结构，也改变着社会组织结构和人类生活方式。20世纪90年代以来，以信息和通信产业为代表的知识型产业成为世界经济的主要生长点。知识化、网络化、数字化和虚拟化等成为新经济的主要特征。这种新型智能经济不仅可以在有限的资源条件下更好地发展传统经济，而且可以创造和拓展新型的产业类型。

知识经济的迅猛发展使世界经济发生了深刻变革。20世纪70年代以来，发达国家特别是美国通过科技革命率先实现第二次现代化，进入知识经济社会，奠定了知识经济大国地位。而处在第一次现代化进程中的发展中国家，将面临工业化和知识化的双重挑战。以知识经济与循环经济为支柱的可持续发展战略正以其无与伦比的先进性成为21世纪发达国家的持久战略。

在这一总体发展战略思想指导下，发达国家一方面实施人才战略，吸纳大量高科技人才，占领知识经济制高点；另一方面实施能源战略，向发展中国家转嫁能源危机，从而使经济发展战略涂上鲜明的政治色彩。

3. 经济全球化使综合国力的竞争愈演愈烈，演绎着没有硝烟的战争。知识经济的迅猛发展大大加速了经济全球化的进程。经济全球化最早是由T. 莱维于1985年提出的。但至今没有一个公认的定义。从生产力运动和发展角度分析，经济全球化是一个历史过程：一方面在世界范围内各国各地区的经济相互交织、相互影响、相互融合成统一整体，即形成“全球统一市场”；另一方面在世界范围内建立了规范经济行为的全球规则，并以此为基础建立了经济运行的全球机制。在此过程中，市场经济一统天下，生产要素在全球范围内自由流动和优化配置。联合国贸发会议的报告把经济全球化称之为“自由市场、投资流动、贸易和信息的一体化”。越来越多的有识之士认为，经济全球化具备两重性，一方面全球化为发展中国家提供了发展机遇，有利于吸引外资，以弥补国内建设资金的不足；有利于引进先进技术和设备，实现技术发展的跨越；有利于学习先进管理经验，培养高素质的管理人才；有利于发挥比较优势，开拓国际市场。另一方面，它也不可避免地会给发展中国家带来不利因素和风险。发展中国家不仅面临着发达国家经济和技术优势的巨大压力，而且国家经济主权和经济安全也受到严重挑战。正因为如此，世界银行首席经济学家斯蒂格利茨把全球化具有的两重性比喻为“一柄双刃剑”。

但是，经济全球化已显示出强大的生命力，其主要推动力是跨国公司。据联合国最新统计，目前全世界已有4万多个跨国公司母公司和28万个在国外的子公司和附属企业，形成了庞大的全球化销售体系。这些跨国公司控制了全世界1/3的生产，掌握了全世界70%的对外直接投资、2/3的世界贸易、70%以上的专利和其他技术转让。

研究表明，在全球化背景下爆发的亚洲金融危机给一些发展中国家造成巨大损失。随着经济全球化的发展，当今世界各种全球性和区域性国际组织日趋增多，如世界银行，国际货币基金组织和世界贸易组织。他们对国家经济主权的渗透性越来越大，已成为对发展中国家进行强有力经济干预的机构。为了获取更大的国家利益，发展中国家不得不让渡一部分国家经济主权。

在全球化过程中，发展中国家生态环境和可持续发展的矛盾日益尖锐。经济全球化已经和正在导致一种崭新的全球分工格局的出现：发达国家主要发展知识密集型的高新技术产业和服务业，而把劳动和资源密集型的产业向发展中国家转移。广大发展中国家除了继续作为原材料，初级产品的供应者外，还成为越来越多的工业制成品生产基地。发展中国家的经济发展和高新技术相对落后，不得不以消耗稀缺自然资源和污染环境为代价，参与国际竞争，争取“后发效应”。在全球化背景下，日趋激烈的综合国力竞争，主要体现在资源和能源的争夺上，这实际上是一场没有硝烟的“战争”。这场“战争”的结果，将会进一步加剧发展中国家的环境污染和生态的破坏，影响发展中国家的可持续发展。

因此，在不断变化的国际形势下，如何迅速提高综合国力，增强国际竞争力，强化国家战略，就成为发展中国家的首要任务。

（二）发展的实践呼唤科学发展观

改革开放以来，中国从触摸世界经济的脉搏到逐步融入世界经济血液的短短 20 年，便在具有 5 千年文明史的东方大国创造了跨越式发展的奇迹。中国的和平崛起影响着世界经济的发展进程，成为 21 世纪全球经济的最亮点，从而使中国的发展进入一个新的历史阶段。在不断变化的国际国内形势下，如何站在科学之巅应用现代发展理念，破解发展难题，抓住发展机遇，调整发展战略，实现更快更好的发展，是时代赋予我们的新的历史使命。

1. 发展的实践基础和基本国情的变化呼唤着发展观的创新。邓小平理论具有鲜明的时代特征和浓厚的民族情结，这是因为邓小平是东西方近现代史交替的见证者和参与者。回顾近代以来中国发展和民族振兴的艰难历程，中国走过的道路何等曲折，中华民族付出的代价何等惨重，中国丧失的发展机遇足以让数代人扼腕。这一切不仅源于封建帝国的闭关锁国和夜郎自大，还在于对自然经济、计划经济的自我欣赏，更加遗憾的是对经济发展规律缺乏理性的认识和实践的突破。

20 世纪 70 年代以来，发达国家和地区神奇的跨越式发展就像阿拉丁的神灯照亮了中国大地，唤醒了中国人的“阶级斗争酣梦”，极大地刺激了中华民族的自尊，迅速催生了中国的改革开放。使饱蘸浓郁民族情的邓小平理论发展观应运而生。在这一理论发展观指导下的短短 20 年，便使中国发生了翻天覆地的变化。

进入 21 世纪以来，经过对邓小平理论和“三个代表”重要思想和科学发展观的践行，中国经济的整体实力连续攀升。2003 年，中国国内生产总值突破 11 万亿元，排名世界第六。与此同时，基本国情发生了根本性变化。处在工业化中后期的中国，由于工业化与城市化、现代化并驾齐驱，从而面临前所未有的新矛盾和新问题。与改革开放初期相比，发展的主要制约因素已经发生了根本变化。

（1）三大基本国情制约经济发展。一是人口太多、素质不高、结构失衡。由于人口素质差，中国人文发展指数排在全世界第 111 位；由于人口结构失衡，人口高峰、就业高峰和人口老龄化高峰将同时而至；“人口拥挤及其成本”将制约中国经济的持续增长。二是资源相对不足且消耗大。中国 55% 的国土面积不适宜生存，具备生产能力的土地面积占国土面积的 27%；人均耕地 0.1 公顷，相当于世界平均水平的 42%；人均水资源拥有量仅为世界平均水平的 1/4；现有森林面积约占世界森林面积的 4%，人均森林面积，人均蓄积量分别为世界人均水平的 20% 和 12.5%；石油资源仅占世界总量的 3% 左右；天然气、铜和铝等重要矿产资源的人均储量分别为世界人均水平的 4.1%、25.5%、9.7%。然而据统计，我国单位 GDP 能耗（千克石油当量）约为世界平均值的 4 倍以上，为日本的 14 倍多。这意味着我国新增 GDP 1 元钱要比世界其他国家平均多消耗 3 倍以上、比日本竟多 14 倍以上的能源。如果在 20 世纪整个 90 年代中国国内生产总值（GDP）中，按年均增长 9.8% 计算，其中约 4 至 6 个百分点是以牺牲自身环境（自然资源和环境）取得的。从而更加大了资源和环境压力。三是经济社会发展的不平衡性日益突出。主要是城乡二元结构还没有根本改变。社会发展普遍滞后，东、中、西部的经济社会发展极不平衡。

（2）三大差距成为经济社会发展中的突出矛盾。首先是城乡差距。目前，中国的城市化水平为40.5%，1/4的人口居住在地级以上大中城市，大中城市创造的GDP占63%；总人口的60%居住在农村，而农业增加值却只占GDP的15%，城乡差别已由1983年的1.82∶1扩大到2003年的3.23∶1；2003年全国城镇居民人均可支配收入达8500元，而农民人均收入只有2622元，前者是后者的3.24倍。其次是地区差别。目前我国是世界上地区差距最为严重的国家之一。据2003年各省人均GDP排行榜显示，最落后省份人均GDP只有3121元，而最发达省份的人均GDP达15822元，是最落后省份的5倍多；最发达的直辖市人均GDP更是达到32258元，是最落后省份的10倍多，并呈继续扩大趋势。最后是不同社会阶层之间的贫富差距。2000年全国的基尼系数为0.417，已超过国际警戒线，2002年上升为0.44。一项调查显示，中国20%的最低收入家庭仅占全部收入的5%，而20%的最高收入家庭则占全部收入的50%。一些私营企业主个人资产上亿元，但全国农村还有3000万人口未解决温饱问题，城镇还有2000万人口处在最低生活保障线下。而且，贫富差距、地区差距、城乡差距相互交叉、重叠。这种发展的不平衡性使社会差别尖锐化，不同利益集团之间有可能蕴含的社会冲突，正成为实现全面小康的重大问题，必须协调强势集团的利益，克服来自既得利益集团的阻力，使之不损害改革和发展的进程。

三大基本国情的变化和三大差距的扩大，呼唤着发展观的创新，发展的实践迫切要求一种新的发展观来指导中国的工业化和现代化建设，解决问题，消除矛盾，遏制和扭转发展的不平衡性，继续推动全面建设小康社会和现代化建设事业不断向前发展。

2. 中国的发展已进入一个非常关键时期。2003年，中国经济发展的一大亮点是人均GDP首次突破1000美元，自此由低收入国家进入中等收入国家行列。以此为标志，无论是消费结构，产业结构，还是投资结构，中国从此将进入新一轮快速增长周期，并从此迎来一个至关重要的发展阶段。这标志着中国的发展已进入一个非常关键时期。

国际经验显示，走出低收入国家并向中等收入国家迈进的时期，既是一个重要战略机遇期，又是一个“黄金发展期”，同时也是一个矛盾凸现时期和不稳定时期。这一时期，对任何国家的成长来说，都是一个极为重要的历史阶段。许多国家的发展进程表明，在这阶段有可能出现两种前途：一种是可以保持一个较长时间的经济持续快速增长和实现国民经济整体素质的明显提高，顺利实现工业化和现代化；另一种是面对各种矛盾凸现，处理不当，结果走向贫富悬殊、失业激增、分配两极分化、社会矛盾激化，导致经济社会发展长期徘徊不前，甚至引发社会动荡和倒退。

这一阶段的显著特征是：

——消费结构向发展型享受型升级。在新的起点上，变动最为激烈的将是消费结构。汽车、电脑、高档电器加速进入家庭，住房条件改善的需求不断增长。

——重化工业快速发展，第一、第二产业比重降低，第三产业加速。消费结构的升级，必然推动投资结构和产业结构的升级换代及技术的进步。随着重化工业化快速发展，产业呈现出资本密集型、技术密集型的特点，汽车及住房的加速发展带动第三产业大幅上升，第二产业比重将明显下降。

——城镇化进程加快，是中国未来经济社会发展的一个重要趋势。当城镇化水平达到30%左右时，将进入加速发展阶段，但却明显落后经济发展和工业化进程。工业经济的提速带动城市经济，加速城镇化步伐。

——资源消耗增加。目前，中国已成为煤炭、钢铁、铜的第一消费大国，继美国之后的石油和电力第二消费大国。煤炭年消耗15亿吨，占世界的30%，铁矿进口量增长30%以上，成为全球最大进口国。

——社会阶层收入差距拉大，中产阶层大量产生。据法国百富勒公司调查显示，将中国中产阶级的收入定义为：人均年收入为2.5万~3万元，家庭年收入为7.5万~10万元。该公司认为目前中国符合这一标准的人数占总人口的13.5%，伴随着经济结构的深刻变动，各阶层的收入差距还会拉大，各种利益关系日趋复杂。

——人的全面发展愿望更加强烈。在这一阶段，人的需要不再仅仅是生存，还包括享受、发展、共同富裕等。要依靠人的积极性、主动性、创造性来推动先进生产力和先进文化，同时在发展过程中，要不断提高劳动者的道德素质、科学素质、健康素质，即人的全面发展。

——对于社会领域的改革呼声增加。社会公共服务欠账较多，人口、就业、老龄化、收入分配、公共服务等方面的矛盾和问题将越来越突出，极易引起部分社会成员的心理失衡甚至利益冲突。因而推进社会领域的体制改革，切实解决经济社会发展“一条腿长、一条腿短”的呼声日益高涨。

——人们对政治生活的参与度要求愈益提高。进入新阶段以后，随着“以人为本”理念的扎根，人们对政治文明建设的要求不断提高，对政治生活和社会生活的参与度愈加强烈，同时对依法治国提出了更高的要求。

这一阶段的有利条件是：

——消费结构的不断升级，进一步刺激经济的增长。据国家发改委判断，我国城乡居民的消费结构已经进入一个快速变动、不断升级的新阶段。城乡居民的恩格尔系数已大大降低，高档消费升温。今后，城镇居民的消费逐步从舒适型向发展型、享受型转变，农村居民的消费将从侧重量的增加转向注重质的提高和品种的增加。

——产业结构的调整升级，将为经济增长提供坚实的供给基础。今后20年，无论是三次产业结构，还是产业内部结构、企业组织结构、产品和技术结构以及地区结构都将发生深刻变化。实现工业化的重点将从以量的扩张为主转向质的提高，工业化的进展更多地体现在消耗降低、结构优化、品种改善、质量提高和竞争力的增强。工业的比重稳步增加一段后，将呈小幅降低趋势。符合消费升级、科技进步和可持续发展的产业和产品将加速增长。服务业将成为经济增长的新亮点。

——城镇化的加速发展，将为经济发展开辟更广阔的空间。诺贝尔经济学奖获得者斯蒂格里茨曾把中国的城市化和美国的高科技并列为影响21世纪人类发展的两大因素。今后十几年，我国将有2亿以上的人口进入城市，这意味着消费群体迅速扩大，消费观念和生活方式迅速改变。为满足这2亿人进城需要的城市基础设施、住房、公共服务等，开辟了广阔的空间。

——科技进步日新月异，将为我国实现跨越式发展提供客观条件。以信息技术为主导的新技术革命蓬勃发展，网络化深刻影响并改变人类的生产和生活方式。中国的网民已达8000万人；信息和生物技术、新能源和新材料、航天和海洋等领域孕育着新的重大突破；科学发明和发现应用到实际的时间越来越短。只要抓住科技进步带来的机遇，就有可能实现某些领域的跨越式发展。

——经济全球化趋势的不断增强，将为我国广泛参与国际分工和合作提供机遇。较之于拉美、南亚、中东欧等国，中国具有劳动力成本低、基础设施条件好、产业配套能力强以及政治、经济、社会稳定等方面的综合比较优势，具备全方位，宽领域、多层次参与经济全球化的有利条件。

在这种国内外形势下，紧紧抓住发展机遇、牢牢把握新阶段的时代特征，充分利用有利条件，使中国保持一个较长时间的经济持续快速增长，加速实现工业化和现代化，促进经济社会更快更好的发展，顺利渡过这一关系中国发展前途的“非常关键时期”，就成为中国共产党在21世纪新的重大历史使命。

面对机遇与挑战同在的时代特征，中国共产党高瞻远瞩地提出必须牢固树立和全面落实科学发展观。这就是科学发展观产生的时代背景，也就是说，是时代孕育了科学发展观。

三、全面落实科学发展观，努力实现包头新跨越

深刻理解科学发展观的丰富内涵，正确认识和把握科学发展观的时代特征和精神实质，用科学发展观指导包头的工业化和现代化建设，抓住和利用好重要战略机遇期，全方位发挥包头的综合优势，努力实现包头经济的新一轮快速增长，加快包头建设经济强市和实现全面小康的历史进程，是落实科学发展观，实现包头新跨越的关键所在。

（一）包头再认识

要发展包头，首先必须认识包头。科学分析和判断事物发展趋势，是大自一个国家和民族，小到一个地区，把握大局，赢得主动，谋求发展的关键。在新世纪、新阶段要实现包头新跨越，必须用世界的、历史

的和现实的眼光全面认识和把握包头发展大势。

1. 包头是落后地区的发展中城市，实施超常规跨越式发展战略是唯一正确的选择。所谓跨越式发展，是在一定历史条件下，落后国家和地区在追赶先进国家和地区过程中，跨过先进国家和地区的某一发展阶段，才是跨越。跨越式发展是相对于常规渐进式发展而存在的一种特殊规律，在世界发展史上演绎着神奇的经济腾飞“话剧”。自 18 世纪产业革命以来，英国赶超荷兰、德国赶超英国、日本称雄亚洲、美国称霸世界的历史实质上就是一部跨越式发展史。

中国的崛起，也正是利用国际上和平发展的有利环境，抓住难得的发展机遇，矢志不渝地实施跨越式发展战略的结果。同样，三年前的包头如果仍按照原定“十五”期间的目标常规发展，包头与发达地区的差距就会进一步加大，建设经济强市的希望就会成为泡影。因此，包头要想实现建设中西部乃至全国经济强市的宏伟目标，唯一正确的选择是：必须调整发展战略，结束经济低速徘徊的局面，迅速启动超常规跨越式发展战略。这一战略实施的结果是：

——两年跨越两大步。经济总量在 2000 年的基础上翻一番，主要经济指标跃居自治区之首，综合经济实力跃上新的发展平台。

——成倍增加的固定资产投资和重点项目的陆续建成，使包头经济处在高投资时期，由此形成的高增量资本产出率将使包头经济进入由投资拉动的快速增长期。

——大企业集团、产业集群的形成和产业结构的变化升级使包头的经济结构正在实现战略性调整，从而成为包头经济高速增长的长期推动力量。

——有较好市场前景和较强竞争实力的资源优势产业——重化工支柱产业的强劲增长，成为包头经济持续快速增长的重要支撑力量。

——城市基础设施和生态环境的优化，大大改善了经济环境，财政收入和人民生活水平的迅速提高，激发了广大干部群众建设经济强市和实现全面小康的主动积极性。

两年的实践充分证明，包头实施跨越式发展战略是完全正确的。当前，无论发展现状、发展态势、还是发展前景都在昭示：包头已经具备了实现新跨越的坚实基础，包头正以全新的姿态站在新一轮经济高速增长周期的门槛。

2. 实现包头新跨越恰逢难得的发展契机。据中国科学院《2004 中国可持续发展战略报告》披露，2020 年中国将全面实现小康社会的总体目标，并基本完成工业化，GDP 总量在 2000 年基础上翻两番。届时，中国综合国力将进入世界前三名行列，同时基本达到可持续发展良性循环的要求。这标志着从现在起，处于工业化中后期的中国开始步入重工业化阶段，并将进入新一轮经济高增长周期。根据发达国家工业化进程中的历史经验，这一阶段的重要特征：一是出现高增长的主导产业，主要是汽车、钢铁、机械和煤炭、电力等；二是能源和原材料短缺、交通运力紧张、环境保护压力加大。

这一重要特征为以重工业为主的发展中城市的高速增长提供了十分难得的发展"契机"。谁能抓住这一契机，充分发挥产业和资源、能源优势，加速发展，谁就能提前完成工业化。而包头的产业结构特点和发展态势恰恰吻合这一契机：一是消费结构的升级带动重化工业的发展将一直持续到基本实现工业化，这一发展趋势恰好与包头的发展现状、发展态势相吻合；二是东南沿海发达地区对能源和原材料工业的需求构成全国大部分地区的缺口正是包头的优势（区位、产业和资源）所在，这一瓶颈问题在短时间内不会消失，从而给包头提供了发展空间；三是充分利用这一发展契机，通过至少 3～5 年的高速发展，包头的经济又将跃上一个新的台阶，为在 2010 年基本完成工业化创造更加有利的条件。

因此，能否紧紧抓住重要战略机遇期首先出现的这一发展契机，牢牢把握新一轮快速增长期，使这一增长周期持续更长时间就成为实现包头新跨越的关键之举。

3. 包头跨越式发展过程中出现矛盾和问题是必然现象，它的根本解决需要切实落实科学发展观。在传统发展观和传统经济理论指导下的跨越式发展，资源浪费、环境污染、生态恶化是必然现象。工业化发展中国家如此，工业化和现代化并进的中国亦然。这是因为中国经济发展依然是传统经济模式占主导地位，其经济增长方式仍然没有走出"高投入、高增长、高消耗、低产出"的发展模式。而发展中的包头在这种经济增长模式下，由于重化工业比重大，产业结构正在调整，传统产业的技术改造升级缓慢等原因，在经济快速发展过程中最突出的问题也必然是资源与环境的压力不断加大，还有产业结构变化带来的一系列配套问题。尽管包头依托大项目对资源和产业进行整合，从而形成具有一定规模的产业集群，循环经济初见端倪。但传统产业仍占绝对比重，高新技术改造传统产业任重道远。因而在今后的发展中这些现象也不可能在短时期内实现根本转变。

这些矛盾和问题的解决，恰恰依赖包头经济不断实现新的跨越，在经济实力不断增强的基础上，加大对传统产业的改造力度，提升产业等级和产品的科技含量。同时，大力发展和引进高新技术产业，扎扎实实走出一条新型工业化道路。这对包头来说，是一项长期而艰巨的任务，它将伴随包头整个工业化进程。

（二）科学发展包头

在对包头有了一个科学的分析和判断，并充分认识的基础上，按照科学发展观的基本要求，立足实际，突出重点，在推动包头工业化、市场化、城市化过程中全面落实科学发展观，促进包头经济社会更快更好的发展，努力实现包头新跨越。

1. 坚定不移地走新型工业化道路，是完成包头工业化和现代化的必然选择，是包头落实科学发展观的关键。包头是一个重工业城市，工业是包头经济的命脉，工业经济是包头经济的基础。工业化的科技含量、发达程度和文明程度的高低直接关系包头的城乡发展、经济社会发展、人与自然的和谐发展。而新型工业化则是在可持续发展的现代理念指导下，以信息化和创新为动力，在充分就业的基础上而实现的一系列基本生产函数变化以及由此引起的结构转化的过程，是建立在科学、高效、环保基础之上的工业化，完全符合科学发展观的要求。只有坚定地走新型工业化道路才能更加有效地促进包头的城乡协调发展、经济社会协调发展、人与自然和谐发展。因此，只要抓住新型工业化，就抓住了包头工业化的“牛鼻子”。

包头的产业定位是重化工业，即以钢铁、稀土、铝业、机械为主的原材料工业和以煤炭、电力、天然气为主的能源工业。尽管两年来以思想解放为先导、以大胆构筑重点项目建设为突破口的跨越式发展战略使包头的产业结构乃至经济结构开始实现战略性调整，但调整的整体效果还未显现，还不容乐观：

——重工业支柱产业的技术改造与优化升级欠账太多，改造的力度不大、科技内涵少、升级不快，见效慢。

——高新技术产业处在起步阶段，其产值在规模以上工业总产值中仅占8%，远未形成支柱产业。

——资源型特色产业——稀土产业仍处在整合阶段，优势尚未发挥，其产值仅占全市GDP的7%左右。

——工业科技含量低、科技贡献率还不到50%。

——七大基础工业集团45户工业企业的从业人员和工业总产值与其拥有的资产比例相差20多个百分点。

由此可见，包头工业发展现状还没能有摆脱“高投入、高增长、高消耗、低产出”的传统模式，离新型工业化关于“科技含量高、经济效益好、消耗低、污染少”的要求还有很大差距。

因此，对于包头这样一个重工业为主的发展中城市来说，坚定不移地走新型工业化道路是唯一的“捷径”，必须始终不渝地坚持下去：第一，要继续加大用高新技术改造传统产业的力度，从根本上解决产业的高度化问题。据统计，三年来，全市在钢铁、稀土、铝合金、重型汽车等领域共实施152项重大科技项目，总投资1.2亿元，项目达产后每年新增产值17亿元，新增利税3亿元。显然，这样的投入与传统工业所占比重、与工业经济增长的幅度是不相称的。应继续加大投入，用高新技术提升传统产业层次，加快传统产业的改造步伐。同时要按照上规模、上环保、进园区的要求压小保大，对布点分散、规模小、产品档次低、污染严重的“十五小”企业坚决取缔。第二，继续实施大项目、大企业、大集团发展战略。在扩大经济总量的同时注重发展高新技术产业，走“引进—创新”之路，变人力资本为技术资本，加快国产化、替代化步伐；要充分利用当前国际国内产业转移的有利时机，把国内外的资本和先进技术与包头的综合配套能力和比较优势进行整合，有选择、有计划地吸收发达国家和地区科技含量高、市场前景好、发展潜力大的产业，为培育新的产业，充实和扩大原有的企业集团和产业集群，为打造中国乃至世界级的特大型企业集团创造条件。第三，积极实施名牌战略，培育名牌产品。以具有品牌优势的企业为核心，提高产品的科技含量，拓展品牌延伸或产业链的延伸，推动企业联合重组，创新发展模式，大力培育优势特色产品，促进优势资源产业化，把特色优势产业做大做强，真正实现资源优势向经济优势的转变。

2. 坚持走工业化促进产业化、产业化带动城镇化道路，是缩小城乡差别、加快包头城市化的有效途径，是包头落实科学发展观的重点。在全市经济快速发展的带动和辐射下，旗县区经济呈现蓬勃发展的态势，这是建设经济强市和实现全面小康的必然趋势。而发挥各自优势，突出特色，以大项目、大企业带动农村牧区产业化，从而推动城乡一体化，是缩小城乡差别、加快包头城市化进程的有效途径。因此，第一要坚持工业立县（旗、区），以工业园区为载体，以项目建设为切入点，加大招商引资力度，切实搞好基础设施和公益事业建设，打造优良的投资发展环境，争取有更多的大项目、大企业落户，扩大旗县区经济总量，加快旗县区工业化进程，以此推动城市化进程。第二，要继续实施“奶业富民”工程，加大资金协调支持力度，拓宽渠道，引进优良品种，调整种植和养殖结构，搞好配套服务，扩大养殖、种植规模，通过养牛、养羊、发展中药材等经济作物提高农牧民收入。同时要不断加大投入，要使畜牧业和特色种植业占第一产业的比重不断增加，提高经济效益。第三，大力推进农牧业产业化经营，打造农畜产品基地，依托资源，扩大规模，扩充市场。要通过引进先进设备，用先进技术扶植、培育龙头企业，做大做强伊利、蒙牛、小肥羊、鹿王等产业，提高其辐射带动能力，同时要推行现代企业制度，提高农牧业现代化水平。第四，通过农牧业产业化的发展，推动旗县区的城镇化进程。要突出抓好旗县区政府所在地的扩容提质工作，加强基础设施建设，大力发展第二、第三产业，创造条件，引导农村牧区富余劳动力向城镇转移。继续提高城镇人口、经济总量占县域经济总量的比重。

3. 坚持走科技先导型、资源节约型、生态保护型的可持续发展之路，是加快包头经济社会发展的长期指导方针，是包头落实科学发展观的根本。包头是一个地域广阔的资源型城市，有着得天独厚的可持续发展的有利条件，我们应当很好地珍惜和利用。长期以来，包头走的是一条传统工业化道路，经济发展模式基本上是资本驱动型、资源消耗型模式，经济增长与资源保障、环境保护的矛盾日益尖锐。这种粗放型的发展模式对包头的可持续发展构成巨大威胁，如不从根本上改变，将会使包头得天独厚的条件丧失殆尽。因此，能否以最小的资源、环境代价谋求经济、社会最大限度的发展，以最小的社会、经济成本保护资源和环境，走出一条科技先导型、资源节约型、生态保护型的经济发展之路，是关系到包头能否实现可持续发展的百年大计。

因此，必须用科学发展观来指导包头的可持续发展战略。第一，要加大科技投入力度，加强自主科技创新和对先进技术的引进、消化和吸收。应组织高等院校和科研院所围绕清洁生产、循环经济等领域中的重点、难点问题，开展研发，进行攻关；继续扩大城市工业垃圾、医疗和生活垃圾的综合处理、宠物和畜禽废弃物资源化综合处置、城市污水高效处理新技术及装备国产化、食品、医疗安全关键技术等重大科技项目的攻关和示范，加快公共设施建设，同时要加强社会化管理；以创建国家园林城市为目标，着力构筑实施一批城市基础设施工程，提升服务经济的支撑力、对外开放的吸引力和城市发展的竞争力。第二，要实施以循环经济为支柱的可持续发展战略。要将循环经济这一科学发展理念和研发成果应用到工业生产和城市建设中，开展循环经济试点工作，建设一批循环型企业，大力推广循环经济发展模式；继续实施以资源带动产业集聚、扶持产业集群核心企业，吸引上下游企业跟进战略，对钢铁、铝业、重型汽车、稀土、电业等产业集群进行整合，增强产业之间密切度，使包头的资源优势得以充分发挥，实现资源转换，从根本上转变经济增长方式。第三，要创新工作思路和工作载体。寓生态建设于经济建设、社会发展之中，把生态建设与调整产业结构、推进城市化、加快农村劳动力转移、提高全社会教育科技文化水平相结合，促进经济社会与人口、资源、环境的协调发展；在创建国家卫生城市、全国绿化先进城市的基础上，力争创建国家园林城市和国家环境保护模范城市；大力开展文化社区、绿色社区、绿色企业等活动；同时要加大包头市区和周边地区的环境监察力度，定期公布环境监察结果，提出整改措施。总之，要结合包头实际，充分利用区位、资源和环境优势，扎扎实实地推进包头经济社会协调发展、人与自然和谐发展，走出一条科技先导型、资源节约型、生态保护型的可持续发展之路，从而不断实现包头新的跨越。

包头市县域经济发展研究

（2004 年 1 月 18 日）

郭庆林[①]

党的十六大报告发出了“壮大县域经济”的号召。党的十六届三中全会又进一步强调：“要大力发展县域经济”。中共包头市委九届六次全委（扩大）会议明确提出：“加快旗县区经济发展，使县域经济迈上新台阶”。要求各旗县区“要依托工业园区，尽快做大做强旗县区工业经济”。

发展县域经济的根本目的，是全面建设小康社会。而在全面建设小康社会进程中，需要贯彻和解决好“五个统筹”问题，即“统筹城乡发展、统筹区域发展、统筹经济社会发展、统筹人与自然和谐发展、统筹国内发展和对外开放”。在县域经济发展中要积极实施非均衡发展战略，依托工业园区建设，壮大县域经济建设，协调解决好“三农”问题，全面实现小康社会。

一、县域工业园区现状分析

包头市县域经济的发展是依托工业园区建设，并已呈现出良好的发展势头。截至 2003 年 10 月，九个旗县区累计开发建设的各类工业园区

① 郭庆林：（1957 年～　　），男，汉族，内蒙古乌兰察布人，包头综合开发研究院研究员。研究方向：区域经济。

29 个，累计投资 54.35 亿元，其中基础设施建设投入 4.92 亿元。招商引资到位资金 49.43 亿元，同比增长 127.47%；入园企业 553 户，较上年同期增长了 80%；入园企业实现产值 37.62 亿元，同比增长 35.13%；实现利税 4.7 亿元，同比增长 1.8 亿元。其中，引进上亿元项目 7 个。

1. 县域工业园区产业结构。包头市各旗县区工业园产业结构有如下特点：一是以农牧业综合开发为主的种养殖生态园；二是以农副产品深加工为主的农副产品工业园；三是以稀土、钢铁、冶炼为主的高载能工业园；四是以电力、煤炭开发为主的能源型工业园；五是以大型企业为依托的机械加工制造工业园。

2. 县域工业园区产业特色。包头市各旗县区在“工业兴旗（县区）、工业立旗（县区），”壮大旗县区经济思想指导下，立足本地区实际，发挥区域优势，各类工业园区呈现出新的产业特色。

——达茂旗工业园由石宝、稀土和呼恒乌拉三个工业园区组成。其产业特色为采矿业与稀土初加工业，已形成稀土粗加工、铁矿石加工和高载能冶炼三大支柱产业。达茂旗还把稀土工业园定位于建成世界最大的稀土初级产品生产基地。

——固阳县工业园由金山、卜塔亥、忽鸡沟高载能和固阳绿色工业等四个园区组成。其产业特色为选矿业、冶炼业、药材业、奶牛养殖业、建材业和旅游业。

——土右旗工业园由农业资源开发、绿色奶业、煤化工、能源工业和高载能等 5 个工业园组成。其产业特色为奶牛与生猪养殖、中草药、食用菌种植、农副产品加工、优质水果种植和农业综合开发。

——九原区工业园由科技、钢铁、稀土和农业产业化等 13 个工业园区组成。其产业特色为生物制药、电子信息、钢铁、稀土冶炼、制酒、电力、建材、储运物流。

——白云区工业园集中建设了宝山稀土工业园。其产业特色为稀土加工、铁精粉选矿、高载能冶炼。

——石拐区工业园由高载能 1 号工业园和 2 号工业园组成，其产业特色为硅铁冶炼、电石加工。石拐区将高载能工业园定位为建成中国最大的硅铁合金生产基地。

——东河区工业园由国家生态工业（铝业）示范区和畜牧产业科技示范园两大园区组成。其产业特色为稀土铝、精炼铝及深加工、精炼糖、牛羊皮加工、电力供应、彩胶明胶生产、新旧汽车超市、葵花籽综合利用和包装制品。

——青山区工业园由机械加工及仓储、汽车工业、食品工业、生态园等四个园区组成。其产业特色为羊绒制品、工程机械、汽车制造、奶制品生产、自行车生产和服装加工。

——昆区工业园由金属材料加工、沼潭工业园、冶金工业园、绿色产业园等四个园区组成。其产业特色为冶金、稀土、电力、金属材料加工、农畜产品加工。

3. 县域工业园区存在的问题。

（1）园区建设规模过大。九个旗县区中有五个旗县区的工业园区均在三个以上，九原区工业园区达到13个。在项目不落实的情况下，这样的发展规模不仅需要占用大量耕地，不可避免地出现资源浪费现象。个别园区由于在土地转让中出现亏损，至使园区在初建中就举步维艰。

（2）投资结构导向失衡。从目前九个旗县区投资结构看，地方政府为了尽可能多地吸引投资项目进入工业园区，不惜进行政策大比拼，以低廉的地价、电价、融资、政府启动资金、税收减免等方式刺激投资欲望，使投资者的注意力，从市场需求关系转向低成本占领市场，从而导致产业低水平重复建设，缺少特色和市场竞争力，为供需失衡埋下隐患。

（3）项目选择不符合新发展观。旗县区在项目选择上没有充分论证资源优势、区域比较优势等问题，在短期经济利益的驱使下，盲目选择不利于全面、协调和可持续发展的项目。有五个旗区县都上有高耗能型项目工业园。目前包头市硅铁生产企业已达56户，其中46户分布在石拐区，占全市比重达82.1%，土右旗5户、九原区3户、白云区与昆区各1户。2003年上半年，全市硅铁产量达2.2万吨，同比增长2倍；电石企业4户，其中石拐区2户、昆区1户、稀土高新区1户，电石产量达6.1万吨，同比增长68%。这些企业生产技术与工艺相对比较落后，对当地的生态环境和动植物生存，特别是人居环境造成了一定的污染。

（4）产业结构缺乏区域特色。在旗县区经济中，只有白云区的宝山稀土工业园较充分地显示出其产业结构的区域特色，因为它突出和优化了稀土资源利用和开发的特色。作为个体私营经济示范区的东河区应突出第三产业的发展；石拐区在发展高载能工业的同时，应把旅游产业做强做大。其他旗县区在其已选择的产业结构中，也未能突出其区域特色。

旗县区工业园区建设及所取得的阶段性成果，带动了县域经济整体水平的提升，一定程度推动了城镇化与农业产业化的发展，农牧民的收入也有了相应的提高，但与全面建设小康社会的方向和目标仍然存在着较大的差距。突出表现在以下几个方面：

首先，各旗县区在制定县域经济发展战略时，普遍缺少全面、协调和可持续的发展观。缺少工业园区的整体规划，缺少区域相近、产业相关、市场相通的产业集群型发展。这样的工业园区就缺乏产业特色，很难形成竞争力。其次，各旗县区未能确立将县域经济发展融入都市经济发展中去。缺乏对现状的准确把握和定位，没有积极探索和制定适合自身发展的新思路。因此，工业园区的突飞猛进，却没有带动县域经济整体的发展。

全面建设小康社会，重点和难点在农牧区。“三农”问题已经成为县域经济发展中严重的制约因素。因此，各旗县区应切实转变观念，提高认识，把解决“三农”问题要与工业园区经济发展有机结合起来，千方百计增加对农牧区的投入，进一步改善农牧业生产条件。特别是在城镇化、农业产业化和工业园区建设发展过程中，采取有效措施努力扩大农村牧区的就业渠道，为农牧民收入的增长创造有利条件。

二、百强县的启示

据国家统计局农调总队各种统计显示，在县域经济发展中，百强县成为最有活力的一个板块。

据测算，百强县经济总量占县域经济总量的1/4还多，而人口只占6.9%，GDP却占22.5%，财政收入占1/3左右，储蓄占1/4。从农民收入来看，百强县里农民人均年纯收入是5182元。从经济结构看，百强县基本形成了以第二、第三产业为主的外向型经济。到2002年，第二、第三产业的比重已达到90%。特别是百强县的民间投资和民营经济发展较快，百强县2002年实际利用外资107亿美元，占全国县域单位一半以上。发达的县域经济都已建立了密集的高速公路、铁路、航空交通网，其通讯水平已经达到中等收入国家的平均水平，10个最发达的县已经达到世界最发达国家水平。

百强县和十强县发展的成功经验主要有以下几点：

（1）有一个从实际出发的好的指导思想、好的发展氛围、好的发展战略规划。

（2）努力营造一个好的投资环境、创业环境、居住环境。

（3）协调各方面的关系，把城镇化、工业化、市场化有机地结合起来，使“三化”互动。

“第三届全国西部百强县（市）”第86名的内蒙古和林格尔县，在县域经济发展中，因地制宜、以工业园区、农业园区、旅游文化园区和生态园区为突破口，牢固确立有比较优势特色产业，打特色牌，在充分分析国内市场和自身优劣的基础上，把发展乳、薯、肉、沙棘、柠条等产业作为主攻方向，形成了具有和林特色的优势产业。同时，依托蒙牛乳业公司，全县奶牛饲养量由1999年的6000头，增加到年5.6万多头，全县有1万农户、4万农民直接从事乳业生产，年收入达2亿元。特别是与县城构成“哑铃状”城镇格局的“盛乐经济园区”，形成280多家商业网点，聚集人口1.5万，有力地带动了第三产业的发展。和林格尔县成功经验包括：以市场换投资、用存量换增量、以资源换技术、以土地换繁荣、以龙头企业换资源、以诚信服务和荣誉换投资。最终达到用“交换”的手段换回贫困地区最稀缺的资源，启动激活资本市场，加快发展县域经济。

三、包头市县域经济发展思路

1. 强化教育、改善环境。通过各种形式的学习、宣传、教育，全面提高政府、企业和民众的观念更新，紧跟世界前进的步伐。特别要深刻领会和认真贯彻落实党的十六届三中全会通过的《中共中央关于完善社会主义市场经济体制若干问题的决定》中提出的“五个统筹”与

“五个坚持”。政府应确立一个观念：壮大县域经济，抓好园区建设，为“全面小康”提供坚实的物质基础。县域经济的发展，要有资金、项目、人才和市场的支撑，招商引资是解决这些问题的现实选择。要使民众了解一个事实：生活水平的提高、人居环境的改善，是基于县域经济的壮大，有赖于全民的共同奋斗。

2. 整合资源、重点突破。要大力挖掘和整合潜在的地方特色经济资源，将之培育成为县域经济新的优势产业和新的增长点，积极打造一批具有国内国际竞争力的一流企业、一流品牌。要借鉴发达县的一些经验，在对外开放的层面上，综合地整合有限资源，着眼于国内和国际两个市场资源。规划实施“县域突破”战略，以工业化为核心，以工业化带动农业产业化和城镇化，推进农民非农化和农村城镇化，最终解决城乡二元结构问题。

3. 创新体制、城乡统筹。首先要把“三农”问题，放在国民经济运行的大背景之中，统筹城乡经济社会发展，创新政治、经济、社会和文化制度，建立城乡互动，良性循环，共同发展的一体化体制，实现城乡资源共享、人才互助、市场互动、产业互补。其次，城乡统筹解决“三农”问题，要“三化”并举，以“三化”带“三农”：即以工业化带动农民收入提高，以城镇化带动农村劳动力转移，以农业产业化带动农业经济效益增长。工业化基于主导地位，是城镇化和农业产业化的核心；城镇化是工业化和产业化进一步扩张的载体；农业产业化有利于农村土地集中和农村劳动力转移，是城镇化和工业化的前提和基础。最后，围绕统筹城乡发展，推进农村综合改革，就是以全面、协调、可持续的发展观，整合的办法解决“三农”问题，打破城乡分割的体制性障碍，以改革求统筹、以统筹促发展，走出一条以城带乡、以工促农，城乡一体化发展的新路子。

四、包头市县域经济发展措施

1. 实施“县域突破”战略。县这一级是宏观和微观、工业与农业、城市与农村的联结点，是经济发展、社会稳定和政权巩固的基础。全面建设小康社会，重点在县，难点在县，潜力也在县。发展县域经济，不仅仅是旗区县自身的事情，而且关乎全市发展大局。实施“县域突破”战略，不仅是一项重要的经济工作，更是一项重大的政治任务。

2. 建立规范和有效的县域工业园区管理机制。为了使县域工业园区可持续发展，迫切需要建立科学合理的管理机制，以地方立法的形式，对工业园区加以政策规范和法制管理。对工业园区建设既要经过专家在内的各方充分论证，提出可行性报告、发展规划和预期目标。政府职能部门应保持优惠政策的含金量，避免土地和政策资源的浪费。对工业园区面积、投资额、项目技术、经济总量及就业人口等指标建立定期考核体制。对县域政府建立包括社会、经济、生态领域诸多因子在内的综合政绩考核体系，促使县域经济的健康发展。

3. 制定“城乡统筹”的发展规划。要把“县域经济”发展的重点由大规模开发建设工业园区，转变为“统筹城乡”发展上来。必须切实转变城市倾斜政策，给农牧民以真正的国民待遇，在就业、户籍、教育和社会保障等方面一视同仁。使农牧民不仅“机会平等”，而且“权力平等”、“发展空间平等”，使县域内人人享受到经济发展的成果。

关于包头市构建和谐社会的发展研究

（2005年6月8日）

王德山

建设和谐有序、稳定安宁的社会，是古往今来人类的不懈追求。构建民主法制、公平正义、诚信友爱、充满活力、安定有序、人与自然和谐相处的社会主义和谐社会，是社会主义的本质要求，是广大人民的共同愿望，是中国共产党为之奋斗的伟大理想。构建社会主义和谐社会，是我们党从全面建设小康社会、开创中国特色社会主义事业新局面的高度提出的一项重大战略任务。

一、和谐社会的内涵和本质要求

（一）和谐社会的提出

——党的十六大报告中提出："我们要在本世纪头二十年，集中力量，全面建设惠及十几亿人口的更高水平的小康，使经济更加发展、民主更加健全、科教更加进步、文化更加繁荣、社会更加和谐、人民生活更加殷实。"在这里，党的十六大把"社会更加和谐"作为全面建设小康社会的目标之一提出来。

——党的十六届三中全会提出："按照统筹城乡发展、统筹区域发展、统筹经济社会发展、统筹人与自然和谐发展、统筹国内发展和对外开放的要求，更大程度地发挥市场在资源配置中的基础性作用，增强企业活力和竞争力，健全国家宏观调控，完善政府社会管理和公共服务职能，为全面建设小康社会提供强有力的体制保障。”同时强调“以人为本，树立全面、协调、可持续的发展观，促进经济社会和人的全面发展。”贯穿上述完善社会主义市场经济体制目标和原则其中的重要思想，就是要努力实现整个社会各方面的和谐。

——党的十六届四中全会提出：“坚持最广泛最充分地调动一切积极因素，不断提高构建社会主义和谐社会的能力。”“形成全体人民各尽其能、各得其所而又和谐相处的社会，是巩固党执政的社会基础、实现党执政的历史任务的必然要求。要适应我国社会的深刻变化，把和谐社会建设摆在重要位置，注重激发社会活力，促进社会公平和正义，增强全社会的法律意识和诚信意识，维护社会安定团结。”党的十六届四中全会更加明确提出把和谐社会建设摆在重要位置，并要求不断提高构建社会主义和谐社会的能力。

——第十届全国人大第三次会议《政府工作报告》提出：“坚持用科学发展观统领经济社会发展全局，加强和改善宏观调控，以改革开放为动力推进各项工作，构建社会主义和谐社会，推动社会主义物质文明、政治文明和精神文明共同进步。”“贯彻落实科学发展观，必须大力实施科教兴国战略、人才强国战略和可持续发展战略，加快社会事业发展；着力解决与人民群众切身利益相关的突出问题，维护社会稳定，努力构建社会主义和谐社会。”

应该说，我们党从强调稳定压倒一切到提出全面建设小康社会，再到构建“和谐社会”，这是对社会发展的认识不断深入的过程。如果说，社会稳定是社会经济发展的基础和前提的话，那么，小康社会主要提出了社会稳定的数量指标，而“和谐社会”则提出了社会稳定的质量目标和实现的途径。从这个意义上说，构建社会主义和谐社会是全面落实科学发展观、实现全面建设小康社会奋斗目标的逻辑要求。

（二）和谐社会的概念

《说文解字》解释说：和，相应也。谐，配合得当。和谐旨在使不同事物“相应”且“配合得当”，使多样要素相“统一”。

1. 历史和谐论。“和谐社会”是一个古已有之、东西横贯的理念。构建和谐社会是古代志士仁人的崇高社会理想，是鼓舞人们为之奋进、为之探索追求的宝贵精神力量。他们所构建的和谐愿景至今仍有一定的借鉴意义。

——中国古代和谐思想。在中国古代，和谐社会就是一种理想的大同社会。孔子所言的“致中和”、道家主张的“合异以为同”、董仲舒宣扬的“天人之际、合而为一”、张载的“天人合一”等思想充分表明，追求社会和谐是中华民族的理想。当代和合学创始人张立文教授通过对中国传统哲学“天道”与“人道”近百个范畴的系统梳理，认为和合思想从一开始就深深地滋润在民族精神及其生命智慧的源头活水里。

——太平天国和谐社会设想。太平天国农民起义领袖洪秀全设计出一个令广大农民心驰神往的和谐社会蓝图：“务使天下共享，有田同耕，有饭同食，有衣同穿，有钱同使，无处不均匀，无人不饱暖。”但是，这个美丽的空想并没有实现。

——康有为和谐社会理想。康有为心目中的和谐社会的理想蓝图就是所谓的“大同太平世”，他说：“大同之道，至平也，至公也，至仁也，治之至也，虽有善道，无以加此矣。”

2. 近代和谐论。

——孙中山的大同理想。孙中山向往“天下为公”。他的民生主义理想既强调平等、自由、博爱的人道主义原则，又强调发展实业以造福人类的物质文明建设。

——傅立叶论和谐。19 世纪空想社会主义代表人物傅立叶在《全世界和谐》（1803）一书中预言：不合理不公正的现存制度，将被新的“和谐制度”或称“和谐社会”所代替。他认为，在自然体系内存在和谐的秩序，在社会体系内也同样应当有和谐的秩序。必须彻底消除资本主义的残酷和不公，构建工业与农业、家务与教育、生产与消费的联合体，在社会利益与个人利益一致的基础上，建立起社会各阶级的融合。

——马克思、恩格斯论和谐社会模式。马克思批判地吸收了空想社会理论中的有益思想，设想了“自由人联合体”的未来和谐社会模式。马克思、恩格斯在《共产党宣言》中明确指出“代替那存在着阶级和阶级对立的资产阶级旧社会的，将是这样一个联合体，在那里，每个人的自由发展是一切人的自由发展的条件。”马克思关于“自由人联合体”或者“人的全面自由发展的社会”的表述，无疑是指高级的和谐社会。

3. 党的十六届四中全会论和谐社会。党的十六届四中全会通过的《中共中央关于加强党的执政能力建设的决定》明确提出：“要适应我国社会的深刻变化，把和谐社会建设摆在重要位置，注重激发社会活力，促进社会公平和正义，增强全社会的法律意识和诚信意识，维护社会安定团结。”把不断提高构建社会主义和谐社会的能力作为党的执政能力之一，是党的十六届四中全会提出的重大战略任务，这充分说明党中央对社会主义和谐社会建设的高度重视。

4. 胡锦涛论和谐社会。胡锦涛指出：“我们所要建设的社会主义和谐社会，应该是民主法治、公平正义、诚信有爱、充满活力、安定有序、人与自然和谐相处的社会。”“构建社会主义和谐社会，同建设社会主义物质文明、政治文明、精神文明是有机统一的。”胡锦涛总书记明确提出了构建社会主义和谐社会的基本特征，同时指出，构建社会主义和谐社会与物质文明、政治文明、精神文明建设是有机统一体，构建社会主义和谐社会将贯穿社会主义现代化建设的始终，并在三个文明协调发展中逐步体现出来。

5. 社会主义和谐社会的概念及内涵。社会主义和谐社会就是，在保持社会主义基本制度的前提下，社会关系中的各个部分、各种要素处于一种相互协调、其功能处于最大优化状态的社会①。

所谓社会主义和谐社会，有两层含义：第一，这个社会是社会主义性质的社会，它不同于以往任何其他性质的社会，具有独特的内在的本质规定性，邓小平同志将社会主义的本质科学地概括为：解放生产力、

① 《构建社会主义和谐社会学习读本》，中共党史出版社2005年版，第28页。

发展生产力、消灭剥削、消除两极分化，最终达到共同富裕。第二，这个社会是和睦的、协调的。和谐包括人与自然之间的和谐、人与人之间的和谐、人与社会之间的和谐、社会结构之间的和谐。

“社会主义和谐社会”讲的是社会主义社会某一方面的属性，从逻辑学角度讲是一个属性范畴。也就是说，社会主义和谐社会是社会主义社会的一个属性，或者说“和谐”是社会主义社会的一个属性①。

（三）社会主义和谐社会的本质要求

1. 社会关系、社会结构和要素之间关系的和谐。具体地说，首先是经济关系、政治关系和思想关系之间的和谐，生产关系适应生产力、政治和观念的上层建筑适应经济基础的发展要求和需要。表现在实践方面，全社会的经济、政治和思想的协调发展，物质文明、政治文明和精神文明共同进步。另外，各地区之间、各行业之间等关系的和谐，也属于社会系统内部诸种要素之间和谐的范畴。我国这方面的社会矛盾和问题也是比较突出的。

2. 人与人之间关系的和谐。既包括个人与个人之间、群体与群体之间的关系，也包括个人与群体之间的关系。人与人之间的关系，本质上是一种利益的关系。所以，对于执政党来说，妥善协调和正确处理人们之间的各种利益关系，是实现人与人之间关系和谐的关键。

3. 人与社会之间关系的和谐。人与社会两者的关系，人是社会的主体。各种社会关系是人在其社会实践过程中发生和建立起来的。但是，社会关系一旦被建立起来并被固定化、制度化，就会规范和影响人的存在。因此，人的发展和社会的发展总是相互作用、相互制约的。而人和社会的和谐发展也就成为人们追求的理想和目标。

4. 人与自然之间关系的和谐。人所处的周围的自然作为人类生存的必备前提和条件实际上已经通过人的实践活动内化为社会的一部分，成为“人的无机的身体。”而且，随着历史的发展，人与自然的关系也必将愈益趋向融合和统一。因此，“和谐社会”理应包括人与自然的和谐关系在内。

---

① 李君如：《社会主义和谐社会论》，人民出版社2005年版，第10页。

（四）和谐社会与“四个率先”

“四个率先”是包头市建设中西部地区经济强市的重要目标和今后一个时期工作总体要求的重要内容，即在自治区和我国中西部地区率先发展，包括率先全面建设小康社会、率先基本实现现代化、率先建立完善的市场经济体制、率先落实科学的发展观。

构建包头和谐社会与实现“四个率先”是一个有机整体，密不可分。

1. 构建和谐社会与率先全面建设小康社会、率先基本实现现代化。率先全面建设小康社会是包头市2010年经济社会发展实现的第一步奋斗目标。率先基本实现现代化是包头市2020年在全面建设小康社会奋斗目标的基础上递进发展，是更高层次的第二步奋斗目标。在这里，我们把率先全面建设小康社会和率先基本实现现代化统一作为奋斗目标来论证与构建和谐社会的关系。

我们党提出和谐社会这个新概念是对“全面小康”知之较多、知之较深基础上的重大认识成果。一方面，全面建设小康社会包含了社会和谐的基本内容。党的十六大报告提出：“我们要在本世纪头20年，集中力量，全面建设惠及十几亿人口的更高水平的小康社会，使经济更加发展、民主更加健全、科教更加进步、文化更加繁荣、社会更加和谐、人民生活更加殷实。”党的十六大关于全面建设小康社会“六个更加”的标志性要求，明确地包含了“社会更加和谐”的基本内容。构建社会主义和谐社会同全面建设小康社会，都属于建设中国特色社会主义这个大范畴，两者的现实起点一致、目标一致、实践过程一致，它们是相互包含、相辅相成的。党的十六届四中全会进一步提出了构建社会主义和谐社会的主要内容。这表明，随着我国经济社会的不断发展，中国特色社会主义事业的总体布局，更加明确地由社会主义经济建设、政治建设、文化建设三位一体发展为社会主义经济建设、政治建设、文化建设、社会建设四位一体。

另一方面，努力构建和谐社会主义的过程也是全面建设小康社会的必要保证。作为社会建设过程，构建社会主义和谐社会及全面建设小康社会的重要内容，也是全面建设小康社会的重要条件。中国社会进入由人均 GDP1000 美元到 3000 美元的高风险关键时期。随着社会经济结构已经和即将发生的深刻变化，中国社会群体利益结构的调整必然会达到相当的程度。在新的形势下，中国社会当中各种各样的、大量的矛盾必然会不断出现，中国社会的安全运行面临着严重的挑战。为了防患于未然，为了实现社会的安全运行和健康发展，顺利渡过发展的临界点，关键在于构建一个和谐的社会，形成社会阶层之间良性的、公正合理的互动结构。应该认识到，构建社会主义和谐社会是我们抓住重要战略机遇期、实现全面建设小康社会、进而实现基本现代化宏伟目标的必然要求。

2. 构建和谐社会与率先建立完善的社会主义市场经济体制。和谐社会离不开经济发展。社会主义和谐社会就是要实现以人为本、充满活力、协调发展、稳定有序的社会。这之中，没有经济发展来支撑，和谐社会就等于无源之水，无本之木。这一方面是由于起点低，经济发展与人民群众日益增长的物质文化需要还存在较大差距，经济社会中的多种不和谐因素，仍然是发展不充分带来的；另一方面，社会主义和谐社会也是一个动态的发展过程，其必将随着经济发展和社会主义市场经济体制的完善而不断深化。

实现社会和谐必须保证经济和谐。社会主义和谐社会应当是充满创造活力、各方面利益关系不断得到有效协调及社会管理体制不断创新和健全的社会、稳定有序的社会。这就要求以完善的社会主义市场经济体制为保障的经济发展必须适应构建和谐社会的需要。

首先，必须是效率和公平协调发展。构建和谐社会要从过去那种单纯追求速度、盲目扩大数量的发展，转变到数量和效益相统一的发展方式上来。其次，应是统筹协调的发展。包括“五个统筹”，推进生产力和生产关系、经济基础和上层建筑相协调，推进经济政治文化的各个环节、各个方面相协调。这其中也包括经济发展自身的协调，主要是：①在制度层面，要正确处理坚持公有制为主体和促进非公有制经济发展的关系；②在运行层面，要正确处理市场机制和宏观调控的关系；③在分配层面，要正确处理按劳分配为主体和实行多种分配方式的关系；④在社会层面，要处理好发展与就业的关系。而经济发展的和谐必须以建立完善的社会主义市场经济体制为特征和体制保证。当前需特别关注的是：第一，经济发展的不协调加剧了社会不和谐；第二，经济结构的矛盾扩大为社会矛盾；第三，经济发展水平差距转化为社会差别。这都需要建立完善的社会主义市场体制来保证经济发展，为构建和谐社会提供坚实的经济基础。

3. 构建和谐社会与率先落实科学发展观。构建社会主义和谐社会与率先落实科学发展观具有内在的辩证统一关系。首先，构建和谐社会要以科学发展观为指导。科学发展观是用来指导我们如何发展，走怎样发展之路的大问题，是我国经济社会发展必须长期坚持的指导思想和基本原则，离开了发展这个主题，科学发展观就失去了意义；发展的目的是满足人民日益增长的物质文化需要，形成全体人民各尽其能、各得其所而又和谐相处的社会；和谐社会是经济社会发展基础上的和谐，是在不影响经济社会发展大局前提下的和谐，是社会持续前进中不断调适的和谐，是兼顾效益与公平辩证统一关系的和谐，离开了经济社会发展，也就无法构建和谐社会，即使构建了，也是低层次的、短暂的、不稳固的。因此，构建和谐社会，必须大力发展经济，不断推进社会全面进步，而经济社会的持续快速协调健康发展，又必须以科学发展观为指导。其次，贯彻落实科学发展观要以和谐社会为环境、条件和保障。经济发展与社会发展是辩证统一的关系，经济发展是社会发展的前提、基础和保证，社会发展为经济发展提供动力、支持和条件。随着人们物质文化生活水平的日益提高，人民群众对民主政治、精神文明，健康安全等方面的需求日益增长，必须要求社会经济协调发展。如果经济发展了，经济结构调整了，而社会结构调整缓慢，社会管理体制改革滞后，就业、腐败、分配不公、社会治安等矛盾突出，作为执政党又不能站在统揽全局的高度，正确引导和处理各种社会矛盾，就会使社会矛盾不断激化，轻则使经济社会发展停滞不前，重则社会动荡和倒退。因此，我们必须充分认识和谐社会对经济社会发展的制约和保障作用。

二、包头经济社会发展取得的成绩

跨入21世纪以来，是包头发展历史上不寻常的时期。综合经济实力大幅跃升，各项社会事业快速发展，人民群众得到更多实惠，城市综合竞争力显著增强，建设经济强市进程快速推进，走出了一条老工业基地跨越式发展的新路子，创造了令人瞩目的“包头模式”，具体表现在：

1. 国民经济快速健康协调发展。包头市“十五”计划提出到2005年全市生产总值达到360亿元以上，年均增长10%左右，人均GDP达到16000元左右。2004年，全市生产总值达到608.3亿元，为“十五”计划目标的1.69倍。2001年到2004年全市生产总值年均增长22.55%，高出“十五”计划确定目标12.6个百分点。2004年包头市人均生产总值实际为25404元，折合3072美元，为“十五”计划目标的1.59倍。

2. 固定资产投资快速增长。包头市“十五”计划提出全社会固定资产投资五年累计达到330亿元，年均增长10%。2001年包头市城镇以上固定资产投资完成65.2亿元，2002年完成109.41亿元，2003年完成223.65亿元，2004年完成340.1亿元，4年累计完成城镇以上固定资产投资738.36亿元，为“十五”计划目标的2.24倍，2001年至2004年年均增长61.2%，比“十五”计划目标高出51.2个百分点。

3. 消费品市场稳中趋旺。包头市“十五”计划提出社会消费品零售总额2005年要达到150亿元，年均增长12%以上。2004年，包头市社会消费品零售总额已达到177.5亿元，为“十五”计划目标的1.18倍，提前1年超额完成“十五”计划目标，2001年至2004年年均增长17.79%，高出“十五”计划确定目标5.8个百分点。

4. 财政收入快速增长。包头市“十五”计划提出到2005年全市财政收入达到40亿元，年均增长8%左右。2003年财政收入已达到50.2亿元，2004年达到73.3亿元，提前两年超额完成“十五”计划目标，2001年至2004年年均增长29.09%，高出“十五”计划确定目标21.1个百分点。

5. 城乡居民收入明显提高。包头市“十五”计划提出到2005年城镇居民人均可支配收入达到7600元，年均增长7%；农牧民人均纯收入达到3400元，年均增长6%。2004年，包头市城镇居民人均可支配收入达到11508元，为“十五”计划目标的1.5倍，2001年至2004年年均增长20.95%，高出“十五”计划目标13.95个百分点。2004年，包头市农牧民人均纯收入达到4136元，为“十五”计划目标的1.2倍，2001年至2004年年均增长13.17%，高出“十五”计划目标7.2个百分点。

三、包头经济社会转型时期的不和谐因素分析

许多国家的发展历程和经验表明，一个国家在人均国内生产总值突破1000美元以后，其经济社会发展就进入了一个关键阶段。在人均GDP1000美元到3000美元之间的发展阶段，既是一个国家经济社会发展的“黄金发展期”，也是“矛盾凸显期”。在这样一个时期，如果举措得当，就能够促进经济快速发展，实现社会的平稳进步；如果举措失当，就会导致经济发展的减缓、停滞甚至倒退，就会导致社会的两极分化和长期动荡。

改革开放以来，包头经济得到快速发展，到1996年，包头市GDP达到174.39亿元，人均GDP8969元，折合1081美元，实现了小康型社会。从1997年到2004年，用了8年时间，包头市GDP达到608.3亿元，人均GDP25404元，折合3072美元。但是，我们不能不看到，在包头市经济迅猛发展的同时，社会发展存在着滞后的问题，主要表现在：

（一）城乡发展不平衡

中国社会科学院有关调查报告表明：中国城乡收入差距在不断扩大，如果把医疗、教育、失业、保障等非货币因素考虑进去，城乡收入比率可能达到6:1，属世界最高，比津巴布韦还高。缩小城乡差距的关键是户籍制度改革，但不是简单撤销户籍制度，或给进城农民一纸户口，而是要制定没有城乡差别的、能惠及13亿人口的各种社会体制，包括平等的教育机会、就业机会以及社会保障和医疗制度等。

城乡二元结构是我国社会的基本形态和重要特征，包头也是这样。如果仅有包头市区的繁荣和发展，而没有农村的发展与稳定，就不能实现全面建设小康社会的目标，包头市也就不可能实现全社会的和谐。包头在一定程度上存在着“城市像欧洲，农村像非洲”这种不和谐的现

状，这是毋庸置疑的客观现实。

1. 城乡居民收入存在差别。2000～2004年城镇居民可支配收入年均增速18.22%，农牧民纯收入年均增速11.52%。城乡居民收入年均增速相差6.7个百分点；城乡居民收入差距由2.13倍，上升到2.78倍；城乡居民收入增速相差百分点由2.4上升到4.5。农牧民收入与城镇居民收入不仅在总量、增速上有差距，而且这些差距不是在缩小，而是在扩大，这与和谐社会的构建目标背道而驰，这要引起政府的高度重视（见表1）。

表1　2000～2004年包头市城镇居民与农牧民收入比较

类别 \ 年度	2000	2001	2002	2003	2004
城镇居民人均可支配收入（元）	5436	5883	6980	9216	11508
同比增长（%）	7.4	8.2	18.6	32.0	24.9
农牧民人均纯收入（元）	2548.43	2558.36	2863.64	3434.56	4136
同比增长（%）	5.0	0.4	11.9	19.9	20.4
城乡居民收入比较	2.13(倍)	2.30(倍)	2.44(倍)	2.68(倍)	2.78(倍)
城乡居民收入增速相差百分点	2.4	7.8	6.7	12.1	4.5

2. 农村牧区投入不足。2001～2004年第一产业固定资产投资缓慢，2001年、2003年、2004年投资为负增长；第二产业投资迅猛；第三产业投资呈上升趋势；投资结构第一产业所占比例小，呈下滑趋势。农牧业投资增速的下滑，说明该产业发展后劲不足；还说明农牧业增加值与投资不成比例，表明发展思路不清晰。在固定资产投资方面，农牧业得不到足够的重视，就会导致产业结构的不合理，这种不合理就是一种不和谐（见表2）。

（1）农村社会保障体系进展缓慢。在市区，社会保障体系不断完善，扩大了“低保”范围，按时足额发放养老保险金、失业保险金，基本做到了应保尽保。城市公共卫生体系较为完备，为城市居民健康提供了保障。但旗县区农村养老保险及最低生活保障仍然处于未启动或养老保险制度不健全、水平偏低状态。特别是缺乏社会养老保险，远不能适应目前农村经济快速发展的要求。

表 2　2001～2004 年包头市三次产业增加值与固定资产投资比较

项目		2001 数值	2001 增速（%）	2002 数值	2002 增速（%）	2003 数值	2003 增速（%）	2004 数值	2004 增速（%）
全市生产总值	GDP 总量（亿元）	248.1	9.0	333.02	20.6	450.19	31.5	608.3	28.5
	第一产业增加值（亿元）	18.6	-2.6	22.47	17.0	23.74	22.7	29.2	17.5
	占 GDP 的比重（%）	7.5		6.7		5.3		4.8	
	第二产业增加值（亿元）	148.6	8.5	180.36	21.8	253.37	36.4	348.2	31.1
	占 GDP 的比重（%）	59.9		54.2		56.3		57.2	
	第三产业增加值（亿元）	80.9	11.9	130.19	19.3	173.08	25.8	230.9	25.9
	占 GDP 的比重（%）	32.6		39.1		38.4		38.0	
固定资产投资	城镇以上固定资产投资（亿元）	65.23	20.9	109.47	67.8	223.65	104.3	340.1	52.1
	第一产业完成投资（亿元）	1.29	-1.7	6.15	367.7	4.07	-33.8	3.9	-4.2
	占固定资产投资比重（%）	2		5.6		1.8		1.1	
	第二产业完成投资（亿元）	35.46	24.3	52.21	47.2	138.42	165.1	227.8	64.6
	占固定资产投资比重（%）	54.4		47.7		61.9		67.0	
	第三产业完成投资（亿元）	28.48	18.1	51.11	79.5	81.16	58.8	108.4	33.6
	占固定资产投资比重（%）	43.6		46.7		36.3		31.9	

资料来源：①《包头统计年鉴》（2001～2004 年）；②《包头市 2004 年国民经济和社会发展统计公报》。

农村公共卫生体系还未真正建立，农民看病难的问题未能得到解决。现在农民有病不住院、硬扛，为什么？主要是农民进城看病的费用太高，看不起。还有的农村连个像样的卫生所也没有，打针要跑十多里路。据调查，包头市农村有 86% 的农民在生病时是自己随便买点药吃，只有 14% 的会选择到医院就医，但主要是乡里小诊所，因为城里医院高额的医疗费用是他们所承担不了的。而且，农村的医疗条件非常简陋，服务与收费的情况也不尽如人意。

（2）城乡教育存在着较大差距。包头市农村教育整体薄弱的状况还没有得到根本扭转，城乡教育差距还有扩大的趋势，教育为农村经济社会发展服务的能力比较弱小。随着农村小城镇建设的发展，农村中小学布局结构调整、师资队伍建设、校舍和寄宿制学校建设、实验仪器和图书的装备水平亟待提高和改善。进城农民工的子女上学问题和务工农民的技术培训问题还没有得到根本的解决。

（二）区域发展不均衡

从内蒙古自治区层面上看，包头市面临着来自呼包鄂经济圈的竞争与发展的压力。

1. 从经济规模分析：2004 年，呼市 GDP 为 600 亿元，包头 GDP 为 608.3 亿元，鄂市为 380.4 亿元，包头与呼市地区生产总值总量基本相同。但在增速上相比，呼市为 47.7%，包头为 28.5%，鄂市为 31.0%，增速呼市高出包头 19.2 个百分点，鄂市高出包头 2.5 个百分点，包头在增速位居第三，经济大市的地位不稳。

2. 从固定资产投资分析：2004 年包头为 406 亿元，排序在自治区第一；呼市为 315 亿元，排序在自治区第二；鄂市为 262.74 亿元，排序在自治区第三。可以看出三个城市都属于投入拉动型经济。呼市具有首府政治文化优势，鄂市具有资源优势，这是绝对的；而包头的经济优势则是相对的。包头搞得不好，经济大市有可能让位呼市，而人均 GDP 要让位鄂市。

3. 从产业结构分析：包头为 4.8∶57.2∶38.0，弱项是第一产业与第三产业。呼市为 8.3∶43.4∶48.3，而呼市的优势在农牧业结构优化，第三产业结构整体高出包头。在第二产业中，呼市内部结构调整较为充分，高科技产业增加值份额高出包头，轻工业比重高出包头，私有经济和中小经济贡献率高出包头，企业品牌数量也高出包头。也就是说，同样的投资，呼市产出大、效益高。这就不难看出包头存在着经济结构与产业结构的问题，应引起有关部门的重视。

4. 从财政收入分析：2004 年包头财政收入为 73.3 亿元，呼市为 60.9 亿元，包头多出呼市 12.4 亿元。但在可支配财力上，在转移支付方面呼市占有优势。实际上包头在实际支配财力上与呼市没有大的差别，甚至在某种程度上还赶不上呼市。

5. 从城乡居民纯收入分析：2004 年包头城镇居民可支配收入为 11508 元，呼市为 10166 元，鄂市为 8770 元，呼包鄂市有差距，但差距不大。在农牧民纯收入上，包头为 4136 元，呼市为 4005 元，鄂市为

3908 元，实际没有差距，呼包鄂三市在农牧民收入上处于粘连状态。

6. 从直接利用外资分析：直接利用外资可以表征出某一城市在改革的力度、开放的程度和未来经济发展速度状况。2004 年包头合同数为 28 个，合同外资金额为 1. 8 亿美元，而实际利用外资为 2. 5 亿美元。呼市合同数为 56 个，合同外资金额为 4 亿美元，而实际利用外资 2. 4 亿美元。鄂市合同数为 23 个，合同外资金额为 10 亿美元，而实际利用外资为 0. 6 亿美元。由此看来，外资、外商、外企是很看重呼市与鄂市。从区域经济来看，包头有大企业集团，有硬通货，有发展基础，但从竞争活力上不如鄂市与呼市，这就是包头面临的压力。包头应认清形势，团结奋斗，科学决策，调整经济结构和产业结构，转变增长方式，咬定发展不放松。

（三）经济与社会发展不协调

1. 社会发展相对滞后。包头在经济高速发展同时，存在着社会发展滞后的问题，有些问题达到非解决不可的地步，主要表现在：

（1）文化事业发展缓慢。文化基础设施虽有一定改善，但由于历史欠账过多，各级财政对文化事业建设投资不足，设施设备陈旧落后。适应市场经济的文化管理体制和运行机制尚未完全建立，国有文化企事业单位改革滞后，文化产业市场竞争力不强，经济效益欠佳，缺乏应有的生机与活力。

（2）教育事业经费不足。2003 年包头在财政预算支出中教育经费占 GDP 的比重仅为 1%，全国在 2001 年就已达到了 23%，与全面小康社会 40% 的标准更是相差悬殊，仅完成目标的 2. 5%。教育事业资金投入不足造成教育经费紧张。部分旗县区“两基”达标欠账较多，教师队伍素质参差不齐或教师缺乏，影响了学校办学条件的改善和教育教学质量的提高。一些学校基本建设资金存在缺口问题。学校布局不尽合理，有些学校校舍场地闲置，有些学校校舍场地紧张，造成学生就近入学困难。教育行政管理部门对民办学校管理不到位。进城务工农民子女入学还存在不少问题。国有大型企业分离中小学造成教育经费更加紧张。应试教育转型素质教育还存在较大差距。

（3）卫生事业保障乏力。由于条块分割管理，造成各级各类各种所有制卫生资源不能优化整合，卫生资源浪费和不足的矛盾并存；卫生事业投入不足，致使公共卫生体系与快速发展的经济建设不相适应，尤其是旗县区医疗卫生机构更为明显；爱国卫生工作存在差距，尤其城市卫生工作还有许多死角；农村牧区卫生事业长期投入不足，欠账过多，农村牧区卫生三级网建设远远达不到医疗服务的需求；传染病和地方病发病率仍然很高，严重威胁着广大群众的健康和生命安全；农牧民和城市弱势群体缺乏有效的医疗保障，难以抵御重大疾病风险；医院医生的医德医术（如收红包、责任心、医疗水平）还存在不少问题；医疗费和药费居高不下，使城乡弱势群体住不起医院，看不起病，小病躺着，大病扛着，因病返贫，群众反响较大。

（4）体育事业发展不平衡。城乡体育工作差距大，农牧区体育活动场所少、设施简陋，不能有效地开展体育活动；体育产业发展缓慢，社会体育消费尚未形成规模；体育经费严重不足，运动员待遇差，竞技体育人才外流严重；体育基础设施建设严重滞后，体育行政管理部门对大众体育活动指导和引导明显不够；竞技运动员的选拔、培养、训练体制和机制尚未建立。

（5）计生工作难度加大。稳定低生育水平难度加大。由于计划生育政策的松动，会增加出生人口数量，外来务工人员和农村计生工作难度增加；人口老龄化进程加快，养老问题突出；出生人口性别比例偏高，尤其农村牧区尚未建立社会养老保险制度，仍以家庭养老为主，注重男孩在养老中的作用，再加上非法医学鉴定，人为选择胎儿性别的现象仍然存在，将对人口安全、社会稳定造成影响。

2. 经济发展的不和谐对社会发展的影响。

（1）经济发展的不和谐加剧了社会不和谐。经济发展中存在的重复建设、盲目建设、片面追求速度的现象，已经不是单纯的经济现象，蔓延成为一种社会现象。由此引发的土地问题、拆迁问题、环境问题以及其他方面的社会问题比较集中，并呈现出群体性特点。

（2）经济结构的矛盾扩大为社会矛盾。过剩与短缺的矛盾不仅会对经济发展带来严重影响，也会对社会构成严重威胁。需求结构升级与经济结构调整滞后的矛盾，有进一步扩大社会性矛盾的趋势，现实生活中存在的多种不和谐因素，几乎都与此相联系，经济增长与资源紧缺的矛盾，会给社会正常的生产生活秩序带来影响，引发一定的社会矛盾。经济发展与扩大就业的矛盾。包头在经济快速增长的同时，就业增长比较缓慢，其中国有企业就业非但没有增长，反而逐年减少，使得经济发展中的就业矛盾日渐突出，并已经成为社会性问题。

(3) 经济发展水平差距转化为社会差别。改革开放以来，由于在经济发展中采取的差异性政策，使得部分地区和企业率先发展，形成了较为明显的经济发展水平差距。由于政策调整没有及时到位，经济发展水平差距硬化为一种格局，经济增长的成果不能惠及社会各个层面，不同的社会阶层在经济增长中所获得的收益明显不同，形成了明显的社会差距。

(4) 一些社会群体承担的改革代价与得到的补偿不对等。包头市是“一五”时期建立起来的重化工业大城市，包头地区的农民为工业化、城市化作出了重大贡献。目前包头农村的情况虽然有很大改变，但农民人均收入还很低，负担还很重。包头是国有企业比较集中的工业城市，改革开放以来，因为经济体制改革和经济结构的战略性调整，国有企业出现了为数不少的下岗失业职工（包括所谓放假、离岗退养、买断工龄的职工）。农民、产业工人曾为改革发展承担了相当大的成本或代价。从道理上讲，社会发展和改革所付出的代价本应由全社会来分担，但是实际上主要由工人、农民尤其是其中一部分人（比如失地、或无地农民和下岗的产业工人）来承担；同样的，社会发展和改革的成果本应当由全社会来分享，但是受益层面不普及，受益主体不广泛。对农民、产业工人等社会群体为改革发展所承担的代价和作出的贡献，还没有得到适应的补偿。为什么强调这个问题？因为产业工人和农民过去、现在和将来都是党依靠的基本力量和执政的阶级基础。

（四）人与自然发展不和谐

人类作为有生命的存在物，起源、依赖于自然界，属于自然系统的一个组成部分。同时，人类作为有意识的社会存在物，又以其自觉能动的实践活动改造自然，实现自身生存和发展的目的。自然界是人类生存和发展的前提条件，实现人与自然的和谐共生，是人类健康持续发展的需要。

包头市是伴随着新中国建立而发展起来的重化工业城市，传统产业集中，粗放型经济增长模式（高投入、高消耗、高污染、低产出）特征明显，造成包头市环境压力巨大。据统计，2003 年包头市工业废水排放总量 7900.99 万吨，工业废气排放总量 2105.03 亿标立方米，工业二氧化硫排放量 12.07 万吨，烟尘排放量 8.23 万吨、工业粉尘排放量 4.26 万吨，工业固体废物产生量 1564.84 万吨。2003 年包头Ⅱ级以上良好天气为 110 天（2004 年Ⅱ级以上良好天气为 178 天），这说明包头市全年起码有一半的天气处于轻度污染和重度污染之中。

2004～2005 年有关媒体两次报道包头环境问题：2005 年 2 月 24 日《文摘报》报道包头石拐高耗能工业小区造成环境污染情况；2005 年 4 月 10 日，中央电视台《经济半小时》播出节目《黄河能活几年》指出，包头在饱受黄河上游污染之痛的同时，它也把滚滚污水排向黄河。据包头市环保局提供的数据，2004 年，黄河水在刚刚流进包头的时候，全年四类水质占 66.7%，五类水质占 16.7%，劣五类水为 0；而当黄河流出包头的时候，全年四类水质占 25%，五类水占 33.3%，劣五类水占 25%。这些数据表明，包头本身对黄河造成了严重的污染。全市人均水资源仅为 440 立方米，远远低于全国人均 2040 立方米的平均水平。电力短缺是当前一大社会热点。但是，电力对环境的压力同样是需要社会关注的大问题。据统计，目前我国火力发电及供热用煤占全国煤炭总产量的 51%，产生的灰渣约占全国的 70%，火电用水量占工业用水总量的 40%，烟尘排放占工业排放的 33%，二氧化硫排放占工业排放的 56%。电力是名副其实的排放大户。包头在加快发展电力企业建设步伐时，应认真考虑电力对环境造成的压力和水资源条件。

由于包头钢铁产业总量快速扩充、迅猛发展（包钢 2005 年达到钢铁 700 万吨，2007 年达到 1000 万吨。大安、吉鑫、吉宇等一批钢铁民营企业落户包头），对铁矿资源的需求迅速加大，铁矿石紧张矛盾比较突出，造成达茂、固阳县的小矿山无序采矿，白云铁矿资源也被私挖乱采，使这些地区的植被受到严重破坏，本来脆弱的生态环境更加脆弱。

包头循环经济实施滞后。传统的工业经济发展模式呈“资源—产品—废物和污染排放”的线性特征，经济速度发展越快，付出的资源环境代价越大，最终将丧失发展的基础和后劲。循环经济则改变线性发展模式，呈现出“资源—产品—再生资源”的技术特征，以最小的资源和环境成本，取得最大的经济社会收益。

（五）对外经济发展不合理

2004年全市外贸进出口总额达到8.0亿美元，其中出口总额4.3亿美元。有外商投资企业150户，实际利用外资2.5亿美元。全年引进区外资金108.8亿元。对外经济发展不合理主要表现在：一是引进项目，传统产业项目多，而高科技产业项目少；重化工业项目多，而轻纺项目少，项目投资结构不合理；二是在外贸出口方面，原材料产品份额大，而产成品份额少，原材料与产成品出口比大约为7:3到8:2之间，出口结构不合理。

从以上数字可以看出，包头市无论是进出口贸易，还是外商投资，总体规模小，不仅与东部地区相比远远不足，就是与西部地区的成都、西安市等城市相比也有明显的差距（2004年成都市外贸进出口总额为33.65亿美元，实际利用外资7.54亿美元；西安市进出口总额为30.93亿美元，实际利用外资2.76亿美元），未能形成经济推动力。

四、和谐社会的构建思路

1. 以科学发展观为统领。构建和谐社会，涉及经济、政治、文化、思想和社会协调等各个方面，从其内部联系看，应该以科学发展观为统领，切实做到“五个统筹”。包头应在已有研究和实践成果的基础上，着力在研究“五个统筹”的内在机理上下功夫，并将物质文明、政治文明、精神文明、生态文明建设与和谐社会建设统一考虑，寻求更大范围的统筹。

2. 以促进人的全面发展为基础。构建和谐社会，从根本上说应该着眼于人。这不仅仅是因为社会是以人为细胞组成的，而且因为人的自由而全面发展是社会主义社会的本质。在现阶段，由于社会经济条件的限制，包头还不能完全做到人的全面发展，但不断促进人的全面发展是各级政府必须担负的历史责任。因此，构建和谐社会，必须坚持以人为本，不仅要在经济发展的基础上不断满足人们日益增长的物质文化需要，而且要相应提高人自身的各种素质，同时在体制上保障人民群众参与政治生活和社会生活权利的实现。以人为本，逐步实现人与人之间的全面发展，人与社会之间的协调发展，人与自然界的可持续发展，这应该是构建和谐社会的根本出发点。

3. 以市场取向和改革为动力。我们正处于经济转轨与社会转型的特定历史时期，社会方面诸多不和谐的深层原因之一是体制性原因，有相当多的社会矛盾与体制完善有关，包括农村土地制度、国有企业产权制度、收入分配制度、社会保障制度、税收制度以及政府管理制度等方面的不完善。因此，构建和谐社会的过程，将是一个深刻的以市场化改革为取向的制度变迁或体制创新的过程。要以体制改革为动力，通过深化改革，切实克服影响社会和谐的体制机制弊端，建立新的社会制度规范，为和谐社会提供新的体制保障。

4. 以实现社会公平正义为着力点。当前，总的来说，社会是稳定的，但社会的公正程度与和谐程度还不够理想，有些方面潜伏着不稳定因素。因此，构建和谐社会，就社会关系本身来说，必须注重社会公平，搞好社会管理，正确反映和兼顾不同方面群众的利益，正确处理人民内部矛盾和其他社会矛盾，妥善协调各方面的利益关系，尽量把不稳定因素化解在初始状态，以免酿成大的事端。我们要特别关注劳方与资方之间的平衡关系，关注农民打工群体的权益保护，关注“三无”农民（种田无地、上班无岗、低保无份）的利益落实，关注社会教育、医疗卫生与社会保障的推广，创造性地开展群众工作，真正使人民群众安居乐业，保障社会稳定和长治久安。

五、对策与建议

（一）构建和谐社会的指导思想和基本原则

1. 指导思想。包头构建和谐社会的指导思想是：以邓小平理论和“三个代表”重要思想为指导，坚持以人为本，牢固树立和全面落实科学发展观，保持经济持续快速协调健康发展，夯实和谐社会建设的物质基础；发展社会主义民主，加强和谐社会建设的政治保障；落实依法治市、科学治市与民主治市的基本方针，健全建设和谐社会的法律保障；加强思想道德建设，巩固和谐社会建设的精神支撑；妥善协调各方面的利益关系，维护和实现社会公正和正义；营造良好的社会环境，增强激发全社会的创造活力；推进社会管理体制的创新，加强社会建设和社会管理；处理好人民内部矛盾，维护改革发展稳定的大局；加强生态环境建设与治理，实现人与自然的和谐共生；健全工作机制，维护社会稳定；加强和改善党的领导，努力构建社会主义和谐社会。

2. 基本原则。

——必须坚持社会主义基本制度。构建社会主义和谐社会，必须坚持以邓小平理论和“三个代表”重要思想为指导，坚持社会主义的基本制度，坚持走有包头特点的经济社会发展的道路。

——必须树立和落实科学发展观。构建社会主义和谐社会，必须坚持以经济建设为中心，以发展为第一要务，坚持“五个统筹”，促进包头社会主义物质文明、政治文明、精神文明、生态文明建设与和谐社会建设全面发展。

——必须坚持以人为本。构建社会主义和谐社会，必须始终把包头人民群众的根本利益作为政府工作的根本出发点和落脚点，在经济发展的基础上不断满足人民群众日益增长的物质文化需要，促进人的全面发展。

——必须尊重人民群众的创造精神。构建社会主义和谐社会，必须尊重人民群众的创造精神，通过深化改革、创新体制，调动一切积极因素，激发全社会的创造活力。

——必须注重社会公平。构建社会主义和谐社会，必须正确反映和兼顾不同方面群众的利益，正确处理人民内部矛盾和其他社会矛盾，妥善协调各方面的利益关系。

——必须正确处理改革发展稳定的关系。构建社会主义和谐社会，必须正确处理改革发展稳定的关系，坚持把改革的力度、发展的速度和社会可以承受的程度统一起来，使改革发展稳定相互协调、相互促进，确保包头人民群众安居乐业，确保包头社会政治稳定、长治久安。

（二）提高对构建和谐社会的认识

社会主义和谐社会实质上是社会主义基本矛盾不断得到调整的社会。按照唯物史观的基本原理，生产力和生产关系、经济基础和上层建筑之间的矛盾，构成了人类社会的基本矛盾。在社会主义条件下，生产关系和生产力之间，上层建筑和经济基础之间，虽然基本上是相适应的，但仍然存在着矛盾。从深层次看，现实社会生活中出现的种种“不和谐”，实质上是生产关系和上层建筑某些方面、环节不适应生产力发展造成的。所以，构建社会主义和谐社会，必须不断地调整、改革不适应生产力发展的生产关系、上层建筑的某些方面、环节，建立和完善适合于生产力发展的经济、政治、文化等各方面的体制。这是构建社会主义和谐社会的深层底蕴。

（三）由经济高速发展应向经济持续快速健康发展转变

包头经济建设存在的突出问题，是结构不合理，经营方式粗放，经济增长方式单一。当前，包头经济结构不合理主要表现在产业结构、布局结构、所有制结构不合理，地区发展不协调，城镇化水平低，工业生产技术水平落后，地区经济的整体素质还不高。

今后，应该着眼有利于经济发展后劲的增强，经济实力和核心竞争力的提高，以及可持续发展的要求来调整和优化经济结构。必须坚持走科技含量高、经济效益好、资源消耗低、环境污染少、人力资源优势得到充分发挥的新型工业化道路。必须加快转变经济增长方式，充分发挥科学技术作为第一生产力的重要作用，注重依靠科技进步和提高劳动者素质，加快推进经济结构战略性调整，显著提高经济增长的质量和效益。

（四）牢固树立和全面落实科学发展观，坚持统筹城乡协调发展

重点是解决好两个方面的问题：一是包头在加速推进新型工业化的进程中，不能牺牲“三农”利益，而是应该工业反哺农业。二是促进“三农”问题裂变，即大力推进农村富余劳动力转移，使更多的农民变成市民；大力发展农业产业化经营，推进农村工业化；大力发展小城

镇，推进农村城镇化。工业化、城镇化的过程，就是农村分工分业的过程，也就是说，要用工业化富裕农民，用产业化发展农业，用城镇化繁荣农村。同时，大力推进农业现代化，大幅提高农业劳动生产率。

1. 合理调整国民收入分配结构和政策，建立工业反哺农牧业新机制。“工业反哺农业”，是对新型工农关系和城乡关系的一种概括，是对“农业哺育工业”的升华转化。实行“工业反哺农业”，既是解决好“三农”问题的必然要求，也是落实科学发展观，促进包头经济社会协调发展的必然要求。工业化国家发展的历史表明，在工业化初始阶段，农业支持工业，为工业提供积累是带有普遍性的取向；但在工业化达到相当程度后，工业反哺农业、城市支持农村，实现工业与农业、城市与农村协调发展，也是带有普遍性的取向。包头作为重化工业城市已具备了工业反哺农业的基础和条件。

包头农牧业进一步的发展，首先需要切实加强对农牧业的投入，建议财政用于农牧业发展所占的比重，必须有显著的提高，这个比重应该符合农牧业在包头发展中的应有地位，至少不应该低于全国的平均水平。

除了在财政上增加投入外，继续认真落实有关农牧业的各项优惠政策，深化农牧区的各项改革，依法保护农牧民的合法权益，切实减轻农牧民负担。

2. 农牧业和农村牧区自身要加快发展，推进城镇化。加快小城镇发展是促进农业现代化、加快农村劳动力转移、提高农村城镇化水平和农民增收的重要举措，也是包头经济快速健康发展的重要推动力。在农村现有人口向小城镇转移和集中的基础上，继续积极引导农村人口向小城镇聚集，同时吸纳镇区以外的劳动力入镇，使直接减少的劳动力通过承包地使用权的流转，促进土地转向集约化经营，为实现农牧业产业化创造条件。加快培育和发展区域内主导产业，增强小城镇的发展潜力。民营企业是小城镇重要的物质基础，应制定优惠政策，降低民营企业的经营成本，尽可能把城镇范围内的民营企业集中到小城镇。依托城市充分发挥当地的资源优势，将原来分散布局的企业通过重大技术改造迁往小城镇内，形成规模经济和聚集效益，以此带动小城镇的第三产业发展，增强小城镇的辐射功能。

在小城镇建设资金匮乏的情况下，必须拓宽多种渠道、采取多种方式、实行优惠政策、动员社会各方面力量参与小城镇建设。

3. 统筹城乡体制改革，消除体制性障碍。逐步建立城乡统一的劳动就业制度、户口管理制度、义务教育和税收制度等。逐步形成有利于城乡相互促进、共同发展的体制和机制。

4. 提高农牧业综合生产能力。尤其是要加强优质农畜产品基地和绿色食品的基地建设。同时要改善农牧区基础设施建设，重点是农牧区的交通、供电、供水、通讯等设施。大力开展对农牧民的科技文化知识和市场经济知识的培训教育，提高农牧民的综合素质。

5. 加快社会化服务体系和产业化经营体系建设。按照“强化公益性职能、放活经营性服务”的要求，深化农牧业经济技术服务部门的改革。大力推进农牧民专业合作组织的发展，坚持“民办、民管、民受益”的原则，确实做到农民自愿、管理民主、平等互利，让农民在合作中得到更大的实惠。农牧业是一个高风险产业，可采取财政拨付保险基金和减免税收，或政府出资、社会投入建立农牧业风险保险服务体系，支持农牧业保险事业的发展。农牧业的现代化离不开农牧业的产业化。加强农牧业产业化经营体系建设是推进农牧业生产经营的规模化、市场化和专业化的有效途径。同时，应完善农畜产品市场体系建设。

（五）转变经济增长方式，保持经济快速健康发展

包头工业化走的基本上是靠要素投入驱动的传统工业化道路。面对严峻的资源供求形势和不断增大的环境压力，推进经济增长方式从要素驱动型向创新驱动型的根本转变，实现经济高质量、高速度的增长已经成为必然。

1. 要按照新型工业化的要求，坚持以增量的扩张来带动存量结构的调整，从重点行业先行突破，以科技创新，带动企业、产业实现质的提升。资源加工型项目，要走大型化、规模化发展的道路，淘汰规模低下、高能耗、低产出的落后企业。大力发展资源消耗低、就业容量大的第三产业。积极发展循环经济，合理开发、有效利用各种资源。大力推进清洁生产。推进节能降耗和资源综合利用，不断降低能耗和物耗，减少污染物排放，为新的产业发展腾出环境空间。倡导绿色生活和消费，

构建资源节约型社会。逐步建立和完善绿色 GDP 核算体系。

2. 技术进步是经济增长方式转变的物质技术基础，完善的经济体制是经济增长方式转变的根本保障。着眼于促进包头市工业整体素质提高和培育企业核心竞争力，提高支柱产业的工艺、技术水平。要针对目前还广泛存在的科技开发与工业生产联系不够紧密的问题，鼓励有条件的大中型企业建立自己的科技开发中心，促进技术创新组织方式的调整，使企业成为技术创新的主体。要从经济发展整体出发，以产品和产业群为纽带，着力构建专业化分工与协作配套体系，积极推进中央、自治区所属企业与市属企业的双向协作，以点带面，不断加快企业技术进步。要继续重视引进国内外的先进技术，以缩小与世界先进水平的差距。要完善政绩考核制度，促进各级政府把科学发展观落到实处。要健全政府科学技术计划项目的技术转移与扩散机制，在有效保护知识产权的基础上，加快新技术的扩散，最大限度地实现新知识、新技术的外部效应。

（六）继续进行经济结构调整，走新型工业化道路

1. 调整产业结构，加快循环经济发展。包头经济结构调整的主要工作应该是减少、关闭或转移资源消耗高、综合利用率低的产业部门，重点发展资源消耗低和综合利用率高的资金和技术密集型产业。通过产业结构的调整，特别是通过构建资源节约和综合利用效率，挖掘节能潜力，推进循环经济的发展。具体地讲，一是加快传统工业产业技术改造，以节能降耗、综合利用和提高环保效益的工艺和新技术为重点，加快黑色冶金、铝业、装备制造、电力、稀土等产业的技术改造和设备更新，通过技术创新，提高产业的设计和制造水平；二是坚决淘汰技术落后和超过市场容量的过剩生产能力，关停技术水平低、耗能高、生产工艺落后、对环境污染严重企业；三是加快发展资源消耗低的资金和技术密集型产业，新建项目要尽可能提高技术起点，采用新技术、新材料，并按照合理的经济规模组织建设。

2. 大力发展第三产业，提高第三产业在产业结构中的比重。要提高服务业整体规模，完善和优化服务业内部结构，逐步提高生产性服务业和现代服务业的比重。完善和整合基础设施。要通过优化服务业要素

配置、引入竞争等手段，提高服务业的竞争力和效益水平，进而提高服务业自我发展的能力。

要加快服务业重点领域的发展。大力发展现代物流产业，提高物流企业经营水平，提高物流业综合性、全过程、集成化的现代物流服务水平。大力发展金融服务业，完善资本市场体系。鼓励和引导机器设备租赁业的发展，为延长产业链、实施工业强市战略提供支持。争取在国家有关期货市场上设立稀土或者其制品的期货品种，使得稀土企业参与国际价格的决定和形成过程，保护包头和国家的利益。大力发展信息产业。大力发展基于自身优势的旅游业和民族文化产业。完善熟练劳动力培训体系和高端人才市场。

3. 发展壮大民营经济，促进非公有制经济健康发展。民营经济是国民经济发展的强劲动力，民营经济更快更好地发展，有利于市场经济制度的进一步完善。要进一步拓宽民营经济发展空间，积极引导社会资本投向主导产业、支柱产业，投向基础设施、教育、文化、卫生等公益事业。降低民营企业准入门槛，支持民间资本进入国家没有明令禁止的领域。完善中小企业信用担保体系，增强担保实力，积极为民营企业融资做好服务。依法保护民间投资者的合法权益，切实帮助民营企业解决发展中的困难，引导民营经济向科技型、外向型、规模效益型方向发展。鼓励民营企业创新组织结构，规范管理，逐步建立现代企业制度。

（七）推进体制改革，加强和谐社会建设

1. 深入研究社会管理规律，推进社会管理体制创新。社会管理，就是通过制定社会政策和法规，依法管理和规范社会组织，社会事务，协调社会矛盾，调节收入分配，保证社会公正，维护社会秩序和社会稳定。

目前，包头在一些方面已有了一些应急机制，并在实践中发挥了很好的作用。但从总体上看，预警和应急机制还不完善。应进一步深入研究，统筹考虑，注意借鉴国外和其他城市的有益经验，切实加强应急机制和能力建设，努力形成一套集中领导、统一指挥、结构完整、功能全面、反应灵敏、运转高效的应急机制，以提高应对各种突发事件和风险的能力。

建立健全处理新形势下人民内部矛盾和各种社会矛盾的有效机制、社会治安综合治理机制、城乡社区管理机制等社会管理机制，进一步完善社会管理和公共服务的职能，提高社会管理水平，改善公共服务质量。

建议今后一个时期，应深入研究社会管理规律，完善管理体系和政策法规，整合社会管理资源，建立健全党委领导、政府负责、社会协同、公平参与的社会管理格局。要更新管理理念，创新管理方式，拓宽服务领域，发挥基层党组织和共产党员服务群众与凝聚人心的作用，发挥城乡基层自治组织协调利益、化解矛盾、排忧解难的作用，发挥社团、行业组织和社会中介组织提供服务、反映诉求、规范行为的作用，形成社会管理和社会服务的合力。

2. 转变政府职能，加强社会管理和公共服务职能。经济体制改革的推进和深化，在很多方面都要触及政府职能和行政管理体制。因此，应更新管理理念，创新管理方式，拓宽服务领域，转变政府职能，为构建和谐社会提供良好的社会管理体制环境。

建议进一步调整政府机构设置，理顺部门职责分工。根据社会主义市场经济条件下的政府职能定位，市政府要进一步完善宏观调控和经济调节，健全国有资产监督管理，改革垄断性行业管理，规范市场监管、经济监督和社会管理，增强公共服务，促进各项社会事业协调发展，实施可持续发展战略。

在进行上述改革的同时，还应推进各项配套改革。根据国家公务员法完善我市公务员实施细则；推进依法行政，严格按照法定权限和程序行使权力、履行职责，实现政府职责、机构和编制的法定化；进一步减少和规范行政审批，发展电子政务，改进管理方式，推行政务公开，提高政府管理和服务水平；建立健全各种预警和应急机制，提高政府应对突发性事件和风险的能力；完善安全生产监管和环境保护监管体系；继续推进事业单位改革。

3. 健全社会保险、社会救助、社会福利和慈善事业相衔接的社会保障体系。社会保障体系是国家通过立法和国民收入再分配，对社会成员由于年老、疾病、伤残、失业、贫困、低收入等多种原因出现生存困难时提供基本生活需要的一系列政策制度。社会保障体系是建立社会主义市场经济体制的一项重要内容，是中国特色社会主义事业的一项带有根本性的制度。健全的社会保障体系是市场经济发展的推进器，也是社会稳定和谐的安全网和减震器。

社会保障体系包括社会保险、社会救济、社会福利、社会优抚安置和国有企业下岗职工基本生活保险等方面，其中社会保险包括养老保险、医疗保险、失业保险、工伤保险和生育保险五个项目。

包头正处在经济体制深刻变革和经济结构重大调整的过程中，完善社会保障体系，不仅是重大的经济问题，也是重大的政治问题，建立健全同经济发展水平相适应的社会保障体系，对于构建和谐包头具有极为重要的意义。我们认为，应做好以下六个方面的工作：

一是完善城市职工基本养老保险制度。要完善企业职工基本养老保险制度，坚持社会统筹与个人账户相结合，逐步做实个人账户。将城镇从业人员纳入基本养老保险。改革机关事业单位社会保障制度，探索建立符合机关事业单位和企业特点的养老保险制度，形成多层次养老保险制度和体系。

二是建立健全失业保险制度。实现国有企业下岗职工基本生活保障向失业保险并轨。下岗职工陆续离开再就业服务中心，直接进入劳动力市场。保障基金由用人单位和职工共同负担，财政给予必要补贴。强化保障基本生活与鼓励再就业相结合的机制，更好地发挥失业保险在“保生活”和“促就业”方面的作用。

三是全面落实城市居民最低生活保障。必须全面落实城市低保制度，切实贯彻属地管理原则，符合条件的城市困难居民都要纳入低保范围，做到应保尽保。建立城市低保对象家庭备案制度，规范收入审核和待遇申领程序，完善低保工作法规和程序，确保实现公开、公平、公正。建立稳定的财政预算，多渠道筹措资金。探索建立城市社会救助体系，从多方面保证困难家庭的基本生活。

四是积极推进医疗保险体制改革。在进行职工医疗保险、医疗卫生和医药管理体制改革的基础上，逐步将基本医疗保险覆盖城镇大多数从业人员。

五是探索建立农村和小城镇养老、医疗保险和最低生活保障制度。首先尽快研究制定进城务工农民、被征用土地的农民以及农转非人口的养老保险制度，再逐步过渡到其他农村人口。在有条件的村镇，可以从实际出发，采取自主自愿、民办公助、分散决策、标准有别的办法，探索适合当地特点的养老保险和医疗保障制度，并与家庭赡养、土地保障和社区扶持相结合，共同保障老年农村和城镇居民基本生活。比较富裕的农村可探索农村居民最低生活保障的办法。

六是合理确定社会保障标准和水平。既要保障离退休人员、失业人员基本生活和职工基本医疗需要，又不能超过社保基金承受能力，避免导致社会基金入不敷出，财政不堪重负，给社会经济长远发展造成负面影响。

4. 发展教育事业，提高国民素质。认真贯彻落实《中共中央国务院关于深化教育改革全面推进素质教育的决定》、《国务院关于基础教育改革与发展的决定》、《国务院关于进一步加强农村教育工作的决定》精神，按照西部大开发“科教兴市”战略的总体要求，以全面推进素质教育为目标，以进一步巩固提高“两基”达标成果为重点，以依法治教、加大教育投入为保障，积极发展职业教育、成人教育和高等教育，优先重点发展民族教育，鼓励、支持社会力量举办各类教育。要深化教育体制改革，优化教育结构，合理配置教育资源，加强校长、教师两支队伍建设，努力改善办学条件，进一步加强教育信息化建设，全面提高教育教学质量，逐步实现教育现代化。

5. 加强公共卫生事业体系的建设，促进卫生事业与社会经济同步发展。第一，要整合、充分利用现有的卫生资源，对包头市现有的医疗卫生机构，尽可能实行统一管理，科学配置。第二，要不断加大卫生与经济发展相适应，满足人民群众对医疗卫生服务日益提高的要求。第三，要加强爱国卫生工作。要采取强有力的措施，消灭卫生死角，改善城乡居民的居住环境。另外要普及健康教育，推广合理膳食结构，提倡身心愉悦，切实提高人民的生活质量。第四，要继续防止传染病和地方病的发生。保证鼠防、改水等专项资金的落实，严防结核、肝炎、性病等防治难度较大传染病的重新抬头。

（八）加强生态环境建设与治理，实现人与自然的和谐共生

1. 高度重视资源开发、环境治理、生态保护工作。要进一步加强

资源勘探和考察工作，按照建立节约型社会的要求，切实保护耕地资源，科学利用水资源，合理开发矿产资源，不断提高资源综合利用水平和加工深度。要以大气、水体和固体废弃物为重点，进一步完善环境保护管理和服务体系，切实加强环保执法监督力度。严格执行“三同时”政策，加强环境影响评价工作。要以生物措施和工程措施为手段，加快重点地区的生态治理。开展“生态恢复工程”，继续加强自然保护区建设，建设环包头市区绿色生态圈。进一步增加对生态环境保护资金投入。

2. 继续加强交通基础设施建设和城市基础设施建设。建成区际畅通，内部成网的现代立体交通网络，是包头经济发展和小康社会建设对交通运输业提出的迫切要求。包头要以提高城市综合竞争力为核心，按照全力推进工业化、信息化、精心打造区域经济中心的要求，增加交通对外出口，扩大产品外运能力。要完善城镇基础设施体系，把包头建设成为设施完善、管理有序、环境优美、交通便捷、特色鲜明、宜人居住、带动全区、影响周边，具有北方地区特色的国家生态园林城市，为包头率先全面建成小康社会提供良好的城市基础设施保障。

3. 加强水利基础设施建设。包头是严重缺水城市。随着一批大工业项目的建设和投产，工业用水将呈跳跃式增长，居民生活用水也将稳定增加，水利成为包头经济社会发展的决定性因素。为此，要大力调整全市的用水结构，重点建设一批节水工程，完善城市供水网络。特别要在农业节水灌溉方面加大投入，加紧建设，取得突破。要加快建立水源地、给排水、污水处理等城市水利、水务项目的市场化运行机制，更多采用社会资金建设水利项目。

（九）扩大对外开放力度，建立和壮大开放型经济

1. 加大利用外资力度。要着力提高经济外向度，重点抓好外资利用，内外并举，实现跳跃式发展。要优化引资结构，加强与外资密集地区、境外投资商的联系；注重创新招商理念，不断创新招商模式，拓宽范围和渠道，以高质量的要素催生高质量的产业。要加强社会信用体系和制度建设，努力营造良好的招商引资环境，逐步建立统一、公平、公开的市场准入和监管制度。

2. 努力扩大对外贸易。要推进经营主体、出口商品、贸易方式和出口市场多元化，提高经济的外向度。继续优化出口商品结构，全面提高出口产品质量和科技含量。实施市场多元化战略，在巩固亚洲市场的同时，大力开拓俄罗斯、蒙古和欧美非等市场。要把对外贸易与产业、产品结构的调整和优化紧密结合起来，扩大钢铁、稀土、电子电器、重型汽车和绒、麻、棉、纺织等产品的出口。要加快满都拉口岸和国际集装箱中转站的发展，培育发展口岸经济和物流产业。努力增加高新技术设备和产品的进口，加快技术引进步伐，加快同国际经济技术接轨与融合的步伐。

3. 加强国内、国际区域经济技术合作。要以互惠互利、实现“双赢”为原则，以企业为主体，以合作开发利用俄、蒙资源为重点，以口岸为依托，加强与俄、蒙的经济技术合作。支持有比较优势的各类企业开展跨国投资和经营，通过在俄、蒙境内兴办资源开发加工型企业，加快建设面向俄、蒙市场的资源深加工体系，促进对俄、蒙木材和矿产等战略资源的综合利用。要着力加强与东部发达地区的合作，主动争取在资金、技术、信息、人才方面的支持，互利互惠确定合作项目，提高合作的针对性和成功率。利用已有产业基础、配套能力和低廉的非资本要素及西部大开发政策的优惠，采取并购、贴牌加工等方式，吸引东部产业向包头转移。着眼于资源的跨区域整合，加强与西部地区的分工协作。根据市场需求和本地区优势，积极支持企业进行市内外的联合兼并。

社会主义和谐社会的提出适应了新世纪新阶段我国经济社会发展的新要求和我国社会出现的新趋势新特点。社会主义和谐社会建设是一项艰巨复杂的系统工程，政府应继续加强和改善对构建社会主义和谐社会工作的领导，把和谐社会建设摆在全局工作的重要位置，建立有效的领导机制和工作机制，认真研究解决重大问题和突出问题，不断认识和把握新形势下和谐社会建设的特点和规律，让发展更科学、让社会更和谐，努力实现包头经济与社会协调发展，早日进入全面小康社会，率先实现现代化。

参阅资料

1. 江泽民：《全面建设小康社会，开创中国特色社会主义事业新局面》（江泽民同志在中国共产党第十六次全国代表大会上的报告，2002 年 11 月 8 日），《江泽民文选》第 3 卷，人民出版社 2006 年版。

2. 胡锦涛：《深刻认识构建社会主义和谐社会的重大意义，扎扎实实做好工作，大力促进社会和谐团结》，《人民日报》2005 年 2 月 20 日。

3. 胡锦涛：《加强调查和研究，着力提高工作本领，把和谐社会建设各项工作落到实处》，《人民日报》2005 年 2 月 23 日。

4. 邢贲思：《完善社会主义市场经济体制》，人民日报出版社 2003 年版。

5. 《构建社会主义和谐社会学习读本》，中共党史出版社 2005 年版。

6. 李君如：《社会主义和谐社会论》，人民出版社 2005 年版。

7. 李建中：《2005 年包头经济社会发展的政策取向研究》，《综合研究》2005 年第 4 期。

包头钢铁产业发展趋势分析

（2005 年 10 月 14 日）

王德山

目前，我国钢铁工业发展的现实是，每年以 20% 左右高速增长，中国已成为世界最大钢铁生产和消费国，但仍还存在着诸多问题：生产力布局不合理，产业集中度低，产品结构矛盾突出，技术创新不强，低水平能力过大等等。这些问题已到了非解决不可的地步。

站在全国钢铁工业发展的高度，思考包头的钢铁产业应该如何发展，围绕这个问题，理出一条清晰的思路，引导钢铁产业健康发展。

一、解读《钢铁产业发展政策》

由国家发展和改革委员会（以下简称“发改委”）同有关部门制定的，并经国务院常务会议审议并原则通过的《钢铁产业发展政策》在 2005 年 7 月颁布实施。

此次出台的《钢铁产业发展政策》把贯彻落实科学发展观，走新型工业化道路作为一条主线，是加强和改善宏观调控的重要手段。我们对《钢铁产业发展政策》理解如下：

1. 提高行业准入门槛。此次颁布的《钢铁产业发展政策》，对进入钢铁行业的企业资质、规模、技术装备等提出了具体的准入标准。明确提出：“原则上不再单独建设新的钢铁联合企业、独立炼铁厂、炼钢厂，不提倡建立独立轧钢厂。新增生产能力要和淘汰落后生产能力相结合，原则上不再大幅度扩大钢铁生产能力。”

《钢铁产业发展政策》特别将产业技术政策作为一项重要内容，如钢铁工业装备水平的技术经济指标规定如下：建设烧结机使用面积180平方米及以上；焦炉炭化室高度6米及以上；高炉有效容积1000立方米及以上；转炉公称容量120吨及以上；电炉公称容量70吨及以上。

钢铁联合企业技术经济指标达到：吨钢综合能耗高炉流程低于0.7吨标煤，电炉流程低于0.4吨标煤，吨钢耗新水高炉流程低于6吨，电炉流程低于3吨，水循环利用率95%以上。

设备的大型化和企业技术经济指标的确立，体现了高效率的要求，体现了技术进步的要求，体现了节能降耗及提高钢铁企业竞争能力的要求，从这个角度理解准入标准和准入政策，是完全符合当前中国钢铁工业发展实际的。

在经济门槛上，提高了项目法人自有资金的比例，第二十三条规定“建设炼铁、炼钢、轧钢等项目，企业自有资本金比例达到40%以上”；对于外资项目，产业政策规定必须满足年普钢产量达1000万吨以上或达到100万吨特殊钢。并规定外商投资我国钢铁行业，原则上不允许外商控股。

关于民营企业，《钢铁产业发展政策》规定大型钢铁企业均要进行股份制改造并支持公开上市，鼓励包括民营资本在内的各类社会资本通过参股、兼并等方式重组现有钢铁企业，推进资本结构调整和机制创新。

2. 钢铁产业布局现状及调整方向。钢铁产业生产力布局不合理，是我国钢铁行业诸多结构性矛盾中比较突出的一个方面。绝大多数企业靠近原料产地，属资源内陆型布局。同时，城市型布局特征明显，全国除西藏外，每个省、自治区、直辖市都有钢铁企业。74家重点钢铁企业中有18家建在省会城市，有34家建在百万人口以上的大城市。这不但给城市环境容量造成很大压力，而且也制约了企业自身的发展。

《钢铁产业发展政策》把产业布局调整作为重要一章提出来，调整的方向是：到2010年，钢铁产业布局不合理的局面得到改善；到2020年，形成与资源和能源供应、交通运输配置、市场供应、环境容量相适应的比较合理的产业布局。今后大型钢铁企业主要布局在沿海地区，内陆地区钢铁企业以及大城市市区的钢铁企业等要结合本地市场矿石资源状况，以可持续发展为目标，不再谋求生产规模的大幅度扩张，有条件的还要实施搬迁。

3. 强调提高产业集中度。在国际钢铁业加快联合重组的同时，我国钢铁行业组织结构却在不断恶化。2004 年，我国钢铁企业已达 871 家，一个城市有几家、十几家钢铁企业已不是个别现象。钢产量 600 万吨以上的企业集团只有 11 家，仅占全国的 37.13%。产业集中度低，不仅造成了严重的环境污染和市场混乱，而且制约了企业自主创新能力和竞争力的提高。

基于上述考虑，《钢铁产业发展政策》提出了通过技术创新、兼并重组等方式，提高产业集中度，调整现有钢铁产品的产品结构、产业组织结构和产业布局。计划到 2010 年，形成两个 3000 万吨级，若干个千万吨级的，具有国际竞争力的特大型企业集团；较大幅度减少钢铁冶炼企业数量，国内排名前十位的钢铁企业集团钢产量占全国产量比例将达到 50% 以上，2020 年达到 70%。

4. 优化产品结构。优化钢材产品结构，提高产品质量，扩大国内紧俏产品生产能力是钢铁工业结构调整的当务之急。

钢铁产业结构调整的方向是淘汰落后的叠轧薄板、热轧硅钢板和质量低劣的建筑材料，抑制窄带钢、螺纹钢及线材产品产能的扩张；发展高端板带材和高效钢材。产品品种应以热轧板、冷轧板、不锈钢板、镀层板、冷轧硅钢板、宽厚板、高速铁路用钢以及满足机械、军工、汽车等行业需要的特殊钢铁为主。推广使用三级及以上高效螺纹钢。

同时需要注意的是，结构调整、发展高端产品必须要与布局调整和企业重组相结合，在有资源优势、有条件的企业进行发展。

5. 支持钢铁企业建立境外铁矿基地。《钢铁产业发展政策》指出，国家将支持有条件的大型骨干企业集团到国外建立铁矿等原材料供应基地。

根据我国富矿少、贫矿多的现状，国家一方面鼓励企业发展低品位矿采选技术，另一方面，鼓励企业加强与境外矿产资源的国际合作。政策规定，国家鼓励企业到境外采用独资、合资、合作、购买矿产资源等方式建立铁矿、锰矿、镍矿、废钢及炼焦煤等生产供应基地。政策还规定，当国内多家企业对境外资源造成恶性竞争时，国家可采取行政协调方式，进行联合或确定一家企业进行投资，避免恶性竞争。

6. 推进循环经济。钢铁行业是资源密集型产业，同时又面临资源不足、环境污染的严重制约。用数字来说，我国钢铁工业吨钢综合能耗比世界先进水平高15%～20%，吨钢耗新水比世界先进水平高8吨～10吨；钢铁工业能源有效利用率只有30%，而且是污染排放的大户，固体废弃物占工业排放总量的16%，废水、废气排放量占工业的14%。

《钢铁产业发展政策》把发展循环经济作为重要内容，并提出了具体的明确规定，要求“500万吨以上规模的钢铁联合企业，要努力做到电力自供有余，实行外供”、“企业应根据发展循环经济的要求，建设污水和废渣综合处理系统，采用干熄焦，焦炉、高炉、转炉煤气回收利用”等。

作为国民经济重要基础产业的钢铁工业，产业关联度大，对国民经济各方面都有影响。解决钢铁行业发展中的问题，必须采取综合性的措施，制定出正确的钢铁产业政策和中长期发展规划。可以预见的是，在全面分析了我国钢铁行业在国民经济发展中的地位、面临的形势、挑战和任务后制定的《钢铁产业发展政策》，将会成为一个全面提升我国钢铁工业竞争力的难得契机。

二、主要钢铁企业目前动向及发展趋势

1. 全国钢铁业重组大戏序幕已经拉开。《钢铁产业发展政策》颁布后，钢铁企业尤其是钢铁上市公司如何做大做强，也就现实地摆在面前。就产业政策要求来说，华东地区和辽宁鞍本地区将建成“最具有国际竞争力的大型企业集团”。以宝钢为核心的周边聚集着杭钢、济钢、莱钢、南钢、新兴铸管及宁波东睦等上市公司。宝钢和上海冶金控股集团、梅山钢铁公司已于1998年宣告联合，成立上海宝钢集团公司，淘汰了总计192万吨落后的钢铁生产能力，使产品结构调整迈出一大步；随着武钢整体上市尘埃落定，武钢集团将重组杭州钢铁集团、重庆钢铁集团和湖北鄂城钢铁集团，目前武钢还与广西柳州钢铁（集团）公司签订了联合重组意向。今后钢铁企业要布局在大港口，尤其是一些

优良的深水港，这是一个足可以重塑钢铁产业布局的新政策。

2. 鞍钢本钢联合重组。2005 年 8 月中旬，鞍山钢铁集团公司和本溪钢铁（集团）有限责任公司联合重组的鞍本集团已经完成。鞍钢和本钢都是地处辽宁省的国有特大型钢铁企业，综合实力均排在国内钢铁企业前 10 名。2004 年鞍钢生产钢 1133.33 万吨，铁 1156.97 万吨，钢材 1059.75 万吨；实现销售收入 501.42 亿元，上缴税金 62.36 亿元，实现利润 108.38 亿元。本钢生产钢 549.4 万吨，铁 506.7 万吨，钢材 454.9 万吨；实现销售收入 235.2 亿元，上缴税金 23 亿元，实现利润 9.06 亿元。两家企业均是我国重要的精品板材生产基地。目前，鞍本钢铁集团已具备产钢 2000 万吨的生产能力，年销售收入达到 1000 亿元水平。鞍本集团将通过兼并重组、互相持股等方式，实现组织结构调整、优化和产业升级，到 2010 年把鞍本钢铁集团建设成为年产钢 3000 万吨以上，具有国际竞争力的大型钢铁集团，进入世界 500 强。

3. 宝钢与上钢、梅山钢铁的联合重组已进入收获期。1998 年底，宝钢成功实现与上钢、梅山钢铁的大联合，成立上海宝钢集团。国际权威钢铁咨询机构——世界钢铁动态（WSD）总裁彼得·马克斯日前表示，宝钢已连续 5 年在 WSD 排名中名列前 3 位，在 2005 年的最新排名中，宝钢与俄罗斯谢韦尔钢铁公司并列第三。低成本优势、有效的融资渠道及快速提升的产品质量和多品种、多规格的配套能力，使得宝钢在国际钢铁业的地位获得巩固。特别值得注意的是，在过去 4 年中的排名中，宝钢都是以其精华部分——上市公司宝钢股份的运营状况进入前 3 位。而在 2005 年的评选中，宝钢首次以宝钢集团整体资产的运营业绩参评，依然获得了第 3 位的排位，这表明宝钢与上钢、梅山钢铁的联合重组已进入收获期。

宝钢作为我国现代化程度最高、生产规模最大、品种规模最齐全的大型钢铁公司，主体生产工艺和装备已经全部达到国际先进水平，已形成年产 2200 万吨钢的生产能力。目前，宝钢聚焦于汽车用钢、油气开采和输送用钢、不锈钢、家电用钢、电工器材用钢、锅炉和压力容器用钢、食品饲料等包装用钢、金属制品用钢、特种材料用钢以及高等级建筑用钢等高端产品领域，致力于成为中国钢铁工业新技术、新工艺和新材料研发基地。宝钢的发展目标是干 3000 万吨、看 4000 万吨、想 5000

万吨。

4. 中小钢铁企业的走向与出路。我国《钢铁产业发展政策》正式颁布后，数以千计的中小钢铁企业感受到前所未有的压力。面对《钢铁产业发展政策》明确的“压小取大”的意图，中小钢企有的寻找联合重组伙伴，意欲做大规模，有的积极开发“专、特”产品，希望“拾遗补缺”，在市场“夹缝”中求得生存发展。

《钢铁产业发展政策》一方面对技术装备水平做出硬性规定，并对新上项目作出“四个必须”规定，以防污染排放；另一方面对中小钢企扩张投资进行制约。一向习惯依靠规模优势发展的中小钢铁企业，到了必须走内涵发展道路的时候。

在中小钢铁企业比较集中的河北省唐山、邯郸地区，企业走联合重组道路的意识越来越强。在武安市，面对《钢铁产业发展政策》压力，全市20家钢铁企业纷纷发出互相联合重组的讯号，市政府已开始考虑将这些企业联合起来，组建一个年产钢在1000万吨的大型钢铁企业。

我国中小钢企大多数是技术水平低、生产工艺落后，只能生产普钢的民营企业，高端产品较少。面对《钢铁产业发展政策》，这些企业纷纷将眼睛盯向科技含量高、市场容量小、专业分工细的“专、特”产品，加快调整产品结构步伐，加速向高附加值产品延伸。

中小型普钢企业出路概括有三条：一是扩大企业生产规模，达到规模经济，降低生产成本；二是大幅度改变现有产品结构，生产高附加值产品；三是转型为特殊品种钢铁生产企业，以求占据一块独立市场。这三条道路也可称之为“变大”、“变优”、“变特”。“变大”，即自己做大，从目前政策环境看，这条道路已难以再走下去。“变优”要求企业投入大规模资金，并掌握先进技术。“变特”则需要普钢企业重新引进设备，研究技术，开发市场，与发展态势良好的特钢企业进行激烈竞争。

三、包头钢铁产业发展取向

钢铁产业是包头市国民经济的重要基础性支柱产业，是实现工业化的支撑产业，是技术、资金、资源、能源密集型产业，钢铁产业的发展需要综合平衡各种外部条件。

1. 包头钢铁产业发展的现状。目前，包头钢铁产业主要分两大块——包头钢铁集团公司（以下简称“包钢”）和九原钢联。到2004年底，包头钢和铁年产量分别达到600万吨，成品钢材达到560万吨，2004年钢铁产业实现增加值127亿元，占全市GDP的20.9%。

按照内蒙古自治区的要求，在发展钢铁产业方面，包头到2005年要形成钢生产能力930万吨（其中包钢700万吨、九原区200万吨、华业特钢30万吨）。2010年前形成包钢为主的铁矿石——冶炼——钢材的钢铁产业链，钢铁产量要达到1500万吨（其中包钢1000万吨、九原钢铁300万吨、特种钢、不锈钢200万吨），实现产值1000亿元。

2. 包头钢铁产业发展取向。

（1）发挥包头地区资源优势，加快钢铁产业发展。目前，我国钢铁工业正处于“资源型”削减、“沿海型”增加的过渡时期。如何正确认识这一现实？我们认为，当前我国的“资源型”钢铁工业在数量上仍占主导地位，不可能一下子都搬到沿海港口，要根据不同情况区别对待，因地制宜。包头白云矿是多金属共牛矿，包钢是根据白云铁矿石的特点而建设的特殊特大型钢铁企业，应该继续按既定方针（优化钢铁、突出稀土、大力发展非钢产业），充分开发利用多金属共生资源，最大限度地发挥资源优势，加快钢铁产业发展。

（2）树立牢固的原料基地观念，加强对铁矿资源的有效控制。包头市2005年计划生产钢930万吨，所需铁精粉1460万吨（其中包钢计划生产钢700万吨，所需铁精粉1100万吨），到2010年计划生产钢1500万吨，所需铁精粉2355万吨（其中包钢2007年计划生产钢1000万吨，所需铁精粉1570万吨）。包钢白云鄂博主、东矿每年生产铁矿石900万吨，折合65%的铁精矿约为340万吨。包钢固阳矿山公司公益明铁矿石每年生产20万吨，白云西矿开采规模一期为年产原矿石600万吨，折合铁精矿236万吨。在自治区境内每年可购进100万~150万吨。如按2010年产钢1500万吨计算，铁精矿石缺口很大。

由于我国冶金企业进口矿石需要量大，沿海企业条件优于包钢等冶金企业，包头远离港口，受到运输、价格等限制，所以包钢等企业大量利用进口矿实际是不可能的。

河北省、北京市及天津市、辽宁省、山西省，由于钢铁产能快速扩张，铁矿石自给不足需吃进口矿。所以，包头钢铁产业设想依靠河北、山西、辽宁这几个采矿大省购进矿石是不现实的，即使能够购进，也是数量有限、杯水车薪。

基于上述形势分析，应采取以下铁矿资源战略：

①充分利用区内和区外“两种资源、两个市场”，立足自有、整合矿产资源、联合周边、开发国外。

②立足自有矿山，有重点的加大矿山技术改造投入。加快白云鄂博东矿深矿开拓运输方案的实施进度，以确保现有生产能力。加快西矿的开发进度，西矿开发与主、东矿开采统一综合考虑，强化东矿，保护主矿，加快西矿开采。

③利用多元化和多体制并通过自治区和包头市政府协调整合区内地方铁矿资源，尤其是三合明、忽鸡沟及固阳地区铁矿，对周边地区铁矿可投入部分资金，形成战略合作伙伴关系。

④积极开拓国外铁矿资源。考虑资源、地域、运输和成本等因素，包头市（主要是包钢）应尽快开发蒙古国铁矿。对于澳矿等国外矿应采用签订长期协议的方式稳定供矿。

⑤加大科技投入，通过技术进步解决内蒙古地区多金属共生矿难选冶问题，以提高资源利用率和利用规模。

⑥积极参与和推动区内铁矿资源的勘探开发工作。

（3）加快包头钢铁产业重组步伐。钢铁产业是包头最大的支柱产业，但规模以上企业有50余家，除包钢是自治区乃至全国的大型钢铁联合企业外，其余都为中小企业，产业集中度较低，导致了包头钢铁产品结构不合理、产品档次和质量较低、资源消耗高等方面的问题，同时在原材料的采购和产品销售方面与上下游的谈判能力较弱，降低了包头钢铁业在市场中的竞争力。包头钢铁产业布局的取向应为：

①以包钢为核心，重组集中包头市中小钢铁企业，成立更大范围的钢铁集团。一方面可通过集团内产品生产的合理分工，提高下属子公司的专业化生产水平，扩大专业化产品生产规模，提高市场占有率；另一方面，通过结构调整进一步扩大规模，提高企业抗风险能力，降低钢铁的生产成本。

②将包头九原钢联中小钢企联合重组，扩大规模，建立真正意义的大型钢铁企业，以300万~500万吨钢产能为目标，眼睛盯向科技含量高、市场容量小、专业分工细的“专、特”产品，加快调整产品结构步伐，加速向高附加值产品延伸。

③在国内钢铁产业对外开放、钢铁产业进行整合势在必行的趋势下，包钢应考虑与西北地区大型钢铁联合企业（如甘肃酒钢、新疆八一钢厂、宁夏恒力钢厂）和华北地区（如山西太钢、河北宣钢）联合重组的可能性。否则，包钢将难以应付国际国内对手带来的挑战。

（4）优化产品结构，提高产品质量。包头钢铁产业虽然是包头市基础性支柱产业，但站在全国范围看，还不是很强的支柱产业，一个重要特征就是产品结构不合理，高技术含量和高附加值产品不多，包钢“四条精品线”并不精，其他大钢企也都能生产。所以，包钢产品价格受市场因素影响波动很大。因此，优化钢材产品结构，提高产品质量，扩大国内紧俏产品生产能力是包头钢铁产业产品结构调整当务之急。钢材产品结构调整取向是：

①发展高端板带材和高效钢材。产品品种应以热轧板、冷轧板、不锈钢板、镀层板、宽厚板、高速铁路用钢以及满足机械、军工、家电、汽车等行业的特殊钢材为主。

②加强包头地区钢铁企业与机械、汽车、军工、化工企业的关联度，为这些企业提供丰富的运销对路的优质钢材。

③突出抓好稀土在钢及钢材中应用的开发、生产。钢铁企业与机械工业企业、大学科研机构、国家科研机构建立紧密协作关系，用高新技术优化改造传统的钢铁材料，通过研制稀土、铌合金钢种系列，开发高强度、耐高温、抗腐蚀、导电导磁的新型钢铁材料。通过技术创新，开发适合白云矿资源特点的具有高科技含量的新型材料，逐步把包头钢铁产业建设成为新材料为主导产品的工业基地。没有特色产品的钢铁企业其竞争力是不强的，开发、生产稀土钢是包头钢铁产业的极其重要的选项。

（5）推进循环经济，建设节约型钢企。推进循环经济，建设节约型钢企是包头钢铁产业发展的重要内容，主要强调三点：

①以《包钢生态工业园区建设规划》为蓝本，整合钢铁产业生态

工业系统，提升钢铁群落、优化稀土群落，使钢铁流程优化、稀土群落清洁化、物质代谢同化、能源利用集成化，努力实现传统型钢铁工业向生态型钢铁工业转变。

②包钢推进循环经济，建设节约型企业取得了长足的进步，但差距还很大，主要表现在吨钢综合能耗、吨钢耗新水、钢铁工业能源有效利用率的指标还处于落后位置。其发展取向为：从长远看，在“十一五”时期，应达到《钢铁产业发展政策》关于发展循环经济的要求；从近期看，应分年度以国内先进钢企的标准，采取“对标升级”的方法，逐步达到中等水准以上。

③健全环境、生态监控手段，不仅对包钢实施有效监控，而且对钢铁工业区所有钢铁企业全部进行监控。不能对国企严格，而对民营企业宽松，这是不公平的。循环经济应做到各单位抓“小循环”，各企业抓“中循环”，钢铁工业区抓“大循环”，真正形成钢铁产业的循环。

综上所述，包头钢铁产业发展趋向，应使钢铁总量“大”起来，钢材质量“升”起来，钢材品种“特”起来，循环经济“转”起来，这或许是包头钢铁产业发展趋向的概括和总结。

加快包头新农村建设
率先实现全面小康和现代化

（2006 年 5 月 1 日）

陈国瑞

建设社会主义新农村，是我党在全面建设小康社会的关键时期作出的重大决策，其现实意义和历史意义极其深远。实现了历史性跨越、站在新的起点上的包头，创新发展，加快推进新农村建设步伐，实现“两个率先”，是我们肩负的重大历史使命。

一、城市与农村最终走向融合的世界趋势

中国的改革开放与世界经济一体化的发展趋势促使我们必须把中国的问题放在世界范围内考虑，也就是必须具备全球视角。因此，在继续推进中国的工业化、城市化和现代化进程中，必须全面了解和分析工业化和城市化的历史进程和发展趋势。而分析和研究工业化、城市化的历史进程和发展趋势，又必然涉及人类社会特别是近代以来，城市与农村经过长期的分化与博弈，如何走向融合。

（一）城市与农村的分化、博弈与融合

中国的农业革命以来，由于贸易、商业与手工业的兴起而形成的古代城市从农业社会脱颖而出，人类社会从此就开始了城市与农村的长期

分化与博弈，并最终走向融合。

1. 城市与农村的分化——城乡差别与阶级对立。从中国的封建城邦到中世纪欧洲的城市国家，凭借着先进的生产力建立起来的武装，经过同奴隶主和封建领主的斗争获得了自治权，尔后又取得了对周围农村的统治权，从而建立了封建王国和城市共和国。

随着城市与农村社会分工的进一步专业化，在促进社会生产力的同时，不仅逐渐形成了城市与农村在经济、文化和社会关系上的不同和差异，即城乡差别，而且也形成了市民与农民的对立关系。随着阶级分化的加剧，更多地表现为城市统治阶级与农村劳动者的对立关系。

2. 城市与农村的博弈——工业化带动城市化。近代以来，以英国工业革命为标志，开启了世界范围的以工业化带动城市化的发展进程，从而使城市与农村从长期的分化演变为博弈。发达国家在经济起飞阶段的显著标志是，伴随着工业化发展的同时，是城市化的快速发展。工业化最基本也是最有意义的变化是“人的变化”，即众多从事农业的劳动者转移到非农产业中。如美国和日本在 GDP 总量达到 1 万亿美元后的 10 年间，城市化率分别达到 87% 和 65%。20 世纪中叶，城市与农村的博弈完全演变为工业化带动城市化的蓬勃发展。城市化的直接结果是使人类社会从传统农业社会开始进入传统工业社会，前后经过 100 多年的博弈，终于实现了人类历史上的第一次现代化。

然而在此过程中，工业化国家经济的高速增长开始威胁到人类的生存环境，资源枯竭、生态恶化、大气污染等问题发展为世界性问题。面对这一世界性难题，20 世纪 60 ~ 70 年代，美国和日本相继提出了“可持续发展”的概念，并把“可持续发展”确立为本国的重要经济发展战略。20 世纪 70 年代以来，发达国家特别是美国通过科技革命，率先实现了第二次现代化。

实践证明，城市化是世界各国实现现代化的必然选择，也是全球经济社会发展中一个不以人的意志为转移的历史性趋势。预计 2006 年世界城市化水平将达到 50%，再过二三十年左右将达到 60% 以上，全球人口 2/3 将住在城市。

3. 城市与农村的融合——城乡一体化。无论是发达国家还是发展中国家，在工业化进入中期阶段时，都面临农村综合建设的客观过程。

一些工业化国家从落后的农业国向现代化工业国跨越的过程中，通过由政府主导、整体推进、中央财政大力支持农村的办法改变农业和农村的落后面貌，探索城乡一体化道路。

如北欧明珠挪威，20世纪初，70%的人口生活在贫困之中。二战后，城乡居民收入差距一度达到3:1以上。在这种形势下，挪威政府针对发展不平衡的重要内容，采取不惜重金投资倾斜、提供全国城乡统一的基础设施和公共服务、注重环境保护与生态平衡、带动农村第二、第三产业的发展、扩大就业等一系列政策和措施，缩小城乡差距。经过40年的不懈努力，实现了城乡一体化的融合。农业劳动力占全国就业人口的比例从20世纪50年代的43%下降到2002年的3.7%。2003年国民生产总值已超过2000亿美元，人均收入达4万美元，位居世界前列，基尼系数为0.258，是世界上收入差距最小的国家之一。城市与农村没有本质的差别，经济社会步入可持续发展轨道。

又如新兴工业化国家韩国，不仅在工业化道路上取得了骄人的成就，而且在加快农业现代化进程和缩小城乡差距方面卓有建树。20世纪60年代时，韩国80%的农户住茅草房，80%的农户不通电，40%的自然村不通汽车。到1970年，工业增长率上升至10.5%，而农业却跌至2.5%，农户收入不到城市居民的50%。针对城乡发展严重失衡问题，韩国政府决定从1970年在全国范围开展“新村运动”，累计向“新村运动”投入2.8万亿韩元，参加“新村运动”人数累计达11亿人次，将所有的村庄都从落后停滞的传统村庄发展成为先进的现代村庄。进入70年代中后期，农民人均收入接近城市居民水平，经济增长幅度已名列世界第二，并长期保持较高的经济增长速度。到2004年，人均GDP达14000美元，城乡居民收入比为1:0.84，成功实现了“二元经济”转型，实现了城乡经济协调发展和城乡居民收入的同步提高，基本消除了城乡差别，实现了城市与农村的融合。

应当清醒地认识到，从城市化产生的外部环境而言，西方国家并没有为我们提供直接套用的模式。但从城市化和城乡一体化发展进程本身来看，无论发达国家还是新兴工业化国家的成功经验对发展中国家都有借鉴意义。

（二）历史经验和时代特征引发的思考

国际经验显示，走出低收入国家并向中等收入国家迈进的时期，正处在工业化、城市化的蓬勃发展时期。这既是一个重要战略机遇期，又是一个“黄金发展期”，同时也是一个矛盾凸现时期和不稳定时期。在这个阶段有可能出现两种前途：一种是重视统筹发展问题，并努力缩短城乡差距。解决得好可以继续保持较长时间的经济增长和实现国民经济整体素质的明显提高，顺利实现工业化和现代化；另一种是面对各种矛盾凸现，处理不当，其结果是城乡差距进一步拉大、贫富悬殊、失业激增、分配两极分化、社会矛盾激化，导致经济社会发展长期徘徊不前，甚至引发社会动荡和倒退。

毋庸置疑，这样的历史经验我们必须深深记取。同时要清醒地认识到，发达国家和新兴工业化国家的成功经验，不仅有借鉴意义，而且引发了我们对加快工业化和城市化进程、统筹城乡发展、实现城乡一体化的一系列思考。

1. 作为后发型、处在工业化中期的发展中国家，在相当程度上，必然把先发型发达国家和新兴工业化国家现代化过程中不同阶段、不同时期的矛盾，浓缩为本国现代化过程中相同阶段、相同时期的矛盾。这就容易导致发展过程的矛盾异常集中，结构性矛盾和体制性矛盾尤其突出，因此后发型发展中国家必须充分认识在这阶段实现城乡统筹发展的长期性、艰巨性和复杂性。

2. 从世界范围看，随着工业化、城市化进程的加快，农业在国民经济中的份额和农业劳动者在总就业人口中的比例不断下降。但无论是发达国家还是发展中国家，都从国家战略高度出发重视农村和农民问题，谋划城乡统筹发展、加快农村建设规划和目标的实施。只是由于国情不同，关注的重点、解决的时机和采取的措施不尽相同。

3. 要站在经济社会发展的全局，跳出市场看农业。农业具有相当的公共产品性质。对待农业问题，不能仅将其看作一个提供农副产品的产业，更要看到其在环境保护、保持生态平衡、维护自然景观、保护文化遗产、促进农村各项社会事业发展等方面不可或缺的作用。树立“多功能”农业理念对加快城乡差距的弥合至关重要。

4. 统筹城乡发展既要发挥市场配置资源的基础性作用，更要发挥政府宏观调控的主导作用。市场经济单一逐利行为不仅使城乡差距在一定时期内恶性扩张，而且还可能使这个阶段持续时间过长，使社会失衡。因此，仅仅依靠经济发展自身规律来弥合城乡差距是远远不够的。在农村基础设施落后的情况下，政府对农业的支持和保护是任何其他组织或个人所无法取代的，其政策取向在解决城乡发展失衡问题上举足轻重。

5. 加快城乡一体化的关键要统筹城乡体制改革、政策转型和经济社会结构的战略性调整。要逐步转变城乡二元经济结构，扎实推进农牧区税费、行政管理和财政金融等各项改革，为农村牧区经济社会发展提供体制保障。要促进城乡协调发展机制的强化，实现工业与农业、城市与农村、市民与农民的协调发展。逐步实现城乡发展的良性互动和经济社会的良性循环。

6. 鉴于生产方式对生活方式的转变起着决定性作用，在统筹城乡发展过程中，必须把促进现代生产方式对传统生产方式的根本性改造，作为一条主线贯彻始终。把加强农民的发展能力、促进农民全面自由的发展，作为促进生产方式改造的前提和统筹城乡发展的根本措施来抓。同时要把加快改造传统农业、传统农村与加快改造传统农民有机结合起来，让更多的农民和农村融入经济社会发展的主流，分享改革和发展的成果，获得参与社会发展的机会，才是统筹城乡发展的根本所在。

实践证明，城市与农村的分化、博弈的过程正是逐步实现工业化、城镇化的过程。工业化和城镇化最终走向城乡一体化，城市与农村最终走向融合，是人类社会发展的必然趋势。

二、再创新辉煌，把包头建成城乡和谐的美好家园

（一）包头又一次迎来新的重要发展机遇

建设社会主义新农村的重大决策为我国全面建设小康社会，进而实现现代化提供了现实可能性，也为包头实现“两个率先”创造了新的

历史机遇。

1. 建成经济强市和实现“两个率先”的奋斗目标凸现加快新农村建设的紧迫性。2005 年，包头市人均 GDP 已达到 4100 美元，按照人均 GDP3000 美元这一标志性标准，包头已经达到并超过这一标准。同时说明，包头与沿海发达地区的差距正在进一步缩小，并已开始跨入目前我国发达地区的行列。在这种发展趋势下，包头“十一五”规划确定“两个率先”的发展目标是积极奋进的，同时与我国发达地区的发展进程趋于同步。

按照全面建设小康社会十项基本标准衡量：目前包头在人均 GDP、恩格尔系数、城市化率三个指标已经达到并已超过；按照包头“十一五”规划，到 2010 年城镇居民人均可支配收入、农村居民人均纯收入分别达到 26400 元和 10000 元左右，此两项指标也可达到并超过。其他五项指标经过努力，城镇问题不大，农村难度较大。另根据农业部公布的《农村全面小康社会评价标准》（6 个标准 18 项），包头农村存在较大的差距。特别是社会发展、人口素质、生活质量和资源环境等项指标的完成难度更大。因此，包头率先全面建成小康社会的最大问题在农村，由此更加凸现加快新农村建设的紧迫性。

2. 新的发展机遇面临诸多制约因素的挑战。

——二元结构及对应的制度基础尚未受到根本性的突破。

——地域辽阔，农牧民集中度偏低。

——传统农牧业比重大，综合效益比较低。

——城乡收入差距拉大，农牧民生活水平偏低，消费增长乏力。

——区域发展不平衡，农牧业旗县区实力相对较弱。

——城乡社会事业严重失衡，农村公共事业发展严重滞后。

——农牧民文化和技能水平较低，整体素质亟待提高。

3. 包头“十五”时期的跨越式发展为加快新农村建设奠定了坚实基础，创造了有利条件。

一是思想更解放，思路更清晰。

二是综合实力大提升，发展基础更坚实。

三是经济自主增长机制基本形成，发展活力更加强劲。

四是城镇化水平显著提高，发展环境更加优化。

（二）抓住新的机遇，创建具有包头特色的新农村新牧区，实现新的跨越

在新的起点上，面对新的发展机遇，包头必须进一步解放思想，大胆创新，全面加快新农村建设，走出一条工业反哺农业、城市支持农村、率先全面建成小康社会的新路子。

1. 统筹城乡发展，推动农业与现代工业和服务业的产业融合。农业与现代工业和服务业融合的实现路径是统筹城乡发展。统筹的重点是加大工业反哺农业的政策力度，解决城乡发展的失衡问题。而实行"工业反哺农业、城市支持农村"的政策重点应放在推进产业的相互促进、相互渗透和相互融合上。用工业提升农业，形成农业产业发展壮大的合力，提高农业产业的竞争力和农民收入。

包头农牧业的发展面临着资源约束增强、消费需求增加的双重压力，面临着自然风险和市场风险的双重挑战。在这种形势下，只有以现代工业推动现代农牧业，转变农牧业增长方式，使之成为新农村新牧区建设的产业支撑。

因此，包头推进现代农牧业发展需要以县域经济为主要载体，重点放在建立创新机制上。要建立"农业支持工业、工业促进农业、工农联动、互利共赢"的发展机制，做到"四个创新"，即理论创新、科技创新、模式创新、政府扶持农业的创新。主要从以下几方面入手。

（1）调整优化结构，提升农牧业产业化水平。一是加快现代畜牧业发展，提高畜牧业比重。以提高畜牧业集约化、标准化为重点，加快畜禽良种推广，推行健康养殖方式和发展规模养殖，使畜牧业尽快从追求数量向质量、效益与生态并重的方向发展；二是在稳定粮食生产的基础上，不断提高优质、高产、高效、生态、安全作物在种植业中的比重；三是用现代工业全面提升农牧业产业化水平，不断提高农畜产品加工在种养加产业链中的比重。

（2）加强生态保护建设，促进农牧业可持续发展。一是坚持不懈地加强草原生态保护建设，突出农牧业对生态环境的维护功能，实现经济效益与农牧业资源合理利用和保护相协调，实现草原生态状况的整体遏制；二是积极发展生物技术和循环经济，加快集约型农牧业发展。引导传统农业向生物工程、向都市农业时代迈进。

(3) 加快科技进步，实现科技创新。一是提升农牧业科技创新和转化能力，深化农牧业科技体制改革，加快建立新型农牧业科技创新体系，形成产学研相结合的长效机制；二是用现代工业技术提升农牧业现代装备和支撑水平，加快实施农牧业机械化和现代化。

(4) 大力发展农牧业产业化经营。一是按照“龙头 + 基地”的形式发展壮大龙头企业，如小肥羊、乳业、肉产品加工企业，增强市场竞争力和农业的带动能力；二是依托龙头企业，通过“公司带农户”延伸产业链，大力发展农牧业产业化经营；三是以主导产业和特色产品为纽带，组建各种类型的专业合作社，提高农民进入市场的组织化程度；四是鼓励龙头企业通过建立契约基地、发展订单农业，与农户建立紧密的产业化利益联结机制和稳定的产销关系，实现双赢发展。

(5) 加强第一、第二、第三产业的联系，形成产业互动。随着工业化的不断深入，农村的工业化、现代化要求以农业发展为中心，以农业的规模化生产、运输、销售服务和资本运作等与现代工业和现代服务业的发展相配套。加强现代农业与现代工业和现代服务业之间的联系，形成循环和互动，鼓励农村各种合作组织的建设与发展，大力推进农业产业化和供销合作，以农村工业化、农村非农化推动现代农业发展，实现现代农业与现代工业和现代服务业的产业融合。

2. 培养造就新型农民，提高农民自我发展能力，实现农民与市民的融合。

(1) 培养新型农民的目标是：引导农民走近知识、走向市场、走向富裕、走向文明，提高思想和科学文化素质，提高获取、吸收、交流各种知识和信息的能力，即农民自我发展的能力，为城乡经济发展与社会和谐提供直接动力。

(2) 培养新型农民的基本方向：一是从推进农业现代化、促进农民增收、稳定粮食生产、实现农村经济增长方式转变的实际出发，大力开展农民实用技术培训，让留在农村的农民掌握先进适用技术，养成现代文明的生产生活方式，真正成为社会主义新农村建设的主人。二是从统筹城乡发展、推进农村工业化、城镇化、促进农村劳动力转移的需要出发，大力开展对农民的职业技能培训，让走出农村的农民适应现代城市、城镇的文明要求和生活节奏，最终融入市民的行列。

（3）培养和造就新型农民的主要途径：

第一，加快发展农村基础教育。一是要认真落实《中华人民共和国教育法》，全面普及农村义务教育。要加强教师资格培训，规范教学大纲，切实提高农村中小学教育质量，让农村牧区的儿童享受到城市基础教育的同等机会的权利，具备基本的文化素质。同时为农村未成年人提供更多参与科普活动的机会，培养改善生存状况、提高生活质量和自我发展的能力。二是必须继续加大政府对基础教育的投入。要改变教育财政支出比重；要加大教育方面的财政转移支付力度，确保落后旗县，特别是贫困地区的基础教育投入；要通过多渠道引导和鼓励社会资金进入农村基础教育领域。

第二，加强农村劳动力培训。一是把增加培训投入、改进培训方式和培训资金的使用方式放在比较重要的地位。增加政府培训投入对于农民和民间培训投入的引导功能。二是注意针对农民工和一般农民不同的培训需求，选择不同的培训形式、培训层次、培训主体和支持重点，逐步形成鼓励不同培训主体有序分工、公平竞争的体制和政策环境。三是加大转移就业的职业培训，为城镇输送一批技能熟练的第二、第三产业队伍，创建一批农民转移就业培训基地。四是要加强政府对培训市场的监督。

农民是新农村建设的主体，建设社会主义新农村的宏伟目标能否实现，很大程度上取决于农民素质。通过系统的基础教育和职业教育培训，让农民的思想观念、语言和行为与市民一样跟上时代发展的步伐，成为具有科学文化知识、适应市场经济、追求先进文化、融入现代社会的新一代农民。

3. 加强工业化与城镇化的协同发展，实现城市与农村的融合。诺贝尔经济学奖获得者斯蒂格利茨认为：21 世纪全人类最具影响的两件大事，一个是新技术革命，一个是中国的城市化。新技术革命大大推动了新型工业化、现代化和经济全球化，同时也加速了各国的城市化进程，中国的城市化更加引人瞩目。

（三）开创包头特色的城市化道路

“十五”期间，包头工业化的快速发展大大推动了城市化进程，目前城市化率已达72%，接近发达地区的水平。鉴于包头正在加快工业化和城市化进程、确立"两个率先"发展目标的现状，应当也必须借鉴吸收发达国家和我国沿海地区的成功经验，结合包头重化工业产业特点和地域广阔、资源丰富的地区特点，提出"工业化与城市化协同发展，逐步实现城市与农村融合"的具有包头特色的城市化道路。

其发展方针是："工农协调、城乡共进；政府引导、市场主导；资源整合、集约发展；因地制宜、多元推动。"这一方针的实质就是遵循工业化与城市化、农村与城市、农业与工业协调发展的城市化规律，建立起政府引导、市场主导、民营经济推动的城市化机制。推进人口、资源、环境协调发展的集约型、可持续型的城市化进程，实施大中小、多产业类型共存的多元城市模式，走包头特色的城市化道路。

1. 产业相互促进政策措施。一是按照工业化与城市化相互关系演进的产业发展顺序，即劳动密集型产业—资本密集型产业—技术密集型产业，实现各产业与信息产业之间的相互融合。在加快发展资本密集产业和技术密集型产业的同时，继续加强劳动密集型产业的发展，真正走出一条具有包头特色的新型工业化道路。二是按照城市化发展对工业化发展的空间集聚性要求，通过大企业集团、产业集群的空间集聚，推动生产、生活服务等第三产业的发展，推动基础设施建设，产生吸纳农村剩余劳动力的非农就业岗位，加快人口的空间集聚。三是加快城市型产业本身的发展，如房地产、中介服务业、金融等现代服务业的发展以及商业、贸易业等传统服务业的发展。四是充分利用资源优势加速发展县域经济，促进工业与农牧业的规模化、集约化协同发展，带动旗县区第三产业的发展，为农村剩余劳动力提供大量的非农就业岗位。

2. 城乡流动政策措施。一是加快城乡二元管理体制改革。根据包头城乡建设一体化规划，建议首先在规划区内废除旧的户籍管理制度，建立统一的管理体制，并首先在城乡结合部（城中村）地区试行。逐步建立城乡统一的社会保障制度、失业保险和医疗保险制度。同时要根据《国务院关于解决农民工问题的若干意见》提高农民工的市民待遇。在用工制度方面，建立统一开放、城乡一体的劳动力市场。二是加快土地征用制度改革。建议实行市场化改革，政府退出交易。除对公用事业的土地使用问题需要政府出面加以解决外，均由拥有土地使用权的农民直接与需求土地的企业家与房地产开发商按照市场规则交易；政府按照统一规划，确定城建用地、非农用地的范围。调控好转换速度、规模，合理确定土地用途，保证土地对于农民的生产资料与社会保障两种功能。三是促进城乡资本的流动。城市化涉及农村资本以企业发展的形式向城市流动和城市产业资本向农村流动，鼓励产业资本向基础设施较为完善、市场相对发达的城镇流动和集中。构建城乡平等竞争的框架，推进城乡资金市场一体化、技术市场一体化、信息市场一体化的整合建设，实现城乡生产要素的优化配置与功能互补。

3. 中心市区与农牧区两大格局协调发展。包头工业化的快速发展，大大推动了城市化进程，形成中心市区与农牧区两大发展格局。

（1）中心市区周围形成1200多平方公里东西带状组团式格局，辖12个乡镇、96个村庄、15万农民、17万流动人口区域格局，是包头经济、政治和文化中心，是城市规模发展的重点。面对城市规模扩大和质量不高的双重挑战，为使区域空间发展合理有序，提高城市竞争力，实现区域经济协调持续发展，应进一步完善包头市城乡建设一体化规划。要根据撤乡并镇、迁村并点、优化发展的原则结合区域内村镇人口规模、环境和资源特点、产业基础和市政基础条件合理调整布局，因地制宜、分区分步推进城市经济和文化向农村辐射、城市基础设施向农村覆盖、城市公共服务向农村延伸，为实现城乡一体化、区域内经济社会协调发展创造条件，奠定基础。

（2）农牧区主要分布在市区以北，形成三条卫星城镇轴线贯穿、地域辽阔、辖区50多万人口分布不均的特殊格局，是包头新农村建设的重点。新农村建设涉及经济、政治、文化和社会各个方面，是一项十分复杂的系统工程。建议尽快成立包头市农村工作委员会，加强组织领导，重点做好新农村新牧区建设规划的制定和实施工作。按照统筹包头城乡经济和社会发展的总体要求，参照国家农业部《农村全面小康社会评价标准》（6个标准18项）统筹考虑，明确重点、立足长远、科学规划。这是搞好包头新农村新牧区建设的前提和保证。

新农村新牧区规划要做到两个统一：一是要紧密结合地区特点、把新农村新牧区建设规划与包头城乡建设一体化规划一并纳入包头经济社会和城市发展的总体规划，形成统一发展的整体。二是使农村牧区的经济、政治、文化和社会发展与包头“十一五”规划的奋斗目标保持同步，与农业部提出的全面小康社会评价标准统一起来。

两种发展格局和两个发展规划的相互促进、互为依托、协调发展构成了包头特色的经济社会发展总体格局。

（四）“三大融合”共同打造“包头模式”

农业与现代工业和服务业的融合将迅速提升农牧业产业化水平，向着现代农牧业迈进，形成新的产业优势；农民与市民的融合将大大提高农民的整体素质，使农民和市民一样融入现代社会。第一、第二、第三产业的融合，农民与市民的融合，代表先进生产力的发展方向，必将进一步促进包头生产力的快速发展，从而推动城市与农村的融合。

100 多年前的英国学者霍华德先生对当时英国工业化带动城市化蓬勃发展所造成的一系列矛盾和问题深感忧虑，渴望回归理想的田园城市——城市与农村的融合。这一美好的理想在 100 多年后的一些发达国家已成为现实。

我们必须充分认识建设社会主义新农村的长期性、艰巨性和复杂性，进一步增强责任感、紧迫感和使命感，把思想统一到中央决策和部署上来，继续解放思想、大胆实践，努力开创包头特色的城市化道路，建设具有包头特色的新农村、新牧区。

我们应当深信，“三大融合”共同打造出的“包头模式”将开辟通往全面小康和现代化的康庄大道。沿着农牧区三条卫星城镇轴线分布的城乡一体化的多元城市模式，“花园城市”、“田园城市”、“草原城市”和“森林城市”等绿色城镇将成为包头的骄傲。只要矢志不渝，只要科学发展，就一定能够创造出令发达国家、发达地区羡慕的、城乡和谐发展的美好家园。

包头电力产业的发展思路解析

（2006 年 5 月 1 日）

王德山

包头是一座生产要素比较集中的重型结构工业城市，其产业构成是以钢铁、铝业、装备制造、电力、（煤）化工、稀土为主的重化工业。其中，电力工业在包头市国民经济构成中占有十分重要的地位，被称之为“六大支柱产业”之一。为了使电力工业健康、科学发展，本文就包头地区电力工业现状进行分析，并就发展电力产业提出基本思路。

一、包头市电力工业现状

包头市共有发电企业 8 家：东恒热电、东华热电、包铝自备电厂、内蒙华电、希铝自备电厂、西源电厂、一电、河西电厂。截至 2005 年底，装机总量达 270 万千瓦，实现增加值 22.48 亿元；全年发电量 100.74 亿千瓦时，同比增长 33.6%；供电量 172.02 亿千瓦时，同比增长 20.3%。从上述数字可以看出，包头地区发电量小于供电量，还有很大缺口。

包头市“十一五”规划确定电力工业的发展战略是：推进以河西电厂、东华热电及达茂风电为主体的电力产业集群发展，建成中西部乃至全国重要的电力基地。合理布局电源点，立足就地转化和西电东输，充分考虑水、煤和环境容量等因素，稳步推进火电项目建设，推广使用节水型机组、中水应用、热电联产和循环流化床洁净煤发电等新技术。

做好资源综合利用，在鼓励煤矸石、劣质煤、垃圾发电的同时，利用本市丰富的风能等可再生资源，大力发展风力等新能源发电。重点支持一电、二电、东恒热电等电厂扩能改造，加快河西电厂、东华热电和东方希铝、包铝自备电厂以及达茂、固阳、白云等风力发电项目建设。力争电力装机容量达到800万千瓦时以上，实现增加值50亿元以上。

二、包头电力工业发展的制约因素

1. 环境容量的制约。火力发电是以燃煤为主要手段，将煤转化为热能，再转化电能的工业，发电企业排放的主要污染物为二氧化硫、烟粉尘和粉煤灰。2004年包头市发电企业共排放二氧化硫5万吨，占排放总量的50%；烟粉尘4.4万吨，占排放总量的36.9%；粉煤灰91万吨，占排放总量的85%。其中，二氧化硫烟气脱硫率为0%，烟粉尘消减率为90%左右，粉煤灰累计堆存量达4000万吨，占地3200余亩，但综合利用率仅为5.1%，这一水平与国家50%和发达国家70%～80%的粉煤灰综合利用率相距甚远。随着包头电力工业的大力发展，如不采取科学发展的模式，将会对包头环境承载力造成巨大压力。

2. 电力企业布局分散。包头市工业布局呈现团式、放射状分布，与此相对应，电力企业东起东河区、西至昆区河西工业区呈半弧型分布。其中：昆区4个，青山区1个，东河区3个。电力企业这种对城市建成区半圆型布局，其排放污染物覆盖面是全方位的，对城市人民生活将构成巨大威胁。同时，各电力企业分散布局且装机容量小，也给电力环保治理带来更大的困难。

在建成区166平方公里竟有八个电厂的布局，其电源点布局密度在全国其他城市中也是鲜见的。

3. 技术落后的火电机组比例较高。从20世纪50年代发展起来的包头第一、第二、第三电厂，由于种种原因，技术落后的火电机组比例长期居高。到2005年底，20万千瓦及以下机组占包头电力企业装机总量的比重高达85%以上，而从全国看30万千瓦和60万千瓦机组已经成为我国火电机组的主力机型。包头的老电厂大部分设备陈旧，如包头第一电厂#0～4 机组已连续运行 46 年，设备严重老化，时刻威胁着电力生产运行和人身安全，威胁着包钢的安全生产和昆区冬采暖供热。这些老机组不能按期退役，发电企业就会存在着供电煤耗高、污染大、效率低等问题，严重影响着安全生产。

由于节煤技术的制约，2005 年，包头供电煤耗 414 克/千瓦时，比同期上升 6 克/千瓦时，比全国平均水平高 33 克/千瓦时，比发达国家高 93 克/千瓦时。火电节煤技术低和供电煤耗高，不仅加重煤炭资源的消耗，而且加剧了环境污染。

4. 烟气脱硫技术的制约。包头市环境污染的主要根源在于以煤炭为主的能源消费结构，而电力则是煤炭的最大用户，加上洁净煤发电和烟气脱硫技术制约，造成更严重的污染。包头电力企业在效益和环保两者之间更注重前者，普遍对电厂应该承担的环保社会责任缺乏积极性。目前，电力企业的二氧化硫排放量已经占包头市排放总量的 50%，二氧化硫烟气脱硫率为 0%。也就是说，包头地区电力企业的发电机组基本上没有安装配套的脱硫设备。随着包头电厂建设步伐的加快，电力排放二氧化硫的比例将越来越高。然而，火电厂控制二氧化硫排放的费用较高，投资和运行的高成本，影响了企业对二氧化硫排放治理的积极性。

发电企业对脱硫的态度尚且如此，对更高的如除尘标准、氮氧化物排放控制、电厂灰场的扬尘、灰渣综合利用、电厂噪音超标等环保问题，也就更难引起真正足够的认识。

5. 电煤供应紧张，质次价高困扰安全生产。近几年来，我国煤炭行业接连发生重大安全事故，95% 的地方煤矿停产进行安全整顿，致使煤炭市场供应紧张，电煤质次价高，给包头地区电力企业安全生产运行带来很大困难，不仅加大了生产成本，也降低了安全系数，特别是煤质灰分含量大，造成锅炉结焦、堵灰等症状，出力达不到额定值。

三、发展电力产业的基本思路

（一）发展目标

充分考虑包头地区水、煤和环境容量等因素，合理布局电源点，大力发展高参数、高效率、低消耗、低排放、调峰性能好的国产化超临界、超超临界机组和高效、清洁的热电联产项目。加快淘汰落后的小火电机组的步伐。加快煤炭资源开发，鼓励煤电联营。延伸电力企业社会责任，落实二氧化硫、二氧化氮、粉煤灰治理和综合利用工作。大力发展固阳、达茂、白云大型风电项目，加快开发生物质能，支持发展秸秆、垃圾焚烧和垃圾填埋气发电。

（二）政策建议

1. 加快发展电力产业。电力是现代化社会的动力。包头自产电力远不能满足自身经济社会发展的需要，客观实际和未来发展要求包头要大力发展电力能源工业。根据包头市经济结构重型化的特点及把电力作为支柱产业发展的实际情况，全市人均1000千瓦装机是不可少的，包头地区电力装机总量应该在2.4亿千瓦左右。

老电厂的技术改造升级和新建电厂必须采用先进技术装备，在装机容量达到300万~500万千瓦后，就应有计划地淘汰落后机组。第一步要强制淘汰单机10万千瓦及以下凝气式火电机组，这类机组供电煤耗都在400克标煤以上。第二步，要关掉单机12.5万~20万千瓦级的火电机组，其供电煤耗在360克标煤以上，用高效率机组替代。

2. 合理布局电源点。电力产业发展不在电源点“多”，而在于装机容量“大”、发电技术“高”、电源点布局“好”。禁止在城市上风向和市区内建设发电企业，降低电源点密度，保证城市空气畅通，缓解环境容量的压力。应在包铝生态工业园区以东、包钢生态工业园区以西建设超大型规模、单机装机容量60万千瓦、采用超临界发电技术的电力企业。形成有利于热电联营、电力环保治理，便于二氧化硫脱硫回收和粉煤灰建材产业的发展格局。

市区内原建的热电企业，应逐步撤并，不能撤并的应改造为煤气化燃气——蒸汽联合循环机组的电厂及大型天然气发电厂。

山北地区应以发展风力发电与太阳能发电为主，石拐区应适度发展煤矸石与劣质煤发电企业。

3. 采用先进的发电技术。目前，高效、清洁成为我国火力发电的主要方向。国内大型电力企业技术改造和新建电厂大都采用超临界、超超临界发电技术。而包头新建电厂还采用已经过时的亚临界发电技术。超临界机组效率要比亚临界高出2%～3%。超超临界火电机组比超临界火电机组效率再提高2%左右，而且可靠性好，环保指标先进，可复合变压运行，调峰性能好，这种机组供电煤耗不超过260克/千瓦时，目前已广泛应用。同时，循环流化床、增压流化床、煤气化联合循环等洁净煤发电技术也得到快速发展和应用。建议包头地区无论是新建电厂，还是老电厂技改扩能升级，都应采用超超临界先进发电机组，选择先进发电技术。新建火电厂每千瓦时供电煤耗不超过280克标煤。

4. 发展绿色电力，加强二氧化硫治理。认真贯彻落实国家与电力环保相关的法律法规，进一步加快现役火电机组脱硫设备安装进程，新建电厂的发电机组，必须配套脱硫和静电除尘设备，使包头地区电力企业的火电机组都达到脱硫机组要求。据了解，包头地区新建燃煤电厂二氧化硫污染防治技术采用湿式“石灰石/石膏法”，但有关专家指出脱硫石膏正在成为二氧化硫、氮氧化物的又一大污染源。若将向大气排放的二氧化硫资源化、商品化，转化为不同种类的化工产品，将二氧化硫这个“放错了位置的资源”真正摆在“资源”的位置并产生经济效益，才是符合包头循环经济发展的正确选择。实现这个方案的难点不在于技术，而在于观念和体制。而且我国是硫资源相对缺乏的国家，硫磺的年进口量达650万吨，折合二氧化硫975万吨。

5. 推动粉煤灰综合利用产业发展壮大。电力产业应向建筑、建材产业延伸，加强粉煤灰综合利用，形成新的产业系统。粉煤灰综合利用技术政策总的原则是：以粉煤灰为资源，以大批量用灰技术为重点，以提高粉煤灰综合利用经济效益与社会效益为主攻方向，逐步完善比较成熟的适用技术，大力推广成熟的粉煤灰综合利用技术。

应把电力企业排放的粉煤灰与建筑、建材产业有机地链接，根据其所依托的技术和层次，可分为：

——低技术利用：筑路、回填、造地改良土壤；

——中技术利用：混凝土掺和料、砂浆掺和料、水泥、墙体材料；

——高技术利用：灰熔合金、塑料、橡胶、油漆的填充料、提取金属或金属氧化物；利用超细粉煤灰取代硅粉。

目前，上海、湖北、北京等地区粉煤灰利用率已达到100%，粉煤灰作为一种资源已经得到了社会的认同。

6. 进一步推动热电联产。火电厂存在着不可避免的冷端损失，所以热效率不可能太高，现在世界上最先进的采用二次中间再热的超超临界火电机组的热效率也不到 50%。如有热用户正好把火电厂的冷端损失全部利用上，火电厂的热效率必将大大提高。世界的能源专家认为，只要有热用户，实行热电联产是提高火电厂热效率的最好途径。

7. 大力发展风电。风电是可再生、无污染的能源。风电在看得见的时期内不会过剩，更不会重复建设。包头地区的达茂旗、白云区、固阳县有丰富的风力资源，应该大力发展风力发电。包头市风电装机容量应达到全市装机总量的 1/3 以上。据了解，国家将为可再生能源发电“开小灶”，支持可再生能源的价格政策有望近期出台，将以各地 2005 年火电的标杆价为基数，加 0.23 元作为风力发电的标杆价，生物质能源则加 0.25 元。为鼓励可再生能源发电，国家将对企业给予一定的税收优惠政策。

我国电力改革处于经济快速发展和体制转轨时期，现在只是刚刚完成了厂网分开。电力企业大多还是垄断经营，企业改革远没有完成，电力企业与地方政府的关系、电力近期与长远的发展关系、电力产业与环境保护的关系、电力的监管体系，电力改革的具体组织实施需要统一认识。电力既然定为包头市支柱产业，市政府就要顺应市场经济的要求，加快政府职能转变，加强包头地区电力产业政策指导，落实电力产业对社会普遍服务政策，促进电力产业健康科学发展。

参阅资料

1. 《中华人民共和国国民经济和社会发展第十一个五年规划纲要》，中华人民共和国中央人民政府门户网站。

2. 《包头市国民经济和社会发展第十一个五年规划》，包头市人民政府网。

3. 《包头统计月报》（2005 年快报），包头市人民政府网。

4. 石慧：《电厂环境保护与粉煤灰综合利用》，《决策与参考》2006 年第 1 期。

5. 黄毅诚：《电力要先行》，《经济日报》2006 年 2 月 25 日。

关于振兴包头市装备制造业的战略思考与对策研究

（2006年5月1日）

赵建帜[①]

“将包头市建成中西部地区乃至全国的装备制造业基地”，“到2010年，形成以一机、北方重工为主的重型汽车、工程机械、铁路车辆、配套零部件为主要产品的装备制造业产业集群，实现产值300亿元以上”。这是包头市承上启下进一步建设经济强市的进军号角，审时度势灵活运用科学发展观的正确抉择，意义重大，影响深远。

装备制造业是国家的战略产业，是国民经济的脊梁，经济增长的动力，高新技术的载体，产业升级的手段，国家安全的保证，是高就业、高节能、高附加值的“三高”产业。

包头市装备制造业具备良好的现实条件和发展基础，加之国家相继实施西部大开发，振兴东北等老工业基地，以及最近市人大批准的“十一五”规划纲要，为包头市振兴装备制造业提供了重要契机。重振包头市装备制造业的辉煌，是促进包头市经济扩张提质的有效途径；是加快包头市走新型工业化道路的必然选择；是推进包头市产业结构优化升级的强大动力。

春风化雨，盛世良机，乘势而上，决胜千里。在学习国内外先进经

---

① 赵建帜：（1946年～　　），男，汉族，河北安国人，包头综合开发研究院研究员。研究方向：区域经济。

验的同时，必须切准我市装备制造业现状的脉搏，兴优避弱，扬长避短，健康操作，良性发展。

包头市装备制造业具备六大优势：

一是规模实力优势。全市规模以上装备制造企业53户，资产总额130亿元，2004年、2005年连续两年工业总产值和消费收入超过百亿，利税总额近10亿。一机、北重两大企业中央直属，位于全国520个重点企业、自治区重点培育的20户大企业行列中，其设备精良、研发领先、工艺先进、管理严细程度，国内领先。加之地方、民营50多户规模以上企业拾遗补缺、稳步发展，包头市该产业正储势待发，前景可观。

二是多种能源优势。包头市有装备容量可观的三大电厂，周边地区还有多座电厂后备。煤、水、油、燃气、蒸气、电石等各种能源，均可就近供应。

三是工业原料优势。钢材和铝、铜等有色金属及稀土材料，就地取材。省时、省力、降低成本的优势得天独厚。

四是加工设备优势。第一是拥有2.5万台性能齐全的加工设备优势；第二是拥有国内领先的检测手段优势；第三是拥有工艺成龙配套的生产优势，装备制造设备积聚的优势国内少有。

五是区位交通优势。随着工业国际化的大潮，包头市从过去的北疆边城的不利位置转化为国内国际工业布局中心腹地的有利位置，加之包头市交通便利，具有铁路、公路、航空多种运输功能，对装备制造业的供、产、销及招商引资、国际交流、人才往来等创造了便利条件。

六是科研教育优势。拥有科研院所、技术中心多，科技精英近千、专业技术人员近万，教育资源丰厚、可提供大批合格工程技术和操作人员。

然而喜中有忧，制约装备制造业强势发展的因素有六个方面：

一是自主创新能力较弱。核心技术应用少，通用技术应用多；高精产品少，通用产品多；高附加值产品少，劳动密集型产品多；绿色节能产品少，能源、材料高耗产品多。

二是行业体制与企业机制存在问题多。产业结构缺乏多元化，国有产权一股独大、条块分割过严，封闭经营较死。

三是产品结构不合理。国防装备一枝独秀，民用装备规模偏小，实力较弱，致使竞争能力差，辐射能力弱，拉动能力小。

四是运营机制问题多。中间强、两头弱。即中间制造能力强，前头市场研究，产品科研弱，后头营销能力、售后服务弱。

五是发展基础不牢。其一，资金不足，贷款额大；其二，人才尚有，仍显不足；其三，设备众多，精尖欠缺。

六是企业社会负担沉重。住房、医疗、教育、后勤、公安等社会职能，压得企业喘不过气，一机、北重每年对社会职能的投入数以亿元计。

如何扬长避短，振兴包头市装备制造业？下列思路仅供参考。

一、四项战略思考

1. 完善一个模式。按着“大项目—产业链—产业集群—装备制造业基地”的发展思路，创建一大园区（青山区）、五大集群（军工、运输、工程机械、矿冶、电力）十大产业链条（军事装备、重车等十类产品）的经营模式。

2. 发展两大产品。即“十一五”规划纲要所列重点产品：煤矿综合采掘设备和轨道交通装备。

3. 抓好三个互动。军民互动。军品、民品相互促进，中央、地方一体化发展。

上下互动。拉动上端大企业，科研院所优势，带动下端相对滞后的县域经济。

企业互动。纵向拉长，横向扩径，身尾相联，互相照应。

4. 瞄准四个领域。对主干优强产品、需求多样化产品、极具市场前景产品和零部件配套产品四个领域，分别采取名牌化发展、特性化发展，规模化发展、协作化发展的不同策略。

二、六点对策思考

1. 改善政府职能，完善发展环境。政府要当好护花使者，创造企业生存发展壮大的土壤条件。从指令型、管理型向落实型、服务型转变；建设基础设施支撑体系；培育完善市场体系；当好企业联姻、产研联姻、融企联姻、友城联姻、强弱联姻、国际联姻的红娘；构建诚信、开放、具有经济理性的文化支撑体系；建立多元化金融支撑体系。

2. 制订装备制造业专项规划，指导该业有序发展。

3. 完善相关政策，对国家“十一五”列为重点产品的生产厂家优先倾斜；对本市现有优势产品重点支持。

4. 坚持以人为本，加速人才培育。

5. 夯实制造技术基础，夯实优质零部件基础，夯实工艺基础。

6. 扩大开放层次，推进企业制度创新，技术创新和管理创新。

三、几项具体建议

1. 强化“四化”观念，走好“四化”步伐。一是以国际化促进包头市装备制造业的结构调整；二是以信息化带动包头市装备制造业的全面提升；三是以成套化牵动全市装备制造业的快速振兴；四是以多元化推动包头市装备制造业的完善发展。

2. 处理好两个关系，把握好四个原则。两个关系：一是所有制结构调整与民间创业机制的关系；二是规模经济与集约发展的关系。需要重点把握的四个原则：市场导向原则；企业主体原则；对外开放原则和技术创新原则。

3. 发展高新技术，建设一流的国家制造业信息化工程重点城市，建设本市关键高新技术的研发平台。

4. 把青山区建设成国内一流装备制造业特色产业园区。

5. 充分利用国家有关政策，开发包头市装备制造业薄弱和空白领域。

草原文化与农耕文化兼容并蓄的包头史话

（2006 年 8 月 28 日）

赵建帜　张振宇[①]

包头，这颗内蒙古草原上的璀璨明珠，在 240 万各族人民共同努力下，昂首阔步迈入了联合国“人居奖”城市、全国文明城市、花园城市和中西部经济强市的行列。

在我们生息繁衍并为之拼搏奋斗的这块土地上，有着怎样血与火的历史文化？如果对此一无所知或知之甚少，就是对自己生存环境的过去缺乏认识，对未来无法承接。在多数人头脑中，包头在历史上不过是皮毛集散地和水旱码头，没有久远的历史，更不要说什么历史文化了。其实，在这块土地上，蕴藏着厚重的草原文化与农耕文化兼容并蓄的悠久历史和文化渊源。了解和熟悉她的历史文化，就容易让历史与现实连接，让古代文明与现代文明融汇。更加激励我们与时俱进的奋斗精神，不断提升热爱和建设我们美丽家园的动力。

草原文化，是草原民族创造的物质财富和精神财富的总和；农耕文化，是农业民族创造的物质财富和精神财富的总和。包头，便是上述两种文化的交汇点和融结点。

① 张振宇：（1972 年～　　），男，汉族，内蒙古包头人，内蒙古一机集团十分厂。研究方向：区域经济。

一、草原文化和农耕文化在包头的孕育（萨拉乌苏文化）

经考古学家和地质学家联合研究证明，在包头南鄂尔多斯萨拉乌苏河流域，发现了生活在35000～10000年前的旧石器时代晚期人类遗址。遗址发现地的地层，被命名为萨拉乌苏组第四纪地层，遗址文化被命名为萨拉乌苏文化。在包头的东河至万水泉山前台地上，也发现了萨拉乌苏组第四纪地层，并发掘出大量纳玛象、披毛犀、包头大角鹿等骨化石和孢粉化石。证明包头地区旧石器时代的自然条件与萨拉乌苏一样，肯定也有古人类生活在这里，只是遗址尚待发现。笔者认为，包头的山前台地应是萨拉乌苏流域的延伸甚至为同一流域，萨拉乌苏文化应包括包头山前台地。地层中发掘的动物化石，与狩猎有关；孢粉化石，与种植有关。这一漫长时期，应为包头草原文化和农耕文化的孕育时期。

二、草原文化和农耕文化在包头的萌芽（阿善文化）

在包头东郊阿善沟台地和沙尔沁乡东、西园台地上，考古工作者发现了新石器时代人类遗址，距今约有6000～4000年。它包含三个不同时期的文化遗存，总体命名为阿善文化。历史学家苏东琦教授称之为“包头塬”。阿善一期文化遗存较少。从发掘器皿的研究可以推断，此时包头先祖过着定居的原始农耕生活，狩猎、采集、捕捞也是重要生活内容。他们的农耕与狩猎，即是包头农耕文化与草原文化的萌芽。阿善二期文化这种特征更加明显。农耕文化的设施与器具有半地穴式住宅，大型石器有斧、铲、刀、磨等，细石器和骨器有镞、锥、针、匕等，家畜动物遗骨有猪、狗、牛、羊，野生动物遗骨有鹿、狍、獐、虎、野山羊等。阿善三期文化发现了石砌防御工程、地面房屋和祭坛，应为农耕文化与草原文化物质和精神的初步发展。

三、草原文化的发育在包头的历史烙印（阴山岩画）

包头北面的阴山山脉，由大青山、色尔滕山和狼山组成。这座山千里屏障之北，古代生活着匈奴、鲜卑、乌桓、敕勒、突厥、回鹘、党项、契丹、女真、蒙古等游牧民族。从原始社会到奴隶社会再到封建社会，他们共同创造了灿烂的古代草原文化。其代表作就是刻在石头上的草原文化——阴山岩画。它记载历史几千年，延伸地域千余里，博大精深，包罗万象。游牧民族的衣食住行、狩猎、征战、天体、神灵、祭祀、舞蹈、生物等，无所不有。远古的，来自原始社会；有文字的，有蒙、藏、西夏文字，还有磨刻“大唐”的汉文字记载。包头境内山区，便是阴山岩画的中心地带。固阳县银号乡的一个山梁上，有1.8米高的梅花鹿岩画，左下方模糊的妇女形象，也是此图构成部分。考古学家认为，此画为古代北方民族图腾遗迹，应为原始宗教场所。包头市名的来源，是蒙语“包克图”的音译，意为“有鹿群的地方”，与此是否相关？另外，在白云、达茂，均发现大批岩画。阴山岩画，充分证明了包头的草原文化从无到有，从弱到强的漫长历史。

四、草原文化和农耕文化在包头的历史撞击

不同的民族，有着不同的民族文化特质、历史传统和生活风俗。历史上，为了民族的自身生存和发展，排斥异族文化，几乎成为各民族的本能。然而，也是为了民族自身的生存和发展，吸收融汇异族的先进文化，又成为各民族的必然。

战争，便是排斥异族文化的政治工具。

古文字首次对包头的记载，是经考古专家解辨甲骨文得到的。称为“鬼方”的原始游牧民族生活在包头一带。发掘出的西周初年小盂鼎铭文，记载了周康王发动的讨伐鬼方的战争，杀4800多人，俘13000多人。这是有文字记载的包头境内首次异族间发生的战事。

秦统一中原后，秦始皇听信“亡秦者胡也”的大臣奏录，派大将蒙恬率30万大军征北，把以匈奴为主的“胡人”赶到包头以北五百里外，在包头设置九原郡，管理阴山以南三十四座县城。通过战争，农耕文化在这里占了上风。到了西汉前期，匈奴又通过战争手段打回包头地区并重新统治这一带。包头东部是单于的领地，西部是右贤王的领地。匈奴的主要军事力量，屯集在包头一带，草原文化又开始在包头盛行。此时，包头已成为匈奴军队入侵掠夺汉朝北部四郡的桥头堡。汉武帝后期，五次派重兵讨伐匈奴。此时因匈奴乌维单于死后继位的儿单于惧汉而带领人畜向西北方向迁徙，包头又成为汉族政权征讨和抗御匈奴的前方基地。

包头西五原地区，是拓跋鲜卑的发祥地。在建国北魏的征战中，他们东攻包头的铁弗匈奴，南征实力雄厚的后燕政权，终使北方大部地区统一于北魏。这是一段通过战争排斥异族文化建立政权后又融汇多民族文化建立中华强国的典型历史。

隋、唐时期，突厥生活在包头一带。隋朝时，包头一带发生多次汉族与突厥的民族战争，严重削弱了双方实力。直至唐朝初年，依然国力不足。尽管如此，唐与突厥依然发生三次战争，但这一时代的主流是和平共处。

历史上不同民族文化相互排斥的战争，不只是发生在游牧民族和农耕民族之间。游牧民族之间也时有发生。前述拓跋鲜卑与铁弗匈奴在包头地区的战争便是一例。唐末及宋朝时期的包头及周边地区，游牧民族之间的战争狼烟四起。把本民族文化强加于人和保护本民族文化不被灭绝的征服和反征服拉锯一般，辽、金、西夏在包头地区相互反复征战。公元1044～1050年，辽与西夏两次大战都发生在这里。辽国末年，金国兴起，不断征辽。至1125年灭辽之前的金辽战争，也多次发生在包头和其周围，参与战争的涉及契丹、党项、女真、蒙古等几十个游牧民族。其中，契丹、党项、女金是分别建立辽、西夏、金等国家政权的强大民族。在排斥异族文化的战争中，他们也在不断消亡自己。

元朝和清朝。是中国历史上继鲜卑建立北魏后第二和第三个草原游牧民族通过战争征服农耕民族建立统一中华政权的朝代。值得一提的是，一代天骄成吉思汗组织了五次进攻西夏的大战，其中三次从兀剌海城进军。兀剌海城虽不在包头境内，但它管辖的范围和军事力量的部署，主要在包头地区和巴彦淖尔东北部。1226 年，西夏被消灭后，包头地区便完全并入蒙古帝国了。

五、草原文化与农耕文化在包头的历史融合

中国历史上不同民族文化的排斥与撞击，发生大小战争不计其数。但是，战争的时间和空间，所占比例仍较短暂和狭小，和平时期仍为各朝各代建国后的长期发展年代。排斥与撞击，是相对的；互需和共融，是绝对的。包头的历史发展，具有草原文化与农耕文化兼容并蓄的典型特征。

从西周到春秋战国的漫长时期，林胡、楼烦等匈奴民族中的不同部落和种族，游牧或驻牧在包头地区。从包头周边地区发掘的当时贵族墓葬中出土的铜、铁器、丝织品等，是与中原交换而来的。证明最晚也是从那时就开始了包头草原文化与农耕文化的融合。

秦统一中国后，在包头设立九原郡，为防御北方游牧民族的南侵，秦始皇在战国时期秦、赵、燕所建长城基础上修缮连接建起了万里长城，修筑了从陕西云阳至九原郡的人类历史上第一条“高速公路”——1400 余里的秦直道。经过两千年风雨侵蚀的漫长岁月，包头仍保存有秦长城和秦直道遗迹。这是典型的农耕文化进驻草原民族地带。在麻池出土的铸安阳铜钱的布范，说明九原地区农业、冶炼、商业的早期存在，进一步印证农耕文化进入草原文化地区的历史。史籍记载，九原地区是秦始皇投入人力、物力、财力最多的地区之一，人力、兵力达百万之众。除修长城、筑直道外，还有大量屯垦人员。这是包头农耕民族进入游牧民族地区发展农耕文化并与草原文化共同发展的第一次高峰。

汉和匈奴经过多次相互征战，从昭君出塞和亲开始，迎来第二次草原文化与农耕文化的兼容并畜高峰。草原大量牛马进入中原，促进了农耕文化的发展。中原及南方的粮食、布匹、茶叶进入草原，促进了草原经济的发展。王昭君嫁两代匈奴单于，她的后代及她在汉朝的亲属世代

坚持汉匈和好，使边塞安宁数十载。其丰功伟绩，令后人敬仰。麻池汉墓多次出土“单于和亲”、“长乐未央”等瓦当，加之汉书记载汉匈交往的古道，还有包头及周边众多有关昭君古迹，专家推断昭君出塞途经包头麻池（当时名为阳城）。可见，包头历史上就是座民族友好交往的枢纽之地。

包头是北魏政权的发祥地。建立北魏的拓跋鲜卑本是游牧部落，随着建国后逐渐接近和深入中原地区，就越来越多地接受和推广汉族文化。通过“息众课农”、屯田、移民等变法政策，农业成为北魏的重要社会经济基础。历史上著名地理学家郦道元曾在公元494年随北魏成文皇帝到临沃视察，临沃南北二十里，都是引水灌溉的水田，农业特别发达。而郦道元著述中的临沃，便是今天的包头麻池。这一时期，是包头地区草原文化与农耕文化相辅相成的第三次高峰。

自此之后1500余年的历史长河中，包头的经济得到发展。草原文化和农耕文化兼容并蓄，你中有我，我中有你，谁也离不开谁。值得一书的为民族友好事业做出杰出贡献的杰出女性是明代蒙古族一位绝代佳人三娘子。三娘子本名钟金哈屯，又名也儿克图哈屯，是明朝土默特部首领顺义王阿拉坦汗夫人。她一生坚持蒙汉通贡互市。为了政治需要，按蒙古民族历史上“收继婚制”的风俗，她忍辱负重，夫亡续嫁其长子黄克台。三年后黄克台去世，长子扎力克垄位顺义王。明朝令她嫁给扎力克。她再次屈从，共当三代顺义王夫人（均无血缘关系）。三娘子协助三代土默特首领主政，威望无人可比。当时的土默川，农牧并举，工商共进，消弥了二百余年的流血战争，使包头一带保持了60多年的安定局面。至今，三娘子的骨灰尚存美岱召太后庙（又称三娘子庙）中，成为包头各族人民崇尚民族团结的历史遗存。

“先有复盛公，后有包头城。”这是老包头人常说的一句话，也是内地农耕文化进驻草原文化地带的又一盛事。清朝乾隆初年，山西祁县乔贵发走西口来到包头，从经营草料、豆制品、面食开始，发展到孙辈乔致庸时期，已经富可敌国。笔者认为，乔家在包头的商业活动，不仅把中原农耕文化与草原游牧文化有机结合在了一起，促进了包头两种文化的交融，还通过先进的管理，乐善好施的行为，弘扬了经商也要忧国忧民的先进理念。其在山西、包头、北京、广州等地经营的钱庄，使早在明朝就已萌芽后又夭折的资本主义再次萌发。本人认为，包头的资本主义应从此时诞生。它又从另一角度充实了包头的文化历史。电视剧《乔家大院》虽为文艺作品，但也生动体现了这段历史。

只有共产党才能救中国；只有共产党才能救民族；只有共产党才能救民族文化。包头地区上万年沧桑历史长河中，特别是从奴隶社会到半封建半殖民地社会的数千年中，战争不断，盛衰不定，山河破碎，矛盾重重。大汉族主义对草原民族的镇压欺凌，地方民族主义对汉族的仇视反抗，使一个历史上曾经几度兴盛的古包头变得经济不振，民不聊生。历史上曾在包头及周边地区建立政权的强大民族，如匈奴、鲜卑、党项等已不复存在，更何况其他弱小民族。这里的草原文化和农耕文化已失去历史光辉。由于天灾横行，人祸泛滥，致使人烟稀少，经济崩溃。先后被沦为托克托和萨拉齐的属地。后虽经一定发展，包头人口也不过7万。党的民族政策挽救了水深火热、濒临灭绝的多个少数民族，民族自治政策首先在内蒙古地区落实，民族大团结的局面初步形成。解放后，全国支援包钢，全国支持包头。“一五”期间156个国家重点建设项目6项落户包头。这个几乎被历史遗忘的水旱码头，一跃而为自治区最大的工业城市。草原文化得以发掘、保护、传承和新生，与中原传入的农耕文化共存共兴，相辅相成。以《草原晨曲》、《草原英雄小姐妹》为代表的蒙族歌舞，红遍大江南北。《蔡文姬》、《昭君出塞》等民族团结的作品深入人心。包头及周边地区汉族二人台、爬山调等也受到蒙族等少数民族的欢迎。今天，由31个民族组成的包头民族大家庭，正在全力打造富裕包头、文明包头、生态包头、平安包头。不久的将来，她不仅以钢城、稀土城、汽车城、奶城和欧亚大陆交通枢纽的雄姿屹立于世界之林，还会以草原文化与农耕文化兼容并蓄之集大成者为世人瞩目。

关于包头市发展循环经济，建设资源节约型、环境友好型城市的研究

（2006 年 11 月 30 日）

王德山

我国走的是一条赶超型工业化道路和经历压缩型过程，资源环境问题迅速积累，资源与环境的双重压力，人与自然的矛盾也日趋尖锐、紧迫。循环经济、资源节约型与环境友好型社会如今在我国已由一个陌生的概念上升为指导经济社会发展与环境保护的重要原则和理念。

一、循环经济的提出

（一）经济发展过程中的三种模式

人类的发展，离不开自然界。在处理与自然界的关系上，人类经历了三个阶段：即崇拜自然阶段、征服自然阶段和协调自然阶段。人类社会在经济发展过程中也经历了三种模式：即传统经济模式—生产过程末端治理模式—循环经济模式。

1. 传统经济模式。它对人类与环境关系的处理模式是，人类从自然中获取资源，又不加任何处理地向环境排放废弃物，是一种“资源

—产品—污染排放”的单向线性开放式经济过程。

2. 生产过程末端治理模式。它开始注意环境问题，但其具体做法是“先污染，后治理”，强调在生产过程的末端采取措施治理污染。结果，治理的技术难度很大，不但是治理成本畸高，而且生态恶化又难以遏制，经济效益、社会效益和环境效益都很难达到预期目的。

3. 循环经济模式。它要求遵循生态学规律，合理利用自然资源和环境容量，在物质不断循环利用的基础上发展经济，使经济系统和谐地纳入到自然生态系统的物质循环过程中，实现经济活动的生态化。其本质是一种生态经济，倡导的是一种与环境和谐的经济发展模式，遵循“减量化、再使用、再循环”原则，以达到减少进入生产流程的物质量，以不同方式多次反复使用某种物品和废弃物的资源化的目的，强调“清洁生产”，是一个“资源—产品—再生资源”的闭环反馈式循环过程，最终实现“最佳生产，最适消费，最少废弃”。

（二）发展循环经济的必然性

我国人均资源占有率低，但经济快速增长却在很大程度上依赖大量消耗自然资源来实现，科技贡献率低，经济效益不高，呈现高投放、高消耗、低质量、低效益的粗放型特征，经济增长所付出的成本和代价大。我国 GDP 约占世界的 4%，但为此消耗的各类资源约为 50 亿吨，消耗每吨标准煤实现的 GDP 仅为世界平均水平的 30%。长期以来，在自然资源无限的观念影响下，资源节约意识淡薄，经济发展越来越多地依靠进口国外资源，资源对外依存度越来越大。

人口仅占世界的 15% 的发达国家，在其工业化进程中消耗了世界 60% 的能源和 40% 的矿产资源。如果中国也像美国等发达国家当时那样实现工业化，那么三个地球的资源也不够用。

因此，按照科学发展观的要求，大力发展循环经济，加快建立资源节约型和环境友好型社会，就显得尤为重要与迫切。

（三）我国循环经济的提出

江泽民同志 2002 年 10 月 16 日在全球环境基金第二届成员国大会讲话中指出：“只有走最有效利用资源和保护环境为基础的循环经济之

路，可持续发展才能得以实现。”

胡锦涛总书记在2003年3月中央人口资源环境工作座谈会上强调：“要加快转变经济增长方式，将循环经济的发展理念贯穿到区域经济发展、城乡建设和产品生产中，使资源得以最有效的利用。最大限度地减少废弃物排放，逐步使生态步入良好循环，努力建设环境保护模范城市、生态示范区、生态省。”

党的十六届四中全会通过的《中共中央关于加强党的执政能力建设的决定》正式将“节约资源和保护环境，大力发展循环经济，建设节约型社会”作为坚持科学发展观，提高党驾驭社会主义市场经济能力的重要内容之一。

2005年3月温家宝总理在第十届全国人大第三次会议上所作的政府工作报告中强调：“大力发展循环经济。从资源开采、生产消耗、废弃物利用和社会消费等环节，加快推进资源综合利用和循环利用。积极开发新能源和可再生能源。”

党的十六届五中全会提出：“发展循环经济，是建设资源节约型、环境友好型社会和实现可持续发展的重要途径。坚持开发节约并重、节约优先，按照减量化、再利用、资源化的原则，大力推进节能节水节地节材，加强资源综合利用，完善再生资源回收利用体系，全面推行清洁生产，形成低投入、低消耗、低排放和高效率的节约型增长方式。”

由此可见，在我国，循环经济从一种理念转化为国家发展战略和政策历时仅有几年时间，它已经跻身于中国主流的经济概念，并将对中国未来经济发展产生深远影响。

（四）基本概念

1. 循环经济。循环经济是以“减量化、再利用、资源化”为原则，以提高资源利用效率为核心，以资源节约、资源综合利用、清洁生产为重点，通过调整结构、技术进步和加强管理等措施，减少资源消耗、降低废物排放、提高资源生产率，促进资源利用由“资源—产品—废物”线性模式向“资源—产品—废物—再生资源”循环模式转变，以尽可能少的资源消耗和环境成本，实现经济社会可持续发展，使社会经济系统与自然生态系统相和谐。

2. 资源节约型社会。资源节约型社会是指在社会生产、建设、流通、消费的各个领域，在经济和社会发展的各个方面，切实保护和合理利用各种资源，提高资源利用效率，以尽可能少的资源消耗获得最大的经济效益和社会效益，保障经济社会可持续发展的社会发展模式。

3. 环境友好型社会。环境友好型社会是人与自然和谐发展的社会，通过人与自然的和谐来促进人与人、人与社会的和谐。建设环境友好型社会，就是要以环境承载能力为基础，以遵循自然规律为核心，以绿色科技为动力，倡导环境文化和生态文明，构建经济社会环境协调发展的社会体系。

二、包头发展循环经济面临的主要问题

（一）发展循环经济的必要性和紧迫性

“十五”时期，包头市不断构筑新优势，连续攀登新高峰，经济和社会各项事业取得了巨大成就，提前两年超额完成“十五”计划。2005 年，包头市荣获了首批“全国文明城市”称号，获得了中国综合实力百强城市第 34 名的殊荣，全市生产总值迈上了 800 亿元的新台阶；财政收入突破 100 亿元大关；规模以上工业增加值实现 300 亿元左右；全社会固定资产投资完成 600 亿元以上；城镇居民人均可支配收入达到 13000 元以上；农牧民人均纯收入达到 4900 元左右，包头的发展已经站在了新的历史起点上。

在经济发展取得显著成绩的同时，应清醒地看到，包头作为一个全国重化工业城市，资源消耗和环境污染负荷大，已是一个不争的事实。目前，包头市的经济增长方式尚未得到根本上的转变，经济增长在很大程度上仍然是依赖资源的高消耗实现，导致资源利用率较低，部分资源紧缺，环境压力很大。这种粗放型的发展模式对包头的可持续发展构成巨大威胁，如果不能树立和落实科学发展观，寻求集约的经济发展模式，推动资源和环境为依托的经济增长就会后劲乏力，经济大起大落的风险就会加大，经济的较快增长也就难以实现。发展循环经济，提高资

源利用率，减少资源消耗，实现废弃物的再利用和资源化，不断提高经济效益，是包头市应对资源与环境压力的必然选择，特别是在市场竞争不断加剧的情况下，发展循环经济，建设资源节约型和环境友好型城市具有十分重要的现实意义和战略意义。

（二）包头水资源量与水资源利用

包头属于干旱大陆性季风气候，降雨时空分布不均，水资源贫乏，是全国严重的缺水地区之一。包头水资源总量为7.64亿立方米，可供开发利用的水资源仅为6.6亿立方米。全市人均水资源为364立方米，远低于全国人均2400立方米的平均水平，仅为全国人均占有量的15.2%，为自治区人均占有量的20%，低于国际公认的人均1000立方米的下限。同时，包头市水资源的有效利用率也很低，其污水回用率仅为1.5次，而国外先进城市最高的能达到20次，一般国家也能达到7~8次。我国万元工业产值耗水量平均为78立方米，美国为9立方米，日本是6立方米，而包头却为93立方米，是全国平均水平的1.2倍。同时，还存在着地下水资源长期过量开采，水位呈区域性持续下降；一部分工业、农灌和绿化使用水质较好的地下水，而城市生活饮用水大部分是水质较差的黄河水；受污水和污染物堆放的影响，部分地下水资源已受到不同程度的污染，水质超标问题严重；中水利用程度低，市污水排放量达1.2亿立方米，污水处理能力达37万吨/日，污水回用仅为3000万吨/年。

（三）"三废"排放情况

2005年，全市耗煤量为1461.6万吨，比上年增加19.2万吨；其中工业耗煤1451.2万吨，占耗煤总量的99.8%。工业废气排放总量达到2799.6亿标立方米，比上年同比减少2371.6亿标立方米。工业废水排放总量5158.6万吨，同比减少1306.9万吨。废气、废水排放总量虽然呈下降趋势，但总量仍然很大。工业固体废物达到2273.3万吨，比上年增加了29.2%，但综合利用率仅为18.1%左右。历年工业废渣所堆存的渣场，其面积已达21平方公里，占市区建成面积近1/6。此外，在老企业加速扩张的同时，包头还规划布局了50万吨铝、1000万千瓦电、20 万 ~40 万吨铜、260 万吨甲醇、20 万吨醋酸等一系列新的重量级大项目，有的已经开工建设。这些新的大项目在引进中虽然采用了比较先进的生产工艺，但是如果没有合理的布局和有效的废物利用途径，则必然会对城市的环境保护形成巨大的压力，成为影响和制约包头实现可持续发展的瓶颈。

（四）能源消耗情况

根据 2005 年统计：包头市每万元 GDP 能耗为 2.89 吨标准煤，内蒙古平均水平为 2.48 吨标准煤，全国平均水平为 1.43 吨标准煤；包头市每万元工业增加值能耗 5.38 吨标准煤；包头市规模以上工业生产能源消费总量 2402 万吨标准煤，比上年增长 28.7%；包头市全年供水量 99852 万立方米，比上年增加 15764 万立方米；包头市工业固体废物综合利用率为 18.07%。

（五）原因分析

从总体上看，包头市经济发展与资源消耗、环境保护的矛盾仍然很突出。原因主要有三个方面：一是历史遗留的。国家“一五”、“二五”计划时期在包头上的几个大项目，限于当时的技术工艺水平，属于传统经济模式的工业项目，留下了一定的“环保后遗症”。二是人为造成的。一些地区为了短期利益，新上了一些技术含量较低、污染较大的项目。三是发展中产生的。在现有科技水平条件下，很多项目还不能实现污染物的“零排放”，即使是达到国际先进水平的东方稀铝，污染物排放虽然大大低于国际控制标准，但仍有一定量的排放。

在全国建设全面小康社会的新阶段，包头面临着总量扩张与结构调整、经济发展与环境保护的双重压力。而在传统的依赖资源开发的经济发展模式下，资源的过量开发和环境的不断被破坏已经日益影响到经济发展和社会进步。环境是经济成本的一部分，城市的环境承载力问题迫使包头必须进行大规模的经济转型。在 21 世纪头 20 年，包头市将处于工业化和城市化加速发展时期，面临的资源和环境形势十分严峻。为了抓住重要战略机遇期，实现全面建设小康社会和建设经济强市的战略目标，必须大力发展循环经济，以尽可能少的资源消耗和尽可能小的环境代价，取得最大的经济效益和最少的废物排放，实现经济、环境和社会效益相统一，把包头建成资源节约型和环境友好型城市。

三、发展包头特色循环经济的基本思路

（一）总体要求、基本原则和主要目标

1. 总体要求。按照“政府主导、法律规范、市场推进、公众参与”的方针，充分借鉴国内外先进经验，根据企业、园区、城市和资源再生利用四个层次的不同特点，努力提高资源的循环利用，逐步形成节约资源、保护环境的生产方式和消费方式。到2010年，建立起较为完整的循环经济体系，初步建成资源节约型、环境友好型城市。

2. 基本原则。发展循环经济总的指导原则是坚持节约优先和环境优先原则，按照生态经济理论的要求，不断提高资源使用效率和切实提高环境质量水平。具体来说，就是要遵循以下基本原则：

（1）产业生态化原则。这是顺应产业结构和运行机制符合生态环境的要求，并与生态系统的结构和功能相结合提出的原则，其核心是完成循环经济模式的结构和功能建设。坚持这一原则在实践层面体现为节约型、集约型、生态型的产业体系特点，社会经济系统与自然环境友好、协调发展；不同产业之间有一种高效的、相互促进的关系，最优利用自然资源和社会、经济资源；各个产业内部发展模式由粗放型、消耗型、低效率向循环经济减量化、再利用、资源化转变。

（2）利益推动原则。根据市场各类主体逐利这一基本出发点提出此原则，明确从生产到消费的各个环节上只要有新价值产生，循环经济就能实现增长；只要提高产业链的知识含量和技术含量，即不断提高其附加值，就能使循环经济获得持久的推动力。企业从节地、节能、节水、节材和资源综合利用等生产环节增加经济收益，推进产业生态化，使生产效率与生态效率统一于循环经济发展过程中。

（3）政策引导原则。这是从建立节约型经济体系和节约型社会需

要，在城市层面上提出的原则，其实质是通过政策引导、规划指导、法律规范、制度保障，为循环经济的发展创造有力的利益激励与约束机制。

（4）协调合作原则。首先是协调。通过党政主要领导组织协调，有关行政主管部门相互协作，处理好与其他领域部门之间的关系，做到要求一致、信息沟通、落实各种政策。其次是组织。组织实施重大示范工程，组织循环经济新产品、新技术、新工艺展示，掌握、引导产业发展循环经济。再次是宣传。发挥舆论的导向性、启发性、传播性作用，监督、评价循环经济绩效，达到循环经济新理念深入企业、产业、社区和人心的目的。最后是合作。通过发展具有各种服务功能的组织体系，强化循环经济协会以及各领域协会的中介服务支撑，发挥行业自律和自组织功能，从政府主导转换为依靠社会多元化力量。

（5）生产责任原则。企业从污染的制造者转为环境保护的执行者，其行为方式在循环经济发展过程中起到极为关键的作用，依此提出生产责任原则。企业有责任执行相关产业标准、行业标准、产品标准，在这一过程中，如果其处置废弃产品的成本高于再利用的成本，同时还带来更多的市场盈利，企业会有足够的动力进行循环利用。同时，要增强企业环境责任感，建立起一种有利于节约资源和改善环境的行为方式，使经营管理成为循环经济发展的长效机制，达到环境保护的目标。

（6）公众参与原则。这是根据社会公众的认识与接受程度及日常化实践，将从根本上决定循环经济发展的成败提出的原则。坚持这个原则必须分清公众的责任和权利。对于一个消费者，提高参与意识和参与能力，改变不利于资源节约的传统生活方式和消费方式。

3. 发展目标。到“十一五”末期，包头市发展循环经济应实现以下目标：

（1）建立和健全循环经济法律法规。按照国家《固体废物污染防治法》和《国务院关于加快发展循环经济的若干意见》的要求，结合包头市的实际，抓紧制定各类固体废物回收利用方面的配套地方法规，落实生产者责任延伸、排放强度准入等制度；建立和完善废物回收利用的有效机制，生产者负责回收废旧物资；消费者对收集、处理生活垃圾付费。

（2）建立和完善发展循环经济的政策机制。建立和完善有利于包头市循环经济发展的财税政策，对循环经济、清洁生产和环境友好的企业、工艺、设备和产品以及环保捐助行为，要在经济政策上给予优惠和鼓励；对环境不友好的企业、工艺、设备和产品，要使其在经济上承担更大的成本代价。研究、建立生态补偿机制；完善环境标识、居民绿色消费等制度、规范绿色产品市场；推动政府绿色采购，采购通过ISO14000系列认证的产品，促进包头市绿色消费市场的快速发展。

（3）深化循环经济试点示范。以包头生态工业（铝业）示范园区和包头生态工业（钢铁）示范园区为试点，整合、提升市区县其他工业园区，引进关键链接项目，形成企业间共生和代谢的生态网络关系，实现物流、能源、技术集成和信息、基础设施的共享，到2010年，全市所有工业园区（开发区）要基本改造、提升为生态工业园区。依托循环经济型企业和生态工业园区，构建资源节约型和环境友好型城市。

（4）加强环境监管。通过严格的环境执法，促进循环经济的发展：一是依法严格环境准入。通过实行行业污染物排放标准和排放强度准入标准，促进企业、产品采用环境友好的工艺和技术，促进包头市的产业发展和生产力的合理布局。二是加强对钢铁、有色金属、电力、化工、建材等重点行业、企业清洁生产审核。三是建立严格的强制淘汰制度。依据国家公布的技术落后、污染重的生产工艺和设备淘汰名录，对包头市重化行业中规模不经济、污染严重的企业或生产线实行强制淘汰。四是实施污染物总量控制制度，根据包头市环境目标的要求，严格控制污染物排放总量，对排污单位实行排污许可制度。

（5）建立循环经济的技术创新体系。发展废物再生利用和资源循环利用等领域的先进技术，是推进循环经济的必要途径。包头市要进一步加大对循环经济技术研发的支持力度，鼓励科研机构和企业重点开发具有普遍推广意义的资源节约技术、能量梯级利用技术、相关产业链接技术和资源再生利用技术等。同时，引进、消化、吸收、再创新国内外循环经济技术。

4. 主要指标。力争到2010年，包头市消耗每吨能源、铁矿石、有色金属、非金属矿等重要资源产出的GDP比“十五”期末提高25%～30%；每万元GDP能耗下降40%，即由2005年的2.89吨降低25%以上；每万元工业增加值取水量下降22%；矿产资源总回收率和共生矿综合利用率提高5个百分点；工业固体废物综合利用率由2005年的18.1%提高到60%；工业固体废物堆存和处置量控制在1000万吨左右；城市生活垃圾增长率控制在5%。包头市区工业废水和生活污水处理率分别达到90%和70%，再生水利用率达到50%。以上这些指标仍高于全国和内蒙古自治区平均水平，主要考虑到包头市经济重型结构的实际，短期内不能达到全国及自治区的平均水平。但我们必须鲜明地把节能降耗摆在更加重要的地位，大力发展循环经济，努力建设资源节约型、环境友好型城市，实现可持续发展。

（二）包头发展循环经济的途径

包头市发展循环经济大体上有企业、园区、区域、资源再生利用等四个层次。一要发展企业层次的循环经济，以企业为单位，建立“点”上的小循环。二要发展园区层次的循环经济，以行业为单位，建立“线”上的中循环。三要积极发展区域层次的循环经济，以包头市为单元，建立“面”上的大循环。四要发展资源再生产业，通过废物和废旧资源的处理、处置和再生产，从根本上解决废物和废旧物资在全社会的循环利用问题。这些层次是由小到大依次递进，前者是后者的基础，后者是前者的平台。

1. 实行清洁生产，发展循环经济动脉企业。在企业的层次上推选清洁生产，促进产品生态设计，从生产的源头和全过程充分利用资源，使企业努力实现废物的最小化、资源的最大化、终极处置的无害化。积极发展循环经济型企业，推行清洁生产，创建一批清洁生产示范企业，努力降低单位产品的能耗、物耗、水耗和污染物排放。在电力、冶金、铝业、稀土、建材、化工等行业创建一批废气“零排放”企业。

清洁生产是企业内部防止污染和实现可持续发展的最佳模式，也是发展循环经济的基础和保障。在企业层次的清洁生产过程中，包头企业的差距究竟有多大？我们以包钢为例进行剖析。2004年，包钢吨钢综合能耗为972千克标煤，全国冶金系统平均水平为761千克标煤，先进水平只有689千克标煤。2004年，包钢吨钢耗新水为14.85立方米，全国平均水平为12立方米，先进水平仅为3.96立方米。2004年，包钢综合焦比为596千克，全国平均水平为520千克，先进水平为486千克。差距所带来的后果是严峻的。包钢每年都要为如此高的成本付出十几亿元的代价，而且造成水资源的浪费，空气污染的加重，固体废物排放加大，环境保护压力增强。如果说装备水平相对较好的包钢能耗情况尚且如此，那么其他中小钢铁企业就不言而喻了。尽快推行清洁生产，积极发展循环经济，包头具有经济发展的巨大潜力。发展循环经济不仅仅是资源与环境双压力的产物，更重要的是包头调整经济结构，转变经济增长方式，提升经济运行质量的有效途径。包头市应积极培育清洁型生产企业，引导企业提高能源、资源利用率，实现废弃物减量化，明确要求生产企业推进清洁生产，保护生态环境。要用全国先进水平、国家标准、世界水平来审视全市所有重化工业企业的综合效益和能耗指标，明确企业层面推进循环经济的目标，制定相应措施，为实施“中循环”和“大循环”奠定坚实基础。

2. 建设生态工业园区，推动企业间的资源循环利用。生态工业园区是循环经济的一种新型工业组织形态，生态工业园区是依据循环经济理念和工业生态学原理而设计建立的一种新型工业组织形态。所谓工业生态学是指用生态学理论和方法研究工业生产，把经济视为一种类似于自然生态系统的封闭体系。在这个体系中，一个企业产生的“废物”或副产品是另一个企业的“营养物”。区域内彼此靠近的工业企业或公司可以形成一个相互依存、类似于延期生态食物链过程的“工业生态系统”。生态工业园区的目标是尽量减少废物，将园区内一个工厂或企业产生的副产品用作为另一个工厂的投入或原材料，通过废物交换、循环利用、清洁生产等手段，最终实现园区的污染“零排放”。

建设生态工业园区，通过能源、设施的集成和共享，实现经济运行的低成本、高效率。提升单个企业的综合效益，是循环经济的核心内容之一。目前，包钢、包铝及电力企业仍在进行生产过程污染末端的治理，包钢、包铝生态工业园区的建设刚刚开始起步。包头市稀土高新技术开发区规模小，虽然是国家级高新区，但其产出在全国开发区中居落后地位。尤其是高技术含量、高附加值、规模大的项目少；开发区内集聚效应相对较低，开发区内的主导产业和“标志性”项目少，存在着无相关企业、行业堆积或叠加问题，忽视了内生因素所形成产业链的培育，缺少营造产业集群的发展范围。同时，还存在着旗县区高载能工业园区较多、较小、较散、较乱、污染较重的问题。

3. 推进市域循环经济发展，建设环境友好型城市。包头市作为发展循环经济的“大循环”应包括城市基础设施、传统工业与新兴产业、生态建设与生态农业、电力与天然气等清洁能源、绿色消费、生态住宅等内容。包头市要在“国家园林城市”建设的基础上，按照循环经济的要求，把清洁生产、生态工业、生态农业等措施整合起来，形成一套系统的战略，通过城市各子系统及其内部的物质循环使用、能量高效利用和信息充分共享，调整城市空间布局，优化区域经济结构，最终建立起包头市循环经济城市运行体系。用生态产业的链条把工业与农业、生产与消费、城市与农村、行业与行业有机地结合起来。

4. 发展“静脉产业”。包头市在资源再生利用方面的主要障碍是缺少有效的组织，未形成产业规模，缺少技术研发。应重视发展“静脉产业”，建立城市生态垃圾分类回收体系，建设废电池、废纸、废家电、废塑料、废机电产品等各种废物回收、处置和再生产业，从根本上解决废物和废旧物资在全社会的循环利用问题。发展静脉产业要有一个科学合理的规划。这个规划的实施范围应在“呼包鄂”经济圈内，而使其废弃物成为发展经济的资源。同时，“静脉产业”创造大量劳动岗位，它的社会意义表现在它为人口日益扩张提供更多的就业机会，而不是相反。

（三）包头发展循环经济的推进措施

1. 加强宣传和教育，积极倡导绿色消费。通过各种手段，大力开展循环经济宣传活动，积极倡导绿色消费和垃圾分类，使全社会充分认识循环经济在落实科学发展观中的重要作用，在生活中优先使用和采购再生利用产品、环境标志产品和绿色产品，为发展循环经济创造良好的社会氛围。“发展循环经济”要编入中小学教材，进行全社会教育，并且注重从儿童抓起。

2. 突出重点，抓好规划编制。国务院已于2005年7月发布了《关于加快发展循环经济的若干意见》，应尽快制定包头市循环经济发展战略，提出相应的思路、目标、主要任务、步骤。包头市制定“十一五”

规划应注意运用循环经济理念，优先规划循环经济示范项目。

3. 建立完善法规指标体系，构建循环经济发展长效机制。制定全市循环经济促进条例，规范政府、企业和公众在循环经济发展中的权利和义务。通过经济杠杆的运用，引导企业自主自愿地按照循环经济的模式组织生产经营活动。对采用清洁生产工艺和资源循环利用的企业给予减免税收、财政补贴和信贷优惠的政策，增强其市场竞争力。逐步提高排污收费标准，补偿污水处理厂和垃圾处理厂的运行费用。为了把循环经济纳入包头市经济社会发展规划创造条件，应建立循环经济指标体系，这个指标应包括三类：一类是目标指标，就是能够反映循环经济状态的指标；二类是过程指标，主要反映在生产过程中所产生的排放废弃物对形成新的资源所产生的作用；三类是条件指标，即资源和能源的一些基本情况指标。其主要内容应包括：主要能源、原材料的使用和废弃物的排放，具有代表性的六大基地的生产运行情况；消费环节中主要废弃物的排放和处理情况等。

4. 建立多元化投融资体系和运营体系。逐步实行市场开放，鼓励各类所有制经济投资和经营中水回用工程、垃圾资源化处置工程等循环经济项目；鼓励和支持民营企业投资建设和运营以资源化处置项目为主的静脉产业生态工业园区。在全市循环经济发展中逐步实现投资主体多元化、融资渠道多样化、运营主体企业化和运行管理现代化的网络体系。

5. 以科技创新为动力，着力解决重大技术问题。以产学研一体化为基本力量，按照引进、消化、吸收的方针，解决包头市循环经济发展的关键技术，重点是废物利用技术、清洁生产技术和污染治理技术。通过高新技术的运用，改造提升传统产业和落后工艺。重点在钢铁、电解铝、稀土、电力、化工、建材等产业领域采用能量梯级利用技术和资源再利用技术。

6. 合理利用资源，延伸制造产业链条。合理利用资源，延伸产业链条，是能否实现可持续发展的关键。要尽力实现资源转换产品的深度加工利用，提高资源的使用效率和经济效益。在钢铁行业，全市正在组织实施的冷轧薄板、石油套管、不锈钢等项目。下一步还可以延伸到重汽、机械等终端产品，形成铁矿—氧化铁—铁—钢坯—钢材—终端产品的产业链条。在电解铝行业，组织实施500万只汽车铝合金轮毂项目、法国普基精铝、铝深加工应用产品的系列开发等项目，形成煤—电—氧化铝—铝制品加工的产业链条。在稀土行业，发展稀土功能材料项目，开发镍氢动力电池、稀土永磁电机、电动汽车等市场销路看好的稀土深加工项目，形成稀土精矿—氧化物—稀土金属—功能材料—终端产品的产业链条。在电力行业，应与建筑和建材业密切联结，形成煤—电—粉煤灰—混凝土掺合料、砂浆掺合料、水泥、墙体材料—灰熔合金、塑料、橡胶、油漆的填充料—提取金属或金属氧化物等产业链。

7. 推广新技术，切实降耗节支。倡导包头市六大支柱产业大力开发和推广节能技术、新能源和可再生能源技术、环保技术、清洁生产技术、工业污染综合治理技术等，切实降耗节支，合理利用资源，保护生态环境。要进一步加强和完善水利、能源、电力、交通以及城镇公共设施等各项基础设施建设，继续强化国土资源综合整治，为工业经济发展，走好新型工业化路子，振兴老工业基地创造有利条件。要处理好经济建设与资源利用的关系，加大资源保护力度，坚持走可持续发展道路。

8. 加强环境功能区划工作，推进环境保护行动。第一，要严格执行环境保护准入制度。支持建设高起点、高效益、高科技含量、高工艺水平的项目。市四区内、各旗县区公路沿线和居民区附近，不准建设低水平的污染型小企业。对现有的这些企业必须限期治理、搬迁或取缔，腾出环境容量，给技术工艺新、环保评价好和能拉动全市经济快速增长的大项目让位。第二，要积极推进产业结构调整优化。采取“以大代小”的办法，用先进技术工艺替代和改造传统落后工艺。第三，促进清洁生产，推广清洁能源。国家环保总局在2002年批准包铝生态工业（铝业）示范园区的基础上，2004年底又评审通过了《包钢生态工业园区建设规划》。包钢、包铝两个生态工业园区的建设，将为包头改善环境质量做出历史性的贡献。我们要树立这样一种观念，在加快发展中保护环境，在发展环保型产业中提高人民生活水平和生活质量，实现经济、环境和人的可持续发展。

发展循环经济是一项系统工程，涉及方方面面。要加强保护资源—加强环境污染治理—加强生态建设，保证人民群众在生态良性循环的环境中生产生活，促进包头经济发展与人口—资源—环境相协调。包头是全国首批文明城市，要增强全体市民的资源—环境—生态的保护意识，在全社会形成爱护资源与保护资源，爱护环境与保护环境，爱护生态与保护生态的良好风尚，把文明城市建设提高到新的高度。

参阅资料

1. 李建中、陈国瑞：《落实科学发展观、实现包头新跨越》，包头综合开发研究院课题组，2004 年 4 月。

2. 邢云：《在包头市委九届九次全委（扩大）会议上的报告》，2006 年 1 月。

3. 张璞、赵雪峰、梅蕾等：《加快支柱产业建设步伐，推动产业集群发展的思路与对策》，2005 年 8 月。

4. 《包头统计年鉴》（2001 ~ 2005 年）。

民生问题是构建和谐包头的着力点

（2007 年 1 月 4 日）

王德山　刘　燕[①]

2005 年 10 月，包头市荣获首批“全国文明城市”荣誉称号。这是中西部地区 167 个地级城市的唯一入选城市，在全国产生了广泛而深刻的影响。

在取得成绩的同时，我们也应该清醒地认识到，创建文明城市（以下简称“创城”）活动是一个持续、提升的过程，只有不断地对文明城市的内涵加深理解，不断地创新文明城市创建活动，才能巩固文明城市创建成果，才能保持“全国文明城市”荣誉称号。

党的十六届六中全会通过的《中共中央关于构建社会主义和谐社会若干重大问题的决定》为文明城市建设注入了新的内涵，也为创城活动丰富了新的内容，其中关注民生问题，是建设经济强市、构建和谐社会、提升城市文明水平、率先实现全面小康社会和现代化的着力点。

一、“十五”期间包头市经济社会取得的主要成就

“十五”期间，是包头发展史上最快最好的五年。包头市的影响

① 刘燕：（1974 年～　　），女，汉族，内蒙古包头人，包头综合开发研究院会计师。研究方向：社会保障。

力、辐射力、竞争力和综合实力均大幅提升，建设经济强市的进程明显加快，经济社会发展进入协调持续快速发展期，在2005年中国综合实力百强城市测评中跃居第34位。“富裕包头、文明包头、生态包头、平安包头”的建设已初见成效。到2005年底，包头市生产总值达到848.7亿元，是2000年的3.7倍，年均增长23.6%；人均生产总值达到4348美元；财政收入达到102.17亿元，是2000年的3.7倍，年均增长30.2%；“十五”期间，全社会固定资产投资累计完成1240亿元，是“九五”时期的5.5倍；2005年，城镇居民人均可支配收入达到13218元，是2000年的2.4倍，年均增长19.4%。农牧民人均纯收入达到4667元，是2000年的1.8倍，年均增长12.9%。

二、当前包头经济社会发展存在问题

目前，包头市经济社会发展总体上是和谐的。但是，也存在着一些矛盾和问题，主要反映在事关群众切身利益的收入分配、社会保障、就业、教育、医疗、住房、物价等方面。

（一）收入分配差距带来的利益矛盾突出

由于我国收入分配领域的改革一直进展缓慢，积累了很多问题，特别是城乡之间、地区之间、行业之间的收入差距不断扩大，一些行业收入水平过高，分配秩序比较混乱。包头地区收入分配存在的问题主要表现在：

1. 城乡居民收入差距不断扩大。包头地区城乡居民收入差距由2000年的2798元扩大到2005年的8551元，收入增速差距由2000年的2.4扩大到2005年的5.8，上涨了3.4个百分点。2005年城镇居民人均可支配收入是农牧民人均纯收入的2.83倍。

2. 行业之间收入分配差别较大，垄断行业、机关事业单位收入较高。2005年按行业排序职工年平均工资排在前五名的是：（1）电力、燃气、水生产供应（35763元）。（2）公共管理及社会组织（27905元）。（3）文体娱乐业（26528元）。（4）IT产业（25806元）。（5）教育

(25747 元)。而直接从事物质生产行业职工年平均工资较低，如：采掘业为 13310 元、建筑业为 14470 元、制造业为 17960 元。

3. 企业内部收入分配悬殊。国有企业实行经济承包制，企业各级管理层享受年薪制，而一线工人则是岗位工资制，企业管理层与工人收入差距达到 25 ~ 60 倍。

4. 国有企业在职职工与离岗退养、退休职工收入差距较大。在职职工年平均工资一般是离岗退养职工的 2.5 ~ 3 倍，是退休职工的 2 倍。

目前出现的收入分配差距过大的问题，如果处理不好，就会影响社会大多数成员积极性的发挥，影响全面建设小康社会和现代化的进程。

（二）社会保障体系亟待完善

社会保障制度是社会的“稳定器”和“安全网”。经过长期努力，包头地区社会保障有了长足发展，初步形成了社会保险、社会救助、社会福利和慈善事业相衔接的总体框架。2005 年，包头地区最低生活保障标准 190 元，最低工资标准 420 元。年末全市参加失业保险职工人数达 48.5 万人，发放失业保险金 6655 万元。参加基本养老保险的人数为 41.4 万人，参加基本医疗保险的人数 52.9 万人，参加生育保险的人数为 27.8 万人，参加工伤保险人数达 24.2 万人。

但是我们不能不看到，在面临人口老龄化、城镇化、就业方式多样化的新形势下，包头社会保障体系还不完善，仍存在着覆盖面比较窄、保障水平不高等一系列亟待解决的问题，如：城乡社会救助体系有待完善，社会福利水平有待提高；现代社会慈善意识比较薄弱，慈善事业的潜力有待进一步挖掘；城镇绝大多数灵活就业人员和农民工没有纳入社会保障体系覆盖范围；体制转轨遗留的社会保障问题没有得到彻底解决；企业退休人员与机关事业单位退休人员待遇差距较大；破产企业退休人员和困难企业职工因难以参加医疗保险而反应强烈。

（三）就业形势严峻、压力巨大

“十五”期间以来，包头市处在经济结构调整和经济体制改革时期，就业面临城乡双重压力，总量与结构互相困扰，新生劳动力与失业人员彼此交织的严峻形势。当前，包头市失业问题的主要特征是：显性失业与隐性失业并存，结构性失业与结构性紧缺并存，劳动力资源总量过大，就业岗位严重缺乏，就业形势极为严峻。本市农村待转移的剩余劳动力，大量没有实现再就业的国有企业下岗人员（包括退养及放假职工），没有找到工作的农村进城务工人员，工作尚无着落的大中专毕业生，城乡每年新成长的劳动力……庞大的失业队伍的存在，给包头市经济和社会发展形成了巨大的压力。当前，包头社会稳定方面出现的很多问题和矛盾与就业问题相关联。就业是民生之本，和谐之策。在社会经济结构调整和经济体制改革时期，就业压力增大、失业率居高不下是引人注目的不和谐因素。

（四）教育资金投入缺口较大

“十五”时期以来，随着包头经济总量的不断增长、经费投入的不断增加，教育事业有了长足的发展。但是，相对于社会经济发展速度来说，教育投入明显不足。2005 年，包头在财政预算支出中教育经费为 7.24 亿元，占 GDP 的比重仅为 0.85%，国家、自治区 2005 年达到 2% 以上，而包头比国家和自治区低 1 倍以上；与世界中等发达国家投资 4% 以上的水平相差更大。教育事业资金投入不足造成教育经费紧张。部分旗县区“两基”达标欠账较多，教师队伍素质参差不齐或教师相对缺乏，影响了学校办学条件的改善和教育教学质量的提高。一些学校（尤其农村、牧区学校）建设资金存在缺口问题。学校布局不尽合理，有些学校校舍场地闲置，而有些学校校舍场地紧张，造成学生就近入学困难。教育行政管理部门对公办或民办学校管理不到位。进城务工农民子女入学还存在不少问题。国有大型企业分离中小学会造成教育经费更加紧张。应试教育转型素质教育还存在较大差距。大中专院校上学费用居高不下，弱势群体子女上大学存在着上学难、上学贵的问题。

（五）医疗、卫生事业保障乏力

由于条块分割管理，使包头市各级各类各种所有制医疗卫生资源不能优化整合，医疗卫生资源浪费与不足的矛盾并存。医疗卫生事业投入不足，致使公共卫生体系与快速发展的经济建设不相适应，尤其边远旗县医疗卫生事业长期投入不足，欠账过多，农村牧区卫生三级网建设远远达不到医疗服务的需求。城乡弱势群体缺乏有效的医疗保障，难以抵御重大疾病风险。医院医生的医德医术还存在不少问题。医疗费和药费居高不下，使城乡弱势群体看不起病、住不起医院、小病躺着、大病扛着。因病返贫现象出现。群众意见很大。

（六）住房问题最难解

作为与经济、社会、百姓生活息息相关的领域，当前房地产市场中利润过高、房价上涨过快且继续大幅上涨，已引起百姓普遍质疑。

包头市区住房价格上涨过快已经是不争的事实，2007 年第三季度，我国房价涨幅为 5.5%。与上年同期相比，包头市房价涨幅为 60%，实际上，包头城镇居民收入差距太大，用简单平均数远不能真实反映包头居民购房能力的差距。有专家通过计算，得出中国高收入群体的“房价收入比”要小于同等国际平均水平，这说明房价过高影响的是低收入群体和中等收入者。不同收入群体的房价收入比差距很大的背后隐藏着社会发展的凌弱格局。包头多层次的住房保障体系还没有形成，针对不同收入家庭，建立由廉租住房、经济适应住房、政策性租赁住房 3 个层次构成的住房保障体系还远未实现。

百姓期待社会公正是不得不算的“大账”。2006 年市区房价还 1500 元/平方米，2007 年就涨到 2800 ~ 3000 元/平方米，这是一个必须正视的社会问题。在房地产市场利润高扬、投机游戏盛行的同时，作为房价的最终承受者，普通百姓正被绑上高房价的“战车”，或透支消费，或望房兴叹，并由此生发出诸多不满。

无论是高涨的房价，还是房地产业的快速膨胀，既非普通百姓之福，更非地区经济之福，在当前看似“繁荣”的景色下，城市竞争力下降，影响城市化进程等各种隐患正逐一显现，必须高度重视。

（七）物价上涨过快

近一段时间，受国际市场、国内流通等多方面因素影响，包头地区粮油和副食品价格出现一定程度的上涨，引起社会群众的关注。以 12

月份与6月份做比较：面粉上涨7.9%，大米上涨8.1%，食用油上涨20.8%，猪肉上涨45%，牛肉6.3%，羊肉5.3%，鸡蛋16.7%。这次粮油副食品物价上涨，对于中上收入家庭生活影响不大，但对低收入困难群体生活和社会稳定造成一定影响。

三、政策建议

1. 关于收入分配。在政策取向上应注意提高低收入者收入水平，逐步扩大中等收入者比重，有效调节过高收入，坚决取缔非法收入，促进共同富裕。

2. 关于社会保障。应采取在现有基础上尽快建立社会保险、社会救助、社会福利、慈善事业相衔接的覆盖城乡居民的社会保障体系的政策取向。

3. 关于就业问题。要把扩大就业作为包头市经济社会发展和调整经济结构的重要目标。要大力发展劳动密集型产业、服务业、非公有制经济、中小企业，实现经济发展和扩大就业良性互动。

4. 关于教育问题。要科学整合配置教育资源，把农村义务教育全面纳入公共财政保障范围，构建起农村义务教育经费保障机制。同时，要增加教育经费投入，关注城市弱势群体子女的教育问题。

5. 关于医疗卫生。应加快农村卫生三级网建设。医疗保障的定点医院应是非盈利性的，其费用开支与人员收入必须透明清晰，并由政府卫生管理部门发布标准治疗方案，标定医疗费用，禁止药品回扣和医疗检查上的回扣，弱化医疗保障医院及其员工的收入与求诊者在该医院的货币支出之间的正向联系。

6. 关于住房问题。在政策取向上，应拓宽资金筹集渠道，加快廉租住房建设，规范和加强经济适用房建设，逐步解决城镇低收入家庭住房，把面向大众阶层的中小户型和经济适用房作为供应重点。

7. 关于物价问题。市政府应加强市场价格监测，当主副食品价格"异动"的影响达到一定程度时，及时出台相应的应急预案。

党的十六届六中全会针对影响社会和谐的矛盾和问题，提出了一系列富有针对性的政策措施。包头市委、市政府应以解决人民群众最关心、最直接、最现实的利益问题为重点，采取更加注重民生的政策取向，并把其作为建设经济强市、构建和谐包头、提升城市文明水平的着力点，使包头市经济社会又好又快发展。

关于包头市就业和再就业工作的思考

（2007 年 2 月 12 日）

王德山

就业是民生之本、安邦之策、和谐之基。做好就业和再就业工作对于提高人民生活水平，加快包头经济社会又好又快发展和构建和谐包头具有十分重要的意义。2006 年，包头市委、市政府把就业和再就业工作摆在了包头经济和社会发展更加突出的位置，并作为民心工程来抓，使就业和再就业工作取得明显成效。但随着城镇化进程的加快和经济结构、产业结构的调整，包头市就业和再就业面临的形势仍然严峻，必须引起高度重视。

一、包头市就业工作的主要成效

经过多年的努力，包头市就业和再就业工作取得明显成效，主要表现在五个方面：

1. 就业总量稳定增长。2006 年，全市城镇新增就业 51956 人，下岗失业人员实现再就业 23320 人（其中“4050”人员 6968 人），分别完成市政府目标任务的 103.9%、104.7%和 116.1%。城镇登记失业率控制在 3.87%以内，比 2005 年降低 0.1 个百分点。

2. 就业结构进一步优化。全市国有企业改革改制任务基本完成，非公有制经济迅速发展，不同所有制经济的就业结构也发生了较大变化，劳动者就业观念不断转变，非全日制、临时性、季节性、弹性工作等灵活用工形式以及自营就业、家庭就业、社区就业等多种就业形式相继出现，就业方式日趋多样化。

3. 积极落实城市低保金提标扩面政策。2006 年，包头市低保金人均提标 20 元，达到 210 元，低保范围由 6.8 万人扩大到 7.3 万人，全年发放保障金 1.19 亿元，保障了下岗职工的基本生活。

4. 就业和再就业优惠政策得到落实。2006 年，累计筹集再就业资金近亿元，支出就业和再就业资金 9104 万元，为 909 名下岗人员发放小额贷款 3223.5 万元，完成市政府目标任务的 205.5%。2006 年，全市失业保险参保人数达到 43.54 万人，扩面净增 3.37 万人。共收缴失业保险金 11865 万元，累计发放失业保险金 8484 万元。帮助 243 户零就业家庭 302 人实现了就业。

5. 市场导向就业机制不断完善。劳动力市场信息化建设基本完成，各类职业介绍机构相继建立，初步形成了“劳动者自主择业、市场调节就业、政府促进就业”的机制。

二、就业和再就业工作存在的主要问题

虽然包头市就业和再就业工作取得一定成效，但随着包头城市化及所属旗县城镇化进程加快，人口不断增长和产业结构调整等因素的影响，全市就业和再就业工作仍然面临极大压力，就业形势依然严峻。

1. 劳动力总量供大于求的矛盾仍然突出。预测 2007 年，全市有 253 万人口（其中非农业人口达到 177 万人），从业人员达到 123 万人（不包括个体和私营），其中城镇单位从业人员达到 40 万人。预计包头市将有 5 万 ~8 万城镇失业人员。

2. 农村牧区劳动力转移就业难。根据测算，预计 2007 年包头市将有农村人口 76 万人，按 45% 劳动力计算，农村劳动力为 34.2 万人。按现时农业劳动生产力水平测算，农村所需劳动力为 14.67 万人，富余劳动力 19.5 万人需要转移，其主要去向是从事非农产业或进城务工。

因此，解决农村牧区富余劳动力转移就业问题显得更加紧迫和突出。

3. 技能岗位与技能人才对接脱节，劳动者素质与就业岗位不相适应的矛盾突出。包头市重化工业产业技术工人虽然多，但高技能人才数量少、技能水平低；大中专院校、高等职业技术院校、各类技校、职业高中培养的学生与发展经济和提高产业竞争力的要求不相适应。从包头市劳动力市场的统计显示，中、高级工的求人倍率远大于1，说明技能人才满足不了市场的需求。

三、政策建议

1. 认真贯彻落实就业和再就业政策。一是根据《国务院关于加强就业再就业工作的通知》（国发［2005］36号）精神和自治区、包头市有关就业再就业工作实施意见，抓紧贯彻落实工作，使中央、自治区和包头市的政策与解决实际问题有机地结合起来，不断推进包头市就业再就业工作取得新进展。二是建立促进就业的长效机制。坚持和完善就业联席会议制度，加强劳动保障、财政、税务、工商和民政等职能部门的合作和协调，更好地推进就业和再就业工作的开展。三是加强再就业资金管理、使用和跟踪问效。认真执行再就业资金管理、使用的各项规定，严格财务制度，强化内部稽核，着重抓好旗县区级资金管理使用的指导和检查，提高资金使用效益，有效促进和推动就业再就业工作。

2. 发展经济，扩大就业。紧紧围绕包头市委十届二次全委会议和市人大十二届五次会议提出的发展思路，加快包头经济发展，创造更多就业岗位，满足不断增长的就业需求。一是大力发展县域特色经济，积极拓展农村牧区就业空间，特别是要发展劳动密集型产业，创造更多的就业岗位。二是大力发展第三产业，利用第三产业社会需求大和发展前景广阔的优势，将第三产业作为扩大就业的主攻方向，重点开发社区服务业的就业岗位，积极发展商贸、餐饮等系统服务业。三是继续支持和引导非公有制经济发展。进一步贯彻落实鼓励中小企业和多种所有制经济发展的各项政策措施，在投融资、税收、技术服务、市场开发、信息咨询和人员培训等方面加大扶持力度，发挥非公有制经济在促进就业和再就业方面的积极作用。

3. 加强职业技能培训，增强再就业竞争力。一是整合包头市职业教育培训资源，加强再就业培训社会化服务体系建设。以劳动保障部门就业培训为主体，以工青妇等群众团体组织举办的各类专项培训机构、职业学校、技工学校和各类民办培训机构为依托，构建多层次、全方位、多形式、立体化的再就业培训机制。二是针对就业和再就业人员的就业需要开展适用技能培训。在进一步做好市场需求预测和调研的基础上，有针对性地开展就业培训。特别要重视技术技能型、知识技能型和复合技能型人才的培养，全面推行职业资格证书制度。三是完善人才评价体系。完善以就业为导向的职业教育、职业培训、创业培训体系和以企业需求为核心的技能人才评价体系，建立技能人才培养、选拔、评价、交流、使用、激励和保障的新机制，全面提高劳动者的就业能力、工作能力和创新能力，做到以培训促就业的目的。

4. 统筹城乡就业，做好农村富余劳动力转移。坚持市区和小城镇协调发展，消除制约城镇化发展的政策障碍。一是进一步改善农牧民进城就业环境，逐步统一城乡劳动力市场，推进旗县区间劳务协作，完善管理和服务措施，建立城乡劳动者平等就业的制度。二是加大对农牧区转移劳动力的培训力度，建立健全农村牧区劳动力转移前培训和农民工岗位培训制度，形成以信息引导为龙头、职业培训为依托、旗县区之间和校企之间协作为纽带的劳务输出新机制，引导农村牧区富余劳动力平稳有序转移。三是保障农民工的合法权益。取消对农民进城就业的限制性规定，依法维护进城农民工合同签订工作，针对农民工的特点，着力解决农民工的大病医疗和工伤保险等突出的社会保障问题。四是重视失地农民的就业工作，逐步将失地农民纳入就业培训服务体系，并建立相应的社会保障制度，妥善解决好失地农民的生产生活问题，确保失地农民生活水平不降低，长远生计有保障。

5. 健全促进就业与社会保障联动机制。劳动保障、民政等部门要加强沟通和联系，加强合作，进一步完善失业保险金和城市居民最低生活保障金的管理办法。健全促进就业的激励机制，促进和帮助享受失业保险和城市居民最低生活保障的人员尽快实现就业，并妥善处理好就业后的生活保障和社会保险问题，妥善处理体制转轨失业人员的基本生活保障和就业问题，为解除劳动合同的失业人员及时办理失业登记并提供就业服务。符合失业保险条件的，失业期间发给失业保险金；领取失业保险金期满仍未就业，符合城镇居民最低生活保障条件的，纳入城镇居民最低生活保障范畴，切实做好失业人员再就业后的社会保险关系接续工作。

6. 推进劳动就业信息化建设。力争 2007 年底完成我市劳动力就业信息化体系建设，以信息化建设带动和促进劳动就业工作向科学化管理、规范化运作迈进。发展就业服务信息化，实现就业信息共享，拓宽和延伸就业服务网络的覆盖广度与深度，将社区服务站和职业介绍所纳入信息化管理系统，从而形成完整的区域就业服务平台。建立劳动力市场信息数据库和分析系统，开展互联网信息服务，为我市城乡求职者和用人单位提供更多更方便快捷的信息服务。

7. 健全目标责任制，完善服务体系。一是建立和完善党委、政府领导，劳动保障部门牵头，社会各界共同参与的目标责任体系，层层落实工作目标任务；建立和完善就业岗位开发和安置工作考核体系，完善职业介绍补贴和再就业培训补贴政策，形成政府购买就业服务和培训就业相结合的运行机制。二是健全录用备案和就业、失业登记管理体系。在保证企业充分用人自主权的基础上，按照分级管理的原则，要求所有用人单位在招工用人之前必须到劳动就业部门办理备案手续，所需招用人员原则上必须进入劳动力市场招收，对各类企业的失业人员实行登记制度，使录用备案、就业登记、失业登记与就业服务有机衔接。三是全面建立公共就业服务制度，实现公共就业服务统筹管理。完善“一站式”免费就业服务，扩大服务范围，提高服务效率和水平。四是积极发展各类市场化延伸服务，鼓励社会力量开展就业服务，加强职业中介管理，建立社会化就业服务体系。

论“包头模式”的创新发展

——在新的起点上寻求新的跨越

（2007年5月18日）

陈国瑞

环境和条件决定了发展模式的多样性。发展模式决定了大到一个国家、小到一个地区经济社会发展的前途和命运。它的选择，充满了艰难与困惑；它的创新，需要智慧和胆略。

改革开放以来，特别是20世纪90年代以来，包头从各级政府到大中型企业，从研究部门到学术团体，派出无数学习考察团，赴东南沿海发达地区取经，学习借鉴发达地区的经济发展模式，以取得捷径，为我所用，从而尽快改变包头落后面貌。但究其结果，成效甚微。追其原因，无论“深圳模式”还是“浦东模式”，无论“温州模式”还是“苏南模式”，无一不是适合当地发展环境和发展条件的产物。因此，尽管包头人曾经苦苦追寻，然而各地多样化的发展模式很难有一种适合包头，其根本原因是“水土不服”。实践证明，对于外来模式，只能借鉴，不能照搬。

这不由得使人联想起改革开放初期，我国派出无数专家学者远赴东欧、北欧学习改革经验和发展模式一样，无论东欧经验，还是北欧模式，都很难在中国开花结果，中华民族最终选择了中国特色的发展道路。同样，包头最终走上了自主创新的道路，从而催生了“包头模式”。

一、"包头模式"自主创新的历史背景

半个世纪以来，包头从“一五”时期包钢等6大工业项目“立市”到“十五”时期数十个重点项目“强市”，走过艰苦创业和自主创新的艰难历程。

1. 计划经济体制下——结构失衡。回顾包头的发展史，我们深深感到，经济不平衡发展的规律性和典型的计划经济模式决定了地处我国中西部地区的包头经济越来越落后于沿海发达地区。包头作为内蒙古自治区工业的摇篮，曾经为建设全区特有的重工业体系作出了历史性贡献。然而与此同时，也铸就了包头不合理的经济结构——典型的计划经济产物。这种畸形经济结构严重制约着包头经济实现跨越式发展。

改革开放初期，包头凭着较强的工业基础和较大比例的国有经济，基本上实现了经济的平稳发展。从20世纪80年代开始的“六五”、“七五”、“八五”三个五年计划期间，GDP平均增长12.5%。

2. 市场经济转型的阵痛——陷入低谷。随着改革的不断深入和市场经济体制的逐步建立，包头大部分地方国企举步维艰。进入“九五”期间，特别是1996年地震以后连续4年经济低速运行，GDP增速在4.3%至6.7%之间徘徊；财政收入逐年减少，平均比GDP低4个百分点；作为全区工业大市，工业总产值在2000年出现负增长；“九五”期间，固定资产投资年均45亿元左右，不足包头资产总额的7.5%，并从1998年开始逐渐低于呼市。其重要原因就在于新上项目少，特别是规模较大的工业项目和有市场潜力的项目更少。这种“投资不足”和“项目枯竭”导致的结构性矛盾严重制约着包头经济的快速发展。到“九五”末期，包头在中西部地区128个地级市中，人均GDP的排序从原来的第29位下降到第35位，包头经济发展跌入低谷。

3. 在困局中求变——凤凰涅槃。包头“九五”时期的发展现状警示我们：包头经济在全区的老大地位已经发生动摇；包头经济越来越缺乏发展后劲已成为不争的事实。

陷入经济发展低谷的包头，如果仍然保持10%的预期增长目标，

就将失去千载难逢的西部大开发机遇，与发达地区的差距就会进一步拉大，落后地区的帽子就将继续戴下去。包头的经济发展已经到了改革开放以来最为关键的时刻。严酷的现实要求包头必须作出决断，必须尽快结束经济低速徘徊的局面。一句话，包头经济必须在发展低谷过程中凤凰涅槃，必须经历浴火方能重生。否则，振兴包头将成为空话，建设中西部地区经济强市的希望就会成为泡影。结论是：包头经济发展战略必须作出重大调整，包头的发展模式必须实现自主创新。

二、“包头模式”的自主创新

发展环境和发展条件是发展模式自主创新的重要前提。“包头模式”是建之于推进西部大开发和建设经济强市与适合包头地区特点和资源优势基础之上的自主创新，它的创新发展彰显了智慧和胆略。

（一）“包头模式”自主创新思路

2002 年初召开的市委九届二次全委（扩大）会议在包头发展史上注定具有里程碑意义，它确立了包头跨越式发展战略，拉开了“包头模式”创新发展的序幕。

1. “包头模式”自主创新的基础动力。穷则思，思则变，变则通，通则兴。尽快改变包头的落后面貌，使包头人过上好日子，是包头人多年来的企盼，实现建设经济强市和全面小康的宏伟目标是包头各族人民的强烈愿望。这始终是“包头模式”自主创新的动力源泉。

2. “包头模式”自主创新的发展战略。用科学发展观统领包头的工业化和现代化建设，抓住和利用好重要战略机遇期，全方位发挥包头的综合比较优势，全力推动包头经济的持续稳定快速增长，加快建设经济强市和实现全面小康的历史进程。

3. “包头模式”自主创新的战略举措。以解放思想为先导，以大胆构筑重点项目为突破口，推动经济结构和产业结构实现战略性调整，以扩大经济规模和总量为战略重点，以提高经济质量和效益为根本举措，全力推进包头经济的率先发展和赶超式跨越。

（二）"包头模式"自主创新的成果

实现了"十五"时期包头经济的跨越式发展，奠定了今天包头的经济基础，使今日之包头即将跨入发达地区行列，站在一个新的历史起点上，具备了向全国经济强市挺进的资格，在全自治区起到了示范作用。

1. 综合实力和竞争力强劲。主要经济指标实现了翻番。2005 年在全国 287 个地级以上城市中名列第 61 位，在中国综合实力百强城市中跃居第 34 位。

2. 经济自主增长机制坚挺。固定资产投资的成倍翻番，新增投资的拉动效应强劲，产业集群快速壮大，市场化、工业化和城镇化进程加快。2005 年被评为全国 20 个最适宜发展工业城市之一和全国投资环境 50 优城市之一。

3. 城市综合服务功能完善。由于城市基础设施建设力度大，城市对经济发展的承载力显著增强。由于加强了生态建设和环境整治的力度，人居环境明显改善，先后荣获联合国人居奖、中华环境奖和国家森林城市、园林城市等荣誉称号。

4. 人民群众生活水平和质量显著提高。城乡居民生活水平和经济发展同步提高，"十五"期间城镇居民人均可支配收入年均增长 19.4%，在全国 287 个地级以上城市中名列 28 位，比 2000 年前移 116 位；农牧民人均纯收入年均增长 12.9%。社会保障体系不断完善，在自治区内率先基本形成城乡社会救助体系。2006 年中国城市生活质量报告显示，在全国 287 个地级以上城市中综合排名第 40 位。

5. 和谐社会建设初见成效。民主法制建设和精神文明建设的进一步加强，形成了民族团结、生动活泼、安定和谐的政治局面。2005 年被评为中西部地区唯一的首批全国文明城市。荣获全国社会治安综合治理优秀城市和"长安杯"全国科技进步先进城市、全国双拥模范五连冠、全国民族团结进步模范集体等荣誉。

（三）"包头模式"自主创新的成功经验

1. 自主创新的前提是大胆解放思想。"包头模式"的成功实践使我们认识到，落后地区追赶先进地区，实现跨越式发展并非天方夜谭，只要大胆解放思想，坚持实事求是，与时俱进，勇于开拓，就能使梦想逐步变为现实。

2. 激励创新发展的不竭动力是以人为本、富民优先。建设经济强市和实现全面小康的根本目的是不断提高人民群众的生活水平和质量，富民是“包头模式”的最终落脚点。因此，以人为本、富民优先，使人民群众首先得到实惠，从而激发人民群众的积极性和创造性是包头政府的执政首选。否则，包头就会陷入“动力缺乏症”。

3. 创新发展的关键环节是找准突破口。只有紧紧抓住机遇，充分发挥综合优势，以项目建设为突破口，推进产业结构的战略性调整，实现从“项目立市”到“项目强市”的跨越，才能全力推动建设经济强市的进程。

4. 创新发展的战略重点是扩大经济规模和总量。只有不断扩大经济规模和总量，才能在战略机遇期内实现经济的持续快速稳定增长，才能不断增强经济实力，才能为加快城市基础设施建设、发展社会各项事业、建设和谐包头提供强大的物质支撑。

5. 创新发展的根本举措是提高经济发展的质量和效益。只有大力发展高新技术产业、用高新技术改造传统产业，实现产业结构的优化升级，促进优势产业集约化，提高产品的科技含量，才能提高经济发展的质量和效益，从而实现包头经济又好又快、持续稳定发展。

三、“包头模式”与“苏南模式”的比较分析

“苏南地区”是区域经济最具活力的地区，是中国现代化建设的缩影。前不久著名经济学家专门研讨了“苏南模式”。目前苏、锡、常等中心城市正处在从传统增长方式向现代化发展方式转型的关键时期，它的转型代表了当前中国经济的发展方向。“苏南模式”虽与“包头模式”存在很大差异，但通过二者的比较研究，一定能从苏南的发展轨迹中找到我们的坐标。

（一）两种模式的对比分析

1. 产生时间和持续时段。“苏南模式”发端于20世纪80年代，具有先发优势，主导苏南经济20多年，奠定了苏南强大的经济基础，形成了综合实力和竞争力的绝对优势。“包头模式”则确立于21世纪初，具有后发优势，主导包头经济时间短暂，但发展迅速，仅仅5年便实现了包头经济的跨越式发展，奠定了较好的经济基础，成为中西部地区经济发展最具活力的城市之一。在内蒙古地区起到了示范作用。

2. 发展环境和发展条件。“苏南模式”风行于改革开放前沿地区，发生在计划经济体制下，虽然人多地少、资源匮乏，但具有资本、技术、人才优势，具有交通发达、吸引外资能力强、区域经济发达和通江达海的区位优势。包头则人少地广，交通便利，具有土地、劳动力、矿产和能源等资源优势以及连接外蒙与俄罗斯的区位优势。

3. 发展突破口和产业特点。“苏南模式”冲破计划经济体制的束缚，从遍地开花式的乡镇企业孵化出一个轻工业制造基地，形成六大支柱产业。其主要特点是：乡镇企业的快速发展，积累了大量原始财富的同时，形成了高消耗、高排放、低产出的传统产业结构，区域单位面积所承受的污染负荷在全国排名第一。进入21世纪，开始了对传统模式的创新发展，形成了电子信息、生物医药、新材料等高新技术产业，科研投入（R&D）占全国的比重高达7.5%。通过创新发展的“新苏南模式”最显著的特征是科技与人才正日益成为推动区域经济可持续发展的“软实力”。

“包头模式”则是以大胆构筑重点项目为突破口，对老工业基地进行战略性调整。其主要特点是：传统重化工业基础雄厚，钢铁、铝业、装备制造、电力、稀土、煤化工等优势产业占主导地位，但基本上是一种资本驱动型、资源消耗型模式。传统产业结构面临优化升级，传统经济增长方式亟待根本转变，经济质量和效益有待进一步提高。

4. 发展现状和发展趋势。“苏南模式”历经20多年的实践，使苏南地区于2005年基本完成工业化。2006年人均GDP突破7000美元。如县级市常熟面积与包头中心市区面积相当，人口105万人，不足包头1/2，2006年GDP突破2000亿元，经济规模与人均GDP是包头的2

倍。像江阴、昆山、武进、张家港等县级市 GDP 接近 1000 亿元，增长率普遍在 20% 以上，人均 GDP 突破 1 万美元，城镇居民收入与农牧民纯收入普遍达到 2 万元和 1 万元左右。苏南地区已经基本实现工业化，整体处在人均 GDP 向 10000 美元迈进的发展新阶段。“新苏南模式”是进入 21 世纪新阶段后，在原“苏南模式”的基础上实现了新的突破，其核心是对传统增长方式和传统发展观的突破；其历史使命是实现从家族式的乡镇企业到国际化股份公司的腾飞，再到具备现代化雏形的转变；其目标是实现“两个率先”，即率先全面建成小康社会，率先基本实现现代化。

“包头模式”实践 5 年，正处在工业化中期阶段，传统经济结构、特别是产业结构处在战略性调整的关键时期。经济增速连续 4 年都在 20% 以上，2006 年 GDP 突破 1000 亿元，增长率为 18.5%，人均 GDP 突破 5000 美元，进入一个新的发展阶段。但由于包头的发展目标定位不断变化，信心不是很足，在一定程度上影响建设经济强市和实现全面小康的进程。

（二）“苏南模式”带给我们的启示

“苏南模式”通过乡镇企业的异军突起，冲破计划经济体制障碍，实现了第一次创新；“新苏南模式”形成于 21 世纪初，在中国最先提出并实现对传统增长方式和传统发展观的突破，是在“苏南模式”基础上的又一次创新实践，它带给我们如下启示：

1. 从发展模式和发展战略转型看，自主创新是主要驱动力。“新苏南模式”通过二次创新，坚持走以科技创新为支撑的新型工业化道路，把自主创新作为转变经济增长方式的根本举措，注重引进产业主导技术、核心技术，进行消化吸收和二次开发，使苏南形成电子信息、生物医药、新材料等高新技术产业和经过高新技术改造的石化、冶金、机械等传统产业，并实现了 6 大支柱产业的产业集聚发展。通过与外资企业和外资研发机构的配套协作、合作开发、购买专利等方式，逐步打破外资企业的自我封闭体系，形成一批具有知识产权的新产品，使开放优势转化为创新优势。

“包头模式”与“苏南模式”相比，在国家宏观调控约束不断增强的形势下，适应形势变化和实现创新发展的能力相对较弱。2006年经济增速5年来首次低于20%。在新阶段、新形势下，“包头模式”面临第二次创新。

2. 从政府职能转型看，“强政府”功不可没。长期以来，苏南地区各级政府一直扮演着推动经济发展的领导者、实践者的角色，无论是发展乡镇企业还是招商引资，政府作为推动经济发展的主体功能发挥得淋漓尽致。进入新的发展阶段，政府职能定位正在改变重经济建设、轻社会建设和公共服务职能的状况，由经济建设型政府向公共服务型政府转型。

包头在“十五”时期同样发挥了政府的主导功能，在构筑重点项目、调整产业结构、推动建设经济强市进程方面，“强政府”作用功不可没，在经济转型时期，包头应当继续强化政府功能。

3. 从发挥优势看，包头存在明显差距。“苏南模式”主导发展持续时间长，发展环境相对宽松，其先发优势得到充分发挥，从而奠定了强大的经济基础，使苏南率先实现了全面小康，其综合实力和竞争力的绝对优势足以构筑现代化的宏伟蓝图。

“包头模式”发端于20世纪初，主导发展时间短暂，发展环境相对偏紧，其后发优势没有得到充分发挥，经济基础、综合实力和竞争力相对较弱，仍属于欠发达地区。因此，包头必须在机遇期内持续快速稳定发展，必须继续扩大经济规模和总量，优化产业结构，转变经济增长方式，避免经济发展大起大落，发生震荡。

4. 从发展阶段看，包头总体落后10年左右，必须奋力赶超。由于“苏南模式”的强势发展，使苏南地区在“十五”期间率先基本完成工业化，现正处在向第一次现代化挺进阶段。

“包头模式”由于持续时间短，现正处在工业化的中后期阶段，是向工业化冲刺的关键时期。如继续强势发展，保持经济增速不低于20%，在“十一五”期间基本完成工业化应该没有问题。因此，只有坚持“包头模式”的率先发展、强势发展、创新发展，才能实现既定目标。否则，差距将会进一步拉大。

5. 从发展路径看，苏南地区比包头付出的环境代价还要大。从根源上说，由于乡镇企业的遍地开花和快速无序发展，苏南在20世纪90

年代创造了"两个第一"，即经济增长和财富积累第一，区域内单位面积所承受的污染负荷全国第一。也就是说，是典型的以最大的环境代价换取最快的经济增长。由于苏南最先遭遇"发展的困惑和无奈"，所以觉醒得也最早。因此进入21世纪，"新苏南模式"应运而生，逐步走向从末端治理转向源头控制，实行环保"一票否决制"，从"环境换取发展"转向"环境优化发展"。

"十五"以来，由于受到节能降耗和环境整治的巨大压力与宏观调控的双重约束，包头传统重化工业的强劲发展面临与苏南20世纪不同的发展环境。特别是在项目引进问题上常常遭遇"两难选择"。这种局面促使包头必须在加快发展的同时，加强环境建设，加大环境综合整治力度。在"双重约束"的环境和条件下，寻求新的突破，实现"包头模式"的再创新。

四、"包头模式"的再创新

苏南地区的发展实践证明，发展模式不可能固定不变，环境和条件的可变性决定了发展模式的可变性。随着包头发展环境和发展条件的变化，"包头模式"必须进行再创新，以适应新阶段新形势的需要。

（一）能否实现"包头模式"的再创新是考验创新能力和科学发展能力的关键

"包头模式"从以项目建设为突破口，推动产业结构实现战略性调整，到以建设经济强市为目标，推进包头工业化和城市化进程，走过5年自主创新的艰难历程。在短短5年的创新实践中，全市各族干部群众倾注了极大的创业热情，其极富时代性的创新实践在成就了包头人美好梦想的同时，也丰富和深化了"包头模式"的内涵。在"包头模式"的强势主导下，经济社会呈现出前所未有的生动局面和良好的发展态势。2006年，主要经济指标在中西部地区名列前茅，直逼全国同等规模发达城市，全市GDP突破1000亿元，人均GDP突破5000美元，使包头跃上一个新的台阶，站在一个新的历史起点上。

站在新的历史起点上，如何借鉴发达地区的成功经验，探索适合新形势新阶段的发展道路，如何把科学发展观的具体要求及其内涵融入经济社会发展实践，在“包头模式”第一次创新的基础上实现再创新，是包头面临的最大课题，也是考验我们创新能力和科学发展能力的关键所在。

（二）实现“包头模式”再创新面临的机遇和挑战

1. 国家加大西部大开发力度为包头的持续快速发展提供了又一次难得历史机遇。国家西部大开发“十一五”规划已公布，这充分表明中央对西部大开发的高度重视，并将继续加大对西部大开发的支持力度。西部大开发“十一五”规划总的目标是要求西部地区实现又好又快发展，要实现“一稳”和“三新”。“一稳”就是强调西部地区城乡人民生活水平要持续稳定地提高，进一步缩小与发达地区的差距。“三新”就是要使西部地区在基础设施建设、新农村建设、生态环境保护方面有新的发展；重点地区和重点产业的发展达到新水平；实现基本公共服务均等化能够取得新的成就。规划的重点与包头的产业特点、发展现状和发展趋势完全吻合。为包头“十一五”期间实现科学发展、率先发展提供了又一次难得的历史机遇。

能否紧紧抓住这一难得的发展机遇，实现第二次跨越，对包头未来的发展，对于建设经济强市、实现全面小康和现代化建设至关重要。

2. 经济转型与面临闯关构成新的挑战。根据包头与苏南发展现状和发展趋势的比较研究，所得结论是：包头经济社会发展的整体水平落后于苏南10年左右。也就是说，包头目前所处的发展阶段，与苏南地区“十五”期末的状况基本相似，正处在经济转型的关键时期。这一时期的显著标志：一是工业化和城市化进程进一步加快；二是传统经济结构和产业结构调整难度加大；三是环境资源瓶颈的制约和宏观调控约束压力不断增强。这一切表明，包头正在进入发展的关键期，也就是说，未来5~10年，如果发展得好，包头就会再上一个台阶，基本完成工业化，全面建成中西部地区经济强市，并入围全国经济强市，达到苏南目前同等城市的水平。否则，如果按低于20%的速度发展，包头与发达地区的差距将会再一次拉大。

如何应对挑战，顺利渡过发展的关键期，实现闯关，关键在于能否实现“包头模式”的再创新。

（三）实现“包头模式”再创新的路径选择

1. “两次创新”推动“两次跨越”。包头“十五”时期的发展实践表明：以项目建设为突破口的经济发展战略的全面实施，拉开了结构调整的序幕，使包头经济从低速运行迅速跃上快车道，全力推动从“项目立市”向“项目强市”的战略性转变，从而实现了包头经济的第一次跨越，是为“包头模式”的第一次创新发展。

随着“包头模式”的强势推进，使包头传统产业结构发生了一定变化，在培育和发展高新技术产业、用高新技术改造传统产业方面迈出了实质性步伐。但与苏南等发达地区相比，还有很大差距，仍然没有摆脱高投入、高消耗的传统模式。包头在发展高新技术产业、用高新技术改造提升传统产业层次、发展特色产业和打造优势产品、发挥产业和资源优势、增强经济实力和核心竞争力等方面还任重道远。

实践证明，高新技术产业是当今世界最具市场前景和增长潜力的新兴产业，代表了新型工业化的发展方向，已经成为发达地区的战略重点和主攻方向。因此，对于欠发达地区的包头来说面临着以实施新型工业化为重点、加快提升核心技术竞争力的严峻挑战。

全国范围内的经济结构调整迫使我们必须用战略眼光审视正在进行的包头传统经济结构调整，它要求我们必须用科学发展观统领包头工业化的全过程，突出内涵式战略性调整，加快传统产业的优化升级，实现从“传统工业化”向“新型工业化”的跨越，真正走出一条产业战略转型之路。

如果说，从“项目立市”到“项目强市”主要体现在经济外延和总量扩张的话，那么，从“传统工业化”迈向“新型工业化”则更加突出经济内涵和品质的升华，这是从量到质的蜕变，是经济形态质的飞跃。

如果说，从“项目立市”到“项目强市”乃是落后地区实现经济跨越式发展的必由之路的话，那么，从“传统工业化”迈向“新型工业化”则是欠发达地区转变经济增长方式、实现经济腾飞的必然选择，是完成工业化、通往现代化的必由之路。

因此，为了加快工业化进程，并在“十一五”期间基本完成工业化，为实现现代化创造条件，必须在继续推进从“项目立市”向“项目强市”跨越的同时，努力实现从“传统工业化”向“新型工业化”的跨越。“两个跨越”构成包头特色的新型工业化，是“包头模式”再创新的重要路径选择。“两个跨越”相辅相成，互为依托，是包头特色新型工业化的显著特征。只有把“两个跨越”有机地结合起来，才能有效地应对挑战，推进包头经济结构实现战略性调整，才能顺利实现闯关，基本完成工业化。

2. “包头模式”再创新的战略重点。

(1) 坚定地走具有包头特色的新型工业化道路。包头是一个重化工业城市，产业技术结构的特点：一是以传统产业为主，新兴产业相对较少；二是以中等技术产业为主，高技术产业比例相对较低；三是技术发展以引进和模仿为主，自主研发能力相对较弱。这就决定了包头的新型工业化处在较低水平。工业化的科技含量、发达程度和文明程度的高低直接关系包头的城乡发展、经济社会的发展、人与自然的和谐发展。而新型工业化则是在可持续发展的现代理念指导下，以科技创新为动力，在充分就业的基础上而实现的一系列基本生产函数变化以及由此引起的结构优化的过程，是建立在科学、高效、环保基础上之上的工业化，完全符合科学发展观的要求。

因此，我们要按照新型工业化的要求，要面向国家战略与包头产业的需求，依据西部大开发“十一五”规划重点发展的六大特色优势产业与包头的产业基础和产业特色，做好前瞻性布局，精心构筑科技创新、产业支撑、可持续发展“三大平台”，通过“包头模式”的第二次创新，走出一条具有包头特色的产业战略转型之路，即科技先导型、资源节约型、生态保护型的可持续发展之路，实现包头经济的第二次跨越。

①精心构筑科技创新平台，进一步提高自主创新能力。科学技术是经济社会发展的决定性力量，综合实力竞争的核心是自主创新能力的竞争。因此，自主创新是坚持走具有包头特色新型工业化的必然选择，是实现“包头模式”再创新的主要途径。一是要加大科技创新投入。根

据世界科技发展趋势和发达地区创新发展的实践经验，加大科技研发投入是提高自主创新能力的必要条件。据统计，近年来，我国科技研发投入（R&D）增长迅速，2005年达到2450亿元，研发投入强度（研发投入总量与国内生产总值之比）为1.34%，“十一五”期末将达到2%，北京的研发投入强度高达7.4%，高出全国6个百分点，苏南地区的研发投入已经占到全国总研发投入的7.5%。2006年，包头的科技研发投入（R&D）为7亿元，研发投入强度为0.7%，仅为全国平均水平的一半，不足北京的1/10，处于较低水平。显然，这样的研发投入与包头传统产业所占比重、与经济增长的幅度是不相称的。因此，只有加大科技研发投入强度，才能加快自主创新能力建设。二是要完善科技创新体系。建立完备的科技创新体系是提高自主创新能力的重要保障。要建立政府为主导、企业和科研院所为主体的创新体系。政府要抓好创新体制、机制与制度、环境建设，强化创新激励政策，激发创新动力，抓好重点项目协调和成果评估与保护；企业和科研院所要抓好科技创新方向、科技人才与科研设施建设、科技成果产业化及成果转让。

创新的重点，一是抓好支柱产业和重点企业的原始创新，引进主导技术、核心技术进行消化、吸收和二次开发；二是抓好产业的多元化和高端化的创新发展，积极培育电子、信息、医药、新材料等新兴高技术产业；三是抓好优势特色产业的再创新，不断提高产业产品的科技含量，提升品牌价值，发挥产业集群和品牌优势。

②精心构筑产业支撑平台，壮大以产业为支撑的核心竞争力。包头的传统重化工产业占据主导地位，继续实施大项目、大企业、大集团战略，培育产业集群，运用高新技术改造传统产业，以产业结构的优化升级提升产业的发展水平和竞争力，是加快包头特色新型工业化进程的关键举措。一是做大做强支柱产业。要加大对钢铁、铝业、装备制造、稀土、电业、煤化工六大支柱产业集群进行规模和技术整合的力度，争取引进国内外500强大企业、科研院所和大财团的资本和技术，改造传统支柱产业，整合产业的综合配套能力，实现联合重组。以此来提升产业层次，延伸产业链，优化产业结构，做大做强支柱产业，壮大包头经济规模和总量。二是着力培育优势特色产业。要积极实施名牌战略，以具有品牌优势的企业为核心，通过科技创新提高产品的科技含量，通过名

牌产品吸引上下游企业，培育优势产业集群，提高产业关联度，形成产业产品品牌优势。同时要以优势特色产业为依托，促进优势资源产业化，实现资源的充分利用和转换；实施以资源带动产业集聚，扶持优势特色产业核心企业，把优势特色产业做优做强，真正实现资源优势向经济优势的转变。三是加快发展新兴产业。要在壮大传统支柱产业规模、积极培育优势特色产业的同时，注重发展高新技术产业。要充分利用当前国际国内产业梯度转移的有利时机，有选择、有计划地吸收发达国家和地区科技含量高、市场前景好、发展潜力大的电子、信息、医药、新材料等高科技新兴产业，实现包头产业的多元化、高端化。形成传统产业做大做强、优势特色产业做优做强、新兴产业加快发展的产业格局，率先在调整优化经济结构上取得突破。四是促进区域产业优势互补。要积极主动融入“呼包鄂”区域经济，促进资源优势互补和产业互动，推动相关产业的联合重组，形成以产业为支撑的区域竞争优势。

③精心构筑可持续发展平台，不断增强可持续发展能力。循环经济代表了新型工业化的发展方向，以循环经济为支柱的可持续发展战略早已成为发达国家的持久战略。根据经济发展规律和现代化发展趋势，循环经济模式必将取代传统经济模式。因此，以循环经济驱动产业发展，不断增强产业发展水平和竞争力是实现具有包头特色新型工业化的重要路径。

包头具有传统产业基础雄厚和土地资源相对充裕的区位优势，但由于重化工业比重大、产业结构不合理、增长方式粗放、资源和环境压力逐年增加，发展循环经济既刻不容缓，又大有可为。包头发展循环经济要做到三个必须：一是必须明确发展循环经济的重点领域是钢铁、铝业、电业、稀土等传统资源型产业；二是必须明确发展循环经济的总体目标是，在产业和工业园区内实现“资源—产品—再生资源”的闭环反馈式循环；三是必须明确发展循环经济的中心环节是强化以市场调节、政策主导、政府督导的机制体制和法制建设。

包头发展循环经济要逐步形成大、中、小三套循环圈体系：一是要在包钢、包铝生态工业园区内规划建设和完善产业循环模式，目前，包铝生态工业园区已被国家环保总局批准为第三代新兴工业园区，循环模式应作为入园企业的硬性规定，逐步实现园区内大循环，并通过典型示范推广循环经济模式；二是要在钢铁、铝业、电业、煤化工等较大企业实现水电一体化和粉煤灰的循环利用，加大空气和水污染治理力度，实现企业内中循环；三是要在重点行业和重点企业、特别是资源型产业进行循环配套，吸引上下游产业，延长产业链，实现园区外小循环。通过大、中、小三套循环体系建设，达到合理利用资源和环境容量、完成节能降耗和污染减排指标、实现“资源—产品—再生资源”的闭环反馈式循环的总体目标，从根本上转变经济增长方式，不断增强企业的可持续发展能力。

（2）坚定地走具有包头特色的城镇化道路。包头“十五”时期经济的高速增长，为加速城市化进程创造了十分有利的条件。在新的起点上，必须抓住难得的发展契机，大力实施城乡互动战略。在进一步加快城市建设的同时，全面加快新农村、新牧区建设，走出一条工业反哺农业、城市支持农村、城乡统筹发展的新路子。这是将包头“十一五”规划由蓝图变为现实的关键。也就是说，只有建设好新农村、新牧区，才是真正意义上的全面小康，只有实现城乡二元结构向现代经济结构的完全转型，才是真正意义上的现代化。

“包头模式”统筹城乡发展的再创新思路是——加快融合，即加快实现“农业与现代工业和服务业”、“农民与市民”、“农村与城市”三大融合。

①全力推动第一、第二、第三产业融合。实施工业反哺农业、城市支持农村的政策重点应放在推进产业的相互促进、相互渗透和相互融合上，即全力推动农业与现代工业和服务业的产业融合。要以新型工业化为助力，大力发展现代农业，通过科技进步与科技创新改造和提升农牧业产业化水平和产业化经营，实现农牧业现代化，以此全力推进产业结构实现战略性调整，逐步建立现代工业、现代农业和现代服务业体系。

②大力促进农民与市民的融合。从推进农牧业产业化、促农民增收、促进农村经济增长方式转变的实际出发，开展实用技术培训，不断提高农民素质，培养造就有文化、懂技术、会经营的新型农民，提高农民的自我发展能力，把农村人力资源转化为人力资本；从推进农村工业化、城镇化、促进农村劳动力转移的需要出发，大力开展职业技术培训，采取城乡流动政策，加快城乡二元管理体制改革，让走出农村的农

民最终融入市民行列，为城市发展与社会和谐提供直接动力，逐步实现城乡二元结构向现代经济结构的根本转型。

③努力实现农村与城市的融合。根据城市化的普遍规律与发达国家和发达地区的成功经验，结合包头重化工业的产业特点和地域广阔、资源丰富的地区特点，探索“通过产业化相互促进政策和城乡流动政策措施，加强工业化和城市化协同发展，通过工业化促进产业化，产业化带动城镇化战略措施，实现农村与城市融合”的发展模式，开创具有包头特色的城市化道路。

具有包头特色的城市化模式的发展方针可采取：“工农协调，城乡共进；政府引导，市场主导；资源整合，集约发展；因地制宜，多元推动。”这一方针的实质就是按照城市化规律建立起来的政府引导、市场主导、民营经济推动的城市化机制。推进人口、资源、环境协调发展的集约型、可持续型的城市化进程，实施大中小、多产业类型共存的多元城市模式。“十一五”期间的工作重点是：一要坚持中心市区与农牧区的两大格局协调发展；二要坚持把新农村新牧区建设规划与城乡建设一体化规划一并纳入经济社会和城乡发展总体规划，形成统一发展的整体。要做到两种发展格局和两个发展规划相互促进、互为依托、协调发展，从而构成包头特色的经济社会发展总体格局。

坚持第一、第二、第三产业的融合，坚持农民与市民的融合，代表了先进生产力的发展方向，必将大大促进包头经济的快速稳定协调发展，从而推动农村与城市的融合，最终建成具有包头特色的城乡和谐的美好家园。

（3）以包头特色的工业化和城镇化推动包头的现代化建设。根据中国现代化战略研究课题组发布的《中国现代化报告 2007》的现代化指数评价，内蒙古正在从落后地区向欠发达地区快速发展，但发展极不平衡。用传统现代化指数评价，包头总体上已接近发达地区水平。只要继续加快具有包头特色的工业化和城市化进程，就一定能够大大推进包头的现代化建设。

然而，应当清醒地看到，20 世纪 80 年代以来，世界现代化研究的领域已经从经济领域扩展到生态领域。德国、荷兰和英国首次提出生态现代化理论，生态现代化是现代化与自然环境的一种耦合，是世界现代化的生态转型，是现代化建设的重要组成部分。进入20世纪90年代，发达国家经济持续增长，环境持续改善，生态质量不断提高，生态现代化取得巨大进展。目前，发达国家的生态现代化已经大大领先于我国。我国的生态现代化则处在起步阶段。用生态现代化指数评价，目前全国正处在低水平阶段。内蒙古和包头地区属于较低水平，主要体现在自然资源消耗、工业废物密度、城市空气污染等方面。主要原因是包头正处在工业化发展期，工业化的环境压力、生态环保压力对包头的生态现代化构成双重挑战。

根据包头工业化发展现状，必须采用综合生态现代化原理，协调推进绿色工业化和生态现代化。推进生态现代化的指导思想是：要落实科学发展观，使全社会充分认识到，资源和环境是经济社会发展的重要内生要素。因此，必须要以最小的资源、环境代价谋求经济社会最大限度的发展，以最低的经济社会成本保护资源和环境，走出一条具有包头特色的科技先导型、资源节约型、生态保护型的新型工业化道路。这是关系包头能否实现可持续发展的百年大计。

推进生态现代化的战略举措：一是要根据包头资源环境承载力制定区域发展政策，把环境容量作为经济建设的重要依据，把环境准入作为经济调节的重要手段，实行环境与发展综合区域发展政策。二是要高度重视与保护资源和环境这一经济社会发展的重要内生要素。要逐步实现从“环境换取增长”向“环境优化增长”的根本性转变，要以经济社会发展为基础的环境建设来促进环境“库兹涅茨曲线”上环境改善拐点的早日出现。

包头地处祖国的北疆，拥有辽阔的土地和丰富的资源，拥有天然的生态屏障，客观上具备了实现生态现代化的有利条件。因此在推进包头特色的工业化和城市化进程中，较早地、不失时机地融入生态现代化建设的重要内容，认真加以研究探索、统筹规划、协调发展，以推动包头的现代化建设向着更高层次迈进。这对于包头来说，是百年大计，是关系包头各族人民子孙后代的宏图伟业，是“包头模式”创新发展的一个极为重要的崭新领域，我们必须为之努力奋斗。

包头市非公有制经济发展的思考

（2007 年 6 月 12 日）

王德山

“十五”时期以来，包头市（以下简称“包”）个体、私营等非公有制经济不断发展壮大，已经成为包头市经济社会的主要组成部分和促进社会生产力发展的重要力量。大力发展个体、私营等非公有制经济，有利于激活包头地区城乡经济、增加财政收入，有利于扩大社会就业、改善人民生活，有利于优化经济结构、促进经济发展，对建设经济强市、构建和谐包头具有重大的战略意义。

一、包头市非公有制经济发展现状

1. 非公有制企业发展迅速，实力显著增强。2006 年，包头市个体工商户和私营企业分别发展到 55711 户和 10787 户，注册资本分别达到 8.1 亿元和 110.4 亿元。规模以上的非公经济工业企业户均资产规模达到 9574 万元，比 2005 年提高 425 万元。非公企业达到亿元销售收入规模以上有 58 家，同比增长 70.6%；其中前 10 位企业的营业收入总额为 133.2 亿元，同比增长 111.1%；前三位的非公企业：小肥羊销售收入 50 亿元，华业特钢 40 亿元，东方稀铝 35 亿元。

2. 非公有制经济总量扩大，贡献率提高。2006 年，包头市生产总值总量达1010.1亿元，非公有制经济增加值达464.6亿元，非公有制经济增加值占全市GDP总量的46%。规模以上非公经济工业企业实现增加值107.3亿元，同比增长51.4%，高于全市GDP增速23.4个百分点。规模以上私营工业企业利润为15.2亿元，同比增长51.4%，高于全市增速23.4个百分点。

3. 投资加快，投资结构多元化。2006年包头市个体私营、港澳台、外商等非公有制经济单位完成50万元以上固定资产投资83.9亿元，比2005年增长51.9%，高于全市增速32.1个百分点，占全社会固定资产投资额的比重为14.0%。民间资本投资增长的加快，改变了全市的投资结构，从过去主要靠政府和银行投资求发展的格局逐步改变为全社会共同投资的多元化投资格局，减轻了政府投资压力，分散了投资风险，使民间资本投资成为投资需求的重要组成部分。

4. 非公有制经济对促进就业作用显著。2006年末包头市非公有制经济从业人员约为86.5万人，占全部就业人员的70%，非公有制经济的快速发展，极大地发挥了全市新增劳动力和下岗、待业职工以及农村富余劳动力转移的充分安置作用，有力地促进了包头市稳定和谐，提高了城乡居民收入水平。

5. 民间资本参与，加快了国企改革的步伐。民间资本导入后，为包头经济注入了强大活力。私人资本改造嫁接、并购、参股、控股国有企业，既是搞活国有企业的有效途径，也是非公有制经济自身发展的需要。全市原市属企业改制后，整体活力增强，发展势头强劲。

6. 非公有制企业上缴的税收已成为全市财政收入的重要来源。近年来，包头市非公有制经济增势强劲，拉动全市财政收入连年增长。在包头市财政税收中，有相当大一部分来自非公有制企业上缴的税金。2006年，全市非公有制企业上缴税金52.96亿元，同比增长25.3%，占全市总税收的56.3%。

二、包头市非公有制经济发展的制约因素

1. 非公有制企业规模小，档次低，市场竞争力弱的现状未得到根

本改变。包头市的非公有制企业虽然占到全市企业总数的95%以上，但除小肥羊、华业特钢、东方稀铝等少数企业具有一定的规模外，其他企业起点低、规模小、档次不高，很难经得起市场竞争的考验。企业“生存寿命短”，变更频繁的现象依然存在。主要是由于非公企业还没有建立起规范的产权结构、公司治理结构，管理效率有待进一步加强，竞争力亟待提高。

2. 非公有制经济产业布局不合理，产业分布狭窄。包头市非公经济产业分布主要集中在传统冶炼制造、建筑、小规模批零及餐饮领域，资本密集型和技术密集型企业相对较少，科技先导型企业少，尤其是缺少接续六大支柱产业中下游产业链、产品链的非公企业和现代服务业。与包头市公有制经济相比，非公有制经济总体规模仍然偏小，影响力不大，竞争力不强，真正有实力，在国内外市场中有优势的非公有制大企业不多，形成包头市产业结构重的过重、轻的过轻，产业链和产品链不长。由于个体私营经济自身特点及其规模小、竞争力弱等先天缺陷，加之大多数个体私营业主投资前缺少必要细致的市场调查与分析，“赶热门儿”的多，“对症下药”投资的少，由于个体经营的不确定影响因素多，一旦破产倒闭，有可能赔掉个人或全家的积蓄。造成个体经济发展过程中就伴随着“你开张、他关门，你赚钱、他遭殃”的不和谐现象。虽说这是市场竞争的必然结果，但与政府部门缺少必要的政策引导和信息支持依然不无关系。

3. 融资难是阻碍非公有制经济快速发展的一大瓶颈。包头市的非公有制经济主要由小型非公企业和个体经营户组成，他们大多数处于原始积累的初级阶段，资金来源途径比较狭窄，主要依靠自我积累和银行贷款。大部分非公有制企业认为资金短缺（主要是流动资金不足）是困扰企业发展的首要问题。原因主要有：（1）部分个体和私营企业自身财会信息不规范，诚信度低，经营实力弱，导致了企业贷款难、银行难贷款的尴尬局面。（2）缺乏有力的政策支持和法律保护，加之因金融体制改革滞后等方面的因素，银行系统借贷怕担风险，尤其是在对非公经济提供贷款中表现的尤为突出，导致了对非公有制经济资金支持不够。（3）非公有制中小企业信用担保体系尚未完全建立，激活民间资本机制远未形成，造成了非公有制经济融资难、担保难的被动局面，使一些前景好的项目因得不到资金上的支持而搁浅。

4. 非公有制经济发展的体制性障碍依然存在。国家和自治区及包头市关于发展非公经济的一系列优惠政策还没有完全落实到位，个体工商户和私营企业的国民待遇问题还没有完全解决，非公经济的社会地位和政治地位有待进一步提高。在非公企业的创办和经营过程中，门槛过高、审批繁琐等不公正待遇依然存在。政府在资源配置和经济管理中职能交叉、多头管理的情况还比较突出。同时，商品市场、要素市场、人才市场、投资担保等服务体系仍不很健全。

三、非公有制经济发展思路与对策

尽管包头市非公有制经济在发展过程中还存在着一些较突出的困难和问题，但其发展趋势已进入强势阶段。在建设经济强市、构建和谐包头的新形势下，要把握好非公有制经济发展的新机遇。

1. 消除非公有制经济发展体制性障碍。消除非公有经济发展的体制性障碍，从根本上说要按照与其他性质的经济成分一视同仁、平等对待的原则，营造非公有制经济发展的体制和政策环境。具体来说：（1）放宽市场准入，使非公有企业享有与其他企业同等的投资机会。原则上，凡是政府已向外资开放或承诺开放的领域都应向非公有制资本开放，凡是国家法律法规没有禁止进入的领域和行业，都应允许非公有制资本进入。（2）改革审批限制，使非公有企业享有与其他企业一样的政府行政服务。结合当前深入发展的行政审批制度改革，改善政府部门对非公有制企业注册、经营、增项、转业等各个环节的审批限制，为非公有制经济发展提供良好的行政服务。（3）消除政策歧视，使非公有制企业拥有与其他企业同样的市场环境。要切实采取措施，创造各类市场主体平等使用生产要素的市场环境，使非公有制企业在投融资、税收、土地使用和对外贸易等方面与其他企业享有同等待遇。

2. 加强财政金融支持。一是加大财税支持力度，加快巩固和完善政府中小企业发展基金，完善有关税收扶持政策；二是加大信贷支持力度，鼓励和引导各金融机构从非公有制经济特点出发，开展金融产品创新，完善金融服务，改进信贷考核和奖惩管理方式，提高对非公有制企业的贷款比重；三是鼓励金融服务创新，改进对非公有制企业的资信评估制度，对符合条件的企业发放信用贷款。

3. 加强对发展非公有制经济的政策协调。市级及旗县区两级政府应加强对非公有制经济发展的指导，要强化服务意识，改进服务方式，创新服务手段，将非公有制经济发展纳入国民经济和社会发展规划。建立促进非公有制经济发展的工作协调机制和部门联席会议制度，加强部门之间配合，形成促进非公有制经济健康发展的合力。营造良好的舆论氛围，形成有利于非公有制经济发展的良好社会舆论环境。同时，认真贯彻落实好两级政府对非公经济的政策，促进非公有制经济的健康发展。

4. 引导非公有制企业提高自身素质。针对非公有制企业自身存在的一些不足和缺陷，应着手从以下两个方面解决好其自身问题，努力提高其自身素质：（1）非公有制企业要规范企业经营管理行为，完善各种规章制度，建立安全、环保、卫生、劳动保护等责任制度，建立有利于个体工商户、小企业发展的组织制度。（2）提高企业经营管理者和从业人员的素质，增强其法制观念、诚信意识和社会公德及社会责任感，强化其掌握现代科技和经营管理知识以及业务技能，抓好非公有制经济的人才队伍建设，在从事管理、教育培训、职称评定和政府奖励方面，与公有制企业实行等同政策。

5. 鼓励有条件的企业做大做强。鼓励非公有制企业实施品牌发展战略，争创名牌产品，鼓励其加大科技创新和新产品的开发力度。围绕延长产业链、产品链推进专业化协作和产业集群发展，引导和支持企业从事专业化生产和特色经营。鼓励中小企业与大企业开展多种形式的经济技术合作，增强非公有制经济在市场经济中的竞争实力。

“十五”期间是非公有制经济快速发展壮大的时期之一，也是非公有经济由小到大、由弱到强的转折期。“十一五”期间伴随我国社会主义市场经济体制与机制的进一步完善，我们应抓住西部大开发的历史机遇，营造和谐环境，积极发展和壮大非公有制经济，在建设经济强市过程中发挥其应有的作用。

“呼包鄂”经济圈率先发展研究

（2007 年 7 月 31 日）

赵建帜　张振宇

内蒙古自治区从 2003 年实施率先发展呼包鄂经济圈经济战略以来，自治区及经济圈内三市各大班子主要领导对率先发展的重视程度，非同寻常。自治区的一系列决策，指导着经济圈经济不断跨越新台阶。实践证明了自治区“非均衡发展与均衡发展相统一，优势地区率先发展”决策的正确性。

“十五”时期以来，呼包鄂经济圈坚持以科学发展观统领全局，以经济建设为中心，紧紧抓住、切实用好国家推进西部大开发的机遇和政策，赢得了先机，争取了主动，促进了经济持续快速发展和自主增长机制的逐步形成。2005 年，三市人均 GDP 达 34768 元，折合 4000 多美元；城镇居民人均收入 12390 元，折合 1600 美元以上。五年中，自治区经济增速全国领先，总量翻番，全国排名提升 5 位，人均产值全国排名提升 6 位，地方财政收入全国排名提升 4 位，呼包鄂经济圈率先发展在拉动全区经济中功不可没。“十五”时期，三市均入围全国综合实力百强城市，分别排位第 37、34、54 位。“十一五”期末起始之年的 2006 年，呼包鄂经济圈经济总量达到 2710.19 亿元，财政收入达 385.08 亿元，创历史新高。是 2001 年 631.1 亿元和 69.3 亿元的 4.3 和 5.3 倍。占全区总量分别提高 12.3 和 8.5 个百分点。经济圈以全区三分之一的人力资源和九分之一的国土资源，担起了全区经济总量和财政收入半壁江山的重担。

中共内蒙古自治区第八次代表大会（以下简称“党代会”）向全区人民发出了“全面贯彻科学发展观，因应新形势、把握新机遇、迎接新挑战、开创我区改革开放和现代化建设的新局面”的号召。全面贯彻八次党代会精神，建设一个更加发展、富裕、和谐、美好的内蒙古，是全区各族人民的共同任务。已经率先发展的呼包鄂经济圈，首当其冲，责无旁贷。“十一五”时期乃至2020年左右，如何在率先发展的基础上，再把经济圈建成综合实力更强、经济结构更好、产业特色更浓、经济效益更高、充满生机和活力的海内外更加知名的强势经济地区，是摆在呼包鄂三市面前的重要任务。本课题的主要内容，是对经济圈内三市发展近况、竞争态势、存在问题及未来经济如何继续率先发展进行深入分析，仅供有关部门决策参考。

一、“呼包鄂”经济圈发展概况

“十五”时期以来，呼包鄂经济圈已经撑起自治区经济的半边天，经济圈的发展速度，正向占领西部经济的制高点冲刺。“十五”时期以来的六年时光，经济圈的发展，具有以下三大特点：

（一）发挥优势，共同发展

在推进“三化”的进程中，呼包鄂三市根据国家的产业政策，顺应市场需求，从当地实际出发，发挥各自的资源优势和产业优势，大力发展特色产业，走出一条新型工业化道路。以“中国乳都”著称的呼和浩特市（以下简称“呼”），确立了以乳业、电力、电子信息、生物制药、冶金化工、机械制造六大特色产业，目前基本形成了乳业加工、火力发电、生物发酵三个国内同类地区中最大的产业基地和自治区最大的信息产业基地。以钢城、鹿城闻名于世的包头市，重点抓钢铁、铝业、电力、装备制造、稀土等重点产业，已经初步形成了大企业支撑、中小企业配套的延伸加工体系雏形。以“鄂尔多斯速度”让世人瞩目的鄂尔多斯市（以下简称“鄂”），立足资源优势，围绕发展煤电、重化工、特色冶金和汽车工业，筹划和建设了八大特色产业园区，吸收和建设了一批重大工业项目。三市在加快优势特色产业发展中，尽可能避免相互冲突、相互撞车等不利于发展的现象，做到相互"错位"、相互促进、相互依托、相互补充，从而达到共同发展，夯实了经济圈的综合经济实力，为自治区乃至全国的经济一盘棋当好了马前卒。2006 年，经济圈经济总量达到 2710.19，亿元，占全区经济总量的 53.2%，增速高于全区平均水平 2 个百分点，经济圈财政收入达到 365.08 亿元，占全区财政收入的 51.2%。

（二）全面增速，协调发展

"内蒙古现象"已成为当今国内经济社会发展的标志，它源于"呼包鄂"经济圈所形成的经济合力。呼包鄂经济圈在积极推进工业化进程中，丝毫没有忘记工业反哺农业、城乡统筹发展、调整产业结构、三产相互协调，从而使 GDP、城乡居民收入、三产结构、城镇化率等同步推进，协调发展。

2006 年，经济圈三次产业结构比例由上年的 5.4∶47.6∶47 调整为 4.8∶49.3∶45.9，产业结构更趋合理。规模以上工业增加值达到 942.46 亿元，占全区的 56.5%，比上年增长 28.1%。经济圈的第三产业增加值所占比重高于全区平均水平 7.9 个百分点，增速高于全区平均水平 2.2 个百分点。新农村新牧区建设也呈现出"农业增效、粮食增产、农民增收"的良好发展势头，城镇化水平得到不断提高，经济圈城镇化率已达到 63% 以上，比全区平均数高 15 个百分点。城镇的社会保障体系、社会救助体系得到进一步完善和加强。

在发展经济的同时，呼包鄂经济圈始终把增加居民收入放在首位，使广大城乡人民群众共享经济发展的成果。2006 年，经济圈内 26 个旗县区，财政收入全部超亿元；经济圈内城镇居民人均可支配收入达到 14000 元以上，是全区平均水平的 1.4 倍；农牧民人均纯收入达到 5300 元以上，是全区平均水平的 1.6 倍，经济圈内城乡居民收入增长幅度均高于全区水平。2006 年，经济圈内 50 万元以上投资项目完成 1704.5 亿元，占全区的 51%，比上年增长 30.6%。

2001～2006 年，经济圈内三市经济发展总体呈现着相互赶超、交叉错位、互不相让、并驾齐驱的竞相发展的特点。

“十五”时期以来，经济圈经济发展呈现两大特点：一是在全区12个盟市中数值较大，总量居前；二是增速趋缓，位次后移，应引起足够重视。

（三）面向未来，持续发展

目前，经济圈的发展已经站在了一个新的起跑线和制高点上。2006年，呼市经济增速在全国27个省会城市中稳居上游水平，部分指标继续保持首位；包头市成为全国63个GDP超千亿元的城市之一；鄂尔多斯财政总收入超过包头市，跃居自治区首位。在未来的发展中，落实科学发展观，促进协调、持续、和谐发展，形成一个“千帆竞发，百舸争流”、既相互竞争又共同协作、既各具特色又共同繁荣的区域发展格局，即将成为现实。

呼市将以乳业、肉类、蔬菜和特种产品的生产和加工作为第一支撑点，高水平拓展优势产业，高标准改造传统产业，高起点承接非资源性制造业，要打造一个坚实的第二产业。同时，呼市把自身定位为服务经济圈发展的桥头堡城市，竭力为本地区提供金融、人才等专业服务，从而向打造现代化首府城市的目标迈进。

包头市将走产业升级、产业优化、产业延伸的可持续发展之路，充分利用现有的钢铁、铝业、煤化工、装备制造、稀土等形成一定规模、一定聚集的优势产业，提高工业现代化水平，加快集约化发展，形成产业集群。同时，加快优化工业结构和技术创新，走集群化、基地化、园区化的发展路子，着力培育新的经济增长点和新型支柱产业，建设中西部地区乃至全国的经济强市。

作为资源富集的鄂尔多斯市正在培育和形成以煤炭、电力、天然气为主的能源产业集群，以煤化工、天然气和氯碱化工为主的化工产业集群，以绒纺、制衣为主的羊绒服饰产业集群和以汽车、发动机制造、煤炭采掘、煤化工大型机械制造为主的制造业产业集群。这些产业集群的形成和发展，为资本的聚集创造了条件。

目前，经济圈基础设施比较完备，资源互补性较强，产业分工各具特色，发展优势各不相同，在区域经济协作方面有着很多优越的条件。

经济圈将发挥整体优势，形成规模效应、集聚效应、叠加效应，构筑经济圈产业群和城市群，这些都为冲刺中西部经济制高点奠定了坚实的基础。

二、“呼包鄂”经济圈现存主要问题

总结成绩，增强自信，找出差距，戒除骄躁。跳出本地看全国，就知道山外有山山更高，天外有天天更蓝。呼包鄂经济圈已实现了在全区的率先发展，要实现在中西部地区和全国的率先发展，需要缩短和拉平与区外先进城市特别是沿海发达城市的五大差距。

1. 经济实力差距。2006 年，全国有 63 个地级以上城市 GDP 超过 1000 亿元。呼包鄂经济圈中的包头首次进入千亿元城市行列。在全国发展的大格局当中，经济总量不达千亿元，就没有资格进入发达城市行列。而呼包鄂经济圈仅有一市进入这一门槛。就是 2007 年呼鄂二市也进入了千亿元行列，也只等于三市有了参与经济强市竞争的预赛资格。经济实力与发达城市相比，依然差距很大。以 2006 年为例，三市 GDP 之和，不及苏、杭之一，而上海、北京、广州的经济总量，一市就顶两个以上的呼包鄂经济圈或六个以上的包头市。因此，呼包鄂经济圈不发展就没有出路，发展慢了也没有出路。只有率先发展，跨越式发展，呼包鄂三市在全国二百多个地级以上城市竞争中才有立席之地。

2. 产业竞争差距。经济圈在调整和优化产业结构、培育优势特色产业上取得了很大的成绩。电力、冶金、装备制造、乳业、煤化工等具备了规模优势。但从总体上说，产业结构不够合理，多元化水平档次不高。

受自然条件限制，农牧业发展极不均衡。三市近郊地区第一产业集约程度好，产出水平高。而一些山北和沙化严重的旗县，仍属国贫县行列，脱贫致富任务非常艰巨。

经济圈第二产业相对发达，但除了几个优势特色产业外，其他产业相对弱小，集群程度低。对优势特色企业而言，多数处于产业链条不长、产品附加值不高的阶段。

经济圈服务业规模近几年不断增大，但仍与全区经济中心地位不相称。传统服务业比重偏高；现代服务业比重偏低；文化、旅游产业虽有一定发展，与先进地区相比依然滞后，主体市场规模小，季节性强而利用期短，竞争力弱；以服务经济为主的中介产业结构还没有真正形成。

3. 城市功能差距。按照城市经济学划分，圈内三市均为百万以上人口的特大型城市。按经济实力和发展水平的集市型、功能型、综合型和城市群型四个发展档次划分，圈内三市均处于刚过“幼年期”由功能型向综合型过度的“少年期”，距综合型的“成年期”和城市群型的“成熟期”还相差甚远。城市基础设施承载功能必须进一步加强，大型文体、商贸、物流、金融、旅游、休闲设施配套水平必须进一步提高。经济圈独特的地理区位优势还没有充分发挥，对周边地区的辐射带动能力还需进一步发挥。

4. 城乡一体差距。在“三化”进程中，经济圈推进速度较快，城镇化率连年提高，但城乡二元问题仍很突出，城乡生产力发展水平差距拉大，城乡生活水平差距扩大，农村牧区脱贫致富任重道远，脱贫返贫不断发生。旗县所在地距离中心城市卫星城镇的要求还相距甚远。县域经济发展极不平衡，少数为国家“百强”和中西部“百强”，多数处在全国中下游位置甚至在国贫县行列。多数农村牧区缺少现代气息，农牧区面貌没有根本性改变，达到社会主义新农村、新牧区的标准还相距甚远。

5. 社会发展差距。在现代经济社会生活中扮演重要角色的市场中介组织和民间非盈利组织发育缓慢，科、教、文、卫、体等社会事业发展远不能满足居民需要；社会就业不充分，社会救助不完善，社会福利低水平；困难群体的生活缺乏制度性保障，社会体系面临就业难、上学难、住房难、看病难等多种考验；社保体系面临老龄化、人口转移、弱势群体规模较大等多重压力。人均 GDP 虽超过 5000 美元，但居民收入增长落后于经济增长，经济总量提高与人民生活水平提高不成正比，概念上的小康水平与现实的全面小康水平仍然差距不小。

三、“呼包鄂”经济圈率先发展的总体思路

1. 指导思想。“十一五”至“十二五”时期呼包鄂经济圈率先发展的指导思想是：以邓小平理论和“三个代表”重要思想为指导，以科学发展观统领三市经济社会发展全局，继续深化改革，扩大开放，深入实施科教兴市和人才强市战略，调整经济结构，转变增长方式，推进社会主义新农村新牧区建设，加速农牧业产业化、新型工业化和城镇化进程，强化生态和基础设施建设，构筑自治区现代化首府城市、中西部经济强市和全国能源重化工基地。建设绿色农畜产品生产加工基地和北方生态屏障。坚持以人为本，全面发展社会事业，努力建设繁荣进步和谐的呼包鄂经济圈城市群，力争经济总量达到全区三分之二，城乡居民收入达到全区领先，国内上游。

2. 发展原则。

（1）抓住机遇，加快发展。强化机遇意识，加快改革开放，利用一切有利因素，提高自主创新能力，着力解决制约经济圈产业发展的重大关键技术和共性技术，做大做强特色优势产业，形成在国际国内有较强竞争力的优势产业集群，保持一个较长的快速增长期，实现富民强市。

（2）统筹兼顾，协调发展。按照“五个统筹”的要求，切实加强薄弱环节，在推进工业发展的同时，大力发展服务业；在保持投资对经济增长拉动作用的同时，重视消费和出口的作用；在积极培育大企业大集团的同时，注重发展中小企业；在扩大对内开放的同时，促进对外开放；在加快经济发展的同时，促进社会进步；在继续推进城镇化的同时，加快建设社会主义新农村新牧区。

（3）遵循规律，持续发展。坚持遵循自然规律和经济社会发展的客观规律，走新型工业化道路，用信息化带动工业化，发展循环经济，创新资源开发利用模式，提高综合利用水平，使经济社会发展与资源环境的承载能力相适应，建设资源节约型和环境友好型社会。

（4）以人为本，和谐发展。把促进人的全面发展，建设和谐城市

摆到重要位置。更加注重社会公平，强化政府的公共服务职能，积极促进就业，加强社会保障体系建设，不断提高人民群众生活水平。加大对圈内贫困地区、少数民族聚居地区和革命老区的扶持力度。加快物质文明、政治文明和精神文明建设，使圈内各族人民共享改革发展成果。

3. 发展目标。

（1）经济持续快速健康发展。在优化结构、提高效益和降低消耗的基础上，经济圈生产总值年均增长18%以上，“十一五”时期人均生产总值按2005年价格计算达到50000元，“十二五”时期力争达到100000元，财政总收入年均增长20%以上，固定资产投资年均增长20%以上，社会消费品零售总额年均增长18%以上。就业机制较为完善，城镇登记失业率控制在4.5%以内。

（2）产业结构优化升级。产业、产品和企业组织结构更趋合理，产业集中度有效提高。自主创新能力增强，全社会研究与开发经费占生产总值比重达到1.5%。形成一批拥有自主知识产权和知名品牌、市场竞争力较强的优势企业。

（3）资源开发利用效率明显提高。“十一五”、“十二五”期间经济圈内单位生产总值能源消耗比“十五”期末降低25%和40%左右，农牧业灌溉用水有效利用率力争达到45%和60%，工业固体废弃物综合利用率达到50%和70%。

（4）城乡区域发展基本协调。社会主义新农村新牧区建设取得明显成效。城镇化率“十一五”期间达到70%左右，“十二五”期间达到80%左右。优势区域发展格局基本形成，城乡、区域间公共服务和生活水平差距扩大的趋势得到遏制。

（5）基本公共服务比较健全。教育事业得到优先发展，“普九”人口覆盖率以旗县为单位达到100%。覆盖城乡的社会保障体系初步建立，新型农村牧区合作医疗制度覆盖80%以上的农村牧区人口。贫困人口继续减少，农村牧区贫困人口发生率控制在5%以下。防灾减灾能力增强，社会治安和安全生产状况进一步好转。

（6）可持续发展能力增强。经济圈生态环境全区领先，重点治理区域全面好转，草原植被盖度和质量显著提高，森林覆盖率提高10%以上；城市空气质量达到国家二级标准的天数年平均大于280天，水环境质量达到水功能区规划要求，"三废"处理率力争达到全国先进水平。

(7) 市场经济体制比较完善。国有企业、行政管理、财税、投资、科技、教育、文化、卫生、社会保障和市政公用等领域的改革和制度建设取得突破，消除城镇化发展的体制性障碍取得进展。

(8) 对外开放水平进一步提高。对外开放和对内开放更加协调，开放型经济达到新水平。外贸进出口总额达到全区60%以上，年均增长16%以上，"十一五"时期达到70亿美元，"十二五"时期翻一番。"十一五"、"十二五"时期分别引进国内资金1500亿~2500亿元左右，吸收外商直接投资达到10亿~20亿美元。

(9) 人民生活水平继续提高。城镇居民人均可支配收入年均实际增长10%以上，"十一五"期末达到20000元，"十二五"期末达到30000元；农牧民人均纯收入年均实际增长8%以上；人均期望寿命达到73岁以上；城市人均住宅建筑面积达到25平方米以上，农牧民钢砖混结构住房比重达到80%以上。

四、"呼包鄂"经济圈率先发展的具体措施

(一) 要准确把握"呼包鄂"经济圈率先发展的科学内涵

《内蒙古自治区国民经济和社会发展"十一五"规划纲要》指出："呼和浩特、包头与鄂尔多斯地区以区域经济一体化为目标，继续保持快速发展的态势，在现代经济结构，转变增长方式，发展循环经济，加快区域创新和建设和谐社会方面率先突破，实现全面建设小康社会的目标，积极培育呼和浩特—包头—鄂尔多斯城镇群，城镇化率达到70%以上，使其成为我区参与区域竞争的中坚力量，呼包鄂地区更主动地融入京津冀经济圈，在区域合作中实现更大的发展。呼和浩特建成现代化首府城市，包头发展成为中西部地区经济强市，鄂尔多斯建成国家重要的能源重化工基地。"这就是呼包鄂经济圈率先发展的科学内涵。集中力量建设好实力强、特色浓、环境好、动力足的呼包鄂强大经济圈，是

全区非均衡发展和均衡发展相统一的需要，是先富带后富，进而全面富的经济战略的需要，作用巨大，意义深远。准确把握这一地区率先发展的科学内涵，必须准确诠释五个方面率先发展的具体内容。

1. 生产力水平现代化的率先发展。提升呼包鄂经济圈综合实力，缩小与发达地区的差距，加快经济发展速度，实现全面小康目标，是呼包鄂经济圈的首要发展目标。要坚持“好”字当头，“快”字当先，“好”中求“快”、“快”中求“好”，能快就别慢。“好”字当头，就要认真落实国家宏观调整政策，提高项目准入门槛，严格履行审批手续，规范标准操作程序，推动增长方式转变，降低能耗和减排污染，提高经济增长的质量和效益。“快”字当先，就是不发展就没有出路，发展慢了仍然没有出路，要用足用好国家西部大开发的各项优惠政策，不断发掘和培育新的经济增长点，努力保持经济圈优势产业较长较快的增长周期。

2. 生产关系现代化的率先发展。继续走好扩大开放，深化改革之路；走好建设廉洁政府、加快职能转变之路；走好推进现代市场体系建设、鼓励科技创新、建设新型城市之路。增强经济圈城市发展的活力，增强经济圈的核心竞争力。

3. 城乡建设现代化的率先发展。经济圈要继续推进以城市基础设施为重点的城市改造建设，突出当地特色，改善人居环境，做大做强中心城市。增强经济圈辐射带动力，构筑生产、消费两项功能发达的综合型大都市。发展卫星城镇，坚持城乡统筹，推进小城镇建设，提升新农村新牧区建设力度，不断提高城乡一体化水平。

4. 人民生活水平不断改善的率先发展。GDP 总量的提高和财政收入的提高与居民收入的提高形成正比，不断提高收入，用消费拉动生产。缩小不同群体之间特别是城乡之间、干群之间、政企之间、不同行业之间的收入差距，做到公平、公正，让绝大多数群众充分享受到发展的普惠性。

5. 建设和谐城市的率先发展。经济圈内要坚持经济社会协调发展，加强社会法制建设，弘扬和谐人文建设，促进人与社会、人与自然的和谐共生，实现人的全面发展，形成经济圈内人民各尽所能、各得其所、多元文化相互包容、充满竞争与活力的局面。

（二）要进一步提高落实科学发展观、领导经济发展的能力和水平

呼包鄂经济圈率先发展，迫切需要三市各级干部特别是主要领导干部落实科学发展观、推动经济社会又好又快发展的理论水平和工作能力。必须深入学习邓小平理论、"三个代表"重要思想和党的十六大以来一系列重大理论创新成果，贯彻落实胡锦涛同志2007年6月25日在中央党校的重要讲话精神，做到解放思想、改革开放、科学发展、建设小康四个坚定不移。着重掌握理论创新中的基本观点和基本方法，全面理解和准确把握中央关于经济社会发展的指导方针和战略决策，进一步增强贯彻落实科学发展观的自觉性和坚定性。要认真学习现代经济知识、科技知识、社会管理知识和法律知识，提高市场经济的驾驭能力，推进自主创新的组织能力，提升管理社会的办事能力，努力成为领导科学发展的行家里手。振奋精神，埋头苦干，排除干扰，克服困难，以勤政为民的实绩促进经济圈的率先发展。

（三）争取国家政策扶持

积极争取构建北疆以呼包鄂经济圈为主体的综合配套改革试验区。进入新世纪以来，内蒙古经济步入良性发展的快车道，连续七年增速全国第一，但由于经济总量依然不大，距离邓小平同志提出的"内蒙古经济应当走在全国前列"的要求还相差甚远。继续跨越式增速和增量，是实现"走在全国前列"的唯一途径，这就需要国家政策的扶持。构建北疆以呼包鄂经济圈为主体的综合配套改革实验区是一条重要途径。提出这一要求有着充足的理由：

1. 是民族自治政策的需要。改革开放初期的特区、"准"特区都在沿海。近年又有西部地区重庆和成都试验区获批，而少数民族地区至今仍无一地进入这一领域。

2. 是国家实施中西部发展战略的需要。中西部发展不可能在十几个省、区齐头并进，必须有率先发展典型做领头羊。而呼包鄂地区已具备了担当这一典型的实力。

3. 是开发自然资源的需要。这一地区，铁矿资源，得天独厚；稀土资源，储量可观；能源矿藏，举世闻名。这是发展中西部经济的可靠

保证。

4. 是区位发展的需求。国内是京津冀、滨海试验区的西延，国际是欧亚大陆的中心腹地，是包括蒙古在内的北亚经济中心。这一地区的发展需要呼包鄂经济圈率先发展做支撑。

这一设想如能在自治区党委、政府的努力下得以实现，在国家政策大力支持下，经过十年左右的努力，“内蒙古经济应当走在全国前列”的宏伟目标，就一定能实现。

（四）第一产业走收缩转移、集中发展之路，加速社会主义新农村新牧区建设步伐

生态环境脆弱，“三农”问题突出，是呼包鄂经济圈亟待解决的重大课题。推广鄂尔多斯“收缩转移、集中发展”的农村牧区经济发展战略，是贫困旗县脱贫致富、建设富裕、和谐的社会主义新农村新牧区的可靠途径。

根据自治区“三区”规划要求，圈内三市应规划好农牧业优化发展区、农牧业限制发展区、不宜人类生存的生态极端退化区的对应措施。收缩转移，集中发展，对改革城乡二元结构，加速城乡一体化，切实可行。

收缩转移，就要根据当前正在广大农村牧区实施的退耕还林、退耕还草项目补贴的做法和生态移民整体搬迁的经验，给需要转移的农牧民一定数额的补贴，他们就会按照政府的规划和要求，搬迁到指定的城镇和工矿区安家务工。把圈内贫困旗县人口汇聚到县城、大镇和工矿区，有利于形成新的集中的消费和服务需求，刺激和拉动经济的快速增长。在强化培训的前提下，让移民彻底转变身份，从事第二、第三产业。在补贴金额维持基本生活的基础上，加上就业收入，就能让这部分人员脱贫致富，乐此不疲。尽管所需资金额度较大，但完全可以经过努力圆满解决。国家按政策拿一块；三市以工哺农筹一块；把优化发展区的土地使用权经合法程序转租给企业和农牧大户，分年兑付收取的费用用于农牧民补贴。将进入城镇农牧民补贴资金纳入社保，实施与市民一样的待遇，按月凭折领取保险，何乐而不为？

集中发展，一是要在沿路、沿河、近郊等适宜发展地区建设农牧业生产加工物流基地和新型企业，形成产、供、销一条龙，贸、工、农一体化的龙头企业，不断增加积累，扩大再生产；二是要在生态自然集中恢复区封育复壮，加快休养生息，促进生态修复，促进有序整合和规模经营，培育牧业经营大户，推进牧业的机械化、产业化和现代化，形成草、畜双兴的良性发展局面。

（五）大力推进新型工业化进程

充分发挥呼包鄂经济圈的资源和区位优势，以信息化带动工业化，发展大产业，培育大集团，建设大基地，形成大集群。提高资源综合利用效率，发展循环经济，延伸产业链条，促进产业升级。巩固和提高冶金、电力、煤化、以多种车辆为代表的装备制造、以乳业绒纺为代表的农畜产品加工和以军工技术为代表的高新技术等特色优势产业的主导地位，积极发展非资源型等其他产业。继续实施名牌战略，培育和发展名牌产品，增加中国驰名商标。工业增加值年均增长20%以上，“十一五”期间达到2000亿元以上，“十二五”期间达到4000亿元以上。

能源工业重点发展煤炭、电力、天然气和可再生能源，建设国家级能源基地。煤炭工业加大结构调整力度，提高产业集中度，增强煤炭深加工和就地转化能力。电力工业加快电源点和电网建设，重点建设西电东送、煤电一体化和区内用电项目。大力开发利用风能、太阳能和生物质能源，建设大中型风电场，扩建新建中小型风电场，火电、风电总装机容量达到全区半数以上。还要推进乌审、固阳等地的天然气、油气资源的开发利用。

化学工业重点发展煤化工和天然气化工，提高加工深度，在资源产地和基础条件较好的地区建设大型化工基地。煤化工实施煤—电—化一体化战略，以洁净煤气化为龙头，大力发展新型煤化工产品链，形成横向成群、纵向成链的煤化工产业集群。天然气化工加快建设鄂绒集团投资的重点项目，积极发展合成氨、尿素、液体燃料等系列天然气化工产品。

冶金建材工业重点发展钢铁、有色金属、水泥和玻璃等产业，实现产业和产品结构优化升级。钢铁工业加快产业重组，实施包钢扩能改造等重点工程，优化产品结构，提高中厚板、汽车板、特种钢、稀土钢和不锈钢等的比重。有色金属工业扩大生产规模，提升加工水平。依托包头铝业、希望铝业等优势企业，加快发展氧化铝，突出发展精铝、铝板带、高档铝箔、稀土铝及铝基系列合金材料，适度发展铜、铅、锌等有色金属冶炼及深加工产品。建材工业以水泥、玻璃为主、淘汰落后生产能力，发展壮大环保节能型企业。

农畜产品加工业重点发展乳、肉、绒、粮油等加工产业，提高精深加工水平。乳业继续建设大型加工项目，提升产品档次，实现乳制品结构由单一向多元转变，扩大乳制品市场占有率，确保在全国的领先地位，力争伊利、蒙牛龙头企业进入世界乳业二十强。肉类加工业以牛羊肉加工为重点，按照国际肉类安全卫生标准，以品牌经营为切入点，培育一批现代化加工企业。羊绒加工业提高新产品开发能力和加工水平，在自主研发、创国际品牌和建立营销网络方面取得突破，稳定鄂尔多斯、鹿王等名牌羊绒制品在国际国内市场的占有率。粮油加工业提高小麦、玉米、油料、马铃薯等精深加工水平，力争在玉米加工和转化上取得较大突破。

装备制造业重点发展运输机械和特种工程机械，促进产品系列化、产业规模化。提高重大装备成套水平、产品配套和自主技术开发能力。鼓励和引导企业按集团化、专业化模式进行重组、联合和分工。在发挥现有军工企业优势的同时，进一步拓展生产领域，建设包头、呼和浩特机械装备制造业基地。扩大重型汽车、重型矿用车、工程机械、铁路车辆、风电设备、牧业机械和数控机床卡盘等特色产品的生产规模，积极发展汽车零部件生产等配套产业。

高新技术产业重点发展电子信息产品制造、稀土深加工和生物制药业，增加在工业经济中的比重，高新技术产业增加值占工业增加值的比重达到10%以上。电子信息产品制造业积极发展数字电视、高端手机、液晶显示器、光电基础材料和器件、多晶硅、单晶硅等，开发计算机及网络应用产品和数字音视频产品。稀土产业在稳定发展上中游产品的基础上，开发下游产品，突出发展稀土新材料、元器件和应用产品等下游产品。加快稀土永磁材料、储氢材料、净化催化材料、发光材料等稀土功能材料的发展步伐，延长产业链，构筑稀土产业集群。生物制药和特色制药产业围绕家畜产品及特色植物资源，培育中蒙药、生物制药、生物兽药、生物饲料产业链和功能性食品产业链。

建筑业要转变增长方式，推进结构调整，以科技为先导，标准化、工业化和信息化为基础，科学组织管理为手段，建设项目为载体，积极采用新技术、新工艺、新设备和新材料，建设一批优质、节约、环保、适用的精品示范工程，不断提高建筑业技术水平。加快建筑业体制机制创新，积极培育建筑业龙头企业，全面提高建筑业的整体素质和竞争力，形成产值达到 20 亿元的大型企业。建筑业增加值年均增长 12% 以上。

在大力推进新型工业化进程中，要特别重视基地和园区建设。根据经济圈资源禀赋、产业基础和国家产业政策，要科学规划，合理布局，建成若干特色明显、配套能力强、产业关联度高、技术先进、竞争力强的大型产业基地，促进经济圈特色优势产业的集约化、规模化发展。规划建设化工、冶金机械、有色金属工业和以稀土高科、生物制药为主的高科技产业基地、能源重化工基地和以乳、肉、绒、粮、油等为重点、各具特色的绿色农畜产品生产加工基地。在园区建设中，要完善园区基础设施，创新园区管理制度，在土地、信贷、项目审批、税费等方面建立有利于吸引企业进入园区发展的良性机制，为投资者提供良好的创业环境。积极引进科技含量和产业层次高的项目，以产业为纽带，以配套促集聚，着力培育和发展优势产业集群，使园区成为呼包鄂经济圈工业经济发展的重要载体和新的经济增长点。

（六）加快发展服务业

加快发展服务业体制机制创新，以新型工业化、城镇化、农牧业产业化为依托，以扩大居民消费和发展生产性服务业为突破口，进一步扩张规模，优化结构，提高质量，逐步实现市场化、产业化和社会化。改造提升传统服务业，加快发展新型服务业，着力培育现代服务业。第三产业增加值年均增长 13% 以上，“十一五”期末达到 1500 亿元，“十二五”期末达到 3000 亿元。

1. 加快发展商贸流通业。继续鼓励发展所有制形式和经营业态多样化、诚信便民的批发零售、餐饮等商贸服务。鼓励民族餐饮等特色餐饮品牌“走出去”，推动连锁经营，扩大市场占有率。商贸流通餐饮业增加值年均增长 12% 以上。

2. 加快发展运输物流业。有效整合物流资源，加强运输物流信息系统工程和物流集散网建设，推广厢式货运、集装箱式联运和快递服务，培育专业化物流企业，发展第三方物流。运输物流业增加值年均增长 15% 以上。东进西出、南联北开、开放口岸、跨国运输，把呼包鄂经济圈建设成为我国北方重要的商品物资集散地。

3. 加快发展旅游业。旅游业要发挥经济圈草原、森林、沙漠、冰雪、口岸、民族风情等资源优势，开发特色、旅游品牌和旅游产品，发展红色旅游，提升旅游景点档次。旅游总收入年均增长 20% 以上。

4. 发展房地产业。要以普通商品房建设为重点，加大经济适用房的供给能力，形成适应不同消费阶层需求的住房供应体系。进一步扩大住房公积金贷款规模，促进住房消费。降低普通消费者的消费成本，推动房地产市场健康发展。

5. 发展社区服务业。要按照市场化运营方式，完善服务设施，健全服务组织，增强服务功能。推动住宅管理向社会化、专业化的物业管理转变。鼓励各类投资主体兴办便民商业、物业管理、家政服务、社会化养老、医疗服务、文化服务、法律服务、安全保卫、餐饮娱乐等产业。支持社区服务做大做强。推进城区的社区服务现代化，逐步发展智能化小区。

6. 发展金融业。要进一步扩大贷款规模，努力实现信贷资金的增长快于经济增长的目标。发展小额信贷机构，为中小企业服务。扩大股票市场融资份额，发行企业债券。建立特色优势产业发展基金和稀土、生物制药等风险投资基金。大力发展保险业，增加险种，改进服务，开拓市场，提高覆盖程度和保障水平。

7. 发展信息中介业。要通过推进电子政务、电子商务、企业和社会信息化进程，培育和壮大信息服务业。积极引进国内外软件企业，扩大包头软件园规模，加速呼和浩特软件园建设，培育一批营业收入超亿元的企业。加快发展工程、财务、法律、管理等专业化服务组织，提升中介服务业水平。

8. 发展市政公用服务业。要开放市场，允许国内各类社会资本和外资采取独资、合资、合作、股份制、特许经营、资产收益证券化等多种形式，投资市政公用项目。加速企业化改制，提高存量资产的运行效率。通过招标拍卖等办法，出让出租经营权、运营权、冠名权、广告权、收费权和租用权，提高市政公用设施的建设水平和运营效率。

（七）加强经济圈基础设施建设

按照统筹规划，合理布局，优化配套，完善功能的原则，多元投资，加快城市基础设施建设。

要加快经济圈快速路和主次干道建设，人均铺装道路面积达到10平方米以上，基本建成与城市交通量相适应的道路网络。

完善经济圈供水设施，加快供水管网改造，降低输配水管网漏失率，供水普及率达到95%以上。加快经济圈集中供热、供气工程和污水、垃圾处理设施建设，供气普及率达到80%以上。进一步改造城市电网，提高供电质量和可靠性。城市主干道全部采用地下电缆。加大地下空间开发力度，结合地面民用建筑，加速人防工程体系建设，增强整体防护功能。

加强住宅小区内绿化和城市化公共绿地建设，增加城市绿色空间，创建生态园林城镇，努力营造人与自然和谐的城市生态环境系统，建成区绿化覆盖率达到35%。

加强通讯、邮政、广播电视、远程教育网络等信息基础设施建设，实施数字电视整体转换以及高速宽带网络等重点工程，大力发展宽带接入，实现信息网络宽带化、综合化、智能化，构筑经济圈信息高速公路。

鼓励和支持建设电子政务、电子商务、中小企业信息服务、农牧业信息服务平台，发展远程教育、远程医疗。加大信息资源开发、利用、共享和整合力度，重点开发基础性、公共性和战略性信息资源，推动信息系统和数据库联网，扩大网络资源共享范围。

（八）建设资源节约型和环境友好型社会

呼包鄂经济圈必须坚持节约资源和保护环境的基本国策，提高全民的节约意识，通过政策导向、法制保证、体制创新，加强资源管理，推动资源节约，保护生态环境，实现低投入、高产出，低消耗、少排放，能循环、可持续。

1. 节约用水。依据经济圈三市水资源普遍不足的特点，要推广节水新技术、新工艺、新设备，严格控制开采地下水。鼓励高耗水企业增加节水技改资金投入，促进废水循环利用和综合利用，实现废水资源化。工业用水重复利用率达到60%以上，中水回用率达到50%以上。把节约用水的各项制度落到实处。

2. 节约能源和原材料。进一步优化产业结构，实现结构性节能；开发推广节能技术，实现技术性节能；强化能源生产、运输和消费的制度建设，实现管理性节能。

加强重点行业原材料消耗管理，严格设计、施工、生产等技术标准和材料消耗核算制度。鼓励使用小型、轻型和再生材料，推行产品的生态设计，提高原材料利用率。

3. 节约、集约利用土地。坚持保护耕地基本国策；严格控制建设用地过快增长；落实最严格的土地管理制度。建立统一的土地调查、分类、统计和登记制度，完善信息管理系统和监测制度。建立和完善土地收购储备制度，进一步规范经营性土地出让制度，健全土地交易市场，创建优化土地资源配置、节约用地和集约用地的新机制。

4. 发展循环经济。按照“减量化、再利用、资源化”的要求，三市应及时编制循环经济规划，实施循环经济推进计划，完善循环经济政策和统计体系，从资源开采、生产消耗、废弃物利用和社会消费各个环节，加强资源的综合利用，形成有利于节约资源、保护环境的生产方式和消费方式。

5. 加强生态保护与建设。按照优先保护、积极治理、合理开发、集约利用的原则，认真组织实施经济圈内承担的国家重点生态建设工程任务，加大生态保护与建设力度，逐步提高生态自我修复能力。按照谁开发、谁保护，谁受益、谁补偿的原则，加快建立生态补偿机制。

6. 加强环境保护。提高经济圈环境质量，中心城市集中饮水用水源地供水质量达标率达到90%以上。综合改善经济圈大气环境质量，加强工业大气污染源的防治。加强经济圈生活垃圾无害化处理设施建设，生活垃圾无害化处置率达到70%以上。

要加强地方环境立法，加大环保执法力度，提高环保监测监管能力。严格执行建设项目“三同时”制度和环境影响评介制度。依法淘汰污染严重的落后工艺、设备和企业。积极发展环保产业，建立污水、垃圾处理市场化机制，推进产业化。

（九）进一步扩大开放

充分发挥经济圈比较优势，统筹对内开放和对外开放，充分利用国际、国内两个市场两种资源，继续大范围配置资源。大力发展对外贸易和口岸经济，全面提高对外开放水平，以开放促改革、促发展。

1. 招商引资，进一步拓宽招商引资领域，扩大规模，提高质量和水平，把引资与优化投向紧密结合起来。

围绕构筑经济圈六大优势产业集群，引进一批投资规模大、技术水平高、资源转化能力强的大项目，推动经济圈由资源开发型产业向精深加工转变。鼓励区外、境外企业研发中心和先进制造环节向经济圈转移。引导区外、境外资金发展服务业、环保等产业。

加大直接融资力度，形成项目融资、产权交易、股票境内外上市、设立投资基金等融资手段多样化的格局。引导企业进行产权招商、产业链招商和以商招商。做好间接融资工作，继续争取国际金融组织、国外政府贷款，支持公益性、基础性项目建设。积极利用国外商业贷款，促进经济圈产业升级。

2. 加快实施“走出去”战略，进一步扩大和深化对外经济技术合作，按照互惠互利和合作共赢的原则，以俄蒙为重点，以企业为主体，在境外投资和开拓市场方面取得突破。大力发展与俄罗斯、蒙古在煤炭、有色金属、木材、石油、天然气和农牧业等领域的合作。扶持具有比较优势的产品、设备、技术等出口。加强经济圈与蒙古地区的矿产资源的合作勘查。

3. 充分发挥口岸过货通关、加工制造、商贸物流三大枢纽中心作用，提高口岸过货能力和口岸加工增值水平，形成具有经济圈特色和优势的口岸经济。

4. 提高进出口贸易质量。调整出口产品结构，扩大外贸进出口规模。继续增加传统产品出口，培育和扩大高新技术产品出口，鼓励先进技术装备和能源矿产、原材料等重要资源的进口。

（十）发展和扩大非公有制经济

改革开放特别是“十一五”时期以来，呼包鄂经济圈非公有制经济不断发展壮大，已成为经济圈社会生产力发展和社会经济壮大的重要组成部分。占经济圈经济总量的三分之一以上。但与发达地区相比，依然规模小、档次低、力度弱。大力发展三市个体、私营、外资等非公有制经济，对经济圈优化经济结构，促进经济发展，构建和谐城市，建设强势地区意义重大；对激活城乡经济，增加财政收入，扩大社会就业，改善人民生活，非同寻常。

呼包鄂经济圈率先发展，离不开非公有经济的同步发展。要发展非公有制经济，必须采取有力措施，具备相应条件。

1. 需要消除非公有制经济发展体制性障碍。营运环境，一视同仁；放宽市场准入，具备同等投资机会；改革审批限制，提供良好服务；消除政策歧视，享受同等待遇。

2. 加强财政金融支持。加大财税支持力度，完善税收扶持政策；加大信贷支持，完善金融服务；改进评估制度，发放信用贷款。

3. 加强对非公有制经济的服务职能，政府部门要强化服务意识，改进服务方式，创新服务手段，将非公有制经济发展纳入经济和社会发展规划。应建立促进非公有制经济发展的协调机制，加强部门之间的配合，营造良好的舆论氛围，落实国家对非公有制经济的各项政策，促进非公有制经济的健康发展。

（十一）促进经济圈内社会进步和和谐建设

按照统筹经济社会协调发展的要求，牢固树立科学技术是第一生产力、人才资源是第一资源的观念，加快发展呼包鄂经济圈的科技、教育、文化、卫生和体育事业，加强人力资源建设，努力突破科技和人才瓶颈。

1. 科技。坚持把增强自主创新能力作为科学技术发展的战略基点和调整产业结构、转变增长方式的中心环节，鼓励和支持原始创新，重点加强集成创新和引进、推广、消化、吸收后的再创新，着力建设一批有较强实力的自主创新基地，掌握一批核心技术，取得一批自主知识产权。建立和完善以企业为主体的技术创新体系，通过加快科技创新和技术跨越，带动经济跨越。电力、煤炭、钢铁、装备、乳业、稀土等重点产业的技术水平进入国际或国内先进行列，流通、交通、信息、金融等服务业的新技术应用达到国内平均水平。

推进区域创新体系建设，构筑以高等院校、科研机构为主的知识创新体系。

整合科技基础资源，搭建公共创新平台。扩大技术产权交易规模，发展常设技术市场和会展交易。健全科技成果推广服务体系，提高科技成果转化水平，专利申请授权量有明显增加。加快发展创业风险投资，集约化发展各类综合、专业孵化器。规范技术市场，保护知识产权。

坚持社会科学和自然科学并重，紧密结合经济圈实际，加强应用研究，进一步巩固优势学科在全国的领先地位。

2. 教育。切实保障教育优先发展的战略地位，坚持教育公平，加大教育投入，优化教育资源配置，实施素质教育。重点发展基础教育，积极发展高等教育，大力发展职业技术教育和民办教育，优先发展民族教育，构建科学合理的继续教育和终身教育体系。

3. 文化。围绕建设民族文化大市，加强公共文化基础设施建设。重点建设剧院、博物馆、文化交流中心，推进图书馆、档案馆、广播影视声像资料管理的自动化、网络化和数字化。加强基层公益性文化场所建设，提升服务能力。

实施文化艺术精品战略，充分挖掘草原文化内涵，不断创作和积累具有广泛影响的民族传统艺术代表作，支持文艺界出精品、创名作、推名人。

4. 卫生。加强公共卫生设施建设，提高疾病预防控制、医疗救治和卫生执法监督能力，基本建设覆盖城乡的公共卫生服务体系。整合城市卫生资源，重点发展社区卫生服务。设立医疗救助专项基金，对特定弱势群体实行基本医疗救助。

不断提高医疗服务水平，加强卫生专业人才队伍建设，积极探索建立现代医疗机构管理制度。

5. 体育。结合全民健身计划和奥运争光计划的实施，广泛开展全民健身活动，优先发展群众体育，大力发展民族体育，有选择地发展竞技体育。增加群众性体育、健身设施，提高全民健康水平。

6. 人才。大力推进人才强市战略，重点建设党政领导、企业管理、专业技术三支人才队伍，广泛培养高技能的技术工人和农村牧区实用人才，形成特色优势产业人才聚集地。发挥现有人才作用，积极引进创新型人才，力争成为人才流入区。

按照以人为本的要求，创造就业岗位，增加城乡居民收入，完善社会保障体系，创新社会管理体制，加强民主法制和精神文明建设，认真解决人民群众最关心、最现实的利益问题，促进经济圈和谐社会建设。

一是把扩大就业摆在经济社会发展更加突出的位置，进一步完善和实施积极的就业政策，千方百计促进就业。广开就业门路，拓宽就业领域，增加就业岗位。在产业类型上，注重发展劳动密集型产业，把发展服务业作为扩大就业的主攻方向，三产就业率达到40%以上。加快发展非公有制经济，提高中小企业吸纳就业能力。鼓励非正规就业、弹性就业和劳动者自主创业，积极引导劳务输出。

二是调整国民收入分配结构，稳步提高城乡居民收入占国民收入的比重，建立和完善城乡居民收入与经济增长相适应的分配机制，使广大群众在经济快速发展中得到更多实惠。坚持工业反哺农业，城市支持农村，打破城乡分割体制，解决城乡之间公共服务不合理的问题。调整优化农牧业生产结构，推进农牧业产业化，促进农牧民增收。加快农村牧区人口向城镇有序转移，提高农牧民的人均收入水平。

三是在扶贫工作中，坚持“政府主导、社会参与、自力更生、开发扶贫、协调发展”的方针，不断改善贫困地区生产生活条件。鼓励企业、社会、个人参与扶贫事业，多渠道增加扶贫投入。强化扶贫资金管理和监督检查，改进资金投放方式，提高资金使用效益。

四是社会保障中按照个人和社会互济相结合的原则，积极推进覆盖城乡的基本养老保险、失业保险、医疗保险、住房基金、最低生活保障等体系建设，逐步实现人人都享有社会保障。

五是创新社会管理体制，完善社会管理体系，整合社会管理资源，建立健全党委领导、政府负责、社会协同、公众参与的社会管理格局。鼓励社团、行业组织、社会中介组织和志愿团体等参与社会管理，为社会提供服务。提高社区居民的自治程度，充分发挥城乡基层自治组织协调利益、化解矛盾、排忧解难的作用，使社区成为加强社会管理和提供基本公共服务的平台。

六是加强思想道德建设和精神文明建设，推进创建文明城市、文明村镇、文明社区、文明小康村和文明生态村。

加强社会主义民主政治建设，把坚持党的领导、人民当家作主和依法治市统一起来，健全民主制度，推进法制建设，构筑祖国北疆安全稳定屏障。

（十二）构建经济圈区域协调机制

呼包鄂经济圈是新世纪新阶段自治区经济发展的重要增长极，更是全区推进区域经济协调发展战略部署的着重点，必将成为全区经济更好更快发展的巨大引擎。而要启动这一引擎，必须解决好经济圈三个城市发展经济各自为政即功能区与行政区错位问题，这就需要成立经济圈经济协调机构。经济圈协调机制至今并不理想，状况如下：一是自治区党委、政府为此已经开始进行协调，从 2004 年起，每年召开一次呼包鄂三市经济工作座谈会，协调三市经济发展有关问题，但协调的有效作用仍不明显。二是没有常设协调机构，甚至连圈内市长联席会、企业家联谊会、经济发展论坛等松散组织都没有。三是圈内经济发展没有准确分工定位，在错位发展、梯度承接、优势互补等方面力度不足，存在产业趋同、产品同构、分工不明、合作不畅等问题。四是竞争有余，合作不足，三个城市有的在争“老大”位置，有的在保“老大”地位，导致没有旗帜性“龙头”做标杆。五是没有建立补偿机制。区域经济合作应按照资源分布情况有补有偿，受损城市得补，受益城市出偿，这样的合作才有积极性。但时至今日，解决上述存在的问题仍无着落，经济圈内区域经济合作仍是“自家日子自家过”，协调机制并无实质性进展。而实现经济圈的统筹发展、和谐发展，消除行政藩篱，加速一体化发展进程，建立经济圈快速、高效的区域协调机制，已经成为提升经济圈功能、加速经济圈科学发展的关键。

要充分利用自然、经济、社会资源，首先要整合行政资源，变行政分割为区域统筹，变相互竞争为优势互补。

建议自治区党委、政府成立呼包鄂经济圈经济协调机构，自治区主管领导负责，相关城市主要领导为成员，建立强有力的决策机构和决策机制，并使之常态化。一要强化行政约束，树立经济圈一盘棋，自觉服务服从于经济圈发展的整体利益。二是制定呼包鄂经济圈长远发展规划，把圈内三市规划作为子规划进行调整对接，明确发展方向、明确功能定位、明确区位分工、杜绝无序竞争和重复建设。三要抓好组织落实，建立行之有效的工作机制，切实可行的激励机制，资源共享，风险共担，横向联合，共同发展。调动方方面面的积极性、主动性和创造性，打造北疆“走在全国前列”的统筹发展、和谐发展、强势发展的强大呼包鄂经济圈，真正把经济圈建成全国改革开放的先进典型和全区经济发展的“火车头”。

包头与呼鄂二市经济发展比较分析

（2008 年 1 月 10 日）

王德山

在内蒙古自治区的 12 个盟市中，包头市与呼和浩特市（以下简称“呼”）、鄂尔多斯市（以下简称“鄂”）的经济发展规模、地理环境、产业结构等最为接近：同为黄河流域城市和环渤海经济带的腹地，幅员相对较大，人口相对集中，城镇聚集度较高，支柱产业已基本形成，经济社会发展速度较快，被誉为呼包鄂经济圈。本文站在包头角度选择呼和浩特市、鄂尔多斯市为参照样本，以定量分析为主，在比较中看得失、见强弱，得出有益于包头经济发展的启示与建议，使其具有可比性和较强的说服力。

一、区位及资源优势

（一）呼和浩特市

呼和浩特市为内蒙古自治区首府，是全区政治、经济、文化中心，辖九个旗、县、区，常住人口 260.63 万人，总面积 1.72 万平方公里，城市面积 2054 平方公里，城市建成区面积 150 平方公里。

呼和浩特市西部与包头市毗邻，北、东部与乌兰察布市接壤，南部与鄂尔多斯市隔黄河相望。距首都北京520余公里，距二连浩特口岸490公里。呼和浩特市是我国陆上、空中通往蒙古国、俄罗斯及东欧诸国的重要桥梁和与这些地区经济贸易往来的主要依托，也是内蒙古中西部地区和冀、晋、陕部分地区面向世界市场的重要商业流通中心。呼和浩特市具有良好的科教条件，集中了内蒙古众多大中专院校和科研院所。有研究院所124所，高校8所，中专34所。

呼和浩特市具有资源优势。主要矿产有煤、石墨、大理石、膨润土、高岭土和铜、铁、锌、镁、黄金等上百种。农业盛产小麦、玉米、谷子、胡麻、燕麦、小杂粮、马铃薯、甜菜、葵花籽等。传统种植药材有党参、枸杞、黄芪等。此外，呼市土地资源、电力资源都很丰富。

（二）鄂尔多斯市

鄂尔多斯市地处内蒙古中西部黄河中上游的鄂尔多斯高原腹地，被黄河西、北、东三面环绕，中部为毛乌素沙漠和库布其沙漠，南临古长城、黄土高原与宁夏、陕西、山西三省区毗邻，东北与呼和浩特和包头市隔河相望。

鄂尔多斯市辖七旗一区，常住人口151.45万人，总面积8.68万平方公里，城市面积625平方公里，城市建成区面积66.75平方公里。鄂尔多斯市是鄂尔多斯细毛羊的繁育基地。阿尔巴斯白山羊绒被誉为世界“纤维宝石”。同时盛产甘草、麻黄草等药材植物。

鄂尔多斯是我国重要的能源基地，含煤面积占全市总面积的70%，煤炭已探明储量1244亿吨，约占全国已探明储量的六分之一，全区的二分之一，而且煤质好，易开采。天然气和煤层气极为富集，天然气已探明储量5000亿立方米，预计可探明储量将达7000亿立方米；煤层气探明储量达10000亿立方米，开发利用前景广阔。

鄂尔多斯农牧业资源十分丰富，牲畜总头数700万头只，年产绵羊毛970万公斤，皮张233万张，阿尔巴斯白山羊绒年产量70万公斤，约占全区的三分之一，全国的六分之一。

（三）包头市

与呼和浩特市、鄂尔多斯市相比，包头市不仅有自己独特的区位和交通优势，而且其他优势更为突出：位于自治区的中西部，南与鄂尔多斯市隔河相望，北与蒙古国东戈壁省接壤，东西两侧是土默特平原和河套平原，是连接环渤海经济带和西北地区的战略要地，是自治区资源转化战略实施的关键地区。

包头市面积2.78万平方公里，城市面积2591平方公里，城市建成区面积178.12平方公里。辖九个旗县区，常住人口245.76万人，其中城市人口170万人，是全国23个市区人口超百万人的大城市之一。

包头市矿产资源丰富，蕴藏着稀土、铁、煤炭、铝、金、铌等54种金属、非金属矿和能源化工原料，其中最为著名的白云鄂博矿山，铁的探明储量为17亿多吨，铌的储量居全国之首，稀土储量居世界之首，占到全国稀土储量的91.6%，占世界已探明储量的54.2%。

包头是连接中国华北、西北的重要交通枢纽，基本形成了铁路、公路、航空综合交通网络。其中贯通华北、西北地区的大动脉京包、包兰铁路、包西铁路在包交汇，东行可连北京，西行可连兰州，南行可连西安等地。拉丹高速公路和110、210国道穿越市区，27条公路干线通向全国各地，形成了以丹东—北京—包头—银川—拉萨为东西轴线和北海—西安—包头—白云为南北轴线，连接内蒙古自治区和附近省、市、自治区公路网络，密度超过全国平均水平。包头机场已达4C级标准，可起降波音737大型飞机，基本上形成了覆盖华北、西北、华东、华中、华南等较为完善支线航空运输网络。

包头市是内蒙古自治区最大的工业城市和我国西北地区重要的重化工业基地，经过58年的建设与发展，形成了以钢铁、稀土、装备制造、铝业、建材、化工等行业为主的工业体系。包头市还是首批全国文明城市和国家森林城市之一。

启示与建议：

与呼、鄂两市相比，包头市具有区位优势、资源禀赋、工业经济基础和较高的工业化水平；具有国家二级陆路口岸；具有承担经济发展“领头羊”的人文条件。包头不仅要建成中西部地区经济强市，更要向全国经济强市奋进，才能与其比较优势相匹配。

二、主要经济指标

“九五”期末，在九项主要经济指标对比中，包头地区生产总值、财政收入、社会消费品零售（以下简称“社零”）总额、当年实际使用外资、城乡居民储蓄年未余额、农牧民人均纯收入等六项指标均领先于呼市、鄂市。

“十五”期末，包头市、呼市、鄂市主要经济指标的差距在缩小，有的指标出现了逆向变化，如人均 GDP 鄂市（40169 元）超过包头（35086 元），社零总额呼市（304.90 亿元）超过包头市（290.08 亿元），当年实际使用外资呼市（4.03 亿美元）与包头市（4.08 亿美元）相差无几。经济发展走到了一个三市旗鼓相当，包头稍占优势的水平上。但在增长率上，包头市增速明显趋缓。

“十一五”时期开局之年的 2006 年，地区生产总值包头市突破 1000 亿元，达到 1010.1 亿元，仍居全区各盟市之首，但呼市、鄂市紧追不舍，分别达到 900.1 亿元、800 亿元。人均 GDP 鄂市仍然领先于包头、呼市，呼包鄂三市人均 GDP 分别为 34710 元、41334 元、53166 元。财政总收入包头市一直领先的地位发生动摇，鄂市首次超过包头市位居第一，呼包鄂三市分别为 111.8 亿元、130.1 亿元、145.9 亿元。固定资产投资呼包鄂三市仍处于水平相近特别是包、鄂相差无几的状态，呼包鄂三市分别为 490.4 亿元、600.2 亿元、595.9 亿元。社会消费品零售总额包头市仍低于呼市、高于鄂市，呼包鄂三市分别为 361.1 亿元、349.2 亿元、182.7 亿元。城乡居民储蓄年末余额包头市低于呼市、高于鄂市，呼包鄂三市分别为 450.6 亿元、438.0 亿元、198.0 亿元。包头与呼市处于同一水平线上。城镇居民人均可支配收入包头市高于呼市、鄂市，呼包鄂三市分别为 14055 元、15122 元、13001 元，三市均处于同一水平线上，差距不大。农牧民人均纯收入三市处于同一水平，均突破 5000 元，呼包鄂三市分别为 5024 元、5269 元、5079 元。

从增速上对比分析，“十五”时期，GDP 年均增速包头市低于呼市

4.3个百分点，低于鄂市7个百分点，呼包鄂三市分别为27.0%、22.7%、29.7%；财政总收入年均增长包头市低于呼市2.3个百分点，低于鄂市12.8个百分点，呼包鄂三市分别为32.3%、30%、42.8%；城镇居民人均可支配收入包头市高于呼市1.8个百分点，高于鄂市4.4个百分点，呼包鄂三市分别为17.6%、19.4%、15.0%；农牧民人均纯收入包头市高于呼市0.1个百分点，低于鄂市0.5个百分点，呼包鄂三市分别为12.8%、12.9%、13.4%。

启示与建议：

包头市作为自治区最大的工业城市和国家重化工业基地，虽然一些主要经济指标仍然排在呼市、鄂市之前，但已无明显优势而言，而且增速却落后于这两个城市。包头的可持续发展，令人深思。

呼市在“十一五”和“十二五”时期的目标定位是，“要建成现代化首府城市”。“现代化首府城市”意味着呼和浩特的主要经济指标要在27个省会城市中排在前列，位于前六位。

鄂市的目标定位是，“建设成全国重要的能源重化工基地城市”，继而又提出“努力把鄂尔多斯建设成为更具实力、充满活力、富有魅力、文明和谐、服务内蒙古、连接宁晋陕的现代化区域性中心城市”。这两个城市是把自己融入全国城市中来确定自己的目标定位，气魄之大、定位之高，确实不能等闲视之。

包头市的目标定位。1999年，包头市的目标定位是“要建设成中西部地区经济强市”。根据在中西部地区167个地级及以上城市10项指标统计分析，包头市已于2005年进入中西部地区经济强市行列。2006年，包头市10项主要经济指标继续稳定在中西部经济强市行列，排序位次均在中上游水平。可以说，在“十五”期末，包头市已建成中西部经济强市。包头未来经济社会发展目标定位应着眼于“全国经济强市”、“区域经济中心城市”。

眼光长远、科学缜密、切实可行的目标定位，决定城市的未来，决定政策措施的选择。只想着三间砖瓦房者，显然不会去准备建世界第一高楼的投资和物料。面对呼市、鄂市的远大目标和迅猛发展之速度，如果包头市再没有高远的目标定位，没有强烈的危机感和紧迫感，再不求得更大发展、更大突破、更大跨越，我们在呼包鄂经济圈就会被边缘化，将会失去“经济强市”、“经济大市”的地位，失去尊严，正应了“有为有位、无为无位”这句话。

包头市在自治区、中西部地区和全国应处于什么地位？是争一流、守二流，还是滑向三流？问题很现实又很尖锐，但绝没有回避的余地。高远的目标定位要考虑到20年，甚至50年以上。其立意足以让后继者奉为圭臬。评价与考核政绩，可以逆向思维，改变与过去比增长的传统做法，转而构思目标接近度指标体系。经年累月，历届接力追求，并将阶段成果作为历届领导班子任期述职的主要内容，载入志史，请历史和后人评说。

在具体操作上，可以分解为单项实施突破战略，即根据实际情况，分别考虑单项产业、单项工作的目标定位，打造单项优势，聚沙成塔，集腋成裘。比如，稀土产业变原料基地为世界一流下游产品或终端产品的生产制造基地；重型汽车、矿山机械、环保设备、风电装备等装备制造业全国领先；钢铁产业优化升级为稀土新型材料及金属压延在产业链上延伸，确立在国内大而强的地位；商贸流通业重振昔日雄风，成为西北地区商贸流通中心；高新技术产业、职业教育成为自治区代表性的产业；奶制品、粮油食品加工、皮毛革业“知耻而后勇”名震亚洲、全国一流；构建呼包鄂地区及中西部地区最大的无公害蔬菜生产基地和肉食品生产基地如此等等。各旗、县、区和稀土高新开发区，也要按照这种理念去构思目标定位。总之，要集聚各个单项优势，用实力铸造“包头”品牌，进而实现城市竞争力的全面提升。

三、产业构成

从三次产业的总量对比来看，2006年，包头市第一产业明显小于呼市、鄂市（包头市第一产业35.11亿元，呼市52.16亿元，鄂市43.08亿元）；第二产业包头市明显大于呼市、鄂市（包头547.53亿元，呼市350.24亿元，鄂市439.64亿元），但从轻重工业比来看，包头市和鄂市同属重化工业城市，轻重工业畸重畸轻。呼市轻重工业比例较为合理，轻工业高于重工业13个百分点。三市轻重工业产值与工业总产值的比例分别是包头 1:14；呼市 1.46:1；鄂市 1:5.8。第三产业包头市小于呼市，大于鄂市（包头市 427.48 亿元，呼市 497.69 亿元，鄂市 317.28 亿元）。

从三次产业结构对比，包头市产业结构比为 3.5:54.2:42.3；呼市产业结构比为 5.8:38.9:55.3；鄂市产业结构比为 5.4:55.0:39.6。包头市与鄂市的产业结构呈现“二、三、一”结构，属于工业化经济结构阶段。而呼市产业结构呈现“三、二、一”结构，属于现代化经济结构阶段。

启示与建议：

包头市走工业化的道路没有错，但在发展中存在的最大问题是第一、第二、第三产业内部结构比例不协调。特别是在第二产业工业经济中重工业比重过大，且产品处于产业链的上中端，而轻工业明显地发展不足甚至萎缩。第三产业发展无论是绝对值还是增速都低于第二产业。包头市在发展工业上没有任何疑义的前提下，那么问题的关键就是如何发展的问题。

在产业结构上，呼市提出：一是调整优化产业结构，转变经济发展方式，加快形成以服务经济为主的产业结构。二是推进产业多元、产业延伸和产业升级，不断提高产业发展水平。关键是抓住新型工业和现代服务业的发展。以发展高科技、环保型、非资源依赖型产业为主攻方向，高水平拓展乳业、电力、生物等优势特色产业，高标准改造化工、建材、烟草等传统产业，高起点承接电子信息、机械制造、新型材料等非资源型先进制造业，构筑具有循环经济特点的新型工业体系。进一步优化服务业发展环境，促进服务与其他产业的融合互动，尽快构筑“三位一体”的区域性服务中心，即改造提升传统服务业，确立呼市在全区旅游产业链条中的龙头地位；加快发展现代服务业，确立呼市区域性物流和金融中心地位；促进新兴服务业发展，确立呼市在全区文化产业发展的领军地位。

同为重化工业城市的鄂尔多斯市，经过自我扩张和引进，已经从传统原料输出型工业转型到新型工业化轨道上来。鄂市紧紧抓住结构调整这条主线，以抓大项目为突破口，全力打造国家新型能源和工业基地。以煤为母体，煤—电—冶金，煤—重化工，气—重化工，煤制油等一系列循环经济产业链条不断延伸，煤炭、电力、化工、绒纺、新型材料及装备制造六大产业体系已经形成，集群化、基地化、园区化新型工业集中发展模式正在显现。

实施重化工业化转型是包头面临的重大课题。包头市必须调整产业结构，转变经济发展方式，走循环经济和新型工业化的道路。包头的支柱产业实施由传统工业化向新型工业化转变，调整产业、产品、技术结构，提高经济运行质量，自主创新，做大做强。包头重化工业企业应适度限制上游产品的无序发展，以主要精力扩大下游产业和产品。鉴于市区环境容量的限制，重化工业企业改造技术工艺，实施节能减排。关停小型重化工业企业，兼并重组现有中型企业，向旗县转移部分重化工企业，在空间上合理布局工业企业。在宜农宜牧地区大力实施有特色的农牧业产业化。改变轻工业落后状态，向呼市学习，大力发展轻工业。提升覆盖内蒙古西部地区乃至西北地区的第三产业（主要包括商贸、旅游及现代物流业），发挥包头这座中西部经济强市的基本辐射功能。在经济成分上，非公有制经济、公有制经济、混合所有制经济各占应有比例。在三次产业中，第三产业增加值应占 GDP 的 65% ~70%。在第二产业中，重化工业延长下游产业链，轻工业应加速发展。在产品中，应以高新技术为产品中心，自主创新，生产出全国乃至世界的品牌产品。

四、投资和项目建设

2001 ~2006 年，呼包鄂三市的投资总量都在千亿元以上，其中：呼市为 1669 亿元、包头为 1929 亿元、鄂市为 1506 亿元。包头比呼市高出 260 亿元，比鄂市高出 423 亿元。投入决定产出，项目左右发展，两个方面都要兼顾，缺一不可。项目的选择或许是包头经济发展的一个基础性因素。

启示与建议：

大项目是一个城市取得突破性发展的关键支撑，因摆上几个大项目、特大项目而崛起的城市不乏其例。包头市就是在“一五”时期，国家 156 个重点建设项目中的 6 项落户本地才成为重要工业城市。抓大项目已是三市的共识，项目建设的具体抓法，三市已出现措施趋同现象。但呼市、鄂市对投资项目的选择上值得我们学习和借鉴。

1. 鄂尔多斯市突出抓大。2006 年以来，鄂市有几个特大项目成为亮点，如投资过百亿元、世界首条煤直接液化制油生产线，已经进入设备安装和部分调试阶段。

达电四期 2×60 万千瓦机组的 2#机组进入最后调试阶段。

亿利 40 万吨 PVC 级纯碱、水泥综合项目主体工程竣工，进入后期安装。

投资 28 亿元的国内第一条煤间接液化生产线的土建工程全面展开，主要设备完成招投标。

28 万吨天然气制甲醇及天然气调峰电厂相继投产后，又一个年产百万吨甲醇项目首期 40 万吨生产线即将试车生产。

目前世界最大的年产 300 万吨甲醇项目，完成选址，即将开工建设。

相比之下，包头市这样的特大立市项目不能说没有，而在于“少”，在于有而不“实”。包头市在抓项目上应该“大”处着眼，“大”处入手，在战略上追踪世界 500 强企业，引进特大立市项目，并打开局面。

2. 呼和浩特市突出抓高科技、非资源依赖型产业。为改变工业体系的“小而弱”状况，呼和浩特市将原有高污染、高耗能、低技术含量的工业企业淘汰出局，取而代之是投资于高科技、无污染、非资源依赖为特征的新型工业项目。投资和建设项目主要侧重于乳业、电力、生物制药和电子信息、机械制造、新型材料等非资源型先进制造业。紧紧围绕优势特色产业，重点扶持中小型企业向配套型、加工型、服务型、科技型发展，构建大中小企业协调共存发展的项目建设格局。

呼市在继续抓好伊利、蒙牛、大唐托电、TCL、创维、石药、蒙昆卷烟、长春一汽、上海电气等重点项目建设的基础上，又进一步加大招商和引资力度，引进富士康电子产业、南京大陆集团多晶硅、法国达索电动汽车、瑞典利乐包装、重庆力帆汽车等一批科技含量高、影响力大的项目。同时，第三产业的投资和项目建设也取得骄人的成绩。如：为了加快现代物流业的发展，进行呼市东站、白塔机场、公路铁路物流、金山铁通等重点物流基地建设；加快发展文体传媒和会展业，大力推进内蒙古博物馆、会展中心、乌兰恰特大剧院、传媒大厦、体育馆、体育场等项目建设。

由于环境容量和资源的制约，包头传统的重化工业发展空间已经到了非常狭窄的地步，呼市的项目选择和项目建设倒是给了我们一个很好的启示。

3. 呼鄂二市对包头的启示。从“九五”时期以来到现在，呼鄂二市的领导班子都能抓住项目建设不放松，攻坚基础工作。主要领导有变动，项目无断层。包头的项目建设，也应加大对攻坚基础工作的鼓励力度。比如，通过包装项目，通过包头地区的功能区的划分，开拓性地做好建设用地、基础设施建设，以软实力吸引大项目入驻。以工业园区生态产业链和企业的循环经济的产品链为基准，引进前期项目建设，为后来者上项目奠定基础。这样的前期基础项目建设应视为头功，给予重奖。这样就会引导人们把注意力集中在打基础上，有利于项目建设的可持续发展。

五、县域经济

根据对全国1635个县（旗）、374个县级市、61个财政收支和市政建设相对独立且能提供完整的社会经济统计资料市辖区的统计，从竞争力动态、竞争力等级、居民收入水平、科学发展环境等方面进行测算，进入第七届全国县域经济基本竞争力百强县（以下简称“全国百强县”）的是鄂尔多斯的准格尔旗、伊金霍洛旗，而包头、呼市各旗县均与之无缘。进入第七届西部地区县域经济基本竞争力百强县是：鄂尔多斯市有5个，分别是准格尔旗、伊金霍洛旗、鄂托克旗、达拉特旗、乌审旗；呼和浩特市有3个，分别是托克托县、和林格尔县、土左旗；包头市有2个，分别是达茂旗、土右旗。

从县域经济GDP分析，包头市县域GDP总量为213.6亿元，占全市GDP的25.2%；呼市县域GDP总量为323.5亿元，占全市GDP的43.5%；鄂市县域GDP总量为557.2亿元，占全市GDP的93.7%。在三市县域经济总量横向比较中，包头市县域 GDP 总量仅是呼市的 66.0% 和鄂市的 38.2%。从地方财政收入看，包头市县域地方财政收入 18.69 亿元，是全市地方财政收入的 30.5%；呼市县域地方财政收入 19.21 亿元，是全市地方财政收入的 38.9%；鄂市县域地方财政收入 44.59 亿元，是全市地方财政收入的 96.7%。三市横向比较，包头市县域地方财政收入仅是呼市的 97.3% 和鄂市的 41.9%。

启示与建议：

如果说，产业结构不合理是包头市经济发展的一大制约因素，那么，与呼市、鄂市相比，包头县域经济的弱小又是制约包头市经济快速可持续发展的一大瓶颈。包头市增强经济实力在于产业结构调整，在于县域经济很快地壮大。必须坚定不移地推进三次产业结构和产业内部结构调整，坚定不移地推进县域经济的崛起，并把两者结合起来考虑。从现在开始，集中五年时间，倾注全力实施“产业结构调整暨县域工业振兴战略”，培育工业大县，打造经济强市。

实施“产业调整与县域工业振兴战略”，首先要配置好旗、县、区领导班子。一是选用市内熟悉工业经济和项目的人才，聘请国内确有真才实学的专家学者，市旗县区结合，汇聚智力，制定相关规划。二是设立县域工业振兴基金，专项用于县域工业项目配套。三是明确各旗县党政一把手任期与县域工业五年振兴规划相结合，无特殊情况中途不得换帅。四是制定优厚的奖励政策，对县域工业项目建设中有特殊贡献的人员给予重奖。

实施“产业调整与县域工业振兴战略”，关键是制定兼具创新性和操作性的政策措施，引导和鼓励各类资本向县域工业园区集中。对民营资本从其他产业转型投入县域工业及现有民营工业大户，对房地产开发商转型投入县域工业项目，对市区向县域转移的重化工业企业，应给予特殊的政策扶持。市级招商引进的项目，优先考虑摆放到县域，尤其是山北地区的旗县。

实施“产业调整与县域工业振兴战略”，还必须切实解决好招商引资中的现实问题。做到不拘一格，选贤任能，组织强有力的专业招商和项目建设队伍。给予招商和项目建设专业人员以相应级别和待遇，必要时可代行市长或县（旗）长助理职责，尤其要重视从企业经理人中选聘招商代理。对重大项目废除繁杂的程序、手续，实行专业人员代理制。旗县市批，由县级专业人员具体办理，包头市、自治区及以上部门，由市县专业人员协调办理，投资者不参与繁杂的办手续过程，只要结果。

六、对外开放和园区建设

据2006年统计，呼包鄂三市的开放指标都处于同一水平，扩大对外开放、加强园区建设已成为三市的共识。但就其对外开放的程度、园区建设的重点，三市各有取舍、各具特点。尤其呼鄂二市县域开放力度大，园区建设上规模，有力地带动了县域经济的发展壮大。

启示与建议：

呼市、鄂市搞园区建设，有两个做法值得学习。

1. 根据资源禀赋建设工业园区。鄂市以高起点、高节能环保、高科技含量、高效益、高产业链、高附加值等“六高”为标志，以集群化、基地化、园区化为新型工业集中发展模式建立了蒙西、棋盘井、树林召、大路等八大工业园，这些工业园分布在鄂市各旗县，园内摆布着上百个投资过亿及超百亿元的大项目，有力地带动县域经济的发展，提升了工业化水平，奠定了旗县的工业基础。如：伊金霍洛旗乌兰木伦工业园，投资过百亿元，正在建设世界首条煤直接液化制油生产线；达拉特旗树林召镇高新技术工业园内有达电四期2×60万千瓦机组，亿利40万吨PVC及碱、水泥综合项目；在准格尔旗，由印尼三林集团建设的大路和新区初具规模，有投资28亿元的国内第一条煤间接液化生产线；在乌审旗化工生态工业园建设以天然气化工为龙头，以煤、盐、碱化工为补充的循环经济产业链，总投资30多亿元，重点打造西部地区500万吨级能源化工基地。同时鄂市结合生态恢复、人文和自然景观，建设高档次休闲旅游园，如：恩格贝旅游区、世珍园旅游区、草原旅游区、成吉思汗陵旅游区、响沙湾旅游区等。

包头市形成规模的园区主要集中在市四区，其缺陷正在不断显现，主要是发展空间小，环境污染大。如果分散摆布，尤其向山北地区的旗县区去布局，就能形成可持续发展，并改变山北旗县区贫穷落后的面貌。

2. 主体多元，富于创意。园区建设是一项充满创意的事业。呼市的和林格尔县是国家级贫困县，但因有盛乐经济园区的发展壮大，一跃成为西部地区百强县。盛乐经济园区1999年开始筹建，和林格尔县通过“引凤筑巢”的方式拉开盛乐经济园区建设的序幕，修路、架电、铺管道，县政府充分利用市场机制，把能推向市场的建设项目全部推向市场，实行“谁投资、谁经营、谁受益”的原则，吸引许多建筑商来投资建设。这样既能解决了财政不足的问题，又完善了园区的基础设施，为第二、第三产业的发展打造了良好的平台。经过七年建设，盛乐经济园区从一个县级工业园区升为自治区开发区、全国乡镇企业科技园区。2006年经国家发改委批准，又成为国家级经济开发区。内蒙古王牌企业蒙牛乳业集团和内蒙古师范大学（新校区）入驻经济园区，形成“工业园区+高等院校”的发展模式，促进了盛乐园区经济更好更快地发展。经济园区的众多企业可以为大学生实践提供场所，同时，近两万名师生是一个庞大的消费群体，对园区的消费收入有较大的贡献。

包头的园区建设也应该少约束，多创意，先无拘无束畅想，后有模有样包装，再循规蹈矩完善，切不可把这个顺序倒置。如：根据包头市发达的高等职业教育基础和三所高校的现实存在，可以建设西部地区高等职工教育大学城，吸引内蒙古、全国著名高校来大学城办分校；也可以搞延长重化工业产业链，发展轻工业的民营园；根据包头农副产品特点，建设副食品生产基地园区；以体育活动和会展业为主体的文体会展园区。

七、专业市场建设

2006年，呼包鄂三市市场投资额大致相同，而市场成交量呼市第一、鄂市第二、包头第三，分别为255.1亿元、237.7亿元、199.6亿元。呼市的大型超大型专业市场建设引人注目，亿元以上专业市场已达十几家。如：北方中西药品及药材批发交易物流中心、恩必达汽车经济贸易园区（西北最大汽车城）、内蒙古润宇装饰城、元和建材商城、东瓦窑农副产品批发交易市场、内蒙古民族商场等专业批发市场，都是辐射面积广、影响力强的产销集散中心。呼市的产业呈“三、二、一”结构和社会消费品零售总额超过包头市，与专业市场的建设有极大的关联度。

启示与建议：

市场的发育特别是专业批发市场的兴起，在区域发展中居核心地位，对产业振兴具有基础性意义。专业市场建设的重要性绝不亚于开发园区建设，至少要以同等的重视程度、同样的工作力度加以推动。包头市是连接环渤海经济带和西北地区的战略要地，是自治区战略布局中腹地开发的关键地区。明清以来，包头市是我国北方地区皮毛、粮食、药材集散地，是重要的商贸中心，它的商贸活动覆盖西北地区和北方大漠以北（今乌兰巴托）。这是专业批发市场发育成长的绝佳之地。应因势利导，顺势而上，高站位构思，高起点谋划，着力推进专业批发市场的大跨越。依托钢材（包括不锈钢材）市场，依托北方奔驰汽车、阿特拉斯工程机械等装备制造，依托稀土产业中下游产品，依托铝制成品，依托铁路枢纽及满都拉口岸物流市场，依托皮毛绒纺产业，依托蔬菜、瓜果生产基地，依托白酒、啤酒酿造的相关市场等，都应在专业市场建设规划考虑之列。

八、城市化发展与城市品牌打造

在中国城市论坛2007年北京峰会发布的《中国城市品牌价值报告NO.1》中，呼市以品牌价值总指数6.155名列全国287个地级及以上城市第22位，包头市以品牌价值总指数4.610名列第38位，鄂市以4.221名列第40位。品牌价值总指数排序包头市比呼市落后16位，与鄂市处于粘连状态。

在评估指标的5个子系统中，包头宜居指数1.287，全国排名第22位，全区排名第1位，高于呼市和鄂市；包头宜业指数2.172，全国排名第15位，全区排名第1位，高于呼市和鄂市；包头宜学指数0.072，全国排名第109位，全区排位倒数第3，远低于呼市与鄂市；包头宜商指数1.053，全国排名第43位，全区排名第2位，包头宜商指数低于呼市，高于鄂市；包头宜游指数0.026，全国排名第151位，全区排名第4位，包头宜游指数低于呼市，高于鄂市。

启示与建议：

应该说，包头市在城市化建设和打造成城市品牌工作中，市委市政府把此项工作摆在十分重要的位置上，无论是在城市建设规划上，还是具体实施过程中，都倾注了心血，在全市人民的共同参与下，取得了骄人的成绩，曾先后获得“联合国人居奖”、“全国卫生先进城市”、“全国文明城市”、“国家森林城市”等荣誉称号。但我们也不能不看到呼市、鄂市在经营城市、打造城市品牌中有很多独到之处，值得我们学习和借鉴。

1. 科学发展是硬道理。在经营城市中，包头某些经济指标虽然超过呼市、鄂市，但优势不是很大，呼市和鄂市大有赶超包头的信心和实力。值得我们十分警惕的是，包头一些重要经济指标增速减缓，总体上低于鄂尔多斯、部分低于呼市，全区第一工业大市和经济大市的地位受到强烈冲击。呼市较为合理的三次产业结构和鄂市得天独厚的煤炭资源，让人眼红的大项目落地已经让我们看到包头经济社会发展的紧迫性。只有全面协调可持续发展，包头才能不落伍。

2. 舍得在教育上投入。在宜学指数对比上，呼市1.539、包头0.072、鄂市0.560，包头市低于呼市1.467，低于鄂市0.488。这里不是说包头市教育不行，而是教育的投入占GDP的比重远远低于呼、鄂两市，受教育的氛围不如呼鄂两市。包头有雄厚的师资力量、有较好的教学设施，理应把教育搞得更好。要切实把教育作为科教兴市战略的基础性工程来抓。要使包头市的普通教育进入中西部地区一流行列，要把包头市的中高等职业教育办成中西部地区乃至全国重要基地。

3. 提升第三产业在三次产业中的比重。在宜商指数中，呼市为1.531，包头为1.053，包头比呼市低0.478。在“十五”期间的2001~2004年，包头市的社会消费品零售总额大大高于呼市，而到2005年后情况发生变化，呼市反超包头市，2005年超过包头14.8亿元，2006年超过包头11.7亿元。呼市第三产业，尤其是商贸经济的大手笔、大动作是值得我们很好地参考。呼市组建大商贸集团、建大商场、抓大市场的气魄令人敬佩。这些工作不是包头没有做，而是我们商贸经济的规模小，对周边地区的辐射能力弱。既然清朝时，晋商在包头创立了覆盖西北地区的商贸集散地，那我们为什么不能重振其雄风，把包头建成中西部地区的商贸物流中心？包头商贸既有历史的渊源，又有现实的基础。关键是需要把以商贸为主的第三产业至少放在发展第二产业同等地位上。

4. 办大旅游，使其成为城市现代化的战略组成部分。“宜游”是指适宜旅游。促进包头市旅游业发展是加快实现城市现代化的战略组成部分，一个城市是否“宜游”是影响城市品牌价值的关键因素。在宜游方面，呼市要比包头做得好，鄂市宜游也有其独特的方面。在旅游资源上，我们挖掘的不深；在接待能力上，我们还不是很强；在特色产品上，我们还不是很优。包头市厚重的人文自然景观应该是我们做大做强旅游产业的基础和起点，关键是怎么做的问题。

九、结论

“一五”期间，国家156项重点建设项目有6项落户包头，奠定了包头工业化的基础，全国人民翘首企盼包头成为现代化的工业城市。改革开放伊始，邓小平从世界经济发展格局高度考虑，说出了让国人振奋的话语“中东有石油，中国有稀土”，对包头市寄予厚望。20世纪末，江泽民同志提出“把包头建设成为中西部地区经济强市”。历史给我们以厚重，自然给我们以眷顾，现实给我们以压力，未来给我们以希望。为了使包头强盛起来，多少前辈曾在这片热土呕心沥血，也许有难以言传的遗憾，更多的则是成功的收获。包头的经济社会发展，无论这个接力棒握在谁的手中，都是一个重托、一种幸运、一份责任。而完成这一历史重任，离不开所要遵循的宗旨，即胡锦涛总书记在党的十七大报告中所强调的：“科学发展观，第一要义是发展，核心是以人为本，基本要求是全面协调可持续，根本方法是统筹兼顾。”

加快发展包头市现代物流产业初探

（2008 年 4 月 3 日）

王德山　王琳娜[①]

当前，包头市总体定位属于工业化的后期阶段，即由全面小康社会迈进基本现代化阶段，再由基本现代化阶段向现代化阶段迈进。在这一阶段，优势特色产业发展很快，商品流和资源流迅速流入包头市，大量的生产要素和产品需要大范围的调配运输，企业物流需求持续增加。发展物流产业尤其是现代物流产业逐步成为促进包头市经济发展的重要产业。但是，作为新兴的服务产业，现代物流在包头市基本上还处于初级阶段，普遍存在着规模小、水平低、服务项目有限、经营粗放、社会化程度低等突出问题。本文通过对包头市物流产业现状的分析，对如何加快发展物流产业进行初步的探索。

一、包头市物流产业的现状分析

（一）物流市场总量分析

2007 年，包头地区生产总值完成 1275.1 亿元，同比增长 20.0%。

① 王琳娜：（1978 年～　　），女，汉族，北京人，包头服务管理学校昆区分校讲师。研究方向：现代服务业。

进出口总额完成184120万美元，同比增长51.8%。工业主要产品产量居内蒙古自治区上游水平，其中，生铁产量1032.82万吨，同比增长19.5%；粗钢产量919.44万吨，同比增长15.0%；成品钢材产量862.25万吨，同比增长14.5%；铝产量66.69万吨，同比增长34.7%；重型汽车产量15837辆，同比增长46.7%；发电量242.52亿千瓦时，同比增长49.0%；液体乳产量35.26万吨，同比增长-13.2%；原煤产量180.08万吨，同比增长-68.1%；焦炭产量422.32万吨，同比增长13.9%；水泥产242.90万吨，同比增长36.8%；农用化肥产量25525吨，同比增长-7.1%；铜产量13439吨，同比增长-43.3%；白酒产量8878千升，同比增长5.9%；啤酒产量200112千升，同比增长18.5%；成品糖产量3.38万吨，同比增长-8.8%；产品产量的大幅度增长促使货物周转量和货物进出量大幅度增加。

目前，包头市区以大中小型综合超市、连锁店、百货店、专卖店为代表的新兴零售商业呈蓬勃发展态势，商品购进量大幅增加。2007年，包头市社会消费品零售总额达416.86亿元，同比增长19.3%。其中批发零售贸易额325.61亿元，同比增长18.5%。

形成了铁路、公路、民航为主的主体物流网络。2007年包头各种运输方式完成货运量28323.1万吨，较上年增长19.9%。其中，铁路运输货运量7235万吨，同比增长18.8%；民航运输货运量1160吨，同比增长84.7%；公路运输货运量21088万吨，同比增长20.2%。包头市物流市场总量快速增加将会促进现代物流业的培育和发展。

（二）物流企业结构分析

包头市现有的物流企业主要分为三种类型：

第一类：大型国有工业企业自办物流企业。主要是中央、内蒙古自治区驻包大型国有企业自办的物流企业。这些大型国有工业企业仍然受“大而全”的观念影响，担心失去对采购和销售的控制权，又怕额外利润被别的企业“瓜分”，都自建物流企业，不愿寻求第三方物流。

第二类：传统物流企业。主要指只能提供简单的运输和仓储服务的物流企业。如包头市呱呱叫粮食物流中心、东宝煤炭物流园区、邮政中心局物流中心等，也包括小型配送（货）企业和个体零担托运企业。

这些物流企业仍然停留在传统物流经营阶段，规模小、水平低、服务项目有限，只能提供单项经营，而不能像第三方现代物流企业那样提供网络设计和货物购、运、储存、管、加工和配送全过程服务，物流系统化、标准化、专业化、现代化远未形成。

第三类：新兴的“第三方”物流企业。具有初步第三方物流基本特征的物流企业主要是北方物流园区，其主要功能是为国美、苏宁电器零售企业提供仓储、配送业务。真正意义上的、具有第三方物流的现代物流企业是拟建的神化物流港项目。此项目分两期建设：一期从2008年6月到2009年12月，投资6亿元，以散杂货、化工品、原材料、大型设备及零部件、社会商品物流为主，开展加工、仓储、中转、配送等物流业务；二期建设时间从2010年1月至2011年12月，投资14亿元，在扩大一期服务能力的基础上，增加危化品仓储区。项目建成后，对于尽快构建包头现代物流体系，调整第三产业内部结构，改善投资环境具有示范性的重要意义，将进一步提升城市功能，推动地区经济走向国际化和市场化。

（三）现有物流条件分析

1. 装备水平差，物流作业水平低。占物流业主体的中小型企业在服务质量上无法满足现代物流服务的需求。主要表现在没有较大规模的物流作业区，仓储设施简陋，大多为普通平房仓库，装卸搬运基本是人工操作或使用简单工具，拥有的运输车辆基本是普通车辆。

2. 系统功能不强，信息化程度不高。仓储功能与运输功能缺少协调，长途运输与短途运输缺乏有机衔接。各种运输方式配合不力，造成迂回运输、重复作业、空载行驶的状况比比皆是。同时，物流企业和客户合作之间、物流企业与物流企业之间信息互通不够，合作不密切，致使物流资源不能共享，未能形成相互依赖、共同发展的伙伴关系，甚至出现货源不足，传统仓储业、运输业能力过剩。

3. 功能不齐全，物流效益低。包头市大多数物流企业只能提供单项或分段的物流服务，服务功能主要停留在储存、运输上，相关的配送、包装、加工等增值服务不多，没有实现从原材料供给到商品销售整个供应链的全程服务，尚未形成真正意义上的物流服务。在工农业、商贸业不断发展的过程中存在着物流产业发展与经济发展不同步、不对接的问题，不能适应大市场、大流通的需要。

4. 经营管理粗放，组织化程度低。随着现代物流业的兴起，包头市原有的一些储运或运输企业也翻牌变为所谓“物流”企业，但实际运行中，普遍存在着经营管理粗放，组织化、社会化程度低，融资能力弱，没有物流网络支撑等一系列问题，形成各自为政、资源浪费、设施设备利用率低，还未达到规模化、社会化、专业化经营。

二、发展包头市现代物流产业的必要性与现实意义

（一）从宏观层面看

随着经济全球化和信息技术的迅速发展，企业生产资料的获取与产品营销范围日趋扩大，社会生产、物流流通、商品交易及其管理方式正在并将继续发生深刻的变革。与此相适应，被普遍认为企业在降低物质消耗、提高劳动生产率以外的“第三利润源”的现代物流业正在世界范围内广泛兴起。

2004 年，经国务院批准，国家发改委会同有关部委联合印发了《关于加快我国现代物流发展的若干意见》。2006 年十届全国人大四次会议通过的“十一五”规划中，用一个章节专门阐述了大力发展现代物流业，这是前所未有的。

从内蒙古自治区情况看，2004 年，自治区结合区情制定了《内蒙古自治区加快发展第三产业的若干政策的规定》，明确在税费政策和价格、土地政策等方面给予商贸流通企业、物流园区、物流配送中心、第三方物流企业各项鼓励、优惠政策。并确定将物流产业作为第三产业发展的一个重要组成部分。2007 年《内蒙古自治区 2007 ~ 2010 年现代物流业发展规划》出台，为全区发展物流业进一步指明了方向。按照该规划，到 2010 年，全区物流业增加值增长速度要高于生产总值增长速度，全社会物流总成本占 GDP 的比重每年降低 1 个百分点。到“十一五”期末，全区“两区一带”的物流业发展总体格局基本形成，物流

枢纽城市和骨干城市功能完备，物流运输网络便捷高效，物流技术和信息化程度达到全国平均水平，第三方物流比重明显提高，基本建成与经济发展相适应的现代物流体系。包头市是自治区和西部地区经济中心城市，也是内蒙古西部物流区域重要枢纽城市之一，无论是包头市自身经济发展需求，还是承担西部地区物流通道的重任，都亟待需要我们加快发展物流业，尤其是现代物流产业。

（二）从微观层面看

包头市十三届人大一次会议政府工作报告中明确提出：坚持市场化、产业化和社会化方向，调整优化服务业结构，努力建设与经济社会发展水平相协调、与先进制造业相配套、与城市化进程相促进、与人民群众需求相适应的第三产业发展体系。大力发展物流业，整合物流资源，完善物流园区的信息服务、仓储配送、联运和展示交易功能，加快传统物流业向现代物流业的转变。积极支持各旗县区依托自身优势，重点建设专业物流园区。开工建设神华物流中心，引进嘉里大通物流，推进煤炭、粮食、蔬菜、生产生活用品等特色物流园区建设。因此，加快发展现代物流业是包头市经济社会发展的需要。

1. 经济快速发展的需要。经过多年来的能量蓄积，包头市经济发展在“十一五”时期开始进入新一轮快速增长周期，经济发展速度明显加快。2007 年全市生产总值增长 20.0%，绝对值达到 1275.06 亿元，经济总量居自治区各盟市之首。产业效益进一步显现，2007 年，以钢铁、铝业、装备制造、电力、稀土等为代表的优势特色产业实现增加值 418 亿元，占全市规模以上工业增加值的 84%，拉动全市规模以上工业经济增长 26 个百分点。第三产业增加值完成 574.58 亿元，增长 20.9%，占地区生产总值 45.1%。第一产业增加值完成 43.01 亿元，增长 4.2%。包头经济要快速、健康、可持续发展就必须大力发展物流业，尤其是现代物流业，物流业是经济良性循环发展的前提和基础。

2. 企业节约成本的需要。物流业可以使生产企业实现资源的优化配置，将有限的人力、财力集中到核心经营业务上来，增强企业的核心竞争力，从而使企业扩大市场占有率和增强市场的控制力，大幅度降低企业经营成本，增强盈利能力，提高企业的利润率。同时，物流业可以节省费用，减少资本积压。企业通过专业的第三方物流提供各环节的物流服务，可以实现费用节省并使企业能从分离费结构中获得更大的利益。

3. 市场经济的需要。物流业的发展首先要求的是信息化。信息化是现代物流产业的一个典型特征，通过信息网络的建设，可以加快物流的速度；其次是双流的要求。特别是原材料和产品销售两头在外的企业，运输成本占总费用的15% ~20%。如果按照社会化专业分工协作的要求。将其原材料采购、运输、仓储和产品加工、整理、配送等物流服务业务有效地整合，避免空载行驶的现象，就会大幅度降低运输成本；其次是时间的要求。物流是产品的形成过程和转移，是价值的增值过程，流速越快，意味着产品的流转周期越短，资金周转越快。海尔集团张瑞敏曾讲过："物流就是以时间消失空间"。其含义是指通过物流加速可以减少仓库，减少库存量。戴尔公司通过"库存加速"，比竞争对手取得了5%的成本优势。也就是说，要提高效益，就要尽可能地使物流的每一个环节消除停顿，物畅其流。

三、发展包头市物流产业的对策建议

（一）尽快制定现代物流业发展专项规划

依据中央《关于加快我国现代物流发展的若干意见》和《内蒙古自治区2007~2010年现代物流业发展规划》，借鉴发达国家和国内现代物流先进城市的经验，立足于包头市的区位优势和现实基础条件，把物流作为一个重要（产业）项目来抓，制定具体的指导思想、总体目标、进度步骤，并有效地组织实施，使物流行业各个部门协调发展。在城市总体规划的基础上，力争在2008年底前完成本市物流业专项发展规划的制定工作，并进一步加强城市建设和管理，完善拟建物流园区的基础设施，尽快形成市级物流规划、区旗县物流规划以及企业自有物流规划的相互衔接的现代物流业发展规划体系。规划工作要充分考虑空间布局合理、物资集散通道、各种运输方式衔接及物流功能设施的混合配套。

（二）整合现有物流资源

从包头市物流业的现状可以看出，现有的物流企业大多数规模较小、服务单一，甚至有些仅仅是挂着物流公司的名义，实质上只是一些仓储公司、零担托运点、汽车运输队，根本不具备第三方物流企业所具有的服务能力。这些物流企业，资源都是极其有限的，但也具有特定的优势。如果这些优势分散且互相竞争，不但导致物流资源的浪费，而且严重影响物流业的发展。政府管理部门应有统筹发展物流业的思想，为现有物流资源的整合挖潜创造条件。在政策上要打破业务范围、行业、地域、所有制等方面限制，为跨行业、跨部门、跨地区物流参与物流业的整合和综合利用创造体制环境和条件，整合好现有的物流企业。一是充分利用好原国有企业的库房、厂房，盘活闲置资产作为企业的仓储库；二是引导国有大中型企业的自办物流企业重新组合，使其社会化，发展第三方物流企业；三是鼓励支持自发组成的物流公司及新兴的“第三方零担托运点之间结成联盟进行物流资源整合，吸引外来投资者开发物流项目。

（三）加快建设物流配送基地与园区

物流基地（园区）具有较强的公益性和效率性。市政府管理部门应加强和重视物流基地（园区）的建设和管理，要充分发挥市场机制的作用，采取多种途径筹集资金，鼓励、引导多元化市场主体投资物流基地。要兼顾包头市经济社会发展近期需要与长远发展，注重硬件建设与软件管理相结合。积极支持各旗县区依托自身优势，重点建设专业物流园区。在全力支持神华物流港建设的同时，引进嘉里大通物流，推进煤炭、粮食、蔬菜、生产生活用品等特色物流园区建设，形成大中小现代物流企业互为补充，相互作用的现代物流产业集群格局。

（四）加强物流信息化建设和标准化建设

信息网络技术是构成现代物流体系的重要组成部分，也是提高物流服务效率的重要技术保障。在加强物流信息化建设方面，鼓励物流企业运用信息技术改进物流管理和运营手段。物流企业应积极利用 EDI、互联网等技术，通过网络平台和信息技术将企业经营网点连接起来，既可以优化企业内部资源配置，又可以通过网络与用户、制造商、供应商及相关单位联结，实现资源共享、信息共用，对物流各环节进行实时跟踪、有效控制与全过程管理。

物流企业应使用先进适用性技术，广泛采用标准化、系列化、规范化的运输、仓储、装卸、搬运、包装机具设施及条形码技术。以便实现与国内外现代物流业在物流技术和服务标准的对接。

（五）培育现代物流人才

高素质人才是现代物流发展的关键因素。针对包头市目前物流专业人才匮乏、管理水平较低的突出问题，应加速物流业人力资源的开发与培养。首先，要大力提倡产学研相结合，建立现代物流的研究、开发与教育的新型机制，物流企业要与研究咨询机构、大中专院校进行资本与技术的融合，发挥各自特长优势，形成利益共同体，实现物流产学研紧密结合，相互促进。物流研究咨询机构、大中专院校和社会团体组织，应面向市场和企业的实际需求，切实做好咨询、研究、培训、服务等项工作。其次，要积极培养现代物流人才，包括多种方式的培训，引进国外优秀物流人才等。同时，要尽快实现物流从业人员的职业化，包括专业培训和执业资格认证制度等措施，建立起人才激励机制，培养造就一批熟悉物流业务、具有跨学科综合能力的物流管理人才和专业技术人才。

包头旅游业的发展现状及建议

（2008 年 5 月 8 日）

王德山

旅游业是现代服务业的重要组成部分，享有“朝阳产业”的美称。随着市场经济的发展和人民收入水平的进一步提高，人民对旅游消费需求将进一步上升，国内旅游业在国民经济中的地位和作用越来越重要。繁荣的旅游业，既反映了一个国家和地区社会进步，精神文明的程度，也显示出经济实力的强盛。包头市是一座典型的重化工业化城市，由于国家产业政策的限制和环境容量的制约，粗放型的经济增长已无可能，需要进行经济结构调整，转变经济发展方式。而大力发展旅游业则是调整经济结构，转变经济发展方式的重要手段。因此，研究和探讨包头市旅游业的发展现状及对策，具有十分重要的意义。

一、包头市发展旅游业的优势

包头市辖九个区旗县和一个国家级稀土高新技术产业开发区。总面积 27768 平方公里，由北向南呈现丘陵草原、山地、平原状的地貌特征。2007 年末常住人口为 249.63 万人，居住着蒙、汉、回、满、达斡尔、鄂伦春等 43 个民族。包头市有着悠久文明历史。6000 多年前的新石器时期以来，包头就是欧亚大陆草原文明和黄河流域农业文明的交汇地，有众多的原始文明遗址、文明古迹。包头市是国务院首批确定的十三个较大城市之一，是内蒙古自治区最大的工业城市和唯一的“中国优秀旅游城市”，是国家重要的工业基地。同时，也是“全国首批文明城市”和“国家森林城市”之一。包头市发展旅游业具有以下几个优势：

1. 旅游资源数量丰富，类型齐全。包头市名胜古迹遍布，城市景观亮丽。中华民族的母亲河——黄河流经市区；有建成于清代乾隆十四年（1749 年）的五当召，是中国藏传佛教四大名寺之一；美岱召城寺为明朝土默特蒙古族首领阿拉坦汗于公元 1575 年修建的一处兼有城堡、寺院、官邸、私宅功能的藏汉结合式古建筑群；希拉穆仁草原风景区，是国家旅游局确认的国线景点之一；包头境内保留最完整的建于公元前 300 多年的战国赵长城是中国最古老的长城，还有始皇帝（秦王政）三十三年（公元前 214 年）蒙恬率兵筑建的秦长城；阴山岩画昭示着北方民族久远的历史；市内的成吉思汗草原生态园、南海子湿地自然保护区、梅力更生态旅游区、昭君岛旅游区既有塞外草原浑厚、粗犷的特点，又有江南水乡的妩媚灵气。据不完全统计，包头有名胜十八处，古迹十七处，召庙十余处；还有十几个各具特色的公园和近四十个景观广场；以包头为旅游集散地，还可以前往鄂尔多斯和巴彦淖尔市的成吉思汗陵和行宫、响沙湾、恩格贝、阿贵庙、乌梁素海等著名的旅游风景区游览。包头旅游集自然风光绿色游、名胜古迹文化游、城市景观游、红色历史游为一体，具有发展旅游业丰富的旅游资源。

2. 具有较好的交通区位优势。包头市位于内蒙古自治区中西部，南与鄂尔多斯市隔河相望，北与蒙古国东戈壁省接壤，东西侧是土默特平原和河套平原，分别与呼和浩特市和巴彦淖尔市相邻。包头市是连接中国华北、西北的重要交通枢纽，基本形成了铁路、公路、航空综合交通网络。其中贯通华北、西北地区的大动脉京包、包兰铁路、包西铁路在包交汇，东行可连北京，西行可到兰州，南行可达西安等地。拉丹高速公路和 110、210 国道穿越市区，27 条公路干线通向全国各地，形成了以丹东—北京—包头—银川—拉萨为东西轴线，连接内蒙古自治区和相邻省、市、自治区公路网络，密度超过全国平均水平。包头机场已达 4C 标准，可起降波音 737 大型飞机，基本上形成了覆盖华北、西北、华东、华中、华南等较为完善的支线航空运输网络。优越的地理位置，便利的交通条件为开发包头市旅游市场，大力发展包头市旅游业创造了极好的条件。

3. 旅游服务设施有了较大改善。“十五”以来，包头市在大力发展经济的基础上，城市建设有了显著的发展，旅游基础设施也得到改善，旅游业的接待能力提高很快。这期间，包头市政府重视包括旅游业在内的第三产业的发展。旅行社由 2001 年 20 家发展到 2007 年的 62 家，直接从事旅游业人员达 3 万人左右；星级饭店 26 家，其中五星级饭店 1 家，四星级饭店 4 家，三星级饭店 10 家。各类体育健身场馆、高尔夫球场、度假村、“农家乐”纷纷建成。基本能为游客提供舒适、优雅和丰富的旅游休闲生活。2007 年，全年实现旅游总收入 53. 0 亿元，同比增长 31. 6%，其中国内旅游收入 52. 5 亿元，同比增长 31. 9%；旅游创汇达 646. 7 万美元，同比增长 10. 9%。国内旅游人数 418. 5 万人次，同比增长 14. 5%；入境旅游人数 1. 6 万人次，同比增长 10. 7%。

二、旅游业发展中面临的问题

近年来，在包头市政府的重视下，在旅游主管单位和各旅游企业的共同努力下，包头旅游业有了一定的发展，但与国内其他城市旅游业相比仍然有较大的差距，还存在很多不足，主要表现在：

1. 旅游资源开发类型单一。在包头旅游资源开发过程中，主要是以观光型项目为主，缺乏参与型、娱乐型项目。事实证明，这种仅靠景点吸引游客的单一观光旅游模式不仅投入大、成本高，而且回收慢、效益低，越来越不适应现代旅游业发展的需要。

2. 旅游景区管理水平有待提高。旅游业作为第三产业的重要组成部分，服务至关重要。在旅游业已进入买方市场的情况下，旅游服务更是经营者立足市场的基础。包头一些景区在游客购买门票进入景点后基本上未提供任何服务。旅游业的发展需要一支具有现代管理素质、较高的经营能力和服务水平的高素质的旅游从业人员队伍。旅游的经营管理能力和服务水平也是产品，其质量的好坏，会直接影响吸引旅游者的数量，影响到旅游客源市场，影响到经济效益。包头旅游景点经营管理水平和服务质量较低，景点环境卫生差，还有旅游景点门票和餐饮费用较高，使游客心存顾虑，影响了客源数量。

3. 历史文化资源旅游宣传力度不够，研究不足。包头市在旅游产品的开发上处于初级发展阶段，研发能力比较落后，特色产品欠缺。主要源于历史文化资源研发人员短缺，对旅游资源的研究挖掘开发上还处在肤浅的层面上。随着人们生活水平的提高，国内旅游市场的快速发展，假日制度改革和带薪休假制度的实施，包头旅游市场由潜在市场向现实市场转变，与包头市相邻的京津唐、晋陕宁等地区的大中城市每年通过各种形式及渠道举行旅游线路发布会、旅游城市形象宣传等大动作旅游产品促销活动，而包头对于重点旅游项目宣传滞后，旅游产品宣传和整体促销力度不够，基本还停留在城市建设景观的宣传上。外界人士和游客很少知道包头地区的遗址遗迹类、古寺庙类、历史人物、民族风俗习惯、民间传说类等历史文化资源。导致包头市旅游景点知名度不高，难以形成旅游热点，经济效益、社会效益和环境效益无法达到有机的统一。

4. 旅游企业弱小、竞争力不强。与呼市相比，2007 年，呼市旅行社 141 家，包头市只有 62 家。其中，国际旅行社呼市有 17 家，包头市只有 1 家；国内旅行社呼市 124 家，包头市只有 61 家。呼市入境旅游人数 59031 人次。包头市 14800 人次；呼市旅游外汇收入 2781.79 万美元，包头 583.09 万美元。包头市除少数旅行社达到一定的规模实力外，绝大部分普遍存在小、散、弱现象，开发旅游产品和市场的能力低，难以形成规模经济和强大的竞争力。多数旅行社就是两个房间，几部电话，一台电脑，规模相对较小，与建设旅游城市的要求相距甚远。而且包头旅游企业由于受季节影响，夏季经营尚可，秋冬季只能惨淡经营。

5. 旅游纪念品品种单调、缺乏特色。旅游人们都想购买有地方特色的纪念品，或自己收藏或馈赠朋友。但包头市现有的旅游景点出售的旅游纪念品少，质量差，没有创意，缺乏具有包头特色的、有观赏性、易于存藏的特色纪念品。

三、对发展包头市旅游业的建议

针对包头市发展旅游业的优势条件和存在的主要问题，应该采取有力措施，突出重点，逐步推进，形成规模，促进包头市旅游业健康、持续、快速发展。

1. 科学制定旅游业发展规划。目前，包头市还没有出台旅游业发展规划，这非常不利于本市旅游业的发展，只能使旅游业处于无序、摸索阶段。因此，在调查研究的基础上，尽快制定包头市旅游业发展规划，做好旅游业统筹工作。在制定规划中，既要有旅游产业发展总体规划，也要有景区、景点的远期和近期规划。按照统一规划、合理布局、配套完善、管理科学、永续利用的原则，深度开发各类旅游资源。同时，要充分重视与包头市生态建设、绿化美化、功能区划分等有机衔接。坚持保护、开发、利用并重，实现经济效益、社会效益、生态效益的统一。其旅游产业发展目标应是：因地制宜，突出重点，提升本市旅游品牌，打造西部地区最大的旅游集散地。

2. 加强对旅游业的扶持力度。政府应将旅游产业作为包头市发展的支柱产业之一，从金融政策、财政政策、税收政策、土地政策、市场开发等政策上予以扶持。根据包头市目前旅游企业现状，应组建大型旅游企业集团，改变包头市旅游企业“散、弱、小”的局面。要大力培育跨部门、跨地区、多元化、市场化、网络化经营的旅游企业，提高包头市旅游企业的综合竞争力和核心竞争力。同时，要加大投入，进一步完善交通航空、宾馆饭店、文化娱乐、会展休闲等相应设施，以增加旅游客流量，提高包头市的知名度，树立起良好的品牌形象。

3. 开发特色专题旅游项目。从旅游市场的发展趋势来看，商务旅游、生态旅游、文化旅游、主题旅游、特色旅游前景广阔，潜力巨大。包头应根据本地具有的旅游资源和产品特色进行重新设计、规划和组合，形成包头特色的旅游产品。如：以历史遗址遗迹为基础，打造历史文化旅游基地；以古寺古庙为基础，打造宗教文化旅游基地。以近现代革命活动遗址为基础，打造红色旅游基地；以绿色草原和城中草原为基础，打造草原文化旅游基地；以城市景观为基础，打造现代城市旅游基地；以特大型企业为基础，打造工业旅游基地；以民族风格为基础，打造塞外民风旅游基地。

4. 加大旅游促销宣传的力度。旅游业是竞争的产业，旅游市场的竞争归根结底是争取客源宣传方面的竞争。因此，加强旅游宣传促销意识，树立良好的旅游形象十分必要。在具体做法上，既要参加全国旅游产品推介会议，对国内外旅游业和游客开展促销活动，也要在内蒙古、包头市召开的经贸文化节，如把草原文化节、那达慕大会、稀土产业洽谈会等全国性、自治区会议办成旅游促销节、招商引资节、商品交易节。同时，应进一步加大在旅游业对外促销上的投入，包括资金、人力、物力等，面向各个不同的消费阶层展开各具特色的宣传攻势，引导人们的生活方式，吸引新客源。利用游客的心理特点，在宣传方式上要借助各类展销会、交易会、洽谈会等载体，精心策划一些有特色又有轰动效应的宣传促销活动。积极争取承办一些国际、国内活动。充分利用各种媒体、互联网站、网页进行宣传，积极推进网上促销，提高促销的效率。同时，要加强横向联系，搞好区域合作，强化联手促销，特别要加强锡盟、乌市、呼市、鄂市、巴市、阿盟、银川、西安、延安等相邻城市的联系，实现客源互享。

5. 促进旅游业规范运作。政府应加大包头旅游行业的管理力度，保护合法经营，打击无证经营、超范围经营、采取不正当竞争手段等非法经营现象，切实保护旅游企业的合法权益。市政府和区旗县政府要制止一些部门向旅游企业征收不合理费用，减轻旅游企业负担，保证其正常经营活动不受干扰。市和区旗县两级旅游行业管理部门要切实执行政企分开，集中力量加强宏观行业管理。今天的旅游业已经进入专业化经营的时期，对旅游从业人员专业水平的要求也越来越高。旅游主管部门应加强对旅游从业人员的岗前和在岗培训，制订规范化的旅游企业用人制度和培训制度。深化旅游企业改革，建立现代旅游企业制度，积极推进旅游企业集团化、网络化建设。旅游企业的构成形式应多元化，旅游制度要创新，特别是在吸引国内外投资上要开创新局面，扩大对外开放。

6. 加强旅游商品开发。包头旅游商品资源还没有充分的挖掘，处于初始阶段，但潜力很大。在旅游商品开发上，应做到充分利用包头地区丰富的资源开发旅游商品，精巧包装，使本地旅游商品尽快上品位、上规模，形成特色优势；大力开发具有地方特色，对游客能产生吸引力又便于携带的工艺品和纪念品。如精心加工固阳的笨鸡、莜面、荞面，本地中草药炮制的各种药酒等。利用本地易于加工的各种材质原料，制作以秦长城、五当召、王昭君、花木兰以及鹿、马、羊、骆驼等景物、人物、动物为代表的小型工艺雕刻品。多方引进国内外特色旅游商品。设置固定的旅游商店和流动的销售摊点，促进旅游商品流通，带动旅游商品生产企业的发展，有效提高旅游商品的经营效益。

包头市的旅游业有着广阔的发展前景和巨大的开发潜力，这座具有丰富的自然景观、人文景观和一定文化底蕴的文明城市，是发展旅游产业的优势。大力发展包头的旅游业，包头必将以一个繁荣、富裕、文明的崭新风貌焕发出新的生机与活力。

当前农村土地流转现状与思考

（2009 年 1 月 1 日）

王德山

《中共中央关于推进农村改革发展若干重大问题的决定》（以下简称《决定》）指出："加强土地承包经营权流转管理和服务，建立健全土地承包经营权流转市场，按照依法自愿有偿原则，允许农民以转包、出租、互换、转让、股份合作等形式流转土地承包经营权，发展多种形式的适度规模经营。"包头是典型的重化工业城市，农业占国民经济的比重仅为 3.3%，但农业的基础地位始终不会改变，"三农"问题始终是全面建设小康社会的重点和难点所在。党的十七届三中全会关于发展农业《决定》的精神在神州大地如春雷翻滚，土地流转必将掀开中国农村土地制度改革的大幕，关于土地流转的话题也将提到很高的一个层面上来，土地流转也将在各地迅速地推开。本文就包头农村土地承包经营权流转现状进行分析并对加强此项工作提出对策建议。

一、土地流转的特点及成效

（一）农村土地流转的现状

早在家庭承包责任制初期，在农村土地承包经营权流转上，就出现了小范围农户之间为便于耕作而进行的小面积承包经营权互换、转包。随着农业和农村经济的不断发展，特别是20世纪90年代以来，农村劳动力大量向第二、第三产业转移，农村经济结构和社会结构发生了很大的变化，农业生产的经营模式也随之变化，农村土地流转逐渐呈现出面积大、规模化的趋势。

近年来，随着包头市农村劳动力的转移，农村土地流转逐年增多，包头市各旗县区开展了土地流转试点，探索土地规范流转新机制。在试点乡村建立了农村土地流转登记备案制度、合同管理制度、纠纷调处制度、动态监测制度等。这些制度的建立为规范农村土地流转，及时处理农村土地流转纠纷，掌握农村土地流转规模和类型起到了重要作用。目前包头市农村土地流转面积为439711.4亩，流转的类型主要为转包、出租、互换等。包头市农牧业部门按照自治区农牧业厅印发的《内蒙古自治区农村土地承包经营权流转合同》样本印刷了合同文书，下发到各乡（镇）村。各级农村经营管理站及时加强指导，帮助农民签订规范的农村土地流转合同，规范了承包方、发包方、受让方的行为，农村中存在的私下流转、口头流转土地的情况逐渐减少。

（二）农村土地流转的特点

1. 流转速度慢，规模较小。自1997年二轮土地承包以来，包头农村土地经营权流转量虽呈逐年递增之势，但所涉及的农户较少，农村大规模的土地流转还是比较少，所占的比例极低。如在达茂旗，成规模的流转土地1万亩左右，占全旗耕地总面积112.2083万亩的0.9%（不包括民间个人之间的口头协议流转）；土右旗1400户农户完成1.6539万亩土地经营权的流转，只占全旗耕地总面积154.3868万亩的1.07%（不包括民间个人之间的口头协议流转）。

2. 流转类型单一，比例不均。通过对调查情况分析可以看出，土地承包经营权流转，存在流转类型单一，绝大部分是农户与农户之间无合同对责任田的承包经营权自发进行有偿流转。在土地承包经营权流转工作中，土右旗主要以三种形式进行土地流转，一是有偿转包，约占流转面积的98.9%；二是出租，约占流转面积的0.79%；三是有偿转让，约占流转面积的0.31%。

3. 土地流转管理手段少，基层缺乏服务平台。包头农村土地流转工作只是在旗县、镇（乡）经管站的日常指导下进行。在旗县、乡（镇）两级都没有成立专门服务平台，开展土地流转工作。

4. 土地流转形势变化快，矛盾纠纷上升。税费改革前，一些村级组织和农户为了完成税费上缴任务，把土地无偿转包给别人。近年来，国家对“三农”工作实行了多予少取的政策，特别是取消农业税，实行各项农业补贴政策后，农民种粮的积极性高涨，加快了产业结构调整和土地流转步伐，土地产出效益明显提高，出现擅自变更协议，索回土地，引发土地矛盾和纠纷。

（三）农村土地流转的初步成效

1. 促进了农村劳动力转移，加快了城镇化进程。大力发展第二、第三产业，转移农村富余劳动力是解决“三农”问题的根本出路。在保证农民土地承包经营权的基础上，通过农村土地承包经营权流转的方式，既可以将农民从土地上解放出来，从事收益更高的工作，又维护了农民的土地承包权益，解除农民离土离乡的后顾之忧。

［案例 1］ 土右旗如今已有 1400 户农户完成了 1.6539 万亩土地承包经营权的流转。这些农民离土不离乡，就地从事第二、第三产业工作，非农年收入户均达到 3 万元。在该旗美岱召镇巧尔气村成信农牧业开发有限公司基地，农民把土地转包给合作社，除了每亩的 400 元租金外，加上粮食直补金和卖青秆（青秆归农民所有）的收入，每亩地的收益可达到 600 元。如果一家四口人有 10 亩地，全家人不用出一个工，一家人就在土地流转上的收益一年能达到 6000 元，应该说能维持基本的生活。不仅有这些固定的收入，并且农民还能到城镇里打工或经商挣钱。如果让农民自己去种这点地，不仅每亩的收入绝对达不到 600 元，而且还要贴上人工及化肥、种子、农药等费用，所以流转土地对农民绝对是上算的。

已经放下锄头在成信公司做管理的李照锁，家有 14 亩承包地，全部反包给了成信公司，不仅有租金，他还在公司当了管理人员，公司每月为他发 2500 元工资，他一下子由农民变成了现代农业企业的中层干部。

2. 促进了农民增收，提高了农业经营效益。通过土地流转农民可以获得相对较高和比较稳定的有偿转让收入。从调查的情况看，农民通过流转土地，一般每亩每年可以得到100～600元不等的租金收入，有的土地流转的收入高于自己种植传统农作物的收入。

［**案例2**］　红井滩是达茂旗实施“三个集中”战略后建起来的移民新村，有150户612人，有水浇地6700亩。当时，移民新村建成后，虽然村容村貌得到极大改善，但要想富得长久，富得稳定，就必须有可靠的产业基础，就必须用产业化的思维谋划提升传统农业，大力转变生产经营模式，提高土地的利用效率。基于这一思路，2005年，村委会决定改变一家一户小规模种植现状，搞集中连片的规模化种植，同年引进了自治区马铃薯龙头企业立凯公司，将4500亩耕地反租承包给立凯，全部种植高品质马铃薯，搞集约化生产。龙头公司进驻后，立即平整土地，打井上喷灌，实施规模化、专业化、机械化种植，农业的效益马上发挥出来，亩产马铃薯提高到2500公斤。把土地反租给龙头企业，农民可以每亩每年收500元租金；放下锄头，农民再给企业打工，农忙时每人每天还能挣七八十元，农闲时农民再到邻近铁矿打工，还有一部分可观的收入。

3. 促进了农业产业结构调整，推进了农业产业化。土地向种养殖大户、致富能手、农民专业合作社流转，提高土地产出率、资源利用率和农业劳动生产率、提高农业效益和竞争力是发展现代农业的必然要求。农民专业合作社法的正式实施，为广大农户成立组织联合起来共同参与市场竞争的提供了法律保障，加快了农业土地流转。土地的合理流转为专业合作社的发展提供了基础，促进了产业结构调整，推进农业产业化进程。

［**案例3**］　九原区土黑麻淖村土地贫瘠，农民耕作方式粗放，土地产出率低，土地撂荒现象日益严重。在上级政府的大力支持和正确引导下，土黑麻淖村按照“依法、自愿、有偿”的原则，积极采取各种措施进行农村土地承包经营权流转。首先以村集体的名义成立了农业公司和养殖公司，村委会将承包地农户姓名、流转地块、流转面积等情况进行详细登记，然后农民以土地入股的形式加入这两个公司。农业公司对流转土地进行集中管理和经营，管理和经营费用不再由农户另行负

担，为了保证农户利益，公司对入股农户实行保底分配，每年每亩土地100元，在年终经营有效益时，实施二次分红。2008年，农业公司成立后，投资170多万元购进了拖拉机、装载机、播种机、收割机等大型机械，在流转出的8000亩土地上种植了玉米、油葵、土豆、青储等农作物，并从农民手里租用了350栋大棚，栽种了葡萄，种植了秋菜。同以前相比大大节省了人力、车辆等物力方面的投入。现在，村里正在进行另外8000多亩土地的整理，到2009年全村流转的土地将增加到16000多亩，流转规模将进一步扩大。

养殖公司是村集体进行规模化养殖，探索流转出土地的村民收益再大化的另一条途径。农业公司解决村民的"温饱"问题，养殖公司实现村民的小康目标。农业公司为养殖公司提供养殖所需饲草料，养殖公司发展规模肉羊、肉牛养殖，在经营有效益时，对入股村民实行分红。养殖公司所属的养殖小区占地1500多亩，分为公司集中养殖区和农户散养殖区。其中集中养殖区是公司的养殖基地，现在，已建立起5栋高科技棚式羊舍，购买了300只育种羊，干净的羊舍里，小尾寒羊、乌珠穆沁羊膘肥体壮。近期他们还将购进4000只肉羊，建设高科技棚式牛舍。在散养殖区，养殖公司将为农户出租高标准的养殖场地，提供种羊、技术、防疫、治疗等方面的服务，使有养殖愿望的村民拥有更好的养殖条件。

土地流转激活了村里的劳力资源，大批富余劳动力从土地上解放出来，打工的、开饭馆的、做小买卖的、搞建材的、当瓦工的、搞绿化的、做物业服务的……昔日泥裤腿甩手当上工人、做起老板来，现在村里学技术成风，四五十岁的考车本、参加各类技术培训都司空见惯了，土地流转让村民们腾出手脚，走出创业。脑子更活了，腰包更鼓了。2008年，土黑麻淖村使农业全部实现机械化，村民人均收入提高500元。

二、土地流转存在的问题及成因

（一）土地流转的机制不健全，管理不规范

土地流转虽在政府引导下积极推进，但缺少有效的市场机制，还没

有形成市场化运作的土地流转机制，缺少土地流转中介服务组织，流转信息不畅，土地流转程序不规范。大部分土地流转没有经发包方批准，也没有报乡镇农业承包合同管理机构备案，土地流转分散性和盲目性都很大，流转协议以口头协议为主，书面合同极少，流转期限较短。有的即使形成合同，但内容也过于简单，容易引发不必要的合同纠纷。土地流转台账管理不规范，有的乡镇没有建立流转台账，大部分土地流转资料没有及时整理归档，一旦发生土地纠纷，造成调解无依据、仲裁缺凭证的被动局面，不利于纠纷及时解决，不利于土地流转工作健康发展。

（二）土地流转具有不稳定性，规模效益不明显

由于旗县工业经济落后，农民在本地就业机会不多，外出务工工作不固定，经商风险较大，农民创业本领不强，技能素质不高，农业收入仍是许多农民家庭收入的主要形式。许多农民不愿完全放弃经营承包土地，流转存在短期行为，土地承包经营权流转具有不稳定性。许多土地流转是在农户间自发进行的，缺少龙头企业、种植大户、养殖大户参与带动，缺乏专业组织引导土地流转，组织化规模经营机制不健全，难以改变土地分散种植经营的局面，规模经营效益未能充分体现。

（三）小农经济意识严重，有后顾之忧

由于农村养老、医疗、社会救助等社会保障体系不够健全，多数农民还主要依靠土地收入解决看病、上学、养老等问题。土地是农民赖以生存的最基本的生产资料，特别是部分年龄较大、无力从事其他行业的农民一旦失去土地，一定意义上就失去了最基本的生活保障，尽管已经没有精力和能力经营好承包地，但是宁肯粗放经营也不愿将土地流转出去。一些农民小农经济思想意识比较严重，小富即安，投资兴业怕担风险，长期务工经商怕失去土地承包权。在取消农业税实行粮食补贴后，一些务工经商的农民回到家乡，收回原有承包地自己耕种。部分农民还对土地流转政策心存顾虑，担心土地流转出去后，政策重新调整时会失去土地承包经营权。

（四）旗县经济发展战略调整，土地流转面临新的问题

包头市委十届二次全委会提出，要在全市农牧区实施“收缩、转

移、集中”战略，组织不适宜人类居住的自然村向交通便利、水源丰富、环境较好的村庄以及市区、县城及乡镇周边搬迁。这是有效解决包头市“三农”问题、全面推进社会主义新农村建设和农牧业现代化进程的重大战略决策，对于统筹城乡发展、加快富民强市步伐、全面建设和谐新包头意义深远。但在法律层面，农民原有的土地承包经营权合同、土地流转协议面临着调整和重新签订，这就需要有法律依据和政策依据。

三、土地流转的对策建议

（一）建立健全管理机制，推进土地流转依法有序进行

1. 进一步充实农村承包土地合同专管员队伍，按各自的工作职责，指导土地流转工作。严格按照农村土地流转的民主程序和行政报批程序，规范土地承包经营权流转程序。切实加强土地流转收益分配的管理，进一步健全和完善农村土地流转收益的民主理财制度，依法保护农民利益。严格把关土地流转后的经营内容，及时监控流转土地的经营情况，不准改变流转耕地的农业用途。

2. 认真做好农村土地承包纠纷和土地承包经营权流转纠纷的调处工作。乡镇、村要建立两级土地承包及流转纠纷的调处组织，村级建立土地承包纠纷调解小组；乡镇建立由农业、经管、信访和司法等部门参加的土地承包纠纷调解委员会，切实承担起调解农村土地承包纠纷的责任，努力把矛盾化解在基层。有关部门要加强对农村土地承包及流转纠纷调处和仲裁工作，依法解决农村土地承包及流转工作中出现的各种问题和矛盾，维护农村社会稳定。

3. 进一步健全和完善农村土地流转服务体系。旗县区级要建立土地流转信息库，乡镇成立土地流转服务中心，开展土地流转供求登记、信息发布、土地评估、政策咨询等服务工作。村级要大胆创新，积极探索农户自愿联合流转、农户委托流转、土地股份合作社等多种流转形式，大力引导各类组织和个人参与土地流转，促进土地流转主体多元

化。要积极扶持土地承包流转中介组织，畅通流转信息，拓展服务范围，搞好土地流转信息项目的对接，提高签订项目的数量和质量，推进农村承包土地向市场化运作方向发展。

（二）建立政策扶持机制，推进农村土地向重点产业和龙头企业流转

政府要建立土地流转扶持机制，用于扶持具有一定规模的、合法有序的农村土地流转，以探索土地流转的有效机制，积极发展农业适度规模经营。

1. 加大山北地区土地承包经营调整力度。在山北地区实施“收缩、转移、集中”发展战略中，对丧失生存条件的山北地区农村实行生态移民和扶贫移民的农民，应制定新的土地承包政策。建议一：实行“等量置换”政策。就是农民原来承包耕地多少亩，移民到新址后还按原来土地承包数分配耕地，签订新的土地承包合同，原承包土地由国家收回。建议二：实行“重新分配”政策。因原承包土地数量大，无法实行“等量置换”政策，可按包头市农村人均承包土地数量分配给移民新的承包土地，签订新的土地承包合同，原承包土地由国家收回。无论怎样调整土地承包政策，都要防止土地承包的“非农化”、“非粮化”倾向。

2. 加大资金扶持力度。市和旗县区财政每年要在支农资金中安排一定额度，用于鼓励农村承包土地流转，壮大规模经营主体，培育重点产业和发展龙头企业。要通过建立财政扶持机制，推动财政支农资金向优势区域和主导产业整合，集中打造优势产业，提高资金使用效率。对于全部转出土地的农户给予一定的补助，扶持其进城务工创业；对于引导农户流转土地较多、增收效果显著的乡镇和行政村给予适当奖励。金融部门应加强对规模经营主体的支持和服务，要把参与土地流转，实行规模经营的龙头企业、种植大户、农民专业合作社和农业企业纳入服务范围。

3. 加大农牧业招商引资力度。要加大农业项目的招商引资力度，用大项目和农业产业化龙头企业带动土地规模化经营。对依托农业企业和合作社组织，符合农业产业发展方向和产业扶持政策的土地流转给予政策扶持。

4. 加大农牧业项目实施力度。对于通过采取土地流转合作方式集中农户土地进行规模化、集约化经营的，要结合农业项目的实施不断增加农业基础设施投入，要从扶持资金、税收政策、技术指导等方面给予倾斜，降低农业经营风险，进一步提高农业经济效益。

（三）完善农村社保机制，解决土地经营权流转后顾之忧

1. 政府要尽快把已经放弃经营土地、进入城市就业的农民纳入城镇社会保障体系，实现与城镇社保的对接，解决后顾之忧。

2. 加大对农村社会保障的财政投入力度，进一步加大新型农村合作医疗保障力度，探索建立农村人口养老保险制度。

3. 要促进最低生活保障体系向农村延伸，特别是要加快解决60岁以上和已经丧失劳动能力的失地农民养老问题，让他们放心的流转土地。

4. 要引导已经流转土地的农民，从土地流转收益中拿出部分资金，建立个人基本医疗和养老保险，提高自我保障能力。

做好土地承包经营权流转管理和服务工作，是引导土地承包经营权规范有序流转的重要举措。我们要认真贯彻《中共中央关于推进农村改革发展若干重大问题的决定》精神，按照《中华人民共和国农村土地承包法》要求，充分认识做好农村土地承包经营权流转管理和服务工作的重要性，准确把握总体要求和原则，正确指导农村土地承包经营权规范有序流转。要加强指导、检查和督促，采取有效措施，把加强流转管理和服务的各项工作要求落到实处。要及时总结交流经验，深入开展调查研究，及时解决流转中出现的新情况、新问题，不断提高流转管理和服务工作水平。

加快农牧民专业合作社发展的思路

（2009 年 1 月 1 日）

杨春才[①]

近年来，特别是 2007 年 7 月 1 日《中华人民共和国农民专业合作社法》（以下简称《农民专业合作社法》）正式实施后，包头市各旗县采取有效措施，积极推进农牧民专业合作社的发展和建设。至 2008 年底，全市经工商行政监管部门注册、登记、取得法人资格的农牧民专业合作社共有 25 户，投资人 134 人，出资 3548.42 万元。其中，按经营范围划分，种植业类 15 个，养殖业类 5 个，其他类 5 个；按所在区域划分，九原区 8 个，土右旗 4 个，固阳县 8 个，达茂旗 5 个。农牧民专业合作社呈现出良好的发展态势。但是，包头市农牧业专业合作社的发展仍处于起步阶段，存在组织数量少、规模不大、示范能力不强，服务功能较弱的问题。为充分发挥农牧民专业合作社在发展现代化农牧业、建设社会主义新农村（牧区）、构建和谐社会中的积极作用，不断提高农牧民专业合作社的影响力和竞争力，根据《农民专业合作社法》和自治区、市有关文件精神，结合包头市实际，就加快农牧民专业合作社发展提出如下思路和建议。

---

① 杨春才：（1946 年～　　），男，汉族，辽宁海城人，包头综合开发研究院研究员。研究方向：社会管理及工业经济。

一、发展农牧民专业合作社的基本原则

一是坚持以家庭承包经营为基础。家庭承包经营责任制是我国农村的一项基本经济制度，必须保持长期稳定。发展农牧民专业合作社不得动摇家庭承包经营的基础地位，不得改变农户的土地承包经营权和农牧民的财产所有权。二是坚持自愿民主原则。发展农牧民专业合作社要以农牧民为主体，充分尊重农牧民的意愿和选择、坚持民办、民营、民受益，入社自愿、退社自由，实行民主管理、民主决策和民主监督，谋求全体成员的共同利益，不得强迫命令，不得行政包办。三是坚持多形式发展原则。在尊重农牧民意愿坚持以农牧民为主体的前提下鼓励和支持多主体、多形式创办农牧民专业合作社。在法律和政策允许条件下支持农技推广机构、农牧业科研单位、龙头企业、农牧业种养大户、农村能人、乡村干部等单位和人员采取多种形式领办农牧民专业合作社。农牧民专业合作社既可以开展单项的技术信息合作，也可以兴办加工、流通实体，开展产、加、销一体化经济合作与贸易服务；既可以在本地、本专业范围内开展合作与联合，也可以跨地域、跨所有制开展合作与联合。四是坚持示范引导的原则。发展农牧民专业合作社要遵循客观经济规律，因地制宜，循序渐进，在发展中规范、在规范中发展；通过试点示范和典型引导，指导和帮助农牧民专业合作社搞好生产、经营和服务，不断完善内部规章制度，规范动作行为，强化民主管理，增强凝聚力，积极引导和促进农牧民专业合作社健康发展。

二、农牧民专业合作社的发展重点

一是围绕农牧业产业化经营延伸产业链，解决产业链脱节、利益连接关系松散问题，增强农牧民专业合作社的凝聚力。二是围绕优势农牧业和特色产品建立优势农牧业产业带，大力发展名特新农牧产品，组织农牧民开展合作化生产，提高农牧产品质量，增强农牧民专业合作社的

市场竞争力。三是围绕科技兴农兴牧积极推广农牧业新技术、新品种，帮助农牧民专业合作社发展现代农牧业，提高农牧产品的附加值。四是围绕农牧产品流通完善农牧产品市场体系，引导农牧民建立农牧产品生产销售一体化的农牧民专业合作社，疏通和扩大农牧产品销售渠道。各旗县区要采取切实有效的办法和措施加快农牧民专业合作社的发展，推动“一乡一业，一村一品”产业组织格局的形成。

三、发展农牧民专业合作社的重点

经过两年的努力，力争到2010年，全市登记注册的农牧民专业合作社发展到100个，基本覆盖全市乡镇；专业合作带动农户2万户左右，占农户总数的11%以上，培育10个由农牧民专业合作社建设的具有产地认证和标准化的农牧产品生产基地以及农牧业标准化示范点，10个属于农牧民专业合作社的自主式合作知识产权的农牧产品品牌。严格按照《农民专业合作社法》，进一步完善经营管理、利益分配和民主监督机制；引导农牧民专业合作社开展集约化、专业化、规模化生产，拓宽服务领域，增强名牌产品及著名商标，提高农产品市场竞争力。

四、营造发展农牧民专业合作社的政策环境

1. 做好工商登记服务。各级农牧业行政主管部门要认真做好农牧民专业合作社的指导和服务工作，积极配合工商行政管理部门帮助农牧民专业合作社完善工商注册登记手续；各级工商行政管理部门要按照《农民专业合作社法》和《农民专业合作社登记管理办法》的有关规定积极主动地做好农牧民专业合作社登记办照工作。凡符合登记条件的，工商行政管理部门应简化登记程序，免收登记费用，为农牧民专业合作社登记提供便捷高效的服务。

2. 加大政府扶持力度。各级政府每年要安排一定数额的专项资金扶持农牧民专业合作社发展并逐年加大财政扶持力度。各级财政专项扶

持资金重点扶持组织机构健全、规章制度完善、动作行为规范、示范带动力强、经工商注册登记的农牧民专业合作社。财政扶持资金主要用于农牧民专业合作社加强自身建设，提高服务能力；开展信息、技术和培训服务，培育新型农牧民；引进、开发和推广新品种、新技术、新成果，加快先进农牧业科技成果的转让与应用；开展产品质量标准认证、实施标准化生产，提高农牧产品质量和品质。对牧区、贫困地区的农牧民专业合作社以及生产国家和社会急需的重要农牧产品的农牧民专业合作社优先予以扶持。

各级各部门要把农牧民专业合作社纳入农牧区经济发展的扶持范畴，国家自治区及我市各级政府投入农牧业生产基础设施的资金可优先安排农牧民专业合作社用于改善农牧业生产条件，增强其抗御自然风险的能力。要整合使用农牧业综合开发、农牧业产业化和扶贫资金，形成合力，加大对农牧民专业合作社建设项目的扶持力度。各有关部门要认真做好财政资金扶持项目的管理与指导工作，加强对项目扶持资金的监督检查；农牧民专业合作社要设立专账，按照法律和相关规定管好用好财政扶持资金，确保专款专用。

3. 落实税收优惠政策。农牧民专业合作社新办服务性企业，或者为农牧业的产前、产中、产后提供技术服务式劳务所得，如符合税收优惠条件，可按税法规定享受企业所得税减免优惠；从事农业机械、排灌、病虫害防治、植保、农牧保险，家禽、牲畜、水产动物配种。疫病防治及相关技术培训的收入免征营业税；农牧业生产者销售的自产农牧产品及其经分级、整理包装、加贴品牌商标等初级加工的自产农牧产品免征增值税。

4. 加大金融支持力度。各级银行业金融机构应当采取多种形式为农牧民专业合作社提供多渠道的资金支持和金融服务。对具备法人资格、资信好、符合贷款条件的农牧民专业合作社积极给予信贷支持；小额贷款应向农牧民专业合作社及其成员倾斜；对参加农牧民专业合作社的农牧户，可适当增加小额贷款授信额度。

各级保险机构应结合农牧民专业合作社的特点，开发具有针对性的保险产品，积极为农牧产品生产、加工、经营等环节提供各类保险服务。进一步扩大政策性农牧业保险的品种和覆盖面，切实提高理赔服务水平，增强农牧民专业合作社抗风险的能力。

5. 给予用地、用电和农牧产品运输优惠政策。农牧民专业合作社创办农牧业科技示范基地、建设标准化生产基地、种养基地和从事农牧产品收购等需要的农牧业用地，可由村社集体经济组织协调，动员群众采取租赁、经营权入股等流转方式优先予以解决；农牧民专业合作社开展农牧产品加工、储藏等生产经营活动所需建设用地，在符合土地利用总体规划前提下，经市、县（区、旗）人民政府批准后，国土资源管理部门应及时提供用地保障。供电企业应开辟农牧民专业合作社用电业务办理绿色通道，提高用电业务办理效率；农牧民专业合作社从事种植业、养殖业生产用电、执行农业生产电价标准。农牧民专业合作社整车运输鲜活农产品的规定车辆在各类道路上均应免费通行。

五、发展农牧民专业合作社的几点建议

1. 提高认识，理清发展思路。随着农牧业、农林和牧区经济发展进入新阶段，农牧业生产过度分散化，农牧民组织化程度低的问题，已成为亟待研究和解决的一个重大课题。农牧民专业合作社作为一种新型的农牧业生产经营组织，在解决和生产与大市场矛盾中的重要地位和独特作用意义重大。应作为落实党的十七届三中全会精神、统筹城乡发展加快农村、牧区经济市场化进程的重要任务，列入各级政府的议事日程，切实加强领导，明确指导思想和发展思路，切实搞好合作社规划引导，加强综合协调和规范服务，帮助解决存在的问题，形成促进农牧区专业合作社健康发展的强大合力。要建立健全农牧民专业合作社的管理机构，具体负责农牧民专业合作社指导和管理。同时要采取多种形式，加强合作社的宣传力度，营造良好的社会氛围，促进农牧业专业合作社的快速健康发展。

2. 坚持发展原则，突出发展重点。立足本地，借鉴外地经验，创新发展形式，充分尊重农牧民意愿，坚持加入自愿、退出自由，不搞强迫命令。认真落实“民办、民营、民受益”的原则，一人一票民主决策、民主管理、民主监督，建立合理的利益分配机制，使农牧民获得真

正实惠。防止官办组织，成为部门和基层组织的附属单位。因地制宜，多形式兴办、多层次建设、多模式发展，突破乡镇、村社地域限制。围绕全市各旗县区特色产业、积极推进土地流转、股份合作，引导龙头企业与农牧民真正结成互惠互利、风险共担的利益共同体。围绕增强农牧业社会化服务功能，大力开展生产互助合作，解决农牧民一家一户难以创办的服务难题，在生产资料供应、技术推广应用、植保防疫、农机服务、灌溉防旱等方面大力发展各类型农牧民专业合作社。切实解决农牧民买卖难的问题，加强信息、技术、培训、质量标准认证，市场营销等方面的合作。在全市规范一批动作规范、有较强的经济实力、带动作用明显、市场化运作、社会化服务、具有法人地位的农牧民专业合作社。

3. 加强协调指导，规范管理行为。我市农牧民专业合作社已经有一个较好的基础，但急需引导、规范。建议政府及有关职能部门要加大指导帮助合作社发展力度，促其进一步完善内部运行机制。一是要规范章程，要从我市农村、牧区的实际出发，制订具有地方特色和经营特点的合作社章程。二是要建立良好的运行机制，健全合作社的社员代表大会、理事会、监理会及内设机构，强化民主管理。三是要建立健全人事、劳动、财务、营销、产品质量等各项管理制度，加强自身生产、经营行为的管理。四是要建立健全合理的利益分配制度，保障入社农牧民利益，真正实现“民办、民营、民受益”。五是要建立健全社会监督与内部监督相结合的监督机制，围绕做大做强农牧民专业合作社，把农牧民利益放在首位，实行依法管理。农村经营管理部门要及时对农牧民专业合作社的经营管理情况进行监督检查，促其充分发挥监事会和参加农牧民的监督作用，实行社务公开、财务公开，提高生产、经营行为的透明度。六是要全面贯彻党的十七届三中全会通过的《关于推进农村改革发展若干重大问题决定》，切实落实好《农民专业合作社法》，站在农牧民的立场上，为农牧民办实事、办好事，确保农牧民专业合作社健康快速发展，带动地方经济的腾飞。

4. 突出地方特色，推动品牌建设。合作社的成功之处就在于注重打造品牌。每个合作社有质量、有品牌，才有市场竞争力。优质品牌的打造，可增强产品自身实力，扩大农牧产品的知名度和销售半经。知名度上升了，市场占有率才会提高，市场竞争力才会增强。这就要求农牧民专业合作社要注重发挥在新品种引进、新技术应用、产业结构调整等方面的载体和示范作用，注重开发“名、特、优、新”农牧产品及加工品，特别要大力开发名牌产品和特色产品。我市发展农牧业专业合作社，要充分依托地区的特色资源，把马铃薯、药材等种植业，奶牛、猪、羊等养殖业的产业做大，不断增强农牧民专业合作社的竞争力。要鼓励农牧民专业合作社申报注册商标，增强商标兴农意识，为农牧民专业合作社增加更多的无形资产。

5. 加强宣传，抓好典型示范。目前，我市农牧民整体受教育程度还不高，严重影响了农牧民专业合作社的发育和成长。在指导农牧民发展专业合作社方面，政府不包办，并不是与政府无关，相反是政府的大事。各级政府部门，特别是地方政府要大力宣传专业合作社在发展农牧区经济社会和市场经济中的重要作用，宣传合作经济抵抗风险实现多赢的有效做法，宣传国内外成功的经验，实施农牧民专业合作社培训计划，分层次、分步骤、有针对性地抓好合作社成员，尤其是负责人和业务骨干的培训工作。尽快培训一批熟悉合作理论、合作政策、合作实践的“带头人”、“明白人”，使他们成为把农牧民专业合作社向前推进的骨干力量，促进农牧民专业合作社健康快速发展。要鼓励各旗县区创办试点示范专业合作社。在启动阶段，政府要给予一定的政策和资金等方面的支持；在运行过程中，对其内部制度和经营机制等方面进行完善性指导，帮助解决发展中的实际操作问题，使其健康发展具有成功的示范作用。对办得好的专业合作社像土右旗明石农业合作社、九原区阿嘎如泰山鸡养殖专业合作社，要及时多帮助总结经验，通过典型引路，发挥带动效应，达到建一个合作社，就要兴一个产业，活一方经济，富一批农牧民的示范效果。

坚定信心保增长
推动工业较快发展

（2009年3月3日）

杨春才

2009年，是包头市应对金融危机，共渡难关、力保工业经济平稳较快发展的关键一年，也是完成“十一五”规划至关重要的一年。

当前，国际金融危机仍在扩散和蔓延，受其影响，我国经济增长明显放缓，我市面临的经济形势十分严峻。但危机中蕴涵着机遇，挑战中孕育着希望。我国仍处在重要战略机遇期，经济发展的基本面没有改变。为应对金融危机，党中央、国务院及时采取了一系列扩大内需、刺激经济增长的政策措施，为新一轮经济整合提升创造了机遇。近年来，包头市综合经济实力明显增强，一大批重大产业支撑项目和基础设施项目先后建成投产，为全市工业经济平衡较快发展提供了强有力的支撑。我们完全有理由相信，只要我们认清形势，坚定信心，抓住机遇，迎难而上，就一定能够抢占先机，赢得主动，在新一轮调整中实现经济实力大提高，发展方向大转变，综合竞争力大提升。

一、保增长重在保工业

包头是工业城市，保工业就是保发展。工业经济是经济加速发展的核心引擎，保增长的关键，取决于工业经济较快增长的强力支撑。近五年来，包头规模以上工业增加值增速平均比 GDP 增速快 11.7 个百分点，工业增加值占 GDP 的比重已经达到 57%，工业对经济发展的支撑作用越来越强。2009 年，包头市要实现地区生产总值增长 16% 以上的目标，规模工业必须保持快速增长的势头。只有把工业经济较快增长的良好势头保持住，巩固好，才能把近年来经济平稳较快发展的良好势头保持住，巩固好。

我们必须清醒地看到，尽管包头市近几年在抓工业经济方面采取了不少举措，取得了较为显著的成绩，但是包头市工业经济在发展过程中仍存在着一些突出的矛盾和问题。主要表现在：产业层次仍然较低，产品市场竞争能力不强，产业集中度和集约化水平不高，经济结构不合理，主要是工业结构性矛盾比较突出，发展方式粗放，工业创新能力较弱，先进制造业和高新技术产业支撑力不强。尤其是当前，随着国际金融危机加剧并迅速向实体经济蔓延，国内经济受到极大冲击，包头市工业生产出现了多年未遇的困难，特别是钢铁、铝、电力等重点行业表现尤为突出，工业经济下滑已成为经济发展的突出问题。对此，我们必须沉着应对，注重从变化的形势中捕捉和把握发展机遇，在复杂的局面中发现和培育积极因素，坚持发展不动摇，积极采取措施，在战胜困难中赢得主动，在新一轮经济调整中争取主动，努力促进经济社会平稳较快发展。

应对危机、扩大内需、促进经济发展，重点难点在工业，潜力和希望也在工业。可以说，保工业就是保企业、保发展、保就业、保民生、保稳定。因此，打赢这场保增长的攻坚仗，关键是打好工业经济较快增长攻坚仗。我们必须把扩大内需作为保增长的根本途径，牢牢把握扩大工业投资需求这个重点；必须把加快发展方式转变和结构调整作为保增长的主攻方向，紧紧抓住工业这个产业协调发展的核心，在工业集群发展、创新发展上狠下功夫；必须把深化重点领域和关键环节改革，提高对外开放水平作为保增长的强大动力，重点培育有利于工业经济增长的体制机制；必须把改善民生作为保增长的出发点和落脚点，依靠工业经济较快增长为城乡居民提供稳定的就业机会。

二、保增长的总体思路和目标

包头市经济由于受宏观不利因素影响，经济增长出现逐季放缓局面。对此，我们必须有清醒的认识和足够的准备，切实增强忧患意识和危机意识，宁可把形势估计得严峻一些，把危机影响看得更重一些，立足最困难的情况做工作，全力争取最好的结果。

同时，我们也必须看到，我国经济发展的基本面和长期趋势没有改变，遇到困难和挑战是前进中的问题，保增长，推动工业经济平稳较快发展仍然有很多有利条件：一是包头市仍处于重要战略机遇期，工业化加速推进，呼包鄂经济圈正在成为新的增长极，作为这一区域重要城市，必将为包头市经济发展带来不竭动力；二是中央采取积极的财政政策和适度宽松的货币政策，集中出台了进一步扩大内需、促进工业经济增长的一系列有力措施，2009 年中央安排的投资和大量社会投资，必将有力拉动包头市工业经济增长；三是经济调整时期往往也蕴涵着发展机遇，在淘汰落后产能的同时，如果我们抓住有利时机，加大符合产业政策的重大项目建设力度，加快结构调整和发展方式转变，就能使本市在下一轮发展中处于新的更高起点上；四是经过改革开放 30 年来的发展，包头市的综合实力大幅提升，产业基础日益雄厚，已经进入工业化加速发展的重要阶段，产业优势将更加突出，必将为本市保增长促发展提供有力的支撑。因此，我们必须把思想和行动统一到市委、市政府对当前经济形势的分析判断上来，不管怎样潮起潮落，我们保增长的目标决不改变，保工业，保企业的决心决不动摇，真正做到不为任何风险所惧，乘保增长之势，以更加积极有为、更加科学务实的姿态，推动包头市工业经济平稳较快发展。

2009 年包头市工业经济工作的总体思路是：认真贯彻党的十七届三中全会、包头市委十届五次全委会议精神，深入学习实践科学发展观，把保工业经济增长置于首要位置，按照大集团引领，大项目支撑，集群化推进，园区化承载的思路，进一步促进工业经济结构调整，促进产业升级，做大做强工业经济。以钢铁、铝、电、装备制造、煤化工、稀土等支柱产业为重点，发挥区位，资源与产业三大优势，加大工业投入，创新工作机制，优化服务环境，走出一条科技含量高、经济效益好、资源消耗低、环境污染少、人力资源优势得到充分发挥的新型工业化道路，进一步提升包头工业的综合实力，努力实现工业经济平稳较快发展。

按照上述要求，2009 年全市上下要坚定信心，齐心协力，确保实现以下预期目标：

规模以上工业增加值应做到增长 20%；5000 万元以上工业重点项目投资应完成665 亿元；万元工业增加值能耗应下降 7. 05%。

为确保完成2009 年目标任务，必须牢牢把握保增长、保工业这条主线，在实际工作中切实把握以下几条原则：

1. 更加坚定加快发展的信心。保增长，促发展，信心比什么都重要。2009 年将是 21 世纪以来经济发展最为困难的一年，但也是蕴含着重大机遇的一年。只要我们保持昂扬向上的精神状态，以积极有作为、开拓进取的精神迎接挑战，我们就完全有能力使包头发展的更快一些，更好些，为自治区经济发展作出更大贡献。

2. 更加有效地发挥投资拉动效应。在今后一个较长时期内，投资拉动仍将是包头发展的主要动力。保增长，首先要保投资，这不仅是破解当前经济发展、难题的有效措施，更是夯实基础，蓄足后劲，促进可持续发展的长久之计。要把增投入、上项目、保增长作为工业经济增长的首要任务，密切关注经济形势的变化，准确把握国家政策导向，最大限度地用足用好政策资源，放大宏观调控的积极效应，以时不待我、奋发有为的姿态，加快谋划建设一批重大基础设施、基础产业和社会事业项目，确保投资规模保持一个较高的增长水平，项目建设保持一个较快的发展势头。

3. 更加积极地保工业。发展方式粗放，产品低端低档，产业集约化程度不高，直接影响着本市综合竞争力的提高，全球性经济危机的爆发，既对经济发展提出了严峻考验，也为工业经济结构调整提供了重要契机。要正确认识本市工业经济发展的阶段性特征和发展趋势，因时而动，顺势而为，加快推进产业聚群和产业升级，构筑适应现代市场要求的产业体系，实现集约节约发展和生态发展。

4. 更加注重城乡统筹发展。城市化是工业化发展的必然结果，是打破城乡二元结构、促进城乡协调发展的有效途径。必须着眼发挥中心城市辐射带动作用，加快构筑“一主多副”的城乡一体化发展新格局。坚持以城带乡，以工促农，统筹城乡协调发展，走县域经济城镇化道路。

5. 更加重视改善民生。越是经济形势严峻，越要关注和改善民生，完善社会保障，推进和谐包头建设。实施积极的就业政策，以项目扩大就业，以创业带动就业，以培训促进就业，努力增加群众收入。

6. 更加有力地帮扶企业渡难关。企业是保增长的主体，必须把帮扶企业作为当前最为紧迫的任务。要积极引导企业苦练内功，提高经营管理水平，优化产品结构，提高产品质量，创新营销方式，降低生产成本，提高抵御市场风险的能力。大力开展向企业送温暖活动，在资金、政策、项目、用地、技改等方面给予最大限度的支持，努力争取资金不断链、生产不停工、市场不丢失、职工不下岗，帮助企业渡过难关。

三、保增长的措施

面对当前金融危机，我们要正确分析形势，坚定信心，增强战胜困难的勇气，采取各种措施，积极应对，将危机压力变为转型的动力，全力以赴，确保包头市工业经济的平稳快速发展，确保 2009 年工业经济目标实现。

（一）抓支柱产业

按照国家宏观调控政策的要求，围绕钢铁、铝业、装备制造业、电力、稀土、煤化工六大优势支柱产业，依托重点骨干企业，精心组织实施一批符合产业政策导向和环保要求、带动强、效益好的重大项目，实现总量扩张。在钢铁方面，要充分利用国家振兴钢铁的产业政策，推动钢铁产业的技术进步，调整品种结构，提升钢材质量；必须以淘汰落后、联合重组、技术改造、优化布局为重点，支持包钢、华业等重点企业发展，加快包钢高速重轨及无缝钢管、华业特钢 100 万吨不锈钢等扩能技改项目实施，确保铁、钢材产能和结构调整目标的实现，推动钢铁产业由大变强。在铝业方面，要继续加强和改善宏观调控，重在优化结构，合理布局，降低能耗，推进包铝综合技改和东方希铝相关项目建设进度，尽快实施一批产业链项目，实现包头市铝业做优做强和集约化的发展战略。装备制造业方面，要依托一机集团和北重集团的优势，扩大生产能力，加速利用信息技术改造传统产业深度、广度和速度，推进装备业工业的信息化，要延伸和做强“产业生态链”，实现由“机械加工基地”向“装备制造基地”跨越；要加强产业关联度，提升产业整体竞争力。要搭建集群平台，打造知名品牌，营造集群发展环境；要全方位推进产业“经济生态圈”的整合，发展相关服务业，促进区域产业配套体系的形成。中小装备制造企业要有明确的市场定位，选择合适的分工合作模式，建立产业分工链条，向小而专、小而精、小而优方向发展。电力产业方面，要走一条适合国情的节约资源、保护环境、经济效益好的发展道路。要按照“融入大电网、建设大基地”的要求，合理规划，加大电力产业结构调整的力度，促进产业升级，要把加快华能、龙源、京能、金杰等一批企业风电项目的实施作为重点，力争2009年新建项目规模达到100万千瓦。在煤化工产业方面，要积极利用当今世界先进的煤化工技术，项目要做到高起点、高技术、保证技术的领先进位。在引进、利用高新技术基础上，加强技术创新，掌握核心技术，建立竞争优势。包头市发展新型煤化工产业要因地制宜，学习世界先进经验和技术，形成多元化产品链条，增强自身发展能力和发展后劲。在发展重点上，要适应市场需求，创造名牌产品，增强市场竞争力，确定煤化工在全国及世界化工行业的地位和作用。当前要加快实施神华煤制烯烃等项目，积极推进中海油煤化工项目落地。稀土产业方面，要以现有的大型稀土企业为基础，加强这些优势企业间的结构调整和资产重组，理顺产权关系，集约高效利用资源，淘汰落后生产工艺，提高稀土产业精加工能力，提升稀土产品价值。同时通过国家物质储备对剩余产能和低级产品的收购储备，控制出口产品数量，以采矿权入股式转让方式组建我国大型稀土集团公司，培养发展几个世界级的大型稀土企业集团，整合稀土产业的发展，掌握稀土产品出口的主动权，增强稀土产业在国际市场上的竞争力，带动稀土产业完成产值100亿元。

（二）抓战略产业

近年来，包头市实施“工业强市”经济战略，全力支持六大支柱产业做优做强，积极推动企业的自主创新、努力实现产业转型、升级。与此同时，市委、市政府在贯彻科学发展观，推进产业结构调整中，以积极统筹，调整存量和稳健扩张、做大增量相并举的方针，规划发展了煤化工、核能、风电、稀土四大战略产业，意在占据新一轮发展的产业制高点，为今后包头市经济快速发展储蓄后劲。

在煤化工产业方面，包头市有资源优势，是长期可发展的优势产业，要坚定不移的推动包头煤化工项目的实施，加快泛海煤化工、白彦花煤田开发，搞好项目服务和配套设施建设，为早日竣工投产奠定基础。在核能产业方面，要适应国家对新能源发展的要求，借助国家能源战略调整和扩大产能满足国内需要的机遇，充分利用老厂在设备、技术、人才等方面的优势，积极完善核能产业发展规划，把该产业做实、做大、做优、做强，迎接我国核电发展高峰期的到来。在风电产业方面，要制定新能源加快发展的优惠政策，要充分利用包头市地域优越条件，加快发展风电和太阳能 新能源，当前，要突出抓好风电设备制造，推动金川、龙源等一批风电项目加快实施，力争 2009 年风电装机容量达到 100 万千瓦。发展新能源产业，在高新技术、高端人才、生产管理上要取得突破，争取在较短时间内把包头市建成西部地区风电产业基地。在稀土产业方面，要制定切实有效的政策措施，科学保护和合理利用稀土资源，加快稀土产业结构调整步伐。要充分利用现有的资源、技术人才，大力发展稀土深加工、稀土新材料、稀土应用器件和稀土终端应用产品，提高稀土产业发展水平，把稀土产业真正做优做强。

发展上述四大战略产业应注意把握以下几问题：

1. 加强产业规划的统筹协调。新一轮战略产业的发展不是否定和抛弃原有的钢铁、装备制造等产业，而是加强与现有产业相互协调、相互支撑、相互配套，充分整合现有的产业资源，充分发挥现有人才、技术、装备、存货等的作用，从而在现有的产业基础上实现技术升级，形成新的经济增长点，并降低成本，提高边际收益，真正达到优化经济结构，转变发展方式的目标。

2. 组织攻克核心关键技术。四大战略产业分别包含一些尚待攻克的核心技术、关键技术，对此，主管单位应着重组织企业、科研院所、高等院校、形成专业团队，进行科技研发的攻关，力求突破关键的技术瓶颈，其中也包括引进技术的消化吸收和综合集成。

3. 落实产业建设项目。在制定战略产业规划时，注意对国内乃至全球的产业现状，包括产能分布、市场容量、技术趋势、项目投资等，进行全面分析，相应确定产业项目。

4. 注意产业政策引导和扶持。发展战略产业政府应积极作为，通过明晰战略规划，制定产业政策加以引导和扶持。

5. 发挥市场激励作用。在引导产业发展中，除加大政府投资力度外，注意释放积极扶持的市场信号。吸收、鼓励民间资本和境外资本跟进投资，尽快形成规模效应和集聚效应。如果民资、外资投资热情高涨，政府和国有投资公司将适时转让股权，收回投资。

（三）抓园区建设

按照“项目集中，产业集聚，用地集约，功能集成”的原则，进一步优化产业园区和区域经济布局。要加快制定工业园区发展规划及配套政策，不断完善基础设施，拓展工业经济发展空间，增强服务功能，继续引进实施一批重大项目，提升园区承载能力和发展水平。包钢生态工业园区和昆区特钢园区、包头铝业园区、包头装备制造园区要分别以钢铁及不锈钢深加工、铝深加工、装备制造产业为纽带，延伸产业链条，壮大产业规模，使园区的特色更加突出，特色更加鲜明、产业更加集中，可持续发展能力更强。九原工业园区、石拐工业园区、土右新型工业园区等要依托现有的产业基础，资源禀赋和自然条件，有效整合生产要素，尽快壮大化工和金属加工等产业集群，在扩大规模、提升发展层次上实现新的突破。山北地区要立足优势，实施一体化发展战略，统筹规划产业布局，建立协调发展机制，在加强生态建设的基础上，加大资源勘探力度，推动煤、铁、风能等资源的合理开发、科学利用，加快园区建设和区域经济发展。

稀土高新园区要以建设全国最大的稀土应用产业基地和我国西部地区重要的高新技术产业发展水平平台为目标，实现率先发展，加大基础设施建设力度，加快电子信息、物流、纺织等专业园区的发展。健全完善科技创新孵化体系，建设科技成果产业化基地。要加快发展稀土精深加工，提高物质含量，做大做强稀土和高新技术产业，争强园区的核心竞争力。

经过多年的发展，我市工业园区发展情况仍然差异较大，必须根据工业园区发展的实际情况，有针对性地进行分类指导，推动工业园区向更高的层次发展。

1. 加强分类指导，推动工业园区发展升。首先，主导产业定位要有特色，通过产业与区域的有机结合，获得较高的生产效率和较强的竞争优势，实现区域资源的优化配置。科学确定园区发展方向。规范入园企业和项目标准，增强产业链发展的合力与张力。其次，要注重研究各产业的特点和产业转移规律，引导产业由初加工向精加工发展，由低端向高端延伸转化，推进产业集群化发展。最后，健全园区生产协作与服务体系。对于仍处于初始阶段的工业园区，在强化激励措施的同时，要围绕发展特色产业，集聚一批有特色、有品牌的企业，强化市场功能，提升区域竞争优势，为逐步形成产业集群奠定基础。

2. 明确政府职能，推进产业集群与工业园区良性互动。首先，完善政府宏观管理职能。指定专门机构，负责全市工业园区统一规划，合理布局，对工业园区建设加强宏观调控。重点规划园区基础设施、产业发展和公共政策。实现园区内资源的低成本共享。强化规划的引导作用，鼓励突破行政区划的限制，用产业集群的理念引导工业园区产业的发展，制定和培育特色产业的集群化发展规划，利用政府所能采取的方法所掌握的资源支撑一定区域特色产业的发展，产业示范效应，吸引同类企业的集中和集聚。其次，要适应区内相互依存的产业体系。一方面，以新建区内的产业布局要坚持分工协作、本地结网形成产业集群来安排项目，对新进区的企业明确以产业集群为导向。对于工业园区已有的产业发展要重视相关产业的网络体系建立，努力形成大中小企业密切配合，专业分工与协作完善的网络体系。另一方面，针对现在工业园区内产业配套能力弱的现状，以大中型高新技术企业或企业集团为龙头，通过产业分解或鼓励其母体公司内的科技人员和企业家分离出来自办公司，从而衍生出一批具有紧密分工与协作关系的关联企业。通过新公司衍生促进产业内部分工和建立相互依存的产业联系。

3. 要健全企业服务网络。产业集群不是孤立的发展，必须有一个完善的服务体系。为此，必须下大力气发展第三方服务业和中介服务业。要鼓励服务机构的专业细分，为服务机构创造市场机会，提供优惠政策，在发展的基础上规范服务行为，提高服务质量，使这些服务功能弥补政府功能所不及。同时，要充分发挥专业协会的作用，使协会在产业集群中有最大的亲和力，成为集群中信息有效沟通的桥梁，成为集群联动的组织者。

（四）抓产业集群

按照包头市园区产业方向定位，积极发展产业集群。大力推进六大支柱产业集群建设，规划四大战略产业的发展空间。积极引进规模大、技术高、产业关联度强的项目，进一步拉长产业链。

包头市要按照新型工业化发展的要求，以技术创新和体制创新为动力，以园区建设为载体，以大型骨干企业为龙头，以延伸产业链为主线，立足改造提升传统企业，培育壮大新兴战略企业，充分发挥市场对物源配置的基础性作用和政府对产业发展的规划引导作用，集中全市财力、物力、充分运用各种手段，加快产业集聚，壮大产业集群，全面提升包头市产业综合竞争力。

抓好产业集群依据的基本原则是：

1. 产业定位准确，发挥优势特色；

2. 依托龙头企业，促进中小企业结网；

3. 依托工业园区，促进要素空间集聚；

4. 完善产业链条，增强竞争力；

5. 打破体制障碍，统一规划布局；

6. 依靠自主增长，发挥政府推动作用；

7. 突出重点，实施项目带动。

近几年，包头市工业发展很快，产业集群发展已有一定基础，我们要借产业调整的机遇，抓好产业集群的发展和壮大。

在实际工作中，要把握好以下几个方面的问题：

一是产业集群发展需要政府发挥重要作用。政府要从管理型政府转变到服务型政府，在提供公共产品和服务方面发挥作用，主要表现为：完善基础设施；协调产业政策；改善投资环境；营造产业载体；吸引企业聚集；培育地方品牌和龙头企业等方面。

二是产业集群发展应主要依靠自主增长能力。产业集群的发展需要政府发挥一定作用，但其最终动力是自主增长能力，如果过分依赖政府推动，外部推动力一旦减弱将使经济增长动力不足，从而不利于产业集群的持续健康发展。

三是产业集群发展需要知识创新。科技进步与创新是发展生产力的决定因素，是经济和社会的主导力量。用高新技术和先进适用技术改造传统产业，增加科技含量，促进产品更新换代，提高产品质量和经济效益，是提升产业集群综合竞争力的必然选择。

四是产业集群发展要打破条块分割。部门分割、地区分割不利于产业集群战略的推进，因而在推进产业集群战略中，必须首先着眼于良好的制度环境的构建，打破条块分割，建立区域间、部门间的协调机制，完善市场调节机制，加大开发力度，通过制度创新，促进企业的合理分工和协作，促进跨部门和跨区域之间的友好合作和发展，形成有利于产业集群发展的良性互动。

五是大力促进中小企业之间的合作与结网。中小企业量大而广，是包头市经济发展的重要推动力量。如果能促使中小企业提高专业化分工协作程度，并在此基础上加强合作，形成产业集群，结成企业网络。那么，中小企业是完全可以克服实力薄弱、抗风险能力差等困难，提高创新能力和竞争能力的。

六是构筑专业市场和现代物流业的支撑。产业的发展需要有市场的支撑，如果市场与产业的联系以及相互支撑不够，将会束缚产业集群规模的迅速扩大。

（五）抓工业结构调整

包头市工业结构调整要坚持“以政府引导，企业自主，市场推动”、“在发展中调整，在调整中发展”的工作思路，充分发挥市场配置资源的基础作用，因地制宜，分类指导，根据区域协调发展的原则，统筹全市产业布局和产业结构调整。调整的重点是：进一步做大做强

“六大”支柱产业。特别要突出做优“四大”战略产业。

1. 坚持以国家产业政策为导向。结合包头市工业发展实际，要深刻认识战略产业的方向性和可持续性，工业结构调整，要突出“四大”战略产业，要全力把它做优做强。要大力推进技术进步，不断优化工业产业结构。一是加速淘汰现有工艺落后、高耗能、高污染的产业和行业；二是按照全市工业布局规划要求，加强管理，分类指导，大力推进战略产业向集群发展；三是集中发展和培育具有高新技术、先进适用技术的战略产业和能发挥本地优势的传统产业，增强产业发展后劲和储备；四是抓住国内外产业梯度转移的机遇，承接和引进先进的技术、产品和企业弥补缺失的产业及环节，完善和延伸全市产业链，提高产业协作和配套能力。

2. 切实抓好项目的引进和就地改造。在招商引资上突出招大引强，要在引进重大产业化项目上取得新突破。通过就地改造，做大做强一批发展势头好的产业和企业。加快建设一批关联度大、产业链条长、市场前景好的重大项目，促进工业产业结构优化升级，拉动相关产业和上下游企业发展，加快产业聚集，争取在钢铁、铝业、装备制造、稀土等产业发展实现新突破。

3. 加快提高自主创新能力。加快包头市自主创新体系建设，推进制度创新、机制创新、技术创新步伐，加速科研成果转化，打造一批“包头造”品牌，确保包头市技术进步、科技领先、产业发展等方面始终处于领先地位。坚持以信息化带动工业化，创造新型信息产业，运用信息技术改造提升传统企业，以工业化促进信息化发展；加快技术中心建设的步伐，努力提高技术创新水平。

4. 加快培育大企业集团。以主导产业为重点，立足现有企业，以项目为支撑，加强技术升级和换代，筛选确定一批产业突出、产品市场占有率高、税收贡献大、发展前景好、技术水平和管理水平高的企业，采取“一企一策”、“一事一议”等手段扶优扶强，分类指导，全力打造一批收入过 10 亿元、50 亿元、100 亿元的大企业大集团，目前包头市包钢、一机集团年销售收入已过百亿元，2009 年铝产业和 北创要突破 100 亿元。在发展大企业大集团同时，鼓励在企业大集团向中小企业延伸产业链条，增强产业协作配套能力，选择一批在技术、产品、市场等方面具备优势、成长性能好的中小企业加以重点扶持，推动大中小企业的互动和向产业集群方向发展。

5. 加大对产业结构调整的扶持力度。以加快全市工业发展，推进产业结构调整为主题，进一步加大支撑力度，为工业快速发展提供了强有力地支撑和保障。一是集中资金，突出支持战略产业、重点项目。集中财力支撑包头市主导产业和优势产业及高新区等，发展势头好、已初步形成产业集聚的重点区域的重大项目建设和重大招商项目的落户，提高重大产业化项目的数量和质量，推进产业集聚，提高产业集中度。二是拓宽支持领域，推进产业发展。根据工业发展需要，在现有财政支持基础上，进一步增大财政投入，建立技术补助资金，支持企业利用自筹资金进行技术改造，提高企业投资的积极性；建立产业技术研究与开发资金，支撑企业提高自主创新能力，促进产业技术发展的深度研究和成果转化；建立产业集群发展专项资金，支持产业集聚过程中规划、新建、打造特色示范区及品牌等环节，促进和引导产业加快集聚发展。工业产业调整的最终目标是把包头建设一个新的生态化工业基地。

（六）抓项目建设

要把推进包头市工业重点项目建设和扩大工业投资作为工业经济增长的根本途径。2009 年，全市要组织实施 234 个投资 5000 万元以上的工业重点项目，力争完成投资 470 亿元，其中，投资 10 亿元以上项目 40 个，5 亿 ~10 亿元项目 38 个，1 亿 ~5 亿元项目 99 个，建成投产项目 110 个。

一是要加快工业重点项目建设，重点围绕六大支柱产业和四大战略产业，组织实施 159 个项目，同时要加大对机场搬迁、高速公路、生态环境等基础设施建设的投资。要进一步扩大产业规模，促进产业升级，提升我市工业经济整体竞争力。二是加大项目招商引资工作力度，积极承接产业转移。本市企业在加强合作的同时，要加强与外来企业的合作，引进市外资金，对接产业链条，使“短板”变长，同时要搞好全民企业对接，解决融资难题。三是要注意发挥政府投资的导向作用，带动社会资金投入，引导投资结构调整，扭转对制造业投资过度集中的现象，减少高耗能、破坏环境重化工业投资。还要严格控制产能过剩行业投资，防止低水平重复建设和盲目扩张，确保投资安全。四是争取国家、自治区政策资金支持。要紧紧围绕国家鼓励和支持的领域，认真谋划对接项目，争取一批投资额度大，科技含量高的重大项目列入国家和自治区投资盘子。五是继续加强项目储备，形成开工一批、策划一批、储备一批的良性循环。认真研究和了解国家重大项目建设动态信息，全力以赴争取项目，引进项目，争取优惠政策和资金支持。

项目是形成和提升综合实力的基础，是推动和加快发展的引擎，是吸引和扩大投资的载体。有了一大批重点项目的支撑，我们保增长促发展就有了指向和着落。特别是在经济危机的条件下，抓重点项目，既是保持当前我市工业经济平稳较快发展的内在要求，又是力求长期科学发展、和谐发展、率先发展的必然选择；既是应对挑战、逆势上行的突破口，又是整合资源、加快发展的“牛鼻子”。

实施“重点项目建设”，必须狠抓落实，组织领导到位，责任落实到位，考核监督到位。要提高认识，进一步增强持之以恒地实施重点项目牵动战略；进一步强化保增长促发展必须保持适度较快的投资增速。要振奋精神，以积极主动应对困难的姿态去破解难题，坚定不移地推进重点项目建设，为包头市下一轮经济快速发展打好坚实的基础。

金融危机对第三产业的影响及对策

（2009年3月3日）

王德山

肇始于华尔街的次贷危机，是“百年一遇”的金融危机，是美国自由资本主义的危机，也是国际经济秩序的危机。由于危机发生在资本主义心脏地带，因而其产生的冲击波巨大而持久。到目前为止，已形成了一场历史上影响力巨大的金融危机，在世界各地引起了一系列的连锁反应。然而这次以美国为核心、逐渐向全球波及的金融危机其持续时间、波及范围、影响深度都还不确定，各国金融危机因素与反金融危机因素存在着艰难的博弈，我们无法以准确的数据来具体衡量金融风暴所带来的破坏。但由于其巨大的影响力和破坏性，我们不能无视任其发展，而应本着科学的精神，以追求客观、真实去把握事件的发展。而第三产业作为国家和地区经济发展的重要组成部分，受到金融危机的影响是不可忽视的。根据包头市第三产业现状，分析第三产业在这样的世界经济大环境下，将受到何种影响、何以应对等一系列问题，对包头市第三产业在金融危机下如何实现可持续发展做出初步的分析和探讨，具有重要意义。

一、第三产业的现状

包头市第三产业经过改革开放30年来的快速发展，特别是近年来市委市政府重力支持和结构调整，在三次产业中的比重幅度逐步上升。按照国家新《国民经济行业分类标准》规定，全市第三产业存在业态包括以下 14 种门类：交通运输、仓储和邮政业；信息传输、计算机服务和软件业；批发和零售业；住宿和餐饮业；金融业；房地产业；租赁和商务服务业；科学研究、技术服务和地质勘查业；水利、环境和公共设施管理业；居民服务和其他服务业；教育业；卫生、社会保障和社会福利业；文化、体育和娱乐业；公共管理和社会组织。2008 年，全市第三产业增加值完成 703.99 亿元，同比增长 17.0%，占全市生产总值 1760 亿元的 40%。第三产业固定资产投资完成 522.64 亿元，同比增长 41.1%，占全市固定资产投资 1080.06 亿元的 48.4%。第三产业从业人员达 65.33 万人，占从业人员总数的 49.03%。包头市第三产业的几种有形业态的情况如下：

1. 商贸经济规模不断扩大，贡献逐步凸显。2008 年，全市实现社会消费品零售总额 515.74 亿元，同比增长 23.7%。从行业类型看，批发零售贸易业实现销售总额 396.85 亿元，同比增长 22.5%；住宿餐饮业实现营业收入 113.03 亿元，同比增长 28.7%；其他行业实现营业收入 5.86 亿元，同比增长 13.8%。目前，全市拥有限额以上贸易住宿餐饮企业 309 户，其中：批发业 65 户，零售业 106 户，住宿餐饮业 138 户。行业从业人员达 32.06 万人，已成为吸纳劳动力就业的重要渠道。

2. 新型业态快速发展，现代商贸开始形成。连锁超市、物流配送、信用消费、电子商务等新型业态不断涌现，呈现出强劲的发展后劲。商圈经济得到长足的发展，包百商贸区、神华商贸区、娜琳商贸区、东百商贸区、巴彦塔拉商贸区五大商贸区发展势头迅猛，发挥出强大的吸引力和辐射力，有力地拉动了市民消费。已建设成日用生活消费品连锁经营体系、农资连锁经营服务体系、医药连锁经营体系、化妆品连锁经营体系。休闲洗浴娱乐业也迅速发展。

3. 金融保险业发展快速，稳健运行。截至 2008 年末，全市已有农业发展银行、国有商业银行、交通银行、浦发银行、招商银行、城市商业银行、农村信用社、信托投资公司和邮政储蓄银行等种类的银行业金融业金融机构 543 个，资产总额达到 1422 亿元，比年初增长 8.13%，负债总额 1269 亿元，比年初增长 7.96%。金融机构存款余额 1201.98

亿元，增长17.7%，其中：企业存款372.77亿元，增长13.8%；城乡居民储蓄存款593.97亿元，增长25.3%。金融机构贷款余额631.25亿元，增长18.0%。不良贷款比年初下降了2.66个百分点。金融机构实现利润20.04亿元，同比多增6.58亿元，增长48%。全市银行业金融机构综合实力显著提升，防风险能力持续增强。

随着经济的发展，全市保险业得到快速崛起。人们把购买保险作为日常消费之一，呈现出良好态势。截至2008年末，保险业务收入16.78亿元，同比增长22.8%，其中：财产险收入6.12亿元，增长20.8%；人寿险收入10.66亿元，增长24.0%。保险业务支出15.65亿元，同比增长27.4亿元，其中：财产险支出3.79亿元，增长20.9%；人寿险支出11.86亿元，增长29.6%。

4. 对外贸易平稳较快增长，面临形势严峻。2008年，全市实现进出口总额23.39亿美元，同比增长27.1%，其中出口实现15.13亿美元，同比增长26.1%，占自治区出口总额35.79亿美元的42.3%，位居自治区各盟市之首。2008年，包头市进出口发展势头总体是好的，但由于国际金融市场急剧动荡，世界经济增长明显放缓，外部经济环境的变化对我国进出口造成了一定影响。国际金融危机对包头市对外贸易的影响将开始显现，使本来就比较弱小的进出口贸易面临形势非常严峻。

5. 旅游业发展趋缓，规模效益没有形成。目前，包头市有旅行社70余家，旅行社职工人数600余人，星级饭店32家。2008年，全市接待旅游人数65.70万人，同比增长0.6%。与2007年同期相比，接待旅游人数增加1.02万人，仅比2007年提升2.6个百分点。其中：接待外国人0.60万人，比2007年减少1.04万人。营业收入总额28246万元，增长12.6%，比2007年增加3160万元。

6. 房地产业出现阻滞，总量有所下降。受全球金融危机和世界经济大幅下滑的影响，包头市居民住房消费信心低落，需求不足，继2008年第四季度包头房价回落之后，新建商品房空置率增加，二手房交易量下降。2008年商品房屋成交面积226.70万平方米，成交金额67.17亿元，同比下降19.72%、16.11%；其中商品住宅成交面积188.69万平方米，成交金额48.66亿元，同比下降8.73%、8.14%。

全市存量房屋交易面积89.85万平方米，交易金额14.52亿元，同比增长-0.9%、12.4%。2007年包头房地产销售价格指数为105.5%，2008年为102.0%，同比下降了3.5个百分点，下降速度过快，导致包头房地产业回落到冰冻期。

二、金融危机对第三产业的影响

由于此次金融危机爆发前，我国对第三产业的发展，无论从政策上还是资金投入上，都给予了极大的重视并取得了一定的成果。可以说，第三产业成为了国民经济的重要组成部分。然而，这次金融危机对全球经济造成了巨大的影响，包头市第三产业的各个方面无疑会多少受到波及。包头市第三产业增加值增速2007年为20.9%，2008年为17.0%，2008年比2007年增速下降了3.9个百分点。第三产业增加值占GDP的比重2007年为45.1%，2008年为40.0%，2008年比2007年占比下降了5.1个百分点。第三产业固定资产投资增速2007年为62.8%，2008年为41.1%，2008年比2007年下降了21.7个百分点。

就金融危机对包头市第三产业的影响来看，主要呈现并预期可能出现以下情况：

1. 房地产业。由于此次危机主要由地产业次贷危机引爆，房地产必然受到直接的影响。大多房地产公司是贷款开发项目，银行等金融机构受到了金融危机的冲击，资金流动性差，房地产公司再申请贷款将有所阻碍，项目开发进程将有所调整。目前，包头市房地产市场消费进入低迷已成事实。据有关政府部门数据统计，进入2008年，包头市房地产市场在全国一线城市持续低迷的情况下，虽然销售始终保持了增长态势，但是无论是同比还是环比，销售量增长幅度均在下降，特别是2008年10月以后下降幅度较大。商品房销售面积10月比9月同比下降44.8个百分点，11月比10月同比又下降14.5个百分点；商品房销售额10月比9月同比下降40.9个百分点，11月比10月同比又下降10.3个百分点；房地产销售价格指数6月份为102.2%，12月份为99.9%，同比下降2.3个百分点。商品房销售价格指数6月份为103.5%，12月份为101.0%，同比下降2.5个百分点。我们认为，受国家经济形势的影响，一线城市销售低迷的扩散作用进一步放大，从而令包头市房地产市场销售低迷的趋势进一步加剧。

2. 商贸餐饮业。对于商贸餐饮业来说，金融危机对其的影响，必然通过其经营业绩来体现。2008年下半年，包头市限额以上商贸餐饮业销售额增速普遍下降。根据跟踪监测：批发业销售额（65户）增速为7月42.4%、8月38.3%、9月32.0%、10月29.3%、11月25.9%、12月31.5%；零售业销售额（106户）增速为7月20.6%、8月21.0%、9月21.6%、10月20.5%、11月20.2%、12月18.8%；住宿餐饮业营业收入（138户）增速为7月38.3%、8月37.7%、9月37.5%、10月37.9%、11月36.8%、12月33.9%。但人们对商贸餐饮消费具有刚性需求，目前金融危机对商贸餐饮业的影响不会太大。

3. 金融保险业。包头市金融业最大的问题是存贷差问题。“十一五”时期以来，包头金融存贷差就呈逐年增长、不断扩大之趋势。2005~2007年，包头金融存贷差分别为342.1亿元、373.2亿元、476.4亿元。2008年，在金融危机波及包头经济的形势下，金融机构各项存、贷款余额虽然继续保持较快增长（存款余额1201.98亿元，比上年增长17.7%；各项贷款余额631.25亿元，比上年增长18.0%），但是存贷款差余额已达570.73亿元，比2005年扩大了228.63亿元。这也就是说，2008年包头市有570.73亿元的钱没有花（贷）出去，或者说，全市有570.73亿元的钱没有人去花。这些花不出的钱，银行通常有两种解决办法：一是让其他城市或地区拆借去使用；二是上存各自的上级银行。总之，包头市的金融资金被外流了，而且十分惊人。目前，包头市的状况是：一方面包头市经济结构调整、产业及产品升级、大项目建设，尤其是第三产业的项目建设和中小企业发展急需大量资金；另一方面金融资金严重外流，使人不可理解。融资难是阻碍包头市经济发展，特别是第三产业中非公有制企业快速发展的一大瓶颈。

包头保险业务收入与保险业务增长不匹配。与2007年相比，2007年保险业务收入增长21.7%，2008年增长22.8%，2008年比2007年提高1.1个百分点；2007年保险业务支出增长44.2%，2008年增长27.4%，2008年比2007年下降16.8个百分点。看来，保险公司理赔的前提条件越来越苛刻了。保险业存在的问题：一是保险业规模小，与经济社会的发展不相协调。二是保险产品结构单一，服务水平低，不能满足人民群众日益增长的保险需求，保险的功能和作用没有得到充分发挥。三是保险市场违法违规行为仍然存在，欺诈误导投保人的现象时有发生，诚信建设有待加强。四是保险监管方式和手段与保险业快速发展的形势还不适应。对这些问题，应认真对待，采取有效措施，切实加以解决。

4. 旅游业。金融危机对包头旅游市场也造成影响。根据星级宾馆统计资料显示，2008 年包头接待旅游人数增速仅为 0.6%，营业收入总额增速也只有 12.6%。包头市旅游业始终没有快速发展起来，更重要的原因是：旅游项目主要以观光型项目为主，缺乏参与型、娱乐型项目；包头旅游景点经营管理水平和服务质量较低，景点环境卫生差，旅游景点门票和餐饮费用较高；旅游资源研究不足，开发滞后，宣传力度不够；旅游企业普遍存在着小、散、弱的现象，竞争力不强，难以形成规模经营；旅游纪念品品种单调，缺乏特色。

5. 对外贸易。金融危机使进出口贸易增速明显下滑。与 2007 年相比，2008 年进出口总额增速为 27.1%，比 2007 年的 51.8% 下降了 24.7 个百分点，其中进口总额增速为 28.8%，同比下降了 57 个百分点；出口总额增速为 26.1%，同比下降了 12.2 个百分点。

此外，在包头市经济发展较长时期中，第三产业结构层次不高、布局不合理的现象普遍存在。表现在：市场结构仍以内向型为主，外贸辐射能力较弱；内贸方面，市区商业网点虽多，但企业组织结构呈小型分散状态，缺乏大商业、大流通企业，规模效益低。综合服务技术业比较薄弱，生产服务体系不健全，服务层次较低，影响经济管理体制转换和发育，不利于第三产业的发展和经济效益的提高。此外，第三产业中，知识密集型产业薄弱，科研部门技术设施不足，现代化程度不高，不少科研成果缺乏中间试验和推广应用，未能转化为产品。

对第三产业预期分析：

虽然到目前为止，金融危机对本市居民的物质消费和精神消费还未构成较明显的影响，但从经济周期来看，我们不能忽视因此可能产生的对第三产业的影响。可以预计的是，随着金融危机影响的不断渗入，包头市居民消费观念、消费行为会不知不觉中发生变化。从物质消费来看，需求仍然是相对刚性，居民的消费观念和行为可能不会产生较大的变化。因此，与物质生产关联度很高的第三产业部类仍然具有十分有利的发展机会。但从精神消费来看，虽然对居民的生活消费具有不可替代的重要性，但是相对软性，在经济动荡时期，人们可以根据自己的经济实力做出适当调整。对高收入者来说，金融危机的影响主要在于市场是否能持续提供更多高档、优质的文化精神产品来满足其需求，而他们不会更多地考虑自己是否能够支付这些产品的价值。对中低收入者来说，原本就不强的文化精神产品支付能力，则面对了更大的挑战。他们可能减少高成本的文化精神产品消费，更多地转向低成本的文化精神产品消费。

在既定的市场消费容量下，金融危机像是一把“双刃剑”，它冲击或影响了某些第三产业的发展，但却也在一定程度潜藏着另一些第三产业发展的契机。房地产业的120平方米以上高档商住房价格回落，销售量下滑，但给60~90平方米保障性住房和廉租房的开发提供了机遇；市区大型购物等消费场所日趋完善和饱和，却为社区服务业和乡镇农村销售网络建设开辟了新的空间；传统型生活类服务业发展放缓，却使现代型生产类服务业得到快速发展；旅游产业受到一定影响，但给自驾游、本地游、农（牧）家乐等却提供了一个绝好的机会；高成本的休闲娱乐、精神文化消费方式受到一定影响，低成本的休闲娱乐、精神文化消费方式却因此有了相对较大的市场。

三、金融危机背景下发展第三产业的对策

以上分析了金融危机对包头市第三产业造成的影响，对比欧美第三产业受金融危机影响的程度，包头市的第三产业到目前为止，受金融危机的影响似乎还不太明显。但由于经济危机的蔓延和渗入需要一个过程，我们应该提早采取应对措施，以帮助第三产业顺利渡过危机，将负面影响降到最低。

1. 发挥金融业促进地方经济发展的重要作用。当前，全市各银行

机构要牢固树立稳经济、稳企业就是稳银行的指导思想，顾全大局、着眼长远，与企业同患难、共命运，以更广阔的视野、更准确的对策、更快捷的行动，落实好保增长促发展的各项措施，自我加压、多挑担子，不随意压贷、不盲目收贷，在防范风险的前提下，主动营销出击、增加项目储备，按照“快、重、准、实”的要求，本着“稳存量、扩增量、多储备、调结构、保重点、抓创新”的工作思路，进一步加大信贷投放力度，保障企业合理的资金需求，积极助推企业克服暂时的困难，帮助企业平稳“过冬”。对基本面比较好、信用记录较好、有竞争力、有市场、有订单但暂时出现经营或财务困难的企业，银行机构要给予有力的信贷支持。对财务风险较大、有资金链断裂倾向的企业，由市里统一组织制定风险防范和处置方案，采取相应对策措施，各债权银行必须按照市委市政府的统一部署，坚持同进同退、同舟共济。同时，要切实增强贷款利率下浮，在政策允许的范围内给予利率优惠，有效减轻企业负担。

2. 健康发展房地产业。按面积给予购房者不同程度的财政补贴、减免税费、减轻购房者的负担，让利于民，既保证了低收入家庭的住房需求，增强了市民的购房信心，又扩大了市场需求，从而促进房地产的销售。同时，制定全市商品住房参考价对商品房进行价格指导，在保证开发商合理利润的基础上抑制虚高房价，启用市场机制和保障机制两条腿走路，将引导包头房地产开发步入良性循环，也给消费者一个合理的房价心理预期。指导价的制定成为关注的焦点，将直接影响包头市现有商品住房的销售价格水平。根据2008年包头市商品房上市量增长趋缓，商品房供应充足这一基本现实，2009年房地产开发重点应放在60~90平方米保障性住房和廉租房的开发上。

3. 快速发展现代物流业。现代物流业是融合运输、仓储、货运代理和信息等行业的复合型服务产业，涉及领域广，吸纳就业人数多，促进生产、拉动消费作用大。包头市现代物流业处于起步阶段，总体水平落后，制约经济效益的提高。在当前促改革、保增长、调结构、扩内需、惠民生的宏观经济形势下，包头必须加快发展现代物流，建立现代物流服务体系，以物流服务促进其他产业发展。充分利用原国有企业的库房、厂房，盘活闲置资产作为物流企业的仓储库；引导国有大中型企业自办物流企业的重新组合，使其社会化，发展第三方物流企业；鼓励支持自发组成的物流公司及新兴的第三方零担托运点之间结成联盟进行物流资源整合；吸引外来投资者开发物流项目，加快物流配送基地与园区建设；充分发挥市场机制的作用，采取多种途径筹集资金，鼓励、引导多元市场主体投资物流基地；兼顾包头市经济社会发展近期需要与长远发展，注重硬件建设和软件管理相结合；支持旗县区重点建设专业物流园区，形成大中小现代物流企业互为补充、相互作用的现代物流产业集群格局。

4. 积极发展农村牧区服务业。不断繁荣农牧区经济，增加农牧民收入，提高农牧民生活水平，为实现包头农牧业产业化，扎实推进社会主义新型农村（牧区）建设服务。

围绕农牧业产前、产中、产后服务，加快构建和完善以生产销售服务、科技服务、信息服务和金融服务为主体的农村牧区社会化服务体系。

改善农村牧区基础条件，加快发展农牧区生活服务业，提高农民生活质量。推进农牧区水利、交通、邮政、电信、电力、广播影视、医疗卫生、计划生育和教育等基础设施建设，提高公共服务均等化水平。大力发展园艺业、特种养殖业、乡村旅游业等特色产业。加强农牧区基础教育，职业教育和继续教育、搞好农牧民和农民工培训，实施富余劳动力转移就业。

5. 增强第三产业的中小企业竞争实力。2008 年，包头市第二产业部分企业发展受到了一定的制约，特别是从事铁精粉、炼铁、炼钢生产等企业更是受到了明显影响。同时，由于受特殊行业前置条件的限制，个体工商户、私营企业缺乏资质，不能从事建筑、采矿、电力等行业的经营，致使三产成为个体私营企业集中投资的行业。

要充分发挥民营中小企业在规模和机制方面的优势。由于包头市第三产业企业大多数规模较小、效益较低，因此，必须发挥这部分企业进入的门槛低、回报快、机制灵活的特点和优势。要在政策上对中小企业进行扶持，调整产品结构和经营方向，加快产品和服务的升级换代，提高其附加值，提高企业的经济效益。要通过重组兼并，扩大企业规模，增加企业实力，组建大型现代物流中心、贸易企业集团等，充分认识

“总部经济”的重要性，推动第三产业的整体发展。

6. 大力发展旅游业。作为具体承受与应对金融危机的旅游企业，停留在泛泛探讨危机影响上是没有意义的，关键是要摸清我们所面对的具体挑战，努力从危机影响的夹缝中寻找属于自己的生存空间和发展机遇。总的来说，受金融危机的影响，部分居民的旅游消费弹性收缩，城乡旅游目的地普遍受到影响，但城市作为公务、商务、会展旅游集中之所，所受影响可能会大一些，乡村以提供较价廉的大众观光休闲产品为主，所受影响可能相对要小。旅游业依托性、关联性、综合性强。包头市应继续采取有力措施，突出重点，逐步推进，形成规模。根据包头地区的旅游资源和产品特色进行重新设计、规划和整合，抓好商务旅游、生态旅游、文化旅游、主题旅游和特色旅游，打造包头旅游品牌，建设西部地区最大的旅游集散地。以历史遗址为基础，打造历史文化旅游基地；以古寺古庙为基础，打造宗教文化旅游基地；以近现代革命活动遗址为基础，打造红色旅游基地；以绿色草原和城中草原为基础，打造草原文化旅游基地；以城市景观为基础，打造现代城市旅游基地；以特大型企业为基地，打造工业旅游基地；以民族风情为基础，打造塞外民风旅游基地。

7. 进一步扩大对外开放。根据金融危机对包头市的影响和进出口贸易总额弱小的现状，包头市应该优化引资结构、扩大引资规模，努力提升招商引资位置。拓宽招商领域，立足资源优势和产业基础，创新招商模式，积极引进世界500强和国内外先进企业，不断壮大优势支柱产业，培育新的特色产业。充分发挥产业政策的导向作用，引导外资进入高新技术领域以及参与传统产业改造和公用事业改革。

优化进出口商品结构，提升对外贸易规模和档次。转变外贸增长方式，优化出口产品结构，积极培育名优品牌；大力发展技术贸易和服务贸易，推动贸易方式的由一般贸易和加工贸易向服务贸易和中介贸易转变；推进外贸多元化，在巩固蒙古、俄罗斯市场的同时，开拓欧、美、非等市场；积极发展满都拉口岸经济，使其成为包头市向北开放的重要战略支点。以“互利共赢”为原则，坚持“引进来”与“走出去”相结合，以开发利用俄、蒙矿产资源为重点，加快建设外向型资源深加工体系，为包头市产业基地建设提供原料保证。

到目前为止，虽然金融危机的持续时间、波及范围我们还无法预计，但有两点可以肯定的是：第一，这次被认为历史上前所未有的金融危机的影响还在逐渐蔓延，尽管世界各地的反金融危机力量采取了各种可能的措施，试图将危机的影响降到最低。但由于世界经济一体化的逐步深入，此次由超级经济大国美国引发的经济危机大爆发，在全球已造成了巨大的经济动荡，其在短时间内不会平息。包头市也不能“独善其身”。第二，金融危机对第三产业各关联部类的影响，是方方面面并且十分深刻的，其造成的具体影响是我们现在无法估量和掌控的。我们所能做的，就是通过严密的动态观察和深入的分析，采取一系列应对措施，将金融危机对第三产业的破坏性影响减到最低，并看到潜在的促进第三产业发展的因素，将危机的各种影响的合力逐渐导向我们所希望看到的良性局面。

加快发展现代服务业的战略思考

（2009 年 5 月 12 日）

王德山　王琳娜

温家宝总理在第十一届全国人大第二次会议政府工作报告中指出：加快发展现代服务业，促进金融保险、现代物流、信息咨询、软件和创意产业发展，拓展新兴服务领域，提升传统服务业。

当前，国际经济形势复杂多变，金融市场动荡加剧，全球经济发展明显减速，已经并将继续对我国相关产业产生深远影响。这些不利因素既是挑战，也是我们加快发展服务业、进行产业结构调整、转变经济发展方式的重要机遇。我们要抓住机遇，下大力气加强高科技含量、高附加值服务业产业的投入与发展，不断培育现代服务业新的增长点，加快构建服务业市场体系，以顺应转变经济增长方式、优化经济结构的发展趋势。那么，如何认识现代服务业，包头服务业现状怎样，包头加快发展现代服务业的路径又在哪里，这是我们应对金融危机，调整经济结构和产业结构，转变经济增长方式，促进经济平稳健康发展必须研究和解决的重大课题。

一、现代服务业的界定和发展趋势

（一）现代服务业的界定

鉴于服务业具有相对性和多层次性的特点，现代服务业有狭义和广义之分。

从狭义上来讲，现代服务业是相对于传统服务业而言的。传统服务业是指为人们日常生活提供各种服务的行业，大都历史悠久，如饮食业、旅店业、商业等。而现代服务业是在工业比较发达的阶段产生的，主要是依托于信息技术和现代管理理念发展起来的，是信息技术与服务产业结合的产物。具体包括两类：一类是直接因信息化及其他科学技术的发展而产生的新兴服务业形态，如计算机和软件服务、移动通信服务、信息咨询服务、健康产业、生态产业、教育培训、会议展览、国际商务、现代物流业等；另一类是通过应用信息技术，从传统服务业改造和衍生而来的服务业形态，如银行、证券、信托、保险、租赁等现代金融业，建筑、装饰、物业等房地产业，会计、审计、评估、法律服务等中介服务业等。它们通过其各种服务功能，有机联结社会生产、分配、交换和消费诸环节，加快人流、物流、信息流和资金流的运转。

从广义上来看，现代服务业是一种现代化、信息化意义上的服务业，是指在一国或地区的产业结构中基于新兴服务业成长壮大和传统服务业改造升级而形成的新型服务业体系，体现为整个服务业在国民经济和就业人口中的重要地位以及服务业的高度信息化水平等方面。当然，现代服务业是一个动态概念。随着经济社会的发展，此时为现代服务业，彼时则为传统服务业。但它们也不是转瞬即逝的，具有相对的稳定性和时代性。

（二）现代服务业的发展趋势

产业经济理论表明，经济发展到相当程度时，发达的现代服务业可以为发展新技术产业提供创业的氛围，现代服务业的发展可以与现代工业制造业形成互动的机制。所以，可持续发展的经济需要发达的现代服务业作支撑。特别是对于都市经济的发展，服务业的拉动作用更为凸显。随着新科技革命浪潮的兴起，知识、技术和信息对经济增长的贡献越来越大，以信息产业为代表的知识型产业，正在成为世界经济的主要增长点，人类社会正逐步进入知识经济时代。现代服务业在知识经济和经济全球化发展过程中，正发挥着越来越重要的作用，并表现出新的发展趋势。

1. 现代服务业将成为第三产业的发展重点。

（1）现代服务业更加突出信息比较优势。按照传统的比较优势理论，一国或地区的产业是否具有竞争力，取决于其是否具有比较优势。在知识经济社会中，知识作为最重要的生产要素，其产生和传递主要是通过信息业完成的。因此，传统比较优势将逐渐弱化，信息比较优势将成为服务业国际竞争力的构成要素。所谓信息比较优势是指各国或地区在信息的生产、传播、反馈和使用能力上的差异以及一国或地区所获得信息的数量、质量、时效和稀缺程度。在知识经济时代，信息的操纵与控制能力将成为服务业竞争力的决定因素。

（2）信息产业将成为现代服务业的主流。这主要表现在：首先，直接因信息产业发展和信息技术应用而产生的服务行业发展迅猛；其次，由于信息技术的应用，从传统产业衍生而来的服务行业成为经济生活中的“主角”。

（3）运用信息技术改造传统服务业使其成为现代服务业。在未来的经济社会中，大量传统服务业的内容仍将保留和延续，但信息技术的普遍应用，则会大大推进传统服务形式向现代服务业的转变。这是因为：一方面，信息技术的应用将改进传统服务业的提供方式，扩大服务的内容和服务的领域，使以往单一领域中的服务行业能够跨越多个领域提供服务，使传统生产性服务、消费性服务和公共性服务之间的界限变得模糊；另一方面，由于服务业的特性决定了其发展对于信息的依赖程度远大于其他产业，因此信息技术在传统服务业中的推广应用，为服务业中信息的快捷、畅通流动奠定了基础，有助于推动服务业信息化水平的提高，促进服务业效率和效益的增长，实现传统服务业的改造和升级。

2. 现代服务业将成为经济社会的主导产业。

（1）现代服务业成为国民经济最重要的组成部分。在信息技术的推动下，服务业将获得迅猛发展，成为占国内生产总值比重最高的产业形态。当前，由于一些发达国家已经步入信息社会初级阶段，完成了向现代服务业的转型，因此服务业在国民经济中的主导地位在这些国家已经有所体现。

（2）现代服务业成为吸纳就业最主要的领域。自 20 世纪 80 年代以来，服务业吸收劳动力占社会劳动力的比重逐年提高，到目前为止多数国家服务业吸收就业劳动力人数已经超过第一产业和第二产业吸收就业劳动力的总数，其中发达国家体现得尤为明显。据资料反映，发达国家服务业就业比重在60%～70%以上，发展中国家在40%～60%之间，欠发达国家在40%以下。

(3) 现代服务业成为推动国际贸易的主角。现代服务贸易正成为经济全球化的一项新内容。随着服务业在国民经济中主导地位的确立，在未来的国际贸易中，以提供现代服务为主的对外贸易不仅将以高于货物贸易的速度快速发展着，而且交易金额也有望超越货物贸易，成为外贸形式的主要内容。在未来服务贸易的输出和输入项目中，从依托产品为主向依托信息为主转变的趋势仍将继续，服务贸易的科技含量和附加价值将日益提高，进而使现代服务业成为推动国际贸易发展的主角。

3. 现代服务业将是带动经济社会发展的关键。

(1) 现代服务业将成为第一、第二产业发展的重要推动力。随着现代服务业的发展，它将与第一、第二产业结合得更加紧密，成为推动这两大产业发展的重要因素。这是因为：未来无论工、农业产品本身还是组织形式都将从单一的大规模生产变得越来越精巧和个性化，这需要各类服务业的支持；资源枯竭问题的凸显使工、农业生产将尽量减少对不可再生资源的消耗，增加可再生资源的使用，这样服务将更多地作为中间投入融入工、农业生产中；信息技术在工、农业生产中的普遍应用，也增加了两大产业对相关服务的需求。这些都将使未来工业和农业成为“服务密集型”领域，出现“产业服务化”的现象，即：一些工业或农业部门的产品是为提供某种服务而生产的，知识和技术服务将随产品一同售出，服务还将引导工、农业部门的技术变革与产品创新。

(2) 现代服务业将成为高新技术产业发展的主要带动因素。以信息产业为主的高新技术产业是国民经济的先导产业，现代服务业的发展将极大地带动这一产业发展。主要表现为：首先，现代服务业将直接服务于高新技术产业的发展。高新技术产业的发展需要大量专业化、高效率的服务业给予支撑，现代服务业是高新技术产业获得快速发展不可缺少的因素。其次，现代服务业将成为高新技术产业最重要的应用领域。服务业的发展离不开先进技术的应用，服务业的现代化就是服务业信息化的过程，因此现代服务业的发展壮大将为高新技术产业的发展提供广阔的市场空间。再者，现代服务业将成为推动高新技术产业创新的主要动力。现代服务业的发展使其对信息、生物、新材料等高新技术及其产品的需求日益增长，这将促使高新技术产业不断进行创新和实现突破。

（3）现代服务业是衡量国家和地区现代化的尺度。衡量现代化国家的重要尺度是：现代服务业增加值占 GDP 的 60% ~70% 以上，现代服务业就业人员占全社会就业人员总数的 70% 以上，现代服务业渗透到人民生活、工农业生产、社会生活等各个领域。没有现代服务业，就不会有现代化工农业，更不会有全面的现代化。现代服务业是当代经济社会发展的重大引擎，是现代化的首要尺度。发达国家、发展中国家、欠发达国家的主要区别就是现代服务业的发展程度。

二、现代服务业的发展背景和现状

（一）包头发展现代服务业的宏观环境

一个城市经济社会的发展离不开所处地域生产力水平和经济社会发展现状。包头现代服务业的发展当然也离不开内蒙古自治区服务业发展的背景。近年来，内蒙古自治区积极优化环境，服务业发展步伐进一步加快，内部结构得到调整，对经济社会的促进作用显著增强，呈现景气发展、总量增大、质量提升、后劲勃发的良好态势，成为推进经济社会发展的新引擎。但是，与全国平均水平和发达省份相比，内蒙古服务业发展优势还没有充分发挥出来。主要是由服务业多元发展不足，城乡居民收入增长慢于全国，城镇化发展不全面，服务业竞争力不强，以及高层次人才欠缺造成的。

1. 纵向比较：服务业总量扩大，内部结构不断优化。“十五”时期以来，全区服务业持续快速增长，第三产业增加值总量由 2000 年的 605.7 亿元增加到 2007 年的 2174.46 亿元，年均增长 16.7%，增速比“九五”时期快 3 个百分点，也快于同期全国平均水平 5.9 个百分点。

服务业内部结构不断优化升级。目前全区服务业中，以交通运输仓储邮电业、批发零售和住宿餐饮业为代表的传统服务业发展平稳，其增加值占第三产业比重由 2000 年的 59% 下降至 2007 年的 53.9%，以金融、房地产、教育文化、信息传输和商务服务等为代表的现代服务业和新兴服务业迅速发展，其增加值占第三产业比重由 2000 年的 20.8% 上升至 2007 年的 25.8%。

"十五" 时期以来，由于内蒙古新型工业化的迅猛发展，全区服务业占经济总量的份额回落。2007 年，全区第三产业增加值占 GDP 的比重为 35.7%，比 2000 年回落 3.6 个百分点。这与当前全区所处的工业化加速发展阶段特征一致。

2. 横向比较：总量位次前移，现代服务业发展仍较滞后。"十五" 时期以来，全区第三产业增加值总量在全国的排名前移，由 2000 年的第 25 位跃居至 2007 年的第 17 位，比 2000 年的排名提升 8 位。服务业增加值总量占全国的比重也呈上升态势，2007 年全区第三产业增加值总量占全国的比重由 2000 年的 1.4% 上升至 2007 年的 2.0%。

与全国相比，新兴服务业和现代服务业发展不足，2007 年内蒙古信息传输、计算机服务和软件业、金融业、房地产业、商务服务业、科学研究和技术服务业、教育以及文化体育和娱乐业增加值占第三产业的比重为 27.3%，低于全国 16 个百分点，并且与发达省份相比差距更大。

3. 制约内蒙古现代服务业发展的因素。

(1) 第二产业中上游产业比重高且结构单一。第三产业可分为两大部分：一是流通部门，包括交通运输、仓储及邮电业，批发和零售贸易、餐饮业等。二是服务部门，是除流通部门以外的其他行业。全区多数盟市第二产业结构比较单一，工业以采矿业和制造业为主限制了对信息传输、计算机服务和软件业、租赁和商务服务业、居民服务和其他服务业为主的新兴产业需求的扩大。

(2) 居民收入增长缓慢，消费结构不尽合理。2007 年，全自治区城镇居民人均可支配收入 12378 元，低于全国平均水平 1408 元；农牧民人均纯收入 3953 元，低于全国平均水平 187 元。全区居民收入增长水平与经济发展速度不够协调。一般来说，居民收入水平越高，消费需求的结构和层次升级越快，服务业发展程度就越高。因内蒙古居民总体收入水平低于全国平均水平，食品消费所占比重仍占据居民消费第一位置，城市居民恩格尔系数维持在30.4%，农牧民恩格尔系数仍在40%以上，导致消费结构不尽合理，影响服务业的深化发展和结构优化。

（3）城镇化发展不足，削弱需求基础。服务业存在和发展需要两大因素：一是绝大多数服务产品，其生产与消费在时间和空间上具有高度同一性，即服务产品的生产和消费同时进行；二是要求最低的聚集效应，即人口须达一定规模，服务业企业才能盈利，才能形成产业。这也是服务业往往集中在城市特别是大城市的根本原因。2007年全区城镇人口比重为50.2%，高于全国5.3个百分点。尽管内蒙古城镇人口比重高于全国，但是，因内蒙古城市规模普遍偏小，一些地级和县级城市产业结构特别是工业结构单一，产业多元化发展不足，消费积聚效应不强，对第三产业发展带动力不够。

（4）服务业竞争力相对较弱。服务业经济发展的粗放性问题没有得到根本解决，对传统服务业的改造升级刚刚起步，在发展速度和发展质量方面与先进地区存在较大差距。

（5）专业技术人才不足，现代服务业智力支撑不强。现代服务业发展需要大量的专门人才，尤其是企业管理、市场服务、科技研发等知识密集型服务行业的发展，更离不开高端人才的支撑。目前，全区服务业人才短缺，特别是领军型、管理型、复合型现代服务业人才数量更不能满足经济快速发展的需要，经济发展与人才需求的矛盾较为突出。

（二）服务业发展取得的成绩

内蒙古现代服务业取得的成绩和存在的问题影响着包头市现代服务业的发展，包头市现代服务业发展态势与内蒙古自治区现代服务业发展趋势基本是一致的。近年来，包头服务业的发展取得了比较大的成绩。主要表现在：

1. 服务业的实力不断增强。1990年，包头服务业增加值为13.68亿元，在GDP中所占比重仅为30.4%；1995年服务业增加值为42.28亿元，占GDP的29.1%；2000年服务业增加值为72.27亿元，占GDP的31.6%；2005年服务业增加值为367.68亿元，占GDP的43.3%；2008年服务业增加值达到703.99亿元，占GDP的40.0%。随着对外开放步伐的加快，服务业开放的领域也在不断拓宽，金融、房地产、旅游、现代物流、仓储式大型连锁超市、信息咨询业等行业也正在逐步成为包头新的经济增长点。

2. 服务业内部结构发生了很大变化。从包头服务业的内部结构看，从“十五”时期以来，除金融业在个别年份由于政策性的影响有所波动外，交通运输邮电业、商业、房地产业等行业基本上都与经济增长保持了同步、稳定的发展势头。

首先，交通运输邮电业和商贸业快速发展，使中心经济城市的服务功能进一步增强。2008年，全市交通运输业（包括铁路、公路、民航）完成客运量20776.5万人，是2001年的15.4倍。完成货运量40323万吨，是2001年的3.8倍；邮电业务总量完成558000万元，是2001年的6.8倍；2008年，全市社会消费品零售总额515.74亿元，是2001年的3.8倍，其中批发零售贸易业396.85亿元，是2001年的3.5倍。住宿餐饮业113.03亿元，是2001年的6.1倍。其他5.86亿元，是2001年的2.4倍。

其次，房地产业不断壮大。2001~2007年全市房地产业完成投资额分别为11.27亿元、10.38亿元、17.91亿元、29.79亿元、31.00亿元、59.29亿元、81.93亿元。2008年，受城市改造扩张开发和基础设施建设带动，房地产开发投资大幅增长，全年完成139.60亿元，是2001年的12.4倍；2008年房屋施工面积1998.31万平方米，是2001年的10.2倍。房屋竣工面积469.23万平方米，是2001年的5.1倍。商品房销售面积418.73万平方米，是2001年的6.2倍。

最后，金融保险业发展迅速。截至2008年末，全市已有农业发展银行、国有商业银行、交通银行、浦发银行、招商银行、城市商业银行、农村信用社、信托投资公司和邮政储蓄银行等种类的银行业金融业金融机构543个，资产总额达到1422亿元，比年初增长8.13%。金融机构存款余额1201.98亿元，增长17.7%，其中：企业存款372.77亿元，增长13.8%；城乡居民储蓄存款593.97亿元，增长25.3%。金融机构贷款余额631.25亿元，增长18.0%。不良贷款比年初下降了2.66个百分点。金融机构实现利润20.04亿元，同比多增6.58亿元，增长48%。全市银行业金融机构综合实力显著提升，防风险能力持续增强。

随着经济的发展，全市保险业得到快速崛起。人们把购买保险作为日常消费之一，呈现出良好态势。截至 2008 年末，保险业务收入 16.78 亿元，同比增长 22.8%，其中：财产险收入 6.12 亿元，增长 20.8%；人寿险收入 10.66 亿元，增长 24.0%。保险业务支出 15.65 亿元，同比增长 27.4 亿元，其中：财产险支出 3.79 亿元，增长 20.9%；人寿险支出 11.86 亿元，增长 29.6%。

此外，社会服务业、教育文艺广电业、卫生体育福利业等也都有一定比例上升。

3. 服务业投资力度不断加大。近年来，全市服务业投资力度不断加大。2001~2007 年包头市第三产业固定资产投资和占当年全社会固定资产投资的比重分别为 28.48 亿元、43.7%；51.11 亿元、46.7%；81.16 亿元、36.3%；108.56 亿元、31.9%；193.15 亿元、38.5%；228.02 亿元、38.0%；370.46 亿元、46.1%。2008 年第三产业固定资产投资完成 522.64 亿元，同比增长 41.1%，占全市固定资产投资 1080.06 亿元的 48.4%。是 2001 年第三产业固定资产投资的 18.4 倍。2001~2008 年，全市第三产业累计投资 1583.58 亿元，占同期全市投资的 42.5%。

4. 服务业成为城乡居民就业的主领域。与其他产业部门相比，服务业具有就业弹性大，劳动密集、技术密集和知识密集并存的特点，在吸纳劳动力就业方面具有独特优势，能够吸纳各种不同素质的劳动者就业。此外，服务业就业受经济波动的影响最小，与工农业就业弹性相比，服务业就业弹性始终处于较高水平。2008 年末包头市就业人员达 133.2 万人，其中：第一产业就业人员 22.4 万人，占全市就业人员的 16.8%；第二产业就业人员 40.2 万人，占全市就业人员的 30.2%；第三产业就业人员 70.6 万人，占全市就业人员的 53.0%。服务业成为吸纳劳动力的主领域。

（三）服务业发展存在的问题

作为全国重要的重化工业城市，包头市的服务业虽然得到了一定的发展，但与发达城市相比还存在较大差距，与建设全国经济强市的总体要求还不相适应，对经济社会的拉动力不强，产业发展还存在着不可忽视的问题。具体表现在：

1. 现代服务业发展相对滞后。经济发展规律证明，在人均 GDP 5000 美元到 10000 美元的时期，是消费偏好和结构发生变化的一个转折点，物质产品的边际效用将逐步递减，享受型、发展型服务消费将逐步增加，现代服务业成为最具潜力的经济增长点。整体上看，包头已经进入工业化的中后期、城市化的加速期。因此，应主动适应经济结构变动的趋势，把发展现代服务业放在优先位置，加快推进产业结构优化升级，经济增长实现以先进制造业和现代服务业的“两轮驱动”。

包头在经济发展过程中，现代服务业的发展是相对滞后的，存在着“短板”现象。2006 年包头人均 GDP 达到 5000 美元，第三产业增加值占 GDP 的比重只有 42.3%。2008 年包头人均 GDP 达到 10079 美元，但第三产业增加值占 GDP 的比重仅为 40.0%，比 2006 年反而降低了 2.3 个百分点。对照美国和日本的发展经验，在人均 GDP 达到 3000 美元以后，靠工业数量扩张带动城市化的时代渐趋尾声，城市化进程将步入以提升质量为主的稳定增长阶段。此时，服务业将逐步成为推动城市化向纵深推进的后续动力。在国际一些发达国家的城市，人均 GDP 达到 5000 美元，其服务业增加值占 GDP 的比重达到 60% ~70% 以上。事实上，服务业的发展已经被作为衡量城市化质量的一个要素，城市化最重要的标志之一即服务业的发达程度，而服务业的发达与否，则决定了人们的生产方式、生活方式以及价值观念的转变。

2. 服务业对外开放潜力有待充分挖掘。近年来，虽然外资、外企开始进入包头服务业，但是由于银行业、保险业、信息服务业、分销业等开放程度还不高，所以从规模上看，一方面外资所占比重仍然较小；另一方面发展滞后，一些行业机制陈旧，在经营方式和效率上与发达中心城市相比存在一定的差距。按《国民经济行业分类》（GB/T 4754）所确定的服务业行业分类来比较，包头目前存在并正在运行的服务业中，信息传输、计算机服务和软件业，金融与保险业，租赁和商务服务业，现代物流业，服务外包，科学研究和技术服务业，水利、环境和公共设施管理业，现代旅游业，文化、体育和娱乐业，居民（社区）服务业显现得薄弱或缺失，说明包头服务业与国际和国家标准存在行业发展不完善的差距，又有着非常巨大的发展空间。

目前，包头市服务性企业走出去的仅有以包头钢铁设计研究和五二研究所为代表的生产性服务业、以包商银行为代表的金融业、以小肥羊和小尾羊为代表的餐饮业，领域狭窄，而以生物技术、现代医药及电子信息为代表的高科技服务行业有待进一步发展。

3. 服务业发展总体水平不高。与先进城市相比，目前包头现代服务业发展起点较低，发展速度相对较慢，竞争也不够充分，这种状况导致了现代服务业在行政管理色彩重、行业准入限制多的情况下，人为地受到抑制，使一部分潜在服务业需求不能得到实现。

将包头放在服务业发展的国内环境中比较，还存在着现代服务业市场体系发育程度低、新兴现代服务业少、信息咨询服务业发展滞后等问题。在服务业内部结构中，商贸餐饮、交通邮电、仓储等传统服务业所占比重偏高，新兴服务业发展尚不足，落后于国内外发达中心经济城市的水平，与包头的城市地位和功能以及市场需求还不适应。

国家对世贸组织承诺了服务业对外开放时间表，在领域、时间、内容、股权等方面都有明确规定。而包头市目前在服务业对外开放政策上还没有具体的鼓励措施，综合环境还不够完善，门槛较高，手续复杂，还有一些规定不明确，从而影响了服务业的对外开放。

4. 服务业管理人才相对短缺。在服务业从业人员中，有专业特长的技术人员较少，特别是从事国际贸易、金融、保险、国际劳务合作、国际旅游、咨询、信息、广告、会计、中介服务等方面的优秀管理人才相对短缺，这对包头服务业和外向型企业的发展是极为不利的。

三、发展现代服务业的对策建议

（一）发展思路

未来包头现代服务业的发展，必须以科学发展观为指导，以建设全国经济强市为目标，紧紧围绕增强中心经济城市服务和辐射功能，以国际化提升包头服务业能级、以市场化做大服务业规模、以信息化提高服务业水平、以法治化创造服务业发展环境，实现包头现代服务业的领先增长。要努力使服务业功能由自我完善型向区域发展型服务型转变，使服务业增长模式由内生型为主向全方位开放型转变，使城市的功能由生产型向服务型转变。要不断增强国际贸易、现代物流、休闲旅游、区域金融四大服务功能，努力完善商贸流通、社区服务、信息服务、中介服务、文化服务、房地产业六大现代服务业体系。

（二）对策建议

1. 正确认识发展现代服务业与推进新型工业化的关系。目前，发展服务业对于促进经济社会协调发展的意义，大家有共识。但在发展现代服务业和促进新型工业化的关系上，还有模糊认识，在实际工作中仍然较普遍地存在重工业轻服务业的现象。推进新型工业化道路与加快发展现代服务业是并行不悖的，走新型工业化道路并不意味着牺牲发展服务业，或消极听之任之，恰恰相反，它要求加快服务业，尤其是现代服务业的发展步伐。理由是：（1）工业化和经济服务化都是经济发展的客观趋势，当前，包头经济发展正处于工业化中后期阶段，也处于现代服务业加速发展的重要阶段。（2）当前包头现代服务业发展滞后，比重偏低，并不是工业化中后期应有的正常现象。（3）加快发展服务业，特别是现代服务业，是提高制造业产业竞争力、实现新型工业化的重要动力来源。（4）加快发展服务业是推进新型工业化，服务业不仅是提高人民生活水平、促进社会进步的重要方面，而且在经济增长贡献方面同样有着不可替代的作用。

2. 进行制度创新，消除服务业发展的体制性障碍。现行服务业领域的政策、体制抑制了服务业的发展。总的来说，服务业领域体制改革的方向是：打破垄断，放宽市场准入限制，推进各类服务业的市场化、社会化、产业化发展。对于教育、卫生、文化、体育等行业，原来主要由政府投入的社会事业，在有条件的领域应引入多元化的投资主体，加快其市场化、社会化、产业化的进程，使其成为服务业中快速增长的重点行业。要放宽服务业市场准入条件。放宽市场准入条件包含两个方面的内容：一是进一步放松对市场进入的政策限制，对于原先属于垄断性的行业，应同时对外资和国内民间资本开放，对文化、教育、体育产业的准入政策还应更宽松一些；二是要降低市场进入成本，进一步简化服务业企业设立登记手续，缩短企业设立登记的时间，工商、公安、消防、环保等部门应尽可能减除和减轻企业设立和存续期间的收费。

3. 实现服务贸易对外开放的突破，增强服务业国际竞争力。要充分发挥呼包鄂经济圈和西北地区中心经济城市的综合优势，以扩大服务贸易领域的开放为重点，全面扩大服务业对外开放，促进城市综合服务功能的不断提升，力求取得新形势下改革开放的先发效应。要以大力开拓服务贸易为抓手，重点促进国际国内会展、中介服务、旅游等服务业的发展。要引进国际著名大公司开设商业批发企业，吸引外商发展现代物流、电子商务等新型业态。要大力促进包头商业走向西北、走向全国，努力开拓国内市场。加快吸引各类内资金融机构落户包头。要积极开展设计咨询、对外工程和技术承包、劳务合作，力争在金融、信息、旅游、咨询等方面取得扩大开放的先发效应。要积极引进国际知名、经营实力强、管理技术先进、客户网络广泛的境外服务业企业到我市投资。要抢抓 CEPA 实施先机，突出重点，拓宽领域，促进包港澳合作新发展，特别要注重吸引港澳金融、证券、保险企业到包头设立分支机构，抓紧研究出台有关具体政策措施，有针对性地吸引港澳金融、物流、贸易、旅游以及中介服务等行业来包投资。同时要鼓励有条件的企业实施“走出去”战略，大力发展设计咨询、对外工程和技术承包、劳务合作等服务业跨国公司，有关部门要在金融、保险、外汇、财税、人才、法律、信息服务、出入境管理等方面，为企业“走出去”开拓国际市场、扩大市场份额、提高国际竞争力创造必要条件。

4. 构建现代服务业发展的微观基础。要对全市服务业领域的国有企业进行战略性调整，采取资产转让、股份制改造、出售拍卖等手段，使国有经济退出一般竞争性行业，集中力量发展我市确定的重点行业和新兴战略行业。在保留下来的企业中，建立现代企业制度，健全和完善企业内部的法人治理结构，推行期权制、年薪制等对企业经理人的激励机制，增强企业的活力和竞争力。通过深化服务业企业的改革，构建经营形式多样化、投资主体多元化、企业组织现代化的服务业企业新格局，推进服务业企业建立符合国际惯例的管理体制和经营体制。要鼓励和支持企业通过兼并收购、资产重组等方式，组建跨行业、跨地区、跨所有制的服务业企业集团，扩大服务业企业的规模，形成一批拥有著名品牌的大型服务业企业，促进服务业的集团化、网络化、规模化发展。

5. 大力发展生产性服务业。从产业发展顺序看，制造业的发展拉动了现代服务业的发展。现代服务业和制造业越来越紧密的相互融合的国际趋势，使得产业经济活动中服务业比重逐步上升，附加价值提高，加工制造环节附加价值比重下降。随着专业化分工的深化和企业服务活动外置趋势的发展，产业竞争力越来越依赖于设计策划、技术研发、物流等现代服务业的支撑，因此，包头市的产业结构升级要扭转“重制造，轻服务”的倾向，要知道先进制造业“起飞的翅膀”必须要靠现代服务业“聪明的脑袋”来支撑。首先，包头在着力打造装备制造业基地的过程中，要充分利用现代科学技术改造传统的产业组织和生产经营方式，提高自主创新能力、打造知名品牌，大力发展现代生产性服务业，其次，以生产性服务业为突破口，依托包头“稀土高新区”、“铝业产业园区”、“钢铁产业园区”、“装备制造产业园区”的优势，实现高技术制造业与现代服务业的有机融合与良性互动。生产性服务业也被称作“二点五”产业，它介于第二、第三产业之间，既是制造业的延伸，又是服务业的重要组成部分。具体提出三点建议：第一，要大力发展信息产业，为制造业与服务业互动发展提供技术基础，第二，要鼓励工商企业将非核心服务业务外包，实行专业化经营，并鼓励政府机关、企事业单位和社会团体将能够由社会提供的服务业务推向市场；第三，将技术密集型生产性服务业和高新技术制造业全部纳入高新技术产业的认定范畴，给予这些产业研究开发、税收和其他政策的支持，以加快包头市现代生产性服务业发展速度，扭转其发展严重滞后的格局。当前，应必须留住“中冶集团包头钢铁设计研究总院”、“五二研究所”、“稀土研究院”等研发单位，支持这些生产性设计研究单位做大做强。

2009 年初，国家工业和信息化部批准呼包鄂地区为首个国家级信息化和工业化融合创新试验区，内蒙古自治区信息化领导小组也出台了《内蒙古呼包鄂地区信息化和工业化融合创新试验区实施意见》，要求力争用 3 年时间，建成龙头企业信息化示范、规模以上企业信息化达标、中小型企业信息化普及、信息化基础设施覆盖、信息化普及培训、消费信息资源开发“六大工程”，建成中小型企业信息化服务、电子商务服务、技术创新服务、物流信息公共服务、企业诚信体系服务、奶业生产安全管理服务、网络安全服务、节能减排和安全生产服务、消费信息综合服务“九大平台”。通过建设“两化融合”创新试验区，提高呼包鄂地区传统产业信息技术改造的深度和广度，进一步加强内蒙古经济发展的带动作用。这是包头建立现代生产性服务业非常难得的机遇，它对于包头现代服务业的起步建立和新型工业化发展水平的提升具有重要的战略意义，必须紧紧抓住，并制定和实施好组织保障、政策保障、项目保障、舆论保障等各项具体措施。

6. 积极拓展区域合作。根据产业经济理论，区域产业结构的演进机制有两个：一个是市场机制，另一个是政府干预。市场机制对区域产业结构产生作用的途径是供需关系、价格机制和竞争机制；政府干预是指政府运用宏观经济杠杆和产业政策对区域产业结构变化进行有目的的调控，以弥补市场机制的不足，推动区域产业结构合理化。区域产业结构的演进是在市场机制与政府干预的同时作用下进行的，只有两者彼此配合，才能促进区域产业结构趋向合理化。因此，我们在建立起规范的市场体系的同时还必须加强区域规划，制定合理的区域产业政策。包头应该与呼和浩特市、鄂尔多斯市形成区域协调发展新机制，针对自身的资源禀赋，发展相应的优势产业，发挥各自的比较优势，确立现代服务业重点发展区域。要充分发挥交通枢纽和区位优势，大力实施区域联合发展战略，把服务范围向周边地区和全国延伸，全方位地参与京津冀经济圈、环渤海经济圈、“呼包银”经济带和呼包鄂经济圈的联合发展，逐步把包头市建成我国重要的区域性现代物流中心、商贸会展中心和信息服务中心。

7. 依靠科技进步提高服务业发展的技术含量。当前现代服务业正呈现出技术化、国际化、标准化的趋势，传统服务业之间的界限正逐渐消失。因此，包头要加大科技在现代服务业中的含量和渗透，在发展现代服务业的结构上，要结合包头特点优先发展技术含量高、关联性大的现代服务行业，如现代物流业、信息服务业、旅游业、会展业等，并注意不同行业的交叉和融合。要积极运用现代经营方式、服务技术和管理手段改造提高传统服务业，全面提升企业素质、管理水平和经济效益。

8. 加快服务业的人才引进和培养。现代服务业的产业属性是人力资本密集型的。现代服务业的管理是知识型、技术型的管理。要加快培养服务业所需各类人才，特别要加快培养社会急需的金融保险、信息服务、物流、旅游、各类中介服务、服务业政策以及熟悉国际服务贸易规则等方面的人才。要积极引进金融业、物流业、旅游业、会展业、信息服务业等领域较为紧缺的专门人才，包括吸引和聘用国外高级人才。要加强岗位职业培训，全面推进职业资格证书制度，建立服务业职业资格标准体系，使服务业从业人员经过专业和岗位培训提高职业素质。

当前，包头市中等职业教育资源坚持“以市场需求为导向，以专业建设为龙头，以质量效益为目标”进行整合。我们认为，鉴于包头的现实情况，在职业教育院校设立和专业设置上，应充分考虑到现代服务业现实和长远发展的需要。这样，既能发展壮大属于现代服务业范畴的职业教育这一行业，也为包头现代服务业提供源源不断地实用技能型人才，同时更能为周边地区乃至西北地区的经济社会发展提供强有力的人才支撑。

我们有理由相信，包头市随着现代服务业这块经济“短板”转化为经济发展的巨大引擎，保增长、保民生、保稳定等问题的破解也将迎来更加广阔的空间。

“呼包鄂”经济圈应对危机对策研究

（2009 年 5 月 20 日）

赵建帜

春夏之交，生机盎然。然而，世界经济形式仍是春归暖不回的一派萧条景象。在全球经济大环境发展不景气、全国和自治区经济发展受到严重冲击的条件下，如何保持呼包鄂经济圈经济发展继续保持又好又快的势头，继续当好拉动全区经济发展的生力军和排头兵，是摆在自治区党委、政府特别是呼包鄂三市党政领导班子和各族人民面前的一次新的重大考验。

一、经济发展宏观环境简析

（一）全球经济发展宏观环境简析

2008 年，源起美国次贷危机引发的美国金融风暴和世界金融危机，对全球经济的健康发展造成了严重负面影响。危机历时一年多来，不仅重创了欧美的金融市场，还给全球经济造成了巨额的损失，这种惨烈的损失程度已经远远超出了人们的预期。据不完全统计，仅从当年 3 月至 9 月短短半年多时间，美国排位前四的四大投资银行，或被收购，或申请破产保护，或转为银行控股公司；最大的保险公司以 79.9% 的权证换取政府巨额贷款；最大的储蓄贷款银行被收购；10 家以上地区银行被关闭。英国有 4 家大银行，两家被政府接管；一家被政府以 200 亿英镑换取 60% 股份；一家被莱斯银行收购。日本大和人寿保险公司申请破产保护。德国邮政银行出售 29.75% 的股权。俄罗斯通讯银行、“KIT 金融”分别被收购 98%、90% 的股权。这样一来，导致资本市场动荡不安，主要股市严重下挫，多项指数不断刷新历史最低记录。美元及多种非美元货币大幅度贬值，投资商投资信心严重受挫。这一切，造成了全球大面积排山倒海般的经济危机且愈演愈烈。世界经济何时复苏前景不明，劳动力市场疲软，失业率不断攀升。西方大国和主要经济体经济危机日渐加深。美国政府 2008 年财政赤字达到创纪录的 4550 亿美元，接近上年的 3 倍。日本、德国、法国、英国和欧盟陷入了经济发展的困难深渊，纷纷忙于制定救市方案和刺激计划。俄罗斯物价飞涨，油气减产，卢布贬值，各大银行和一些大公司的股票仅在 2008 年 9 月 16 日这一天就丧失了 1/3 的市值。经济实力较强的发展中国家巴西、印度等大国也难逃厄运，境外投资商“打道回府”，股指直线下跌，都在忙于寻找如何立起抵御危机“防火墙”的可行方案。小的国家弱不禁风，如相对发达的北欧小国冰岛，经济损失达全年国民生产总值 9 倍之多，面临“国家破产”绝境。对穷国弱国而言，则更是雪上加霜。

自危机发生以来，全球经济增长将从 2007 年的 5.0% 减缓至 2008 年的 3.7% 和 2009 年的 2.2%，为自 2002 年以来的最慢增长步伐。其中，预计发达国家将从 2008 年增长 1.4% 降为 2009 年负增长 0.3%，发展中国家将从 2008 年增长 6.6% 降为增长 5.1%。总体看来，一段时间内，美、欧和发达国家经济缓慢上升的态势发生逆向变化和发展中国家、地区经济发展放缓的态势在所难免。

（二）中国经济发展宏观环境简析

从全国看，2008 年经济发展在全球危机冲击和国内冰雪、地震等重大自然灾害以及举办奥运会需投入大量资金等困难条件下，依然保持了经济平稳较快发展。经济总量同比增速 9%，达到 30 万亿元以上，对世界经济增长的贡献率超过 20%。总体形势正如国务院新闻发布会发布的对 2008 年国民经济 16 字总体评价：增长较快、价格回稳、结构优化、民生改善。但是，受全球经济危机影响，任何国家都无法独善其身，中国也不例外。

从直接经济损失分析看：一是中国股市处于超跌状态。中国上证A股综合指数于2007年10月到达6124的顶点后一年内下跌超过70%，股市财富蒸发20多万亿元人民币，相当于当年生产总值的近2/3，不能不说损失惨重。二是中国海外资产损失严重。中国所持美国资产抵押债券规模较大，估计直接损失200亿美元以上。投资海外金融机构股权损失也不是小数，如中国平安对富通集团投资损失180多亿元人民币。这方面，中国整体损失不下300亿美元，相当于2000多亿元人民币。三是人民币对美元持续升值，对中国外贸出口影响日益加大，2008年比2007年同比下降了7.5个百分点。

从全年经济态势发展分析看，我国经济保持了平稳较快发展，9%的增速仍令全世界刮目相看。但按季度分析，则问题清晰可见。经济增速同比逐季直线下滑：一季度增长10.6%；二季度增长10.1%；三季度增长9%；四季度增长6.8%。特别是工业经济与上年同比回落5.6个百分点。经济危机由外向内、由远及近对我国经济造成的越来越深的严重影响较短时间内尚难改变。

温家宝总理年初指出，“今年是我国进入新世纪以来经济发展最困难的一年”，“要全力做好一季度经济工作，要尽快扭转经济增速下滑趋势，千方百计实现经济工作的良好开局”。从年初到3月初召开第十一届全国人大第二次会议，出台了多项政策和措施，制定了做好工作的四项原则：一是扩内需、保增长。坚持把扭转经济增速下滑趋势作为宏观调控最重要的目标，把扩大国内需求作为促进经济增长的长期战略方针和根本着力点，增加有效需求，加强薄弱环节，充分发挥内需特别是消费需求拉动经济增长的主要作用。二是调结构、上水平。坚持把推进经济结构调整和自主创新作为转变发展方式的主攻方向，变压力为动力，坚定不移地保护和发展先进生产力，淘汰落后产能，整合生产要素，拓展发展空间，实现保增长和调结构、增效益相统一，增强国民经济整体素质和发展后劲。三是抓改革、增活力。坚持把深化改革开放作为促进科学发展的根本动力，进一步解放思想，加大重点领域和关键环节改革力度，消除体制机制障碍，激发创造活力。四是重民生、促和谐。越是困难的时候，越要关注民生，越要促进社会和谐稳定。坚持把保障和改善民生作为经济工作的出发点和落脚点，实行更加积极的就业政策，把促进增长与扩大就业、改善民生紧密结合起来，让人民群众共享改革发展的成果。

这些大政方针的出台，使经济形势发展呈现出积极变化：一是适当宽松的货币政策开始显露积极效果，金融市场有关指数回落幅度变小或出现微弱反弹；二是消费增长出现加快迹象，社会商品零售总额指标是各主要经济指标中同比增速最快的一项；三是全社会固定资产投资出现了好势头，特别是有关民生的城乡基础设施建设和第三产业投资力度明显加强；四是进出口贸易陡降趋势因开发新市场、新产品得到初步遏制，逐月环比降幅缩小，新的出口优惠政策初见成效并提升了出口企业创业信心；五是工业生产发生积极变化，一些重要工业产品稳住了下滑趋势并开始缓慢回升，如钢铁产能恢复和汽车产销转旺。这些苗头性和趋势性的些微变化，给我国经济的寒冬带来初春的丝丝暖意。新任国家统计局局长马建堂风趣指出：这丝丝暖意，“很有可能就是黎明前的点点霞光，也很有可能就是燎原之火形成前的星星火种”。4 万亿元巨额投资等保证经济平稳较快发展的措施和中国政府发展经济的信心、模式，以及温总理“信心比黄金和货币更重要”的名言和引用的“莫道今年春将尽，明年春色倍还人”诗句，为全球各国所称道。中国已成为全球经济复苏的重要力量和发展经济的标杆国度。

（三）自治区经济发展宏观环境简析

2008 年，全自治区上下深入贯彻落实科学发展观，积极应对各种困难和挑战，实现了经济社会又好又快发展。与沿海发达地区和外向型经济地区相比，受全球经济危机影响较小。

从几项主要经济指标同比增速看，均高于全国的同比增速。其中 GDP 增速（17.2%）高于全国（9%）8.2 个百分点，接近一倍；工业增加值增速（24%）高于全国（12%）12 个百分点，恰好一倍；固定资产投资增速（27.4%）高于全国（26.1%）1.3 个百分点；社会商品零售总额增速（24.1%）高于全国（21.6%）2.5 个百分点；城镇人均可支配收入增速（16.6%）高于全国（14.5%）2.1 个百分点；

农牧民人均纯收入增速（17.8%）高于全国（15%）2.8个百分点。上述主要经济指标的增速使自治区连续七年成为全国所有省市自治区经济发展增速的排头兵和各地又好又快发展经济的楷模。2009年，自治区GDP指标增速定为13%，比全国预定指标8%高5个百分点，是31个省市自治区最高的预定指标。尽管同比回落4.2个百分点，只要努力完成，在国家和各地都调低指标的情况下，仍能领跑全国各地的经济增速，预计将连续八年充当各省、市、自治区经济增速排头兵。

在增速排序领先，指标绝对值大幅增加的大好形势下，我们也必须清醒地看到全区经济发展中存在的多种指标增幅回落的现象。2008年与2007年相比，GDP增速回落1.8个百分点；地方财政收入回落7.5个百分点；工业增加值回落5.5个百分点；工业利润总额回落15.5个百分点；农牧民人均纯收入回落0.5个百分点；固定资产投资回落1.6个百分点。仅有社会商品零售总额和固定资产投资两项指标增速有所增长。多数指标增速回落，应属正常现象，且客观上起到了抑制经济发展由过快向过热导致泡沫经济和通货膨胀的良好作用。但2009年在全球经济危机影响下，如何保发展、保增长，完成经济总量增长13%的指标，是摆在全区面前的一个重大课题。

当前，全区经济发展遇到了严峻的挑战，遭遇到十几年来前所未有的困难。从2008年四季度起工业增速过快回落，原料、工业产成品价格大幅下跌，电力生产供大于求，企业订单明显减少，经营风险骤然加剧。一些企业减产、限产甚至停产，对财税、就业等工作产生了较大的负面影响。尽管未出现象有些地区的倒闭潮、失业潮，但其深远影响，不可低估，必须如履薄冰，小心应对。

（四）呼包鄂经济圈经济发展环境简析

呈品字型镶嵌在自治区中西部地区的三颗璀璨明珠——呼和浩特、包头和鄂尔多斯三市，原本为"老、少、边、穷"中的少数民族欠发达地区。是党的民族自治政策、国家的大力扶持和当地各族人民几十年的艰苦努力，使三地逐步走上由贫变富、由弱变强的经济发展康庄大道。近六年来，自治区党委、政府高度重视经济圈的经济发展并认真进行协调，每年召开一次呼包鄂经济工作座谈会，帮助三市进行科学的功能分工和发展定位，避免了重复建设和恶性竞争。三市之间，比学赶超，阔步前进，以不足全区（2386.4万人）三分之一（650.5万人）的人力资源和仅占全区（118.3万平方公里）九分之一（13.17万平方公里）的国土资源，创造着全区半数以上的GDP和财政收入辉煌业绩。今天的呼包鄂经济圈，已当之无愧成为全区经济腾飞的中坚地带和全国经济增速的领跑地带。在整体进入千亿元经济实力城市后的今天，在经济总量上呼和浩特5年增长2倍、包头5年增长3倍、鄂尔多斯5年增长5倍和人均GDP分列全国第23、第10和第3位的基础上，经济圈已经完全可向沿海城市攀高比强。尽管在全国33个城市群中呼包鄂经济总量仅排22位，但由于人口少、地域广、资源厚等优势，却能在成长竞争力上排名13位；现实竞争力上排名第9位；各项人均指标排名前列。

2008年，在全球经济危机冲击下，呼包鄂经济圈逆势而上，积极应对困难和挑战，全面落实科学发展观，经济建设取得了骄人业绩，显现出如下几大亮点：

1. 在建设经济强市的奋斗中经济圈三市取得了一批与经济建设成绩密切相关的国家级荣誉称号。如呼和浩特获得的“中国乳业之都”称号，包头获得的“2008年中国制造业名城”、“2008年最具影响力的品牌城市”和“全国科技进步先进城市”五连冠，鄂尔多斯获得的“中国城市综合创新力50强”称号和成为改革开放30年全国十八个典型地区之一，都是具有相当含金量的高档次荣誉称号。三市多年共同蝉联的“全国双拥模范城市”称号，包头的“全国文明城市”两连冠，鄂尔多斯的“中国最安全城市”称号和进入创建全国文明城市先进工作城市行列，都是以经济基础为后盾和以经济实力为前导的重要品牌称号。

2. 经济圈三市主要经济指标同比增速在全国、全区较大幅度回落的情况下保持了平稳较快发展，多项指标绝对数值增长较快，增速降幅相对较小，一些项目不降反升。基本情况如下：

（1）生产总值增加1142亿元，占全区增加值1743亿元的65.52%，有力拉动了全区经济平稳较快发展。经济圈中包头市全国排名前进11位，快步跨入了全国产值50强城市行列。经济圈同比增速

18.7%，比全国快出一倍以上，比全区高出1.5个百分点。呼包鄂三市依次分别高出全国4.6、10.6、13.9个百分点，高出全区-3.6、2.4、5.7个百分点。同比增速减缓2.6个百分点，比全国的2.4和全区的1.8分别高出0.2和0.8个百分点，增速下滑速度稍高于国家、自治区的迹象，尽管有着多种多样的客观原因，但必须引起三地政府高度关注并着力解决。

（2）以工业经济为支柱的经济圈工业增加值同比增加了889.82亿元，占全区工业增加值同比增加1433.33亿元的62.08%，有力拉动了全区工业经济平稳较快发展。同比增速20.8%，比全国（9.5%）高一倍以上，比全区（23.1%）稍低2.3个百分点，主要是呼市增速较低所至，仅增11.7%。而包、鄂分别高出全区0.4和4.1个百分点。三市依次高出全国2.2、14、17.7个百分点。经济圈增幅回落（6.6%）比全区（6.9%）和全国（9.0%）分别低0.3和2.4个百分点。其中呼和浩特降幅（13.3%）比全区和全国降幅还多6.4和4.3个百分点；包头降幅（5%）低于全区、全国1.9和4个百分点；鄂尔多斯降幅（3%）低于全区、全国3.9和6个百分点。

（3）呼包鄂经济圈三市城镇人均可支配收入依次为20267元、20861元、19004元，依次位列全区第二、第一、第三位，分别增长19.8%、16.7%、17.1%，同比增速依次为0.3、-2.8、-6.9个百分点，平均降幅3.2个百分点，比全区（2.9%）、全国（2.7%）高0.3和0.5个百分点，看来，这项指标的提升，包鄂二市还应锦上添花，作为一项重要工作去抓。

（4）农牧民人均纯收入包、鄂、呼位列全区前三，人均7060元，同比增长15.2%，高于全国0.2、低于全区2.6个百分点。尽管同比增速微落0.1个百分点，仍是近几年增幅和增速较快的一年。

（5）固定资产投资总额2790.8亿元，同比增长24.16%，占全区总额5516.04亿元的50.60%，纯增额543.04亿元占全区1186.02亿元的45.79%，所占比例均低于前几年。增速24.16%低于全国（26.1%）1.94个百分点，低于全区（27.4%）3.24个百分点。圈内三市同比增速仅包头正增长0.5个百分点，呼市负增长4.5个百分点，鄂市负增长高达20.5个百分点。总体看来，经济圈固定资产投资拉动全区经济发展的力度已低于前几年。

(6) 令人振奋的经济指标有两项:

①社会商品零售总额。经济圈完成1318.7亿元，占全区总额2363.3亿元的55.80%，即不足全区1/3的人口购买了半数以上的商品。同比增速23.73%，高于全国（21.6%）2.13个百分点，与全区24.1%十分接近，为消费拉动生产打下了扩内需、保增长的坚实基础。

②地方财政总收入情况良好。经济圈总额605.15亿元，占全区总额1107.31亿元的54.65%。同比增速36.57%，高于全区（32.5%）4.07个百分点，高于全国（19.5%）17.07个百分点。为促发展、惠民生打下了雄厚的财政基础。

3. 呼包鄂经济圈在全区的强势经济地位得到了进一步巩固。从计划经济时期包头在全区一市独大，到改革开放后的前20年呼包二雄并起，再到改革开放最近10年左右呼包鄂三足鼎立形成强大经济圈，成为全区经济发展的中坚地带和强大的拉动力量。2008年，这种地位得到进一步巩固。GDP、财政收入、固定资产投资、社会商品零售总额四项指标，在圈内三市连年位居全区前三后进一步巩固了实力地位，继续名列三甲，三市总值占全区总值过半的比重继续提升。城镇居民可支配收入、农牧民人均纯收入两项指标，圈内三市继续名列全区三甲，西部前列，全国上游。经济圈不仅在全区的经济地位得到巩固，在全国的知名度也越来越高，当年被国家工业和信息化部批准为首个国家级信息化和工业化融合创新试验区。

但是，呼包鄂经济圈的经济建设和发展，依然存在着一些突出的矛盾和问题。全球金融危机和宏观经济下行给经济圈的经济发展带来了日渐突出的负面影响，面临着诸多困难和挑战。一是钢铁、煤炭、电力、装备制造、乳业、化工、电子等支柱产业受到严重冲击，减产、限产等不利情况多处出现，工业经济效益严重下滑，调整产业结构和转变发展方式的任务还十分艰巨。二是产业协调程度和发展水平不高。农牧业基础相对薄弱，现代农牧业仅处于起步阶段，农村牧区生产生活条件仍较落后；工业中的高端制造业不多，自主创新能力不强，产业集群化程度较低，竞争力和抗风险能力较弱，与沿海发达地区相比差距较大；服务业发展水平需要进一步提高，特别是包鄂二市第三产业比重依然较低。

经济圈综合服务能力与"长三角"、"珠三角"等沿海城市群相比还有相当大的差距。三是城乡之间、经济与社会之间、经济增长与城乡居民收入之间等方面不相协调的问题依然存在，科学发展的体制机制还需进一步完善。四是一些涉及群众切身利益的问题还没有彻底解解决。城乡收入差距进一步拉大，部分群众生活困难。住房、社保、教育、医疗、食品安全、社会治安、社区管理等方面，还存在不少突出问题。五是经济危机给就业市场带来较大冲击，大学生和农民工就业难成了全社会关注的难题。经济圈三市领导一定会正视这些问题，积极研究解决。在形势复杂多变、经济下行压力加大的情况下，一定会更加清醒、理性、务实，善于从不断变化的形势中捕捉和把握发展机遇，从不利环境中发现和培育积极因素，从国际国内条件相互转化中拓展发展空间，兢兢业业、扎扎实实做好呼包鄂经济圈又好又快发展经济的重头戏，进一步提升经济圈在全区、全国甚至亚洲和全世界的战略地位。

二、呼包鄂经济圈应对危机的主要对策

世界经济形势，依然寒意袭人；中国经济增速，继续全球领先；内蒙经济发展，连年领跑全国；呼包鄂好中求快，面貌日新月异。2008年虽然已经过去，但源于美国危机冲击波的影响，是由里及外，由近到远。波及呼包鄂经济圈，相对滞后。经济圈受到的冲击，尽管去年小于全国特别是小于沿海外向型经济地带，但四季度依然切身感到来势汹涌，寒气逼人。钢铁、煤炭、电力、重型汽车等支柱产品大量积压，价格下跌。尽管经济圈今年一季度回升势头看好，但要克服国际、国内宏观经济增势不强的负面影响，并非轻而易举。要想化"危"为"机"，保持经济平稳较快发展，圈内三市必须在促改革、保增长、调结构、扩内需、惠民生诸方面动脑筋，做文章。完成呼、包、鄂三市预定的分别为15%、16%、20.5%的GDP增速艰巨指标，用好并争取更大额度的国家4万亿拉动经济增长的投资，充分利用国家促进经济平稳较快增长的十项扩内需政策措施，在提升三次产业的质和量上，用扎扎实实的成绩，为经济圈内三市继包头之后全部跨入全国经济强市50强行列继续

拼搏和登攀（注：2008 年包、鄂、呼三市经济总量在全国 287 个地级及以上城市排名依次为 46、57、67，比上年度依次提升 11、7、-2 个位次）。

（一）稳定发展农牧业，促进城乡一体化

2008 年，呼包鄂经济圈的第一产业取得了长足发展，增加值完成 177 亿多元，同比增速 6%，高于全国 0.5 个百分点，但低于全区 2 个百分点，主因是鄂市增速仅 2.7 个百分点。21 项考核指标 2/3 呈增长趋势，1/3 呈下降趋势。增幅大的，都是产值高的产品；降幅大的，都是产值低的产品。以包头为例，油料、药材、猪肉、牛肉、羊肉、禽肉依次增幅 64.8%、64.4%、53.1%、34.0%、27.2%、28.2%，而马铃薯、甜菜、青饲料依次降幅 10.9%、18.2%、16.6%。呼鄂二市，与包头情况大体相近。增高减低，一增一减，充分说明了农牧业生产产业结构调整取得了看得见摸得着的巨大成绩。但由于城市化和工业化的步伐加大，一产总值在三次产业中的比重继续降低，由上年的 5% 左右又降低了 1 个百分点。其中，包头一产比重已降至不足 3%。

“三农三牧”问题是困扰呼包鄂三市和呼包鄂经济圈建设经济强市和经济强势城市群的重要问题之一。尽管与兄弟盟市相比，这一区域农牧人口比重较低，农牧面积相对较小，但从自身看，200 万左右的农牧人口和占版图的绝大部分的农村牧区不能致富，经济圈就不能成为真正的经济强区，奔小康就会留下巨大的空白和缺口。而 2009 年既有全球危机的冲击，又有自然灾害的威胁，要在上年取得长足进步基础上再次提升农牧业平稳较快发展水平，困难可想而知。但是，保证经济圈农牧产品的安全生产和对城区的有效供应，不仅是经济发展的重头戏，也是保证城区和农村牧区社会稳定的政治问题。经济圈的乳业生产，涉及面之大，更是关乎国计民生。因此，应把千方百计保证 2009 年农牧业生产再上新台阶，促进农牧业收入持续增长，为三市 600 多万常住人口提供基本生活保障作为三市各项工作的重中之重加以重视，主管领导和部门及农牧区的各级领导班子，更应作为首要任务抓紧抓好。

党的十七届三中全会从中国特色社会主义事业总体布局和全面建设小康社会战略全局出发，制订了《中共中央关于推进农村改革发展若

干重大问题的决议》。年初，中共中央、国务院又颁布了《关于 2009 年促进农业稳定发展农民稳定增收的若干意见》。第十一届全国人大第二次会议通过的《政府工作报告》明确提出了做好 2009 年农业工作的五项任务。这些都为呼包鄂经济圈做好本地农牧业各项工作提供了政策依据和前进方向。作为中西部地区经济强势发展地带，理应坚定不移采取重大措施，把“三农三牧”工作再提高一个档次。

1. 明确指导思想和工作任务。不管经济形势如何变化，坚持以工业化、城镇化、农牧业产业化推动“三农三牧”工作的发展思路不能变。呼包鄂作为全区前三的工业经济强市，具备继续实施城乡一体化战略、加快农村牧区发展进程的先决条件和物质基础。一定要做好以工促农、以城带乡的各项工作，在努力形成城乡统筹协调发展新格局的前进道路上再做新贡献。

全面加强“三农三牧”工作，要坚定不移贯彻国家统一部署，按政策要求采取五项措施：一要大幅度增加农牧业和农牧区资金投入，用好并争取更大额度中央财政 7161 亿元中对自治区和呼包鄂的投资并加大自筹资金力度一并投入；二要较大幅度提高农牧产品最低收购价，适时启动临时收储政策，加强农牧产品市场调控，千方百计提高农牧民生产积极性；三要进一步增加农牧业补贴，争取中央财政 1360 亿元补贴中的更大份额，全面用于粮、油、肉、蛋、奶、农牧机具、化肥、家电等综合补贴；四要加快新型农牧业社会化服务体系建设，加大科技投入；五要稳定完善农村牧区基本经营制度，土地、牧场承包关系保持稳定并长久不变。

在采取上述各项措施的前提下，2009 年要按国家要求重点抓好五件事：一是稳定发展农牧业生产，稳定面积，提高单产，优化品种；二是以市场需求为导向调整农牧结构，支持重要紧缺产品生产；三是加强农牧基础设施和民生工程建设，综合治理田、水、路、林，加强电网、邮政、沼气等社会事业基础建设；四是发展第二、第三产业，多渠道促进农牧民增收；五是坚持开发式扶贫，做好整村推进、劳动力转移培训、产业化扶贫、移民扶贫等项工作。

2. 继续调整优化农牧业结构布局。一是三市近郊地区要围绕城区市场需求，积极调整种养业内部结构，建设具有鲜明特色的蔬菜、瓜果、肉类及多种农牧产品等满足城区供应的农牧产业园区，发展优质高效都市周边农牧业。二是远郊地区要在推进农牧业规模化、标准化、机械化、工业化中，加大综合开发力度，提高耕地、草场产出率、资源利用率和劳动生产率。三是继续做好生态脆弱地区“收缩、转移、集中”各项工作，鼓励和支持当地农牧民向相对富裕地带收缩，向城镇转移，向生产、生活条件更好的地方集中。

3. 推进农牧业产业化。要突出抓好经济圈乳、肉、薯、蔬四大主导产业和粮、油、药材、瓜果等主要产业的产业化建设。重点投资扶持规模大、层次高、效益好、带动作用强的龙头企业。加快发展多种形式的农牧民专业合作经济组织，完善劳动力市场、信息、技术推广等社会化服务体系，提高农牧业的市场化、组织化程度。加强产品质量安全体系建设，扩大农牧业保险覆盖面，增强抵抗风险能力，保证“三农三牧”的切身利益和平稳较快的发展势头。

4. 加强农牧业基础设施建设。为抗击干旱对经济圈的威胁，必须把关系农业命脉的水利建设当做首要任务抓紧抓好。在建好固阳等经济圈内一批水库上加快进度；在大中型灌区配套续建和节水改造工程上见到成果；在推广滴灌、喷灌技术上有所突破。要着力推进农牧业机械化，提高装备水平。用好国家扩大内需十项措施中关于农村危房、牧民定居工程、加大农村沼气和饮水安全工程、农村公路、农村电网建设等政策的倾斜时机，把农牧业基础设施建设推向新的高度。

5. 把提高农牧民生活水平当做惠民工程去抓。一要最大限度用好国家提高农牧产品收购价格政策，提高农牧民收入。二要扶持农牧民积极从事第二、第三产业，增加非农牧收入。三要引导、组织好农牧民外出务工、就地打工和就地创业解决就业和增加工资性收入。四要把农、林、牧、机械、化肥、合作医疗等方面的政策性补贴足额发放到农牧民手中。总之，政府和各服务部门要为农牧民创业做好“加、减、乘、除”四则运算：“加”就是强化多层服务；“减”就是减免各项费税；“乘”就是加大农牧投入；“除”就是简化准入手续。

6. 建议学习成都经验，建立耕地保护基金制度。2008 年初，成都市下发了有关耕地保护政策的市委一号文件，该文件提出，在城乡统筹、以城带乡、以工补农思想指导下，创新耕地保护机制，多渠道筹集资金，设立耕地保护基金，为承担耕地的农户提供养老保险补贴，建立完善耕地保护补偿机制，提高农民保护耕地的主动性和积极性，让广大农民共享城乡经济发展的成果。随后出台了《成都市耕地保护基金筹集与使用管理实施细则（试行）》规定，农户和集体经济组织享有获得耕地保护补贴的权利，同时承担保护耕地不受破坏、不得弃耕抛荒、不得用于非农业用途的义务。非法改变耕地用途或破坏耕作层致使耕地生产能力降低的，停发耕地保护补贴，并责令其在规定的期限内恢复耕地生产能力。造成耕地永久性破坏的，由国土资源管理部门依照土地管理法律法规相关规定进行处罚。构成犯罪的，依法追究其相应刑事责任。

基金由市、县共同筹集，主要来源包括新增建设用地有偿使用费、耕地占用税、土地出让收入及其他财政资金，不足部分市、县共同承担。补贴最高标准 400 元/亩·年，10% 用于担保资金和保险补贴，90% 用于农民养老保险补贴。

成都在全国率先创新的耕地保护机制，在土地市场运作中起到了调节公平的巨大作用。专家认为，这是一个既聪明又公平的做法。农民保护耕地，一举数得，何乐不为？

成都和呼包鄂三市，均为西部经济强市，成都能做到，呼包鄂也应能做到。经济圈中起码应有一市付诸行动，走出去，请进来，学好经验，做好试点，然后，以点带面，全面开花。也让呼、包、鄂农民在保护耕地中长期得到现金收入和养老保险两大实惠，激发其专心务农的终身积极性。

（二）优化工业经济结构，加快转变发展方式

在全球危机冲击下，如何化“危”为“机”，优胜劣汰，用好国家促进经济平稳较快增长的十项措施中关于工业经济发展的有关政策，坚持产业基地化、集群化和高新化的发展方向，大力发展现代工业，提升工业发展质量，优化和调整作为经济圈经济支柱的工业经济，加快转变发展方式，是摆在经济圈三市市委、市政府和各族人民面前的重大任务。

1. 调整工业结构，优化生产布局。围绕国家扩内需、保增长十项措施，落实国家十大产业振兴规划，调整和优化经济圈工业生产布局。

以市场为导向，果断取舍，该上则上，该下则下。新建扩内需、保民生绿色环保工业项目，淘汰高耗能、高污染、低产出、低效益的过时产业和产品。在民生工程、基础设施、生态建设等国民经济建设急需的工业项目上加大投资力度。加快工业企业自主创新和结构调整，适应国内外经济发展新需求。加大高新技术产业化和产业技术进步的投资力度，让呼包鄂经济圈的工业经济结构更加健康合理，更具后发优势。

2. 壮大传统产业优势，创建优势产业基地。呼包鄂经济圈具有国民经济建设长期稳定需要的钢铁、煤炭、电力、化工、有色金属、装备制造、生物制药、乳品、毛纺等传统产业优势，又有发展高新技术急需的稀土、电子信息等产业和产品，还有本身就是高新技术的煤制油化工产业。必须千方百计抓住国际国内斥巨资、扩内需、保民生的大好时机，为国内外公共基础设施建设的发展提供必不可缺的关键产品。钢铁产业的线、板、管、轨、梁等材料，装备制造业的运输车辆、工程机械、军事装备和出口设备，有色金属业的铝合金产品、铝成箔产品、铜业镁业产品，煤化工的煤制烯烃产品，电子信息业的终端产品和零部件及电力产业的最终产品等，都是经济圈传统优势产品，恰为国内外经济建设必不可缺的热销产品。必须千方百计做好经济圈传统优势产品的产业基地各项基础建设和供、产、销各项保障工作，在国家抗击危机的冲击中做出经济圈的特殊贡献并同时壮大自己的经济实力。

3. 抓“大”扶“小”，让所有工业企业提高抗风险能力和可持续发展能力。一要确保大企业的健康发展，让超过或接近百亿产值的包钢、神华、托电、一机、伊利、蒙牛等大型企业具备各种前提条件继续领跑经济圈工业经济发展。像包头那样开展“百亿企业培育工程”活动，加大支持力度，早日让北重、东方希铝跨入百亿企业行列，使全市百亿产值企业达到4家。经济圈若在现有基础上培育百亿产值企业10家以上，50亿产值企业20家以上，仅大企业产值就可达2000亿元以上。目前，经济圈已经具备这样的前提条件。全区排名前20位的企业，经济圈有18家，产值绝大多数在30亿元以上。其中，包铝、准能、华业特钢、神东、北重、汉鼎、东达、伊泰等大型企业，都有着不可估量的发展前途。我们有充足的理由相信，这一目标的实现，将伴随着三市全部跨进全国经济强市“50强”大门。二要形成以大企业、大项目为支撑、中小企业协作配套、整个经济圈工业协调发展的良好格局。必须加大对市属和区、旗、县属国有企业和民营企业两种不同所有制性质的中小企业一视同仁的支持力度，谨慎处理企业破产、下岗、裁员等敏感问题，加大财政金融、科技研发、人才需求等方面投入力度，确保经济圈工业经济体制健全，协调发展，就业充分，利税可观。

总之，在一定意义上讲，保企业就是保增长，保企业就是保发展，保企业就是保稳定，保企业就是保民生。要坚持因企施策，加大支持发展中小企业力度，加强产业引导做大做强优势企业。经济圈的工业经济优势，在任何情况下都是只能加强，不能削弱。

4. 加快园区基础建设，壮大园区经济实力。必须努力提高经济圈内各园区基础设施和服务体系功能，提高招商引资能力。三市各有经验：呼市的“特色鲜明、优势互补、具有循环经济特点、各类设施统筹完善”的经验；包头的“科技含量高、产业关联度高、投入强度高、产出密度高”的“四高”经验；鄂市的“提升全市 14 个工业园区的综合配套功能和要素集聚能力，打造国家级循环经济基地”的经验，共同特点就是建设体制机制创新、节能环保和高效管理的工业园区，创造更好的社会效益和经济效益。实践已经充分证明，经济圈内所有工业园区都已走上健康发展道路，只要持之以恒，一抓到底，必将在抗击危机中创造更大的奇迹。

5. 抓住有利时机，增强企业自主创新能力。要紧紧抓住国家把呼包鄂经济圈作为全国首家国家级信息化与工业化融合创新试验区的大好时机，提升经济圈新型工业化发展水平。围绕优势特色产品和国家急需产品，重点研发一批诸如钢铁、汽车、风电、煤化工、乳业、毛纺、军事装备等自主创新的产品和技术。包头作为全国五连冠“科技进步先进城市”，应为经济圈做出更大贡献，为这一称号的六连冠打下坚实基础。企业自主创新，除体制机制创新外，重在大力推进科技创新。科技创新，一要与扩内需、促增长、调结构、上水平紧密结合起来，用好并最大额度争取中央财政科技投入 1461 亿元中的份额；二要争取尽快突破一批重大关键技术，在冶金、化工、装备制造、稀土新材料及节能环保等重点领域进行重点攻关，取得成果后推广应用；三要不辱国家首家信息化和工业化融合试验区使命，当好国家和自治区推进信息化与工业化融合实验的排头兵，在自治区3年内组织实施的100项工业自主创新产业化项目、加快建设50个自治区重点实验室、50个工程技术研究中心和100户企业技术中心中充当生力军和主力军；四要支持企业与高校、科研院所紧密合作，完善市场化导向的产学研合作机制；五要落实自主创新的政策措施，加大专项发明知识产权保护力度；六要完善人才激励机制，加快培养、引进经济社会发展急需的高素质人才，为推动自主创新提供有力的人才支撑。

（三）立足自身特色优势，提高三产发展水平

2008年，呼包鄂经济圈第三产业完成生产总值2057. 亿元，占全部生产总值4680亿元的44%。呼包鄂三市依次完成739亿元、704亿元和600亿元，同比增长依次 为15.1%、17.0%、22.5%。呼包鄂三市服务业完成增加值占全区服务业增加值的79.6%，是拉动自治区服务业增长的主导力量。呼和浩特市城镇单位服务业新增就业人员占全部新增就业人员的80%，实现地税占市地税总收入的75.7%，标志着呼市作为首府城市正逐步形成以服务经济为主的产业结构；包头市、鄂尔多斯市服务业发展速度达到17%和22.5%，超过全区服务业发展速度1.5个百分点和7个百分点。尽管经济圈第三产业的发展取得了长足进步，但由于包头三产比重由上年的45%降至2008年的40%，致使经济圈总体比重微量下滑。而鄂尔多斯尽管增速最快，但比重依然仅占38.5%。国家把三产发达程度分成四挡：发达（如京津沪穗及沿海发达城市）；较好（沿海其他城市及中部地区一些大城市）；一般（中部地区一些较大城市和西部地区重要城市）；落后（青藏地区及西部其他城市）。呼包鄂经济圈尽管身处西部，却闯入“较好”行列，值得自豪。但与发达城市相比，差距依然较大。特别是包鄂二市，要真正进入现代化城市行列，必须下大力气做好发展第三产业大文章，在10年或更短的时期内，将经济结构的“二、三、一”型转变为“三、二、一”型。

1. 明确目标，调整结构。呼包鄂经济圈必须深刻认识又好又快发展第三产业是推进城市现代化进程、提升城市品牌竞争力和改变城市三次产业结构中工业比重过大不合理经济结构的重要引擎；必须明确全面推动第三产业增量提质，努力把圈内三市建成我国中西部地区的重要商贸、物流中心和旅游憧憬地、目的地，是坚定不移的奋斗目标。包、鄂二市，要转变发展方式，必须既要在发展第二产业上站稳脚跟，更要在发展第三产业上做足文章。应逐步调整提高发展第三产业的指标，否则，很难改变“头小、身重、脚轻”的面貌。而“脚轻”的后果，必然导致“身重”因没有稳定的立足之地而难以更快发展。

2. 落实国家《物流业调整和振兴规划》，打造经济圈强大物流基地。物流业是融合运输业、仓储业、货贷业和信息业等的复合型服务产业，涉及领域广，吸纳人数多，促进生产、拉动消费作用大。呼包鄂经济圈应本着“立足应对危机，着眼长远发展；市场配置资源，政府营造环境；加强规划指导，注重协调联动；打破分割封锁，整合现有资源；建立技术标准，推进整体合作；创新服务方式”等重要原则，抓住国家新近制订的《物流业调整和振兴规划》把呼包二市纳入全国17个区域性物流节点城市范围的大好机遇，协同鄂市共同打造经济圈强大的现代物流业。在完成国家物流业振兴规划要求的“积极扩大物流市场需求、大力推进物流服务的社会化和专业化、加快物流业兼并重组、推动重点领域物流发展、加快国际物流业组建、优化区域布局、加快基础设施建设、提高物流信息化水平”等任务中做出扎实成绩。着力打造本经济圈各大支柱产业所需原材料和产出成品的物流基地，使经济圈三市现代物流业成为“无水之港”，用大规模的现代物流业带动自身和周边外向型经济的发展。

3. 加大劳动力密集型传统产业发展力度。针对经济危机的冲击造成的高校毕业生、农民工就业难和失率业上升的问题，经济圈要大力发展商贸流通、餐饮服务等劳动力密集型传统产业，扶持中小型商店、超市和餐饮店、馆，减免税收，增加就业，薄利多销，增量提质，使之成为吸纳劳动力就业的重要阵地。在此基础上，方便大众衣食住行，提高综合服务能力，让经济圈各族人民和服务业就业大军自身都过上安定平稳的小康生活。抓住国家四年内组织1.4万亿元家电下乡和农牧机具、汽车优惠销售农牧区的大好商机，组织大批有关商品开展进镇进村进苏木进嘎喳“四进”活动，按照国家政策给足农牧民相应补贴。对国家而言，农村是最大的市场；对呼包鄂经济圈而言，尽管城市化程度较高，但农村牧区也是不容忽视的重要市场。三市应组织城市商贸企业参与农牧区集市、庙会、那达慕大会，拓宽农牧区销售和流通渠道，用消费拉动生产，化解经济危机带来的不利局面。

4. 努力打造现代化区域商贸中心。通过打造现代化区域商贸中心，完善和提升现有商贸区的服务功能。要抓紧三市大型商贸中心在建项目的实施步骤，扩大经营规模。在更大范围、更宽领域发展连锁经营、特许加盟、电子商务等现代流通方式，培育名牌店、旗舰店，开拓名牌市场。同时，辅助现代化商贸业加快发展会计、法律、信息、咨询、广告等现代服务业，提升三市现代服务业的数量和质量。

5. 加快发展金融业。做大做强经济圈内地方金融机构，尽快重组做大呼和浩特商业银行，支持包商银行增设分支机构，推进鄂尔多斯城市商业银行和东胜区农村商业银行增资扩股。加大对“三农”金融支持力度，积极构建多层次的农村金融服务体系。大力发展面向中小企业的小额贷款公司。设立创业投资引导基金，引导创业投资企业发展。扶持发展担保、再担保机构。支持企业通过上市、发行企业债券等方式直接融资，积极探索发行中小企业集合债和集合信托产品。

6. 加快发展旅游业。继续加强经济圈内世界遗产、国家名胜风景区、自然保护区、历史文化名镇、国家森林公园和地质公园等重点景区的申报、审批和建设，在加强环渤海九省区旅游合作中为内蒙古增光添彩。突出草原、沙漠旅游特色，蒙古民族历史特色，以昭君出塞为代表的蒙汉和亲特色。建议包头学习河南、山西经验，利用影视作品《少林寺》、《乔家大院》的广泛影响打造了旅游精品少林寺、乔家大院，用《走西口》的热播和影响，打造出本市最大旅游亮点。继青冢、内蒙古博物馆；希拉穆仁、南海湿地风景区；成陵、响沙湾之后，加快建设一批年接待游客能力 50 万人以上的国内知名旅游景区。打破封锁，条块结合，三市联营，互利共赢。

7. 积极发展文化产业。围绕自治区建设发展民族文化大区目标，在经济圈内充分挖掘草原文化内涵，培育新型文化产业主体，打造民族文化品牌，加快建设呼和浩特大盛魁文化创意产业园、包头文化传媒创意产业园、鄂尔多斯文化创意产业园等一批文化产业项目。

8. 大力发展城乡居民服务业。进一步加强经济圈社区公共服务设施建设，大力发展家政服务、物业管理、社会化养老、社区便民服务等社区服务，增加就业岗位。加快经济圈农村牧区服务体系建设，大力发展科技推广、技术培训、生产和生活资料连锁经营、农畜产品购销服务，满足农村牧区服务需求。

9. 拓宽会展业增收新渠道。经济圈三市，应学习发达城市“以会养会”经营理念，拓宽会展业增收新渠道。创建具有本地特色的会展中心，协同原有政府、企业、宾馆等所属场馆，招揽大、中、小不同规模的交易会、订货会、商展会、接庆会、联谊会、专业会、年会等，吸纳国家及各部委、自治区和兄弟省市有关会议到本市召开，既有经济效益，又有广告效益。即使是没有经济收益的会展，还可增设服务网点增加就业和税收。

只要目标明确，政策到位，经济圈第三产业的发展，不可限量，前景辉煌。

近期召开的第六次呼包鄂经济工作座谈会对经济圈明确提出了“呼包鄂要以东部发达地区为标杆，在更高层次、更高水平上谋划和推进科学发展”的总体奋斗目标和“一二三”的具体奋斗目标：“一”是打造我国中西部乃至全国科学发展先行区；“二”是“两个率先”：在中西部乃至全国率先实现全面小康，率先实现现代化；“三”是建成“三区”：即建成中西部乃至全国的新型工业化示范区，城乡一体化示范区，生态文明示范区。不管经济圈发展经济的宏观环境如何变化，曾经创造了“三市 GDP 总量超过全区半壁江山”、“三市对全区经济增长的贡献率超过 60%”、“三市城镇化率超过 60%，达到中等收入国家水平”、“三市增长竞争力全国排名第一”、“三市人均 GDP 超过 7000 美元，城市人均可支配收入和农民人均纯收入接近沿海发达城市水平”等辉煌成就的三市 600 多万各族儿女，决不会在危机面前止步不前，这一宏大的系统工程，必定会坚决努力去完成。

2009 年，是国家、自治区和呼包鄂三市完成“十一五”规划目标任务的关键年度。作为拉动全区经济发展的火车头，呼包鄂经济圈做优一产、做强二产、做大三产，是责无旁贷的义务。经济圈能否继续又好又快发展经济，面临的形势严峻复杂，承担的任务繁重艰巨，对全局的影响重大深远。一季度，自治区经济发展形势喜人。据《内蒙古日报》4 月 29 日头版头条称：全区经济总量同比增速 15.8%，继续高居全国之首，比全国平均水平高9.7个百分点；工业经济同比增长19.2%，更是高出全国平均水平14个百分点；固定资产投资增速突破45%，远远高出全国平均水平；地方财政总收入增速超出全国平均水平40多个百分点；社会消费品零售总额增速超出全国平均水平4.4个百分点。这其中，各项指标超过全区半壁江山的呼包鄂经济圈的贡献首当其冲，功不可没。在开局良好的起点上继续实现经济圈的新发展，是三市各族人民的光荣历史使命。只要坚定信心，迎难而上，同心协力，顽强拼搏，呼包鄂经济圈在新的一年里就一定能化“危”为“机”，形成三市保增长的新一轮春潮，托起这艘经济巨舰扬帆远航，以又好又快发展的更新成就，向新中国成立60周年献上一份厚礼。

园区经济发展现状与对策建议

（2009 年 6 月 15 日）

杨春才

近年来，包头市委、市政府以科学发展观为指导，全力推进工业园区化、产业集群化发展，园区建设取得了显著成效，逐渐成为包头市工业发展的新亮点和经济发展的新增长极，而且进一步带动了城市发展。包头市工业园区以 1992 年包头稀土高新技术产业开发区成立为起点，经过加速发展和规范整顿，目前进入了持续、健康、理性发展的新阶段。2009 年以来，全市各工业园区积极推进“科学发展，富民强市”战略，按照市委、市政府的统一部署和要求，突出抓好园区经济总量扩张、重点项目建设引进、基础设施改善、园区扩容提质等项建设，取得了明显成效。尽管园区总体上看还处于发展的初级阶段，但园区已成为全市产业集聚、项目集中、用地集约的科学发展平台。

最近，我们对包头市园区经济发展情况进行了深入调查，提出了加快园区经济发展的思路和对策建议，供领导参阅。

一、园区经济的特征和发展趋势

园区经济是指在规定范围内，通过科学的规划、优惠的政策、完善的管理、配套的服务和优美的环境，实现项目、资金、人才、技术的聚集效应和规模经济效益，从而形成一个相对独立完整的产业和产业群。园区的表现形式很多，包括工业园区、农业园区、旅游园区、物流园区、商业园区等。

（一）园区经济的特征

园区经济是经济发展模式的创新，是推动经济发展的有效途径，是提高工业化水平的切入点，是拉动经济增长的“引擎”。具有以下特征：一是在优良的环境下形成以高新产业为主体的新型产业集群；二是科技与经济有机结合；三是走集约化发展的路子，而不是走过去所走的粗放型、分散发展的路子；四是工业化、城镇化、农业产业化、现代化同步推进；五是发展绿色产业、生态经济和循环经济，实现可持续发展；六是政企分开，政府营造优良环境，企业创造财富。

（二）发展园区经济的意义

园区经济发展的理论基础遵循区域经济发展的理念，即“增长极”理论、“核心—边缘”扩散理论、地区创造性理论、苗床（孵化器）理论、空间扩散理论等。包头市发展园区经济对全市经济发展有重要意义：一是有利于推动包头工业化进程。工业化的发展水平和速度决定了城市化或城镇化的扩展速度与规模，而园区经济的发展正好能够加快工业化特别是制造业的发展水平，对于加快工业强市建设，在西部率先实现工业化具有重要意义。二是有利于促进高新技术产业发展。园区是资金、技术、人才的汇聚点，是高新技术、高新企业发展的摇篮，对高新技术产业发展有巨大的促进作用。三是有利于招商引资和引进大项目。园区的发展能够集中产业发展必要的资本、人力、政策优惠，这样就对区域内外的企业以及著名品牌有更强的吸引力，园区内的企业更容易加强联系，资源能够达到最大程度地共享和最优配置，对企业的吸引力是显而易见的。四是有利于推动城市化进程。园区既是各具特色、相对独立的产业群，又是城市的有机组成部分，对于走新型城镇化道路，在西部率先建成现代化大都市具有重要作用。五是有利于统筹城乡发展。实施园区开发建设，筑巢引凤，安排农村人员就业，园区成为各地吸纳农村劳动力就业的重要渠道。同时，园区基础设施建设带动了乡村道路建设和村庄规划整治，园区在加快发展的同时也带动了相关服务业的快速发展，增加了农村公共产品的供给，改善了农村和农民的生产、生活条件。六是有利于推动资源节约和环境优化。通过发展园区经济引导鼓励企业向园区集中，促进了基础设施的共建共享，提高了单位面积的产出效益，促进了土地资源的节约利用。

（三）园区经济的发展趋势

人类历史上的第一个园区是1574年建立于意大利热那亚湾的雷格亨自由港区。自从硅谷的前身——斯坦福研究公园于1951年在美国斯坦福大学创办以来，园区的发展在世界范围内展开。加强科技园区建设成为各国优化产业结构、转变发展方式、提高竞争力的普遍做法。目前，世界上已经建立了1000多个科技园区，推动着各国科技、经济与社会的发展。20年前，我国开始建设有中国特色的科技工业园区，即国家高新技术产业开发区。经过多年的建设与发展，全国范围内已经建立了54个国家级高新区。现在工业园区以及由于园区发展而带来的园区经济效应已经引起越来越多的关注。国内外工业园区发展的成功案例足以表明：工业园区能够有效地推动产业集群的形成。尽管产业集群与工业园区是两种不同的经济发展形式，但是工业园区所具有的性质和特征决定了它是产业集群的主要载体。以工业园区作为手段和中介目标，以产业的集群式发展作为最终方向，形成工业园区与产业集群的良性互动，是区域新型工业化的两条重要途径，在产业集群理论指导下，推进工业园区建设，不仅是我市发展产业集群的现实需要，更是加快新型工业化进程的自然选择。当前，区域经济特色化、特色经济工业化、工业经济园区化、园区经济聚集化已成经济发展的必然趋势和现实选择。

二、园区经济发展现状

目前，包头市已经形成9个具有一定规模和产业基础的重点工业园区，其中包括：1个国家级高新技术产业开发区——包头稀土高新技术产业开发区；4个自治区政府批准并经国家有关部门公告认定的自治区级工业园区——包头铝业产业园区、包头九原工业园区、包头石拐工业园区和包头兴胜经济开发区；4个具备一定规模和产业基础的县域工业园区——包头装备制造产业园区、包头特钢园区、土右新型工业园区、达茂巴润工业园区。据各园区统计累加数据显示，2009年一季度工业园区入园企业已接近1400户，9个园区共完成工业生产总值300.35亿元，同比增长18.84%；完成工业增加值97.83亿元，同比增长18.2%；实现销售收入273.6亿元，同比增长26.29%，为提升和优化全市产业结构，推动工业经济健康快速发展，促进社会和谐稳定发挥了巨大作用。

（一）基本情况

1. 包头稀土工业园区。包头稀土工业园区（以下简称“稀土高新区”）成立于1990年，1992年被国务院批准为国家级高新区，是全国53个国家级高新区中唯一冠有专业名称的高新区，也是内蒙古自治区唯一的国家级高新区。稀土高新区规划面积15.53平方公里，现有注册企业960多家，多数为中小企业。建有稀土企业孵化器、软件园和留学人员创业园等各类专业孵化器，正在建设的还有希望工业园区、创业园区、大学科技园和稀土科技园等。

近年来，稀土高新区经济建设得到了突飞猛进的发展，主要经济指标一直保持30%以上的增长速度。到2008年底，工业总产值达到100.28亿元，工业增加值达到95.26亿元，国内生产总值150.22亿元，实现利税42.33亿元，实现财政收入30.31亿元。2009年1～3月份，实现生产总值31.96亿元，比上年同期增长21.9%，工业增加值达到32.48亿元、比上年同期增长22.6%，财政收入9.68亿元，比上年同期增长26.0%。

稀土高新区基础设施建设较为完善，规划区全部实现了道路、通讯、煤气、供水、供电、供暖、供气、排污等“八通一平”。同时建立健全了政策支持体系、资金支持体系、孵化创新体系和中介服务体系，特别是2002年先后通过了ISO9000质量管理和ISO14000环境管理国际认证，为招商引资奠定了良好的基础。

2000年以来，稀土高新区引进项目总投资每年以翻番的速度增长，东方希望、宁波韵升、宁波富达、安徽华泰、山东药玻和美国欧文尼科、法国罗地亚、英国久益、日本三德、日本昭和等一大批国内外大企业先后进区建设发展。稀土高新区现有上市公司16家，有三资企业36家，有高新技术企业84家，高新技术企业占全自治区高新技术企业总数的近60%、占包头市的90%左右，高新技术产业产值达到稀土高新区工业总产值的86.8%。

稀土高新区稀土产业发展较快，现有稀土企业47家，产值占到稀土高新区工业总产值的四分之一强。国际、国内稀土及稀土新材料企业正在向稀土高新区聚合。稀土永磁电机、稀土永磁纳米晶磁粉、稀土改性MC尼龙、特种稀土铜基合金、稀土贮氢合金粉等一批国家重大稀土应用产业化示范项目正在实施，逐步形成了六条稀土产业链。稀土高新区先后制定了《稀土产业推进计划》、《稀土产业链及应用项目投资指南》以及《稀土永磁电机产业化规划》等，正在向建设中国“稀土谷”的目标迈进。

2. 包头铝业产业园区。包头铝业产业园区是2003年4月经国家环保总局正式批准建设的全国第四家生态工业园区，规划总面积为20平方公里。园区在近6年的发展历程中，依据循环经济和生态工业理论为指导，始终坚持以“铝电联营”为核心，铝业为龙头，电力为基础，重点发展电力、电解铝、铝深加工、铝合金铸件和建材等相关产业。到2006年底，园区已有33家企，实现固定资产累计投资100亿元，生产总值71亿元，实现利税7亿元。在全自治区20家重点园区的主要经济指标对比中，工业总产值位列第8，产品销售收入位列第8，其他经济指标也位于前列。

2008年，列入全市5000万元以上重点项目23个，其中续建项目11个、新建项目12个。11个续建项目中，包铝集团投资2亿元、年产2万吨的精铝项目，已全部建成达产；成基、凯普松、国瑞、三鑫化成箔企业今年新增37条生产线，共达到87条生产线，实现1740万平方米化成箔生产能力；富诚铝轮毂已具备80万只的生产能力，到年底富诚和一阳两公司可实现200万只铝轮毂生产能力；汇众铝合金汽车配件项目，已建成75万件的生产能力；吉泰铝型材项目已于4月中旬建成试产，年内将实现2万吨铝型材，3万吨镕铸产品产能。金重铝合金项目，已于8月底建成试产，年内实现1000吨合成铝合金产品产能。桓成橡胶轮胎再生项目已实现80吨产能，年底实现100吨产能。

园区招商引资工作取得了可喜成果。目前园区已与12家企业（项目）签订了合作协议，其中有7家企业（项目）已经开工建设。（1）包铝集团计划投资30亿元，建设年产30万吨电解铝技改项目，15万吨已投产；（2）包铝集团投资3亿元，建设年产6.5万吨稀土圆铝杆项目，2009年投产；（3）内蒙古呼铁伊东储运股份有限公司计划投资3亿元，建设年吞吐1000万吨选煤物流配送中心项目，已建成投产；（4）包头市汇泽科技开发有限责任公司计划投资1亿元，建设年产3万吨铝合金生产线项目，正在做基础工程；（5）包头市田力环发机电有限公司计划投资1亿元，建设年产3000台工业通用风机项目，正在做基础工程；（6）包头天泽科技有限公司计划总投资1亿元，建设铝铸件项目，已开工建设；（7）引进内蒙古百世通达交通运输公司，为园区提供物流配送服务。

此外，签订协议的还有：（1）包头德恒置业集团计划投资3亿元，与北京工业大学材料学院技术合作，建设年产3万吨稀土铝镁合金及镁合金深加工项目，前期手续已完成，征地后开工建设；（2）林峰稀土化工有限公司计划投资2亿元，在园区内建设年产50万件（套）特种铝铸造项目，前期手续已基本完成，征地后开工建设；（3）怀来华美新材料有限公司投资1.1亿元，建设年产1000吨镍、1000吨钴等有色金属再生资源项目，正在办理前期手续；（4）包头市大东置业投资经营有限公司计划投资5000万元，建设年产1700台矿用设备制造及冶金行业模具制造项目；（5）包头市科环控制技术有限责任公司计划投资5000万元，建设年产200台（种）输送设备项目。

今后，铝业产业园区要进一步推进结构调整，加大铝深加工企业的引入力度，全面延伸园区产业链条，为包头市早日实现科学发展、富裕和谐作出新的更大的贡献。

3. 九原工业园区和包头兴胜经济开发区。2004年，在国家宏观调控和集约利用土地资源的大背景下，国家发改委等五部委对全国开发区进行了清理整顿和审核，九原区两个开发区（即：九原工业园区和包头兴胜经济开发区）得以保留，九原区成为全国唯一的一个保留两个开发区的区县。依托国家所有工业项目应向工业园区集聚的大方针，九原区以园区为工业发展主阵地，不断发挥优势、夯实基础，使两大工业经济园区成为产业集聚和项目集中及加速做大做强区域经济规模的重要承接地。

两大工业园区雏形落地伊始，九原区就提出了重塑投资环境、重视产业定位和完善产业配套三大问题。首先是围绕开发区内的主导企业、主导产品和重要企业，在区域内最大限度完善配套能力、延长产业链，形成相互关联补充的群落集约优势；其次是做好主导产业的上下游配套工作，支持企业设立研发中心、销售中心、采购中心等；然后是在加工制造环节，借助包钢、一机、北重等骨干企业把各种原材料、零部件的主产配套引进来，并有针对性地进行配套招商，夯实产业发展的基础。

九原区结合两大工业园区地域及资源优势，利用现有空间，积极打造新的机械制造和现代制造业的品牌。规划引进一批附加值高、投资密度强、就业人数多，占地面积控制在15~20亩/每户的中小企业。各企业按照总投资5000万元计算，计划引进50户，总投资达到25亿元，可提供10000个就业岗位，上缴税收，在正常运行期内，每户按投入产出强度计算，每年可完成500万元，50户年可完成税收2.5亿元。

4. 石拐工业园区。石拐工业园区筹建于2001年。2003年被自治区确定为重点培育发展的20个工业开发区（园区）之一，2006年经自治区政府同意并经国家发改委审核公告设立为省级工业开发区，是包头市4个省级工业园区之一。

截至2008年底，工业园区共引进工业企业46家（其中区外企业19家），完成固定资产投资累计达31亿元。这46家企业中，硅锰、硅钙、硅铝钡、工业硅等硅系铁合金生产企业21户，电石生产企业6户，镍铁生产企业1户，金属镁及镁合金生产企业7户，铁精粉采选、稀土合金钢、特钢企业5户，洗精煤及焦化生产企业6家。现已形成了45万吨/年硅系铁合金、2万吨工业硅、25万吨电石、2000吨镍铁的生产规模，可形成5万吨镁合金的生产能力。工业园区已成为项目集中、产业集聚、用地集约的发展平台，对地区经济的带动、辐射作用日益凸显。

按照国家产业政策和节能减排要求，继续实施工业园区整体扩能循环改造示范项目，督促企业改造炉型，改进工艺，推动园区企业上档升级，年内投入改造资金不低于2亿元。积极争取列入国家循环经济示范园区试点行列，实现工业经济的科学发展。

2009 年，该园区将着力引进一批经济效益好、环境污染少的项目，带动产业结构的优化升级。目前，全区重点项目 43 个，总投资 223.9 亿元，5000 万元以上重点项目 34 个，总投资 222 亿元，年内计划投资 29.05 亿元；5000 万元以下项目 9 个，总投资 1.9 亿元，年内计划投资 4325 万元。列入全市的 5000 万元以上项目 22 个，总投资 186.7 亿元，年内计划投资 25.8 亿元。其中，续建项目 10 个，总投资 124.24 亿元，年内计划投资 12.2 亿元。新建项目 12 个，总投资 62.49 亿元，年内计划投资 13.6 亿元。后续拟开工 5000 万元以上项目 12 个，总投资 35.4 亿元，年内计划投资 3.25 亿元。

5. 包头装备制造产业园区。包头装备制造产业园区筹建于 2004 年，是自治区、包头市为扶持鼓励地方优势特色产业而建立的产业园区。园区包括建成区、在建区和新规划区三部分。其中，建成区总面积 8 平方公里，位于青山路以北、建华路以西、京藏高速公路以南、110 国道两侧，有内蒙古一机集团、北方重工集团、北方奔驰公司、北方创业公司等企业（项目）160 余户。在建区总面积 2 平方公里，已全部实现“八通一平”。现有中国重汽、北奔新型驾驶室、车桥扩能及北重安东特殊钢制件等 23 个项目入驻，其中 8 个项目已建成投产，10 个项目正在建设中，复合风电叶片、晋西车轴、国电增速器、北奔客车、中科恒源等 5 个项目年内要奠基开工。新规划区总面积 30 平方公里，目前正在做各项前期工作。

2009 年以来，包头装备制造业产业园区进一步加大建设力度，基础设施建设、土地征拆、项目建设等各项工作均取得了较大进展：

一是在土地征拆工作方面，完成了首期 2650 亩土地的征用任务，确定了三道沙河东侧拟建道路的红线范围，启动了北部新区的基础设施建设工作。拆除了二〇二厂 10 号建筑 3700 平方米；拆除昌福村地片各类建筑 9.4 万平方米，在建区可利用土地面积突破 4500 亩。

二是在基础设施建设方面，实施了厂前路、A 线路、青山路自来水给水管道工程，新铺管线 2.2 公里，确保了企业的用水需求。投入使用了日处理能力 950 吨的污水处理厂、供热能力 10 万平方米的热源厂和天然气高中压调压站，完成了 110 千伏变电站工程 95% 以上的施工任务，在建区基础设施日益完善。

三是在项目建设方面，引进了一批央企投资、符合国家政策的装备制造业重大项目，初步形成了重型汽车、风力设备制造、特种钢深加工、铁路车辆产品、石油钻具五大系列的优势特色产业集群。

四是在项目跟踪服务方面，为推动入园企业健康快速发展，园区管委会进一步加大了项目跟踪服务力度，细化分工、明确责任，选派专人帮助企业及时办理、完善了有关手续，协调解决了项目实施过程中的各类问题，为项目的快速推进提供了一流服务。特别是在金融危机造成的逆势中，积极协调金融部门，多次组织银企对接，帮助企业贷款2500万元，有效缓减了部分企业资金周转困难的状况。

6. 包头钢铁深加工园区。包头钢铁深加工园区2008年4月开始拆迁建设，总规划面积30平方公里，一期核心区规划用地近3平方公里，约4350亩，建成后可容纳10至15户钢铁深加工企业。为吸引企业入驻园区，包头钢铁深加工园区推出多项优惠政策，营造园区良好的发展环境，扶持企业发展。

入园企业除享受国家西部大开发的有关优惠政策外，还可享受自治区政府特批的优惠政策，至2010年底，企业所得税减按15%的税率执行，并可享受大工业电价；入园企业从投产之日起，三年内，按缴纳增值税昆区地方留成部分50%扶持企业发展；三年后，根据企业生产和缴纳情况，另行确定税收优惠幅度和时限；优惠提供生产场地和建设用地；凡入驻园区企业通过综合测评，实行土地分级优惠政策。同时，包头钢铁深加工园区深化“一站式、帮办式、保姆式”服务，对入园投资企业立项过程中所涉及的包括建设、规划、市政、工商、劳动等行政收费尽量给予减免；协调周边相关企业及原料市场，为所有入驻企业优先供应原材料，并享受优惠价格。

目前，总投资为12亿元的包钢西北创业无缝钢管生产线、唐山先隆轧辊生产线、江阴保盛达型钢风电法兰生产线以及三河中冶输送设备生产线等四个项目在包头钢铁深加工园区开工建设。

2008年以来，园区紧紧依托包钢，围绕包钢“板、管、轨、线”主线产品，全力建设总规划面积30平方公里的钢铁深加工园区，完成了一期3平方公里的地上物拆迁工作。包钢西北创业无缝钢管生产线、唐山先隆轧辊生产线、江阴保盛达型钢风电法兰生产线以及三河中冶输送设备生产线项目已落户园区。

包钢西北创业无缝钢管生产线项目由内蒙古包钢西北创业实业有限责任公司出资5亿元，建设φ100无缝钢管、无缝管热处理、重型机械制造、钢结构生产线等项目，占地400亩，预计2010年投产。一期投资1.4亿元，建设年产10万吨φ100无缝钢管生产线。唐山先隆轧辊生产线项目由唐山先隆轧辊有限公司出资3亿元，建设年产2万吨轧辊生产线。该项目预计2009年底投产。江阴保盛达型钢、风电法兰生产线项目由江阴市保盛达轧钢有限责任公司出资3亿元，占地100亩，建设风电法兰、阴极扁钢、石材型钢、方钢、圆钢等生产线，项目预计8月份建成投产。输送设备生产线项目由三河中冶链传动机械有限公司投资建设，项目占地50亩，投资1亿元，利用包头地域优势开拓内蒙古周边及西北地区冶金及煤炭企业的机械及传动设备市场，预计2009年底投产。

7. 土右新型工业园区。土右新型工业园区2004年成立以来，以打造呼包鄂区域新型工业基地和自治区级工业园区为总目标，着力强化规划布局、基础设施建设、园区招商等重点工作，全力打造循环经济示范园区，有力推进了新型中等城市工业化进程。

土右新型工业园区按照“规划先行、基础先建、整体推进、分步实施”的思路和高标准建设、高效能管理的要求，不断加强园区基础设施建设，积极搞好园区道路、防洪、雨水管网、给水、排污、供电等基础设施建设，基本实现了“七通一平”，切实提高了园区的承载能力，进一步夯实了园区发展平台。2008年，园区完成了投资5000万元的供热管线、5392万元的园区招商引资综合服务楼、372万元的双回路供电、81万元的绿化、3000万元的山晟110千伏接入系统工程；投资680万元的污水管网铺设、513万元的雨水管网、500万元的给水管网、1.7亿元的园区连接线等工程正在积极建设当中。

近年来，土右新型工业园区先后引进了以投资228亿元的泛海煤化工、72亿元的汉龙氯碱化工、240亿元的中海油煤化工、26亿元的九台肥醇联产等为重点的化工项目，以投资56亿元的山晟循环经济、29亿元的神东电厂等为重点的电力项目，以投资55亿元的光彩事业园区、

2.2亿元的生技铜业等为重点的精细加工项目，以投资35亿元的美岱生物科技玉米深加工、8.5亿元的福禾豆浆蓝带啤酒等为重点的食品加工项目，以总投资4亿元的黄河集团200万吨、蒙西100万吨、三固100万吨水泥粉磨站，1亿元的泰山石膏板为重点的建材项目，形成了大项目顶天立地、小项目铺天盖地的良好局面。

土右新型工业园区充分利用全旗资源，大力延伸发展循环经济链条，全力打造电力、化工、高新技术、机械加工、建材和陶瓷、食品等产业集群。

一是围绕3大电厂项目，配套、延伸发展铜冶炼、生技铜业漆包线、扁铜线项目，形成了电力—铜冶炼—漆包线产业链；配套发展同方硅铝合金、氧化铝项目，形成了粉煤灰—氧化铝—铝精深加工产业链；配套发展泰山石膏板，黄河、三固、蒙西水泥粉磨站项目，形成了粉煤灰—石膏板—水泥产业链，打造电力产业集群。

二是围绕泛海煤化工、汉龙氯碱化工、中海油煤化工项目，配套、延伸发展煤炭—甲醇—聚丙烯、甲醛、二甲醚、醋酸，煤炭—PVC，煤炭—石油等化工产业；并积极推进芒硝—牙膏、钾肥产业链条的发展，打造化工产业集群。

三是依托山晟多晶硅循环经济项目，推进硅—多晶硅—单晶硅产业链条的发展，延伸发展太阳能电池、半导体、芯片等微电子高新技术产品，培育发展形成高新技术产业集群。

四是结合电力、化工产业，并依托包头市的钢铁、铝、装备制造优势产业，大力引进机械制造加工类项目，逐步培育发展形成机械制造加工产业集群。

五是依托电力和化工产业，充分利用该旗的矿产资源，推进石灰石、大理石—装饰装修材料，石灰石—脱硫石膏—纸面石膏，石灰石—电石—离子膜烧碱—水泥产业链条的发展；高岭土、长石、白云岩—化妆品、陶瓷生产，培育发展形成建材、陶瓷产业集群。

六是围绕投资美岱生物科技玉米深加工、福禾豆浆蓝带啤酒、天喔食品、旺旺食品、明旺乳业项目为核心，形成原奶—液态奶、原奶—工业奶粉—乳制品—终端产品产业链条；玉米—饲料、淀粉、淀粉糖—味精，玉米芯—糠醛产品产业链条；葵花—炒货—袋装产品，葵花—食用油产业链条；小麦—方面便，大豆—豆浆、豆制品等产业链条，打造食品产业集群。

8. 达茂旗巴润工业园区。达茂旗巴润工业园区始建于2004年，2007年6月经包头市机构编制委员会批准，正式成立巴润工业园区，并且于当年8月开始运行。该工业园区范围包括巴润钢铁新型能源工业园、白彦花循环经济示范园和满都拉口岸贸易物流园，总面积113.9平方公里，辖区内有铁矿、磷矿、稀土等多种资源。

2008年，达茂旗政府积极应对金融危机出台了12项扶持企业恢复生产的政策措施，有效地降低了企业的生产成本，解决了企业融资困难。2009年，作为达茂旗最大的工业园区，巴润工业园区各企业在恢复生产的同时，重点项目也在有序推进。

一是包钢巴润公司1500万吨采矿项目已完成工程设计审查，正在进行大型采掘设备购置和剥岩工作；300万吨铁选厂项目主体结构已完工，封闭工程完成1/3，正在开展室内轻钢结构组装工作。二是园区7家受2008年金融危机影响停工的存量企业已有6家恢复生产，累计生产铁精粉2.5万吨。三是包钢三合明30万吨铁精粉续建项目已取得采矿证，正在办理立项前期手续。四是蒙普50万吨铁精粉项目已取得探矿证，包钢与蒙普选厂已签订合作协议。五是包满铁路项目可研和工程初步设计已取得铁道部批复，招标工作和征地工作已完成。六是白彦花煤田综合开发项目总体规划已提交国土资源部审查，自治区煤炭局和内蒙古煤矿设计院正在分别制定资源配置方案和矿业权设置方案。各业主也正在积极开展前期工作。七是紫金集团布龙图磷矿150万吨采选项目可研、平面布置总图和基础设施保障方案已编制完成，正在开展选矿试验。一大批投资上亿元的大项目纷纷落户园区，为达茂旗实施产业多元战略和可持续发展战略创造了基础。

（二）主要特点

包头市园区经济已进入了快速发展期，成为拉动全市经济的重要区域，呈现出可持续发展的勃勃生机。总的来看，园区经济发展呈现以下主要特点：

1. 主导产业选择合理，产业特色鲜明。各工业园区都围绕我市的支柱产业，合理选择主导产业定位，重点围绕主导产业延伸和为主导产业配套落实项目。按照全市工业产业布局的要求，包头稀土高新技术产业开发区重点发展稀土、装备制造、铝铜及深加工、电子信息、生物技术、节能环保“六大产业集群”，打造国家重要的稀土和高新技术产业基地；包头铝业产业园区主要发展铝及深加工产业，打造西北地区乃至国内最大的稀土铝合金及铝产业链下游产品深加工基地，重点完善铝—精铝—精铝板—铝箔—化成箔、铝—合金铝—铝轮毂和汽车控制臂等压铸件、铝—合金铝—电工园铝杆—电线电缆等线材、铝—铝型材等重点产业链条；包头九原工业园区重点发展电力、钢铁和稀土深加工、煤化工等产业；石拐工业园区重点打造“硅铁—金属镁—镁合金—电动工具、汽配件成品应用”产业链、“电石—PVC下游产品”产业链、“工业硅—多晶硅—光伏产业”产业链、“铜—电解铜—硫酸、水泥”产业链、“煤—煤层气”产业链；包头兴胜经济开发区主要发展生物制药、现代制造和电子信息产业。包头特钢园区主要发展钢铁及特种钢深加工产业；包头装备制造产业园区主要发展机械装备制造产业，已形成以内蒙古一机集团、北方重工集团、北方奔驰公司、北方创业公司等企业为龙头，带动相关零部件配套企业共同发展的产业格局；土右新型工业园区主要以电力、煤化工产业、金属精细加工、农畜产品加工产业为特色；达茂巴润工业园区主要发展矿产品加工等产业。

2. 以重点项目建设为切入点，园区发展能力不断增强。各工业园区突出抓好园区已经引进的重大项目，从项目审批、环境评价、土地征用等方面提供全方位的服务，推进项目尽早开工，尽快投产；同时，抓住发达地区经济结构调整、产业梯度转移和资本输出的机遇，积极引进投资规模大、产业链长、带动力强、附加值高，对区域经济贡献大并且符合本园区特色主导产业的项目。

坚持以工业园区建设为载体，坚持“外引内联”“引进来和走出去”相结合，多形式、多渠道开展招商引资活动，坚持高标准，高质量严格准入条件，积极引进符合产业政策、产业关联度大、市场前景好、技术含量高、辐射带动强、经济效益好的工业项目进园置业。园区突出招商方式创新，采取以商招商、产业招商、委托招商、网上招商、全民招商等灵活有效的手段，展开强劲的招商攻势，特别是组建专门的招商队伍，紧盯战略投资者，全力促成合作，提高成功率。他们突出抓大项目，放眼国内外，紧紧围绕重型车辆、工程机械、风力发电成套设备、运输设备等重点装备制造业，着力引进世界500强和中国500强等大集团、大项目，形成内资、外资双轮驱动的发展格局。

3. 基础设施建设力度不断加大，园区承载能力显著提高。各工业园区通过建立工业园区的投融资平台，积极争取国债资金、国家政策性银行贷款，市场化运作、整体招商等形式多渠道筹措资金，按照高起点规划、高标准建设、高效能管理的要求，搞好园区道路、给排水、供电、供气、管网等基础设施建设。2009年1~3月份，各园区基础设施建设共完成投资73.06亿元，极大地改善了园区的投资环境，为重大项目落地、工业园区快速发展创造了条件。

4. 积极开展土地收储工作，园区发展空间不断拓展。全市区划调整，为稀土高新区、昆区、青山区、东河区、石拐区等旗县区提供了更大的发展空间。各工业园区积极建立土地收储制度，进一步加快土地收储步伐。截至2009年3月份，各园区共收储土地近4万亩，并积极做好土地性质变更、地上物拆迁、基础设施建设等工作。同时，根据项目产业类别及其分布，科学合理安排用地指标，全力为园区发展提供用地保障。

5. 经济园区成为推动城镇化进程和统筹城乡发展的有力抓手。全市各园区以工业化带动城市化，以城市化促进工业化，使园区既是新工业区，又是新城区，成为各旗县区提高城市化水平的重要引擎。园区建设扩大了城区面积，进一步完善了城市功能，有力地推动了我市城市化的发展进程。各县区在园区建设过程中，坚持以统筹城乡发展的思路实施园区开发建设，筑巢引凤，安排农村人员就业，园区成为各县吸纳农村劳动力就业的重要渠道。同时，园区基础设施建设带动了乡村道路建设和村庄规划整治，园区在加快发展的同时也带动了相关服务业的快速发展，增加了农村公共产品的供给，改善了农村和农民的生产、生活条件。所有这些都充分说明，经济园区有效地聚集了人流、物流、资金流、信息流，不仅成为对外开放、吸引外资的基地和窗口，而且有效地推动了经济发展方式转变和新农村建设。

（三）存在问题

1. 园区承接产业转移的力度还不够大，引进的企业和项目层次不够高，龙头企业不多，企业集聚效应不突出。

2. 主导产业还不够强，支柱产业的产业链条尚未完全形成。如在包头市高新区稀土产业和新材料业虽已有一批产业聚集企业，工业总产值虽然已达到100亿元，但纵观其产业内部，主导产业还不够强，分工协作不明显，龙头企业产品本地配套率也很低。

3. 中小企业数量多，资金、人才缺乏，创新创业氛围还不浓厚，技术创新体系还不完善，创新能力有待进一步提高。虽然工业园区的工业总产值等经济指标增长较快、增幅较大，但其贡献主要来源于骨干企业的发展，多数企业的增长与原材料价格上涨有较大关系，只有部分企业是靠技术创新，取得内涵式发展成果的。

4. 园区的发展环境有待进一步改善，土地、资金等瓶颈制约比较突出；一些体制、机制问题尚未从根本上得到解决。

三、发展园区的对策建议

今后五年是包头市经济社会发展的关键时期。面对经济全球化的新挑战，区域经济一体化加速发展的新机遇，西部大开发继续深入推进、呼包鄂经济圈将迅速崛起的新形势以及国家和自治区对园区经济发展的新要求，当前和今后一个时期，全市园区发展的总体目标是：通过不断优化发展环境，有效聚集各类生产要素，形成较强的开放功能、创新功能和辐射带动功能，把园区建设成为全市发展高新技术产业和新兴产业的基地、人才聚集的中心、创业投资的乐园、改革开放的试验区、农村工业化和城镇化的示范区、最佳人居环境的新城区和新城镇，成为拉动县域经济发展的火车头和全面建成小康社会的先行区，在增强产业竞争力、推进资源节约、提高招商引资水平、统筹城乡协调发展、创新管理体制五个方面走在全市前列。全市应重点做好以下八个方面的工作：

1. 科学规划引导园区发展。要科学而超前地制定园区规划，一方面市委、市政府要对全市园区建设通盘规划，站在区域经济发展的战略角度谋划，具体建设规划要具有前瞻性和长效性，坚持在发展的同时积极保护环境，并合理利用各种资源。另一方面，每个园区的内部规划要从培育优势产业、完善相关产业链条入手，做到地区要有重点，产业要有特色，企业要有实力。要坚持高起点规划、高标准建设、高效能管理；坚持合理布局、一次规划、分步实施；坚决改变项目随意招、项目随意放、缺乏产业规划的状况。市规划局要把园区规划纳入城市总体规划，作为城市的一个主要功能区来建设，依靠园区的发展活力和扩张力，带动城市的扩张和功能完善，同时又通过城市化为园区发展提供配套服务和后续保障；市国土局要会同各园区借园区土地利用规划调整的时机，解决好土地“瓶颈”问题，提高土地集约利用率，搭建好发展平台。由市发改委牵头，科技局、统计局、工交办、中小企业局等部门配合，以市政府名义制定出台我市园区发展的指导意见，建立园区经济发展监测制度。各园区要对园区进行准确定位，明确产业发展方向，尤其要注重特色园区、专业园区建设，通过抓好规划，进一步完善产业布局，推进产业集聚，培育企业集群，形成产业规模优势，提高我市工业经济的竞争能力。

2. 创新机制促进园区发展。创新是园区发展的不竭动力。园区要抓住当前大项目大投资的时机，在经营机制上，要有所为有所不为，逐步把国有资产运营管理从管委会职能中剥离出来，成立资产运营公司，切实做到突出主业，精干主体，主辅分离，避免园区发展社会化，始终保持园区发展的生机与活力。有条件的园区可安排专项资金予以配套。各园区管委会建立高新技术发展基金、中小企业融资担保基金和招商引资奖励基金，大力支持高新技术企业发展，帮助中小企业解决融资困难，加快园区发展步伐。要抓好优惠政策的落实，积极引导、支持、鼓励和吸引更多的企业向园区集中。在管理体制上，园区可以大胆采用新型管理模式，实行公平竞争和绩效挂钩，创造人才脱颖而出的环境。积极探索搞活园区分配机制，由园区管委会根据岗位、工作量、服务态度和园区效益等自行制定收入分配办法，抓好园区评价体系建设，健全监督机制。同时，要优化园区领导班子，明晰责任，人员到位，打造适应新形势发展要求的高水平、高层次、高素质的干部队伍，确立服务是第一投资环境的理念，着力建立长效服务机制。

3. 产业项目支撑园区发展。项目和产业是园区的立身之本。要把园区发展与产业集群建设结合起来，形成资源整合、分工专业、配套协作的良性互动机制，努力提高产业聚集度，形成优势产业高地，确保园区产业有扩张力，重点产品有竞争力，龙头企业有集聚力，使园区真正成为我市新的经济增长点。

要抓好主体项目产业链的延伸，要抓好节能减排项目及技术创新项目的落地实施，园区要依托自然资源和初级产品的优势产业，努力延长相关产业链，创造特有产品和品种，不断提高质量，培养出以资源为起点，经过中间产品直到最终产品的产业链体系，把特色经济做深做细，做出规模来。项目是壮大园区的支撑和基础，为了进一步丰富和完善园区产业链条，壮大优势产业集群，扩大效应，实现规模化发展，一方面通过协调服务，为园区推动项目实施创造条件；另一方面，加强对园区投资5000万元以上重点项目的监控管理、协调服务工作，逐月监控项目的投资情况，及时掌握项目的建设进度，通过调研督导，现场协助项目单位解决问题，确保建设项目的快速推进。逐步形成以园区产业、产品为基础的产业、产品集群，推动全市产业、产品结构调整与优化升级。

园区不能办成各类企业的“大杂烩”。虽然“大杂烩”有利于提高土地利用效率、节约基础设施的投入，但这种园区由于主导产业不强，产业特色不明显，缺乏对外部资本及项目的吸引力，因而发展潜力和后劲不足。而且这种“大杂烩”式的综合工业园区必将遇到发展用地受限、产品结构雷同、同业间无序竞争等问题。为此，我市的工业园区须按照新型工业化要求，大力转变发展方式，走集约型增长、集群式发展的路子。

4. 招商引资加快园区发展。招商引资的总量和水平体现园区建设的成效。特别是在金融危机席卷全球的关键时期，更要把招商引资作为园区经济发展的最好时机，要坚持高标准高质量严格准入条件，积极引进符合产业政策、产业关联度大、市场前景好、技术质量高，辐射劳动强、节能减排、技术创新的工业项目进园置业。

各个园区在招商方式上，加快实现由政府招商向企业招商转变，由优惠政策招商向优化环境招商转变，由节会招商向全天候、常态化招商转变，由全民招商向专业队伍招商转变，由引进单一项目向延长产业链条、培育产业集群转变，通过政策激励、市场运作等手段，调动招商引资的积极性。要把目光和工作重点放在世界500强、跨国公司和国内100强及一些上市公司上，着力引进行业领军企业和战略投资者，形成内资外资双轮驱动的发展格局，共筑总部经济在包头扎根。在招商过程中，要注重发现熟悉招商业务的行家手里，注重培育前沿招商的业务骨干，在招大商、引大项目上实现新突破。

5. 技术创新提升园区发展。科技是园区的核心竞争力，是促进园区发展的重要动力。抓园区建设，必须在科技进步上下功夫，走产学研相结合的路子，园区内要围绕着稀土、铝业、装备制造业、不锈钢等产业，通过实施一批重大科技项目，在提高自主创新能力、延伸产业链方面取得重大突破，全面提高园区企业核心竞争力。

包头市工业园区要高度重视对国内外先进技术成果的引进、吸收和转化，充分发挥自治区科研院校和科研单位的力量，抓好战略产业的技术创新。在风电技术、光伏技术、核技术、煤化工技术等方面，要作为园区产业发展的重点，科技创新的重点。要大力扶持企业对上述产品来开发研究，设立科学合理的激励机制。政府要组织企业、大学及有关科研单位建立院士联盟、与科研院所联手、与大学联合，相互协作，积极援助和引导企业推进技术创新，使这些战略产业，在新一轮发展中，占据产业制高点。鼓励和帮助他们在园区内单独或联合办企业，吸引他们在园区内设立研发基地，加快科技成果的转化。组织园区企业实施科技攻关计划，鼓励其建立工程技术中心，加强企业的技术创新体系、技术创新能力建设。

6. 聚集人才推动园区发展。加快园区经济发展就必须树立人才资源是第一资源，人才资本是第一资本，人才竞争力是第一竞争力的理念，营造有利于各类人才大量涌现、健康成长的良好氛围，使各类人才创业有机会、干事有舞台、发展有空间。加强创新型领军人才和科技团队的建设，利用高校为企业开展人才培训，吸引留学生、博士生等高学历、高技术人员到我市园区创业，通过聚集各类创新型人才，提升园区创新能力。

加强园区领导班子建设，将最优秀的人才选拔到园区领导班子和重要岗位；加强园区管理人员的培育，提高他们的服务和业务水平，形成精干的管理队伍；积极引进高层次的技术人才，尤其是创新型人才，使园区真正成为人才“高地”；重视对园区工人的技术培育和职业教育，严格按照市场引导、需训结合、供需对接的原则开展农民工培训工作，逐步形成具有较高素质和技能的园区产业大军。

7. 保护环境优化园区发展。加大环保投入，强化环保监控，推进清洁生产，发展循环经济，使园区不仅成为经济发展的增长点，也成为环境保护的示范点。园区要加快循环经济示范区建设，支持和鼓励企业建立 ISO14001 环境管理体系，扩大清洁生产领域，大力推广综合利用技术、再循环技术、无害化技术，把节约利用资源、提高资源利用率和加强工业污染防治有机结合起来，使产业之间形成循环组合，企业之间形成循环生产，实现资源、资本、资产合作基础上的双赢，做大总量、做强企业、做优产业。

包头市环境质量的现状和工业发展态势迫切需要这种新型工业园区模式，通过生态工业园区建设、资源节约工业园区建设、社会友好型工业园区建设，使工业园区既富有特色有利于招商引资，又使环境问题得以缓解。各园区要坚持走可持续发展的新型工业化道路，对入驻园区的项目，要坚持环保与发展并重，提高准入门槛，重点支持符合科学发展、符合产业政策、符合循环经济的项目，市环保局要建立健全统计、监测、考核“三位一体”的节能减排工作机制。

8. 强化服务保障园区发展。市发改委要制定《园区经济综合评价考核办法》，对园区经济实行动态管理，从基础设施配套能力、经营成本、人力资源及供给、技术创新、环境等方面进行考评，改变过去用单一的以引资数量为考核目标的做法，实行以到位外资、税收、工业增加值、就业人数以及环境保护等综合指标进行考核。

园区管委会要做好政策服务、组织服务和解围服务。要进一步创新服务的方式、方法，有条件的园区要设立行政服务中心、项目推介中心等方便客商、群众办事的机构，采取“一门受理，抄告相关，并联审批，全程代理，限时办结”的运作方式，规范“一次告知”、“期限承诺”、“收费公示”、“人员亮牌”等服务制度，为园区经济发展提供优质服务。努力把园区建成“无非政策收费、无赞助、无摊派”的投资区和高效益、高收益、低门槛、低风险的创业区。同时，要大力提倡“亲商、重商、安商、富商”的理念，各级领导干部要注重加强与外商的感情交流，真心实意和外商交朋友，帮助外商解决生产、生活、安全等方面的问题，使外来客商在包头市园区有“家一样的感觉”，使他们在包头满意放心地投资兴业。

2008年全国十五个文明城市经济运行状况比较分析

（2009年7月24日）

王德山

纵观2008年，我国经济走过了一段不平静也不平凡的历程。在党中央、国务院的正确领导下，全国人民同心同德、顽强拼搏，努力克服历史罕见的特大自然灾害和国际金融危机的不利影响，国民经济总体呈现增长较快、价格回稳、结构优化、民生改善的发展态势。在2008年，全国文明城市经济保持良好的发展态势，经济总量继续扩大、地方财政收入不断增长、固定资产投资优化增加、城乡消费旺盛、对外经济有所回落、城乡居民生活水平进一步提高。现将2008年十五个地级及以上全国文明城市经济运行状况和结构进行比较分析，明确包头市在全国文明城市主要经济指标的位次，找出差距，调整和完善经济发展战略。

一、全国文明城市经济运行情况比较

（一）经济总量和产业结构的比较

2008年地级及以上全国文明城市经济总量不断扩张，除马鞍山市外，其余十四个城市GDP都已超过1000亿元以上。2008年十五个文明城市经济总量的排序是：（1）深圳市7806.5亿元；（2）宁波市3964.1

亿元；（3）成都市3901.0亿元；（4）大连市3858.2亿元；（5）南京市3775.0亿元；（6）东莞市3702.5亿元；（7）烟台市3434.2亿元；（8）南通市2510.1亿元；（9）大庆市2220.4亿元；（10）包头市1760.0亿元；（11）厦门市1560.0亿元；（12）中山市1408.5亿元；（13）南宁市1316.2亿元；（14）惠州市1290.4亿元；（15）马鞍山市632.3亿元。包头市位居第十位，处于十五城市中下游水平。说明包头市经济总量不够大，经济地位不凸显，竞争实力不强。

从增速看，十五个城市GDP增幅的排序是：（1）包头市19.6%；（2）大连市16.5%；（3）马鞍山市15.5%；（4）南宁市14.5%；（5）东莞市14.0%；（6）烟台市13.6%；（7）南通市13.3%；（8）大庆市12.3%；（9）南京市12.1%；（10）成都市12.1%；（11）深圳市12.1%；（12）惠州市11.5%；（13）厦门市11.1%；（14）中山市10.5%；（15）宁波市10.1%。在增速上，包头市名列第一，比十五个城市GDP平均增速13.3%高出6.3个百分点。包头市在GDP总量处于中下游水平的状况下，要想赶超前列城市，GDP的增速不能慢，反而要加快。

从三次产业结构来看，十五个城市的第三产业占GDP的比重均未达到60%，最好的是深圳市达到51.0%，南京市达到50.0%。第三产业占比超过第二产业的城市有深圳市、南京市、南宁市。包头市的第三产业比第二产业低17个百分点，2008年与2007年第三产业同比下降了5.1个百分点。第三产业的发展，尤其是现代服务业的发展已经被作为衡量城市化质量的一个不可缺少的要素，现代化城市第三产业占GDP的比重应在60%以上。目前，包头市是一个典型的重化工业城市，其产业结构调整任重道远。

十五城市人均GDP的排序是：（1）深圳市89814元；（2）大庆市80092元；（3）包头市70004元；（4）宁波市69997元；（5）大连市63198元；（6）厦门市62651元；（7）中山市56106元；（8）南京市50327元；（9）马鞍山市49672元；（10）烟台市49012元；（11）东莞市35285元；（12）南通市35040元；（13）惠州市33077元；（14）成都市30855元；（15）南宁市19142元。包头市位居十五城市第三位，居十五城市前列。

上述数据说明，包头市生产力水平得到提升，劳动生产率相对有了一定的提高（见表 1）。

表 1　2008 年全国文明城市（地级以上）地区生产总值及产业结构一览表

城　市	地区生产总值						三次产业结构
	全市（亿元）	排序	增长率（%）	排序	人均 GDP（元）	排序	一∶二∶三
厦　门	1560.0	11	11.1	13	62651	6	1.4∶52.4∶46.2
大　连	3858.2	4	16.5	2	63198	5	4.5∶51.7∶40.8
宁　波	3964.1	2	10.1	15	69997	4	4.2∶55.4∶40.4
深　圳	7806.5	1	12.1	11	89814	1	0.1∶48.9∶51.0
包　头	1760.0	10	19.6	1	70004	3	3.0∶57.0∶40.0
中　山	1408.5	12	10.5	14	56106	7	3.1∶60.4∶36.5
烟　台	3434.2	7	13.6	6	49012	10	8.0∶60.9∶31.0
成　都	3901.0	3	12.1	10	30855	14	6.9∶46.6∶46.5
南　京	3775.0	5	12.1	9	50327	8	2.5∶47.5∶50.0
南　宁	1316.2	13	14.5	4	19142	15	15.4∶34.7∶49.9
惠　州	1290.4	14	11.5	12	33077	13	7.0∶58.9∶34.1
南　通	2510.1	8	13.3	7	35040	12	7.9∶57.0∶35.1
东　莞	3702.5	6	14.0	5	35285	11	0.3∶52.8∶46.9
马鞍山	632.3	15	15.5	3	49672	9	3.8∶68.0∶28.2
大　庆	2220.4	9	12.3	8	80092	2	3.1∶85.1∶11.8

（二）工业增加值和轻重工业比的比较

2008 年全国文明城市工业增加值排序和轻重工业比是：（1）宁波市 8891.8 亿元，1∶2.1；（2）深圳市 3527.8 亿元，1∶2.8；（3）烟台市 2005.7 亿元，1∶2.4；（4）东莞市 1871.8 亿元，1∶1.3；（5）大庆市 1839.0 亿元；（6）南京市 1555.0 亿元，1∶4.9；（7）大连市 1398.4 亿元，1∶3.0；（8）南通市 1312.8 亿元，1∶1.4；（9）成都市 1277.9 亿元，1∶1.4；（10）中山市 811.9 亿元，1.5∶1；（11）包头市 768.3 亿元，1∶24.9；（12）厦门市 705.4 亿元，1∶2.2；（13）惠州市 528.3

亿元，1∶2.1；（14）马鞍山市 374.1 亿元；（15）南宁市 350.5 亿元，1∶1（马鞍山、大庆两市在统计公报中未公布轻重工业数据，因此在本文中两市轻重工业比数据空缺）。在工业增加值排序中，包头市位居第十一位，居十五城市后列。在轻重工业比上，包头市达到 1∶24.9，说明工业内部结构严重失衡，重的过重、轻的过轻，重工业比重远远超过其他文明城市，已达到城市工业内部构成非正常状态，给生态环境保护带来巨大压力，也使工业不能可持续发展。

工业增加值增速排序是：（1）包头市 25.0%；（2）成都市 24.0%；（3）大连市 23.8%；（4）马鞍山市 21.5%；（5）烟台市 17.5%；（6）南通市 17.0%；（7）南宁市 16.9%；（8）宁波市 12.7%；（9）深圳市 12.5%；（10）惠州市 12.2%；（11）厦门市 11.9%；（12）大庆市 11.8%；（13）中山市 10.1%；（14）南京市 9.9%；（15）东莞市 7.1%。在增速上，包头市名列十五城市之首（见表 2）。

表 2　　2008 年全国文明城市（地级以上）工业增加值一览表

城　市	工　业　增　加　值（亿元）				
	全市	排序	增长率（%）	排序	轻重工业比
厦　门	705.4	12	11.9	11	1∶2.2
大　连	1398.4	7	23.8	3	1∶3.0
宁　波	8891.8	1	12.7	8	1∶2.1
深　圳	3527.8	2	12.5	9	1∶2.8
包　头	635.3	11	25.0	1	1∶24.9
中　山	811.9	10	10.1	13	1.5∶1
烟　台	2005.7	3	17.5	5	1∶2.4
成　都	1277.9	9	24.0	2	1∶1.4
南　京	1555.0	6	9.9	14	1∶4.9
南　宁	350.5	15	16.9	7	1∶1.0
惠　州	528.3	13	12.2	10	1∶2.1
南　通	1312.8	8	17.0	6	1∶1.4
东　莞	1871.8	4	7.1	15	1∶1.3
马鞍山	374.1	14	21.5	4	—
大　庆	1839.0	5	11.8	12	—

(三) 地方财政收入额和增速的比较

2008 年全国文明城市地方财政收入快速增长，地方财政收入最高的是深圳市，最低的是马鞍山市；增速最快的是南宁市，最慢的是马鞍山市。地方财政收入总额排序是：(1) 深圳市 800.4 亿元；(2) 宁波市 390.4 亿元；(3) 南京市 386.6 亿元；(4) 成都市 354.6 亿元；(5) 大连市 339.1 亿元；(6) 厦门市 220.2 亿元；(7) 东莞市 209.2 亿元；(8) 包头市 181.8 亿元；(9) 烟台市 166.2 亿元；(10) 南通市 159.6 亿元；(11) 中山市 100.1 亿元；(12) 大庆市 99.0 亿元；(13) 南宁市 92.9 亿元；(14) 惠州市 78.0 亿元；(15) 马鞍山市 43.3 亿元。包头市名列第八位，居十五城市中游。说明包头市地方财力还不够大，政府在提供公共服务和公共产品、完善城乡社会保障体系、解决民生问题、市政建设等方面的综合能力还不够强。

地方财政收入增速排序是：(1) 南宁市 32.4%；(2) 包头市 26.5%；(3) 大连市 26.5%；(4) 南通市 25.0%；(5) 惠州市 23.5%；(6) 深圳市 21.6%；(7) 成都市 19.1%；(8) 宁波市 18.6%；(9) 厦门市 18.1%；(10) 烟台市 18.0%；(11) 南京市 17.1%；(12) 中山市 16.3%；(13) 大庆市 13.0%；(14) 东莞市 12.2%；(15) 马鞍山市 4.7%。从增速上看，十五城市地方财政收入平均增速为 19.5%，包头市表现不俗，名列第二，居于前列（见表 3）。

表 3　2008 年全国文明城市（地级以上）地区财政收入一览表

城　市	地方财政收入（亿元）			
	地方	排序	增长率（%）	排序
厦　门	220.2	6	18.1	9
大　连	339.1	5	26.5	3
宁　波	390.4	2	18.6	8
深　圳	800.4	1	21.6	6
包　头	181.8	8	26.5	2
中　山	100.1	11	16.3	12
烟　台	166.2	9	18.0	10
成　都	354.6	4	19.1	7

续表

城市	地方财政收入（亿元）			
	地方	排序	增长率（%）	排序
南京	386.6	3	17.1	11
南宁	92.9	13	32.4	1
惠州	78.0	14	23.5	5
南通	159.6	10	25.0	4
东莞	209.2	7	12.2	14
马鞍山	43.3	15	4.7	15
大庆	99.0	12	13.0	13

（四）全社会固定资产投资额和投资结构的比较

2008年全国文明城市全社会固定资产投资平稳增长，投资额最高的是成都市，最低的是马鞍山市；投资增速最快的是包头市，最低的是厦门市。十五城市全社会固定资产投资额排序是：（1）成都市3012.9亿元；（2）大连市2513.4亿元；（3）南京市2154.2亿元；（4）烟台市1953.8亿元；（5）宁波市1728.2亿元；（6）南通市1505.4亿元；（7）深圳市1467.6亿元；（8）包头市1138.0亿元；（9）东莞市943.0亿元；（10）厦门市928.3亿元；（11）南宁市693.4亿元；（12）大庆市601.9亿元；（13）惠州市588.7亿元；（14）中山市445.1亿元；（15）马鞍山市404.5亿元。包头市名列第八，居十五城市中游。与成都、大连、南京、烟台、宁波、南通、深圳等城市相比，包头市固定资产投资总额还不大，在投资方向上，包头市加大了对第三产业的投资。

全社会固定资产投资增速排序是：（1）包头市34.4%；（2）大连市30.2%；（3）成都市25.8%；（4）大庆市25.0%；（5）烟台市24.1%；（6）南宁市23.8%；（7）马鞍山市22.1%；（8）惠州市20.9%；（9）南通市18.9%；（10）南京市15.3%；（11）东莞市12.9%；（12）中山市11.5%；（13）深圳市9.1%；（14）宁波市8.2%；（15）厦门市0.1%。在增速上，包头市名列第一，居十五城市之首。说明包头市在世界金融危机对我国经济产生严重影响的大背景下，坚决贯彻中央宏观调控政策，千方百计加大投资力度，为今后经济发展奠定了坚实基础。

从投资结构上看，包头市固定资产投资结构为 1. 8∶49. 8∶48. 4，第二、第三产业投资额和比例基本相近，说明包头已开始重视向第三产业投资，但第三产业投资仍显不足，与部分文明城市还有较大差距，如大连市投资比例结构为 5. 3∶39. 5∶55. 2；宁波市为 0. 4∶43. 7∶55. 9；深圳市为 0∶26. 3∶73. 7；中山市为 0. 1∶35. 4∶64. 5；成都市为 1. 1∶32. 3∶66. 6；南宁市为 1. 6∶24. 5∶73. 9；东莞市为 0. 1∶41. 8∶58. 1（见表 4）。

表 4　2008 年全国文明城市（地级以上）固定资产投资一览表

城　市	固 定 资 产 投 资（亿元）			
	全市	排序	增长率（%）	排序
厦　门	928. 3	10	0. 1	15
大　连	2513. 4	2	30. 2	2
宁　波	1728. 2	5	8. 2	14
深　圳	1467. 6	7	9. 1	13
包　头	1138. 0	8	34. 4	1
中　山	445. 1	14	11. 5	12
烟　台	1953. 8	4	24. 1	5
成　都	3012. 9	1	25. 8	3
南　京	2154. 2	3	15. 3	10
南　宁	693. 4	11	23. 8	6
惠　州	588. 7	13	20. 9	8
南　通	1505. 4	6	18. 9	9
东　莞	943. 0	9	12. 9	11
马鞍山	404. 5	15	22. 1	7
大　庆	601. 9	12	25. 0	4

（五）社会消费品零售（以下简称“社零”）总额和增速的比较

2008 年全国文明城市消费品市场稳中趋旺，增速加快。社零总额最高的是深圳市，最低的是马鞍山市；增速最快的是南通市，最慢的是厦门市。十五城市社会消费品零售总额排序是：（1）深圳市 2251. 8 亿元；（2）南京市 1651. 8 亿元；（3）成都市 1621. 9 亿元；（4）宁波市

1238.0 亿元；（5）大连市 1182.6 亿元；（6）烟台市 1023.4 亿元；（7）南通市 915.1 亿元；（8）东莞市 838.2 亿元；（9）南宁市 631.7 亿元；（10）包头市 515.7 亿元；（11）中山市 477.0 亿元；（12）惠州市 423.4 亿元；（13）厦门市 418.9 亿元；（14）大庆市 371.5 亿元；（15）马鞍山市 106.0 亿元。包头市位居第十，居十五城市中下位次。说明包头市消费水平和能力还不高，社会消费拉动经济发展的潜力还没有真正发挥出来。关键是提高人民生活水平，提升消费档次，增强消费能力；构建优美的旅游环境，做大做强旅游产业，吸引流动人口。

社零总额增速排序是：（1）南通市 24.2%；（2）包头市 23.7%；（3）烟台市 23.4%；（4）马鞍山市 22.5%；（5）南宁市 22.5%；（6）大庆市 21.0%；（7）东莞市 20.5%；（8）中山市 20.5%；（9）大连市 20.3%；（10）南京市 19.7%；（11）惠州市 19.6%；（12）宁波市 19.6%；（13）成都市 19.5%；（14）深圳市 17.6%；（15）厦门市 15.7%。包头市位居第二，居十五城市前列（见表 5）。

表 5　　2008 年全国文明城市（地级以上）国内贸易一览表

城市	国内贸易（亿元）											
	社会消费品零售总额	排序	增长率（%）	排序	其中							
					批发零售总额	排序	增长率（%）	排序	住宿餐饮	排序	增长率（%）	排序
厦门	418.9	13	15.7	15	344.7	12	15.6	14	59.0	11	21.7	9
大连	1182.6	5	20.3	9	987.4	5	20.9	7	185.3	4	18.3	12
宁波	1238.0	4	19.6	12	1099.1	4	19.0	125	138.6	5	20.9	11
深圳	2251.8	1	17.6	14	1972.1	1	16.7	13	279.9	2	24.0	5
包头	515.7	10	23.7	2	396.8	10	22.5	4	113.0	7	28.7	2
中山	477.0	11	20.5	8	412.2	9	20.3	8	64.6	10	22.2	8
烟台	1023.4	6	23.4	3	868.2	6	24.5	1	125.6	6	24.0	4
成都	1621.9	3	19.5	13	1312.7	3	19.1	11	303.3	1	21.6	10
南京	1651.8	2	19.7	10	1434.8	2	19.1	10	195.1	3	23.4	7
南宁	631.7	9	22.5	5	—	15	—	15	—	15	—	15
惠州	423.4	12	19.6	11	367.6	11	20.1	9	55.7	12	16.6	13
南通	915.1	7	24.2	1	815.7	7	22.5	3	96.9	9	40.6	1
东莞	838.2	8	20.5	7	725.3	8	21.3	6	112.9	8	15.5	14
马鞍山	106.0	15	22.5	4	90.3	14	21.5	5	14.4	14	26.7	3
大庆	371.5	14	21.0	6	330.5	13	23.0	2	39.9	13	23.4	6

（六）进出口贸易和实际使用外资的比较

2008 年全国文明城市克服世界金融危机对进出口贸易的严重冲击，进出口贸易额有所增长，外商直接投资有所增加。十五城市外贸进出口总额最高的是深圳市，最低的是大庆市；进出口增速最高的是成都市，最低的是深圳市；当年实际使用外资金额最高的是大连市，最低的是大庆市；使用外资增速最高的是成都市，最低的是深圳市。

十五城市外贸进出口总额排序是：（1）深圳市 2999.55 亿美元；（2）宁波市 1401.90 亿美元；（3）东莞市 1132.99 亿美元；（4）大连市 470.41 亿美元；（5）厦门市 453.89 亿美元；（6）南京市 405.92 亿美元；（7）烟台市 350.31 亿美元；（8）惠州市 297.40 亿美元；（9）中山市 259.09 亿美元；（10）南通市 166.88 亿美元；（11）成都市 154.10 亿美元；（12）马鞍山市 33.46 亿美元；（13）包头市 23.40 亿美元；（14）南宁市 18.71 亿美元；（15）大庆市 8.20 亿美元。包头市位居后列，说明包头市外向型经济比较弱小，还没有形成规模，远未成为拉动经济的动力。

十五城市外贸进出口额增速排序是：（1）成都市 62.0%；（2）烟台市 46.3%；（3）南宁市 45.5%；（4）马鞍山市 42.4%；（5）南通市 30.6%；（6）包头市 27.1%；（7）宁波市 25.5%；（8）惠州市 23.4%；（9）大庆市 20.6%；（10）大连市 19.7%；（11）厦门市 14.1%；（12）南京市 12.1%；（13）东莞市 6.1%；（14）中山市 5.1%；（15）深圳市 4.3%。在增速上，包头市位居中上位次（见表 6）。

表 6　2008 年全国文明城市（地级以上）进出口贸易一览表

城市	对外贸易（亿美元）											
	进出口总额	排序	增长率（%）	排序	其中							
					出口	排序	增长率（%）	排序	进口	排序	增长率（%）	排序
厦门	453.89	5	14.1	11	293.94	3	15.0	10	159.95	5	12.4	7
大连	470.77	4	19.7	10	253.96	4	15.3	9	216.81	3	25.3	5
宁波	1401.90	2	25.5	7	—	15	—	15	—	15	—	15
深圳	2999.55	1	4.3	15	1797.20	1	6.6	14	1202.35	1	1.0	11

续表

城市	对外贸易（亿美元）											
	进出口总额	排序	增长率（%）	排序	其中							
					出口	排序	增长率（%）	排序	进口	排序	增长率（%）	排序
包头	23.40	13	27.1	6	15.10	12	26.1	7	8.30	12	28.8	4
中山	259.09	9	5.1	14	187.02	7	8.1	13	72.07	8	-2.2	12
烟台	350.31	7	46.3	2	206.47	6	46.5	3	143.84	6	46.0	2
成都	154.10	11	62.0	1	90.70	10	58.8	1	63.40	9	66.7	1
南京	405.92	6	12.1	12	235.97	5	14.2	11	169.95	4	9.3	8
南宁	18.71	14	45.5	3	15.86	11	56.5	2	2.85	14	4.3	9
惠州	297.50	8	23.4	8	179.90	8	23.2	8	117.60	7	23.7	6
南通	166.88	10	30.6	5	117.52	9	30.3	5	49.36	10	31.5	3
东莞	1132.99	3	6.1	13	655.37	2	8.9	12	477.62	2	2.5	10
马鞍山	33.46	12	42.4	4	11.03	13	29.8	6	22.43	11	—	14
大庆	8.20	15	20.6	9	5.20	14	36.7	4	3.00	13	—	13

十五城市当年实际利用外资金额排序是：（1）大连市50.10亿美元；（2）深圳市40.30亿美元；（3）南通市29.37亿美元；（4）宁波市25.40亿美元；（5）东莞市24.47亿美元；（6）南京市23.72亿美元；（7）成都市22.50亿美元；（8）厦门市20.42亿美元；（9）惠州市13.52亿美元；（10）烟台市10.58亿美元；（11）中山市8.33亿美元；（12）包头市8.20亿美元；（13）马鞍山市5.11亿美元；（14）南宁市2.26亿美元；（15）大庆市1.17亿美元。包头市位居第十二，居十五城市后列，说明包头市外商直接投资企业很少，实际使用外资水平很低。

十五城市实际利用外资增速排序是：（1）成都市97.3%；（2）南宁市82.9%；（3）厦门市60.6%；（4）大连市58.0%；（5）马鞍山市37.4%；（6）包头市31.5%；（7）大庆市26.2%；（8）东莞市15.6%；（9）南京市15.1%；（10）中山市13.4%；（11）烟台市12.0%；（12）惠州市10.1%；（13）深圳市10.1%；（14）宁波市1.3%；（15）南通市-5.8%（见表7）。

表7　2008年全国文明城市（地级以上）实际利用外资一览表

城　市	实　际　利　用　外　资（亿美元）			
	全市	排序	增长率（%）	排序
厦　门	20.42	8	60.6	3
大　连	50.10	1	58.0	4
宁　波	25.40	4	1.3	14
深　圳	40.30	2	10.1	13
包　头	8.20	12	31.5	6
中　山	8.33	11	13.4	10
烟　台	10.58	10	12.0	11
成　都	22.50	7	97.3	1
南　京	23.72	6	15.1	9
南　宁	2.26	14	82.9	2
惠　州	13.52	9	10.1	12
南　通	29.37	3	-5.8	15
东　莞	24.47	5	15.6	8
马鞍山	5.11	13	37.4	5
大　庆	1.17	15	26.2	7

（七）城乡居民收入和增速的比较

2008年全国文明城市城乡居民生活水平进一步提高，收入增长加快。十五城市城镇居民人均可支配收入最高的是东莞市，最低的是南宁市。增速最高的是南宁市，最低的是中山市；农民人均纯收入最高的是东莞市，最低的是南宁市。农民人均纯收入增速上最快的是大庆市，最慢的是东莞市；城乡居民储蓄年末余额最高的是深圳市，最低的是马鞍山市。城乡居民储蓄增速最快的是成都市，最慢的是惠州市。

十五城市城镇居民人均可支配收入的排序是：（1）东莞市30275元；（2）深圳市26729元；（3）宁波市25304元；（4）厦门市23948元；（5）南京市23123元；（6）中山市21560元；（7）包头市20861元；（8）惠州市19481元；（9）烟台市19350元；（10）南通市18903元；（11）马鞍山市18330元；（12）大连市17500元；（13）成都市

16943 元；（14）大庆市 16816 元；（15）南宁市 14446 元。包头市名列第七，居于十五城市中列。

十五城市城镇居民人均可支配收入增速的排序是：（1）南宁市 20.0%；（2）包头市 16.7%；（3）大连市 15.8%；（4）烟台市 15.4%；（5）南通市 14.9%；（6）成都市 14.1%；（7）南京市 13.8%；（8）马鞍山市 13.6%；（9）宁波市 13.4%；（10）惠州市 12.5%；（11）东莞市 12.0%；（12）厦门市 11.4%；（13）深圳市 10.0%；（14）大庆市 8.0%；（15）中山市 6.1%。在增速上，包头市名列第二，居十五城市前列。说明包头市城镇居民人均可支配收入增速较快，但在绝对值上与其他城市还有一定差距。

十四城市（深圳无农业人口）农民人均纯收入的排序是：（1）东莞市 12328 元；（2）中山市 11957 元；（3）宁波市 11450 元；（4）大连市 9818 元；（5）南京市 8951 元；（6）厦门市 8475 元；（7）烟台市 7935 元；（8）南通市 7811 元；（9）马鞍山市 7238 元；（10）包头市 7076 元；（11）惠州市 6626 元；（12）成都市 6481 元；（13）大庆市 5548 元；（14）南宁市 4001 元。包头市名列第十，说明包头市农民收入水平较低，与其他城市还有较大差距。

十四城市农民人均纯收入增速的排序是：（1）大庆市 41.6%；（2）马鞍山市 17.8%；（3）大连市 17.3%；（4）惠州市 16.3%；（5）南宁市 15.6%；（6）包头市 15.1%；（7）成都市 14.9%；（8）宁波市 13.9%；（9）烟台市 13.7%；（10）南通市 13.1%；（11）中山市 11.8%；（12）南京市 11.6%；（13）厦门市 11.0%；（14）东莞市 6.2%。在增速上，包头市位居第六，居十四城市中游水平。

十四城市城乡居民收入比是：（1）大连市 1.78:1；（2）中山市 1.80:1；（3）宁波市 2.21:1；（4）南通市 2.42:1；（5）烟台市 2.44:1；（6）东莞市 2.46:1；（7）马鞍山市 2.53:1；（8）南京市 2.58:1；（9）成都市 2.61:1；（10）厦门市 2.83:1；（11）惠州市 2.94:1；（12）包头市 2.95:1；（13）大庆市 3.03:1；（14）南宁市 3.61:1。包头市城乡居民收入比处于十四城市的后列，说明包头市城乡居民收入差距大，而且这种差距不是在缩小，而是在逐年扩大，在 2000 年城乡居民收入比仅为 2.13:1，2008 年就扩大到 2.95:1，这与构建和谐包头的目标是相悖的，应该引起政府的高度重视。

十五城市城乡居民储蓄年末余额的排序是：（1）深圳市 4905.9 亿元；（2）成都市 3265.0 亿元；（3）东莞市 2638.0 亿元；（4）南京市 2565.8 亿元；（5）大连市 2476.3 亿元；（6）宁波市 2367.1 亿元；（7）南通市 1890.7 亿元；（8）烟台市 1566.8 亿元；（9）中山市 1080.4 亿元；（10）厦门市 929.4 亿元；（11）南宁市 888.7 亿元；（12）惠州市 771.7 亿元；（13）大庆市 733.1 亿元；（14）包头市 594.0 亿元；（15）马鞍山市 259.6 亿元。包头市名列第十四，居十五城市后列，与其他城市有较大差距。

十五城市城乡居民储蓄年末余额增速的排序是：（1）成都市 32.4%；（2）宁波市 29.6%；（3）深圳市 29.4%；（4）大连市 28.2%；（5）南通市 28.0%；（6）南京市 27.6%；（7）烟台市 25.7%；（8）厦门市 25.6%；（9）包头市 25.3%；（10）南宁市 24.3%；（11）东莞市 24.2%；（12）马鞍山市 23.5%；（13）大庆市 20.5%；（14）中山市 19.8%；（15）惠州市 19.2%。在增速上，包头市位居第九位。说明包头市城乡居民储蓄年末余额总量小，增速慢，与其他文明城市相比差距较大（见表 8）。

表 8　2008 年全国文明城市（地级以上）城乡居民收入一览表

城市	城镇居民人均可支配收入（元）				农民人均纯收入（元）				城乡居民收入比		城乡居民储蓄年末余额（亿元）			
	全市	排序	增长率（%）	排序	全市	排序	增长率（%）	排序	城镇	农牧民	全市	排序	增长率（%）	排序
厦门	23948	4	11.4	12	8475	6	11.0	13	2.83:1		929.4	10	25.6	8
大连	17500	12	15.8	3	9818	4	17.3	3	1.78:1		2476.3	5	28.2	4
宁波	25304	3	13.4	9	11450	3	13.9	8	2.21:1		2367.1	6	29.6	2
深圳	26729	2	10.0	13	—	—	—	—	—		4905.9	1	29.4	3
包头	20861	7	16.7	2	7076	10	15.1	6	2.95:1		594.0	14	25.36	9
中山	21560	6	6.1	15	11957	2	11.8	11	1.80:1		1080.4	9	19.8	14
烟台	19350	9	15.4	4	779.5	7	13.7	9	2.44:1		1566.8	8	25.7	7
成都	16943	13	14.1	6	6481	12	14.9	7	2.61:1		3265.0	2	32.4	1
南京	23123	5	13.8	7	8951	5	11.6	12	2.58:1		2565.8	4	27.6	6
南宁	14446	15	20.0	1	4001	14	15.6	5	3.61:1		888.7	11	24.3	10
惠州	19481	8	12.5	10	6626	11	16.3	4	2.94:1		771.7	12	19.2	15
南通	18903	10	14.9	5	7811	8	13.1	10	2.42:1		1890.7	7	28.0	5
东莞	30275	1	12.0	11	12328	1	6.2	14	2.46:1		2638.0	3	24.2	11
马鞍山	18330	11	13.6	8	7238	9	17.8	2	2.53:1		259.6	15	23.5	12
大庆	16816	14	8.0	14	5548	13	41.6	1	3.03:1		733.1	13	20.5	13

二、对包头市经济运行状况的评价

我们通过对十五个全国文明城市经济运行情况比较分析可以看出，包头市经济发展方面与其他文明城市经济发展存在着差距与不足，主要表现在：

1. 包头经济总量仍小，经济地位不凸显，经济增长速度下滑，综合竞争实力不强。经济增长方式粗放的状况没有得到根本转变。经济发展的支撑体系不够牢固。

2. 三大产业结构性矛盾比较突出。产业内部结构失衡，尤其是第二产业中轻重工业比例关系，重的过重、轻的过轻。支柱产业中，资源依赖型产业特征明显，受生态环境、国家产业政策、资源的约束日益趋紧。而非资源型和高新技术产业发育不足、发展不快。尤其是现代化服务业发展相对滞后。在世界金融危机的影响下，包头市产业结构和产业内部结构问题暴露得比较充分，造成众多工矿企业停工停产，大批工人（包括农民工）下岗待业。

3. 投资结构不尽合理，投资主体结构不够优化。投资方向呈现趋同化，而向第三产业尤其是现代服务业和轻工业、钢铁、铝业等产业下游产品、机电一体化、装备制造业、高新技术产业和新能源投资不足。

4. 企业自主创新能力弱，企业核心竞争力不强。科研机构和企业技术中心量小位弱、科研经费投入严重不足；产业集群与循环经济工作力度不足，名牌品牌产品少、带动作用微弱；新材料、新产品研制缓慢，专利申请量小。高新技术产业产值占工业总产值比重低。

5. 城乡之间发展不平衡，农牧业发展相对滞后，农民增收困难增加，尤其后山地区“三农”问题还没有一个根本性变化，统筹城乡发展的任务十分艰巨。农村城镇化和农牧业产业化水平亟待提高。

6. 外向型经济发展缓慢。对外经贸面临更大压力。虽然世界金融危机对外向型经济造成很大冲击，但受影响的是生产低端产品和低附加值的企业。包头市外向型经济本来就很弱小，外贸出口量少，而且以土价钱卖稀土原料，以低价格卖钢锭钢材，这种短视经济行为应该得到纠正。同时，使用外资严重不足，未能起到拉动经济的主要动力作用。

7. 城乡居民收入状况与经济发展水平不相适应，城乡居民收入差距和贫富差距日趋扩大。城乡居民消费主要集中在购买日用品和餐饮上，文化、艺术、体育和旅游消费不足。虽然建立了覆盖城乡居民社会养老和医疗保障制度，但保障水平还是不高的。

三、政策建议

1. 解放思想，统一认识。包头要坚持扩内需、保增长、促发展、调结构、保民生的方针，认真贯彻落实国家十大产业调整振兴规划，包头经济增长不能下滑，增速应保持在 18% 以上，否则就有落后的可能。坚持经济又好又快发展、好与快并举。

2. 调整经济结构和转变发展方式。在世界金融危机波及全球，全国、自治区和包头市经济增速下滑的形势下，包头市经济工作中心任务应该是调整经济结构、转变经济发展方式。调整经济结构和转变发展方式是相互联系、互为制约的两个方面，经济结构不合理是导致增长方式粗放、增长成本过大的重要原因。三次产业中工业比重过大，工业中高能耗、高物耗的行业增长偏快，是造成单位 GDP 能耗高、环境压力大的主要因素。目前，从包头的三次产业结构特征来看，我市的第二产业比重比较高，工业的“重型化”特征明显；第三产业尚不发达，存在“短腿”现象。因此要转变经济发展方式，就必须调整三次产业结构，特别要大力发展现代服务业；必须摆脱传统的工业化模式，走出一条科技含量高、经济效益好、资源消耗低、环境污染少、人力资源优势得到充分发挥的新型工业化道路。

3. 发展是基础，科学是主导。根据国家十大产业调整振兴规划，推动经济增长转入科学发展轨道。应理性认识到，国家十大产业调整振兴规划等一系列宏观调控政策是推动经济又好又快发展的根本保证，坚持有保有压，强化投资项目管理，坚决控制高耗能、高污染和产能过剩、盲目扩张项目，鼓励扶持符合国家产业政策和包头市实际的重点领域、重点产品、重点企业、重点项目，引导投资向高新技术产业、机电一体化、先进制造业、现代农业、现代服务业和社会事业倾斜。

4. 坚持创新发展制造业。以包头市是国家首批信息化和工业化融合创新实验区为平台，大力提升先进制造业水平，促进工业结构优化升级，特别要关注、重视、发展轻工业，使轻重工业比达到适当比例。进一步强化工业立市、工业强市和建设经济强市的观念，不断优化工业行业结构、企业结构和产业结构，重点延伸六大支柱产业的后续产业链和延长中下游产品链，形成真正意义的产业基地和产业集群。

5. 突出抓好现代化服务业建设。大力发展现代服务业，增强消费对经济的拉动力。坚持生产性服务业与生活性服务业并重，大力发展旅游会展、现代物流、商贸餐饮和金融保险业，积极培育信息服务、文化传媒和社会服务业，加快重点项目建设，壮大骨干企业，改变包头市服务业层次和水平低的现状。

6. 重视发展现代农牧业产业化示范区。积极发展现代农牧业，扎实推进社会主义新农村、新牧区建设。把发展现代农牧业、增加农牧民收入作为推进新农村新牧区建设的首要任务，加大投入力度，构筑产业体系，提升基础设施和设备水平，强化科技支撑，不断提高农牧业综合效益和竞争力。

7. 发展高科技产业、提高核心竞争力。优先发展高新技术产业，不断提高核心竞争力。抓好以企业为主体的技术创新体系、以科研院所和内蒙古科技大学（以下简称“内科大”）等高校为主体的知识创新体系建设，引导企业增加研发投入，支持内科大开设适应包头产业发展的优势学科，精心办好稀土学院，鼓励企业与高校院所进行合作开发，完善或创建重点实验室和产学研联合体。同时抓好以中介机构为主体的创新服务体系建设。实施一批高新技术产业重大科技项目，加快高新技术产业化和传统产业高新化步伐，用高新技术引领包头市优势产业发展。

8. 发挥资源优势，大力发展外向型经济。全面发展外向型经济，在广领域、高层次上参与国际竞争与合作。着力提高利用外资数量和质量，以稀土高新区和骨干企业为载体，大力开展产业招商和专业招商，加强与国外有实力的公司的合资合作。推进外贸增长方式转变，实施科技兴贸和出口品牌战略，扩大紧缺资源、先进技术和关键设备进口。

9. 营造宽松政策环境，大力发展非公有经济。放手发展民营经济，培植新的经济增长点。把民营经济作为事关包头市经济长远发展的重要潜力和增长点，切实落实扶持政策，放宽市场准入，改善融资条件，加快构建全方位的服务体系，培育一批原创型企业，壮大一批骨干企业，形成一批特色产业集群。

10. 强化经济责任制，做大做强县域经济。做大做强县域经济，促进区域经济协调发展。强化政策扶持，完善考核体系，赋予旗县更大的自主权，激励各旗县因地制宜，发挥优势，走经济特色化、产业规模化、产品集群化的路子，培植主导产业和骨干企业，壮大财政实力。特别要注意把重大工业项目落户到山北地区，以减轻市区环境压力，拉动山北地区经济快速发展。

加快发展新能源产业对策研究

（2009 年 7 月 24 日）

杨春才

党的十七大报告中指出要建设“资源节约型、环境友好型社会”，实现“又好又快”发展。解决日益突出的经济发展和能源消耗的矛盾，必然将新能源开发放在突出位置，新能源的技术、市场、扶持政策也会越来越重要。包头经济发展走在自治区前列，对能源依赖性较大，面对全面建设小康社会的新形势，能源瓶颈凸显。所以在新能源产业发展中，包头有条件，也有必要走在自治区前列，在新能源产业领域走出包头特色之路。

一、国内外新能源产业的发展现状和趋势

相对于常规能源而言，在不同的历史时期和科技水平情况下，新能源有不同的内容。现阶段，新能源包括了可再生能源中的太阳能、风能、现代生物质能、地热能、水能、海洋能及非天然生物能源等，以及非再生能源中的核能、氢能。随着技术的进步和可持续发展观念的树立，过去一直被视做垃圾的工业与生活有机废弃物、城乡生活污水被重新认识，作为一种能源资源化利用的物质而受到深入地研究和开发利用。因此，废弃物的资源化利用也可看做是新能源技术的一种形式。另外，随着可燃冰等新发现能源的开发利用，新能源的内涵也将不断拓展。

1. 常规能源日益紧缺，新能源地位不断增强。近年来，石油、煤炭等不可再生资源供应日趋紧张。目前，全球能源市场的竞争格局非常清晰，美国在全球能源竞争的战略布局已经形成，中国、日本与印度等高速发展的经济体都在进行能源产业布局，全力开拓能源市场，我们预计在未来一段时期内欧盟也将会在能源方面进行战略调整。可见全球各个经济体都在围绕能源问题进行战略部署，而且这种能源竞争将会愈演愈烈。

近年来，国际上新能源的开发利用取得长足进展，其中包括非矿物燃料能源，如太阳能、风能、水能、潮汐能、生物质能、高温地热资源等比较洁净的能源。目前，这些能源在世界各地都已得到了不同程度的利用。总体来看，最近20多年来，新能源技术获得了快速发展，产业规模、经济性以及市场化程度大大提高。

2. 发展新能源成为各个国家的重要战略。20世纪70年代以来，新能源开发利用受到世界各国的普遍重视。最近几年，随着国际石油价格的大幅攀升以及《京都议定书》的生效，新能源发展愈加成为国际能源领域的热点。纵观国际新能源产业化的发展经验，大体可以归纳出四个主要特点：一是加强立法，从法律上保障新能源的发展；二是制定规划，明确目标；三是制定经济激励政策。这些政策概括起来有财政补贴、税收减免、电力加价和低息贷款等；四是加强宣传，把强化决策者和普通公民对发展新能源的重大意义的认识放在十分重要的地位。

3. 我国能源问题凸显，新能源产业日益受到重视。进入21世纪以来，我国能源短缺与结构矛盾问题再次凸显，已成为我国中长期经济发展的硬约束。我国目前一年消耗石油2.5亿吨，进口石油超过9000万吨，一举成为全球第二大石油消费国和第二大进口国。据有关部门预测，到2020年，我国石油需求将达到4.5亿吨/年，而届时我国石油年产量预计只有2亿吨左右，将产生2.5亿吨的缺口。即使全世界的石油出口可供量都给中国，也根本不可能满足我们的需求。

发展新能源产业，是我国实施能源战略的必然选择，也是确保国家能源安全的重要路径。国家“十一五”规划明确提出“加快发展风能、太阳能、生物质能等可再生能源”。2006年1月1日施行的《可再生能源法》，更是鼓励外资和民间资本进入新能源和可再生能源产业，通过制定可再生能源开发利用总量目标和采取相应措施，推动新能源市场的建立和发展，为新能源产业的发展提供了良好的外部环境。

二、新能源产业发展的现实基础

（一）包头发展新能源产业的战略意义

1. 有利于调整和优化能源产业结构。包头是国家大型工业城市，能源消耗极大，近年来，能源总体供给形势日趋紧张，已成为制约包头社会与经济可持续发展的主要瓶颈之一，发展新能源，优化能源供应结构体系，已是刻不容缓的事情。大力开发利用新能源，有利于有效利用包头本地的能源资源，提高本地一次能源的供应比重，提升包头能源发展的主动权，还有利于不断优化能源供应结构，有效构建地区能源安全屏障。

2. 推动经济社会可持续发展。随着包头经济社会的快速发展，全社会能源消费也将不断增加，今后包头经济社会发展对能源的需求将不断提高，对能源的依赖性还将进一步增强，而能源原材料价格的不断走高，将给经济发展带来巨大的压力，能源瓶颈效应也将不断加剧。利用和发挥包头新能源的潜力和优势，统筹规划、加大投资，积极发展绿色、环保的新能源产业，不仅有利于增加包头的能源供应渠道，使新能源成为现有能源体系的重要补充，缓解和消除能源瓶颈制约，还有利于促进人与自然的和谐，协调经济发展同人口、资源、环境的矛盾，推动经济社会的可持续发展。

3. 实现经济和环境和谐发展。加快常规能源产业的技术改造，积极推进新能源产业的发展，逐步替代污染严重的常规能源，具有重要的战略意义。大力开发新能源，拓宽清洁能源供应渠道，提高全社会绿色能源的消费比重，有利于缓解当前包头能源对环境造成的巨大压力，也有利于包头长远的环境和生态保护，兼顾经济发展和环境保护。

（二）发展新能源产业的优势与现状

包头地处中西部地区，平均年日照约 2867 小时（2007 年）。独特的地理位置和气候条件，使包头市的新能源资源在风能、太阳能、生物质能等领域具有较明显的优势，发展潜力巨大。发展新能源产业得到政府的高度重视，一批有眼光的企业已在新能源产业的多个领域进行战略性和实质性的投资。在风机制造方面拥有自主知识产权的金风科技股份有限公司和华锐公司等多家风电及风电设备制造企业已落户包头市，达茂巴音 140 万千瓦风电基地也得到国家能源局批复，2009 年全市已建和在建风电项目将达到 200 万千瓦。从起步到 21 世纪初，包头新能源的开发利用已从较单一的农村沼气和太阳能热水器，发展到城市生活垃圾发电、风能和太阳能发电等领域。

1. 风能。包头地处中西部，属我国最大风能资源区。包头市已经确定和进入预选的风电场平均风速 6.0 米/秒以上，有效风速时间为 6800 小时，包头风电装机规模保守估算约为 800 万千瓦（至 2020 年），按年平均满负荷运行 2100 小时计算，年可发电 18 亿度，以 2008 年全社会用电量来计算，可解决全社会 7.3% 的用电需求。

2. 太阳能。包头太阳能资源丰富，属世界太阳能资源丰富区之一。气象资料显示，包头近十年年均日照时数约 2900 小时，平均气温 8.8 度，太阳能利用的主要形式是光伏发电和太阳能热水器。目前，包头市光伏发电还处在发展初期，应主要发展太阳能热水器。经预测到 2020 年包头城乡居民总户数将达到 100 万户，如 40% 住户使用太阳能热水器，则太阳能面积将分别到达 80 万平方米，按热水器每平方米日节能 150 千克标煤计算，包头太阳能可利用贮量年合计为 4 万吨标煤。

3. 生物质能和垃圾发电。包头城镇生活垃圾日产能力约为 4000 吨，到 2020 年，预计日产能力将达到 8000 吨。全市生活垃圾按 60% 清洁化处理，则直接焚烧发电 30%，装机容量为 4 万千瓦；大型垃圾填埋场制沼气 30%，装机容量 1 万千瓦，年资源化利用垃圾 180 万吨，发电 2 亿千瓦时可折合 7 万吨标煤。

沼气利用方面，经测算到 2020 年包头每年产生畜粪干重达 30 万吨，如 70% 用于沼气利用，需建沼气池容积 50 万立方米，实现年产沼气 0.5 亿立方米，可让包头市全部农户受益。

目前城市生活污水资源化利用还未规模化运行，大量的污水资源被直接排入黄河。到 2020 年，包头市日平均供水量将达到 60 万立方米，按 50% 的城市污水生成率计，污水排放量将达到每天 30 万立方米。这些污水处理厂的污水未经充分利用就排入黄河，造成巨大浪费。应积极开发利用对生活污水的厌氧消解处理所产生沼气能源，作为污泥厌氧消化处理的副产品，沼气是城市污水厂极具使用价值的能源，城市污水处理厂可通过沼气发电机和沼气燃料电池发电实现对污水的资源化利用。

（三）发展新能源产业存在的主要问题

1. 产业发展尚处于起步阶段，新能源开发利用离规模化、产业化还有很大差距。

2. 对新能源产业发展的认识不足，紧迫感不强。

3. 产业发展缺少统一的专项规划引导，对新能源产业的专项规划尚未出台，相关政策措施尚未完善。

4. 鼓励促进新能源产业发展的政策体系和机制有待形成等。

三、新能源产业发展的战略构想

（一）新能源产业发展的总体思路

包头发展新能源产业的总体思路是：通过政府引导，市场主导，围绕建设包头的国家战略能源基地这个中心，发挥地域资源优势，建成国家级风力发电基地和风力发电设备研发制造基地，同时推动太阳能、垃圾发电、沼气等其他新能源产业发展。

（二）新能源产业发展的途径

根据国家发展新能源的思路，包头发展新能源产业应分阶段实施：今后 3 年内，应积极对包头新能源产业进行科学规划，引进几家具备国际先进技术水平的新能源企业，引导有实力的企业进入新能源领域，吸收转化一批世界领先的新能源技术，并使之产业化；积极鼓励新能源设备、新能源产品的推广应用，做好试点工作，为今后进一步推广打好基础。

在新能源产业前端领域（主要是新能源技术开发与设备制造）加大科研和人才投入，新技术、新工艺有大的突破，力争培育若干全国领先的新能源装备研究、生产领域的龙头企业；在新能源产业中端领域（新能源发电企业），通过制订税收、价格扶持政策，提高转换效率，降低生产成本，增大在能源结构中所占比例，逐步建立一批具有市场竞争力的新能源发电企业；在新能源产业后端领域（新能源使用和市场消费）积极引导和扶持，逐步实现规模化、现代化生产，形成比较完善的新能源终端产品生产体系和市场服务体系，为保护环境和国民经济持续发展作出贡献。

今后 10 年内，力争培育一批具备国际竞争力的新能源企业，新能源产业逐步实现规模化效益。通过政策扶持和价格引导，推进新能源企业替代传统能源企业，淘汰效益低下的常规能源企业，实现社会效益最大化。

（三）新能源产业布局思路

新能源产业因其利用资源的特征，和常规能源产业不同，在布局上有其自身的特征。风能等新能源产业，对地域位置的要求较高，布局选址制约因素较多；太阳能、农村沼气、生物质能、垃圾发电等新能源产业选址机动性较大，可选择区域最优地点建设。

以山北地区为主进行空间布局，建设一批大中小型风力发电场，不仅有利于山北地区用电紧张状况，还有利于节约用地指标，以缓解用电紧张，为主力电网提供有力补充。

以新农村建设为契机，配合新农村基础设施建设，积极推进农村沼气再生利用工程，争取实现农村可再生资源利用最大化，同时实现环境保护的目的。

综合考虑物流成本等因素，在中心城郊区附近重点建设技术成熟、能源转换率高的垃圾发电厂，在解决垃圾填埋难题的同时，缓解用电紧张。

太阳能利用方面，最近几年，主要应将重点放在建筑节能和太阳能建筑一体化领域。通过积极推进建筑节能，细化建筑节能指标和设备要求，在城镇建筑设计和施工中，加入太阳能使用装置，将太阳能利用深入到城镇居民生活中。

（四）新能源产业发展的近期重点

包头发展新能源产业，近期的重点是打造一批新能源产业基地，其中包括：

1. 建设并力争成为国家级风力发电基地和风力发电设备研发制造基地。据了解，近期包头市准备建 10 个风电场，主要分布在达茂、百灵庙、白云、固阳怀朔等山北地区，其中包括达茂巴音 20 万千瓦风电特许项目、金州达茂百灵庙风电场项目、鲁能白云风电场项目、南通蛟龙固阳怀朔风电场项目等，全部建成后总装机规模超过 100 万千瓦。通过大规模的风电开发和建设，促进风电技术进步和产业发展，大幅降低风电成本，努力建设成为国家级的风力发电基地。与此同时，要打造风力发电设备研发制造基地，在风力发电设备领域积极培育一批国际领先的设备制造企业集群，打造风力发电设备开发基地。

2. 建设并形成国家级城乡生活垃圾发电示范基地。经过近几年的研究探索，包头博奇垃圾发电厂正在建设，预计两台机组年底可生产发电。全市垃圾综合利用能力正在追赶国际先进水平，今后要重点研究开发生活垃圾发电相关设备和技术，推动相关科技成果产业化，并继续开发城市远郊垃圾发电厂。

3. 继续推进包头市农村牧区沼气建设计划。2009 年完成沼气建设户 3600 户，在丰富和完善“一池三改”和“四位一体”两种模式的基础上，要狠抓模式创新，拓展沼气的利用方式，增加沼气综合利用率。

（五）加快推进新能源应用工程

借鉴德国等欧美国家新能源开发利用经验，积极推进新能源应用工程，加快实施新能源示范工程，不仅有利于包头市能源结构调整，更将对今后新能源市场的培育和产业的引导起到重要作用。

1. 启动“万家屋顶”工程。包头应加紧研究并启动“万家屋顶”

工程，将光伏发电与屋顶建筑相结合。从技术路线，成本构成，成本下降趋势，投资规模，融资渠道，经济、社会效益，风险和有关政策等进行分析，建议项目分两期完成：前 5 年为第一期，从 2010 ~ 2014 年，完成 1 万个屋顶（简称“万家屋顶”工程），每个屋顶装机 3 千瓦，总计 3 万千瓦，年发电量 0.33 亿千瓦时，按每个屋顶 15 万元计算，初投资需 15 亿元；后 5 年为第二期，2015 ~ 2019 年，完成 5 万个屋顶，每个屋顶装机 3 千瓦，总计 15 万千瓦，年发电量 1.65 亿千瓦时，平均按每个屋顶 9 万元计算（预计技术进步并成规模后会从 15 万元降至 9 万元），需投资 45 亿元。另外，在第一期工程示范成功后，可制定相关建筑建设标准，鼓励和支持房地产开发商在建筑工程施工设计的同时，将太阳能屋顶考虑在内，建安工程费用将大大节省。所以，一期“万家屋顶”工程的示范和推广至关重要。

2. 推进新能源与大型建筑一体化。加快推进新型节能建筑普及。从目前技术可行角度来看，新型节能建筑有两大方向：

一是太阳能热水供应系统一体化。应用太阳能热水系统技术，应采取太阳能加低谷电的供热方式，以有效解决热水供应的能源问题，节能效果显著。太阳能热水器系统与建筑的一体化，要做到统一规划、设计、施工和验收，使太阳能热水器成为建筑的一个配件，施工技术和维修服务易于统一标准。

二是光伏电池建筑一体化。太阳能光电玻璃也可以作为建筑物的外围护构件，太阳能光电玻璃这种复合材料不多占用建筑面积，而且优美的外观具有特殊的装饰效果。为了合理地利用墙面收集太阳能，可采用各种墙体构造和材料，包括与太阳能电池一体化的玻璃幕墙、透明绝热材料以及附加于墙面的集热器等等。

3. 加速推进城市照明系统的新能源改造。风力发电和太阳能发电都是可再生清洁能源，包头已走在全国前列，要搞好风能和太阳能供电，搞好路灯、太阳能楼道灯和集群式太阳能草坪灯的试点，市三区要逐步实现规模化应用。要解决城市照明系统改造资金投入问题，逐步推进使用新能源照明设备改造城市照明系统。

4. 城市生活污水资源化利用工程。随着城市化建设的快速发展、人口增长和生活水平的提高，城镇生活、生产有机污水的排放量逐年增加。到2020年，包头市日平均供水量将达到60万立方米，按50%的城市污水生成率计算，污水排放量将达到每天30万立方米。沼气厌氧净化处理工艺是处理生活污水的有效途径，产生的沼气可成为一种新的能源进行发电利用。包头市应积极加快引进污水沼气发电机组，升级改造城市污水处理厂处理技术，利用污水处理后的物质产生的沼气进行发电。并加快研究利用污水沼气发电的城市电网并网方案。污水处理厂沼气发电机组并网发电能为大型污水处理厂的沼气综合利用和节约运行费用提供很好的途径，而且可以使整个污水处理工艺进入良性循环。

四、发展重点新能源产业的对策建议

由于新能源产业目前正处于发展初期，同其他能源建设相比，需要政府给予更多的支持和相应的扶持政策。推动新能源产业发展，包头要采取行之有效的保障措施，包括营造市场需求、消除市场障碍、财政税收扶持、培育产业体系、开展国际交流与合作等。

1. 完善新能源发展领导机制。以改革创新为动力，切实解决新能源发展的体制性障碍，强化市场对资源配置的基础作用，强化新能源规划的龙头作用，完善法规政策，加强监督执法。

2. 研究制定新能源产业扶持政策。根据国家新能源和可再生能源发展纲要和规划目标，技术类型和特点，应用前景和获利能力，分门别类地研究和制定相应的财政、投资、信贷、税收和价格等方面的优惠政策，特别是要解决好牧民失去草场后长远的利益补贴问题。

3. 促进新能源技术装备引进开发。继续坚持自主开发与引进消化吸收相结合的技术路线，围绕新能源产业发展重点，有选择地引进先进的技术工艺和主要设备。

4. 积极参与培育和规范市场。鼓励市内有实力的企业参与建立包头新能源质量保证体系。加强对新能源市场和企业的规范管理。

5. 创新新能源产业资金保障。拓宽新能源领域融资渠道和合理设置行业准入条件，建立新能源的投资、融资制度，探索民营企业、民间资本和境外资本参与新能源开发的途径和方式，使新能源发展实现经济效益和社会效益的有机统一。

6. 广泛开展国际交流与合作。在高起点上发展包头新能源技术，立足于包头实际，按照“平等互利、实现双赢，企业运作、政府协调，广泛合作、多元发展，以诚相待、加强沟通”的要求，加强国内外人才、技术和信息交流。

建设经济强市对民族地区经济发展的启示

（2009年8月27日）

郭庆林　郭雄飞①

中国的少数民族主要分布在内蒙古、新疆、宁夏、广西、西藏、云南、贵州、青海、四川、甘肃、辽宁、吉林、湖南、湖北、海南、台湾等省或自治区。截至目前，全国共建立了155个民族自治地方，其中自治区5个、自治州30个、自治县（旗）120个。

中国少数民族地区地域辽阔，资源丰富。民族自治地方总面积达616.29万平方公里，占全国总面积的64.2%；草原面积30000万公顷，占全国草原面积的75%，中国著名的5大天然牧区，都在少数民族地区；森林面积5648万公顷，占全国的43.9%；林木蓄积量52.49亿立方米，占全国的55.9%；水力资源蕴藏量4.46亿千瓦，占全国总量的65.9%。此外，还有大量的矿藏资源以及丰富的动植物资源和旅游资源。

一、包头经济强市建设成就

到2004年，包头市在综合经济、工业经济、第三产业经济、人民

① 郭雄飞：（1986年～　），男，汉族，内蒙古包头人，上海景略半导体公司软件工程师。研究方向：区域经济。

生活等方面的13项指标，均进入全国和中西部地区经济强市行列。

2004年全国共有直辖市4个，副省级城市15个，地级城市238个，县级城市374个，其中中西部地区共有直辖市1个，副省级城市5个，地级城市180个，县级城市208个。

按照经济强市的一般界定，凡主要经济指标均排列在样本范围的前20%的城市，即可称为经济强市。根据包头市的行政属性和城市特点，以下选取了四类13个指标进行排序，指标样本范围为副省级城市和地级城市（以下简称“市级”），全国共283个样本，其中中西部地区共185个样本。

如果某项指标进入全国前56位城市，该指标进入全国经济强市行列；如果某项指标进入中西部地区前37位城市，该指标进入中西部地区经济强市行列。

1. 综合经济指标。

（1）生产总值。2004年包头市区（仅包括昆区、青山区、东河区、九原区四个城区，下同）生产总值完成533.16亿元，分别排在全国市级（下同）第37位和中西部地区市级（下同）第12位，均进入全国和中西部地区经济强市行列。

（2）固定资产投资。2004年包头市区固定资产投资完成334亿元，分别排在全国市级第24位和中西部地区市级第8位，均进入全国和中西部地区经济强市行列。

（3）利用外资。2004年包头市实际利用外资25000万美元，分别排在全国市级第44位和中西部地区市级第10位，均进入全国和中西部地区经济强市行列。

（4）财政收入。2004年包头市财政预算内收入完成36.98亿元，分别排在全国市级第34位和中西部地区市级第14位，均进入全国和中西部地区经济强市行列。

（5）人均财政收入。2004年包头市区人均地方财政预算内收入完成2730.62元，分别排在全国市级第23位和中西部地区市级第4位，均进入全国和中西部地区经济强市行列。

2. 工业经济指标。

（1）工业产品销售收入。2004年包头地区工业产品的销售收入完成576.75亿元，分别排在全国第37位和中西部地区第9位，均进入全国和中西部地区经济强市行列。

（2）工业固定资产净值。2004年包头地区工业资产净值完成301.97亿元，分别排在全国第54位和中西部地区第17位，均进入全国和中西部地区经济强市行列。

3. 第三产业经济指标。

（1）货运总量。2004年包头市地区货运总量为1.79亿吨，分别排在全国第7位和中西部地区第3位，均进入全国和中西部地区经济强市行列。

（2）电信业务收入。2004年包头市电信业务收入21.20亿元，分别排在全国第34位和中西部地区第13位，均进入全国和中西部地区经济强市行列。

（3）居民储蓄。2004年包头市区居民储蓄余额272.47亿元，分别排在全国第51位和中西部地区第21位，均进入全国和中西部地区经济强市行列。

4. 人民生活指标。

（1）文化生活。2004年包头市区每百人拥有公共图书馆藏书208册，分别排在全国第9位和中西部地区第4位，均进入全国和中西部地区经济强市行列。

（2）城市绿化。2004年包头市区人均园林绿化面积40.57平方米，分别排在全国第37位和中西部地区第20位，均进入全国和中西部地区经济强市行列。

（3）医疗卫生。2004年包头地区每10万人拥有医生数434人，分别排在全国第17位和中西部地区第13位，均进入全国和中西部地区经济强市行列。

到“十五”期末，包头市已跃居中国综合实力百强城市第34位，居2006年全国200个地级市增长竞争力第1位。2006年，国内生产总值完成1010.12亿元，成为内蒙古第一个、我国西部地区第四个生产总值突破千亿元的地级市。

2008年，包头全年地区生产总值完成1700亿元，增长20%。财政总收入完成205.2亿元，增长25.9%。2008年在全国337个地级市

GDP 排名中，包头市位列第 11 位（见附表）。同年，由中科院和美国有关研究机构联合发布的《2007/2008 全球城市竞争力报告》显示：中国有 15 个城市进入世界经济增幅前 20 名行列，包头市位列第一。包头市不仅创造了“包头模式”，而且又一次创造了“包头速度”。

近年来，包头市先后获得了联合国人居奖、全国园林绿化先进城市、全国优秀旅游城市、国家园林城市、民族团结进步模范城市等多项殊荣。2006 年成为中西部地区首家“全国文明城市”，2008 年，又以地级城市最高分蝉联“全国文明城市”荣誉称号。包头市还先后实现了“全国双拥模范城”六连冠和“全国科技进步先进城市”五连冠。包头市相继被评为“2008 年中国制造业名城”、“中国城市信息化 50 强”、“2008 年度最具影响力的品牌城市”和“中国优秀创新型城市”。被专家誉为“包头模式”的城市规划，成为由中央批准实施的地级市城市总体规划。

二、国家对民族地区经济发展的政策措施

多年来，国家采取了一系列政策措施，支持和推进民族地区经济发展。综合起来讲，有以下八个方面：

1. 关于战略位置。党和国家充分认识到，没有民族地区的小康，就没有全国的小康。国家在制定国民经济和社会发展规划时，尊重和照顾民族自治地方的特点和需要，根据全国发展的整体布局和总体要求，将加快民族自治地方的发展摆到突出的战略位置。为加快西部地区和民族自治地方的发展，国家从 2000 年开始实施西部大开发战略。5 年来，西部地区陆续新开工 60 个重大建设工程，投资规模约 8500 亿元人民币，对带动民族地区经济和社会发展发挥了重要作用。

2. 关于财政支持。随着国民经济的发展和财政收入的增长，各级政府逐步加大对民族地区财政转移支付力度。国家通过一般性财政转移支付、专项财政转移支付、民族优惠政策财政转移支付，增加对民族地区的资金投入，促进了民族地区的经济发展和社会进步。

3. 关于项目安排。国家从 1999 年开始，相继大规模地实施了惠及

所有民族自治地方的“贫困县出口公路建设”，“西部通县油路工程”、“县际和农村公路建设”等交通基础设施建设，共投资近1000亿元。新建和改造了22.5万公里农村和县级道路，使一些少数民族地区落后的交通条件得到了显著的改善。

4. 关于扶贫开发。《中国农村扶贫开发纲要》把民族地区确定为重点扶持对象，在新确定的592个国家扶贫开发重点县中，民族自治地方增加到267个，占重点县总数的45.1%。同时，西藏整体被列入国家扶贫开发重点扶持范围。1990年，国家设立了“少数民族贫困地区温饱基金”，重点扶持少数民族贫困县。1992年，国家设立了“少数民族发展资金”。目前，少数民族发展资金惠及28个省、自治区和直辖市的少数民族群众，主要用于解决少数民族群众生产生活中的特殊困难。

5. 关于对口支援。组织发达地区对口支援民族自治地方。北京帮扶内蒙古、山东帮扶新疆、福建帮扶宁夏、广东帮扶广西，全国支援西藏。

6. 关于生态环境。国家制定的《全国生态环境建设规划》中的四个重点地区和四项重点工程全部在少数民族地区。国家实施的“天然林保护工程”和退耕还林、退牧还草项目主要在少数民族地区。全国226个国家级自然保护区，接近半数在少数民族地区，如四川的若尔盖湿地自然保护区，云南西双版纳自然保护区等。国家还在新疆实施了“塔里木盆地综合治理工程”，在青海玉树藏族自治州实施了“三江源保护工程”，并高度重视南方喀斯特地区的生态治理。

7. 关于对外开放。国家逐步扩大了民族自治地方生产企业对外贸易经营自主权，鼓励地方优势产品出口，实施优惠的边境贸易政策。鼓励、支持民族自治地方发挥区位优势和人文优势，扩大对陆地周边国家的开发与合作。1992年我国开始实行沿边开放战略，确立了13个对外开放城市和241个一类开放口岸，设立14个边境经济技术合作区，其中绝大多数在民族自治地方。

8. 关于特需商品。为尊重少数民族的风俗习惯，适应和满足各少数民族生产生活特殊商品的需要，国家实行了特殊的民族贸易和民族特需商品生产供应政策。目前，民族贸易县在全国已有435个；特需用品定点企业有1855家。享受的政策有：一是流动资金贷款利率优惠政策；

二是税收优惠政策；三是技改贷款贴息政策。

三、民族地区经济发展状况

改革开放30年来，我国少数民族地区经济增长率高于全国平均水平。民族地区社会固定资产投资从1978年的76亿元，增加到2008年的1.8万亿元；经济总量由324亿元，增加到30626亿元。

1999年，民族地区第一、第二、第三产业结构为25∶40∶35，到2003年调整为21∶42∶37。1984年，内蒙古、广西、西藏、宁夏和新疆五个自治区的国内生产总值只有7亿元。到2003年，五个自治区国内生产总值增加到7269亿元，年均增长9.8%，比全国高0.4个百分点。2003年民族自治地方国内生产总值完成10381亿元人民币，首次突破万亿元大关，内蒙古和新疆人均生产总值已经突破1000美元。1999～2004年，民族自治地方固定资产投资年均增长22%，高于全国平均水平。

民族自治地方经济发展速度，内蒙古很有代表性。2003年，内蒙古的全年生产总值、规模以上工业增加值、城镇以上单位固定资产投资和城镇居民人均可支配收入四项指标增速居全国首位。2004年，内蒙古的生产总值、规模以上工业增加值、城镇以上单位固定资产投资、社会消费品零售总额、地方财政一般预算收入和城镇居民人均可支配收入六项指标增速居全国第一位。《经济日报》2004年8月12日头版头条有这样一个报道：西部大开发跃出内蒙古“黑马”。

优势产品的产业化、基础化进一步巩固和发展。新疆的棉花产量占全国的32.9%，广西、云南的甘蔗产量占全国的67%，新疆和内蒙古的甜菜产量占全国的54%，贵州、云南的烟草产量占全国的38.4%。有些省区成为我国重要工业产品的原料生产基地。广西糖的生产基地排在我国第一位，云南卷烟基地排在我国第一位，水力发电基地排在我国第二位，新疆的天然气生产和原油生产分别排在我国的第二位和第三位。内蒙古原煤生产基地排在我国的第四位。民族地区的资源优势开始向产业优势、经济优势转化。

四、民族地区经济发展的制约因素

1. 自然生态环境恶劣。民族地区大多位于我国自然地理结构的第一、第二台阶的高原和山地上，自然条件差，生态环境恶劣。绝大部分是干旱或半干旱地区，很多地区沙化严重。西南地区多是山地土壤，地形复杂，海拔高，多石山、峡谷，有沼泽地、草地、雪山和石灰岩等。西北和北方则是黄土和沙漠，地处内陆，远离海洋，碱化严重，森林覆盖率极低。据1996年统计，全国森林覆盖率为13.4%，甘肃为4.2%，青海为0.3%，宁夏为0.9%，新疆为0.9%，内蒙古为2.1%。另外，民族地区气候多变，自然灾害频繁，风沙、风暴、滑坡、泥石流、雪灾、地震等较多。这样的自然环境必然会制约该地区的经济发展。

2. 思想观念保守落后。民族地区群众由于多居住在偏远地区，受现代思想，尤其是市场经济的价值准则影响较小，持有很多不利于现代经济发展的思想观念。主要有宗教意识、迷信宿命、重义轻利、平均主义、无积累财富观念、重农轻商思想、本土观念、排外意识强烈、安于现状等思想观念。这些思想观念在民族地区都不同程度地存在着，与市场经济要求竞争、追求利润最大化、突出个人价值等观念格格不入。

3. 社会发育程度低。大多数民族地区都普遍存在生产力低下，生产方式落后，社会分工程度低，经济发展能力差，群众普遍素质低，对现代社会和外部世界了解少，常对外部世界怀有恐惧感，排斥外来事物，拒绝新的生活方式。民族地区社会发育程度低的影响在短期内很难根本改变，必然成为民族地区经济快速发展的瓶颈，制约民族地区的经济腾飞。

4. 交通落后，信息不畅。民族地区交通基础设施规模偏小，还没有形成完善的交通运输网。民族广布的整个西部地区，铁路密度仅为东部地区的54.3%和中部地区的37.2%。公路不仅密度小，运量小。内河航运河道处于自然状态，水运能力低。航空运输机场、飞机和航线少，航运能力很有限。邮电通讯布点密度小，设施落后，线路短，容量小，业务量少；广播电视覆盖区内信息量小；报刊杂志订阅量小。民族地区交通通讯落后，信息不灵，严重阻碍了民族地区的经济交往，必然要制约民族地区经济的发展。

5. 教育科学落后，人口素质低。民族地区教育落后，体现为基础教育办学条件差，学校布点分散，规模小，入学率低，效益差；在科技上，主要是专业技术人才少，科技力量薄弱，对科技的应用程度低。

在人口素质方面，据第五次全国人口普查统计：文盲率宁夏为13.40%，青海为18.03%，甘肃为14.34%，西藏为32.50%，云南为11.39%，远远高于全国平均数6.72%。民族地区的非文盲人口中，绝大多数仅仅只是受过初等教育。这样，由于经济发展中最重要的因素——人的素质低下，必然要严重地制约民族地区经济的发展。

6. 经济基础薄弱，结构不合理。民族地区经济基础薄弱，经济结构不合理，第一产业比重大，第二产业比重较小，第三产业增长缓慢，第二、第三产业轻重比例失调。国有经济比重大，非国有经济比重小。在各类生产企业中，劳动密集型比重大，资金、技术密集型比重小。国民经济仍停留在传统农业阶段，工业化水平低，规模和总量小，质量差。农业仍是劳动密集型，受耕地、灌溉条件、科技和人的素质低等因素制约，难以形成规模化、产业化经营，增长困难。交通、通讯、城乡公共等基础设施都很薄弱。

7. 商品经济不发达，市场机制不健全。在民族地区，由于商品经济的不发达，影响到市场这只“看不见的手”发挥其功能，市场影响度低。主要表现在市场体系不健全，市场空间规模小，商品市场门类较少；市场主体发育慢，工商业基础薄弱，生产规模狭小，上市商品有限，管理水平较低；市场环境差，市场调节作用弱，竞争机制和保障机制不完善等，严重地影响着民族地区经济的长足发展。

8. 发展资金不足，经济增长乏力。民族地区发展资金的来源途径主要包括：中央政府的划拨和直接投资，国家银行的政策性信贷，引进的外资，东部和中部流入的投资，自身积累的资金等。整个民族地区资本市场总量少，规模小，吸引外部资金能力差，金融创新能力落后于发达地区。外部资金流入的短缺和本地区资金积累能力弱等多种因素叠加，导致了民族地区发展资金长期严重不足，成为民族地区经济发展的主要制约因素之一。

9. 改革滞后，软环境过“硬”。由于国家总体发展布局和改革步骤的影响，民族地区改革开放滞后于东部。民族地区最早建立的开发区比东部晚10年。国家还没有为民族地区制定和享有类似的特区政策，出口优惠政策，保税区政策等。民族地区经济在宏观上体制趋紧，外部压力增强，发展成本增大。这样，对于本来各种经济条件就比较差的民族地区来说，发展区域经济就更难了。

五、包头建设经济强市对民族地区经济发展的启示

2002年以来，包头市紧紧抓住西部大开发的战略机遇，以“超常规”和“跨越式”的发展思路，带领包头市200多万各族干部群众，解放思想、大胆实践、开拓创新、积极探索，在一个国有企业多、负担重的老工业基地和边疆少数民族欠发达地区，成功地建成了中西部地区乃至国家级的经济强市，创造了令世人瞩目的“包头速度”与“包头模式”。其大发展和大提高的经验，对其他少数民族欠发达地区的经济发展和振兴，具有良好的示范和启示作用。

启示一：抓住机遇，“超常规”发展。1999年1月，江泽民同志在视察包头时，作出了“团结奋斗，发挥优势，把包头建成我国中西部地区一个经济强市”的重要指示。这不仅是党中央对包头的殷切期望，也是对包头市未来经济社会大发展的鞭策和鼓励，为包头市提供了一个努力积极发展经济的良好机遇。

2000年，国家开始实施西部大开发战略，全面实施西气东输、西电东送、南水北调、青藏铁路等跨世纪工程。对于地处东北、华北和大西北的重要连接点的包头市，充分发挥在钢铁、稀土、能源、有色金属、原材料、机械、化工、装备制造等方面的比较优势，将自然资源优势转化为快速发展经济的动力，无疑是又一个巨大的商机和机遇。

包头市正是紧紧抓住了这两个千载难逢的大好机遇，在随后3年中的市委三次全委会上，举全市之力，先后提出和实施了一系列“超常规”、“跨越式”的经济发展战略与措施，到2004年，终于建成了不仅是中西部，而且是国家级的经济强市。

近年来，党的新一代领导集体，对我国的其他民族地区，不仅有经常性的调研、考察、慰问，还针对不同民族地区作了重要的指示，提出了许多殷切的期望。西部大开发与振兴东北、扶持民族地区的政策措施等，也在不断地加大力度，民族地区只有像包头那样，紧紧地抓住这些机遇，以“超常规”的胆识与魄力，努力发展经济，才能取得经济的大发展。

启示二：转变观念，“跨越式”发展。包头市在建设经济强市过程中带给我们最大的启示：是观念的转变。2002 年以来，中共包头市委、市政府每一届领导班子，在转变观念的过程中，不断调整和完善发展战略、发展思路、发展目标。切实解决“敢不敢发展”、“靠什么发展”、“如何发展”等观念问题，这是实现“跨越式”发展的重要前提；牢固树立“抢抓机遇，领先一步”的机遇意识，“不进则退，小进慢进也是退”的忧患意识，“前有标兵，后有追兵”的竞争意识，这是实现“跨越式”发展的思想保证；团结带领广大干部群众自加压力，艰苦拼搏，这是实现“跨越式”发展的精神动力。

我国民族地区的各级党委政府，只有带头转变观念，根据各自不同的特点，不断调整和完善自己的发展战略、发展思路、发展目标，牢固树立机遇意识、忧患意识和竞争意识。才能有能力以“跨越式”发展的精神，带领各民族干部群众艰苦奋斗，改善民族地区落后的经济状况。

启示三：实施大项目，壮大优势产业。2002 年 2 月，中共包头市委九届二次全委（扩大）会议提出了“解放思想，大胆构筑，努力加快经济强市步伐”的号召，提出“以实施重大项目为突破口，扩大总量、优化结构，做大做强，促进国民经济跨越式发展”的宏大举措。3 年间，初步形成了包括钢铁、铝业、装备制造、电力、煤化工和稀土等优势产业的“六大产业基地”；形成了以鹿王、小肥羊、呱呱叫、蒙牛、伊利等企业为龙头的“产业集群”。为壮大包头的优势产业，实现经济快速增长，建设经济强市起到了巨大的作用。

我国其他民族地区的一些大中城市，只有紧紧抓住国家对民族地区重点项目建设的规划和投入机遇，改变国家重点建设项目与地方企业呈现出的“二元结构”，充分发挥国家重点建设项目对地方企业的带动作用，有效利用自身的资源优势，实施大项目，壮大优势产业，才能使民族地方经济得以快速增长。

启示四：培育大企业，优化产业结构。2003 年 1 月，中共包头市委九届五次全委（扩大）会议又一次提出了“扶优扶强，培育一批大的企业集团、造就一批大的产业集群、建设一定规模的工业园区”的战略目标。

2004 年 1 月，中共包头市委九届六次全委（扩大）会议进一步指出：钢铁、铝、重型汽车、电力、稀土、工程机械等产业具有广阔的发展前景，也是我市持续快速发展的产业支撑。要全力培育和重点发展这些产业，加快抢占市场制高点，努力扩大市场占有份额，使我市的优势产业迅速发展壮大，产业结构进一步优化。优势产业带载体是企业，大企业的扩张要走产业集群的道路。当年，包头的一些产业已初具规模，在国内市场上已经占据相当的市场份额。如电解铝生产规模已经达到国内电解铝行业的5%，钢产量已经占到全国钢产业的3%，重型汽车已经成为国家重要的生产基地，重型矿用车成为国内唯一生产企业。

我国民族地区的大中小企业和产业结构不合理、经济效益偏低。特别是西北民族地区大中小企业和产业结构不合理的问题更为突出。宁夏、青海、新疆三省区大中型工业企业平均总产值只有新疆高于全国。西北民族地区许多资源开发型大企业是由中央投资兴建的，带有“单株移植”的特点，远辐射能力较强而近辐射能力较弱，和区域经济发展的融合性差。所以。民族地区只有像包头那样，把由中央投资兴建的资源开发型大企业与当地企业紧密融合，努力培育大企业，优化特色产业结构，造就一批企业集团，使大企业真正起到带动和辐射作用，才有条件振兴民族地区的经济。

启示五：做大做强民族特色产业产品。在建设经济强市过程中，包头市充分发挥地方资源和民族特色优势，不仅先后引进了蒙牛、伊利等民族产业产品，还积极扶持鹿王、小肥羊、小尾羊、草原牧歌、大圣鹿业等一批本地民族企业做大做强。

特别是诞生于包头市的内蒙古小肥羊餐饮连锁有限公司，2008 年 6 月在香港上市，是中国首家在香港上市的品牌餐饮企业，被誉为“中华火锅第一股”。目前，小肥羊公司已经发展成为拥有一个调味品基地，两个肉业基地，一个物流配送中心，一个外销机构，国内十五大餐饮市场区域，国际三大餐饮市场区域的大型跨国餐饮连锁企业。截至2009年5月，公司拥有383家连锁店，在美国、加拿大、日本、港澳等地拥有20多间餐厅。从“中餐百强企业”、“中国企业500强”再到新加坡特许经营与授权组织（FLA）授予的“年度国际特许经营大奖”、“25大典范品牌”，小肥羊这一包头的民族品牌，为中餐标准化、品牌化、国际化探索树立了典型。

我国民族地区基于自然资源优势和独特的历史文化资源，形成了许多特色产业与品牌。通过发展民族特色优势产业，从市场有效需求方面确定特色经济的市场定位，培育优势产业产品，进而带动其他各种产业的发展，这是推动民族地区经济增长的重要举措。

启示六：“包头模式”的示范作用。“包头模式”，是包头市在建设经济强市过程中逐步形成的，是包头市改革开放和经济建设的精彩体现。“包头模式”，为国有企业多负担重的老工业基地以及欠发达民族地区对经济“超常规”和“跨越式”发展，探索了一条新路子。

在跨越式发展中形成的“包头模式”，完全符合经济社会发展的客观规律。包头作为西部地区一个新的增长极，“包头模式”的形成及其发展力与竞争力的不断提升，不但将为包头经济持续增长、构建和谐社会注入新的动力和活力，而且必将对我国民族地区经济社会协调发展起到深远的影响和现实的促进、示范作用。

启示七：“包头速度”的启示作用。“包头速度”，是传统产业与新型产业共造的良好典范。从2002年到2004年三年间年，包头的经济发展平均增速达到26.8%，经济总量年均纯增100亿元以上。包头市靠工业强市，通过改造提升传统产业、培育引进新型产业，不断推进新型工业化进程，大大发展了社会生产力。这正是创造“包头速度”的火车头，也是其文明建设的不竭动力。这样的发展速度，不仅与国家经济的快速发展相适应，还进一步带动了自治区整体经济实力的增强，同时，也为经济欠发达的民族地区发展经济起到了积极的引导和启示作用。

发展光伏产业工作重点及政策措施

（2009 年 9 月 16 日）

杨春才　杨　洵[①]

随着全球经济的快速发展，煤炭、石油等不可再生能源供应日趋紧张，开发使用新能源已成当务之急。太阳能作为一种丰富、洁净和可再生的新能源，它的开发利用对缓解能源危机、保护生态环境和保证经济的可持续发展意义重大。发挥比较优势，实行错位竞争，加快发展包头市太阳能光伏产业，是本市今后很长一段时期内做大经济总量，调优产业结构，推进经济转型，提升整体竞争力的必然选择。

一、发展太阳能光伏产业的必要性

1. 国际国内石化能源短缺为光伏产业提供了难得的发展机遇。近年来，受石油价格上涨和全球气候变化的影响，可再生能源开发利用日益受到国际社会的重视。许多国家提出了明确的发展目标，制定了支持可再生能源发展的法规和政策，使可再生能源技术水平不断提高，产业规模逐渐扩大，成为促进能源多样化和实现可持续发展的重要能源。光

---

① 杨洵：（1978 年 ~ 　　），女，汉族，辽宁海城人，一机集团工艺研究所特聘研究员。研究方向：工业经济及企业管理。

伏产业年均增长率达到 70% 以上，在世界各种能源增长速率中名列第一。

预计到 2010 年，全球太阳能光伏发电装机量将增加到 18000MW 以上，光伏发电已成为 21 世纪最有市场潜力，最具发展前景的新能源。特别是《中华人民共和国可再生能源法》的正式颁布实施，为我国光伏产业发展提供了有力的政策支持，未来几年国内光伏产业将呈几何级数增长，预计到 2050 年全国光伏发电将占能源市场的 30%。根据各个国家的光伏产业发展规划，未来光伏产业还有相当大的增长空间。随着国家支持政策不断落实，光伏发电相对于其他能源发电的优势逐渐明显，光伏发电完全具备大规模高速发展的条件，必将带动包头市光伏产业高速发展。

2. 发展光伏产业是推进经济走可持续发展的重大举措。工业经济发展的规律表明，传统产业由于受比较成熟的技术、产品、市场等因素影响，产业发展大多处于稳健增长期。光伏工业是具有巨大发展潜力的“朝阳产业”，产业链长，带动力强，和许多新兴产业一样，具备了爆发性增长的内外部强劲动力。

随着稀土高新区、中冶包钢包头硅产业项目开工奠基，包头市将成为国家万吨级多晶硅基地，每年可新增产值近 200 亿元，同时为下游产业的配套提供了可靠优质的多晶硅材料，如果能在包头市实现硅料→硅片→电池片→电池组件→太阳能电站 5 个完整闭合的产业链条，将带动整个光伏产业实现产值近 400 亿元。因此，光伏产业与包头市其他传统产业相比，具备了短期内做大做强的比较优势。遵循生产力发展规律，以“快人一步”的节奏，加速推动光伏产业发展，必将为包头市推进经济增长方式，走可持续发展道路奠定坚实基础。

3. 发展光伏产业是调优产业结构转变发展方式的必然要求。总体来看，包头市工业产品附加值还是不高，高新技术产品少，工业经济增长主要依赖资源能源等生产要素的高投入、高消耗支撑。重化工一元支撑的不合理经济结构，难以抵御市场风险。如何调整经济结构是多年来困扰包头市经济发展的一个重要问题。调优产业结构首先要从能源结构上去调整，开发新能源产业。太阳能光伏产业是目前世界上增长速度最快的高新技术产业之一，近 5 年来年均增长率在 40% 以上，近 3 年更高达48%以上。专家预测，光伏产业将在21世纪前半期超过核电，成为最重要的支柱能源之一。目前，我国已成为世界上第三大太阳能电池生产国，全国有20多个省市把光伏产业作为发展新兴产业和老产业转型的重点。

同时，据测算，多晶硅产业万元增加值能耗为2.026吨标准煤，是铁合金产业的13%，铝产业的18.4%，而其吨产品的价格是铁合金的215倍，是铝的90倍，产品附加值极高。大力发展光伏产业，有利于进一步优化包头市工业技术结构和产品结构，实现经济转型；有利于加快推动工业经济发展从要素驱动型增长向创新驱动型增长转变；有利于打造新的支柱产业，实现工业经济健康持续快速发展。

4. 发展光伏产业是实现节能减排目标的必然选择。低碳经济是以低能耗低污染为基础的经济。在全球气候变化的背景下，低碳经济日益受到世界各国的关注。随着中国经济的快速增长，能源、资源、环境已成为未来发展严重的制约因素。发展低碳经济，推动节能减排，成了当务之急。

太阳能光伏发电以其清洁、源源不断、安全等显著优势，已成为保障我国能源供应战略安全，大幅减少排放和保证可持续发展的重大战略举措。据测算，如果建设一座10MWp并网光伏电站替代同等规模的燃煤火电站，每年发电17106MW·h，将节省标准煤6400吨（包头每发电1kW·h需消耗标准煤370g）。

同时，如果用燃煤火电机组发电，每发电1MW·h，将排放相当于1.069吨二氧化碳的温室气体，而用一座10MWp并网光伏电站取代燃煤火力发电站，每年减排温室气体的数量将达到1.8万吨（以二氧化碳计）。此外，当前采用的晶体硅片光伏电池工作寿命在25年以上（25年后发电能力下降到新电池的80%），而制造这种电池所耗的电能经2年左右发电就可以回收（每吨多晶硅耗电25万度，1MW需多晶硅10吨），能量收益约为15倍，随着市场和产业规模的扩大，这个收益比还可提高。因此，发展光伏产业将推进包头市实现国内生产总值能耗降低20%，主要污染物排放总量减少10%的节能减排目标，实现经济增长方式的根本转变。

二、发展太阳能光伏产业的优势

1. 资源配置优良。生产多晶硅的主要原料是工业硅，需要液氯、氢气、电力、蒸汽等为之配套的辅助产业作为必备的条件。电力是多晶硅产业主要成本之一，每吨多晶硅约耗电 20 万至 25 万 kW·h。包头是自治区电网重要的电源基地和负荷中心，截至 2008 年底，全市发电量达到 262.8 亿 kW·h 电力装机容量达 308 万 kW。充足的电力供应和完备的输变电系统为光伏产业的发展奠定了坚实的基础。包头市周边地区硅石资源质优量大且运输距离近，基础储量达 40 亿吨以上，为光伏产业原料（多晶硅）发展提供了丰富的原材料保障，同时蒸汽、氯气都能保证供给，优良的资源配置条件为光伏产业的发展提供了得天独厚的发展条件，是国内目前发展多晶硅产业条件最为具备、配置最为良好的地区之一。

2. 关键技术已经突破。改良西门子法是目前国际国内生产多晶硅的主要方法，中冶包钢包头硅产业项目通过引进消化吸收和再创新过程，培养造就了一批技术团队，已将西门子法改良到极致，可实现电耗低、氢气消耗量小、单台还原炉产量高、运行成本低等设计目标，同时实现了全过程的自动化控制，工艺具备了节能、降耗、能回收大量副产物以及大量副产热能等配套工艺的特点。该技术接近或达到国际先进水平，成为目前工艺流程最完整的一条生产线。技术的突破和掌控为光伏产业做大做强提供了有力的技术支撑。

3. 气候条件优越。包头市大部分地区年太阳能辐射总量在每平方厘米 150 千卡以上，太阳能开发利用量大，夏季日照时数为 9 至 11 小时，冬季日照时数为 7 至 9 小时，日照总时数为 3000 至 3150 小时，仅次于青藏高原，为太阳能发电提供了充足的光照资源。

4. 人力资源充足。包头市现有从业人员 127.8 万人，其中技能人员 41.6 万人，高技能人才 13.1 万人。包头技能教育资源雄厚，各种技能院校 40 多所。每年可为各类企业提供所需的大中专毕业生和技术工人。目前包头拥有自治区级以上工程技术中心 22 家，高新技术企业 118

家，具有先进的有色金属冶炼技术和单晶硅生产技术，且具有独立研究、开发和设计的能力，可为多晶硅产业基地建设提供有力的技术和人才支持。

三、发展光伏产业的思路、目标和原则

（一）发展思路

全面贯彻落实科学发展观，大力实施光伏产业优先发展战略，紧紧抓住世界光伏技术日趋成熟，光伏产品市场爆发性增长的最佳时机，以国家能源政策为导向，充分发挥我市中冶包钢包头硅产业项目的产业优势，瞄准光伏产业发展定位和发展方向，突破上游，集聚下游，做大做强我市光伏产业链，培植新的产业支柱，把包头市打造成“国家级光伏产业基地”。

（二）发展目标

随着中冶集团等一批企业入驻，园区将逐步实现初级产品、中间产品和最终产品的相互配套。迅速做大做强包头国家稀土高新区硅材料和光伏产业，把以扩大生产规模、提高技术含量、降低生产成本为目标，建设国家重要的太阳能光伏产业基地，使我市太阳能光伏产业成为全国最大，世界一流的光伏产业集群，成为包头市未来经济发展的新兴支柱产业之一。

1. 一流的生产规模。到2013年，园区规划高纯硅料产能将达2万吨，多晶硅光伏电池的产能将达250 MW，太阳能电池及组件产能达250 MW，光伏电站装机容量达200 MW，总产值接近450亿元。将中冶包钢包头硅产业项目基地，建设成光伏产业高度集聚的特色产业区。

2. 一流的工艺技术。在高纯硅料、多晶硅铸碇切片等领域应用世界先进制造技术，建立国内领先的光伏科研院所及企业研发机构，引进和造就一批具有世界水平的研发团队，加快开发新技术，在关键技术领域保持国内领先水平。

3. 一流的骨干企业。培育1家销售收入超400亿元的企业，2家销售收入超100亿元企业，3~5家销售收入超10亿元企业。

4. 一流的劳动效率。推进先进管理技术，不断降低生产成本，增强市场竞争力。建立研究生、本科生、高职生、中职生相互配套的光伏产业人才培养培训体系，提升劳动者素质，使劳动生产率处于全国同行业领先水平。

（三）发展原则

1. 科学规划，政策支持。遵循经济发展规律，实行政府部门与产学研相结合，以市场为导向，科学制定规划，推动产业合理布局，实行集约发展。加强政府引导和协调，制定有效政策措施，上下联动，形成合力，把中冶包钢包头硅产业项目做强做大。

2. 高位切入，抢占优势。在生产技术和生产规模上瞄准国际先进水平，积极引进消化吸收国际先进技术，在若干环节加强自主创新，在生产设计上一步到位，抢占技术优势和规模效益优势。

3. 延伸产业，强化配套。推进原料、中间料的发展，掌握资源控制的主动权。在后续产品、配套产品上延伸产业链，推进产业集聚，形成产业发展的整体优势。加强科研和人力配套，建立健全人力资源保障体系。

4. 规范实施，安全环保。在资源开采过程中落实好生态环境保护要求，在项目建设和投产运行等各个环节严格遵守环境保护和安全生产规定，推进节能减排、资源循环利用，实现清洁生产和安全生产。

四、发展光伏产业的工作重点

实施重大项目带动战略，培育龙头企业，优化产业布局，加快建设从硅料、硅片到太阳能电池组件及配套产品的完整产业体系，促进产业集聚。

1. 加快建立光伏产业基地。重点推进中冶包钢包头硅产业项目建设，一期工程2500吨多晶硅生产线年底完成，二期2500吨多晶硅生产线力争2011年投产。对应规模切片、太阳能电池、光伏组件完整节能产业项目要同步进行。中冶包钢包头硅产业项目，以国内有色行业最具实力的国际化工程公司中冶恩菲为技术依托，以洛阳中硅为母体，以包钢西北创业公司为依靠，超强实力、真诚合作、良好环境，使该项目尽快成为光伏产业集聚区。按照重点突破、分步实施、有序推进的原则，加快光伏产业集聚区内重大基础设施和配套设施建设，完善综合服务功能。提升光伏产业基地的生态化、集约化水平。加强项目实施后评估管理，完善节能环保长效监管机制，促进产业培育和节能环保协调发展。要发挥中冶包钢包头硅产业龙头的带动作用，引导关联产业向“大、高、精、新”方向发展，向产业基地集聚，提高专业化、协作化水平。

2. 优化光伏产业布局。将中冶包钢包头硅产业项目基地建成全市光伏产业主要集聚区。使之成为从高纯硅料、多晶硅片到太阳能电池组件及配套产品的综合产业体系。在石拐工业园区建设从粗硅、高纯硅料到多晶硅片、太阳能电池，侧重于前端产业的产业体系。在稀土高新区建设以太阳能电池新技术新产品开发为重点的产业集群。在其他地区鼓励发展后端产业，适度发展中端产业，慎重发展前端产业。

3. 加快形成硅料规模化生产能力。把恩菲公司先进的多晶硅生产技术与包钢西北创业公司的企业资源有效地整合起来，建设一个起点高、技术先进、物料能源高度循环的国内一流的多晶硅生产企业，加快形成硅料规模化生产能力，把中冶包钢包头硅产业做强做大。要引进国际先进高纯硅生产工艺和设备，加快消化吸收改良西门子工艺技术，掌握还原炉系统、氢化系统、尾气干法回收系统以及全过程自动化控制等关键技术。探索硅料生产的新技术、新工艺，促进其产业化。限制千吨以下的传统工艺硅提纯，将每吨硅料综合电耗控制在13万千瓦时以内。

4. 巩固发展铸锭切片生产优势。依托中冶包钢包头硅产业项目的生产能力和技术装备优势，加强对熔铸、剖锭及多线切割等关键技术的再创新，进一步提高铸锭容量，降低晶片厚度，减少硅料损耗，实现切割浆料回收利用。将每兆瓦硅片综合电耗控制在56万千瓦时以内。

5. 提升光伏电池及组件生产能力。充分利用我市硅料、硅片产能优势，加快发展电池及组件生产，延长产业链。引进工艺技术成熟、设备先进的薄膜电池生产项目，积极跟踪非（微）晶硅薄膜电池技术进展，努力发展单位耗能低、耗材少、效率高的太阳能电池。鼓励发展光电转化率国际领先的单晶硅电池、多晶硅电池、薄膜太阳能电池，提升太阳能多晶硅电池生产能力。

6. 积极发展配套产业。要充分发挥包头市硅料、硅片的产业资源优势，延伸做粗产业链。围绕硅料规模化生产，建设制氯、制氢和专用材料项目。发展太阳能电池用光伏玻璃、光伏系统平衡装置、电池生产辅助材料、固体照明器件等配套产业。积极引进和建设大功率逆变器、控制器、蓄电池、光伏电池专用玻璃等光伏系统配套产品，以及建设切割液、线锯、石墨制品、氮化硅、电极材料等辅料生产项目，使其与产业发展相配套，通过产业链的有机整合，形成比较完善又独具特色的光伏产业体系。

7. 加强创新能力建设。整合市内外相关研发力量，依托市人才中心引进世界一流专业人才，在光伏产业各环节及辅料开发、废料再生、资源能源回收利用等方面形成较强研发能力，为包头市光伏产业发展提供技术支撑。鼓励自主开发的技术及时申报专利保护。支持稀土高新区建设太阳能博士后工作站和博士后流动站。

五、发展光伏产业的政策措施

（一）强化创新服务

1. 建设科技创新平台。由稀土高新区牵头，加快组建包头市太阳能光伏行业技术研发、检测中心。重点推进光伏产业关键共性技术的研发及产业化，为企业提供技术服务平台。加强自主创新，鼓励企业建立健全技术开发机构，构建以企业为主体、市场为导向、产学研紧密结合的光伏产业技术创新体系。充分发挥科研机构的作用，搭建企业与科研院所合作交流平台。鼓励企业加大科技投入，突破技术瓶颈，提高多晶硅转化率、硅片的薄型化及太阳能电池转换效率等技术开发水平。

2. 重视人才引进和培养。积极落实人才引进政策，依托包头市人才库和专业研发机构，加大海内外高层次人才引进力度。加强与国内外高等院校、科研机构，特别是本地高校的合作，采取上门招聘、订单培养、定向招生、委托培训等多种形式，重点培养一批高层次光伏产业技术人才、管理人才和高素质的产业工人，为光伏产业发展提供人才支撑。

3. 完善投融资机制。扩大投资渠道，鼓励通过建立社会化、民营化机制创新制度，促进光伏企业股权开放，通过股份制改造实现资本扩张。加大金融支持力度，推进银企合作，帮助重点企业和重大光伏产业项目与金融机构对接，加强对光伏企业的信贷支持。引导各类担保机构加大对光伏企业的融资担保服务力度，市中小企业担保中心等国资类担保机构，要重点对光伏企业的融资提供专项担保服务。鼓励我市光伏企业在国内外上市。

（二）强化组织保障

1. 加强组织领导。成立由市政府分管领导任组长，市发改委、市经贸委、市科技局、市财政局（地税局）、市国土资源局、市建委、市外经贸局、市环保局、市质量技监局、市国税局、电力、人行等部门（单位）为成员的市光伏产业发展工作领导小组，领导小组下设办公室，办公室设在市经贸委，具体负责太阳能光伏产业发展规划和相关政策措施制定，统筹协调产业发展事宜。各旗县区也要成立相应组织机构，统一协调推进光伏产业发展。

2. 注重规划引导。按照科学定位、塑造特色、错位发展的原则，深入研究光伏产业的发展现状和趋势，由市光伏产业发展工作领导小组办公室牵头，组织编制全市太阳能光伏产业发展规划。发挥产业政策导向作用，优化空间布局，加快形成上游高端龙头企业带动、上中下游企业配套集群的产业发展格局。

3. 促进规范发展。充分发挥政府、行业、企业的作用，形成产业发展良性互动、合作共赢的工作推进机制。组建包头市光伏产业行业协会，发挥行业自律、技术培训、信息交流等方面作用，避免无序竞争，增强企业竞争力，提升行业整体发展水平。协会要帮助企业建立协同发展模式，打造集群平台，推动光伏产业向集群发展。

(三) 完善政策措施

1. 加大政策扶持力度。加强对光伏产业发展的财政支持，市区相关发展专项资金每年要安排一定比例的资金用于扶持光伏产业发展，特别对光伏产业公共技术平台搭建、载体打造、企业技术研发、新产品开发以及技术成果产业化等项目给予重点倾斜。对企业注册资本外资500万美元或内资3000万元人民币以上的光伏企业，由同级财政从投产年度起，第一至第二年按企业对地方财政贡献的70%进行奖励，第三至第五年按企业对地方财政贡献的50%进行奖励。

2. 鼓励企业做大做强。积极支持光伏企业扩张创业，对市区年销售收入首次超100亿元、50亿元和10亿元，并且对地方财政贡献水平比上年度增长不低于10%的企业，在达标当年分别一次性奖励100万元、50万元和10万元（涉及进档升级的给予两档之间的差额奖励）。允许依法用实物、知识产权等非货币财产作价出资创办企业。

3. 积极向上争取资金。市发改委、经贸、财政、科技、外经贸等部门要积极帮助企业完善项目条件，向国家和自治区争取高新技术产业化项目、科技成果转化及技术改造、技术创新、节能减排、发展循环经济等专项资金。

4. 加强要素供给。在土地、资金、电力、环境容量等资源要素的投放计划和安排中，优先保障光伏产业项目发展需求。对于发展前景看好的光伏产业集聚区和年销售5亿元以上的骨干光伏企业，要为其预留必要的发展空间。

5. 落实税费优惠政策。严格落实鼓励高新技术产业发展和自主创新的有关税收优惠政策。对光伏产业生产企业在同等条件下优先上报高新技术企业，经批准后给予企业所得税减按15%征收。对通过质量认证和检验合格的光伏发电、太阳能光伏产品，给予有关政策和优惠待遇。尽快制定和实施光伏并网发电管理办法和相应的技术标准，明确光伏发电上网电价优惠政策，以一定的优惠收购电价，由电网公司对光伏并网发电全额收购。对环保措施实施到位、有相应节能措施的企业给予一定的奖励。

包头节能减排工作的分析与对策思路

（2010 年 1 月 1 日）

王德山

以低能耗、低污染、低排放为主要特征的低碳经济模式已经到来。低碳经济发展之路成为包头工业化进程中绕不开，又必须走的一条道路。2009 年 11 月 25 日，国务院总理温家宝主持召开国务院常务会议，正式向世界宣布我国控制温室气体排放的行动目标是：到 2020 年单位国内生产总值二氧化碳排放量比 2005 年下降 40% ~45%，并作为约束性指标纳入国民经济和社会发展中长期规划，制定相应的国内统计、监测、考核办法。这就进一步表明，转变经济发展方式、推进经济结构调整、优化能源结构、节约能源和提高能效、发展清洁能源和低碳能源等，成为发展低碳经济的核心任务。

作为以重化工业为主导的重要城市——包头市正处在全面建设小康社会的关键时期，处于建设现代化城市的重要阶段，调整结构、节能减排、发展经济、改善民生的任务十分繁重，是当前经济社会发展的主要问题，关系到经济平稳快速可持续发展。我们应按照中央确定的控制温室气体排放行动目标要求，把节能减排作为促进科学发展的重要抓手，打好节能减排攻坚战、持久战，进一步加快经济发展方式转变。

一、包头市节能减排工作现状

1. 制定相关政策，加强节能减排工作的领导。从 2007 年开始，能耗考核指标列入了包头市各级领导班子效能考评范围，促使往年各区旗县之间比产值、比用电量，转变为比节能降耗。这一转变，促进了各级政府思想认识的统一，加强了抓节能降耗的责任意识。包头市成立了市节能减排领导小组，先后出台了《包头市环境保护条例》、《包头市大气污染防治条例》、《包头市人民政府关于进一步加强空气污染综合整治工作的决定》、《包头市 2007～2010 年节能减排规划》、《包头市节能减排工作管理办法》、《包头市创建国家环境保护模范城市实施方案》、《包头市“十一五”主要污染物排放总量分配计划》、《包头市节能减排目标责任制考核办法》等地方法规和政策，将主要污染物减排指标落实到各旗区县和重点企业，签订了减排责任状，从宏观上对“十一五”期间全市节能减排工作进行谋划指导。

2. 加快关停小发电机组和高耗能高污染企业。在落实结构调整方面，一是加快关停小机组步伐。先后关停了 16 台 67.3 万千瓦小火力发电机组，采暖期结束后电力行业小机组将实现全部关停，提前两年完成自治区下达的“十一五”期间电力小火电机组关停任务。二是加快非电落后产能、违法排污企业的关停力度。对各旗县区高耗能高污染企业坚决叫停，从 2007 年先后关停了石拐佳蒙铜业公司 3 万吨粗铜冶炼项目，包头铜厂 0.62 万吨粗铜、0.7 万吨精铜冶炼项目、包头东宝明胶原生产线，共清理关停炼铁企业小高炉 37 户、关停死灰复燃小炼铁 232 家、小造纸 8 家、砖厂 26 家，关停搬迁选矿企业 272 家、洗煤企业 288 家，取缔关闭向地表饮用水源保护区排污的企业 56 家。

3. 加大环保治理工程力度。一是加大老机组脱硫治理改造力度，保证新机组脱硫设施同步建设。先后完成 6 家电厂共 10 台机组的脱硫设施建设。截至目前，包头市除列入关停范围的小机组无脱硫设施外，其余电厂机组均已安装脱硫设施。二是加大非电重点企业脱硫改造、污水治理力度。完成了包钢煤改气、焦炉煤气脱硫脱氰、包钢炼铁厂烧结机除氟脱硫工程、包钢焦化厂一生化工程、伊利污水处理工程、蒙牛污水处理工程等一批重点治理工程。三是加大重点污染区域集中整治力度。对重点污染区域实行区域集中整治，划定统一标准，统一考核，例如开展了“三片一线”环境整治。四是加大工业园区清洁能源使用力度。对包钢生态工业园区、包铝生态园区、希望铝业、青山装备制造、万水泉、九原工业园区等工业园区实施清洁能源替代。五是加大实施燃煤设施整治力度。拟用2~3年，完成城区范围内2483台燃煤锅炉及设施的拆除并网和清洁能源替代。截至目前，全市已完成燃煤设施整治489台，其中采暖锅炉107台、生产锅炉71台、工业窑炉43台、洗浴锅炉133台、茶炉135台。六是加大生活污水处理厂和工业园区集中污水处理设施的建设力度。七是加大中水回用力度，提高污水循环利用。对已建成的集中污水处理厂继续建设中水回用工程，加大中水回用力度。实施了包钢总排废水治理回用、东河东西污水处理厂、北郊污水处理厂中水回用工程、南郊污水处理厂中水回用工程，中水回用率由2007年的15%提高到2008年的23%。八是加大管网建设力度，扩大污水收集能力。目前新增收集能力3万吨/日。

4. 树立依靠管理促减排的管理理念。一是深化日常监管工作。随着减排工作的推进，大的减排工程会越来越少，加大环保执法力度，加强环保设施的运行管理，提高脱硫设施和污水处理厂的运行效率，从管理中要效益越来越显得重要。2009年包头市进一步加大了排污费征收工作，积极推进落实重点源在线监测，严格了巡视管理和报告制度，认真开展了重点案件后督察，对12家企业实行了挂牌督办。二是积极推动和深化企业清洁生产审核，落实清洁生产审核方案，共对23家企业实行了清洁生产审核。

二、当前存在的主要问题

1. 节能减排形势严峻，空气质量改善任重道远。作为资源型、能源型重工业城市，包头的环境特点是污染存量大、治理欠账多、工业布局不合理，再与典型的北方煤烟型污染相叠加，尽管近年有所改善，但在全国 113 个重点环保城市中仍然处于落后位置，可吸入颗粒物和二氧化硫年日均值仍然不达标，空气质量的改善需要付出长期而艰巨的努力。根据 2009 年包头统计年鉴显示，2008 年包头工业废水排放总量 4692.65 万吨，比 2005 年减少 465.93 万吨；工业废气排放总量 5073.08 亿标立方米，比 2005 年增加 2273.46 亿标立方米；工业二氧化硫排放量 15.88 万吨，比 2005 年减少 1.05 万吨；烟尘排放量 3.34 万吨，比 2005 年减少 4.07 万吨；工业固体废物排放量 1.35 万吨，比 2005 年增加 0.67 万吨。在二氧化碳排放方面，根据节约 1 千克标准煤 = 减排 2.493 千克二氧化碳公式计算，2008 年包头市能源消费总量 3328.83 万吨标准煤，排放二氧化碳 8298.77 万吨，比 2005 年多排放二氧化碳 2365.18 万吨，增长了 39.86%。从上述数据可以看出，包头工业企业“三废”排放有些指标虽然下降了一些，有些指标却在增加，工业“三废”排放总量仍然巨大。而包头市建成区面积只有 180 平方公里，全市重化工业企业基本集中在这一区域，工业企业“三废”也集中排放在这一区域。

2. 重化工业高速发展对包头完成节能减排任务形成较大压力。2008 年，包头市单位 GDP 能耗为 2.3009 吨标准煤/万元，比 2005 年下降 17.95%。但从能源消费总量来看，2008 年包头市能源消费总量为 3328.83 万吨标准煤，2005 年为 2380.10 万吨标准煤，增长了 39.86%。主要影响因素是：规模以上工业，尤其是重化工业基数大、发展快，高耗能行业比重的上升导致能源消费快速增长。“十一五”时期，是本市规模以上工业发展最快的一个时期，特别是自 2006 年 1 月以来，在钢铁、铝业、装备制造、电力、稀土、煤化工等支柱产业的带动下，到 2008 年，全市工业经济已经连续 3 年年均增速在 20% 以上，创造了自 2000 年以来工业经济发展最长的快速上升周期。2008 年规模以上工业总产值完成 1926.91 亿元，比 2005 年增长 122.25%；规模以上工业增加值完成 768.30 亿元，比 2005 年增长 156.07%；重工业完成增加值 737.43 亿元，比 2005 年增长 176.93%，轻工业完成增加值 30.87 亿元，比 2005 年增长 -8.51%，2008 年轻重工业比为 1:24。可见，包头市重化工业的快速增长带动了工业行业能源消费的增加，不仅高耗能行业能耗总量在不断扩大，一些非高耗能行业，随着生产规模的进一步扩大，能源消费总量也有不同程度的增长。上述矛盾已成为一个突出的时代性难题。

3. 高耗能产业和企业所占比重较高。目前，工业是包头市能源消耗最大的生产部门，特别是钢铁、铝业、稀土、装备制造、电力等高耗能行业，能源费用占生产成本的比重较高。根据统计资料显示，2008年全市规模以上工业企业单位数为573个，其中重化工业企业485个，轻工业企业88个，重工业企业是轻工业企业的5.5倍。全市规模以上工业企业年耗原煤2537.96万吨，其中重工业企业耗原煤2501.05万吨，占规模以上工业企业耗原煤总量的98.55%；全市规模以上企业年耗电3019826万千瓦时，其中重工业企业耗电2985734万千瓦时，占规模以上工业企业耗电总量的98.87%。上述情况说明，包头市重化工业能源资源消耗量很大，污染物排放比较严重。

4. 产品结构不够合理，淘汰落后产能总体进展缓慢。一是包头市钢铁、铝业、稀土、装备制造、电力等高耗能行业中，尤其是民营中小企业普遍存在初级产品多、高附加值产品比重小、产值低、能耗高的问题。二是除电力行业按国家政策规定关停小机组和中央内蒙古大型国有企业按计划进行淘汰落后产能外，区旗县和民营的钢铁、有色金属、水泥、开采和洗选业、机械制造和金属制品、造纸、化工等企业落后产能淘汰工作进展迟缓。

5. 依托技术进步推进节能减排工作不够。包头市高附加值、低污染、低能耗的企业不多，自主创新能力不足，核心竞争力不强。工业企业大多是小型企业，布局分散，产业集中度低，大部分生产企业工艺和设备落后，与大型化、连续化、自动化要求相差甚远，能耗较高。污染减排项目建设进度滞后，各区旗县至今还未完全建成污水处理厂。

6. 节能减排的激励政策还不够完善。目前，包头市鼓励研发、生产和使用节能环保产品以及抑制高耗能、高排放产品的财政税收政策还不够完善，还没有形成促进节能减排工作的体制和机制。

三、对策思路

为贯彻落实科学发展观，发展低碳经济，促进工业又好又快发展，必须高度重视节能减排工作，加快转变包头市工业经济发展方式。

1. 进一步落实节能减排目标责任制，加强节能降耗目标责任评价考核。进一步强化包头市节能减排激励、约束机制，加快建立完善节能减排统计体系、监测体系和单位 GDP 能耗考核体系，切实把节能减排成效作为检验各区旗县发展成效的重要标准和行政问责的重要内容。两级政府、各有关企业要高度重视节能减排工作，明确工作责任。各区旗县政府要对本行政区域内的节能减排工作负总责，确定责任人，健全工作机制，加大对重点节能减排项目的组织协调力度。排污企业必须严格落实有关的节能减排计划，确保节能减排项目如期建成交付使用。要严格问责，切实落实项目限批政策和奖惩措施，特别是对没有按期完成建设的企业，将实行严格的差别电价政策，并不再批准其新、扩、改建项目。大力实施促进节能减排的市场准入标准、强制性效能标准和环保标准。力争超额完成“十一五”每万元地区生产总值能耗节能目标任务。

2. 积极调整工业结构，大力发展低能耗、低排放、高附加值的产业。

（1）钢铁产业。根据 2005 年 7 月 20 日国家颁布的《钢铁产业发展政策》和 2009 年 1 月 14 日国务院常务会议审议并原则通过的《钢铁产业调整和振兴规划》要求，以“壮士断腕、负重前进”的魄力，在两年内淘汰民营企业 300 立方米及以下高炉产能和 20 吨及以下转炉、电炉产能。同时要求重点大中型钢铁企业吨钢综合能耗不超过 620 千克标准煤，吨钢耗用新水量低于 5 吨，吨钢烟粉尘排放量低于 1.0 千克，吨钢二氧化碳排放量低于 1.8 千克，二次能源基本实现 100% 回收利用，冶金渣近 100% 综合利用，污染物排放浓度和排放总量双达标。根据市四区的环境容量，已不能再建钢铁、有色金属、热电厂等“两高一资”企业，现有企业的生产规模也应控制。

（2）装备制造业。应根据产业技术发展趋势和装备制造业实际，选择具备较好基础、技术水平高、产业关联度大、市场前景好的装备产品、关键性基础性技术作为主攻领域，加大政策支持和引导力度，实现重点突破，带动相关产业协调发展。本市装备制造业发展方向和重点应放在：以一机集团为龙头的北奔汽车环保节能型重卡、专业汽车、高档大型客车、铁路车辆和石油机具；以北重为代表的高技术、高附加值的大型矿用汽车；以二〇二厂为主的压水堆核电站燃料元件生产线等；与国家环保科研机构和国内外环保设备大型制造集团合作，开发研制大气污染治理、城市及工业污水处理、固体废弃物处理等大中型环保设备等。

（3）核电与风电产业。应积极推进新能源产业发展，包括大力发展核电、风电等项目建设，推动企业新上风电、热电联产以及资源综合利用型的发电项目，积极推行清洁生产，大力发展循环经济。国家发改委副主任、能源局局长张国宝指出："积极发展核电是中国能源有序、健康发展的当务之急和战略选择，同时要积极发展风电、水电等清洁优质能源。"包头市应积极响应，利用本地丰富的钍资源（第三代核原料）和二〇二厂科研生产能力，争取得到国家发改委立项批准，建设包头市乃至自治区第一个百万千瓦级核电站，缓解本市能源供应趋紧局面，打破热电垄断电力生产的现状；加快金州达茂联合旗百灵庙风电场一期4.95万千瓦风电项目、南通蛟龙固阳怀朔风电场一期4.95万千瓦风电项目、新疆金风达茂国产示范项目二期4.95万千瓦风电项目、山东鲁能白云二期4.95万千瓦风电项目、蒙电华能汇全白云一期4.95万千瓦风电项目建设进程；做好包头博奇垃圾焚烧发电厂3×12MW汽轮发电机组工程前期准备、建设、点火和正式投运工作，推进垃圾焚烧及填埋气体发电的试生产；加快循环经济发展，积极引导企业推行清洁生产，大力开展节能、节水、节材工作，提高工业"三废"的利用率和废旧物资的回收利用，推进资源综合利用。

（4）光伏产业。太阳能作为一种既丰富又无污染的可再生能源，最重要的应用领域就是通过太阳能电池将光能转化为电能，即太阳能光伏产业。其作为替代能源的战略型产业，正在成长为一个潜力巨大的市场。在发展太阳能光伏产业方面，包头市拥有年日照时数达2921.6小时充裕的光照时间和丰富优质的硅矿资源，工业硅生产历史悠久、规模较大，与其他省市相比有更大的发展优势。因此包头应大力发展光伏产业，立志打造完整的太阳能光伏产业链：重点吸引外商特别是台商来包投资创办光伏生产企业，积极促进产业转移与合作；吸引海外创业投资基金投资包头光伏产业；加强与国外和台港澳地区的技术交流与合作，鼓励跨国公司在包头设立研发机构，鼓励引进先进技术和紧缺产品，最终形成国内外光伏材料重要生产基地、光伏产品集成应用示范基地和光伏产业合作基地。

2009 年 3 月，财政部出台《关于加快推进太阳能光电建筑物应用的实施意见》，标志着我国最大的太阳能光电建筑物市场启动。该意见重点突出了以下三个方面：一是推进光电建筑应用示范，启动国内市场。二是突出重点领域，确保示范工程效果。三是放大示范效应，为大规模推广创造条件。通过示范工程调动社会各方发展积极性，促进落实国家相关政策。加强示范工程宣传，扩大影响，增强市场认知度，形成发展太阳能光电产品的良好社会氛围；促进落实上网分摊电价等政策，形成政策合力，放大政策效应；将光电建筑应用作为建筑节能的重要内容，在新建建筑、既有建筑节能改造、城市照明中积极推广使用。目前，包头市应制定实施规划，在新建民用住房和已有住房改造、城市照明、新农村建设、农牧业生产等方面切实加强推广使用工作，并筹划太阳能光伏电站规划。

（5）服务于节能减排的高新技术产业。包头市应大力发展新材料、环保、生物医药等服务于节能减排的高新技术产业，引导产业走规模化、集约化发展道路。一是发展新材料产业。要拓展新材料在钢铁、铝业、装备制造、电力、稀土、煤化工、环保、建材、能源等领域的应用，开发中下游系列新材料、新产品。二是推进环保高新技术产业化。重点发展城镇固体垃圾综合处理技术及成套设备、城市污水处理利用成套工艺设备、烟气脱硫工艺及成套设备、高浓度工业废水与工业危险废物处理处置等设备。三是加快生态绿化产业发展。包头市应把生态绿化产业作为一项重要的支柱产业来抓。生态绿化产业虽然不能直接产生经济效益，却能为经济社会发展起到十分重要的保障作用。要继续完善和组织实施好“碧水青山大草原”生态绿化建设工程，建立强有力的生态绿化科研部门，选择培育适合包头气候和土壤条件的树种和草种，采用科学方法浇灌和养护，建立生态绿化工程长效管理机制，划分责权利相统一的责任区，使生态绿化工程充分起到吸纳二氧化碳和其他工业排放物的功能。

3. 加强重点行业、重点企业的节能减排管理与改造。一是重点推进冶金、电力、装备制造、稀土、化工、水泥、玻璃等行业的节能工作。以钢铁企业节能大项目为抓手，实实在在抓好一批成效显著节能项目，抓好耗能大户——9个热电厂的节能工作，继续推动6个重点领域节能方案的实施，组织实施燃煤锅炉改造等一批重点节能工程。二是重点落实100家重点工业企业节能降耗任务。充分发挥企业节能降耗主体作用，开展重点企业能效水平对标活动，在重点耗能企业建立健全严格的节能管理制度和有效的激励机制，大力开发高效节能产品，提高企业能源利用和管理的水平。三是积极推进重化工业企业整体向山北地区搬迁改造工作，坚决取缔关闭国家明令淘汰的“十五小”、“新五小”等污染严重的企业。落实超能耗加价制度，推行合同能源管理，通过以奖代补等方式支持和推动企业节能改造。四是全面开展山南城区“禁煤”工作，严格督促电力企业按时限建成脱硫设施并投入运行。

4. 强化节能减排技术改造和创新力度。一是加强对高耗能项目中国家淘汰类和限制类项目的管理，监督各重点用能单位逐步淘汰本行业的落后生产能力、工艺装备和产品；二是全面加大钢铁、稀土、铝业、装备制造、电力等支柱产业的技术改造；三是鼓励企业技术创新，加快能源节能技术的开发和应用，大力研发、推广、使用节能节水新技术、新工艺、新产品、新设备；四是积极开展产学研合作创新，充分利用高等院校、科研院所的技术力量，通过组织厂校结合的方式，解决在生产中遇到的节能降耗技术问题，积极应用和吸收国内外节能环保的新产品、新技术。

5. 强化对节能减排的政策扶持。加大包头市节能与循环经济专项资金扶持力度，加大对重点项目的扶持；各区旗县也要增加财政对节能的投入规模和力度，加大节电产品和进口节能关键技术、设备等税收减免力度；加快组织培育一批重点节能项目与循环经济项目，争取国家、自治区专项资金政策的扶持；重点培育扶持一批节能中介服务机构，加快推进节能减排的社会化进程；完善对重点用能企业能源利用基础数据统计体系的建设，加快推进对重点用能单位的能源审计和淘汰落后用能设备工作。

6. 进一步强化对节能减排的监督检查力度。要加强督促检查，健全项目调度制度，加强节能减排设施核查督查，建立节能减排项目通报制度，并将节能减排工作列入环保考核责任制和绩效考核内容。要形成部门联动合力，进一步发挥减排联席会议的作用，及时帮助解决实际困难，有力、有效、有针对性地推进节能减排工作，促进节能减排项目顺利实施。加强节能监察队伍建设，组织业务培训和考核，提高执法队伍的专业素质和执法水平。增加财政投入，安装和更新在线监测仪器和设备，提高节能监测的质量和分析水平。

节能减排是实施低碳经济的重要路径，我们只有居安思危，站在建立“两型”社会的高度，认清高碳的现实，思考低碳的挑战，才能洞悉先机、抓住机遇，包头市经济结构和产业结构调整才能实现更长远的目标。

参阅资料

1. 《我国控制温室气体排放行动目标确定》，《人民日报》2009 年 11 月 27 日。

2. 包头市人民政府信息网：《采取有效措施狠抓减排目标落实》，2009 年 5 月 13 日。

3. 姚卫华：《践行科学发展观，实现环保新跨越——在全市环保工作会上的报告》，2009 年 3 月 25 日。

4. 《包头统计年鉴》（2009 年）。

5. 《如何计算二氧化碳减排量?》，厦门节能中心网站 2009 年 6 月 12 日。

关于包头市社会民生问题的现状与思考

（2010 年 1 月 1 日）

杨春才

党的十七大报告明确指出："社会建设与人民幸福安康息息相关，必须在经济发展的基础上，更加注重社会建设，着力保障和改善民生，扩大公共服务，努力使全体人民学有所教、劳有所得、病有所医、老有所养、住有所居，推动建设和谐社会。"把民生问题放在首位，既是发展中国特色社会主义的内在要求，也是贯彻落实科学发展观的本质要求。2010 年 12 月 7 日的中央经济工作会议再次强调，要"更加注重改善民生、保持社会和谐稳定"。最近，我们就包头市保障民生、改善民生、发展民生情况进行了调研，提出了解决包头市社会民生问题的对策，供参阅。

一、包头市民生现状

近年来，全市以科学发展观为指导，坚持以人为本，高度关注民生，坚持推动"科学发展、富民强市"战略，在加快经济发展的同时，把加强社会建设摆在政府工作的突出位置，着力解决人民群众最关心、最直接、最现实的利益问题，切实保障和改善民生，取得了明显成效。

1. 教育优先发展地位得到巩固。坚持教育优先发展战略，推动教育均衡发展，促进教育公平。进一步推进义务教育发展，全面提升中小学办学条件，20所学校续建项目已近尾声，50所标准化中小学建设项目全面启动；职业教育发展迈出重要步伐，整合、组建五所中等职业学校工作正式启动，包头职业教育基地总体规划方案进入评选阶段。

2. 就业规模不断扩大。全面落实积极的就业政策，完善就业服务体系，强化就业帮扶，推进全民创业，政府促进就业的职能进一步加强。到2009年9月底，全市累计新增就业4.18万人，下岗失业人员再就业1.1万人，其中“4050”等困难群体再就业2003人，举办创业培训班54期，培训人员3306人，有1471人成功创业，带动就业8415人；农牧民外出就业累计18.6万人，其中转移6个月以上稳定就业13万人，解决返乡农民工就业2.3万人。城镇登记失业率控制在3.9%以内，就业形势基本稳定。

3. 社会保障体系逐步完善。坚持“广覆盖、保基本、多层次、可持续”方针，完善保障制度，扩大覆盖范围，初步形成了社会保险、社会救助、社会福利、慈善事业相衔接，覆盖城乡的社会保障体系。城镇职工基本养老、医疗、失业、工伤、生育保险覆盖面不断扩大，目前基本养老保险参保52.7万人，基本医疗保险参保70.21万人，农村牧区新型合作医疗参合率97.4%。农村牧区最低生活保障标准提高600元，达到1300元，低保扩面22%，保障对象增加到5.7万人，补助水平由上年的每人每天1.5元提高到2.74元。城镇居民低保标准提高50元，达到人均每月280元，全年人均月补差达到210元，城乡居民低保标准和补助水平均位居自治区各盟市之首。为全市19.2万离退休人员发放养老金33.2亿元，月人均养老金提高到1201元。全市廉租住房保障资金支出5828万元，11719户低保家庭享受了廉租住房补贴。城区一线清洁工人月工资再次提高200元，达到600元。全面推行城镇居民基本医疗保险，参保率达到87%，参保人数为全自治区第一。全市分散供养和集中供养的“五保户”供养标准提高到每人每年1200元和1800元，分别增加了400元和600元。调整规范行政机关和事业单位职工、义务教育教职人员以及离退休人员津补贴，提高了企业离休人员和驻包事业单位离退休人员津补贴标准。为保证津补贴及时兑现，市财政补助困难地区专项资金7500万元。

4. 中低收入家庭住房得到有效保障。加快经济适用住房和廉租房建设，不断完善住房保障制度，努力解决中低收入家庭住房困难。全市将大力发展经济适用住房建设，全年共审批了42个项目，作为2010年经济适用住房建设项目，总建设面积233万平方米（其中市政府为民办的实事好事确保建设150万平方米），总投资46.6亿元。截至目前，全市在建项目35个、面积156.22万平方米，完成投资22.3亿元，已竣工面积40.55万平方米。进一步明确经济适用住房建设主体，鼓励房地产开发企业主动承担社会责任，推进各旗县区政府投资建设经济适用住房样板小区。推进廉租住房保障制度建设。2010年对15338户符合廉租住房保障条件的家庭提供保障，预计发放租金补贴2522万元，其中市财政投入1245万元，市四区及稀土高新区财政投入932万元，外五旗县区财政投入345万元。前三季度累计发放租金补贴1500万元。全年计划组织完成17.7万平方米廉租住房建设任务（其中市政府为民办的实事好事确保完成15万平方米），预计建设4019套廉租房，总投资2.33亿元，已争取中央专项资金7094万元。目前，除昆区回购60套、3000平方米住宅外，其他项目主体基本封顶。积极开展廉租住房建设项目申办国家开发银行贷款工作，全市现共有21个28.7万平方米廉租房项目，拟申请国家开发银行内蒙古分行贷款3.26亿元。积极落实包头市政府确定的市四区及稀土高新区“城中村”改造、城乡结合部改造、“城中企”搬迁等住房建设任务。继续支持服务石拐区棚户区改造、包钢尾矿坝周边五村整体搬迁、海威经济适用住房建设等重点项目。加强经济适用住房项目储备，建立低收入家庭住房档案，有计划、分层次地解决低收入家庭的住房困难问题。积极推进内蒙古一机（集团）等大企业建设经济适用住房、农民工公寓等工作，努力探索解决农民工等大企业建设经济适用住房困难的模式。

5. 城市基础设施建设成效显著。加强城市规划管理，完成新一轮包头城市总体规划修编工作。新都市中心区、昆区南部区等城市拓展项目加紧城中村改造取得实效，一大批城市管网、道路工程全部开工。全年组织实施了100个城市建设项目，预计完成投资126亿元以上。110国道包头城区段综合改造工程和百灵庙至满都拉口岸、固阳至白云鄂博等一批公路建设项目按计划完工。万水泉大道、建华北路、万青路、青山路、昆北路等道路建成通车。白云鄂博至满都拉铁路开工建设，包头至西安铁路建设和大同至包头、包头至惠农铁路电气化改造工程积极推进。污水资源化利用、青昆垃圾卫生填埋场、热网改造等基础设施工程按期竣工，博奇垃圾发电项目开始实施。会展中心、科技馆、体育中心、图书馆建设进展顺利，体育休闲广场、科技少年宫等社会公益项目投入使用。廉租房建设、小街小巷治理、健康水工程等一批便民利民的实事项目圆满完成。石拐棚户区搬迁新建住宅楼主体基本完工，学校、医院等配套设施建设全面推进；包钢尾矿库周边五村搬迁新建住宅楼全部封顶。城市承载和服务功能进一步增强，全市建成区绿化覆盖率达到38%，集中供热普及率达到81%；燃气普及率达到43%；污水处理率达到84%，生活垃圾无害化处理率达到97.2%，人均占有道路面积达到13.6平方米。组建城市管理执法局，加大综合执法力度，整治“六乱”现象，清理违章建筑，城市环境进一步改善。农村基础设施建设明显加快，全市94%的乡镇和80%的行政村通上了油路（水泥路）。

6. 公益性文化体育设施建设力度加大。文化事业快速发展，完善文化大市建设规划，包头文化艺术中心建设进展顺利，正逐步完成旗县区文化馆、图书馆和34个乡镇苏木综合文化站新建改扩建工程。全面推进社区和行政村（嘎查）基层文化室建设。办好鹿城文化艺术节，创建了一批各具特色的文化活动品牌。全市艺术团体送戏下基层演出1000场以上，农村牧区电影放映达到8000场。保护和弘扬民族文化遗产，加快推进王若飞纪念馆治理改造工程，继续做好美岱召、五当召、转龙藏龙泉寺等文物古迹的修缮保护工作，启动燕家梁遗址博物馆项目，建立包头市非物质文化遗产保护名录。广播电视事业全面发展，完成346个20户以上自然村“村村通”工程，广播电视信号综合覆盖率达到98%以上。文化建设全面推进，50%以上的旗县区建成了图书馆、文化馆，群众性文化活动广泛开展，“鹿城文化艺术节”获得“2008年度中国十佳文化节庆活动”称号。加快公共文化服务体系建设，大力推进文化事业产业化。加强广场文化、社区文化、乡村文化、校园文化和企业文化建设，繁荣本土文化和民族文化，丰富了市民精神文化生活。

二、存在的问题

近年来，包头市高度关注民生，切实保障和改善民生，取得了可喜的成绩，但还存在一些问题，仍需解决。

1. 就业矛盾突出。农村富余劳动力输出步伐缓慢，再就业培训与市场需求存在脱节现象。近年来，特别是大、中专毕业学生就业形势不容乐观，机关进不了，企业又不愿意去，就业压力不断加大。虽然我们也加大了农村劳动力的培训力度，但农民掌握新型技能的能力比较低、对现代化的技术不熟练，与市场需求脱节，农村劳动力在城市只有靠苦力吃饭，技能型就业特别困难。

2. 农村社会保障体系建设滞后。县区、乡镇的社会保障机构不健全，有的乡镇有保障机构而没有人员，保障政策宣传不到位，工作力度不大，步伐缓慢，有的保障政策难以落实，社会保障水平有待进一步提高。

3. 基础设施薄弱，城乡差距较大。最近几年，我们加快了大城市建设步伐，城市基础设施明显改善，但农村基础设施投入不足，基础薄弱，城乡发展不均衡。

4. 受经济发展条件的制约，公共财政对民生事业的投入仍显不足，城乡困难群众相对较多，改变弱势群体生产生活条件的任务依然繁重。

5. 收入分配矛盾突出。从表 1 可以看出，包头虽然人均 GDP 高于南京和温州，但是在城市居民及农牧民人均收入方面，都低于南京和温州，十年间包头经济年均增速 23.9%，但城镇居民人均可支配收入增长 16.1%、农村居民人均纯收入增速只有 12%，这说明当地居民确实在经济发展中受益，但收入增速落后于经济增长，长期下去居民收入在经济中的比重将会进一步降低。因而，需要将经济增长和居民收益密切挂钩，并加强政府向中低收入者转移支付的力度。

表1　　2008年三城市主要经济指标比较

城市名称	人均GDP（元）	城市居民人均可支配收入（元）	农牧民人均纯收入（元）	城乡居民储蓄存款余额（亿元）
包　头	70004	20861	7024	593.97
南　京	50327	23123	8951	2565.83
温　州	31555	26172	9469	2085.02

三、解决社会民生问题的对策和思考

（一）加快发展社会事业

加快发展社会事业是推动科学发展的必然要求。在保持经济平稳较快发展的同时，要切实把发展社会事业放在更加重要的位置，采取有力措施，推动经济社会协调发展。

1. 大力发展教育事业。要优先发展教育，改善教育办学条件。提高教育现代化水平，健全教育投入保障机制，促进城乡、区域教育均衡发展，提高教育质量，解决好困难家庭子女上学问题。巩固提高九年义务教育，进一步健全义务教育经费保障机制，提高农村中小学公用经费标准。加快城乡中小学校舍加固改造，年内完成20所学校续建任务，50所标准化中小学建设项目全面启动。认真解决农民工子女义务教育问题。加快普及高中阶段教育步伐。大力推动职业教育与行业发展相互融合，加快高等职业教育和农村中等职业教育发展，加强基础能力建设，整合、组建五所中等职业学校，加快实施包头职业教育基地总体规划。大力开展以社会需求和就业为导向的高等教育教学改革。提高高等教育办学质量。完善教育救助体系，加大对中等职业学校和高等院校家庭贫困学生的资助工作力度，确保每一名贫困学生不因家庭经济困难而失学。

2. 推进医疗卫生事业改革。深化医疗卫生体制改革，完善基层医疗卫生服务体系，加快落实医药卫生体制改革近期重点实施方案，提高应对突发公共卫生事件能力。加快建立覆盖城乡的基本医疗卫生制度，重点支持旗县区级医院、中心卫生院和社区卫生服务中心建设改造，确保完成一批乡镇卫生院建设任务，实现每个行政村设置一个卫生室。加强农村医疗队伍建设，提高卫生服务水平。完成自治区级标准化社区卫生服务示范机构创建，确保年内街道卫生服务覆盖率达到95%以上。完善公共卫生服务体系，提高人均公共卫生服务经费标准，切实做好严重威胁人民健康的传染病、地方病、职业病和慢性病等防治工作。继续实施医疗惠民工程，切实减轻群众医疗负担。加强卫生监督执法和药品监管体系建设，保证群众基本用药。

3. 加快发展文化事业和文化产业。要大力发展文化事业和文化产业，把满足人民日益增长的文化需求作为扩大内需的重要组成部分。深入开展社会主义精神文明建设，加强社会诚信建设和公民道德建设，提高公民科学文化素质和文明程度。加强公共文化设施特别是城市社区和乡镇综合文化站建设，抓好包头市博物馆、图书馆、体育馆建设工程。深入实施文化信息资源共享、农村电影放映、新农村书屋和20户以上村通电视等工程，繁荣农村文化生活。开发文化精品，创作一批优秀文艺作品，办好“鹿城文化节”等重大文化活动。大力发展动漫、影视广告、出版印刷、演艺、体育休闲等文化产业。深化文化体制改革，推动文化资源重组整合，加快经营性文化单位转企改制，做大做强一批文化龙头企业，积极推进文化产业基地和特色文化产业群建设。实施文化遗产保护工程，做好非物质文化遗产保护工作。

4. 全面推进其他事业发展。继续做好人口和计划生育工作，提高农村部分计划生育家庭奖励扶助标准，稳定低生育水平。继续做好坚持人口向城市转移工作，力争到2015年，转移率达到20%，城市化率2015年达到81.8%。深入推进全民健身，实施农民体育健身工程。支持工会、共青团和妇联等群众组织开展工作，发展妇幼、老龄、残疾人和慈善事业。做好“双拥”和民兵预备役工作，巩固和增进军政军民团结。全面贯彻党的民族宗教政策，大力促进各民族共同团结奋斗、共同繁荣发展和宗教领域和谐稳定。推动外事侨务、档案、气象、地震、测绘、人防等各项事业发展，促进社会全面进步。

（二）切实保障和改善民生

保障和改善民生是我们发展经济的最终目的，也是实施扩大内需战略和推动经济发展方式转变的重大举措。民生问题涉及千家万户。在困难的时候，更要注重改善民生、保持社会和谐稳定。要完善政策措施，加大投入力度，大力实施民生工程，努力为群众多办实事、好事。

1. 着力做好就业工作。要坚持更加积极的就业政策，努力扩大就业，把就业工作摆在更加突出的位置。调动企业、劳动者和社会各方面力量促进就业再就业，千方百计增加就业岗位。确保年内新增就业5.5万人。要发挥好政府投资和重大项目带动就业的作用，尽可能多地提供就业机会。鼓励劳动密集型产业特别是中小企业和服务业吸纳就业，进一步开辟公益性就业岗位特别是城乡基层的公共管理和服务岗位，提高岗位补贴标准。鼓励自主创业、自谋职业，推动以创业带动就业。鼓励高校毕业生到基层、农村和中小企业就业。健全公共就业服务体系，加强职业技能培训，加大对下岗失业人员和农民工的免费培训力度。对就业困难群体实施就业援助，深入实施城乡技能就业扶助计划，对城市拆迁拆违失业人员、下岗职工和就业困难人员特别是零就业家庭实行优先扶持和重点帮助。稳定现有就业岗位，引导企业积极承担社会责任，鼓励和支持遇到困难的企业采取在岗培训、轮班工作、协商减薪等办法，尽量不裁员或少裁员。加强农民工职业技能培训，积极开展对农民工就业的引导和服务，鼓励就地就近就业和返乡创业，提高返乡农民工的转业转岗能力。鼓励有实力的大企业创造更多智力密集型就业机会。加强失业调控和失业预警，确保就业形势稳定。

2. 加快完善城乡社会保障体系。加大对低收入群众的帮扶救助力度，提高城乡低保标准，提高企业退休人员基本养老金和部分优抚对象待遇水平，深入扎实地做好新型农村社会养老保险试点的各项工作。加大财政对社会保障体系建设的投入，扩大城镇职工基本养老保险、基本医疗保险和城镇居民基本医疗保险覆盖面。支持有条件的旗县区探索建立农村社会养老保险制度。扩大城镇居民基本医疗保险覆盖面，将在校大学生全部纳入城镇居民医保范围。实施企业职工基本养老保险自治区级统筹，增强调剂能力。2010年企业退休人员基本养老保险金再提高

10%以上。完善新农合制度，逐步扩大参合农民受益面，提高受益水平。健全城乡社会救助制度，建立与全国平均保障水平同步增长机制，提高城乡低保、农村五保、医疗救助等待遇水平，加大福利院和“五保”供养服务机构等建设改造力度，确保城乡困难群体和弱势人员的基本生活。深入推进扶贫开发，加大社会帮扶力度，确保稳定解决农村扶贫对象的温饱问题。

3. 积极实施保障性安居工程。加强廉租住房等保障性住房建设，支持棚户区改造。加大政府对保障性住房特别是廉租住房的投资建设力度，在资金、土地供应等方面给予倾斜。扩大廉租住房保障范围，2009年全市完成总建设面积233万平方米低收入家庭的廉租住房保障任务。对进城有稳定收入农民工的长久性住房需求，有条件的地方可纳入保障性住房范围。加快回迁安置住房建设，确保拆迁户按时得到安置。积极推行拆迁货币补偿，鼓励拆迁户使用补偿款从市场购买商品房。

4. 努力提高城乡居民收入。把提高居民收入水平特别是增加农民和城镇低收入居民的收入，作为拉动内需、促进消费的重要举措，继续实现“四个提高”：提高农民收入水平、提高企业退休人员基本养老金水平、提高城乡居民最低生活保障标准、提高优抚对象等人员抚恤和生活补助标准。在2009年较大幅度提高收入的基础上，力争再用两年时间，使全市企事业单位职工收入再上一个台阶。认真落实国家提高粮食最低收购价格，落实较大幅度提高农资综合直补、粮食直补、良种补贴、农机具补贴标准等方面的强农惠农政策。鼓励农民发展农村第二、第三产业和外出务工，引导农民投工投劳，积极参与农村基础设施建设，千方百计增加农民收入。指导企业在效益提高的前提下，适度提高职工工资。规范公务员津补贴制度，稳步推进事业单位绩效工资改革。

5. 加强公共安全建设。要加强对影响社会稳定因素的分析和把握，完善维护社会稳定的体制机制，高度重视和正确处理新形势下人民内部矛盾，加强源头治理，依法按政策及时妥善处理群众反映的问题。继续深入开展安全生产、食品药品安全、节能减排三项集中行动，认真组织开展“质量和安全”检查活动。加快健全食品药品安全监管体制，强化企业质量安全主体责任，切实加强生产流通全过程监管，搞好重点品种、重点环节、重点区域的专项整治，实行严格的质量安全追溯制度、召回制度、市场准入和退出制度。加强产品质量检验检测能力建设，建立风险研判机制，实施监管关口前移，坚决杜绝不合格产品进入市场。深入整顿规范市场秩序，维护消费者合法权益。加强安全生产治理整顿和监督管理，严厉打击非法违法生产，严格规范企业安全行为，深化隐患排查治理，健全并落实安全生产各项制度，严肃查处各类安全事故，坚决惩处安全事故涉及的失职、渎职和各种腐败行为。高度重视信访工作，健全社会矛盾纠纷排查调处机制。加强普法工作，搞好法律援助。深入开展平安包头创建活动，加强社会治安综合治理，依法防范和严厉打击违法犯罪活动，全力维护社会稳定。

包头市工业产业集群发展研究

（2010年1月25日）

杨春才　王建彬[①]

当今社会，产业集群的发展已成为一种引人注目的现象，它既可以提升和变革产业组织方式，也是有效的经济发展战略。当前，地区经济竞争的一个重要方面就是产业集群之间的竞争。发达国家中60%～80%的产值和出口额是在产业集群的区域内创造的。在我国一些发达地区，产业集群也获得了迅速发展。近年来，包头市着眼于经济结构的优化升级和区域经济资源的合理配置，开始围绕主导产业和骨干企业进行产业延伸和协作配套，大力发展配套型、延伸型、服务型和科技型的中小企业，构建形成了以钢铁及其深加工、铝及其深加工、装备制造产业配套、稀土产业、电力及新能源、煤化工等优势特色产业，带动了一大批配套型、延伸型工业中小企业的发展，形成了各产业集群的结构态势，增强了包头市工业经济的产业集中度和整体竞争力。包头市2008年优势特色产业集群全年实现工业增加值650亿元，对工业经济增长的贡献率达到80%以上。大力发展产业集群对于包头市经济的发展，提高区域竞争力具有十分重要的现实意义。

① 王建彬：（1977年～　　），男，汉族，内蒙古包头人，包钢国贸公司特聘研究员。研究方向：工业经济及管理。

一、产业集群发展概述

（一）产业集群的内涵

首先提出产业集群概念的是美国学者迈克尔·波特（M. E. Porter），他指出："产业集群是在某个特定领域中，一群在地理上邻近、有相互关联性的企业和相关法人机构，并以彼此的共通性和互补性相联结。包括一批共处一个竞争环境中相互关联的产业和其他实体。"可见，产业集群就是聚集于某一区域内特定产业的众多具有分工合作关系的不同规模等级的企业和与其发展有关的各种机构组织等行为主体之间通过复杂的网络紧密联系在一起的空间集聚体，它代表着介于市场和企业之间的一种新的空间经济组织形式。

作为介于纯市场和纯层级组织之间的"中间性体制组织"，产业集群是企业与市场相互渗透且相互作用而形成的一种组织安排，是一种效率较高的企业合作组织。

实践表明，产业集群从整体出发挖掘特定区域的竞争优势，突破了企业和单产业的边界，形成具有竞争力的特色产业集群，日益成为经济效率的源泉，是区域经济发展的支柱，对区域经济的发展发挥着越来越重要的促进作用。增长极理论指出，产业集群是一种能带来显著经济效益的经济增长机制，是推动区域经济增长的内源力。

（二）产业集群形成的内在机理

经济集聚的本质是规模经济、范围经济和外部经济共同作用的过程，规模经济导致经济集聚产业点，再加上范围经济产生集聚产业区，规模经济、范围经济和外部经济共同作用产生经济集聚核心区。产业集群形成重要的内在机制是合作，重要的外在环境是制度。

根据产业集群特有的组织属性，它的形成与发展是有其内在机理的。概括而言，当代的主流理论认为主要有以下几个因素在集群的形成过程中起到关键的作用：

1. 自然资源和运输成本。产业集群是由众多相互关联的企业和机构基于某种共享资源的基础上集聚而成的，所以，资源在地理上的集中是产业集群生成的首要动力。另外，产业集群发展的目的是对降低成本的追求。因此，获取成本优势是众多相互关联的企业进行空间集聚的又一动力。

2. 外部规模经济性。众多具有某种内在关系的企业与机构之所以能够聚集在一个地域范围内，很大的原因是规模经济在起作用。由于大量的企业聚集在一起生产，就形成了很大的规模，同时也产生巨大的需求，这种规模经济效应足以保证集群内的企业能够得到从中间产品到劳动力的高品质、低成本的供给。由于地理空间的集聚带来的是外部的规模经济，所以，这种充分的共有外部性就足以使众多企业聚集在一起协作生产，产业集群就形成了。

3. 相关组织机构的支持。相关组织机构的支持，使集群内的企业可以得到专业化的服务，从而提高企业的竞争力。这些组织机构包括政府部门、管理咨询机构、信息咨询机构、科研机构、金融组织、大专院校及职业培训机构等。在这些相关组织机构的发展改进，形成了一个成熟的专业服务市场，促进了产业集群的出现。至于相关组织机构的集中，是与产业集群发展紧密联系在一起的，为追随客户被吸引到集群中来，二者是同时发展的。

4. 企业家精神、制度与政府政策。企业家的创新精神对产业集群的形成起到至关重要的作用。尤其是最先进入这个区域或在这个区域产业内的企业，企业家所拥有的创新精神是吸引其他产业内企业和相关企业聚集在周围的决定性因素，这在工业化水平不高的国家表现得最为明显。另外，相应的制度安排和政府采取的优惠产业政策也促进了产业集群的形成和发展。

相对于产业集群的形成，它的发展动力具有更高层次的属性和更稳定的作用形式。一方面，虽然集群内的企业之间合作与竞争关系并存，但由于企业在地理位置上的集中，导致对熟练劳动力、资本、公用基础设施和政策支持等方面存在直接的竞争关系，形成了一种持续的压力，使企业不断地改进现有技术并创造新技术，这又会扩大现有企业的研发规模、加快对新技能及新服务的采用、促进新企业形成，推动了产业集群的更高层次的发展。另一方面，地方化的知识创造以及企业和个人学习新技术、学习如何相互信任并共享信息等会促使集群内的企业之间相互结合的更加紧密，更能够提升产业集群的紧密性，增强在市场上的竞争能力。

由此可见，产业集群有其自身的动力机制，即驱动产业集群发展和演化的力量结构体系及其运行机制，具有一定的稳定性和规律性，具体包括内在动力机制和外部动力机制，内、外部动力机制是产业集群的能力及其作用规律，是产业集群发展的核心，成熟的动力机制可以将集群中任何可获得的要素很快转化为竞争优势。

（三）产业集群的主要特征

产业集群的核心特征就是其内部的共生机制，通常有三个主要特征：

1. 集中性。在一定区域内集中发展一个优势产业，而这个优势产业在全行业的市场份额和本区域经济中所占比重较大。

2. 地域性。一个产业集群的形成与一个地区特有环境条件有关，离开了这个环境条件，一般不能形成和发展这一产业集群。

3. 关联性。集群区内企业，以某种附加值的生产链关联在一起，形成一个既有分工又有协作的共同体。

（四）产业集群的明显效益

产业集群形成的根本原因是集聚效益可以给区域内的企业带来较高的投资回报，资源禀赋是产业集群的最初诱因，充分利用各地区的自然资源优势来发展经济是形成产业集群的原始动力。根据目前国内外产业集群的发展过程，产业集群形成后，能够产生以下几个方面突出的集聚效益：

1. 协同效益明显。集群内单个企业没有较大的市场影响力，但所有的企业都按专业化原则构建核心竞争力，将这些核心竞争力进行整合后，就形成了整体大于局部之和的特有的协同环境。

2. 区域竞争力强。集群内企业既分工又协作，既竞争又合作，分工与合作互为条件，促进了整个区域内的服务能力、基础设施、信息交换、创新精神、竞争机制、物流市场、交通运输、信用等级等竞争力的提高。

3. 要素流动快捷。集群区内知识、技术、人才、资本、信息等要素快速流动，能够在很短的时间里迅速聚集并组合起来，使产业化的效率随时按照市场的需要达到一个较高的水平。

4. 供应渠道畅通。企业在地理上的集中，使厂商有效得到供应商的服务、快速物色到符合自己意图的雇员、及时得到本行业竞争所需要的市场信息、容易获得配套的产品和服务，从而达到行业信息、买者意向和配套机构与设施的相对集中。

（五）发展产业集群的重要性

1. 发展产业集群是走新型工业化道路的重要选择。工业化过程是工业迅速发展并占主导地位的过程，而工业中的制造业不仅有较长的产业链，而且具有一定的迂回生产特点，这些特性决定了在制品的生产过程中采用集群方式能提升制成品的竞争优势。新型工业化进程会促进产业集群的发展，而推动产业集群发展又是走新型工业化道路的重要途径。走新型工业化道路，最根本的目的就是要通过技术创新与制度创新，实现清洁能源结构和高能源效率的产业集群。实现工业增长由粗放型向集约型转变，产业集群的形成和发展是实现产业集约增长的新型模式，同时产业集群能够以专业配套协作的全球化来应对经济全球化，将专业化与全球化紧密结合，是实现工业化的新路径。包头市已处于工业化中期阶段，发展产业集群是提高产业竞争力和增强区域经济实力的重要手段。

2. 发展产业集群是解决“三农”问题，缩小城乡差距的有效途径。我国绝大多数产业集群都是在农村与小城镇兴起的。产业集群的发展，一方面会使用大量农村剩余劳动力，这不仅提高了农民收入，也带动了周边农村地区的农、牧、副、渔等产业发展；另一方面会增加农村的财政积累，促进农村社会事业的发展和社会保障制度的建立。目前，包头市有近70%的农牧户参与农牧业产业化经营，农牧民人均纯收入中来自农牧业产业化经营的占60%以上。2008年包头市的农牧民人均纯收入分别达到了7076元，处于全区领先水平，主要得益于一些特色产业集群的迅猛发展。

3. 发展产业集群是推进城镇化发展的重要动力。产业集群和城市化发展是互动的关系。城市核心产业的集群对上下游关联产业产生更为强烈的需求，随着主导产业的延伸和关联产业的出现，特定产业集群所在地区的人口将大规模增长，从而带动第三产业发展。同时产业集群发展也为城市各项事业的发展创造了经济条件。调查显示产业集群发达的城市，是城市化增长速度最快的，也是城市各项社会事业发展最快的城市。近年来，包头市的一些优势特色产业集群迅速发展壮大，工业经济实力显著增强，推动了城市化进程。2008 年，包头市工业增加值增长 25%，城市化率达到了 75.9%。

4. 发展产业集群是增强区域竞争力的关键。企业在地理空间上的接近，有利于区域集群竞争力的形成。集群竞争力的本质，就是关联性强的企业或机构通过专业化分工和协作机制共同促进、共同发展所形成的一种外部经济性或范围经济的集中表现。发展产业集群，增强区域竞争力主要表现在以下两个方面：一是对资源要素的高效积聚能力。大量企业和机构的聚集，高效率的服务、多层次的人才、专业化的市场，易于建立起有效的人才网络、资金网络、产品链网络和服务网络，并逐渐形成专业化、规模化、高效化，形成一种特有的竞争力。二是产业功能提升和集群环境改善所形成的竞争优势。集群内的企业既分工又协作，既合作又竞争，集群内部形成“优胜劣汰”的自然选择机制，出现不断创新，促进整个区域内的服务能力、基础设施、信息交换、创新精神、竞争机制、市场、交通运输、信用等级等集群竞争力的提高。产业集群的发展，不仅有利于区域吸引创业投资，也由于上下游企业的集中，方便新企业的加入，反过来强化了区域内的产业集聚力，进而增强区域竞争力。

5. 发展产业集群是壮大民营经济和中小企业的必由之路。包头市规模以上中小企业个数占全部规模以上工业企业总数的 98%，工业产值占 60%。中小企业绝大部分属民营经济，这些企业在创造 GDP、增加税收、吸纳就业人口、活跃市场经济、方便人民生活等方面发挥着重大作用。但由于民营中小企业自身所存在的缺陷以及所遇到的环境因素，在一定程度上制约了其良性发展。因此，“聚集成群”的产业集群战略无疑是中小企业发展的方向，在集群内，民营中小企业的一些固有问题与面临的环境因素都能够得到有效的解决，中小企业不仅容易创立、生存，而且也容易成长。

6. 发展产业集群是扩大招商引资的长效体制。产业集群对外来投资的最大吸引力是配套成本较低，这正是许多外来投资者最关注、最看重的。从地方政府来说，创造较好的园区环境，在一定的范围内集聚一批配套型企业，比减税让利具有更大的吸引力和更小的机会成本。

7. 发展产业集群是工业园区进一步发展的需要。近几年工业园区发展迅速，对地方经济发展作出了贡献。但一些园区内企业之间缺少一定的产业联系，随着园区扩大，园区集聚效应并未增加，难以形成可持续的发展能力。事实上，产业集群就是某产业的相同、相近、相关的企业在某地域的集中，它本身就是一个专业化的产业区。工业园区不一定是产业集群，而产业集群却一定可形成一个工业园区。因此工业园区迫切需要借助产业集群发展调整规划，从而获得较快的发展。

二、培育工业产业集群的主要模式

在借鉴国内外产业集群生成和发展模式的基础上，结合包头市的资源特点和产业结构现状，应重点在以下几个方面促进具有区域特色的产业集群形成和发展。

1. 改造提升以传统产业为基础的产业集群。依靠包头市传统工业基础，针对特定的市场，生产某一种类的产品，产业特色鲜明，尽快增强其活力和市场竞争力。调整产业布局，走规模化、集约化发展道路，通过引进先进技术、先进设备，加快技术改造，发展深加工产业，使产业链条在当地得到延伸。例如，以钢铁、机械制造、铝业、稀土等传统产业为基础，进行改造提升，形成以包钢为依托的钢铁产业集群；以一机、北重为依托的机械制造产业集群。

2. 培育构建以资源优势为支撑的产业集群。以培育“一地一品”特色产业为突破口，从构建区域性板块经济着手，对相互关联的产业和企业进行空间布局调整，使其相对集中于工业园区、沿路或沿线，形成

"块状"或"带状"经济。包头市农畜产品资源十分丰富，可以充分利用这一优势在不同地区构建特色农畜产品加工产业集群。例如，以伊利、蒙牛为依托的乳品产业集群；以固阳、达茂为依托的马铃薯加工产业集群。

3. 发展壮大以龙头企业为中心的产业集群。坚持走以企业为主体、自主创新为支撑、政府推动与社会参与相结合的自主品牌发展道路，着力营造规范的市场环境，形成促进自主品牌成长的机制。对现有的龙头企业，通过股权结构的优化调整，广泛吸纳社会资本投资入股，争取在短期内实现企业做大做强的目标。对缺少龙头企业的产业，通过招商引资引进龙头、培养龙头，带动中小企业的共同发展。力争在全市六大特色优势产业中形成一批具有行业主导能力的国际和国家级名牌产品和企业，一批拥有自治区名牌产品和著名商标的企业群体。

4. 规划引导以工业园区为载体的产业集群。以产业集群的理念推进园区建设，通过园区建设促进企业空间集聚，促进基础设施的共建共享，促进土地集约利用和集中治理污染。在抓好园区建设规划的同时，抓好产业规划，做到两个规划一起抓，突出产业特色，按照产业集群模式进行产业布局，吸引更多的相关产业向园区积聚。树立全市"一盘棋"思想，打破行政区划限制，在全市范围统筹生产力布局，各旗县区所招引项目最终落在何处，主要取决于其产业类别和园区规划，不一定非要放在自己所在的行政区域内。如果所引项目不符合本地产业规划，完全可以放到其他园区内，前提条件是必须符合产业规划。

三、工业产业集群发展现状

近年来，包头市大力发展工业产业集群，产业聚集程度不断提高，产业规模迅速扩大，产业结构不断完善，发展方式进一步转变，已在钢铁、铝业、装备制造、稀土、电力及新能源、煤化工等优势特色产业领域发展形成了产业集群的雏形，呈现出以大企业为核心主导、主要龙头企业发展势头强劲、主导产品优势不断提升、产业主体向园区集聚的突出特征。截至2008年底，全市九个重点园区入园企业累计达1130户，完成工业总产值1318.5亿元，增长31.4%。一批发展势头良好的产业集群，已成为全市经济发展新的增长点。

目前，包头市产业集群发展也存在一些突出问题，主要表现在：一是城市周围地区，已被企业或工业园区包围，产业集聚效应不突出，且给市区造成污染；二是电厂布局在城市四周，没有形成集群效应；三是一些工业园区中龙头企业规模不大，带动作用不够明显，产业链条不健全，产业群没有内在关联；四是一些工业园区产业集中度不高，办成了各类企业的“大杂烩”，甚至背离了产业政策，引进一些落后技术，造成产品结构雷同，同业间无序竞争等问题；五是一些企业还存在着“高投入、高消耗、高排放、不协调、难循环、低效率”等问题，背离了在低碳经济模式下发展产业集群的方向；六是创新机制还不完善，创新能力有待提高等，产业集群的快速健康发展亟待有效推进。

四、工业产业集群发展的动力

近年来，依托资源比较优势成长起来的包头市资源型产业无论在空间布局上，还是在产业配套体系上，都呈现出较为明显的集群化发展趋势，形成了一批初具规模的资源型产业集群，且其发展阶段大致处于由集中办企业向集中办产业，逐渐形成资源型产业集群方向演进的时期。究其集群形成与发展的动力，主要表现在以下几方面：

1. 资源地域集中性。包头市拥有丰富的自然资源，如白云鄂博的铁矿石、稀土资源；周边地区的煤炭资源。正是这些自然资源在各区域的集中性，促使众多的资源型产业的形成与发展，并且形成了相互关联的集群网络。如钢铁产业群、稀土产业群、煤化工产业群等等，它们的形成与发展都离不开包头市区域特有的自然资源。

2. 外部经济性。由于地处国家西北边疆，远离主导产品消费市场和技术市场，致使我市资源型产业的形成是建立在技术水平低、技术装备落后的基础之上，进而导致生产的产品技术含量低，几乎没有竞争力，企业只能依靠出卖廉价的自然资源来获取微薄利润。结果导致资源耗竭、环境变坏、利润外流的局面。为克服此局限性，包头市资源型企业集中自身优势能力，通过专业化分工，进行“联姻”，实现产业的集群发展，以期获取外部经济。主要表现是稳定的分工协作关系，形成了单个企业专业化程度高，集群产业整体规模大的局面，进而获得了相对于外界的规模经济与范围经济。

3. 技术外溢性。在市委、市政府的扶持培育下，一方面，包头市列出了重点培育发展的大中型资源型企业，在技术创新能力、技术装备水平等方面进行帮扶，通过技术扩散，实施技术共享，形成以龙头企业为中心，带动相关中小企业发展的产业集群，如以包头稀土高科为龙头企业的稀土产业集群；另一方面，包头市通过积极引进外部高新技术企业，以这些企业为中心，或者通过技术扩散带动当地企业的集群发展，或者使当地中小企业为这些企业提供原材料，形成纵向链条上的产业集群。

4. 相关组织机构的支持。包头市具有门类齐全的科研机构、金融机构、咨询机构、大专院校及职业培训机构，且比较集中。随着这些支撑组织机构的发展，逐渐形成了一个成熟的专业服务市场，为产业集群的形成提供资金、技术、信息等服务成为可能。

5. 优越的制度政策环境。在市委市政府的领导下，各级政府及部门相继展开服务型政府的创建活动，积极推进制度创新，进行合理安排。同时，为吸引外资和鼓励当地创业投资，各旗县区根据经济发展的实际需要，相继出台了与市政府相适应的各种优惠政策（如招商引资政策、税收政策、财政政策等），为产业集群的发展提供了优越的制度政策环境。

五、重点工业集群产业分析

1. 钢铁工业产业集群。2008 年钢铁工业产业集群，共有企业 78 户，实现销售收入 818 亿元。包钢集团公司的销售收入为 430 亿元，占产业集群总收入的 53%。

产业分析：从以上的数据可以看出，以包钢集团公司为龙头的钢铁产业集群、产业的集中度很高，也是本市的重要支柱产业。但是，钢铁产业长期粗放发展积累的矛盾日益突出：一是盲目投资，追求产能；二是创新能力不强，产业结构处于中低档水平。所以在今后一段时间内，钢铁产业集群，必须进行二次改造，增强自主研发创新能力，着力推动钢铁产业结构调整和优化升级，注重高档产品链的链接，不断提升产品的档次和质量；在矿石资源上要抢占先机，蒙古铁矿、巴盟铁矿离包头很近，要搞好技术攻关，尽早拿到资源；要严格控制新增产能，所有扩建产能的钢铁项目，必须以节能减排淘汰落后为前提，力争在关键工艺技术、节能减排技术以及高端产品研发、生产和应用技术等方面取得新突破。

2. 有色金属工业产业集群。2008 年，有色金属工业产业集群拥有企业 45 户，实现销售收入 138 亿元，东方稀铝和包铝集团销售收入为 117.4 亿元，占产业集群总收入的 85% 。

产业分析：氧化铝工业的规模化发展、电解铝向铝电联营大型化发展、铝加工向高精专业化发展是全球铝工业发展趋势。以包铝、东方稀铝为龙头的有色金属工业产业集群，依据循环经济和生产工业理论为指导，始终坚持以“铝电联营”为核心，铝业为龙头，电力为基础，重点发展电力、电解铝、铝深加工，铝合金铸件和建材等相关产业，集群中产业度高度集中，产业化优势明显，目前，园区内已构建起了富有特色的生态工业园区的雏形，正按照低碳经济模式，发展低碳产业集群，力争成为我国发展低碳经济的典范。但是必须指出，集群中的企业，应充分利用当前有利时机，加快淘汰落后产能，提高工艺技术水平和关键材料加工能力，由注重单项技术研究开发向集成创新转变，增加产品品种，降低能耗和排放，促进有色金属产业在低碳经济的模式下可持续发展。

3. 装备制造工业产业集群。2008 年，装备制造工业产业集群共有企业 143 户，实现销售收入 336 亿元，一机集团与北方重工集团共实现销售收入 169.91 亿元，占产业集群总收入的 51% 。

产业分析：依托一机、北重两大龙头企业，经过多年发展，包头市装备制造业已经形成门类齐全、规模较大、具有一定技术水平的产业体系，产业集中度较高，是包头市重要的支柱产业。应该看到，当前正处在扩大内需、加快基础设施建设和产业转型升级的关键时期，对先进装备有着巨大的市场需求，必须采取有效措施，加快集群内部的产业结构调整，通过加快企业兼并重组和产品更新换代，促进产业结构优化升级，鼓励主机生产企业由单机制造为主向系统集成为主转变，引导专业化零部件生产企业向“专、精、特”方向发展，努力推进装备制造业工业集群由大到强的转变。

4. 能源工业产业集群。2008 年能源工业产业集群，共有企业 5 户，销售收入 109. 33 亿元。而风电、太阳能光伏产业等项目都在建设中。

产业分析：

(1) 火电产业，火电厂分布在城市四周，没有形成产业集群，特别是近两年，背离了发展循环经济、节约资源、提高发电效率、压缩小火电的原则，有的旗县区又在兴建小火电，使产业的集中度降低。今后几年包头市能源工业产业集群，要按照低碳发展模式、节能减排，逐步建立起能源集群小区，实施煤电一体化经营、延长产业链，集中用地、集中供煤、集中供水等，促进集群快速发展。

(2) 新能源产业，能源结构调整在于发展风电。根据包头市新能源战略性产业布局思路，今后十年内，力争培育一批具备国际竞争力的新能源企业。以包头市山北地区为主进行空间布局，建设以达茂巴音为龙头的百万千瓦级风力发电场，逐步实现规模化、现代化生产，努力建设成为国家级风力发电基地，打造成国际领先的风力发电产业集群。在光伏产业方面，要充分发挥包头市中冶包钢包头硅产业项目的产业优势，瞄准光伏产业发展定位和发展方向，筹建光伏电厂，做大做强光伏产业，培植新的产业支柱，使包头市太阳能光伏产业成为全国最大也是一流的光伏产业集群。

5. 稀土产业集群。2008 年稀土高新区共有企业 559 个，销售总收入 762 万元；稀土产业集群共有企业 63 个，销售收入 67. 5 万元，占稀土高新区总收入的 8. 86% 。

产业分析：稀土高新区虽然已有一批稀土产业聚集，但产业集中度不高，主导产业还不够强，支柱产业的产业链条尚未完全形成，龙头企业产品本地配套率也很低。虽然园区的工业总产值等经济指标增长较快，但主要不是来自稀土产业。实践证明，稀土高新区不能办成各类企业的“大杂烩”，虽然这样有利于提高土地利用率，节约基础设施的投入，但园区由于主导产业不强，产业特色不明显，缺乏对外部资本及项目的吸引力，因此发展潜力和后劲不足。今后要把园区的发展与稀土产业集群建设结合起来，形成资源整合，分工专业，配套协作的良性互动机制，努力提高产业聚集度，形成优势产业高地，确保园区稀土产业有扩张力，重点产品有竞争力，龙头企业有集聚力，使稀土高新区的稀土产业成为包头市新的经济增长点。

6. 煤化工产业集群。中海油煤化工项目是土右旗继泛海煤化工项目之后，引进的又一个煤化工大项目，总投资240亿元，规划年产220万吨甲醇，50万吨醋酸。神华煤化工投产后年产180万吨煤制甲醇装置和60万吨下游产品；煤制烯烃项目，年产60万吨，聚乙烯年产30万吨，聚丙烯年产30万吨。投产后年销售总收入200亿元。

产业分析：包头市发展新型煤化工产业是因地制宜，引进世界先进经验和技术，注重发展下游产品，形成多元产品链条增强自身发展的能力和后劲，产业集中度很高。煤化工产业集群的发展壮大，要依托上述两大煤化企业和产业基地，按照煤化一体化、园区化、集约化模式和发展循环经济、保护生态环境的要求，优化煤化后续产业布局，引进大型企业，搞好自主研发，使之转换成高端技术、高附加值的产品，提高中高档产品比重，不断扩大产业规模，增强产业竞争能力，使煤化工产业集群变大变强。

六、工业产业集群发展思路

结合包头经济发展阶段特点和西部大开发战略需求，未来包头工业产业集群发展的思路应是：以科学发展观为指导，坚持走新型工业化道路，坚持政府谋划，市场操作，技术领先，内在关联，转变方式，发展低碳经济的方针，利用包头市雄厚的工业基础，以市场为导向，以改革开放和科技创新为动力，以主导产业和产品为依托，以大中型骨干企业为龙头，以园区集聚为手段，以重大项目为支撑，拉长和完善产业产品链，加强企业间经济技术联合与合作，构筑资源共享平台，完善相应扶持政策，培育一批功能定位明确、配套能力强、区域特色鲜明、大中小企业共同发展的产业集群。在集群化发展过程中，最大限度地实现如下三个“一体化”。

1. 集群发展与产业结构优化升级的一体化。包头工业产业集群发展一定要与本地产业结构特别是工业结构的合理化、协调化和高级化结合起来，通过重点项目建设和技术创新项目投资等方式，促进集群发展与产业结构优化升级的一体化，将社会资源向钢铁、铝业、装备制造、稀土、电力及新能源、煤化工等优势特色产业领域聚集，形成较大范围的空间经济。同时，充分依托、利用和整合各旗县区的工业园区、经济技术开发区等现有区域资源，并协调好各工业园区建设，减少生产流通费用，提高土地利用效率和公共服务效率，形成良好的产业发展生态环境。

2. 集群发展与产业组织优化的一体化。包头拥有一批国内领先的大企业，但较大的企业规模不一定能够实现生产、销售、研发等方面的规模经济。相对于自我发展模式而言，兼并等资产重组方式是现代大企业成长的重要途径。因此，在发展产业集群过程中，包头应该鼓励优势企业进行跨地区、跨行业联合重组，在六大支柱产业等部门形成一些有国际影响和竞争力的大企业。更为重要的是，通过更大范围的资本重组培育一批集系统设计、系统集成、工程总承包为一体的工程公司、系统成套公司，向国际产业价值链的高端迈进。同时，积极扶持配套中小企业的发展，以合理的企业规模结构实现产业组织优化，促进集群向纵深发展。

3. 集群发展与节能减排的一体化。由于包头是一个老工业基地，原材料工业所占比重较大，经济发展的生态化任务十分艰巨。包头重化工产业集群发展要特别重视这一点。客观上，产业集群也为政府介入、统一治理、规范治理创造了条件，节能减排也可以获得“规模经济”。其中，围绕某个产业集群区域，建立共同的节能减排控制机制，鼓励发展循环经济，不失为一种选择。鼓励和支持循环经济型企业发展，开发引入关键链接技术，开展能源、水资源的重复和梯级利用及各种副产品、废弃物的接续循环使用，在生产的全过程降低资源、能源的消耗和污染物的产生。加快建设生态工业园区，实现物流、技术集成、信息流、基础设施等的集聚与共享，最大限度降低生产消耗和成本。

七、工业产业集群发展原则

坚持技术研发领先，循环经济明显，节能减排突出，集群定位清晰的原则，加快产业集聚，壮大产业集群，全面提升包头市产业综合竞争力。

坚持产业集群发展与产业调整和振兴规划相结合。抓住国家实施十大重点产业调整和振兴规划的机遇，立足优势，着眼长远，进一步调整优化产业布局，推动产业升级，提升产业集群整体竞争力。

坚持产业集群发展与企业组织结构优化相结合。充分发挥市场对产业集群发展的促进作用，加大企业重组并购和股份制改革力度，开展产业链招商引资，促进关联企业集聚，促进产业链形成。

坚持产业集群发展与发展低碳经济相结合。以现有工业园区为基础，进一步加快园区建设步伐，引导和促进产业集群走低碳经济发展的道路，注重环境保护、资源节约和综合利用，培育一批低碳产业集群。

八、工业产业集群发展目标

加大产业集群培育和推进力度，使龙头企业实力进一步增强，产业链不断完善，园区承载力和园区化水平提高，集群整体实力和竞争力大幅提高，成为工业经济发展的主体形态，钢铁、铝业、装备制造、稀土、电力及新能源、煤化工等成为国内一流、国际知名的产业集群，特色鲜明、优势突出的块状工业经济格局基本形成。产业集群工业总产值年均分别增长 20%。

2010 年，六个产业集群工业总产值将达到 1581 亿元；2012 年，六个产业集群工业总产值将达到 2276 亿元；2015 年，六个产业集群工业总产值将达到 3932 亿元。

每个产业集群的销售收入都超过 100 亿元，其中：1500 亿元销售收入的产业集群达到一个，铝业、装备制造、稀土、电力及新能源、煤化工等产业集群的销售收入分别达到300亿元、600亿元、300亿元、700亿元、400亿元，成为全市工业经济发展的强劲引擎。

九、六大优势特色产业集群发展重点

1. 钢铁工业产业集群。要把应对危机与振兴产业相结合，立足当前，着眼长远，既要着力解决钢铁产业当前面临的主要困难，保先进生产力，保重点骨干企业，保关键品种，保市场稳定，又要利用市场倒逼机制，充分利用各种有利因素，进行企业重组，推动钢铁产业结构调整和优化升级，切实增强企业素质和国际竞争力，使支柱产业的地位得到巩固和加强。

打造以包钢为龙头的钢铁产业集群。实施包钢千万吨工程，优化产品结构，加快以包钢中厚板工程和汽车板工程为核心的技术改造，提高中厚板、汽车板、特种钢、稀土钢和不锈钢等产品的比重。坚持走新型工业化道路，以国家产业政策为依据，以结构调整为重点，以技术进步、技术创新为标准，以提高经济效益为中心，使包头市钢铁工业逐步发展为以生产优质高效钢材为主的专业化生产的产品结构体系。目前，一大批中小企业围绕包钢的各种板材、管材、线材，通过剪切、拉直、开平、压薄、热轧、冷轧、冲压等进行深加工，钢铁深加工产业集群已形成，2008年，共有企业78户，实现销售收入818亿元。以华业特钢为龙头，依托昆区不锈钢园区，一批中小企业进行不锈钢产品延伸配套，形成不锈钢产业集群，共有15户企业，2008年实现销售收入56亿元，产业集群的发展正由大变强。

2. 有色金属工业产业集群。要严格执行国家产业政策，今后三年原则上不再新建改扩建电解铝项目，要坚持控制总量与优化布局相结合，加快淘汰落后产能，推动上下游企业重组，支持产业向下游发展，延伸产业链，发展高水平深加工，增强竞争力，促进产业集群持续发展。

以包铝、东方希铝为龙头，打造有色金属工业产业集群。依托包头铝业生态园区，大力发展铝型材、铝轮毂、铝板、铝箔等延伸产品，大力发展电解铝深加工产品，适度扩大铜、铅、锌等有色金属生产规模。开发和推广使用高性能、低成本、低消耗的新型铝产品，发展废杂铝回收再生产业，再生有色金属占有色金属产量20%。积极利用国家进行循环经济试点的有利时机，加强整合有色金属行业，在镍、铜、铝、铅、锌等资源的选矿、开采、冶炼、加工等国家循环经济扶持范围内，争取国家支持，走循环经济的路子。目前，包头铝业生态园区拥有企业45户，已形成年产120万吨电解铝的产能，2011年可能达到200万吨，在包头地区发展铝产业具有能源和资源优势，潜力巨大，建议在交通运输、核工业、食品包装、散热器、电子、发光材料等领域延伸产业链，发展壮大产业集群。

3. 装备制造工业产业集群。要通过加大技术改造投入，增强企业自己创新能力，大幅度提高基础配套件和基础工艺水平，通过加快企业兼并重组和产品更新换代，促进产业结构优化升级，鼓励主机生产企业由单击制造为主向最终整机发展，努力推进装备制造业由大到强的转变。

重型汽车。以包头北方奔驰重型汽车有限责任公司和内蒙古北方重型汽车股份有限公司两大重车生产企业为依托，培育产业集群。通过合资合作，以市场为导向，重点开发和生产满足用户需求的重型载货汽车、非公路矿用汽车等产品。

铁路车辆及其配件产品。以一机集团北方创业股份公司为主导，重点发展铁路敞车、铁路罐车等产品。以一机集团、北方重工集团、包头鑫丰弹簧有限公司等为主导，重点发展火车车轴、火车钩、摇枕侧架、火车弹簧等铁路配件产品。

工程机械。以一机集团北方创业股份公司和北方股份公司为主导，重点发展大马力推土机、液压挖掘机、铲运机、旋挖钻机等产品。以阿特拉斯公司的履带式挖掘机为龙头产品，建立起工程机械平台，建成北方股份工程机械工业园。以北方液压公司的液压缸为龙头产品，建立起矿用车和工程机械零部件平台，建成TEREX公司的零部件生产基地。以北方股份的200TM级旋控钻机为龙头，建立起12～20吨级旋挖钻机生产基地。2008年装备制造产业集群拥有企业143户，实现销售收入336亿元。

4. 稀土产业集群。这几年稀土产业发展很快，国际、国内的一些稀土和新材料企业正在向稀土高新区聚合。一批国家重大稀土应用产业化示范项目正在实施，逐步形成了六条稀土产业链。围绕这些优势企业和重点项目，进一步壮大产业规模，提高产业配套能力，增强稀土产业整体竞争力。根据市场需求，集群中要适度集中上游产品，突出发展中游产品，逐步淘汰落后的工艺设备，提高产品在国际市场上的竞争力，使包头成为稀土氧化物、混合稀土金属、单一稀土金属产品的集散地。目前，稀土产业集群共有企业 128 户，2008 年实现销售收入 81 亿元。今后集群发展的方向是：在低碳经济模式下，集群中的企业要向高新技术、高附加值、高新材料进军，向高新尖产业发展。

5. 能源工业产业集群。电力工业产业集群。立足包头的资源优势，实施煤电一体化经营，延长产业链。电力工业的产业集群应重点围绕内蒙古华电等几家大型电源点，辐射带动周边地区，促进集群发展。今后几年包头市电力工业应继续坚持增加供给能力、加快电网建设、扩大电力需求向能源产业集群发展的总体思路，按照发展循环经济、节约资源、提高发电效率的原则，压缩小火电。积极开辟新的用电需求，鼓励发展煤、电、高载能联营。鼓励发展资源综合利用发电和风能太阳能等新能源、可再生能源发电，推广使用洁净煤燃烧等新技术。加快电力基础设施建设，加强城乡电网建设与改造，促进包头市电力工业持续快速健康发展。

新能源产业集群。发展新能源产业，是包头市实施能源战略的必然选择。近期本市准备建 10 个风电场，主要分布在达茂、百灵庙、白云、固阳怀朔等山北地区，其中包括达茂巴音 20 万千瓦风电特许项目、金州达茂百灵庙风电场项目、鲁能白云风电场项目、南通蛟龙固阳怀朔风电场项目等，全部建成后总装机规模超过 120 万千瓦。通过大规模的风电开发和建设，促进风电技术进步和产业发展，大幅降低风电成本，同时也为自治区建设千万千瓦级风电基地，打造“风电三峡”奠定了坚实基础。与此同时，要打造风力发电设备研发制造基地，在风力发电设备领域积极培育一批国际领先的设备制造企业集群，打造风力发电设备开发基地。

在太阳能光伏产业方面，要实施重大项目带动战略，培育龙头企业，优化产业布局，加快建设从硅料、硅片到太阳能电池组件及配套产品的完整产业体系，促进产业集聚。重点推进中冶包钢包头硅产业项目建设，力争2011年投产。对应规模切片、太阳能电池、光伏组件完整节能产业项目要同步进行。中冶包钢包头硅产业项目，以国内有色行业最具实力的国际化工程公司中冶恩菲为技术依托，以洛阳中硅为母体，以包钢西北创业公司为依靠，超强实力、真诚合作、良好环境，使该项目尽快成为光伏产业集聚区。按照重点突破、分步实施、有序推进的原则，加快光伏产业集聚区内重大基础设施和配套设施建设，完善综合服务功能。提升光伏产业基地的生态化、集约化水平。加强项目实施后评估管理，完善节能环保长效监管机制，促进产业培育和节能环保协调发展。要发挥中冶包钢包头硅产业龙头的带动作用，引导关联产业向“大、高、精、新”方向发展，向产业基地集聚，提高专业化、协作化水平。

6. 煤化工产业集群。在煤化工产业方面，要积极利用当今世界先进的煤化工技术，项目要做到高起点、高技术、保证技术的领先进位。在引进、利用高新技术基础上，加强技术创新，掌握核心技术，提高中高档产品比重，向高附加值产业集群发展，建立起产业竞争优势。包头市发展新型煤化工产业要因地制宜，学习世界先进经验和技术，按照低碳经济发展模式，加强生态环境保护，形成多元化产品链条，增强自身发展能力和发展后劲。在发展重点上，要适应市场需求，创造名牌产品，增强市场竞争力，确定煤化工在全国及世界化工行业的地位和作用。当前要加快实施神华煤制烯烃及中海油煤化工等项目的实施。发挥龙头企业的带动作用，促进产业集中布局，集约发展。

十、工业产业集群发展的对策

发展产业集群，必须在充分发挥市场配置资源的基础作用的前提下，统筹规划，合理布局，强化政府的宏观规划、引导和促进作用。合理选择和布局重点产业项目，适当的政策引导，将有助于多样化的、有竞争力的产业集群的产生、发展和壮大，并与旗县区经济社会发展高度耦合，放大产业集群的经济效应。

1. 制定包头产业集群发展规划。一是加快编制产业集群发展规划。根据本地特色资源和既有的企业基础，遵循市场规律，制定符合包头市实际的具有良好的前瞻性、地方特色和可操作性的产业集群规划。包头产业集群发展规划应被纳入到国民经济和社会发展规划体系。政府通过城市发展规划、产业区域布局规划、区域基础设施建设、投资等宏观政策，影响和引领产业集群的发展水平和方向，使产业集群发展与包头经济结构调整、产业结构优化和升级、区域经济整体竞争力提升有效结合。通过政策引导，大力发展循环经济，鼓励产业集群向生态化方向发展。在规划中，要特别强调建立区域合作机制，打破地方分割，促进区域分工与协作，构建新型利益分配关系，促进和谐发展。在产业集群政策制定过程中，可以通过产业发展重点项目的选择和布局，来间接引导社会资源集聚到特定区域和部门。二是出台支持产业集群发展的优惠措施。建议市委、市政府出台《关于促进包头市产业集群发展的意见》，对发展产业集群和建立特色工业园区的布局规划、土地使用、税费减免、信贷支持、资金引导等方面进行适度倾斜。旗县区也应根据地方实际，积极出台支持产业集群发展的优惠政策。三是鼓励风险投资和中小企业信用担保业积极介入产业集群发展，引导资金、技术、劳动力、管理等要素向产业集群发展集聚。

2. 做大做强特色产业，实施集群的品牌战略。品牌是企业经济的实力、科技实力和质量水平的综合体现，是产业发展的生命力和核心竞争力。实施产业集群的品牌战略，要坚决贯彻国家产业调整和振兴的各项政策，要以产业集群中的大企业集团为依托，实施企业重组、收购、兼并；构筑总部经济；寻找集群中创品牌的动力源；时时把握产业发展的大趋势。集群中的主导产业一经确定就要围绕主导产业兴龙头，建基地，聚集生产要素，拉长产业链，从而构筑分工明确和联系密切的特色产业群和产业集聚优势。包头将重点发展六大支柱产业，鼓励龙头企业将一些配套件及特定的生产工艺分离出来，形成一批专业化配套企业，提高龙头企业的市内配套率。着力延伸和壮大这些行业的重点产业链。发挥龙头企业的聚集带动效应，逐步衍生或吸引更多相关企业集聚，通过企业之间的聚集效应降低综合成本，增强竞争优势，壮大产业集群。

实施集群的品牌战略，培养集群的品牌优势，更好地发挥集群效应。集群品牌是众多企业品牌精华的浓缩和提炼，更具有广泛持续的品牌效应，对企业发展产生强大动力。打造集群品牌，要建立战略联盟和合作机制，构建区域网络直联互通体系，在信息、技术、知识等方面实现充分共享。

3. 推进产业集群的环境建设。在低碳经济模式下，推进产业集群的环境建设。一是要加强集群发展的硬环境建设和基础设施建设，建立和完善城乡现代化交通网络体系，加大电力、信息、公用设施、生态环境等的建设力度。为本地企业家创业和外地企业家投资创造良好的环境。二是要加强促进集群发展的软环境建设，创造合理的制度环境和良好的政策环境，积极研究制定促进产业集群发展的法律法规、产权保护、金融等公共政策，引导企业、机构聚集，促进产业集群发展。要建立同业商会或企业协会，积极发展中介机构，并充分发挥它们的作用，由商会来协调产业集群内部企业间的关系，加强企业间的合作，促进行业自律，规范行为，共同发展。积极改善中小企业的生存环境，工商、税务等政府监管部门应进一步转变观念，从过去的注重管理逐步走向加强服务，实行“放水养鱼”。三是着力推进集群公共平台建设，完善社会服务体系。各级政府及部门的扶持引导资金应从重点支持少数企业向着力营造集群的公共基础性设施转变，积极构建区域性网络互联互通体系，加强集群区域内共性技术服务平台建设，提供完善的产业配套环境。强化集群整体招商引资活动。四是政府在实行名牌战略的同时，应将培育地区品牌作为一项基础性工作来抓。

4. 加强集群内企业的分工与协作。促使产业集群向规模化、专门化、协作化方向发展。一是扩大产业群规模。加强基础设施建设，积极推动城市化进程，加快生产要素和产业链聚集，增强区域产业自身实力和辐射强度，进一步加速产业集聚，实现规模经济。二是突出地域特色。走具有竞争力的本地特色产业之路，充分利用当地基础条件，真正形成产业集群自身的特色产业和品牌。三是实行专业化分工与合作，拉长产业链条。建立既有专业化分工又相互促进的产业网络体系，提高合作效率，使企业获得双赢，通过聚集经济与乘数效应带动区域内相关产业的发展。

5. 构建以工业园区为载体的产业集群。园区经济是现代工业实现项目集中、产业集聚、用地集约、功能集成的主要载体。以产业集群的理念推进园区的建设，一个园区可以规划一个产业集群，也可以规划多个产业集群。总体上，要打造特色产业园区，按照低碳经济模式进行产业布局，形成园区“专业集成、投资集中、资源集约、效益集聚”的整体优势，吸引更多的相关产业在区内集聚。推动市内企业和招商项目进入园区。立足于可持续发展，适当抬高项目入区门槛，尽量避免引进浪费资源、技术落后的项目，禁止引进污染项目，大力发展科技型、环保型、低消耗、高效益产业，使园区成为低碳经济的示范区。目前，包头已经构建起九大工业园区，以这些工业园区为载体，发展集群产业。

6. 构建区域产业创新体系。就目前困扰包头市不少产业集群中小企业技术升级和技术进步的问题而言，搭建产业共享技术服务平台是当务之急。可以采用政府出资组建、企业牵头与政府资助、行业协会组建、依托龙头企业组建等多种模式，积极吸引国家投资，同时发挥自治区、市、旗县区级政府公共财政作用，重点支持一批与集群共性技术、关键技术需求相适应的，技术集成度高、产业支撑力强的项目，促进科研机构之间、科研机构与高等院校之间的结合和资源集成，促进知识流动、人才培养和科技资源共享，形成各具特色的集群创新合作机制。

加强产业集群内部合作伙伴关系建设，集群内部企业、市场中介机构等参与者之间形成良好的生产、创新网络，共享基础设施、关键性技术平台、中介服务。但是，这种合作伙伴关系的形成不仅是一个漫长的过程，而且有着严格的进入限制——除了必要的投资之外，更需要参与者具有可以获得合作溢出效应的条件，比如一定的知识积累，一定的技能和人才等。在诸多合作中，基于知识和技术共享的合作最为普遍，技术互补或技术互补的参与者可以成立合资企业，也可以与大学和研究所合作。包括研究开发伙伴关系在内的产业合作伙伴关系，能够消除企业技术开发的不确定性、资源障碍、资金阻力等问题，并将知识溢出内在化。对于政府而言，产业合作伙伴关系能够促进资金来源的多样性，以及公共研究开发成果的利用和商业化，扩大社会效益。因此，结合包头产业集群发展需求以及国际技术发展新趋势，促进多层次、多形式的产业合作伙伴关系，将是未来重点加强的一个政策领域。

7. 加快专业市场建设和现代物流业发展步伐。一要遵循“产业推动市场，市场带动产业”的发展规律，规划建设好与产业集群密切结合的具有专业化特色的产业市场。各地要创造条件，围绕特色产业办市场，强化专业市场与特色产业的配套，通过市场建设加速产业集中，为产业发展提供稳定的市场空间。市场的建设与发展要充分利用信息化等先进手段，不断完善市场功能，扩大市场交易规模和辐射半径，建立虚拟信息市场，发挥信息传播作用，进一步促进产业集群的发展。二要积极推进现代物流业的发展步伐。加快制定现代物流业发展的总体规划和产业政策，有的放矢地在交通方便、集散能力强的地区建设一批物流基地。大力培育物流市场主体，加强物流信息系统和物流节点建设。

8. 提高产业集群的技术创新能力。一是采用先进适用技术，加快提升传统产业的装备水平，积极鼓励有条件的企业高起点地引进关键设备和先进技术，广泛应用投资少、见效快的先进适用技术，开发新产品，增加新品种，提高产品附加值，增强产品市场竞争力。二是以市场为导向，鼓励实力雄厚的企业增加研发投入，加大新产品开发力度，实现稳定一代、投产一代、储备一代和研制一代的产品开发链，建立自己的研发中心。三是充分利用市内外的技术资源和智力资源，加快产学研联合步伐，采取各种形式，使企业和科研院所、高等院校，形成互惠互利、风险共担、成果共享的科技开发新机制，把产业技术开发、科研基础设施建设和高校重点学科建设紧密结合起来，加强应用技术开发研究，努力提高科技成果转化率。四是进一步完善鼓励科技创新的政策，发展风险投资，健全和完善资本退出机制，建立创新基地，保护知识产权，大力培育促进科技创新的信息、金融、法律咨询等服务体系，优化创新环境。

培育和发展包头战略性新兴产业的思考

（2010 年 5 月 5 日）

王德山　孙　伟[①]

培育和发展战略性新兴产业，是提升包头市竞争力、掌握未来发展主动权的必然要求，也是激发经济增长的内生动力，实现包头市经济社会全面协调可持续发展的根本途径。随着我国进入后金融危机时代和“十二五”时期的到来，深入研究培育和发展包头特色的战略性新兴产业具有重大而深远的意义。

一、战略性新兴产业的提出

战略性新兴产业是新兴科技和新兴产业的深度融合的产业，它要有重大的科技创新，同时又是一个新兴的产业，它既代表科技创新的重要方向，又能代表产业发展的重要方向。而且因为有战略性这样一个前置，应该能够在将来的经济社会发展中成为有比较大作用的先导性和支柱性产业。

促进战略性新兴产业发展，是一项事关全局和长远的重要任务。党

① 孙伟：（1981 年～　　），女，汉族，河北石家庄人，中冶东方工程技术有限公司工程师。研究方向：钢铁产业技术改造、经济管理与规划。

中央、国务院对发展战略性新兴产业高度重视。

2009 年 9 月，温家宝总理先后主持召开了三次战略性新兴产业发展座谈会，就发展战略性新兴产业问题集思广益，最终确定新能源、节能环保、电动汽车、新材料、新医药、生物育种和信息产业等七大产业为“战略性新兴产业”。

11 月 3 日，温家宝总理在首都科技界大会上讲话强调，战略性新兴产业必须掌握关键核心技术，具有市场需求前景，具备资源能耗低、带动系数大、就业机会多、综合效益好的特征。选择战略性新兴产业的科学依据最重要的有三条：一是产品要有稳定并有发展前景的市场需求；二是要有良好的经济技术效益；三是要能带动一批产业的兴起。

11 月 27 日召开的中央政治局会议明确，未来要着力推动经济结构调整和战略性新兴产业发展，加大用新技术改造和提升传统产业力度，加大研发投入，加大自主创新力度，加快培育战略性新兴产业。

12 月 27 日，温家宝总理在接受新华社记者专访时强调了战略性新兴产业在未来经济发展中的重要性，并称会继续加大投资力度。3 天后，国务院召开常务会议，研究部署进一步做好利用外资五项工作，第一项就是鼓励外资投向新能源、节能环保等战略性新兴产业。

二、国际、国内背景

（一）国际背景

纵观全球每次大的经济危机，都是伴随着科技的新突破，催生新兴产业，形成新的经济增长点。目前，发达国家已把加快培育和发展战略性新兴产业作为应对危机、提振经济、提升国家竞争力的战略选择。各国纷纷加大对科技创新的投入，加快对新兴技术和产业发展的布局，力争通过发展新技术、培育新产业，抢占新一轮经济发展制高点。美国提出，将研发的投入提高到 GDP 的 3% 这一历史最高水平，力图在新能源、基础科学、干细胞研究和航天等领域取得突破；最近又两次提出美国科技的主攻方向，包括节能环保、智慧地球等。欧盟宣布到 2013 年以前将投资1050亿欧元发展绿色经济，保持在绿色技术领域的世界领先地位。英国从高新科技特别是生物制药等方面加强产业竞争的优势。日本重点开发能源和环境技术。俄罗斯提出开发纳米和核能技术。

（二）国内背景

中央关于大力发展战略性新兴产业的决策部署出台后，国家发改委、国资委、工信部、财政部、国家税务总局等部委迅即做出反应，促进相关产业发展的政策、措施相继出台，从计划、财政、税收、金融等方面联手合力助推战略性新兴产业发展。目前，国家发改委正在制定《战略性新兴产业发展规划》，并确定将战略性新兴产业的编制作为“十二五”规划的重要内容。

现在，各省区市的新兴产业项目和发展规划的调研工作已经基本结束，一些省市关于战略性新兴产业的发展规划已经基本形成思路。

厦门市把光电子产业、软件产业、生物与医药产业、科学仪器仪表、新材料、集成电路设计、电力电器、太阳能光伏、工业设计与创意、射频识别系统十项产业作为战略性新兴产业。

青岛市提出了重点培育的四大新兴产业——新能源、新材料、生物医药、节能环保，同时确定了大型风电装备、新型高分子材料、太阳能产品、生物质能沼气工程设备、新型建材、生物医药、医疗器械、海水淡化和综合利用、环保安全技术装备、节能型照明材料等十个优先发展方向。

大连市把数控、光电子、软件、新材料、生物工程作为战略性新兴产业。

宁波市将着力推动新材料、新能源、新光源、软件、医疗设备等战略性新兴产业发展。

深圳市将生物、新能源、互联网三大战略性新兴产业作为未来的支柱产业。

中山市重点发展风电设备制造、LED半导体照明、新能源汽车动力等新兴产业。

烟台市确定发展以核电、风电和太阳能为重点的新能源产业；做大做强新材料产业；加快培育生物制药产业；培植壮大海洋科技产业；鼓励扶持航空航天产业，加快信息化和工业化融合步伐，用信息技术推动传统产业向高端化转型升级。

成都市陆续出台了新能源、新材料、生物医药、环保等新兴产业发展规划，明确了到2012年各产业的发展目标、发展重点、规划布局以及配套政策、资金等保障措施。

南京已经初步形成新能源、新材料、生物医药、环保装备、航空航天、轨道交通装备、先进船舶制造等八个新兴产业。

马鞍山市把软件、动漫及服务外包产业作为战略性新兴产业。

大庆市发展新能源、新材料、新型环保、生物、信息、现代装备制造等六大战略性新兴产业。

惠州市以园区为载体，全力推进招商引资，培育壮大LED光电、新材料、新能源和精细化工等战略性新兴产业。

南通市召开新兴产业发展规划纲要专家咨询会，对新能源、节能环保、智能装备、智能传感等4个新兴产业发展规划进行咨询论证。

三、内蒙古自治区关于发展战略性新兴产业的部署

根据中央大力发展战略性新兴产业的决策部署，内蒙古自治区结合本区的特点提出了培育和发展战略性新兴产业框架。在2010年的自治区政府工作报告中明确提出，大力培育新兴产业。要把发展新兴产业作为调整结构、培育新增长点的重要举措，打造具有本区特色的新兴产业体系。具体包括：

1. 大力发展清洁能源产业。加快千万千瓦风电基地规划和建设，着力解决电网接入等制约风电发展的突出问题。抓好太阳能、生物质能发电项目建设。积极实施煤制天然气、褐煤化学法提质等项目，着力提高煤的清洁利用、综合利用水平。积极发展甲醇下游产品，延伸甲醇产业链，建设清洁能源醇醚基地。

2. 大力发展新材料产业。打造以多晶硅、单晶硅、太阳能电池为主的硅材料产业链，推进百万千瓦光伏产业基地建设。加快发展稀土新材料，发挥包头稀土高新区龙头带动作用，加强稀土原料战略储备和资

源整合，积极研发稀土应用产品。

3. 大力发展装备制造业。突出抓好电力装备机械、煤矿机械、工程机械、电动汽车及其配套产业发展，积极承接先进制造业转移。

4. 大力发展生物和环保产业。加快建设生物发酵产业基地，做大做强生物制药产业，全面推进粉煤灰提取氧化铝等循环经济项目。

四、发展战略性新兴产业的优势和劣势

（一）优势

资源优势：

1. 风能资源。包头地域辽阔、地势平坦、风能富集。初步测算，包头及周边地区风能资源储量 4253.7 万千瓦，技术可开发储量 2767 万千瓦，具备大规模开发风电的资源条件。

2. 太阳能资源。据气象数据显示，包头年日照时数达到 3084～3452 小时，年可利用天数 300～330 天，年总辐射量为 6000～6439 兆焦耳/平方米，相当于 212 万～220 万吨标准煤。包头市太阳能资源丰富且稳定，可开发潜力巨大。

3. 稀土资源。包头稀土储量占全国的 80%，居世界首位，被称为“工业味精”的稀土，广泛应用于风电设备、汽车尾气净化设备、精密仪器制造及国防等领域，直接影响到清洁能源生产。

我国已查明的钍工业储量为 286335 吨（二氧化钍），其中白云鄂博矿储量为 221412 吨，占全国的 77.3%，居世界第二位，为钍资源核能利用提供了资源条件。

4. 硅资源。包头市硅石矿产丰富，现已探明石英石矿产储量 5.7 亿吨，其中土右旗储量 1 亿吨，固阳、达茂地区储量 4.7 亿吨，含二氧化硅 97% 以上，完全可以满足多晶硅生产的原料需求，且开采条件优越，运输便利。

基础优势：

1. 工业园区。目前，全市共有 9 个工业园区，其中：国家级 1 个

(稀土高新区)、自治区级4个(装备制造园区、特钢园区、铝业园区、土右新型园区)、市级4个(九原工业园区、石拐工业园区、兴胜经济开发区、达茂巴润工业园区),为发展战略性新兴产业奠定了产业基础。

2. 科技创新平台。全市科学研究和技术开发机构14个,科学家和工程师1067人。

稀土产业技术创新联盟被列为自治区级产业技术创新联盟,并已列为国家级创新联盟后备名单。

北方奔驰重型汽车产业技术创新战略联盟成立,这是全国重型汽车行业组建的第一个产业技术创新联盟。

包头市企业与中国科学院共建的联合研发机构已组建完成。

中国科学院(以下简称"中科院")研发实验服务基地面向包头开放,中科院在京的13家研究所共15.6亿元的1000多台(套)国内最先进的科研仪器设备面向包头开放。

全市已累计培育创建市级以上创新型试点企业49家,其中国家级1家,自治区级12家,市级36家。同时,组织认定了10个重点自主创新产品和10项节能减排示范技术、7家产学研合作示范企业、4家专利工作示范单位。包钢"西北金属矿产资源综合利用工程研究中心"建成为包头市国家级工程研究中心。

3. 发展基础。包头是连接中国华北、西北的重要交通枢纽和中国西部重要的邮电通讯中心,现已基本形成了铁路、公路、航空综合交通网络。

包头市是内蒙古自治区最大的工业城市和中国西北地区重要的工业基地,形成了以钢铁、铝业、装备制造、电力、稀土、煤化工等优势特色产业为主的门类较为齐全的工业体系。包头拥有包钢、一机集团、北重集团、二〇二厂、包铝集团、中冶集团二冶公司、神华煤化工等中央企业和自治区企业。

全市生产总值2009年达到2168.8亿元,人均生产总值达到12440美元。工业企业共有21894家,其中规模以上工业企业为573家。工业增加值占自治区的比重达到23%以上。这些都为包头打造战略性新兴产业打下了坚实的物质技术基础。

（二）劣势

1. 产业配套程度低。包头市以风电和光伏太阳能为代表的新能源产业缺乏研发能力、产业规模偏小、产业配套方面还存在差距。以稀土材料为代表的新材料产业缺乏产业规划、政策扶持和资金投入，科研和产业化脱节，自主创新不足，高端产品开发滞后。形成产业集聚水平低，企业竞争力不强，产业配套程度低，产业关联度不强，缺乏下游产品和终端成套产品，发展后劲较弱。

2. 发展软环境待完善。主要表现为工业园区的高新技术企业在融资等方面未享受到更为优惠、有利的政策等，园区内的企业在享受各项政策上没有更多的比较优势，从而降低了企业的积极性，也降低了工业园区对企业的凝聚力，优惠政策缺乏配套性，在一定程度上影响了高新技术产业发展的后劲。

3. 项目大而不强。主要表现在工业园区内引进的企业数虽然不少，而且也初步形成了稀土材料、风电设备、多晶硅、铝制品、计算机软件等特色产业，但至今未引进一家世界500强或全国200强之类的龙头和品牌企业来支撑。部分项目投资虽大却缺乏作为产业龙头的实力，对核心产业带动力不强，产业发展缺乏龙头。

五、战略性新兴产业发展的重点

发展包头市特色战略性新兴产业，重点要把握好“战略”和“新兴”两个方面的有机统一。目前，我国确定新能源、节能环保、电动汽车、新材料、新医药、生物育种和信息产业等七大产业作为战略性新兴产业的发展重点。其中，包头市在新能源、新材料、信息网络、高端制造产业多个领域都有好的发展基础，诸多领域有比较优势和发展潜力。战略性新兴产业不能等同于传统产业，但也不能脱离传统产业。我们要立足有利于包头市经济结构调整和发展方式转变，“有所为、有所不为”。包头市战略性新兴产业发展重点应该包括“四大领域十大产业”。

（一）新能源领域

1. 风力发电。目前，包头市已规划建设巴音风场、白云鄂博风场、百灵庙风场、召河风场等 10 个风电场，规划面积 3446 平方公里，总装机容量 1210 万千瓦。

2. 太阳能光伏发电。《包头市太阳能光伏发电规划》提出了在达茂旗、白云矿区、固阳县、土右旗、石拐区五个旗县区重点规划建设 8 个太阳能光伏发电示范电场，力争在“十二五”期末太阳能光伏发电装机达到 130 万千瓦，把包头市建成国家级太阳能光伏发电基地的设想。

3. 钍资源核能发电。随着核电的发展，核燃料需求量的增大，寻找其他可利用的核燃料是十分必要的。钍一直被认为是一种潜在的核能资源，各国在钍资源核能利用方面开展了大量研究开发工作。中国 77% 的钍资源在包头，全国唯一的重水堆元件生产线在包头，钍基燃料元件这一终端产品的产业化技术开发在包头，包头已经具备了钍资源核能利用的资源、生产、科研优势，拥有钍资源核能利用完整的产业链，包头成为国内外钍资源综合利用的主要研发生产基地已经成为可能。

4. 煤化工。以神华包头煤制烯烃项目为龙头，大力发展煤化工和相关产业及深加工产品，不断延伸产业链，建设内蒙古西部规模较大的 PVC 原料、下游产品及相关机具、模具制品的生产和销售中心，实现资源优势向经济优势转化。在转化煤炭，形成甲醇、聚乙烯、聚丙烯、焦炭等方面形成较强的生产能力，基本形成资源优化配置、规模优势明显、产业布局合理、生产链条有效衔接的新型煤化工产业发展格局。

（二）新材料领域

1. 稀土材料。重点发展如下几个产业链：

第一条：氧化钕——→金属钕——→钕铁硼（永磁材料）——→稀土永磁电机、高技术医疗设备、磁选机等。

第二条：混合稀土金属——→稀土储氢合金粉——→镍氢动力电池——→电动自行车、电动汽车等。

第三条：铈的化合物——→稀土抛光粉、汽车尾气净化剂、液晶显示器专用蚀刻剂。

第四条：混合稀土金属——→钢铁及有色金属合金——→稀土钢、稀土铁、稀土铝合金、稀土铜合金——→零部件或器件。

第五条：稀土化合物——→稀土热稳定剂——→稀土工程塑料、改性MC尼龙——→各种管材、管件、机械零件。

第六条：稀土化合物——→稀土新型材料——→稀土功能材料——→应用器件。

2. 硅材料。支持多晶硅生产企业与下游电子元器件生产企业联合，积极打造多晶硅—单晶硅—电子级硅片—电子元器件和太阳能级硅片—太阳能电池和组件等完整的硅材料产业链，形成产业集群和规模效应。

（三）信息网络领域

以内蒙古软件园为载体，发展信息网络新兴产业。主要包括计算机软件开发、网络系统集成、工业自动化控制系统成套、互联网增值服务等，使内蒙古软件园成为自治区信息网络产业发展的聚集区和中心区，起到在自治区软件开发中的示范带动作用。

（四）高端制造业领域

1. 高新技术改造提升的装备制造业。包括非公路矿用车、重型卡（客）车、矿山机械设备、电力机械装备。

2. 风电设备制造、轻型飞机制造、环保设备制造。

3. 核电设备制造。

六、发展战略性新兴产业的几点建议

1. 建立健全战略性新兴产业发展的制度保障。依靠科技创新培育和发展战略性新兴产业，需要有与之相适应的制度保障。根据战略性新兴产业发展的要求，加快建立“以政府为引导，以企业为主体、以市场为导向、产学研相结合”的科技创新体系。健全战略性新兴产业发展中技术创新和成果产业化的法律法规。破除战略性新兴产业发展的体制机制障碍，建立科学的创新考核体制和正确的目标导向。制定和实施战略性新兴产业激励政策，加大财政税收扶持力度，严格落实国家关于促进技术创新等的各项税收优惠政策，设立新兴产业发展专项资金，支持重大产业科技攻关和产业化项目。引导和促进各种生产要素向战略性新兴产业集中和倾斜，激励企业积极发展战略性新兴产业。

2. 大力加强战略型新兴产业载体建设。稀土高新区、装备制造园区、特钢园区、铝业园区、土右新型园区等产业集聚区作为战略性新兴产业发展的重要载体，是未来包头市推进战略性新兴产业发展新的增长点。当前主要是围绕包头市提出的新型工业化的战略布局，不断强化高新区和产业集聚区发展战略性新兴产业的功能。瞄准战略性新兴产业的技术需求，在稀土高新区和产业集聚区布局建设一批科技研发平台和产业化基地。鼓励高新区、产业集聚区与高校、科研院所共建技术研发平台，整合具有共同设备配套需求的技术研发企业，建设经济型特色服务平台；引进专业平台技术服务公司进入高新区和产业集聚区，实行专业化管理，公司化经营，打造专业化服务平台；在完善和提升高新区、产业集聚区创新服务功能的基础上，强化产业孵化功能，为战略性新兴产业发展提供成长条件和发展空间。充分发挥国家级、自治区级高新区在引领战略性新兴产业发展中的集聚、辐射和带动作用，加快推进战略性新兴产业基地建设，促进战略性新兴产业集群发展。

3. 积极推进战略性新兴产业项目建设。围绕国家制定和组织实施战略性新兴产业规划的有利时机，认真谋划、储备一批重大战略性新兴产业项目（如钍资源核能利用、稀土产业与高新技术产业融合等），积极争取国家重大战略性新兴产业项目在包头市布局和落地。加强包头与中国科学院、中国核动力研究院、清华大学等科研院校的科技合作。加强重大科技基础设施、知识创新工程建设，推动新能源、新材料、高端制造业、信息网络、节能环保等重大专项建设。研究制定加快发展战略性新兴产业的总体思路和发展专项规划，围绕包头市确定的重点产业领域，启动一批研发、产业化和市场推广重大专项工程。建立战略性新兴产业重大项目库，加强项目前期工作力度，加大对重点项目的调度和协调，按照动态管理、滚动实施的原则，完善重大项目准入和淘汰机制，适时对重大项目进行调整，确保重大项目及时有效推进。

4. 加快构建战略性新兴产业投融资体系。战略性新兴产业具有高投入、高风险、高收益特征，根据这一特点，积极构建与之相适应的投融资体系。一是发挥政府资金的引导作用。建议设立自治区和包头市战略性新兴产业发展引导资金，围绕战略性新兴产业发展重点，统筹扶持战略性新兴产业关键技术、共性技术研发，加快新兴产业重点领域、重点企业和重点项目的技术改造和技术创新。二是加快风险投资体系建设。创立新兴产业风险投资基金，通过参股、融资担保、跟进投资和风险补助等方式，积极扶持、壮大一批风险投资机构。引导一批国内外著名风险投资基金、私募基金、金融类公司等投资机构来包头拓展风险投资业务。三是优先安排符合条件的战略性新兴产业骨干企业上市。支持科技型中小企业利用主板、中小板和创业板市场上市直接融资。鼓励优质科技型中小企业发行集合债券，利用境内外产权交易市场进行股权融资。引导各金融机构建立适应战略性新兴产业特点的信贷体系和保险、担保联动机制，促进知识产权质押贷款等金融创新，完善担保风险补偿机制。

5. 全面实施战略性新兴产业人才战略。人才是战略性新兴产业发展的最关键要素。要充分发挥市场调节作用，建立健全适应战略性新兴产业发展需要的人才培养机制和人才资源配置体系，创造有利于人才成长和不断创新的政策环境，培养、引进高水平研究开发人才、高技能生产人才和高层次管理人才。鼓励高层次科技领军人才在包头市科研院所和高新技术企业之间任职或兼职。抓住海外人才回归的时机，设立专项资金，加快引进高层次人才。建立健全创业辅导体系，扩大创业辅导覆盖面，培育提升创业者素质和能力。借鉴国内外经验，通过建立“基础科学特别研究员”、“科技特别研究员”等制度，强化产业工人技术培训等措施，加大战略性新兴产业人才培养，为包头市战略性新兴产业发展提供强有力的人才支撑。

6. 努力促进战略性新兴产业国际合作。加强国际合作，是推动包头市战略性新兴产业跨越发展的必由之路。鼓励企业、研发机构和大学走出去，积极参与新兴产业国际合作，与国外有关研究机构建立长期的科研合作关系，重视知识的国际来源。积极借鉴国外在发展战略性新兴产业规划、政策及管理方面的经验，提高包头市战略性新兴产业发展水平。引导和优化外商投资结构，鼓励和引导外商投资包头高新技术产业、现代服务业，发展循环经济、清洁生产以及资源综合利用等产业，支持外资企业来包头设立研发中心。同时，引导包头战略性新兴产业主动参与国际竞争，借助境外资金、技术和资源，提高自身发展水平。

加快发展包头轻工业的战略研究

（2010 年 8 月 20 日）

王德山

轻工业是国民经济发展的重要产业，也是地方工业经济的重要组成部分，承担着繁荣市场、提高人民生活质量、吸纳劳动力就业、积累建设基金，以及解决“三农”和民生问题等重要使命。在新形势下，分析和研究加快发展包头轻工业问题，对于深入贯彻落实科学发展观，转变经济发展方式，调整经济结构，制定和实施好“十二五”规划，推动富裕、文明、和谐包头建设，全面建设小康社会，具有十分重要的现实意义和深远的历史意义。

一、包头轻工业发展现状

包头是典型的重化工业城市。新中国成立以来，经过 61 年的建设，特别是改革开放以来，包头市的重化工业得到迅猛发展、快速扩张，取得了显著成绩，而轻工业在曲折中缓慢发展、蹒跚成长。

1. 初步建立了轻工业生产体系。产品生产门类由解放初期仅涉及的粮油、酿酒、毛皮制革等几个行业发展到 2009 年的农副产品加工、食品制造业、饮料制造业、纺织制造业、羊绒及制造业、造纸及纸制品业、印刷和记录媒介的复制、医药制造业、橡胶制品业、塑料制品业 10 个大类行业。形成了具有初级规模、有地方特色产品的轻工业生产体系。

2. 企业规模不断扩大，经济实力逐步增强。拥有的轻工企业由建国初的十来家（小企业和手工作坊）发展到目前的11273家；轻工业企业的产值规模从1979年的36375万元增至2008年的3557152万元（现价）。

3. 主要产品产能增加，一批产品产量在自治区和中西部地区具有一定影响。其中，2008年机制糖达到1.9万吨、白酒达到6.828万吨、啤酒达到21.18万吨、棉布达到1268万米。

二、当前轻工业发展存在的主要问题

（一）当前存在的主要问题

1. 总量不大，比重偏低。2009年，包头规模以上轻工业增加值284.4亿元，占全市规模以上工业增加值的比重为4.0%，比同期GDP相近的呼和浩特、徐州、济宁、合肥、东营、洛阳等市分别低44.5、28.8、24.0、37.0、13.9和9.0个百分点（见表1）。

表1　2009年有关城市轻工业增加值占工业增加值比重

城市	生产总值（亿元）	工业增加值（亿元）	轻工业增加值（亿元）	轻工业增加值占工业增加值比重（%）
包头	2168.8	904.1	36.4	4.0
呼市	1644.0	395.4	191.8	48.5
徐州	2390.2	1002.3	328.6	32.8
济宁	2279.2	1076.7	301.8	28.0
合肥	2102.1	767.5	314.9	41.0
东营	2076.6	1457.9	260.4	17.9
洛阳	2075.0	830.0	107.7	13.0

资料来源：根据2009年各城市统计公报。

2. 增长方式粗放，产业链条短。包头轻工企业中，资源密集型、劳动密集型企业特别是与农牧业生产联系密切的粗加工行业仍占较大比重，主要产品如成品糖、粮油、乳制品、饮料酒、羊绒制品、纺织、食用调料等多以初级产品为主，精深加工及综合开发利用程度较低，中低端产品多，高附加值产品少。包头出产上等原料皮（牛皮、羊皮），但其制革工业却已萎缩消失。尤其以工业品为原料的轻工业非常薄弱，文教体育用品、化学药品制造、合成纤维制造、日用化学制品、日用玻璃制品、日用金属制品、家具及办公备品、医疗器械制造等工业几乎为空白。

3. 缺少大型强优企业，产业集中度不高。包头轻工业以中小企业为主，区域企业分工协作差、结构分散，规模小。到 2008 年包头轻工业企业虽然有 11273 家，但是大中型轻工企业仅有 14 家（其中有 6 家亏损），年产品销售收入亿元以上的轻工企业寥寥无几，没有一家企业产品销售收入进入全国 100 强。

4. 名牌产品少，产品的市场占有率低。近几年来，包头入围国家级名牌的轻工业产品仅有“草原”牌白砂糖和“鹿王”牌羊绒衫两个。据对呼和浩特、包头、鄂尔多斯等市的大型百货商场、大型超市、连锁店调查，包头自己生产的轻工日用消费品的上架率不到 1%。

5. 企业自主创新能力不强。目前，包头轻工行业企业产学研相结合的技术创新体系尚未形成。轻工企业中，除少数大型企业和企业集团设立有技术科研机构，拥有一定科研能力和先进的技术外，大部分中小企业技术装备水平仍较落后，产品技术含量低，科技实力、创新能力亟待加强。

（二）产生问题的原因

轻工业是包头市工业经济的重要组成部分。与重工业相比，总体来看，包头轻重工业比严重失衡，轻工业发育不足，产值比率低，技术水平差，市场占有率小，轻工业产值占工业总产值比重呈下降态势（见表 2）。

表 2　　包头市轻工业产值占工业总产值比重

年份	工业总产值（万元）	轻工业产值（万元）	轻工业产值占工业总产值比重（%）
1980	182581	42040	23.0
1985	347137	70532	20.3
1990	701769	141943	20.2
1995	2161436	325147	15.0
2000	3727669	873707	23.4
2005	10599499	1904073	18.0
2008	22954939	3557152	15.5

资料来源：根据《包头统计年鉴》(2009 年)。

2008 年，轻工业产值只占工业总产值的 15.5%，轻工业增加值只占工业增加值的 4.0%。增加值占 96% 的重化工业能源消费总量逐年攀升，虽经环境治理、节能减排，但重化工业“三废”排放总量仍然巨大，生态环境承载力日趋严峻。

对于包头来讲，工业化的进程与其轻工业的发展有一定的关系，但关联度不大。一方面，由于包头工业化是建立在国家的重化工业战略基础之上的。新中国成立后的“一五”时期，国家将确保国防安全和加速实现工业化结合在一起考虑，将 156 个国家重点建设项目中的 6 项落户在包头，从而使包头市由一个没有经过轻工业发展阶段、工业化极低的城市一下子变成了一个工业相对发达、工业化水平较高的城市。另一方面，由于国家在包头投资建设的工业项目属于重化工业中的钢铁、军工、有色金属、能源等行业，这些企业大多数产品销往外地，在本地并没有进行深加工，延伸到轻工业。经过 60 年的建设，尤其改革开放 30 多年，尽管从统计数字上分析，包头的工业化水平并不亚于东部沿海城市，并高于全国平均水平，但包头的重化工业与本市的其他行业没有太多的联系，产业的关联度较低，对于包头地方经济的带动作用不够理想。

在 20 世纪五六十年代从内地大城市迁来的一些大中型轻工企业和本地依靠资源优势投资建设的轻工企业，虽然在当时形成一定规模和较强的生产能力，但在改革开放中，或由于体制机制问题，或因为管理无方、经营不善，或因为产品质量低劣、花色品种单一，或因为缺乏研发能力、产品没有竞争力，大多数轻工企业被淘汰出局。

三、加快发展轻工业的重要性和紧迫性

1. 加快发展轻工业，是推动工业化进程的必然要求。一方面，加快发展轻工业有利于加快资本积累，推动工业和经济又好又快发展。轻工业与重工业相比，具有投资少、建设周期短、投资回收快、利润率较高等优点。加快发展轻工业，可以加快资本积累，为工业化建设和经济发展提供更多的资金。另一方面，充分发展轻工业是工业化进程中不可逾越的阶段。在轻工业还没有得到充分发展、资金积累少、经济实力依然薄弱的现阶段，如果过急过度追求重工业的发展，忽视轻工业的发展，单一重工业的发展具有很大的风险性，必将会受到制约，整个工业化将如同跛脚走路，欲速则不达。

2. 加快发展轻工业，是破解“三农三牧”问题的重要途径。首先，加快发展轻工业有利于带动农牧业和农牧区经济发展，推进社会主义新农村新牧区建设。包头轻工业主要以粮油加工、制糖、制酒、液体乳、酿造、食品、羊绒制品、制药等为主，90%以上的轻工企业以农畜产品为主要原料，加快发展轻工业，不仅可以促使大量的农畜产品通过加工转化升值，而且可以促进农牧业产业化经营，从而带动农牧业和农村牧区经济的发展。其次，加快发展轻工业有利于促进农牧区劳动力向非农牧产业转移，增加农牧民收入，推动全面建设小康社会进程。加快发展轻工业特别是发展农畜产品加工企业，大幅提高农畜产品的附加值，不仅可以吸纳大量农牧区富余劳动力向非农牧产业转移，而且可以解决农畜产品“卖难”问题，促进农牧民增收。

3. 加快发展轻工业，有利于推动城镇化进程。包头有三个农牧业旗县，农畜产品加工业及其他非农畜产业发展滞后。同时，城镇化率不高，城乡“二元结构”突出，严重制约了经济社会的发展，大量的人口和劳动力聚集在农村，因非农产业发展规模和城镇规模小而难以转移出来。加快发展轻工业，能将县域的资源优势转化为产品优势，有利于

加快县域经济发展，推进城镇化建设。

4. 加快发展轻工业，有利于促进社会和谐稳定。轻工业大多是劳动密集型产业，就业容量大，对劳动力素质要求相对较低。同时，轻工业产业关联度高，具有较强的向前、向后和旁侧关联能力。因此，加快发展轻工业，增加轻工企业数量、扩大规模，能够创造更多的就业岗位和就业机会。

5. 加快发展轻工业，有利于促进“两型”社会建设。与重工业相比，轻工业具有耗能低、污染排放较少等明显特点，从能源消耗看，轻重工业的比例为11.25∶88.75；从单位增加值能耗看，重工业大约是轻工业的5倍。加快发展轻工业，不仅能更好地解决轻重比严重失衡问题，有利于保障包头“十一五”节能降耗主要目标和任务的全面完成，而且更有利于促进资源节约型和环境友好型社会建设，实现可持续发展。

四、加快发展轻工业的对策和措施

1. 从战略全局的高度，重视加快发展轻工业。在全面贯彻落实科学发展观，构建和谐社会的新时期，要实现包头经济又好又快发展，必须要以新的理念、新的思路来考虑轻工业的发展，从战略和全局的高度来认识来谋划轻工业的发展。

(1) 转变思想观念，调整工业发展思路，实现战略决策从就“重”避“轻”向轻重并举协调发展转变。“九五”期末以来，包头轻工业生产增速持续下滑，比重不断下降，这与我们对轻工业发展重视不够，在指导思想上就“重”避“轻”有直接关系。世界发达国家和我国沿海城市积累的经验表明，充分发展轻工业是工业化进程中不可逾越的阶段。在发展的新时期新阶段，我们要从战略和全局的高度，深刻认识到加快发展轻工业的重要性及紧迫性，抢抓机遇，及时调整发展思路，实现战略决策从就“重”避“轻”，向重轻并举、协调发展的转变，即在着力构筑新型重化工业体系的同时，采取超常措施，奋力加快轻工业发展。

（2）抓紧研究制定轻工业发展战略规划，实施有效的产业政策。要从全国和自治区的视角与长远战略的高度，根据国家宏观经济发展方向、产业政策导向和包头实际，来谋划未来5~10年乃至20年包头轻工业发展的战略定位、发展方向、发展重点和政策措施，制定中长期发展战略规划。制定出台相应的扶持轻工业加快发展的综合配套政策。在投融资政策上倾斜发展，在财税政策上鼓励发展，在土地政策上保障发展，在人才政策上支撑发展。力争通过5~10年的建设，使包头成为中西部地区乃至全国的轻工业大市，再用5~10年时间发展，实现包头由轻工大市向强市转变。

2. 优化轻工产业布局，加快形成各具特色、共同发展的新格局。在“城乡一体化”的框架内，进一步优化包头轻工产业布局，逐步解决旗县区间产业结构雷同和低水平重复建设的问题，避免恶性竞争，形成区域优势互补，合理分工协作的轻工区域产业结构。各旗县区应根据资源、基础、环境等条件，重点发展各具特色的优势轻工产业和轻工产品。

3. 加快建设和培育特色轻工产业园区，构筑经济新的增长极。

（1）加强对特色轻工产业园区建设的规划和指导。按照基础完善、服务高效、产业成链、集约发展的要求，从有利于发挥比较优势出发，高度重视园区的区位选择和布局，认真搞好园区建设规划。根据园区所在地的资源、产业、技术、区位等优势，确立适合本园区的主导和特色产业，明确功能定位和发展重点，加强分类指导。

（2）转换机制，增加投入，加快特色轻工产业园区建设和形成。积极引进外资、民资、信贷资金参与园区基础设施建设，逐步实现由政府管理园区向经营园区转变，由财政投入为主向以社会资金投入为主的多元化投资转变。通过促进园区投入主体的多元化，增加投入，加快园区建设与发展。积极探索以企业为主的园区开发机制，鼓励外来投资者参与园区建设，推行园区经营性项目的市场化运作、企业化管理。

（3）突出重点，集中力量建设和培育一批特色鲜明、产业关联度强、辐射带动能力大的特色轻工产业园区。依托现有大企业、大集团，发挥它们在资金、人才、技术和项目运作方面的优势，充分利用当地资源，高起点、高投入、高标准，建设一批市级特色轻工产业园区，发展具有竞争优势的特色产业。

4. 大力推进实施品牌战略，增强发展竞争优势。

（1）建立品牌发展专项基金，加大对实施品牌战略基金的投入。一是对获得国家级名牌产品、驰名商标和自治区级名牌产品的企业，给予重奖；二是对具备条件的企业和产品，以及企业规划品牌的创立和发展给予有力的资金扶持。通过政府部门的引导和扶持政策来激励企业走品牌发展之路，提升产品的技术含量和竞争水平。

（2）加大市场监管力度，营造品牌成长的良好环境。充分发挥工商、质监、卫生、公安、监察等有关职能部门的作用，加大打假治劣、保护注册商标专用权、查处虚假广告宣传方面的执法力度，严厉打击生产、经销假冒知名品牌的行为，维护企业的合法权益，为品牌产品和企业的发展创造公平合理的竞争环境。

（3）加强舆论宣传，强化品牌形象塑造。引导行业开展企业形象和品牌标识的策划与宣传，加大品牌推介力度。要高度重视企业策划人才的培养，提高企业广告策划水平。充分利用电视、报纸等新闻媒体，加大对品牌的宣传力度，不断扩大产品的知名度和影响度。

5. 强化科技支撑，着力增强企业自主创新能力。

（1）加快以企业为主体的科技创新体系建设，推进技术改造和技术创新。加强企业、高校和科研机构的协作，通过共建实验室、研发中心，以及各类创新平台等途径，促进产学研的合作，建立以企业为主体，以市场为导向，具有轻工行业特色的“产、学、研”相结合的技术创新体系，形成自主创新的基本体制架构。鼓励有条件的企业走出国门与国外有关技术开发机构合建技术中心，合作开展技术公关、产品开发设计、工艺改造等，从整体上提升企业的研发能力和产业技术水平。

（2）制定和实施鼓励企业自主创新的政策措施。引导企业成为科技研发投入主体，实施有利于增强企业自主创新能力的财税、金融和政府采购、技术人才等政策。鼓励和支持企业研究开发高新技术产品，重视对引进技术进行消化吸收再创新，重点支持优势产业的大企业，提高自主创新能力；进一步发展创业投资，为中小企业的技术开发提供贷款贴息和担保，降低中小企业技术开发投入的风险。

6. 全面贯彻落实开放带动战略，大力发展外向型轻工业。充分利用包头区位优势，发挥好包头作为呼包鄂经济圈的核心城市、呼包银经济带的中心城市和中西部地区经济强市的作用，在更大范围、更广领域和更高层次上参与区域城市和国际轻工业技术合作。一是重点扶持外向关联度高的优势企业，积极发展对外贸易，优化出口商品结构，提高出口产品的质量和档次，扩大出口。二是加大开拓俄蒙市场的力度，发展以俄蒙广阔市场需求为目标的轻工产品。加大与俄蒙的合作，实现互利双赢；同时充分利用俄罗斯和蒙古国丰富的自然资源，大力发展以俄蒙为原料供给的加工贸易。三是鼓励和支持有条件的企业和企业集团到境外办厂经商，发展加工贸易，实现从单纯出口商品向国外办厂、进行境外投资的转变。四是广泛深入地开展多形式、多层次、多渠道的招商引资活动，积极引进国外国内资金、先进技术和管理经验，吸引国内外企业来包头投资兴办轻工企业。

包头市物联网产业发展研究

（2010 年 9 月 15 日）

杨春才

物联网是继计算机、互联网和移动通信之后新一轮信息技术革命，是信息产业领域未来竞争的制高点和产业升级的核心驱动力，是加速推进工业化、信息化融合的催化剂。物联网跟电信、广电、互联网三网融合关系紧密。物联网是一个融入互联网的局域网，三网融合为物联网提供了条件，为物联网进入家庭搭建互联奠定了基础，而互联网很可能就是三网融合的归宿，因此，各省市和一些地区已开始统筹部署宽带普及、三网融合、物联网及下一代互联网发展，并将物联网列为战略性新兴产业之一。包头是中西部地区工业大市，具有发展物联网产业的良好基础，发展物联网产业对于全市优化产业结构，转变产业发展方式，加快现代物流业基地建设具有重大意义。

一、发展现状

（一）产业界定与发展意义

物联网是通过射频识别、红外感应器、全球定位系统、激光扫描器等信息传感设备，按约定的协议，把任何物品与互联网连接起来，进行信息交换和通讯，以实现智能化识别、定位、跟踪、监控和管理的一种网络。物联网的概念是在 1999 年提出的，物联网就是“物与物相连接控制的互联网”，有两层意思：一是在互联网基础上的延伸和扩展的网络；二是其用户端延伸和扩展到了任何物品与物品之间，进行信息交换和通讯。其主要特征是通过信息传感设备等方式获取物理世界的各种信息，结合互联网、通信网等网络进行信息传送与交互，采用智能计算技术对信息进行分析处理，从而提高对物质世界的感知能力，实现智能化的决策和控制。

物联网主要由感知层、网络层和应用层组成，其中感知层包括传感器、二维码、RFID（射频识别）、多媒体设备等数据采集和网络系统；网络层包括各种网关和接入网络以及异构网融合、云计算等承载网支撑系统；应用层包括信息管理、业务分析管理、服务管理、目录管理等物联网业务中间件和物联网应用子集系统。物联网产业主要包括围绕整个产业链的硬件、软件、系统集成和运营服务四大领域。

发展物联网，是实现技术自主可控，保障国家安全的迫切需要；是促进产业结构调整，推进两化融合的迫切需要；是发展特色新兴产业，带动经济发展的迫切需要；是提升整体创新能力，建设创新型城市的迫切需要。

（二）国内外发展现状

随着信息采集与智能计算技术的迅速发展和互联网与移动通信网的广泛应用，大规模发展物联网及相关产业的时机日趋成熟，欧美等发达国家将物联网作为未来发展的重要领域。美国将物联网技术列为在经济繁荣和国防安全两方面至关重要的技术，以物联网应用为核心的“智慧地球”计划得到了奥巴马政府的积极回应和支持，其经济刺激方案将投资 110 亿美元用于智能电网及相关项目；欧盟 2009 年 6 月制定并公布了涵盖标准化、研究项目、试点工程、管理机制和国际对话在内的物联网领域十四点行动计划，将物联网上升至区域战略高度；日本将物联网列为国家重点战略之一；韩国出台了《基于 IP 的传感器网基础设施构建基本规划》，将物联网确定为新增长动力。

目前，全球物联网相关的技术标准、应用服务和产业发展还处于起步阶段。ISO/IEC（国际标准化组织及国际电工委员会）在传感器网络、ITU－T（国际电信联盟远程通信标准化组）在泛在网络、ETSI（欧洲电信标准化协会）在物联网、IEEE（美国电气和电子工程师协会）在近距离无线、IETF（互联网工程任务组）在IPv6（下一版本的互联网协议）的应用、3GPP（第三代合作伙伴计划）在M2M（机器与机器）等方面纷纷启动了相关标准研究工作，竞争日益激烈，全球应用主要集中在交通、物流、工业控制、环境监控、智能安防等行业领域，通信运营商纷纷开发M2M业务与应用，面向公众的应用刚刚起步，大多仍处于试验阶段。我国在国家自然科学基金、国家“863”计划、国家科技重大专项等科技计划中已部署物联网相关技术研究。在芯片、通信协议、网络管理、协同处理、智能计算等领域组织开展了技术攻关，并已取得了初步的成果。我国在IEEE短距离无线通信、3GPP移动网络优化、ISO/IEC物联网体系架构标准研究等方面已实现局部突破。国内成立了传感器网络标准工作组、泛在网技术委员会，正在开展传感器网络接口、标识、安全、传感器网络与通信网融合发展、泛在网体系架构等相关技术标准的研究。物联网相关技术在国内交通、物流、灾情监测、环保、医疗等领域已经开展应用，在智能电网、智能安防等方面的应用也开始实施，电信运营商开展了多种M2M业务应用，并积极推进传感器网络与3G移动通信网络的融合。我国已具有了一定的物联网发展基础，但还存在许多问题，主要是缺乏具有自主知识产权的核心技术，产业规模小、分布散、产业链发育不健全，应用水平低、范围窄、用户需求有待培育，标准体系尚未建立等。

（三）包头市发展现状

1. 取得成绩。

（1）信息产业持续增长，在国民经济中的地位日益凸显。与物联网紧密相连的信息产业是包头市“十一五”期间发展最快产业之一，销售收入年均增长率超过30%，是全市工业平均增长速度的一倍，也高于全国平均水平4个百分点。2009年，全市信息化建设投资总额4.7亿元，全市信息产业实现销售收入80.2亿元；全市信息产业增加值为20.19亿元，占全市GDP比重为0.93%。

（2）初步形成了以电子信息企业为主导的产业格局，开始逐步走向集群化。经过“十一五”期间的快速发展，包头市较有规模的电子信息企业有20余家，主要产品有石英晶体电子元件、钕铁硼永磁材料、密闭电池及材料、微特电机、基本电子配电设备、电子铝箔材料等。铝工业生态园区和稀土高新区，依托铝业、电力、稀土等基础资源优势，引进了几个规模较大的电子铝箔项目和稀土钕铁硼永磁材料项目，这是电子信息产业的重要基础原材料，个别项目已经在筹划电子材料的下游电子产品——铝箔电容器、计算机硬盘驱动器等，这对于调整和优化包头市电子产品结构，壮大电子信息产业规模具有重大意义。

（3）一批软件产业项目不断取得新进展，发展势头强劲。包头市稀土高新区的软件园是国家科学技术部命名的“国家火炬软件产业基地”，是唯一的自治区级软件产业园区。2006 年，包头软件园以全市重点企业的物联网建设为核心，通过开发工业控制类软件、企业应用类软件和设备智能化软件等得到较快发展，当年就实现销售收入 12 亿元，拥有自主知识产权的《西部水资源在农业灌溉中的监测与管理 V1.0》和《电力调度监控系统 V1.1》软件，在国际软件博览会上获得金奖。大地动能软件公司研发的“供应链管理信息系统”软件出口新加坡，成为全市唯一的软件出口企业。在各级政府和有关部门的支持、帮助下，全市的软件产业取得了比较满意的成效，从 2001 年软件园建立到现在，入园软件企业从 20 余户发展到 150 多户，软件产业收入年平均增长 50% 以上。

（4）物联网建设稳步推进，经济社会效益日益显现。“十一五”期间，包头市物联网建设取得了长足发展。信息化网络基础设施不断加快，形成了大容量、数字化、覆盖各旗县区和乡镇的光缆网络，移动通信、互联网等信息化终端的普及率和接入率显著提高。以政府门户网站体系建设为龙头的电子政务建设初见成效，各级政府网站逐渐成为推动政务公开，提升服务效率，体察社情，反映民意的平台和纽带。全市统一的覆盖至各乡镇的党政公文与信息交换系统率先在全市开通使用。各行业物联网应用工程稳步推进，国家“金”字号工程不断深入，医保卡、农业信息网和“一站通农业供求信息全国联播系统”等便民、惠民的信息化系统取得了良好的经济效益和社会效益。

2. 存在问题。包头市物联网产业尽管在“十一五”期间实现了较快的发展，但整体上看起步晚、底子薄、规模小、实力弱，产业发展的优势和潜力仍没有得到充分发挥。

（1）放任自流的产业发展模式难以适应产业转移承载地激烈竞争的要求。包头市物联网产业发展长期以来处于自发、无序和放任自流的初始状态，缺乏对产业发展的有效引导和合理规划，产业园区规划、建设、管理和服务水平难以满足承接高水平产业转移的基本要求。

（2）自我滚动的企业发展模式难以适应物联网产业国际化竞争的要求。包头市物联网企业生产规模较小，主要通过自我滚动、自我积累扩大再生产，融资渠道极度匮乏，发展速度慢。同时，现有的产业集群主要是同质化企业在空间上的简单聚集，缺乏专业化产业集群所必需的分工协作体系和研发合作平台，没有出现基于核心技术和产品的产业链延伸态势，不能适应产业国际化竞争的要求。

（3）邮政电信传输及服务一业独大的产业结构难以支撑信息产业的跨越式发展。信息产业是一个包括邮政电信传输及服务业、电子信息产品制造业、软件业等在内的庞大的产业集群。包头市信息产业结构不合理，产品结构单一，产业层次相对较低。信息产业与周边地区的产业协作不够紧密，邮政电信传输及服务业一业独大的产业结构难以支撑包头市信息产业的跨越式发展。

（4）信息化建设仍难以适应国民经济和社会发展的需要。包头市信息化工作的组织、管理体制和推进机制还不健全，全市信息化建设缺乏统一规划，主管部门协调推进力度不强；全市统一的电子政务平台还未真正建立，有限的政府资源难以得到集约化应用；信息资源开发利用的水平较低，教育信息化、旅游信息化、社区信息化、城市管理信息化、环保信息化等关系“数字包头”建设的重要领域的信息化工程急需开展，信息化对工业化的带动作用还没有得到充分发挥。

二、发展思路

（一）指导思想

深入贯彻落实科学发展观，以引领自治区物联网发展为目标，以创新为驱动，以应用为牵引，以企业为主体，抢抓机遇，汇聚各类优势资源，把握产业发展制高点，优化创新创业环境，打造辐射全区的传感网创新示范区。使物联网产业成为包头市经济增长的内生动力，为全面实现经济结构调整、产业升级和城市转型作出贡献。

（二）基本思路

提高创新能力，突破关键技术。加快提高物联网自主创新能力和水平，努力攻克物联网发展核心技术，大力开展物联网国际国内合作，集成国内外先进技术和优势产品，实现原始创新、集成创新、引进吸收再创新的紧密结合，推动物联网产业快速发展。要深刻认识物联网在现代物流业应用的趋势，物联网发展推动着现代物流的变革。随着物联网理念的引入，技术的提升、政策的支持，相信未来物联网将给现代物流业带来革命性的变化。

加强政策扶持，促进产业发展。推动物联网自主创新和科技成果转化，促进物联网产业快速发展。充分发挥政府在物联网产业发展初期的引导和推动作用，加大各级财税、金融、人才、土地等政策扶持力度，鼓励企业研发创新、产品创新和服务创新，提升我市物联网产业的核心竞争力和可持续发展能力。

统筹规划协调，形成推进合力。依据国家有关物联网发展战略和自治区物联网产业发展规划纲要，结合包头实际，科学制定我市发展物联网的各种规划、计划，加强统筹协调，明确分工协助，形成全市推进物联网发展的合力。

（三）发展目标

力争在“十二五”期末基本建成集技术创新、产业化和市场应用于一体，结构合理、重点突出的物联网产业体系，将包头市建设成为具有一定创新力的物联网技术创新核心区、具有自治区竞争力的物联网产业发展集聚区、具有国内影响力的物联网应用示范先导区，努力成为掌握物联网关键技术、产业规模化发展和广泛应用的先导市、示范市，积极引领自治区物联网产业快速发展与应用。

一是具有一定创新力的技术创新核心区：吸引一批物联网领域的高等院校、科研院所落户，攻克一批物联网发展关键技术，产生一批物联网创新成果，形成一批物联网领域行业标准，构建一个政产学研用相结合的科技创新体系。

二是具有自治区竞争力的产业发展集聚区：引进一批具有国内影响力的物联网创新型企业，培育一批具有国内竞争力的物联网骨干企业，推动一批自主创新成果产业化，形成以龙头企业带动、区域协同发展的良好态势，打造具有较强竞争力的物联网产业集群。

三是具有自治区影响力的应用示范先导区：创新以物联网应用示范为牵引的发展方式，探索物联网规模应用的商业模式，形成一批具有推广价值的物联网示范工程，加快实现物联网应用示范的产业化步伐。

1. 产业规模。到2015年，初步形成包头国家传感网创新示范区的空间布局和功能定位，在新型传感器、核心芯片、系统集成、应用软件开发、网络运营和信息服务等领域集聚具有较大规模的各类物联网企业，形成具备较强竞争力的产业集群。培育一批物联网上市企业，形成一批销售额超亿元的物联网龙头企业，孵化一批具备较强竞争力的物联网创新型中小企业。到2020年，基本建成国家传感网创新示范区，示范区内协同发展物联网产业的态势进一步形成和扩大，培育一批具有国内竞争力的物联网骨干企业和具有持续创新能力的物联网科技型中小企业，形成具备较强国内竞争力的物联网产业集群。

2. 技术水平。到2015年，建成引领自治区物联网技术创新、标准制定和示范应用的物联网研究发展中心、传感网创新研发中心、包头物联网产业研究院等科研机构，集聚一批科研机构与研发中心，攻克一批物联网关键技术，形成具有物联网核心技术的重大创新产品系列。在自治区物联网相关标准制定中发挥主导和关键作用。到2020年，区内外物联网研发资源在包头传感网创新示范区进一步聚集，将包头市打造成为物联网领域的重要技术策源地和知名的物联网创新中心，基本形成完善的、具有自主知识产权的物联网标准体系和专利池，确保物联网产业发展自主可控，并具有明显的国内竞争力。

3. 人才队伍。到2015年，引进和培养一批物联网领军人才，初步显现物联网产业发展与人才集聚的联动效应。

到2020年，聚集一批物联网技术和产业领域顶尖人才，使包头市成为自治区及中西部地区一流的物联网人才高地。

4. 应用示范。到 2015 年，以相对成熟的物联网应用领域和项目为切入点，基本建成全市感知电力、感知交通、感知物流、感知环保、感知医疗、感知水利、感知工业、感知农牧业、感知家居、感知安保、感知园区等应用示范工程，加快推进行业和领域信息化进程。

到 2020 年，在全面建成全市感知系列应用示范工程的基础上，大规模推广成熟的物联网行业应用和公众应用，初步将包头市打造成为自治区及中西部地区有影响力的物联网应用先行区。

三、发展重点

（一）发展重点

1. 以装备制造业物联网产业为切入点，做大做强物联网装备制造业。

2. 以物联网技术应用为切入点，加速发展物联网软件与信息产业和服务产业。

3. 推动行业物联网技术的跨行业应用，促进形成新的产业形态。

4. 增加物联网基础设施投入，加快推进三网融合，推进包头市 RFID 公共网络系统的建设，加强无线覆盖工程建设。

5. 推进大气和环境传感器应用技术，推进 RFID 应用技术，推进工业传感器应用技术。

6. 重点在交通运输和物流业、工业企业、公共事业、农牧业、旅游业领域应用物联网技术。

7. 加强信息资源开发利用，支持物联网信息运营业的发展，加快现代物流业基地建设。

8. 加快完善物联网产业链，提高物联网企业的根植能力。

9. 以核心技术为切入点，制定具有自主知识产权的物联网标准体系，推进传统物联网的应用，促进传统产业改造升级。

10. 强化物联网应用体系架构研究。依托现有的科技力量，在规划中建设一批技术应用研发中心。

（二）12个重点项目

包头市物联网产业规划中的12项工程：一是产业园区，主要是物联网装备制造业产业园，包头物联网软件和信息服务产业园。二是装备制造业物联网技术服务基地建设工程。三是物联网信息运营中心项目建设工程，物联网信息交互和运营中心，各类行业物流信息平台。四是集成电路生产线引进工程。五是下一代宽带网络建设工程。六是市区一体化交通物流RFID公共传感网络工程。七是重点领域物联网应用工程。八是政府物联网应用工程。九是农村牧区物联网应用示范工程。十是“感知包头”信息资源建设工程。十一是物联网标准制定工程。十二是物联网人才培养工程。

（三）大力培育物联网产业

以市场为导向，充分利用物联网产业爆发力强、关联度大、应用范围广的特点，以应用为突破和带动，强化商业模式，按照产业关联度大小，重点培育和发展物联网核心产业、支撑产业和带动产业三大重点产业领域。

1. 物联网核心产业。在“共性平台+应用子集”架构下，重点发展与物联网产业链紧密相关的硬件、软件、系统集成和运营与服务四大核心领域，着力打造各类传感器、新型传感网芯片设计、制造和封装、软件/中间件、系统集成、网络服务、内容服务、物联网技术应用等产业，加快形成物联网核心产品及高端服务的产业集群。

2. 物联网支撑产业。积极培育、扶持和引进微纳器件、集成电路、通信设备、微能源、新材料、计算机、软件等物联网产业发展所必需的支撑产业。

3. 物联网带动产业。利用物联网大规模产业化和应用对先进制造业、现代服务业和传统产业带来的根本变革，重点推进带动效应大的现代装备制造业、现代农牧业、现代服务业、消费电子、交通运输及其他传统产业改造升级和发展。

（四）全力推广物联网应用

面向重点领域，先期在交通、物流、工业、农牧业、电力、环保、水利、医疗、安保、家居、园区等领域建设物联网应用示范工程，为物联网的应用创新和产业发展提供市场环境，培育完整的市场应用服务体系。积极参与国家和自治区的物联网应用示范项目建设。在示范先行的基础上逐步开展应用推广，有计划、有步骤地将包头市建设成为“感知包头”战略应用示范先导区。

1. 建设感知物流、感知工业、感知牧农业等物联网示范工程。以提升工农业生产运行效率、改善管理精细程度为目的，推动物联网在物流及工农业生产中的应用创新。重点在仓储物流管理及工业生产流程监测与农业精细化管理等领域开展示范，并逐步向采购、生产、管理、仓储、物流和销售等环节扩展，研究建设物流、工业和农牧业的物联网应用示范工程。

2. 建设感知电力、感知交通、感知环保、感知水利等物联网示范工程。以提升经济社会建设保障能力、资源利用效率和环境保护水平为目的，围绕电力电网智能管理、交通运输管理、环境监测保护、水情水文水质监测等方面，研究建设电力、交通、环保和水利的物联网应用示范工程。

3. 建设感知医疗、感知安保、感知家居、感知园区等物联网示范工程。以提升人民生活水平和建设幸福、和谐、宜居的包头为目的，以物联网及三网融合应用为突破口，研究建设医疗、安保、家居和园区的物联网应用示范工程。

（五）努力搭建物联网平台

采取引进、合作、培育等方式，快速集聚一批国家、省、市物联网领域高层次科研力量和研发机构，按照统一规划、市场运作、鼓励企业参与的原则，建立健全物联网技术创新和产业发展所需的各级各类服务平台，协调发展各平台的优势。

1. 建设物联网技术研发和产业化平台。依托在包头的物联网研发机构和企业，建设国家级物联网研发和工程中心，研制配套成熟的新技术、新工艺、新装备和新产品，推进重大科技成果的工程化。建设一批多形式、高水平的物联网产品和服务研发单位，形成以市场为导向、以企业为主体的产业研发体系。鼓励和支持电信、广电和电力系统在包头设立物联网研发机构，开展3G网络、广电网、电网与物联网融合的关键技术研究、产业化和市场应用。

2. 建设物联网公共技术服务和中介服务平台。围绕企业技术创新共性需求，建设集研发、中试、小批量生产和测试于一体，国内领先的物联网公共技术服务平台、公共测试服务平台、综合信息咨询服务平台。建设完善科技投融资、产学研合作、成果转化、信息共享、政策咨询、市场推介、知识产权、人才培训、综合配套等功能齐全的公共服务平台。

3. 建设物联网技术标准及知识产权服务平台。推进接口、服务、架构、协议、安全、标识等物联网领域标准化工作。建设标准验证、测试和仿真等服务平台，建立物联网知识产权服务平台，开展知识产权预警等工作。

4. 建设物联网学科体系和人才服务平台。在相关高校加快物联网发展所需学科专业建设，促进学科资源整合，扩大学位点布局和研究生培养规模；建设物联网大学科技园，促进优势学科资源汇聚。开展物联网相关各类技术人才培训，加快培养物联网学科带头人和产业人才。全面整合各级各类人才引进计划，加大“高层次创新创业人才引进计划”和“引进领军型海外留学归国创业人才”等招才引智和人才培养计划在物联网方面的实施力度，大力引进物联网海内外高层次创新创业人才和团队，加快集聚国内外物联网高端人才资源。

5. 建设物联网投资融资服务平台。充分发挥政府的引导、协调作用，有效引导金融机构增加对物联网产业的信贷资金投入，搭建银企资金供需服务平台，加强银企之间的相互沟通，建立协调发展和良性互动的银企关系。鼓励物联网企业通过资产重组、收购、兼并和境内外上市加速扩张。鼓励和引导在示范区内设立物联网产业投资基金、企业发展担保资金、投资发展风险补偿基金。

（六）尽力集聚物联网企业

通过优化人才、资本、政策和服务环境，加快集聚物联网企业，鼓励建立物联网产业联盟，培育具有持续创新能力和完整配套能力的企业集群。

1. 做强、做大龙头企业。通过项目承接、资本运作、战略联盟和品牌塑造等途径，着力培育具有核心创新能力的物联网龙头企业；鼓励和扶持比较优势明显的物联网企业，通过技术创新、规模扩张和并购重组等路线，逐步成为竞争力高、带动性强的龙头企业。

2. 加快引进优势企业。加快引进一批拥有技术优势、品牌优势和市场优势的国内外知名物联网企业，通过战略重组、技术转让和协作配套等方式与上下游企业建立紧密合作关系，成为推动物联网产业快速发展的中坚力量。

3. 孵化培育中小企业。强化人才、技术、风险资本等创新要素的有机融合，打造创新能力持续、发展动力强劲的科技型中小企业，迅速形成一大批“专、精、特、新”的物联网产业中小型企业。

4. 鼓励推进现有企业转型。鼓励本地软件企业和传统企业发挥资本、人才和市场的优势，积极转型为物联网企业，培育物联网产业新的业务增长点。

四、发展布局

以稀土高新区为高端研发区，加快发展包头软件园，重点打造物联网关键技术研发和产业孵化基地，形成覆盖物联网核心技术领域和产业标准的科技创新体系；重点打造物联网产品制造基地和技术成果转化中心，形成物联网产品开发公共服务平台和生产制造基地。

（一）大力扶持电子信息产品制造业

以开发与生产稀土类等特色电子信息产品为方向，以建立“基地型”企业、实现产业化经营为目标，以发展壮大包头物联网产业宗旨，形成“三个基地、一个集团”，努力提高电子信息产品制造业在整体物联网产业中的份额，为包头物联网产业发展作出贡献。

坚持扶优扶强的原则，重点扶持若干优势企业，使其上规模、上水平，力争形成在国内有一定影响力的稀土永磁电机、镍氢动力电池、石英晶体谐振器生产基地。对于电子元器件行业，在条件成熟的情况下，整合该行业优良企业、优良资产、优良产品，构建以产品为纽带，产权清晰、权责明确的电子信息产业集团，形成规模优势，提升包头市电子制造业的整体实力，扩大其对全市经济发展的贡献份额。并针对现有的较为可行的建设项目，如新宏大公司与包头华资电子科技有限公司的“SMD贴面谐振器”项目，加大扶持力度，在政策上，特别是在前期建设资金的投入上给予支持，形成能够适应市场需求的、具有长期发展潜力和优势的良好产品结构，保持包头市电子信息产品制造业持续、快速发展。

同时积极扶持新产品开发，争创几个名牌拳头产品。大力引进外资，积极争取大的跨国公司能与包头市企业合作建立物联网研究发展中心、传感网创新研发中心和关键零部件生产基地，建立健全产业联盟；积极推进网络通信、信息处理、传感器接口、信息安全等环节标准制定，形成标准化的共性技术库与专利池；提升包头市研发和制造的实力。

（二）创造条件发展软件业

包头软件园作为国家级软件园，近年来保持了良好的发展态势，发展环境与服务手段优良，入园企业数、从业人员数、企业的经济规模与实力都有了较大发展，发展势头与发展前景非常好。为此，要以包头软件园作为软件产业发展基地，进一步优化环境，完善服务，加快实现产业化的发展步伐。要大力扶持新联公司，促使其成为软件业的龙头企业，带动包头市软件业的发展。同时要积极培养亨达海天、金铭公司、口岸公司等软件企业为包头市的骨干企业，促使其加速发展。要积极探索包头市软件企业横向联合的路子和方式，重点支持城市安防、智能医疗、智能交通、环境监测、电力管理、智能工业等物联网应用的嵌入式控制器和嵌入式应用软件开发，为全市物联网产业“应用子集”发展提供全面的软件技术及产品支撑。大力培育、引进物联网产业发展所需的金融、保险、物流、电讯、信息、服务、中介、认证、业务咨询和工程监理等机构以及跨国企业的地区总部、研发中心、结算中心和分销中心，大力发展物联网总部经济和应用服务增值业务。要尝试强强联合，优势互补，在组建集团与上市融资方面加以引导与支持，做大做强包头市的软件业，使软件业真正成为包头市物联网产业发展的重要支柱。

（三）积极培育物联网支撑区

全市各旗县区都要立足现有产业基础，为全市物联网产业发展提供配套、支撑和服务，走特色化发展路线，在大力提升服务于物联网核心产业和支撑产业配套能力的同时，积极向物联网核心产业和支撑产业拓展，做大、做强全市的物联网产业链，形成分工合理、特色明显、优势互补、互动共赢的全市物联网产业发展格局。大力推动物联网的应用，特别是促进物联网带动现代物流业、现代装备制造业等产业发展，稳步推进传统产业改造升级。

五、政策措施

1. 实施扶持政策。研究制定和认真实施包头市包括财政、土地、税收、政府采购、人才等方面的物联网扶持政策。在财政资金安排上，市和各旗县区要创新财政投入新模式，重点在物联网规划、平台建设、应用示范、人才培养等方面加大投入。在符合国家、自治区、市用地政策的前提下，优先安排物联网产业重点建设项目用地。将物联网产品和示范工程列入政府采购目录，使用财政性资金采购时优先购买，依托“无线城市”、行业应用、两化融合等重大项目，加大采购力度。

2. 鼓励创新创业。加大对物联网企业自主创新、自主品牌培育和超常规发展的引导和支持力度，通过政府直接投入、财政补贴、贷款贴息、落实税收优惠政策等多种方式，鼓励物联网企业加大研发投入、专利申报、品牌创建、标准制定和规模发展。对市级以上物联网重点项目和发明专利获得企业给予必要的资金支持、经费补助和奖励，对通过市级以上技术中心认定的企业，对参与行业标准制定的市内主要企事业单位，对获得自治区级以上品牌的企业给予奖励。

3. 拓宽融资渠道。建立政府与金融机构沟通协调机制，搭建银企对接合作平台，积极向金融机构推介包头市重点发展的物联网产业项目，促进金融机构加大对物联网企业的信贷支持力度。优先支持物联网企业在境内外上市、发行债券、短期融资券、中期票据以及上市公司再融资。引导和鼓励条件成熟的物联网骨干企业通过资产重组、收购、兼并和境内外上市，做大做强。加强政府性创业投资引导基金对物联网产业发展的投资引导，鼓励设立创业投资机构和产业投资基金，吸引国内外风险投资及社会资金投向物联网产业，创造有利于创新型中小企业成长的融资环境。

4. 强化人才培养。加大对物联网领域重点学科的支持力度，鼓励和支持包头市大专院校开设相关专业，扩大学位点布局和人才培养规模。积极吸引海内外高层次人才来包头市进行物联网成果转化或创办物联网成长型企业。对掌握核心技术、高层管理及复合型等物联网高端人才在住房、子女教育、职业规划等方面给予优惠。建立研发集聚、产业集聚带动人才集聚的机制。

六、保障机制

1. 加强组织领导。建立包头市物联网领导小组，定期不定期召开专题会议，通报、协调、研究、解决物联网发展中的各种问题，加强指导和督促检查，充分发挥统筹、协调、检查、服务作用。依托包头市现有或已引进的科技创新专家资源，搭建全市物联网发展咨询决策智囊团，为全市物联网发展决策咨询。充分发挥各旗县区和各部门的工作积极性，建立工作责任体系，进一步明确物联网工作职责，举全市之力推进物联网工作。

2. 密切协调沟通。加强与国家和自治区有关单位的沟通和联系，争取得到各有关行业主管部门的关心、指导、认可和支持。进一步密切市各有关部门与各有关物联网园区的联系，及时有效地解决专业化园区建设、技术发展、标准制定、应用示范等物联网发展中的突出矛盾和问题。

3. 注重规划引导。加强物联网产业重点领域专项规划的研究、编制、实施工作，强化对物联网产业发展的具体指导。重点地区要紧密结合实际，抓紧制定物联网产业发展规划和具体实施方案，引导物联网产业健康发展。对技术先进、优势明显、带动和支撑作用强的重大项目，坚持先规划、后建设的原则，及时纳入全市重点项目规划和年度实施计划，确保项目的有效实施。

4. 优化服务环境。优化服务工作流程，大力宣传政策规划，及时发布产业发展信息，加快项目审批进度。建立健全中介服务体系，充分发挥桥梁和纽带作用，大力发展技术评估、技术咨询、技术服务、技术转移、专利代理、科技信息、投融资、人才培养、法律服务等各类中介组织，积极搭建产业发展与交流平台，促进企业之间的交流与合作，形成完整的服务保障体系，为企业提供便捷高效的服务。

5. 推进重大项目。组织实施一批物联网应用示范项目和重大产业项目，采用“自下而上报项目，自上而下定项目”的建设理念，通过政府首购确定研发和建设单位，抓住行业重点领域，逐个突破，形成“建成一个示范、形成一项标准”的建设模式。建立和完善物联网项目的联系制度、例会制度、通报制度、督查制度、分级协调制度。建立并逐步完善物联网产业投资数据平台，实现投资信息资源共享。

6. 加强宣传推广。建设物联网网站，编辑出版物联网刊物，普及物联网知识，宣传物联网作用。加强物联网国内外交流与合作，扩大包头市在物联网领域的影响。

包头发展新材料产业的基本思路

（2010 年 9 月 15 日）

王德山　孙　伟

新材料产业已被公认为是 21 世纪最具发展潜力并对未来发展有着显著影响的高新技术产业之一，不仅被国家列为战略性新兴产业，而且被认为是所有战略性新兴产业发展的基石。包头作为闻名于世的稀土之都，如何加快培育和发展新材料产业链，如何加快促使包头从原料大市向材料强市的转变，为抢占后金融危机时期经济科技竞争制高点提供重要物质保障，是我们必须思考和解决的重大课题。

一、新材料产业发展的基本概况

1. 稀土资源。包头白云鄂博矿是世界罕见的多元素共生矿，已探明白云鄂博矿含有铁、稀土、铌、钽、钾、钠、钍、氟、磷、锰等 71 种化学元素 167 种矿物，成分复杂，且嵌布粒度很细。关于稀土资源储量，目前国内常引用的数据是，世界已探明稀土工业储量为 1 亿吨，中国为 5200 万吨，占世界的 50% 以上，其中白云鄂博矿为 4350 万吨，占中国的 83.7%。另外，铌和钍资源也非常丰富，储量均居世界第二位。

2. 硅石资源。包头地区及周边的硅石资源丰富，二氧化硅品位很高，硅石资源达 4.5 亿吨，品位均在 98% 以上，相当部分达到 99%。包头市固阳县、土右旗、达茂旗等地有储量丰富的品位在 99.3% 以上的硅石矿。同时，包头周边的乌拉特前期、武川县境内也有同类硅石矿。距包头市区运距约为80公里~150公里。现在硅原料非常紧张。而包头硅矿资源品位在99.3%以上的硅石储量约有1.5亿吨，包头高品位硅石矿资源非常丰富，且大部分尚未开采，完全能够保证化学级工业硅、单晶硅、多晶硅、光伏电池的原料需求。大力发展硅产业是可行的也是必要的。

3. 发展现状。包头地区拥有数十家以新材料研究为主体的科研机构，其中拥有国家级企业技术中心和工程中心5家，拥有自治区级企业技术中心、工程中心、研发中心33家，拥有包头市级企业技术中心和工程中心31家。最具代表性的是：

包头稀土研究院。成立于1963年，它是以包头白云鄂博多金属共生矿综合开发利用为宗旨，以稀土选矿、稀土冶金分离提取、新型稀土功能材料及器件的开发应用等为研究重点的综合性稀土研究开发机构。是目前国内最大的稀土研究开发基地。目前乃至今后相当长一段时间内它的主要任务是培育稀土高新技术和应用技术，向产业化发展。

包钢技术中心。2001年5月获得中国实验室国家认可委员会颁发的国家认可实验室证书，是承担包钢技术攻关的重要部门。其职责是突出科研，以新产品开发为核心，以技术创新为先导，负责新产品、新技术、新工艺、新材料的研发，科研成果转化及对外技术交流与合作和重大技术决策咨询、质量管理等，为包钢的发展战略和规划提供重要的技术支持。

中国兵器工业第五二研究所。是国家确立的一类国防骨干研究所。目前已发展成为一个综合性的材料与工艺研究所，主要从事黑色材料、复合材料、陶瓷材料、特种功能材料、粉末冶金材料、稀土材料等以及与之相配套的基础理论、工艺技术、工程力学、分析检测、模拟实验技术、表面防腐工程技术的应用研究和开发，共获得各类科研成果700多项。

中国核工业集团公司二〇二厂。是我国最早建成的核燃料元件、核材料开发、研制和生产的大型骨干企业和重要军工科研生产基地，为我国核工业的发展作出了突出贡献。现已建立了以金属材料研究、反应堆元件研制、核材料开发为主的科研体系，拥有化工、冶金、分析、检测、机械加工等多学科的先进科研生产设施，建有部级重点实验室核国家级理化检测中心。已建成国家唯一的年产200吨candu6型重水堆核电站燃料元件生产线，为秦山第三核电有限公司提供核燃料组件。已建成的年产400吨铀的压水堆核电燃料元件生产线，将满足我国新建核电站对核燃料元件的需要。

内蒙古科技大学稀土及铌资源重点实验室。是省部共建教育部重点实验室，主要以白云鄂博矿稀土及铌资源为主要研究对象，立足国内外科学研究发展前沿，以现代高科技为手段，对白云鄂博矿稀土及铌资源进行绿色提取与高效利用，同时积极研究开发高性能稀土功能材料、稀土功能助剂和稀土金属材料等，推进研究成果的产业化。本实验室现有四个稳定的研究方向：白云鄂博矿稀土及铌资源的绿色提取与高效利用、高性能稀土功能材料研究、稀土功能助剂开发研究、稀土在金属材料中的高效利用。

据不完全统计，包头新材料企业约数十家，从事新材料产业的领域涉足在电子信息材料、特种金属材料、环境材料与能源材料、高性能结构材料和建材及建筑用特种新材料等领域。在各个领域中又以稀土功能材料和新型金属材料两类为主。经过多年的发展，目前已经产生了一批在国内具有一定影响的企业集团。如包钢（集团）公司、一机集团公司、北方重工集团公司、包铝集团公司、东方希望包头稀土铝业有限公司、包头华业特钢集团、神华包头煤制烯烃生产基地等。

包头地区已逐步形成新材料基础研究、开发、产业化三个层次的发展格局。

4. 发展新材料产业所具备的优势。目前，包头已经形成了以稀土冶炼及应用、黑色冶金、装备制造、有色金属、化工等行业为主的门类较为齐全的工业体系，其结构齐全、综合配套设施完善。为适应包头经济发展的要求，正在向高技术、高性能、高附加值新材料产业转移，为发展包头新材料产业提供了物质基础。随着国民经济的不断发展和国防建设的不断加强，各行各业对新材料都提出了新的需求，特别是国家的新能源、节能环保、电动汽车、电子信息、生物新医药、生物育种等产业都是新材料应用的支撑领域，为包头发展新材料产业提供了广阔的市场。

5. 包头新材料产业发展的主要差距。从目前的情况看，包头在发展新材料产业方面距离市场的实际需要还存在着一定的距离，主要是：目前白云鄂博矿除了铁资源得到充分利用以外，稀土的利用率仅为10%，而铌和放射性元素钍的利用率为零，造成了严重的资源浪费和环境污染。

材料产业的发展缺乏统筹规划，产业发展的技术政策、经济政策和市场政策等不够配套完善。这种支持指导的不足，造成新材料领域投资分散，难以形成拳头。研究机构与生产企业之间信息闭塞，缺乏有效联系，材料的生产与应用之间未建立起有效的结合机制，使新材料推广乏力，生产难上规模，新材料产业上游、下游脱节。

二、构筑包头新材料产业发展的基本思路

1. 总量发展目标。“十二五”期间，包头新材料产业将发展重点放在稀土材料（具体包括：稀土永磁材料、稀土发光材料、稀土储氢材料、稀土抛光材料、稀土催化材料）、新型钢铁材料、新型有色合金材料、新型化工材料、钍基核燃料元器件材料、新型光伏材料等6个领域。新材料产业增加值占工业增加值的比重要有较大的提高，产品总体水平达到国内领先水平，70%以上成为国内名牌产品。

2. 构筑包头新材料产业六大基地。积极培育包头新材料产业多元化、多格局的创新体系及应用体系，通过实现传统材料产业调整与新材料产业发展相互融合渗透，巩固包头已有的新材料产业优势。重点构筑新材料产业六大基地：

（1）稀土功能材料产业基地。以包钢稀土为龙头，以包头稀土高新技术开发区为平台，包头稀土功能材料呈现良好发展势头。包钢稀土公司钕铁硼项目在包头国家稀土高新区动工，项目建成后，钕铁硼年产能将达到2万吨，占到全国的近1/4，并能实现包头稀土镨钕产品80%在当地转化；辽宁鑫普年产4000吨稀土储氢材料项目进入稀土高新区，2010年后包头国家稀土高新区储氢材料年产能将达到8500吨，届时会占到全国的1/4，可实现包头稀土原产混合稀土金属产能35%的就地转化。包头天骄清美稀土抛光粉公司扩建5000吨高性能抛光粉项目、包

头华星稀土科技公司1500吨稀土抛光粉项目、包头宏博科技公司的1000吨稀土抛光粉项目，在2010年后稀土抛光粉产能将突破1万吨，届时稀土抛光粉可占到全国产量的50%以上。近年来，包钢稀土积极推进稀土行业联合重组，向下延伸产业链，选择磁性材料、发光材料、抛光材料、储氢材料等领域为发展方向，打算在2010年实现四大功能材料规模全国第一的目标。稀土功能材料产业基地在包头已经初步形成。

（2）新型钢铁材料产业基地。稀土、铌作为重要的微合金元素，对改善钢的性能有着重要的作用。包头白云鄂博矿中稀土及铌储量丰富，多年来，国内大量的科技人员致力于稀土钢、铌钢方面的研究开发工作，取得了较为显著的成绩，开发出了诸如09CuPTiRE、16MnNb、30MnNbRE等许多性能优良的钢种。但与整个钢铁行业的发展相比，稀土钢、铌钢的开发还是相对落后。稀土钢的产量近几年来却一直徘徊在100万吨的水平；铌资源选冶关键技术仍未得到彻底的突破，致使我国铌钢开发中所用铌资源长期依靠进口，受控于人。因此，要加快稀土钢、铌钢的开发步伐，使稀土、铌的资源优势变为品种优势、经济优势，早日建成新型稀土系列和铌系列钢铁材料产业基地。

（3）新型有色合金材料产业基地。包头拥有两家大型铝冶炼企业、一家中等规模铝型材加工企业、一家年产100万只汽车轮毂合资企业及一家汽车内燃机配件厂。现已形成年产100万吨电解铝的产能，在包头地区发展铝产业具有能源和资源优势，潜力巨大。在交通运输、核工业、食品包装、散热器、电子、发光材料等领域延伸铝产业链条。

目前，包头铝业（集团）形成了以优质A356合金、大截面挤压圆棒、稀土电工圆铝杆、大板锭等加工产品为核心的数条精品生产线。其高附加值产品合金铝及稀土电工圆铝杆占全部铝系列产能的78%以上，居自治区及同行业首位，成为中国最大的合金铝生产线基地。东方希望铝业目前以原铝生产为主，其主体产业分为电解铝、自备电厂及炭素生产三大块。吉泰铝业已形成年产5000吨系列铝合金型材生产能力。包头一阳轮毂有限公司设计能力年产100万只稀土高致密铝合金轮毂，已成为自治区规模最大的铝深加工项目。包头内燃机配件厂主要生产铝活塞、铝缸盖和水冷、风冷缸套三大产品，在有色金属铸造方面有很强的优势。把包头建设成为全国的新型有色合金材料产业基地已具备较好基础。

(4) 新型化工材料产业基地。以神华包头煤制烯烃项目为龙头，大力发展煤化工和相关产业及深加工产品，实现资源优势向经济优势转化。在转化煤炭，生产甲醇、聚乙烯、聚丙烯、焦炭等方面形成较强的能力，基本形成资源优化配置、规模优势明显、产业布局合理、生产链条有效衔接的新型煤化工产业格局。通过高起点、高标准的产业布局规划，大力发展以资源化、减量化、无害化技术为载体的煤化工循环经济，全力建设循环经济型煤化工产业基地，力争把包头建成世界级水平的国内重要的新型煤化工产业基地。

(5) 钍基核燃料元器件产业基地。钍一直被认为是一种潜在的核能资源，各国在钍资源核能利用方面开展了大量研究开发工作。中国77%的钍资源在包头，包钢稀土高科已在实验室成功实现钍与稀土的分离，中核北方核燃料元件有限公司目前正在开展钍在核电反应堆中的应用研究，也已取得较大进展。全国唯一的重水堆元件生产线在包头，钍基燃料元件这一终端产品的产业化技术开发在包头，包头已经具备了钍资源核能利用的资源、生产、科研优势，拥有钍资源核能利用完整的产业链，在包头建立国内外钍资源综合利用的主要研发生产基地已经成为可能。

(6) 新型光伏材料产业基地。从硅的产业链看，从硅原料、单晶硅、多晶硅到硅锭，然后切割加工成硅晶片，再可以用来制作电池。包头硅矿资源品位在99.3%以上的硅石储量约有1.5亿吨，包头高品位硅石矿资源非常丰富，且大部分尚未开采，完全能够保证化学级工业硅项目、单晶硅、多晶硅、光伏电池的原料需求。大力发展硅产业是可行的也是必要的。虽然由于产业定位等原因，包头市到目前为止还没有硅产业链。丰富的优质硅石储量，丰富且相对低廉的电力资源、良好的工业基础等条件使包头成为发展硅产业的优选地点。

3. 形成具有包头特色的新材料产业链。新材料是包头战略性新兴产业发展的重要组成部分，为形成经济发展的多元支撑体系，需要从有利于发挥包头科技优势，有利于发挥积聚效应，有利于发挥辐射作用的角度出发，包头的新材料产业链建设应重点围绕高新技术产业的优势，努力在稀土功能材料、新型钢铁材料、新型有色合金材料、新型化工材料、新型光伏材料、钍基核燃料元器件材料等方面取得突破，重点从产品的上游和中游领域选择，力求获得产品价值的最大化，形成具有包头特色的新材料产业链。

（1）稀土功能材料产业链。目前，包头稀土企业要相互配套，充分利用资源、科研、人才、信息等优势，大力发展稀土深加工产业，积极发展终端应用产品，形成五条稀土产业链。

第一条产业链是：氧化钕—金属钕—钕铁硼—稀土永磁电机、磁选机—电动自行车、电动汽车等。

第二条产业链是：混合稀土金属—稀土储氢合金粉—镍氢动力电池—电动自行车、电动汽车等。

第三条产业链是：铈的化合物—稀土抛光粉、汽车尾气净化剂、液晶显示器专用蚀刻剂。

第四条产业链是：稀土化合物—稀土热稳定剂—稀土工程塑料、改性 MC 尼龙—各种管材、机械零件。

第五条产业链是：稀土化合物—稀土新型材料—稀土功能材料—应用器件。

（2）新型稀土系列和铌系列钢铁材料产业链。新型稀土系列钢铁材料产业链是：混合稀土金属—铁合金—稀土钢、稀土铁—稀土钢材—零部件或器件。

新型铌系列钢铁材料产业链是：铌精矿—铌铁—铌铁功能材料—铌钢应用材料。

（3）新型有色合金材料产业链。新型有色合金材料产业链是：混合稀土金属—有色金属合金—稀土铜、稀土铝合金—零部件或器件。

新型有色金属材料产业链是：铝—铝板带—铝箔—合成箔—双零箔、专用板、高档型材。

（4）新型化工材料产业链。新型化工材料产业链是：甲醇—烯烃、甲醇—碳化工、焦化—焦油深加工、电石—聚氯乙烯、煤—工业燃料五大产业链。

（5）钍基核燃料元器件产业链。钍基核燃料元器件产业链是：钍—核电燃料—核电燃料组件、控制棒组件—压水堆核电燃料元件。

（6）新型光伏材料产业链。新型材料光伏产业链是：硅料—硅片—电池片—电池组件—应用系统5个环节。上游为硅料、硅片环节；中游为电池片、电池组件环节；下游为应用系统环节。

三、发展新材料产业的基本对策与建议

1. 建立协调机构，发挥政府宏观调控作用。鉴于发展包头经济的趋势要求，应尽快建立包头新材料产业领导小组（或将包头稀土产业领导小组改为包头新材料产业领导小组），负责全市新材料领域发展规划，协调新材料领域各环节，各部门的工作与重大资源配置。并注重发挥本市科技优势，组成由国内知名专家和本市骨干企业领导参加的专家委员会，积极辅助政府作好决策，形成新材料领域政府工作支撑平台。

2. 调整材料产业结构，形成新材料产业链发展新格局。通过知识化改造和技术创新，调整传统材料产业结构，适应包头经济发展。巩固包头已有的新材料产业优势，扩大产业规模，重视转化，培育新的增长点，形成梯度发展格局，保持产业发展后劲。

3. 逐步建立新材料产业技术创新体系，加速科研成果转化。依托现有社会资源，建立直接面向科研院所、企业和市场需求提供服务的包头新材料产业发展促进中心，在重点新材料领域形成成果孵化与转化中心；结合企业和研究院所的改革与调整，充分发挥现有材料孵化器、工程中心、中试基地的作用，鼓励与支持有条件的高校、研究院所、企业和其他社会力量，以新的机制，建立面向市场的新材料成果转化与孵化中心，最终形成包头新材料高新技术企业孵化平台；通过产学研结合，产业重新组合和资源的重新配置，形成多元化、多形式的研究开发与产业化体系，并与材料的应用领域形成良好的互动界面；多渠道筹集资金，引导资金向新材料产业流动，形成包头新材料产业发展的风险资本筹措平台；支持和促进面向市场的产业社会服务体系的发展，提倡发展从研究、生产、应用、装备到金融一条龙的小行业协会、联合会，及技术服务与咨询等多种服务的中介机构。

4. 充分发挥科技优势，促进科技与经济的结合。根据包头新材料

产业的布局，选择重点领域与国家相关研究单位成立集前沿研究、技术开发与工业试验，直接面向市场的三位一体的经济联合体；用跨行业、跨体制、高效配置资源的新观念，推动研究单位与企业以新的机制进行资产重组和全方位合作；利用政府资源，积极引导研究单位利用技术、人才优势为企业解决技术难题；以多种形式支持研究单位和科技人员自行转化，尤其支持科技人员带着科技成果创办企业；包头研究单位和科技人员不但是全市高新技术产业发展强大的技术支撑，更是全市高新技术产业发展的中坚力量，应该给予大力支持。

5. 选择国家重点项目引导成果在包头转化。作好与国家“863”计划、攻关计划、火炬计划等国家计划的衔接，选择国家重点项目计划配套支持，早期介入，引导成果在包头转化。

构建包头统筹城乡医疗保障体系的思考

（2010 年 10 月 25 日）

王德山　李丽娜[①]

在全面实现小康社会的发展进程中，统筹城乡发展已成为小康社会经济发展的重要目标。当前，包头市医疗保障体系仍实行城乡二元化制度模式，在城镇实施职工医疗保险和居民医疗保险，在农村牧区主要实行新型农村牧区合作医疗。只有取消城乡差别，实行职工医保、居民医保、合作医疗三项基本医疗保险制度城乡统筹推进，才能加快实现“人人享有医疗保障”，体现社会的公平性和资源的共享性。构建城乡统筹医疗保障体系，应是包头市“十二五”时期构建和谐社会和全面建设小康社会的重要任务之一。

一、包头市医疗保障工作基本情况

自 2000 年在全市建立城镇职工基本医疗保险制度，到 2005 年试行新型农村牧区合作医疗制度、2007 年开展城镇居民基本医疗保险制度及开展城市、农村牧区医疗救助以来，经过十年的努力，包头市在推进

① 李丽娜：（1974 年～　　），女，汉族，内蒙古包头人，包头医学院副教授。研究方向：公共卫生与临床医学。

城乡医疗保障制度改革上取得了阶段性成果。

根据有关部门提供的数据显示，截至目前，全市城镇职工基本医疗保险参保人数达到了73万人，城镇居民基本医疗保险参保人数48万人；新型农村合作医疗参保人数54.79万人；2009年全市共资助参加城镇居民基本医疗保险31458人，发放资助金160万元，资助参加新农合19458人，发放救助金39.8万元。发放门诊救助卡3154张，发放救助金193.11万元；审批大病医疗救助2714人，发放救助金865.8万元。同时将医疗保险覆盖范围由从业人员扩大到农牧民、城镇非从业人员及学生、儿童、老人等。包头市医疗保障体系框架基本形成，初步保障了城乡居民的医疗需求，维护了社会稳定。

二、包头市医疗保障工作面临的主要问题

包头市医疗保障制度改革仅仅走过了10个年头，特别是农村牧区新型合作医疗、城镇无就业居民医疗保险是一项刚刚开始的新工作，在工作开展过程中存在着需要亟待研究、解决的问题：

1. 各类医疗保障制度覆盖面窄，参保率低。2009年全市常住人口为257.2万人，其中城镇人口为200.2万人，农业人口为57万人。各类医疗保险制度参保人175.79万人，占全市常住总人口的68.3%，其中：城镇职工基本医疗保险参保人数73万人，占第二、第三产业从业人员116.4万人的62.7%；城镇居民医疗保险参保人数48万人，占城镇居民83.84万人（不包括从业人员）的57.3%；新型农村合作医疗参保人数54.79万人，占农业人口57万人的97.45%。除新型农村合作医疗参保率比较高外，城镇职工和城镇居民参保率仅在60%左右，主要表现为大量的城镇私营、个体从业人员、灵活就业人员、城市居民、老年人、破产企业退休人员、大学生、儿童参保率较低。

2. 医疗保障工作多头机构管理。与其他城市一样，目前包头市城镇职工基本医疗保险制度，城镇居民基本医疗保险制度，新型农村牧区合作医疗制度、城乡医疗救助制度、特殊人群医疗保障工作，分别由劳动和社会保障部门、卫生部门、民政部门管理。这种多部门管理造成管

理界限很混乱，管理效率不高，同时增加了管理难度，存在着部门交叉、互不协调、彼此掣肘的现象。不能适应实现城乡全民医保统筹发展需要。

3. 三大医疗保障基本制度不统一。由于目前城乡二元经济结构，各旗县区和不同制度之间的医疗保障无法衔接，直接导致了医疗保障城乡之间、旗县区之间和人群之间的三重“二元结构”。形成不同的社会群体被纳入了不同的医疗保障制度之中，享受不同的待遇，身居城镇的只能参加城镇职工或城镇居民的医疗保险，农村牧区的居民只能参加新型农村合作医疗。社会成员不能灵活地选择医疗保障险种，持城镇户口的要参加新型农村合作医疗，持农村户口的要参加城镇居民医疗保险，现行政策行不通，在一定程度上限制了劳动力的合理流动。

4. 城乡医疗保障待遇水平存在一定差距。对于覆盖全体城乡居民的三个主要的医疗保险制度，城镇职工基本医疗保险，城镇居民基本医疗保险和新型农村合作医疗，它们之间在缴费和待遇给付上差距比较大。

城镇职工基本医疗保险资金由单位和职工共同缴费，其中个人缴纳工资的2%，全部纳入医疗保险个人账户，单位缴纳工资的6%，其中的30%纳入医疗保险个人账户。包头市按2009年月社会平均工资3060元计算，城镇职工每人年缴纳医疗保险金2938元。其中个人账户734元，统筹账户2204元。当参保人员发生疾病风险，产生医疗消费时，起付线在三甲、三乙、二甲以下医院分别为500元、300元、150元，封顶线为4万元，住院发生费用报销比例在80%左右。

城镇居民基本医疗保险实行的是定额缴费的模式，实行年度一次缴费制。包头城镇居民基本医疗保险制度规定在校学生及18周岁以下非在校少年、儿童，每人每年缴费120元，其中：各级财政补助70元，个人缴纳50元。享受低保待遇和重症残疾的在校学生及18周岁以下非在校居民每人每年由政府再补助30元，个人实际缴纳20元。男满60岁以上，女满55岁以上城镇居民及重度残疾病人每人每年缴费240元，其中：各级财政补助70元，个人缴纳170元，享受低保待遇的“三无人员”每人每年由政府补助130元，个人实际缴纳40元。可见，城镇居民基本医疗保险的筹资水平相对比较有限，筹集的资金量相差很大。

在给付待遇上，城镇居民医保基金的起付线标准是三甲、三乙、二级医院（社区卫生机构）、一级医院（社区卫生机构）分别为700元、500元、300元、100元。基本医疗保险基金最高支付限额为2万元。城镇居民基本医疗保险的待遇水平比城镇职工的待遇水平相对较低。

新型农村合作医疗实施家庭账户与大病统筹账户相结合的运作模式，实行个人缴费与政府资助相结合的筹资机制。以固阳县为例，具体做法是：农民以家庭为单位自愿参合，每人每年缴费20元，中央财政补助40元，自治区财政补助20元，包头市补助20元，旗县区财政补助20元，总计每人每年共筹集医疗基金120元。这120元分作两部分：其中16元作为个人家庭账户基金，用于支付小型疾病的门诊费用；余下的104元纳入大病统筹基金中。新型农村合作医疗的起付线标准是市级及市外医院、县级医院、乡镇级医院分别为600元、200元、50元。住院发生费用报销比例：乡镇卫生院最高报销达到70%，县级医院最高报销达到60%，市级医院最高报销达到50%；住院报销封顶线达到3.5万元。

通过以上的分析我们可以发现，城镇居民基本医疗保险与新型农村合作医疗在筹资缴费和待遇给付上都与城镇职工基本医疗保险相差很大，既有差距，又不平衡。

5. 统筹层次较低，不利于资金统筹使用。目前，全市城镇职工基本医疗保险有6个统筹区，其中市直统筹区一个（包括市本级、昆区、青山区、东河区、白云区、稀土高新区和包钢、北重、一机和包铝集团四个企业），旗县统筹区5个（包括九原区、土右旗、固阳县、达茂旗和石拐区）。城乡医疗保障体系的统筹层次低给医疗保障工作带来很多弊端：一是医疗保险金分散在各旗县，不能整合、统筹使用。二是低层次运行，造成了医疗保险关系的地区之间转移困难，不利于地区之间劳动力流动。三是基金调剂功能不强，不能抵御医疗风险。四是分散的管理工作增加了管理成本。

6. 医疗机构服务工作存在的问题。城镇职工和城镇居民基本医疗保险应有完备且服务良好的定点医疗机构体系，其中社区卫生服务中心是重点；新型农村合作医疗的定点医疗机构主要包括乡镇（苏木）卫生院、旗县级医院、市级医院，其中乡镇卫生院是重点。这样的制度设计目的在于引导患者首先在初级医疗卫生机构就医，节省医疗费用和医疗资源。目前在医疗服务上存在三个问题：一是基层医疗机构，主要是社区卫生服务中心和乡镇（苏木）卫生院环境条件差，设备简陋，医务人员技术素质较低，患者不愿意选择这一级医疗机构。二是医疗机构仍然存在以药养医、以药奖医现象。如开大处方，高端仪器诊断、重复检查，非药品目录用药，加大药费开支。三是有的旗县新农合规定患者住院由个人支付的押金比较多，出院时通过医疗补给应报支部分，由于有的农牧民无力垫支住院费而延缓疾病治疗。

7. 没有建立起稳定的医疗保障筹资机制。各项医疗保障资金由国家、单位、个人共同负担。目前全市各级财政负担机关、全额拨款的事业单位职工医疗保险金交费，政策规定按单位工资总额的6%交纳基本医疗保险，对城镇居民医疗保险和新型农村合作医疗都有相应的财政补贴。稳定的长效的筹资机制是医疗保障良性发展的基础。但目前在医疗保障筹资上存在以下几个问题：一是缴费难。一些企业不及时或无力缴纳医疗保险金，特别是困难企事业、私营、个体单位。二是由于部分旗县区财政收入少（如固阳县），加大财政应承担的医保补贴部分有较大困难。三是由于城镇居民参保人群分散、结构复杂、缴费标准不同、医疗保险费收缴难度大。大量的欠费，大大影响了医疗保障制度的正常运行和广大群众的医疗需求。四是由于国家和各级政府对新开展的新型农村合作医疗和城镇居民医疗保险工作重视，在资金拨付上基本到位。而经营困难的集体企业、私营企业因城镇职工基本医疗保险欠费引发了与参保人员之间矛盾。

8. 医疗保险待遇正常调整机制没有完全建立起来。2009年，全市医疗保险金结余1.43亿元，加上欠费，结余较大。结余原因：一是各项医疗保险缴费基数是按照单位和社会平均工资的一定比例缴纳的，随着城镇职工工资增长相应地增加了缴费数额；二是扩面增加参保人数相应增加了缴费额；三是分流破产企业一次性缴费划入的医疗保险金；四是随着工资物价增长，缴费的增加，没有及时地调整参保者的待遇水平，这也是最重要的一条。

三、推进城乡统筹医疗保障体系建设的条件基本具备

1. 经济发展为推进城乡统筹医疗保障体系奠定了经济基础。目前，包头市已进入工业化中后期、城镇化率达到77.9%，经济总量达到2168.8亿元，经济的快速发展，使政府财力不断增强，2009年财政总收入达到244.2亿元（其中地方财政总收入达到217.2亿元），对社会保障等民生问题的投入明显增加，解决一些需要财政拿钱的问题有了相对雄厚的财力支撑。同时，城乡居民的收入水平也明显增加，尤其是大量的农民通过发展特色种养殖业、转移就业、外出务工发家致富，已经有经济能力为自己和家人参加各项社会保险。从2005年开始，包头市组织实施新型农村牧区合作医疗制度试点工作以来，短短的五年内，新农合制度已100%覆盖全市农牧民人口，8个旗县区和稀土高新区全部建立起新农合制度。到2009年，新农合参合率达到97.45%，充分说明广大农民参加社会保险的愿望强烈，期盼与“城里人”享受一样的医疗保障待遇。

2. 实施民生工程为推进城乡统筹医保体系奠定了政治基础。“政府主导型”民生工程是实现城乡统筹医疗保障制度的重要基础。党的十六届六中全会提出“要适应人口老龄化、城镇化、就业方式多样化，加快建立覆盖城乡居民的社会保障体系”；党的十七大进一步把“病有所医”列为民生问题的“五有”之一，要求“全面推进城镇职工基本医疗保险、城镇居民基本医疗保险、新型农村合作医疗制度建设”。根据这些要求，包头市委、政府已经把建立覆盖城乡的医疗保障体系提上重要议事日程，在社会上也形成了强烈的舆论导向。近年来，与城镇职工医疗保险一样，市和旗县区两级政府以一种积极的姿态介入城镇居民医保和农村合作医疗，不但承担了制度设计、扩面征缴、监督管理等责任，并且承担了主要的经济责任，根据经济社会的发展需要还在不断地对保障项目、水平等进行调整，以期更好地满足群众的需要。虽然各旗县区政府具体的参与形式和程度可能不尽相同，但从发展趋势上看，就是要倾向于建立政府主导型的覆盖城乡的社会化的医疗保障制度。

3. 医保制度的完善为推进城乡统筹医保体系奠定了制度基础。包头市医疗保险从无到有，从小到大，不断探索和完善，呈现出良好的发展态势。同时，城乡医疗保险制度都进行了各自的拓展和延伸，这为城乡医疗保险制度的接轨融合夯实了基础。主要表现在以下几个方面：一是经过这些年的不断完善，医疗保险政策实现了全覆盖。政策覆盖到了所有的群体，包括职工、居民、灵活就业者、大中小学生、农民工、农牧民（包括失地农民）。二是提高了职工和居民的医疗保险待遇，尤其是连续三年提高待遇标准，给老百姓带来了切切实实的实惠。三是提高了服务的水平和经办的能力，开通了医院的住院结算系统，实行“一站式”服务，截至目前，全包头市的定点医院和定点药店全部开通了门诊和住院结算系统。四是实现了“网银结算”，提高了工作效率，方便了老百姓。五是强化了定点医院和定点药店的管理。对于医院、药店违规的行为，根据不同的情节给予相应的处罚，控制一些不合理的支出，维护老百姓的权益。

4. 基层服务平台建设为城乡统筹医保体系奠定了管理基础。近年来，两级劳动保障部门着力加强基层服务平台建设，管理网络已经延伸和拓展到乡镇苏木，通过在所有街道和乡镇苏木建立劳动保障工作网络，将城乡各类居民纳入登记管理，全面掌握人口资源情况，尤其是推进“金保工程”建设，实现对就业服务、社会保险参保对象的“一卡通”管理。实施城乡医疗保险一体化管理，可以充分发挥平台和网络的作用，既可以加强监管，防止城乡居民重复享受政府补助，又可以优化服务，方便城乡参保对象就医购药、享受保障待遇。

四、构建城乡统筹医疗保障体系具有重要意义

1. 有助于矫正政府失衡的责任状态，促进社会公平正义。政府主导推进社会保险，是适应我国国情的总体发展趋势。与传统二元经济结构相适应，我国的医疗保障制度被分割为城镇与农村两大板块，城镇实施社会医疗保险制度，农村实行新型合作医疗制度。由于制度上的差别，使得各自的参保对象享受不同的公共财政补助和社会保障水平。虽

然政府公共财政对城镇职工医疗保险制度和农村合作医疗制度的投入均在逐年提高，但两者差距却逐年扩大。构建城乡一体化医疗保障体系，让城乡居民公平地选择参加医疗保险，通过政府参与社会保障的二元形式整合，能够根本改变二元经济结构的现状，给所有居民平等的基本医疗保障水平，从而强化政府责任和保障所有居民的基本权利。

2. 有利于适应统筹城乡就业，满足城乡居民的需求。包头市从2009年起在九原区实施了户籍制度改革试点，即：取消农业户口和非农业户口性质，建立起城乡统一的一元制户籍管理制度。随着实行城乡一体化户籍制度改革不断深入，包头市将进一步加快农村牧区剩余劳动力转移的步伐，加快城镇化进程。在这一进程中，劳动和社会保障部门承担对城乡劳动力的统筹管理。但是我们应该看到，统筹城乡社会保障的工作没有同步实施，各项保险转移衔接问题阻碍了农村劳动力的合理流动和城乡一体的人力资源市场的形成。同时，社会各类群体医疗保障问题仍然突出，特别是进城务工人员同工不同酬、不同保的问题还相当严重，农民工参加城镇医疗保险覆盖率还比较低；参加新型合作医疗的人数比例虽然已高达97.45%，但实际新农合保障能力仍然有限，提高保障水平和扩大受益面的任务仍然艰巨。由于多种原因导致医疗费用居高不下，“有病无钱看、有病不敢看”，“因病致贫”、“因病返贫”的现象仍然存在，给社会稳定发展造成巨大压力，广大群众尤其是广大农牧民迫切盼望从根本上解决医疗保障的后顾之忧，迫切需要政府将医疗保险政策整合完善并拓展延伸，切实提高惠及城乡的医疗保障水平。

3. 有助于适应老龄社会的到来，增强医保基金风险抵御能力。作为社会保险主体之一的医疗保险，其发展水平有两个比较关键的参数：一是参保人数，社会保险参保人数越多，基金的共济能力越强，抵御风险的能力也就越强；二是赡养结构，参保人群中，在职人员与退休人员的比例越高，基金的抗风险能力也就越强。当前，一方面，随着城镇基本医疗保险的持续扩面，基本政策的覆盖面已经趋于最大化，必然要通过政策的突破和创新，扩大覆盖范围，以求进一步做大参保“盘子”，增强基金积累，提高保障水平；另一方面，随着老龄社会的到来，势必导致各项医疗保险赡养比的急剧下降，尤其是城镇居民医疗保险的成年居民参保对象主要是老年居民和困难居民，老年居民年老体弱，发病率高，困难居民生活条件差、疾病抵抗力低，基金抗风险能力会逐步降低。新型农村牧区合作医疗虽然目前统筹人数较多，但筹资标准和待遇水平偏低，要明显提高保障水平难度很大。因此，医疗保险制度的持续发展迫切需要实行城乡统筹，有效扩大参保人口的基数，扩大保障制度的覆盖面，并通过各项医保基金的共济，以基本医疗保障制度的统筹，实现基金统筹，形成巨大的基金储备，将显著增强基本医疗保险基金抵御风险的能力。

4. 有利于提高医保服务管理水平，节约管理成本。2000 年以来，包头市城镇职工医疗保险制度发展速度很快，参保人数和覆盖面逐年递增，并实现基金规范运行，在服务管理、制度监管方面积累了丰富的经验；而农村牧区合作医疗制度在发展的稳定性上不如城镇医疗保险制度，基金管理还缺乏有效的途径。另外，合作医疗制度与城镇医疗保险制度均实现了网络化管理，但因为是两种制度，分别属于卫生部门和劳动社会保障部门管理，客观上造成了资金投入和管理上重复和浪费。如果城乡医疗保险接轨融合，就可以只要一套管理服务系统，利用同一个网络系统，为参保人员提供快节奏、高效率的优质服务。

5. 有利于变自愿原则为强制原则，加快实现基本医保全覆盖。目前，城镇居民医疗保险和新型农村合作医疗仍实行自愿参保原则，客观上存在参保对象“有病参保、无病不保”的道德风险，不利于医保制度的持续稳定发展，也不利于推进“全覆盖”计划、实现“人人享有医疗保障”目标。同时，政府承担着社会公众医疗保障的“无限责任”，任何一个社会公民将来陷入疾病困难时都会成为政府的“包袱”。实施城乡一体化管理后，一方面可以确保社会每一个公民都能根据各自的就业情况、经济能力找到适合自己的医保“套餐”；另一方面又便于强制参保，并从法律上确认参保者的权利和义务。

五、推进城乡统筹医疗保障体系建设的基本思路

医疗保险城乡统筹发展是大势所趋，但统筹发展是一个渐进的过程，真正建立城乡统筹医疗保障体系还有一段较长的探索历程。从宏观

来说，城乡统筹医疗保障体系建设内容应包括医疗保障管理机构统筹、医疗保障政策统筹、医疗卫生资源统筹，最终实现医疗保障资金的统筹，从而实现“人人享有医疗保障”的目标。从狭义来说，城乡统筹医疗保障体系建设重点指城乡医疗保险制度“管理并轨、政策接轨”。“管理并轨”的体制改革已经在许多城市取得进展，这些实践探索经检验和考证，符合城乡统筹的发展方向，促进加快形成覆盖城乡的医疗保障体系。“政策接轨”应该是建立城乡统筹医疗保障体系的核心任务，整体方向是构建三项基本制度＋大病统筹＋医疗救助的制度模式，探索将三项制度逐步整合为统一的基本医疗保险制度，取代以人员身份分别保障的方式，通过划分不同的费率档次，由参保人员选择参加不同档次的医疗保险政策“套餐”，真正实现制度覆盖“无盲点”、城乡统筹“无障碍”，政策衔接“无缝隙”。根据这一思路，当前，要从以下方面开展工作：

1. 全方位淡化城乡区别。首先从思想上高度认识统筹城乡发展，无论是城镇医保还是新农合，决策和思路要跳出城镇和农村牧区的区域限制，坚持用城乡统筹的眼光思考问题、分析问题、解决问题。其次从名称上取消城乡差别烙印，宣传口径统一调整为职工医保、居民医保和合作医保三项基本制度，促进社会公众形成城乡统筹发展的潜意识。

2. 最大限度地调优各项基本制度。总体上要实现三项基本制度层次分明、筹资合理、待遇从优。对于职工医保，要在加大力度推进国有、集体企业退休人员和职工参保工作的同时，积极研究促进退休人员即退即保政策，并根据基金结余情况，适度扩大支付项目、提高报销比例、提升封顶线、降低起付标准，促进统筹基金合理使用、利益返民，进一步增强医疗保险政策效应。深入分析医疗保险个人账户基金积累情况，适度扩大支付范围，充分发挥个人账户功能，促进医疗保险良性发展。对于居民医保，要设法调整待遇水平，适度提高政府补助，探索建立参保激励机制，增强制度的吸引力、竞争力和生命力。新型合作医疗要充分借鉴职工医保的管理经验，精确测算补偿待遇，结合基金结余情况，提高补偿标准，调整限额标准和项目，建立二次补助机制，切实减轻参保人员的经济负担。

3. 探索城乡居民统筹基本医疗保险制度。为完善城乡居民基本医疗保障体系，实现城镇居民基本医疗保险与新型农村合作医疗统筹，国内一些城市（如成都、天津、杭州、苏州等）结合本地实际，进行了积极的、有重大意义的探索，纷纷出台了城乡居民统筹基本医疗保险制度。这些城市的农业人口基数大、城镇化率低、城乡基本情况极为复杂，却在统筹城乡居民基本医疗保险制度中走在了前面。

以天津市为例。天津市于2009年4月颁布了《天津市城乡居民基本医疗保险规定》，其规定适用范围是：具有本市户籍的农村居民；城镇非从业居民；国家和本市规定的其他人员。

基本原则是：（1）筹资标准和保障水平与经济发展水平及各方承受能力相适应，重点保障城乡居民的大病医疗需求，适当保障门诊需求，逐步提高筹资标准和保障水平；（2）以家庭缴费为主，政府给予适当补助；（3）按照以收定支、收支平衡、略有结余的原则筹集基金和支付待遇。

天津市城乡居民基本医疗保险实行全市统筹，建立城乡居民基本医疗保险基金，纳入社会保障基金财政专户，统一管理，单独核算，并按照国家和本市有关规定对基金实施监督。并要求已建立新型农村合作医疗制度的区县，应改为参加城乡居民基本医疗保险。暂不具备条件的区县可继续执行新型农村合作医疗制度，实行区县统筹、区县管理经办，但应制定计划在一定期限内改为参加城乡居民基本医疗保险。

天津市城乡居民基本医疗保险费的缴费和补助是：

学生、儿童筹资标准为每人每年100元（含建立学生儿童意外伤害附加保险的保险费），其中个人缴纳50元、政府补助50元。

重度残疾、享受低保待遇和特殊困难家庭的学生、儿童个人不缴费，由政府全额补助。

成年居民筹资标准分为三档，由本人自愿选择，家庭中符合参保条件的成员（不含学生、儿童）应选择同一档次的筹资标准：

（1）每人每年560元，其中个人缴纳330元、政府补助230元。

（2）每人每年350元，其中个人缴纳160元、政府补助190元。

（3）每人每年220元，其中个人缴纳60元、政府补助160元。

重度残疾、享受低保待遇和特殊困难家庭人员以及城镇低收入家庭

60周岁以上的老年人，个人不缴费，政府按照220元缴费档次给予全额补助。

住院医疗保障待遇：

在一个年度内，学生、儿童发生的18万元以下住院医疗费，在一级医院（社区卫生服务中心）报销比例为65%；在二级医院起付标准为300元，报销比例为60%；在三级医院起付标准为500元，报销比例为55%。

在一个年度内，成年居民发生的住院医疗费报销标准：

(1) 按照560元筹资标准缴费，住院医疗费在11万元以下的，在一级医院（社区卫生服务中心）报销比例为65%，在二级医院报销比例为60%，在三级医院报销比例为55%。

(2) 按照350元筹资标准缴费，住院医疗费在9万元以下的，在一级医院（社区卫生服务中心）报销比例为60%，在二级医院报销比例为55%，在三级医院报销比例为50%。

(3) 按照220元筹资标准缴费，住院医疗费在7万元以下的，在一级医院（社区卫生服务中心）报销比例为55%，在二级医院报销比例为50%，在三级医院报销比例为45%。

在上述报销标准中，一级医院（社区卫生服务中心）不设起付标准，二级医院起付标准为300元，三级医院起付标准为500元。

参保的城乡居民在一个年度内住院治疗2次以上的，从第二次住院治疗起，不再设置起付标准。

门（急）诊医疗保障待遇：

建立城乡居民在一级医院和社区医疗机构就医门（急）诊大额医疗费用补助制度。在一个年度内，参保人员发生的800元以上3000元以下的门（急）诊医疗费用，按照560元筹资标准缴费的成年居民报销比例为40%，按照350元筹资标准缴费的成年居民报销比例为35%，按照220元筹资标准缴费的成年居民和学生、儿童的报销比例为30%。

符合医疗救助条件的参保人员，可在享受城乡居民基本医疗保险待遇的基础上，按有关规定申请医疗救助。

天津等城市实施的城乡居民统筹基本医疗制度对构建包头城乡统筹

医疗保障体系有着非常重要的借鉴意义，我们理应给予高度重视，认真研究，结合包头实际加以采用。

4. 全面推行大病医疗统筹。按照“基本医疗保险 + 大病统筹”的模式，面向城乡各类人群，推行大病医疗统筹政策，对各项基本医疗保险制度待遇享受的封顶线以上部分进行补助。尤其是对已参加居民医保或合作医疗的对象，建立政府补助、鼓励参保办法，调整大病统筹缴费标准，合理确定支付下限和上限，实施统一的大病医药费用补助办法，实行统一管理和统一结付，大幅提高医疗保障水平。

5. 建立健全医疗救助体系。要研究建立面向城乡各类人群的参保救助制度和大病救助制度。参保救助重点是针对断保或未保人群中的困难对象，通过设立基金贴息代缴参保费用，参保对象通过多种形式返还，推进人人参保。医疗救助主要是实行政府投入、慈善捐助、基金提取多渠道筹集资金，坚持与基本医疗保险接轨，有组织、有计划、有机制地从各类医疗保险基金结余中提取救助资金，将职工医保、居民医保和合作医疗的参保对象纳入救助范围，并向全社会的困难对象进行延伸，推动医疗救助与医疗保险的联动发展。

6. 落实各项配套措施。进一步加强财政管理，提高财政资金效率，深化财政支出管理体制改革，加强财政监督机制，合理界定财政支出范围，调整和优化支出结构，实行向医疗保障事业发展倾斜，确保制度设计中的各项财政配套资金按时足额到位。进一步优化医疗保障社会化服务体系。探索发挥医保机构作为所有参保人员代表的作用，建立完善定点医疗机构、定点药店信用等级评定机制和就医引导机制，促进形成分级医疗体系。探索建立谈判决定价格机制，保障参保人员的合法权益。以便民惠民为要求，健全经办服务平台，进一步推进以医保经办机构为龙头、街道、乡镇及社区劳动保障所（站）为触点的经办服务网络建设，将各项经办服务职能向基层延伸。充分发挥信息资源优势，实时掌握和评估医疗保障覆盖形势，落实对策措施，推进扩面进度，保证目标实现。

党中央和国务院把“人人享有基本医疗服务”作为“实现全面建设小康社会奋斗目标的新要求”的重要内容，赋予了职工医保、居民医保、合作医疗三项基本医疗保险制度更为重大和长远的目标，就是逐步实现城乡社会健康保障体系接轨，使得城乡人口能够被覆盖在同一张社会健康保障的安全网之下。进一步消除城乡差别，实行城乡统筹发展，已经不是一种理性推论，而是实实在在的发展前景。我们相信，随着我国现代化事业的不断推进，全面构建城乡统筹医疗保障体系已不久远。

对包头市城乡社会保障体系协调建设的思考与对策

（2010 年 10 月 25 日）

杨春才　付　斌[①]

改革开放以来，包头市城乡社会保障体系建设在各级党委、政府的重视下，从无到有、从城市到农村牧区、从居民到农牧民，基本建立和形成一张覆盖城乡的社会保障网络，并在发展中不断完善，在全市的改革、发展和稳定中发挥了“减震器”、“安全网”的作用。但是按照全面建设小康社会的总体目标和打造和谐社会的要求，对照市委、市政府提出打造“城乡共富”的要求，尚有不少的距离，存在不少的问题，尤其是农村牧区相对滞后。因此，建立和完善城乡一体化的社会保障体系，是全面建设小康社会的必然要求；是解决城乡二元结构矛盾的重要环节；是应对包头市人口老龄化挑战的需要，也是构建和谐社会的基本要求。

一、社会保障体系的基本内容

社会保障体系是指社会保障各个有机构成部分系统的相互联系、相

① 付斌：（1973 年～　），男，汉族，内蒙古包头人，包头市离退休管理服务中心。研究方向：社会保障。

辅相成的总体。完善的社会保障体系是社会主义市场经济体制的重要支柱，关系改革、发展、稳定的全局。我国的社会保障体系，包括社会保险、社会救助、社会福利、优抚安置和社会互助、个人储蓄积累保障。这几项社会保障是相互联系，相辅相成的。社会保障体系是社会的“安全网”，它对社会稳定、社会发展有着重要的意义。

社会保险在社会保障体系中居于核心地位，它是社会保障体系的重要组成部分，是实现社会保障的基本纲领。一是社会保险的目的是保障被给付者的基本生活需要，属于基本性的社会保障；二是社会保险的对象是法定范围内的社会劳动者；三是社会保险的基本特征是补偿劳动者的收入损失；四是社会保险的资金主要来源于用人单位（雇主）、劳动者（雇员）依法缴费及国家资助和社会募集。

社会救助属于社会保障体系的最低层次，是实现社会保障的最低纲领和目标。一是社会救助的目的是保障被救助者的最低生活需要；二是社会救助的对象主要是失业者、遭遇不幸者；三是社会救助的基本特征是扶贫；四是社会救助的基金来源主要是国家及社会群体。

社会福利是社会保障的最高层次，是实现社会保障的最高纲领和目标。它的目的是增进群众福利，改善国民的物质文化生活，它把社会保障推上最高阶段；社会福利基金的重要来源是国家和社会群体。

社会优抚安置是社会保障的特殊构成部分，属于特殊阶层的社会保障，是实现社会保障的特殊纲领。社会优抚安置的目的是优待和抚恤；社会优抚的对象是军人及其家属；社会优抚的基本特征是对军人及其家属的优待；社会优抚的基金来源是国家财政拨款。

二、包头市城乡社会保障体系建设现状

党的十七大报告中指出：要以社会保险、社会救助、社会福利为基础，以基本养老、基本医疗、最低生活保障制度为重点，以慈善事业、商业保险为补充，加快完善社会保障体系。《中共中央关于完善社会主义市场经济体制若干问题的决定》指出，要统筹城乡发展，为全面建设小康社会提供强有力的体制保障；要建立有利于逐步改变城乡二元经

济结构的体制，健全就业、收入分配和社会保障制度。强调要加快建设与经济发展水平相适应的社会保障体系，完善企业职工基本养老保险制度，健全失业保险制度，继续改革城镇职工基本医疗保险制度，完善城市居民最低生活保障制度；农村养老保障以家庭为主，同社区保障、国家救济相结合。这为包头市加快推进城乡一体化社会保障体系建设指明了方向。2009 年，包头市启动实施了包头市城乡居民基本养老保险、原单位职工补办基本养老保险、私营企业员工和个体劳动者补办基本养老保险以及城镇职工基本医疗保险补充办法 5 个政策性文件，养老、医疗保险政策实现对城乡居民全覆盖。

（一）企业职工基本养老保险制度进一步完善

目前，包头市已建立起比较规范和完善的社会统筹与个人账户相结合的基本养老保险制度。截至 2010 年 6 月末，全市参加城镇职工基本养老保险人数达 54.48 万人，比上年同期增长 5.13%；养老保险费 13.90 亿元，比上年同期增长 27.86%。在享受城镇基本养老保险的人员中，离退休人员为 20.58 万人，养老金支出 21.63 亿元，比上年同期增长 20.5%。城镇居民养老保险参保人数 4.88 万人，农村社会养老保险参保人数 21.98 万人。养老保险覆盖人群稳步扩大，保证了老年人老有所养，生活水平不断提高。企业离退休人员社会化服务管理工作进展较快，近年来，养老金全部实行社会化发放。

（二）机关事业单位基本养老保险制度稳步实施

包头市自实施机关事业单位基本养老保险制度以来，养老保险政策日趋完善，养老保险费征缴已由“双基数”改为“单基数”，为事业单位改革创造了有利条件。截至 2010 年 6 月末，全市机关事业单位参保人数已达 5.7 万人，享受养老保险待遇的离退休人员 3.5 万人，社会化发放率达 60% 以上。

（三）失业保险发挥着越来越重要的作用

包头市认真贯彻《失业保险条例》，积极完善失业保险政策，充分发挥了其确保下岗职工基本生活和促进就业再就业的作用。截至 2010

年6月末，全市失业保险参保人数达41.54万人，失业保险中实际发放人数为0.42万人，比上年同期下降31.15%；保险金支出5262万元，比上年同期下降37.71%。

（四）城乡居民基本医疗保险制度运行平稳

根据国家和自治区有关政策规定，包头市建立了社会统筹与个人账户相结合的城镇职工基本医疗保险制度，并以此为基础，实施了特殊病医疗门诊、大病医疗救助、公务员医疗补助政策，医疗保险配套政策和服务管理不断完善。截至2010年6月末，全市城镇职工基本医疗保险参保率达95%，参保人数72.98万人，比上年同期增长5.5%；保险基金支出4.82亿元，比上年同期增长22.3%。农牧民参合率达97.45%，城乡居民基本医疗保险制度的建立缓解了群众“看病贵、看病难”矛盾，体现了良好的社会效应。

（五）工伤保险发展势头良好

包头市以实施《工伤保险条例》为契机，积极建立和完善城镇企业职工工伤保险制度，按照差别费率实行了工伤保险社会统筹。本市为符合工伤条件的负伤、致残以及死亡者的生前供养亲属提供必要的物质帮助。2010年6月末，本市工伤保险参保人数为37.41万人，比上年同期增长9.23%，其中农民工参保人数为7.97万人，同比增长47.32%；工伤保险基金支出1538万元，同比增长3.92%。

（六）生育保险稳步推进

包头市积极稳妥地实施城镇职工生育保险制度，不断规范生育保险待遇项目给付条件和给付标准，切实保障了参保女职工在生育期间的基本生活和医疗待遇。2010年6月末，全市生育保险参保人数达38.99万人，比上年同期增长8.04%，参加生育保险人员均可享受生育津贴、营养补助、生育医疗、计划生育手术医疗等有关生育保险的相应待遇。

（七）农村牧区养老保险逐步规范

近年来，包头市在加强农保基金管理、继续抓好投保续保工作的同时，对全市农牧民参保档案逐一进行了清查核对，摸清了投保缴费底子，理顺了乡镇管理机构，农村牧区养老保险工作出现了新的起色。2010年6月末，全市参保登记农牧民达21.6万人，农牧民个人缴费2亿元，享受养老保险待遇人数6.32万人，累计发放养老金1.2亿元。

（八）城镇居民最低生活保障网初步建立

包头市严格按照程序规定，不断完善保障线标准和保障金额调整机制，敞开低保入口和出口，逐步构筑起了覆盖全体城市困难居民的最低生活保障网。2010年6月末，全市城镇最低生活保障制度覆盖人群达6.61万人，市区城镇居民最低生活保障标准月均340元/人，比上年同期增长9.68%。全市企业退休人员养老金标准提高到1326元/月·人；低保家庭取暖补贴标准提高到每户每年600元；农村牧区居民最低生活保障标准1500/人·年。

三、城乡社会保障体系协调建设存在的问题

目前，包头市和其他地区一样，城乡差别比较突出，城镇社会保障体系还不完善，农村牧区社会保障体系还处于初级阶段，推进城乡一体化社会保障体系建设任重而道远。主要存在的问题是：

1. 机关事业单位基本养老保险、企业职工基本养老保险和农村养老保险相对独立运行，相互之间政策不统一。机关事业单位退休人员比企业退休人员的待遇高出近一倍，制约了机关事业单位与企业之间的人员流动。企业职工基本养老保险与农村养老保险之间不衔接，一体化社会保障体系建设存在体制障碍。

2. 城镇养老、失业、医疗、工伤、生育保险基金支付压力增大。目前，包头市企业养老保险基金虽有一定积累，但人口老龄化已经显现，退休职工逐年增加，负担系数上升；社会保险基金征缴难度大，企业欠费问题突出，企业职工个人账户空账运行，现收现付的运行模式存在潜在风险。

3. 包头市农村牧区社会保障在土地保障与家庭保障相结合的基础

上，逐步探索建立了农村牧区养老保险制度和合作医疗制度，初步形成了符合农村牧区特点的综合保障体系。但农村牧区的保障体系和城镇职工社会保障体系在保障机制、保障水平等方面差别较大，互相分割，互不相融，加快推进城乡一体化社会保障体系建设面临克服一条腿长一条腿短的问题。

4. 社会保险扩面征缴难度大。目前本市社会保险在公有制企业和转制企业中基本上实现了全面覆盖，扩面的主要空间是民营企业、私营企业、个体工商户和灵活就业人员。扩面难的主要原因有：一是就业格局发生明显变化，非公有制企业就业人员明显增多；二是相当一部分私营企业业主依法为职工参加社会保险的意识不强；三是在目前劳动力市场供大于求的情况下，相当一部分私营企业的职工为保住现有的就业岗位，在工资收入有保障的情况下，要求企业为其参加社会保险的主张不强烈；四是私营企业职工和个体工商户以及灵活就业人员收入水平普遍偏低，缴纳社会保险费的承受能力较弱。

社会保险费征缴难的主要原因有：一是部分企业经济效益较差，缴费确有困难；二是部分企业在转制、破产或重组过程中，未将企业应缴社会保险费列入剩余资产分配序列中，形成欠费；三是目前社会保险费的征缴还缺乏硬性的约束手段和法规依据；四是企业历年拖欠养老保险费的数额较大。

5. 保障层面多，全面实现覆盖难。目前，城镇在职职工的五大保险参保率基本达到100%，国有集体企业的下岗失业人员或协议缴纳养老保险或续保，农转非人员的社保面也已达95%。但在社会保障方面的问题不少：一是一些企业不给外来打工者缴纳养老保险的问题较普遍。二是还有部分失地农牧民尚未参加社保，即使参加了城镇养老保险，后续工作任务十分繁重。三是超年龄段的失地农牧民生活保障尚没有建立统一的制度。农牧民参加社保约占总人数的8%。四是农村牧区合作医疗每年筹资任务很重，而且尚未达到全覆盖，与城镇基本医疗制度接轨需要付出努力。同时本市相对发达地区和贫困地区在筹资的比例上相差很远。五是最低生活保障缺乏严格的审核，漏洞很多，有失公平。六是特困群体的帮扶、救助制度还不够健全和完善。这些问题需要克难攻坚。

6. 服务社会化，农村牧区相对较滞后。近年来随着公共服务社会化，下岗、失业人员、企业退休人员实行了社会化管理服务，并且养老金、失业救济金均实行了社会化发放，动态管理服务的制度、机制逐步健全，服务机构、服务平台也都已建立，服务功能和作用日益发挥。但是由于城乡二元结构的长期影响，人为地把城镇与农村牧区分开，一直来围绕着城镇的管理服务，忽略了农村牧区的管理服务。虽然近年来将失地农牧民纳入与城镇一样的管理，但机构、平台、硬件建设和政策相对滞后，与城市一体化管理服务不相适应，需要认真研究。

四、城乡社会保障体系协调建设的原则和目标

根据“城乡共富”建设的总目标，在“十一五”期间，包头市城乡一体化社会保障体系建设应全面统筹协调，其原则和目标应该是：

1. 原则。根据上述情况分析，当前城乡社会保障体系面临的问题和矛盾还将长期存在。要解决这些复杂的深层次的问题和矛盾，从现在起，各级领导要高度重视，摆上重要的议事日程。在具体工作中，应把握好以下原则：

（1）既要解放思想又要积极稳妥。统筹发展城乡社会保障是一项全新的工作，需要我们按照党的十七届三中全会提出的推进改革发展要求，顺应经济社会发展形势，进一步解放思想，树立现代社会保障思想理念，敢于创新，勇于突破，又快又好地推动包头社会保障事业。同时考虑到社会保障政策具有时间上的连续性、地区间的平衡性、制度间的层次性，因此要结合包头市实际，积极稳妥地出台相关政策，并且使各社保之间可以合理流动。

（2）既要注重公平又要坚持可持续发展。社会保障制度设计要注重公平，即无论占有资源的多少，支付能力的强弱，全体居民享受基本社会保障的机会均等和结果大体均等，都能够享受到有制度规定的最低标准的社会保障待遇。在承认存在客观差异前提下，将这种差异控制在社会可承受的范围内，实现社会公平正义，保障社会和谐稳定。同时社会保障支出具有较强刚性，一旦设立就需要持续提供，需要政府有足够

财力保障长期供给，因此要坚持“广覆盖、保基本、多层次、可持续”的原则，来统筹发展城乡社会保障体系。

(3) 既要统筹兼顾又要重点突破。发展城乡社会保障体系要坚持统筹兼顾，针对城乡社会保障事业的不同特点和薄弱环节，统筹规划社会保险、社会救助、社会福利和慈善事业的发展。同时要重点突破，向两个方面倾斜：从城乡二元结构来说，主要面向农村牧区；从地区差异来说，主要面向欠发达地区。要着力破解社会保障制度转换衔接问题，解决好居民参保自由选择权问题。

2. 目标。劳有所业。城镇、农村牧区有就业愿望的基本实现就业和再就业，农村牧区剩余劳动力基本实现从第一产业向第二、第三产业转移就业。

病有所医。城镇职工基本医疗保险全覆盖。农村牧区现有合作基本医疗制度更加健全完善，人人享有医疗保障，有条件的与城镇基本医疗保险制度接轨。

老有所养。城镇职工社会养老保险覆盖面保持100%。农村牧区农转非人员基本养老保险制度和超年龄段人员生活补助制度全面建立和覆盖，农牧民养老保险工作全面启动，条件成熟的做到应保尽保。

弱有所助。城镇最低生活保障制度更加完善、规范、有序。农村牧区现有最低生活保障制度进一步完善，撤村建居及征地农转非人员最低生活保障与城镇接轨，城镇、农村牧区特困人员生活得到及时救助。

权有所护。企业职工尤其是外来劳动者的合法权益得到有效维护和保障。

退有所管。城镇退休人员管理服务更加规范。农村牧区撤村建居退休人员管理服务与城镇接轨，未撤村建居的退休人员同时纳入社会化管理，老年人文体娱乐活动场所健全。

技有所教。城镇就业培训层次提升。农村牧区农转非人员、剩余劳动力的职业技能培训基地健全，培训工作制度化、经常化，培训与就业更加紧密。

五、城乡社会保障体系协调建设的途径

从现实和长远看，我们认为，包头市城乡一体化社会保障体系协调建设应通过以下途径和方式来实现。

1. 统筹城乡就业，城镇抓深化，农村牧区抓转移。城镇要在采集、挖掘开发就业岗位，提供信息，牵线服务上下工夫，使有就业愿望的劳动者基本实现就业和再就业。农村牧区农转非人员、剩余劳动力应通过鼓励各类企事业单位积极吸纳，农村10%安置性用地开发和公益性岗位开发安置，鼓励自谋职业、自主创业和灵活就业等途径和方式来实现就业，从根本上解决生活生存的问题。

2. 统筹城乡培训，城镇抓提升，农村牧区抓规范。城镇就业培训要提高培训的层次，增强培训的针对性，注重培训的质量和效果。农村牧区劳动者应通过乡镇成人学校、农函大、各有关部门组织的多层次、多形式的文化补习、适应性、创业性等职业技能培训，提高综合素质，通过以上途径和方式来增强市场就业的竞争能力，从根本上解决就业难的问题。

3. 统筹城乡医疗，城镇抓提高，农村牧区抓接轨。城镇主要抓好在职职工，自谋职业和续保人员的医保覆盖工作，提高医疗救助的管理和服务工作。农村牧区医疗在建立和完善现有新型合作医疗制度的基础上，农村牧区劳动者凡在企事业单位就职或自谋职业经办经济实体的，应由用人单位和经济实体参加城镇基本医疗保险。未就业的劳动者，凡有条件的村（社区）和劳动者本人可按现有政策，通过经济合作社和灵活就业人员的形式参加城镇基本医疗保险。通过以上途径和方式，来实现农村牧区合作医疗与城镇基本医疗保险接轨，从根本上解决病有所医的问题。

4. 统筹城乡社保，城镇抓完善，农村牧区抓覆盖。城镇主要抓好社保的完善和服务工作。农村牧区劳动者凡在各类企事业单位就职或自办经济实体的都应按照现有政策，由用人单位或自办经济实体参加城镇职工基本养老保险；未就业的农转非人员应按现有政策参加“双低”

或城镇职工基本养老保险；未就业的农村牧区劳动者有经济条件的村（社区）和劳动者本人可以经济合作社的名义参加城镇基本养老保险；超年龄段的人员无论是农转非还是未农转非，都应建立相应的生活补助。通过以上途径和方式来实现与城镇养老保险制度接轨，从根本上解决老有所养的问题。

5. 统筹城乡帮扶，城镇抓规范，农村牧区抓提高。城镇要抓好最低生活保障的深化、规范工作。农村牧区撤村建居农转非人员家庭最低生活保障全面纳入城镇最低生活保障范围，享受同等政策待遇。纯农村牧区家庭最低生活保障的范围、政策和待遇应随着经济的发展水平与城镇基本相适应。无论是农转非还是未农转非的特殊困难群体的生活救济、医疗救助、求学资助等方面全面纳入帮扶范围，实行与城镇相同的政策和待遇。通过以上途径和方式来实现应帮尽帮，从根本上解决弱有所扶的问题。

6. 统筹城乡管理，城镇抓执法，农村牧区抓建制。城镇要加大在健全和完善制度的基础上，对各类企业的执法监察力度，大力规范企业的用人行为。及时制止和纠正企业违反劳动法律、法规的行为，农村牧区要加大对各类企业建立劳动合同、集体合同和集体协商工资等三项制度的工作力度，规范企业的用人行为，并加强执法检查工作。通过上述手段和方式，从根本上解决劳动者的权益保障问题。

7. 统筹城乡服务，城镇抓机制，农村牧区抓启动。城镇要在接管的基础上，健全退休人员、动态管理服务等各项机制及活动中心，为退休人员提供及时、便利、有序的服务。农村牧区目前退管工作相对落后，老年人活动场所少而小。针对这一现状，农村牧区应加快老年活动场所建设，在管理服务上，无论是撤村建居还是未撤村建居村的退休人员，全面纳入社会化管理范围。通过以上途径和方式，来实现农村牧区退管工作与城镇接轨，从根本上解决老有所管的问题。

六、城乡社会保障体系协调建设的措施

民生问题是事关社会稳定的重大问题，城乡一体化社会保障体系协

调建设是一项造福于广大人民群众的系统工程。

1. 统一思想认识。各级政府要加强领导，加大工作力度，采取有效措施。城乡一体化社会保障体系建设是全面建设小康社会的必然要求，是工业化和城市化进程的内在需要，是城乡经济协调发展的客观要求，更是解决“三农”问题和破解“七难”的重要举措。归根到底是践行“三个代表”重要思想，落实科学发展观，保障人民群众根本利益的最大体现。构建城乡一体化社会保障体系无论是现在还是将来都有着现实和长远的意义。因此，各级各部门广大领导干部都要按照市委、市政府提出的“城乡共富”的要求，以群众的呼声为第一信号，来统一思想认识。要充分认识，构建城乡一体化社会保障体系是城乡经济社会发展过程中不可逾越和避免的问题。解决好这一问题，虽然需要一定的时间和过程，但总归是要解决的问题。我们必须以科学的发展观、正确的政绩观来谋划和实施好。

2. 全面统筹实施。构建城乡一体化社会保障体系必须全面统筹。一是要对城乡劳动力资源，企业用人需求进行全面调查，建立人力资源信息库，并对“十二五”期间的就业工作进行全面规划。二是要整合和利用现有教育资源，以成人学校、农函大为依托，建立培训基地，并对培训工作做出统筹规划。按照市场导向和用人单位的需求设置培训的内容、时间、标准和要求，真正实现培训与就业相结合。三是要对农村牧区社会保险进行重点研究、规划和实施，对最低生活保障、特困人员救助、超年龄段生活保障进行完善和建制。四是要健全企退人员的管理服务机制，并把农村牧区退休人员纳入社会化管理服务范围和对象，健全城乡老年活动中心，丰富老年人生活。五是要对各类企业执行劳动法的情况进行调查，加快企业劳动合同、集体合同、集体工资协商等三项制度的建立工作，从源头上规范企业的用工行为，同时要加大执法监察力度，及时制止和纠正企业的违法行为，切实维护劳动者的合法权益。

3. 完善相关政策。就目前而言，城镇社会保障的各项政策较为健全。农村牧区撤村建居和征地农转非人员的就业、培训、养老保险、医疗保险、最低生活保障等方面市区（旗县）都有政策，关键在于抓好落实。未撤村建居的农牧业户口人员的就业、培训、合作医疗、最低生活保障、特困人员救济、救助等方面市区也有政策，但与城镇相比尚有一定差距，存在两种政策、不同待遇。因此，按照城乡一体化的要求，在现阶段需要制定和完善如下政策。一是农村劳动力在从第一产业向第二、第三产业转移就业的过程中的帮扶、培训，给予享受与城镇同样的政策。二是鼓励和允许农村牧区劳动力年龄段人员参加城镇职工基本养老保险、“双低”养老保险、基本城镇医疗保险，并给予一定的补助政策。对超年龄段的人员建立相应的生活补助制度，保证其晚年生活。三是最低生活保障、医疗救助、特困救济救助与城镇接轨，各级政府应加大财政保障投入，并建立科学、公正、规范的运作机制。四是在老年活动场所建设和设施配备等方面，各级政府给予一定的资金投入。

4. 延伸管理服务。目前城市的社会保障管理服务机构基本健全，管理服务工作也步入制度化、规范化和经常化。因此，必须将管理服务延伸到农村牧区社会保障体系建设的全过程。一是在组织机构建设方面，要在撤村建居建立劳动和社会保障服务室的基础上，在未撤村建居的也要建立劳动和社会保障服务室，配备专职人员，其设施投入和人员经费由各级财政投入。二是在农村牧区劳动力转移就业、职业技能培训、社会养老保险办理、最低生活保障、退休人员社会化管理等方面实行全方位服务。三是建立健全社会保障体系建设过程中的基础台账、档案、日常管理服务机制、工作运行机制，以规范农村牧区的管理服务工作。

5. 建立责任体系。城乡一体化社会保障体系建设涉及各级政府、各有关部门，尤其是与劳动、财政、卫生、民政、国土、农业、教育等部门息息相关。因此，在城乡一体化社会保障体系建设过程中，要健全责任体系和工作机制。一是要建立责任考核体系。把社会保障体系建设纳入各级政府及其部门的年度工作计划，列入工作目标考核。二是要建立工作协调机制。对社会保障体系建设的每项工作，实行统一研究政策，统一组织实施，实现效率、效果的最大化。三是要建立部门信息通报制度。在社会保障体系建设的过程中遇到的新情况、新问题和矛盾，以及上级新政策要及时相互传递，并提出相应的对策、措施。四是要建立工作班子，实行松散型工作机制，需要时集中工作，对阶段性工作进行总结、分析，研究和部署。

6. 增加财政投入。要多渠道筹集社会保障基金。社会保障是目前财政收支项目中一个非常突出的“缺位”领域。因此，建立覆盖城乡居民的社会保障体系，政府必须承担相应的财政职责。一方面，应通过建立专门的社会保障预算，明确各项社会保障资金的来源和用途。另一方面，社会保障水平一般要与经济发展水平及城乡居民的需求增长相适应，因此，随着本市经济实力不断增强和城乡居民生活水平不断提高，政府应不断提高社会保障水平，并进而不断提高社会保障支出在各级财政支出中的比例。除此之外，还要鼓励和引导参保人员积极缴纳社会保险费，鼓励社会捐赠等。

7. 推进法制建设。加快建立覆盖城乡居民的社会保障体系，必须立法先行。目前法律制度的欠缺给社会保障体系建设带来一系列问题，如保障对象不明确、保障资金来源不稳定、保障管理存在随意性和盲目性等等。因此，要建立健全与经济发展水平相适应的社会保障体系，就必须加快立法步伐，制定一系列适应本市实际情况的社会保障法律法规，为完善制度和依法管理社会保障工作提供有力的法律依据。

8. 发挥商业保险作用。城乡居民基本养老保险、基本医疗保险、最低生活保障、社会救助、社会福利等是以保障其基本生活为目的的社会保障制度。商业保险在此基础上发挥补充作用，谁投保谁受益，多投保多受益，满足城乡居民更高层次的社会保障需求。因此，政府应通过经济立法和经济政策等手段，鼓励发展商业保险，充分发挥其在健全社会保障体系中的作用。

“十一五”时期包头经济强市比较分析

（2011 年 1 月 1 日）

王德山　刘　洁[①]

1999 年 1 月 29 日，江泽民总书记在考察包头时题词：“团结奋斗，发挥优势，把包头建成我国中西部地区一个经济强市。”1999 年 11 月，中共包头市委八届五次全委（扩大）会议作出决定：“力争到 2010 年，把包头建成我国中西部地区一个经济强市。”十余年来，包头市在建设经济强市的进程中取得了显著的成就，为包头市今后的经济社会发展奠定了坚实的基础，准备了充分的物质技术条件。本课题主要就包头市“十一五”时期经济强市建设做一总结分析，并就“十二五”时期经济强市建设提出初步构想。

一、经济强市的研究范畴

（一）经济强市的内涵

所谓经济强市，就是以一定的时间为分析剖面，以一定的地域空间

① 刘洁：（1979 年～　　），女，汉族，辽宁辽阳人，包头综合开发研究院计算机管理师。研究方向：数据库、资料编辑。

为比较范围，以全方位经济指标为核心内容，以经济综合实力为排序标准的一类整体优势相对集聚的绩优系列城市的冠名总称。它是一个城市经济发展已具相应规模，经济素质凸现较高水准，实力集聚呈惯性扩张，瓶颈创新出现突破机遇的一系列已达一致共识的城市集合。它具有如下显著特征：

1. 相对比较性。经济强市是一个有机综合的概念，是经济整体比较的产物，是理论排序领衔的位次集合，是城市相对进化的参照楷模。

2. 区域空间性。经济强市是以一定地域为限来界定的，如全球性、全国性、区域性等，是由其区位空间优势所表现的，是城市间分工协调的主角。

3. 动态时效性。经济强市不是永久的冠名、终生的荣誉，而是曾经有过的领先、历史暂时的辉煌。它是城市、经济、时间三维空间在超曲面上折射投影后的理论分类，是时间约束下的动态领先。

4. 综合协调性。经济强市不是单项强、局部强，而是综合强、协调强的凸现，其整体描述是由其固有经济内涵和比较的相对强势来刻画的，其固有经济内涵的外延描述，则是通过全方位经济指标的分层递选来具体表述的，因此，经济强市具有经济综合、整体协调的强强特征。

（二）经济强市的外延

由于经济强市是暂时的领先、曾经的辉煌，要达到持续的领先，再创高层次新辉煌，就必须寻求城市的远景目标定位，然后通过大手笔的重塑和创建，并重点在“建”字上强力突破，以实现经济强市从外延升级到内涵的提高。因此“经济强市”的外延集中表现在“建”字上，其基本内容就是：易弱变强，持强更强，实现城市经济的超前发展；变不足为完善，变落后为超前，实现城市空间的率先创新。这就要求在创建经济强市的全程中，要紧紧围绕“城市基础要夯实，城市形象要重塑，城市布局要创新，城市结构要升级，城市优势要凸现”这一建市宗旨。据此，经济强市的创建应具有如下特征：

1. 目标性。经济强市是一个具体的，客观的发展目标和在时间向量约束下的城市空间发展的完整进化过程。其总体目标不但具有单个目标质和量的规定性，而且还有多个目标质和量的集合性，这就决定以经济强市目标定位具有择优性、组合性以及发展的阶段性和有序性的特征。因此，包头建经济强市的目标内涵应是“城市实力化、城市现代化、城市生态化、城市都市化”四化的目标多样性集合。

2. 创新性。经济强市是创新因素与改革机遇相碰撞后形成的创新机制在城市经济发展中的集中投影。创新因素，特别是密集创新剖面，大部分都集聚在城市经济的瓶颈领域，而瓶颈领域又往往是经济发展企盼突破的新领域，这些领域承受着强烈的利润刺激和需求压力，这就使得新领域会集聚各路“精英”奋发创新，一旦突破“瓶颈”遇改革的“催化”就会使该领域迅速发育、成长、进化并突变转化为再生机能的增强，从而形成新的城市创新机制，至此，经济强市就实现了新一轮的“质”的飞跃，因此，创新因素是建设经济强市的必要条件，而改革因素则是建设经济强市的充分条件，只有不断创新，不断改革才能使强市地位永保不衰。

3. 持续性。经济强市的创建必须以时间为横坐标、分阶段的奋斗目标为纵坐标，实施大手笔的政策引导和强化措施的双重驱动，才能使经济强市的建设在时间上实现目标收敛，以实现新经济增长与发展后劲的合力统一，从而达到经济强市从量的扩张到质的提高的持续飞跃，并形成时序上的跳跃式加速发展的强劲态势。

（三）经济强市研究的数据选择

确立建设经济强市的数据选择，是本课题研究的基础条件。为了突出包头在经济强市建设过程中的动态性、比照性，就必须在对比数据选择中注意综合性、全面性和科学性。本课题选择了“十一五”时期全国地级及以上城市常用的十项指标，即：

1. 用 GDP 绝对值和排序比较经济总量水平；

2. 用人均 GDP 绝对值和排序比较劳动生产率水平；

3. 用财政收入绝对值和排序比较城市财力保证水平；

4. 用固定资产投资绝对值和排序比较建造和购置固定资产的投资活动水平；

5. 用社会消费品零售总额绝对值和排序比较社会需求及拉动经济的水平；

6. 用进出口总额绝对值和排序比较对外贸易规模及水平；

7. 用当年实际利用外资金额绝对值和排序比较对外开放力度及水平；

8. 用城乡居民储蓄年末余额绝对值和排序比较城乡居民储蓄水平和银行信贷资金的构成；

9. 用城镇居民人均可支配收入绝对值和排序比较城镇居民收入水平；

10. 用农牧民人均纯收入绝对值和排序比较农牧民收入水平。

（四）经济强市研究的比较时期及比较范围选择

1. 比较时期：以 2005 年为基期，从 2006 年至 2010 年，共 5 个年份。

2. 比较范围：

——在自治区内对 12 个盟市“十一五”时期 5 年主要经济指标进行对比分析；

——在西部地区对 85 个地级及以上城市“十一五”时期 5 年主要经济指标进行对比分析；

——在中西部地区对 166 个地级及以上城市“十一五”时期 5 年主要经济指标进行对比分析；

——在全国对 287 个地级及以上城市“十一五”时期 5 年主要经济指标进行对比分析。

3. 比较方法：

在比较分析的各个区域城市群中，经济强市占 20%，发展中城市占 60%，欠发达城市占 20%，即：

——在自治区内 12 个盟市中主要经济指标名列前 3 位为自治区经济强市；

——在西部地区 85 个地级及以上城市中名列前 17 位为西部地区经济强市；

——在中西部地区 166 个地级及以上城市中名列前 33 位为中西部地区经济强市；

——在全国 287 个地级及以上城市中名列前 57 位为全国经济强市。

二、包头市经济强市建设比较分析

（一）“十一五”时期包头市在自治区 12 个盟市范围内比较分析

2005 年包头市 GDP 总量 848.7 亿元，排序为第 1 位；人均 GDP 为 40457 元，排序为第 1 位；地方财政一般预算内收入 58.42 亿元，排序为第 1 位；固定资产投资总额 560.00 亿元，排序为第 1 位；社会消费品零售总额 290.08 亿元，排序为第 2 位；进出口总额 9.30 亿美元，排序为第 3 位；当年实际利用外资金额 4.08 亿美元，排序为第 1 位；城乡居民储蓄年末余额 389.48 亿元，排序为第 1 位；城镇居民人均可支配收入 13218 元，排序为第 1 位；农牧民人均纯收入 4667 元，排序为第 1 位。

2010 年包头市 GDP 总量 2460.81 亿元，排序为第 2 位；人均 GDP 为 94269 元，排序为第 3 位；地方财政一般预算内收入 139.18 亿元，排序为第 2 位；固定资产投资 1500.30 亿元，排序为第 2 位；社会消费品零售总额 617.70 亿元，排序为第 2 位；进出口总额 19.50 亿美元，排序为第 2 位；当年实际利用外资金额 11.00 亿美元，排序为第 2 位；城乡居民储蓄年末余额 750.75 亿元，排序为第 2 位；城镇居民人均可支配收入 25862 元，排序为第 1 位；农牧民人均纯收入 8766 元，排序为第 2 位。

从以上主要经济指标对比分析中可以看出：包头市经济总量排序由 2005 年的第 1 位下滑到 2010 年的第 2 位；人均 GDP 由 2005 年的第 1 位下滑到 2010 年的第 3 位；地方财政一般预算内收入由 2005 年的第 1 位下滑到 2009 年的第 2 位；固定资产投资由 2005 年的第 1 位下滑到 2010 年的第 2 位；社会消费品零售总额继续保持在第 2 位；进出口总额由 2005 年的第 3 位提升到 2010 年的第 2 位；当年实际利用外资由 2005 年的第 1 位下滑到 2010 年的第 2 位；城乡居民储蓄余额由 2005 年的第 1 位下滑到 2010 年的第 2 位；城镇居民人均可支配收入继续保持在第 1 位；农牧民人均纯收入由 2005 年的第 1 位下滑到 2010 年的第 2

位。2010 年，包头市十项主要经济指标中除城镇居民人均可支配收入一项指标居第 1 位，其余九项指标均处于第 2、3 位次上。

判断一：在 2010 年与 2005 年自治区各盟市主要经济指标对比中，包头市十项主要经济指标全部进入前 3 位，包头市仍属于自治区的经济强市。但已不是自治区各盟市经济发展的“领头羊”，而是事实上的“包老二”。

（二）“十一五”时期包头市在西部地区 85 个城市范围内比较分析

2005 年包头市 GDP 总量排序为第 5 位；人均 GDP 排序为第 3 位；地方财政一般预算内收入排序为第 6 位；固定资产投资总额排序为第 4 位；社会消费品零售总额排序为第 7 位；进出口总额排序为第 10 位；当年实际利用外资金额排序为第 4 位；城乡居民储蓄年末余额排序为第 9 位；城镇居民人均可支配收入排序为第 1 位；农牧民人均纯收入排序为第 3 位。

2010 年包头市 GDP 总量排序为第 5 位；人均 GDP 排序为第 3 位；地方财政一般预算内收入排序为第 8 位；固定资产投资排序为第 11 位；社会消费品零售总额排序为第 6 位；进出口总额排序为第 13 位；当年实际利用外资金额排序为第 4 位；城乡居民储蓄年末余额排序为第 13 位；城镇居民人均可支配收入排序为第 1 位；农牧民人均纯收入排序为第 3 位。

从以上西部地区 85 个城市主要经济指标对比分析中可以看出：包头市经济总量仍然保持在第 5 位；人均 GDP 仍然保持在第 3 位；地方财政一般预算内收入由 2005 年的第 6 位下滑到 2010 年的第 8 位；固定资产投资由 2005 年的第 4 位下滑到 2010 年的第 11 位；社会消费品零售总额由 2005 年的第 7 位上升到 2010 年的第 6 位；进出口总额由 2005 年的第 10 位下滑到 2010 年的第 13 位；当年实际利用外资仍然保持在第 4 位；城乡居民储蓄余额由 2005 年的第 9 位下滑到 2010 年的第 13 位；城镇居民人均可支配收入继续保持在第 1 位；农牧民人均纯收入继续保持在第 3 位。2010 年，在西部地区 85 个城市中，包头市十项主要经济指标只有一项位次上升，五项位次保持不变，四项位次下滑。

判断二：在 2010 年与 2005 年西部地区 85 个城市主要经济指标对

比中，包头市十项主要经济指标全部进入前 17 位，包头市仍属于西部地区的经济强市。但四项经济指标位次下滑，且下滑幅度较大，应该引起我们高度重视，认真分析原因，采取应对措施。

（三）“十一五”时期包头市在中西部地区 166 个城市范围内比较分析

2005 年包头市 GDP 总量排序为第 13 位；人均 GDP 排序为第 3 位；地方财政一般预算内收入排序为第 10 位；固定资产投资总额排序为第 7 位；社会消费品零售总额排序为第 15 位；进出口总额排序为第 20 位；当年实际利用外资金额排序为第 8 位；城乡居民储蓄年末余额排序为第 21 位；城镇居民人均可支配收入排序为第 1 位；农牧民人均纯收入排序为第 5 位。

2010 年包头市 GDP 总量排序为第 9 位；人均 GDP 排序为第 3 位；地方财政一般预算内收入排序为第 15 位；固定资产投资排序为第 11 位；社会消费品零售总额排序为第 15 位；进出口总额排序为第 25 位；当年实际利用外资金额排序为第 10 位；城乡居民储蓄年末余额排序为第 29 位；城镇居民人均可支配收入排序为第 1 位；农牧民人均纯收入排序为第 6 位。

从以上中西部地区 166 个城市主要经济指标对比分析中可以看出：包头市经济总量由 2005 年的第 13 位上升到 2010 年的第 9 位；人均 GDP 仍然保持第 3 位；地方财政一般预算内收入由 2005 年的第 10 位下滑到 2010 年的第 15 位；固定资产投资由 2005 年的第 7 位下滑到 2010 年的第 11 位；社会消费品零售总额继续保持在第 15 位；进出口总额由 2005 年的第 20 位下滑到 2010 年的第 25 位；当年实际利用外资由 2005 年的第 8 位下滑到 2010 年的第 10 位；城乡居民储蓄余额由 2005 年的第 21 位下滑到 2010 年的第 29 位；城镇居民人均可支配收入继续保持在第 1 位；农牧民人均纯收入由 2005 年的第 5 位下滑到 2010 年的第 6 位。2010 年，在中西部地区 166 个城市中，包头市十项主要经济指标有一项上升，三项保持不变，六项下滑。

判断三：在 2010 年与 2005 年中西部地区 166 个城市主要经济指标对比中，包头市十项主要经济指标全部进入前 33 位，包头市仍属于中西部地区的经济强市。但六项经济指标位次下滑，且下滑幅度较大，应该认真分析原因，采取应对措施，筑牢经济强市的根基。

（四）“十一五”时期包头市在全国287个城市范围内比较分析

2005年包头市GDP总量排序为第61位；人均GDP排序为第18位；地方财政一般预算内收入排序为第44位；固定资产投资总额排序为第42位；社会消费品零售总额排序为第56位；进出口总额排序为第88位；当年实际利用外资金额排序为第48位；城乡居民储蓄年末余额排序为第80位；城镇居民人均可支配收入排序为第29位；农牧民人均纯收入排序为第49位。

2010年包头市GDP总量排序为第41位；人均GDP排序为第7位；地方财政一般预算内收入排序为第57位；固定资产投资排序为第37位；社会消费品零售总额排序为第53位；进出口总额排序为第96位；当年实际利用外资金额排序为第41位；城乡居民储蓄年末余额排序为第93位；城镇居民人均可支配收入排序为第20位；农牧民人均纯收入排序为第47位。

从以上全国287个城市主要经济指标对比分析中可以看出：包头市经济总量由2005年的第61位上升到2010年的第41位；人均GDP由2005年的第18位上升到2010年的第7位；地方财政一般预算内收入由2005年的第44位下滑到2010年的第57位；固定资产投资由2005年的第42位上升到2010年的第37位；社会消费品零售总额由2005年的第56位上升到2010年的第53位；进出口总额由2005年的第88位下滑到2010年的第96位；当年实际利用外资由2005年的第48位上升到2010年的第41位；城乡居民储蓄余额由2005年的第80位下滑到2010年的第93位；城镇居民人均可支配收入由2005年的第29位上升到2010年的第20位；农牧民人均纯收入由2005年的第49位上升到2010年的第47位。2010年，在全国287个城市中，包头市十项主要经济指标有七项上升，三项下滑。

判断四：在2010年与2005年全国287个城市主要经济指标对比中，包头市十项主要经济指标中有八项进入前57位，两项未进入（进出口总额第96位，城乡居民储蓄年末余额第93位），包头市属于全国

287个地级及以上城市中的准经济强市，但基础不很牢固。

结论：从以上四个层面分析包头市在“十一五”时期经济强市建设的发展态势得出如下结论：

1. 包头市是内蒙古自治区的经济强市；包头市是西部地区的经济强市；包头市是中西部地区的经济强市；包头市是全国的准经济强市。

2. 包头市经济发展速度呈现放缓状态，一些主要经济指标出现下滑趋向。这一现象警示我们，我们应该既要重视经济总量的扩张，还要注重经济运行的质量和效益，更要着眼经济发展的全面、协调和可持续性。

3. 包头市在“十一五”时期经济发展方式总体来说是粗放的，三次产业结构不尽合理，产业内部结构存在诸多“失衡”、“短板”、“瘸腿”问题。

4. 包头市已进入只有调整经济结构才能持续发展的关键时期，推进经济结构调整是“十二五”时期包头经济发展趋势的必然要求，是解决包头市经济发展深层次矛盾的根本举措。

三、在经济强市建设中的思考

（一）存在的主要问题

“十一五”时期，包头市经济社会发展取得了显著成就，比较完整的工业体系和国民经济体系已经初步建立并逐步完善，经济结构得到一定的调整优化，经济强市建设取得长足进步。同时，我们必须清醒地看到，包头市在经济发展中不平衡、不协调、不可持续性问题依然突出，主要是：

由于产业结构层次低，自主创新能力弱，产品多处在产业链前端与价值链低端，在外部经济环境影响下，尤其在国际金融危机的冲击下，全市工业增速掉得猛、下滑快、回升慢。

由于经济增长过度依赖投资拉动，内需与外需、投资与消费“一条腿长、一条腿短”的特征明显，经济增长的内生动力不足，经济回升和发展的基础还不牢固。

由于城乡之间和区旗县之间发展不平衡，城镇化蕴含的巨大内需潜力还难以真正转化和体现为经济回旋余地大的现实优势。

由于过度依赖能源资源的高消耗和高投入，在部分行业产能过剩和资源环境约束不断加大的条件下，既面临着保增长的现实任务，更面临着调结构、促转型的战略任务。

从表面上看，国际金融危机对全市经济增长速度造成较大影响，实质上是对全市经济结构和经济发展方式的冲击，更是对全市发展观念的冲击。

（二）面临的形势

《中共中央关于制定国民经济和社会发展第十二个五年规划的建议》强调以加快转变经济发展方式为主线的基本要求是：坚持把经济结构战略性调整作为主攻方向；坚持把科技进步和创新作为重要支撑；坚持把保障和改善民生作为根本出发点和落脚点；坚持把建设资源节约型、环境友好型社会作为重要着力点；坚持把改革开放作为强大动力。这同时也是经济强市建设过程中的基本要求，我们应该牢牢把握，并付诸行动。

目前，全国地级及以上城市纷纷对自身发展模式进行反思和调整，依靠传统重化工业“过度投资”来支撑城市发展的模式面临重大调整，各城市产业结构正在酝酿新一轮升级和生产要素重新布局，纷纷把低碳、循环、绿色、生态技术及其产业化作为突破口，以求塑造新的竞争优势，抢占新的制高点。面对这一深刻变化，我们如果思想和认识跟不上，就会漠视调整结构的压力，难以形成加快推进的强大动力；如果工作和措施跟不上，就会丧失调整结构的活力，难以形成加快推进的强大合力；如果稍有懈怠，在结构调整上不尽快取得大的突破，就难以抢占发展的主动权和制高点，在新一轮城市经济竞争中必然陷入被动落后的境地，包头市就难以实现巩固中西部地区经济强市和建设全国经济强市的目标。

四、对经济强市建设的建议

“十二五”时期，在建设经济强市过程中，必须坚持以科学发展为主题，以加快转变经济发展方式为主线的指导思想，为建成全国经济强市、扎扎实实建设全面小康社会打下具有决定意义的物质技术基础。

（一）加快经济结构战略性调整进程

1. 坚持发展现代农牧业，提高发展质量和效益。以现代发展理念为指导，以先进的科学技术和较为雄厚的物质装备为支撑，运用现代高级经营形式和丰富的管理手段，富于包头地域特色、贸工农紧密衔接、产销融为一体的多功能、高效率、可持续发展的产业综合体系。通过调整优化农牧业生产结构，继续推进优质粮食、优质畜产品生产加工基地建设，加快发展果蔬、花卉、苗木、水产品等特色农产品，增强包头市农畜产品市场竞争力。通过完善土地流转、培育龙头企业、发展农村牧区合作组织，加快服务体系建设，推动农牧业规模化生产、产业化经营，提高农牧业劳动生产率，促进农牧民持续增收。

2. 坚持发展新型工业，提高核心竞争力。应始终把实现新型工业化发展放在突出位置，努力保持一个比较高的增长速度，进一步做大工业经济总量。培育壮大战略性新兴产业，大力发展轻型工业，努力提高高端装备制造业和高新技术产业占工业增加值的比重和高端产品的比重，抢占工业发展的制高点。通过建设大型产业基地、产业集聚区和整合重组优势企业，提高行业集中度，推动区域工业差异化发展，培育一批具有核心竞争力的区域工业品牌，努力提高工业增长的效益。

3. 坚持壮大现代服务业。既要注重通过提高科技含量、创新管理模式、发展先进业态，推动商贸流通、住宿餐饮、交通运输等传统服务业扩大规模、提升层次、塑造品牌；又要注重通过规划引导、财税扶持、扩大开放、优化环境，推动现代物流、现代金融、文化创意、特色旅游等现代服务业加快发展、做大做强，使之成为包头市战略新兴产业和支柱产业。

（二）坚持把科技进步和创新作为重要支撑

1. 建立和完善科技创新体系。努力建立开发、储备、生产的科技创新发展新机制，以科技进步和创新加快产品结构调整。重点建设新能源、新材料、高端装备制造等战略性新兴产业研究中心，注重产业（产品）链的连接和延伸。

2. 注重培育科技进步和创新成果。创建创新型试点企业，发展国家级高新技术企业，认证国家、自治区、市级企业研究中心，培育工业与信息化融合试点企业，支持科技型中小企业。大力推进科技专项，建立企业自主创新机构。

3. 加快促进科技进步和创新成果转化。以工业园区为基础，以科技型企业为载体，加强科技成果转化基地建设。加大对科技成果转化的支持力度，对于已具备产业化条件的科技成果，支持其做大做强；对发展前景良好但未完成的科研项目，提供条件，使其早日具备转化条件。建立科技成果转化的有效机制，形成产学研一体化联合体，使产学研结合点前移，推动产学研联合体从松散型向实体型过渡。

（三）坚持把保障和改善民生作为根本出发点和落脚点

1. 千方百计促进城乡居民就业。把促进就业与调整经济结构结合起来，实施更加积极的就业政策。加大就业再就业帮扶力度，不断开拓新的就业岗位，促进城乡劳动力充分就业。继续完善就业服务体系，尽快制定和完善促进公共就业服务的相关政策法规，保障各类就业群体的合法权益，建立起覆盖城乡的公共就业服务信息网络。

2. 不断完善城乡社会保障体系。全面推进覆盖城镇的基本养老、失业、医疗、工伤和生育等社会保险制度，在不断扩大社会保险覆盖面的同时，逐步提高各类保险金待遇标准。以农牧区社会保险、社会救助、社会福利为基础，以农牧区基本养老、基本医疗、最低生活保障制度为重点，以慈善事业、商业保险为补充，完善农牧区社会保障体系。

3. 加大收入分配调节力度。完善收入调节机制，调整国民收入分配结构，不断提高居民收入在国民收入分配中的比重，提高劳动报酬在初次分配中的比重。更加注重社会公平，以共同富裕为目标，提高低收入者收入水平，扩大中等收入者比重，有效调节过高收入者收入水平，遏制社会收入分配差距扩大的趋势。

（四）坚持把建设资源节约型、环境友好型社会作为重要着力点

1. 坚持资源开发利用与生态环境保护协调。坚持资源开发和节约并重、把节约放在首位，完善土地资源、水资源、重要矿产资源有偿使用制度，合理有效利用资源，提高资源利用率和生产率。

2. 强化环境保护对经济发展的硬约束。坚决杜绝先污染后治理、先破坏后恢复、边治理边污染、边恢复边生产的现象，向生态涵养、环境改善要发展空间。

3. 加快循环经济试点建设，推动生产要素高效利用和循环利用。顺应绿色经济、低碳经济发展潮流，推动全社会形成节约资源和保护环境的生活方式与消费模式，向循环、绿色、低碳要发展空间。

（五）坚持把改革开放作为强大动力

1. 全面推进各领域改革。要更加重视包头市改革的顶层设计和总体规划，进一步明确改革的优先顺序和重点任务，进一步调动各方面改革的积极性，切实尊重群众首创精神，大力推进经济体制改革，积极稳妥推进政治体制改革，加快推进文化体制、社会体制改革，不断完善社会主义市场经济体制，使上层建筑更加适应经济基础发展变化，为科学发展与社会和谐提供有力保障。

2. 力争在重点领域和关键环节取得突破。积极推进国有经济战略性调整，支持和引导非公有制经济发展，营造各种所有制经济公平竞争、共同发展的体制环境；加快转变政府职能，强化服务和监管职责，减少对微观经济活动的干预，充分发挥市场在资源配置中的基础性作用；财税要围绕完善促进基本公共服务均等化、公平税负、节能环保等，加快财税体制改革；完善金融管理体制，增强金融企业活力，加强金融监管协调，防范系统性金融风险；深化资源性产品价格和要素市场改革，理顺价格关系，完善价格形成机制，健全要素市场。

3. 坚持对外开放、互利共赢的开放战略。进一步扩大开放领域，拓展开放空间，提高开放质量，完善开放型经济体系，形成新形势下参

与国内外经济合作和竞争的新优势。要下大力气推动包头对外贸易从弱小型向规模质量效益型转变，推动包头产业逐步从低端向高端转变。要在继续做好“引进来”工作、提高利用外资水平的同时，加快“走出去”步伐，着眼国际配置资源和要素，推动包头对外贸易由贸易型向贸易投资型转变。

关于包头生产性服务业发展战略研究

（2011 年 4 月 2 日）

杨春才

近年来，生产性服务业这一名词越来越多地受到各界的关注，已成为国民经济现代化的重要标志。《中华人民共和国国民经济和社会发展第十一个五年规划纲要》中就明确提出："加快发展生产性服务业。深化专业化分工，加快服务产品和服务模式创新，促进生产性服务业与先进制造业融合，推动生产性服务业加速发展。"加快发展生产性服务业，是推进产业结构优化升级和经济发展方式转变的重要环节，是提高城市和区域竞争力的有效途径，是贯彻落实科学发展观的内在要求。当前包头市经济发展正处于从粗放型向集约型转变的关键时期，加快生产性服务业发展，有助于推进产业结构调整，对包头市打造中西部地区工业强市、促进经济又好又快发展具有重要的意义。

一、生产性服务业的基本内涵、特征与分类

1. 生产性服务业的基本内涵。1975 年美国经济学家布朗宁和辛格曼在对服务业进行分类时最早提出了生产性服务业的概念。

生产性服务业是指为保持工业生产过程的连续性、促进工业技术进步、产业升级和提高生产效率提供保障服务的服务行业。它是与制造业

直接相关的配套服务业，是从制造业内部生产服务部门而独立发展起来的新兴产业，本身并不向消费者提供直接的、独立的服务效用。它依附于制造业企业而存在，贯穿于企业生产的上游、中游和下游诸环节中，以人力资本和知识资本作为主要投入品，把日益专业化的人力资本和知识资本引进制造业，是第二、第三产业加速融合的关键环节。

生产性服务业就其本身来说，就是创新产品、创新服务、创新营销。生产性服务业作为货物生产或其他服务的投入而发挥着中间功能，它们提高了生产过程不同阶段产出价值和运行效率，被定义为包括上游（如可行性研究、风险资本、产品概念设计、市场研究等）、中游（如质量控制、会计、人事管理、法律、保险等）和下游的活动（如广告、物流、销售、人员培训等）。生产性服务业始终贯穿于生产、流通、分配、消费等社会再生产环节之中。

生产性服务业中的很多行业是以高新技术、工艺、创意为支撑的高技术服务业，这些行业是智力密集型产业，实现了独立发展，从业人员的创新能力强，对相关产业的发展具有明显的支撑和带动作用，主要包括技术研究与开发、工业设计、专业技术服务、计算机服务、信息传输服务和软件服务、科技交流和推广服务、数字内容服务等行业。

然而，现在的生产性服务业发展还处于市场不成熟、需求不稳定、产业链尚不完整的摸索阶段。而城市化的改造又使得服务业成为有效需求高速增长、市场前景十分广阔、经济效益非常诱人的朝阳行业。正是具有这些相辅相成的特点，生产性服务业需要一个良好的应用环境，高效的政策支持机制，高技术的基础设施，相互接驳的产业链整合，迅速顺畅交换的网络和一个知识、功能交换高度市场化的平台。

2. 国内外生产性服务业发展的基本特征。生产性服务业是随着社会分工的进一步细化而从生产企业内部职能中分离出来的新兴产业。20世纪80年代以来，在以信息技术为代表的新技术革命的大力推动下，生产性服务业进入了快速发展时期，逐渐呈现出以下六个方面的发展特征。

（1）快速化发展。近二十年来，生产性服务业开始呈现出加速发展的新趋势。目前，生产性服务业不但已成为发达国家现代服务业产出的主要增长点和就业增加的主渠道，如经济合作发展组织国家中，属于生产性服务业的金融、保险、房地产和商务服务业产出占 GDP 的比重已由 1987 年的 15.3% 上升到 1997 年的 17.6%，就业比重由 1988 年的 9.4% 提高到 1998 年 11%；而属于生活性服务业的批发、零售、餐饮和住宿业产出占比则由 15.2% 下降到 14.6%，就业比重仅提高 0.9 个百分点；而且已成为许多发展中国家现代服务业发展的重点，如我国已把“提高服务业比重”列为“十二五”产业结构调整的三大重要任务之一。北京、上海等地提出了加快发展生产性服务业的目标，内蒙古自治区则在“十二五”规划建议中强调要大力发展服务业，重点发展生产性服务业。

（2）知识化发展。由于生产性服务业既是先进知识和技术的主要使用者，又是先进知识和技术的主要推动者，更是先进知识和技术的主要传播者，因而是一个集知识和技术于一身的知识化产业。高度知识化构成了生产性服务业快速发展的重要特征。特别是近年来，伴随着信息技术等高新技术的迅猛发展，生产性服务业开始了由传统的劳动密集型到资本密集型再到技术和知识密集型产业的转变。以提供高技术和高技能服务为主要内容的新兴服务业如雨后春笋般地涌现，极大地提高了生产性服务业的知识化水平。与此同时，生产性服务业中研究开发费用的不断增加，也使生产性服务业本身越来越具有知识和技术密集型产业的特征。如在 20 世纪 90 年代，服务业研发费用占全部研发费用的比重，荷兰、加拿大和意大利分别提高了 12.2 个、6.3 个和 4.2 个百分点。

（3）集群化发展。大量相同或相互关联的产业集聚于某一特定区域，形成既相互分工又互相合作的产业体系，不仅是国际制造业发展的新趋势，同样也是现代服务业发展的新趋势。在现代服务业中，为生产企业服务的特点决定了生产性服务业比其他服务业更具有集聚发展的动力和可能。从国际上看，目前世界上几乎所有大城市的中心区都已由过去的“工业中心”转型为“生产性服务业中心”。都市中心区已成为生产性服务业的主要集聚地。有研究资料表明，1985 年美国有 90% 的生产性服务业就业集中在大都市区，占了大都市总就业的 83%。而除了银行外，生产性服务业在非大都市区的区位熵低于 1.0。从国内看，上海等地已正式启动中心城区内最大的生产性服务业集聚区建设，旨在为长江三角洲世界级制造业基地建设提供强大的服务支撑。

（4）链式化发展。生产性服务业已由发展初期的向生产企业提供单一性或阶段性的服务，逐渐发展成为提供全方位、全过程的知识、技能和技术服务。目前，在生产性服务业发达的国家中，围绕制造环节这个中心，初步形成了完整的生产性服务业产业链。只要生产企业有需求，无论是生产环节的上游、中游，还是下游，各个阶段都有相应的生产性服务与之配套。在国内，不断延长生产性服务业的产业链也开始成为许多地区发展生产性服务业的重要方向。链式化发展的趋势，不但大大增强了生产性服务业的综合实力和市场竞争力，而且进一步加快了制造业由以制造为中心向以服务为中心的转型。

（5）外向化发展。从 20 世纪 90 年代起，全球服务贸易的增长速度开始快于货物贸易，其中的一个重要原因就是快速发展的生产性服务业逐渐成为服务贸易的主要“商品”。近年来，随着经济全球化和制造业在国际上的加速转移，发达国家在输出制造业的同时，连带输出了对制造业具有较强依附和跟随特征的生产性服务业，使得生产性服务业明显加快了跨区域和跨境流动的频度和力度。目前，以金融、保险、软件、研发为代表的生产性服务贸易逐渐成为发达国家对外直接投资的重要领域。

（6）融合化发展。生产性服务业通过加速向制造业生产前期的研发、设计领域，中期的管理、融资领域，后期的物流、销售、售后服务、信息反馈等全过程的渗透，不断趋向与制造业的融合发展。首先是制造业企业内部的产业融合，制造与服务功能相互叠加，使得一些制造业企业的服务性功能和收入占据了主导地位。如美国通用电气公司的服务收入已占总收入的 2/3 以上。其次是产业链上制造业与服务业的融合，研发、采购、售后服务等服务环节占产业链的比重越来越大、时间越来越长。再次是区域内的产业融合，制造业和生产性服务业越来越趋于在特定空间上集群式发展。

3. 生产性服务业的界定与分类。在经济活动中，生产性服务业和生活性服务业经常有交叉重合，一种服务往往既可满足生活需求，也可满足生产需求，这使得同一服务行业，如批发零售业、交通运输业、邮电通信业、金融保险业等服务行业，可以具有生产性服务和生活性服务的双重属性。严格地说，一个服务行业中纯粹为其他商品和服务的生产用做中间投入的服务才能界定为生产性服务业，必须根据详尽的统计资料确定服务业中用于生产和生活的服务比例，并依据此比例判定该服务业的性质。

不同国家和地区对生产性服务业的行业范围有不同的界定标准。《国务院关于加快发展服务业的若干意见》（国发［2007］7号）中提出大力发展面向生产的服务业，包括现代物流、信息服务、金融服务、科技服务、商务服务、商贸流通六个方面。香港贸易发展局认为生产性服务业主要包括四大行业，分别是专业服务、信息和中介服务、金融保险服务和贸易相关服务。上海市把生产性服务业划分为七大类，分别是资本服务类、会计服务类、信息服务类、经营组织类、研发技术类、人力资源类、法律服务类。专家学者和权威部门从各自研究角度对生产性服务业的行业范围给出了不同界定。

针对以上生产性服务业在界定和分类中的现状，结合包头的实际，对照《国民经济行业分类》（GB/T4754－2002），参考各地目前对生产性服务业统计范围的初步界定，再考虑数据的可获得性，本文从行业主体加以分析，将交通运输、仓储和邮政业，信息传输、计算机服务和软件业，金融业，租赁和商务服务业，科学研究、技术服务和地质勘查业等六个行业作为研究包头生产性服务业统计的基本范围。

4. 生产性服务业对经济发展的作用。生产性服务业是现代服务业中最具活力和发展潜力的产业，对促进经济增长和经济增长方式转变有着重要的意义。

（1）生产性服务业的发展能够促进制造业的良性发展。许多生产性服务，如金融、技术服务、交通运输等，都是支持制造业发展的重要部门。制造业是经济循环中的一个环节，从资金的筹集、原材料的供应到生产的组织、产品的销售等整个过程，生产性服务业都起到了重要作用，它能够提高制造业的劳动生产率和产品附加值，在满足市场需求的同时取得较大的经济效益。因此，制造业的良性发展离不开生产性服务业的有力支撑。

（2）生产性服务业的发展能够带动产业升级。以往的服务业仅是为了满足消费需求而进行的单一的、独立的生产和经营，而生产性服务是围绕企业生产进行的保障性服务，它贯穿于企业生产上游、中游和下游的诸环节。它应生产的需求而从现代服务业中独立出来，是社会分工细化的结果，并引入了新的科学技术和服务理念，拓展了新的功能和领域，形成了生产性服务业特有的模式和特征，从而改善了产业结构，带动了产业升级。

(3) 生产性服务业的发展能够促进经济分工。生产性服务业已经全面渗透到经济发展的各个层面和各个过程，成为新型技术和创新的主要提供和传播者。制造企业希望能从生产性服务业中获得资金支持和财务管理、信息沟通和风险规避、技术研发咨询服务以及贯穿整个生产供应链的物流服务。这就要求生产性服务业的经济分工必须细化，以系统化、专业化、科学化的服务满足生产企业降低运营成本、提高生产效率、增强企业竞争力的需求。

二、包头生产性服务业发展现状及存在的主要问题

生产性服务业伴随技术革命演进而产生、制造业快速发展而壮大、市场经济体制不断完善而加速发展。包头作为我国近代制造业最早的萌芽城市之一，同时也是生产性服务业发育最早的地区之一。但在1978年以前的长时期里，由于普遍存在“大而全”、“小而全”和企业办社会现象，生产性服务业中的不少行业被置于生产企业内部，而无法分离出来成为独立的服务行业。直到改革开放以后，特别是进入新世纪以来，在市委、市政府提出的“大力发展第三产业，推进三次产业的比重结构由“二三一”向“三二一”转换的方针指引下，包头市生产性服务业才步入了快速发展的轨道。

（一）发展现状

1. 生产性服务业规模不断扩大。近几年，包头生产性服务业持续较快发展，增长显著。2006年到2010年，生产性服务业增加值从165亿元增加到410.2亿元，按现价计算，年均增长22.8%，远高于全市生产总值年均18.3%的增速和服务业增加值年均15.8%的增速，生产性服务业增加值占包头生产总值的比重从15.3%提高到16.7%；而且

比服务业年均增速高出 7 个百分点，生产性服务业规模呈现逐年扩大态势，逐渐成为全市经济的支柱产业。

2. 生产性服务业产业结构逐步优化。从产业结构调整看，以邮电业（包括邮政、电信、固话、移动）为代表的现代经济核心行业增长较快，在生产性服务业中的占比不断提升，而批发业等传统行业占比呈下降态势。2005 ~ 2009 年，按现价计算，邮电业增加值年均增长 24.9%，比生产性服务业年均增速高 2.1 个百分点；从产业内部结构看，2009 年，交通运输、仓储邮政增加值占生产性服务业增加值的比重最大，为 70.3%；而金融业、信息传输、计算机服务和软件业、租赁和商务服务业、科学研究、技术服务和地质勘查业增加值的总和，所占比重只有 29.7%。

3. 生产性服务业对经济的拉动作用日益凸显。2009 年，包头生产性服务业对经济增长的贡献率达到了 16.6%；对服务业增长的贡献率达到了 38%，成为推动包头经济增长的重要力量之一。从具体行业看，交通运输、仓储和邮政业、金融业、租赁和商业服务业对经济拉动作用较强。以交通运输、仓储和邮政业为例，2009 年增加值占全市生产总值 11.6%，对服务业增长的贡献率为 26.8%。

4. 生产性服务业吸纳就业能力有所加强。生产性服务业的发展带动了当地就业。2010 年包头市就业人员达 137.7 万人，比 2005 年增加了 19.3 万人。而 2009 年底统计的数字表明，整个生产性服务业就业人数 19.1 万人，比 2005 年增长 5.9%。这说明生产性服务业提供了更多的岗位，生产性服务业为缓解就业压力作出了重要贡献。除科学研究、技术服务和地质勘查业外，各行业就业人数均逐年递增，其中交通运输、仓储和邮政业就业人数增长最快，比 2005 年增长了 6.4%，占整个生产性服务业就业人数的 65%，成为吸纳劳动力就业的重要渠道。

5. 生产性服务业生产力水平不断提高。2009 年，包头生产性服务业的劳动生产率（生产性服务业增加值/生产性服务业从业人员平均人数）为 14 万元/人，是 2005 年生产性服务业劳动生产率的 1.22 倍。其中，首先是交通运输、仓储和邮政业劳动生产率最高，为 20.1 万元/人，远高于社会平均水平。其次是信息传输、计算机服务和软件业的劳动生产率为 18.27 万元/人，租赁和商务服务业，科学研究、技术服务和地质勘查业均有所提高，但是这两大行业产出和效率仍较低，2009 年其劳动生产率分别仅为 3.51 万元/人和 2.57 万元/人。

（二）存在的问题

1. 生产性服务业增加值占经济总量的比重相对较低。2010 年，包头市人均生产总值已达到 14000 美元以上，生产性服务业的发展水平与当前工业化所处发展阶段明显不相适应。相关资料显示，目前美国、法国、德国、澳大利亚等发达国家的生产性服务业占国内生产总值的比重均已超过 35%，部分国家已超过 50%。2009 年包头市生产性服务业占生产总值的比重为 16.7%，与发达国家差距比较明显，这虽然与统计口径差异有一定的关系，但差距较大是客观事实。从自治区看，包头市生产性服务业占生产总值的比重比呼和浩特市低 6.4 个百分点。

2. 生产性服务业结构层次不高。无论从世界范围看，还是从全国经济强市看，生产性服务业不仅发展速度快，而且结构也在不断升级。附加值高的知识密集型服务业主导了服务业的发展潮流，创造了更多的产出，而金融服务、信息传输、计算机服务等则为促进制造业的发展提供了有力的支持。2009 年，包头市科学研究、技术服务和地质勘查业这一知识型服务部门增加值占生产总值的比重为 0.4%，远低于兰州市 1.8% 的比重；而交通运输、仓储和邮政业等传统生产性服务业增加值占生产总值的比重则相对较高，为 11.6%。这说明包头生产性服务业的结构层次需要进一步优化。

3. 生产性服务业从业人员结构不优。从目前包头服务业内部生产性服务业就业结构来看，交通运输、仓储和邮政业的从业人员比重在生产性服务业中较高，为 16.9%，反映出这个行业对包头市服务业就业的贡献较大，行业相对成规模。另外，作为生产者直接投入并具有极强外溢性，对经济效率和技术创新起着关键作用的信息传输、计算机服务和软件业，租赁和商务服务业，科学研究、技术服务和地质勘查业所占比重仍然较低，分别为 2.4%、2.9%、1.2%。与呼和浩特市相比，包头市生产性服务业就业人口在整个服务业就业人口的比重总体上也不高，只占服务业总就业人员的 25.7%。

4. 生产性服务业人力资源不足。生产性服务业，尤其是知识密集型服务业的发展，需要大量的专业人才。由于以往服务业的发展没有得到足够的重视，因此服务业人才的培养也没有引起特别关注，高层次服务人才短缺的现象相对比较严重。高层次服务人才的短缺，在一定程度上制约了包头服务业，尤其是生产性服务业的发展。

三、制约生产性服务业发展的主要因素

顺应发达国家生产性服务业飞速发展的新趋势，近年来，尤其是2011年以来，加快发展生产性服务业已逐渐成为国家和各地推进产业结构战略性调整的重点和目标。然而，由于受市场化、产业化、国际化和城市化水平不高的影响，包头市生产性服务业发展依然面临一系列制约因素。主要有：

1. 体制因素。市场经济从本质上说是一种制度经济。近几年，我市新兴产业的迅速崛起正是缘于一系列经济制度的突破和创新。同样，生产性服务业发展的滞后在很大程度上也与长期以来的经济制度制约有关。具体说：

（1）市场准入门槛依然过高。在2004年国务院推出《关于鼓励支持和引导个体私营等非公有制经济发展的若干意见》（以下简称《意见》）之前，银行、保险、电信、铁路、民航、广播电视、新闻出版等主要生产性服务行业基本上由政府垄断经营。《意见》出台后，虽然为个体私营等非公有制经济进入生产性服务领域提供了制度保障，但由于市场准入的前置条件设置过高，加之仍有部分行业尚未全面放开，使得非公有制经济进入上述生产性服务业仍存在不同程度的“条件障碍”。目前，全市主要生产性服务行业仍以国有资本为主，如金融业、交通运输、仓储和邮政业，在这几年限额以上投资额中，国有及国有控股经济比重依然很高。

（2）对外开放程度有待提高。从总体上看，我国服务业在对外开放时间上要晚于制造业、程度上要低于制造业、准入上要严于制造业。而服务业中对外开放时间较晚、程度较低、准入较严的又主要是生产性服务业，如电信业一直到2000年9月才容许以合资的方式进入，铁路

和公路运输分别到2000年8月和2001年11月才分别容许以合资与独资的方式进入货运。目前，尽管生产性服务业中的交通运输、速递业务、会计服务业以及科研等领域已具有较高的对外开放程度，但在电信、金融、内陆运输等方面仍存在较多的限制（如外资准入资格、进入形式、股权比例、业务范围、地域等）。而自治区在不少服务领域的开放程度又低于全国。以金融业为例，目前包头市还没有一家外资银行入驻。全市生产性服务业投资中，外商投资比重普遍低于全国和部分省市的水平。

（3）行业管理体制亟须理顺。生产性服务业中的一些新兴行业普遍存在多头管理、交叉管理和无人管理现象。如咨询业的开办需要经过工商、财政等十几个部门的审批；管理信息服务业的部门有信息产业、文化广播、公安、新闻出版、知识产权等；与此同时，也有一些行业如设计产业、会展业目前尚无人管理。无论是多头管理还是无人管理，其结果都会影响生产性服务业的健康发展。

2. 市场因素。与制造业相比，包头市主要生产性服务业的市场化程度严重不足，市场机制很少在这些领域发挥基础性的资源配置作用，难以形成产业发展的动力和活力。突出表现在：

（1）价格形成机制尚未市场化。服务产品价格的市场化形成机制步履迟缓。目前，从银行利率到铁路、民航票价，乃至物业管理收费，许多生产性服务产品价格仍由政府制定。服务产品价格不能灵敏反映市场上的供求关系，也就难以发挥价格机制对产业发展的有效调节作用。同时，由于缺乏有效的市场竞争，导致部分生产性服务业陷入低效率—高成本—高价格—低需求的恶性循环。低需求的结果必然从根本上抑制生产性服务业自身的发展。

（2）部分行业发展尚未产业化。由于历史和传统的原因，包头市不少生产性服务行业或衍生于政府职能或依附于政府机关而生存。经过前几年的政企分开、政事分离和政会分家改革，一些行业虽然开始走向市场，但因长久处于“温室”而缺乏市场开拓能力，与政府部门之间仍存在着藕断丝连的关系，特别是多数协会机构至今仍不能走出政府构筑的“暖房”，严重影响了自我发展机制的形成。

（3）企业内服务部门尚未社会化。目前，包头市许多工业企业特别是大中型企业内部设置有众多的服务部门，如技术开发中心、市场调查机构、售后服务、各种维修保养等，其中有些不涉及商业机密的服务是可以社会化的。但长期以来很少有企业向社会尤其是为本企业提供配套产品的企业提供服务，从而在一定程度上影响了生产企业服务部门的发展壮大。

3. 要素因素。包头市生产性服务业的进一步发展还受到服务要素不足的较大制约。与全国和周边省市相比，明显存在人才、场地、资金等要素不足或价格过高的问题。

（1）高层次服务人才短缺。现有中等和高等院校专业中，生产性服务类专业设置时间较晚，数量偏少，不少新兴行业目前尚无对口的专业设置，专业人才供给总体上难以适应生产性服务业加速发展的需要。加之，现有生产性服务业从业人员中多数由其他专业转换而来，专业素质有待提高。高层次服务人才短缺的现象尤为严重。

（2）生产性服务成本过高。目前，标准化的服务经营场地短缺且价格普遍较高。近年来，包头市房地产价格涨幅不断增高，据有关部门2010年调查，城市中心地段的普通商品房价格有的已突破8000元/平方米左右。与此同时，生活费用价格也较高。以城市居民消费支出额为各项生活消费品及服务项目价格的权重计算，2010年包头市的生活消费价格指数虽低于西安市、兰州市的103.5、103.8，但仍高于济南市、大连市的102.1、102.7。不断攀高的生活成本与相对较低的薪酬水平，导致一大批高素质服务业人才的外流。

4. 观念因素。观念上的落后也在一定程度上影响着生产性服务业的加速发展。主要表现在两个方面：

（1）产业化经营意识的薄弱，使得部分生产性服务行业缺乏内在扩张机制。受长期以来把服务领域当做非生产性活动管理的影响，目前不少可以产业化经营的生产性服务行业仍被当做公益性、福利性的社会事业来办。突出的如教育、科研、广播电视、新闻出版等行业，由于市场化改革不到位，多数单位仍在按照传统意义上的事业单位的模式运行。投资靠财政，绩效无考核。特别是一些政府办的科研机构，更处于封闭式运行状态，普遍患有“市场化恐惧症”。

（2）自给自足观念的存在，使得一些生产性服务行业缺乏必要的需求基础。目前，许多生产企业习惯于“大而全”、“小而全”的传统思维，既不愿意将服务业务外包，也不善于从市场上购买服务产品。加之，现行不少产业政策或多或少地存在不利于生产性服务业发展的因素，如不加选择地鼓励企业自建技术中心等，都对生产性服务业的发展产生了不利影响。

四、生产性服务业面临难得的发展机遇

生产性服务业技术含量高，资源消耗少，环境污染小，发展潜力大。促进生产性服务业加快发展，是应对包头市经济发展面对的中长期挑战的必然选择。从近些年外省市经济发展实践可以看出，发展生产性服务业，不仅能够培育一批支柱产业和新的增长点，提高自主创新能力，拉动经济增长，同时还有助于促进产业结构优化升级和经济发展方式转变，增强对新型工业化发展的服务功能。加快生产性服务业发展是适应产业发展趋势的客观要求，能够降低经济社会发展对资源的依赖和环境的压力，对包头市“十二五”期间扩内需、促增长、调结构具有非常重要的意义。

1. 加快发展生产性服务业势在必行。

(1) 加快发展生产性服务业，体现了国际产业发展的新趋势。信息技术的广泛应用和信息产业的蓬勃发展，引发了各国经济基础结构的巨大变化，世界经济特别是发达国家经济模式逐渐由过去的刚性结构向柔性结构转化，“产业软化”成为新的产业发展趋势和潮流。产业结构、就业结构、投资结构和出口结构中服务业比重不断上升直至成为主体是“产业软化”的集中表现。而服务业中承担软化职能的产业又主要是计算机软件业等生产性服务业。以日本为例，1955 年生产性服务业占 GDP 的比重只有 14.1%，20 年后的 1975 年仅上升为 15.7%，但到 1992 年急剧提高到 20.6%。2010 年包头市国民经济的外贸依存度只有 5.4% 左右，它客观上要求全市不但在经济体制、运行规则、政府管理和企业经营上要加快对外开放的步伐，而且在产业发展趋势上也要与国际产业变动轨迹相一致。只有这样，才能最大限度地享受全球化带来

的全球配置资源的好处，形成与发达国家同台竞争的产业新格局。同时，市场中介及其服务也是市场经济健康运行不可或缺的基本要素。没有发达的市场中介，就没有发达的市场经济。因此，加快发展生产性服务业，其意义不仅在于更好地应对服务业对外开放后带来的严峻挑战，更在于藉此紧紧跟上国际产业软化发展的新步伐。

（2）加快发展生产性服务业，体现了产业结构调整的新方向。《中共中央关于制定国民经济和社会发展第十二个五年规划的建议》把"提高服务业比重"列为产业结构调整的三大重要任务之一，提出要"大力发展金融、保险、物流、信息和法律服务等现代服务业"；要求"大城市要把发展服务业放在优先位置，有条件的要逐步形成服务经济为主的产业结构"。由此表明，促进服务业加快发展将成为今后一个时期包头市产业结构调整的主要方向，发展服务业首先需要大力发展的是生产性服务业。这既是党中央对国际产业发展新趋势审时度势后做出的重要战略决策，同时也意味着包括包头市在内的工业化先行地区有责任、有义务和有条件率先形成服务型的经济结构，为自治区及全国产业结构的优化升级做出应有的贡献。包头市产业结构中存在的强工业弱服务业、强生活性服务业弱生产性服务业的不协调现状，客观上也要求加快发展受土地、资源制约较小的生产性服务业，努力体现科学发展观所要求的协调发展内涵。尤其是面对工业领域日趋扩大和增多的产能过剩、竞争加剧现象，全市经济的平稳较快发展急需寻找和培育新的增长点。作为发达地区及国家增长最快的部门和最大新增点的生产性服务业，显然是处于工业化中后期的包头经济较为理想的选择。

（3）加快发展生产性服务业，体现了全市建设先进制造业基地的新要求。把包头建设成为先进制造业基地是自治区工业发展的重要战略，也符合《包头市国民经济和社会发展第十二个五年规划纲要》的要求。建设先进制造业基地的根本目的在于发展先进生产力，增强工业的综合实力和国际竞争力。目前，全市制造业的总量规模虽然已经很大，但多数行业和产品的科技含量不高、核心竞争力不强、产业先进性不够。特别是经过金融风暴以后，出口产品日益面临发达国家技术壁垒的制约，大大削弱了本市产品的国际竞争力和市场开拓能力；加之一些跨国公司利用其技术垄断地位不断向本市索取高额技术转让费，进一步加强对本市相关企业的技术控制，迫使本市企业接受跨国公司主导的国际产业分工。而加快发展生产性服务业，有利于制造业企业通过外购更专业化、更有效率的中间服务，以降低成本、提高效率；有利于制造业企业集中有限资源于关键领域，从而达到增强产业和产品竞争力的目的。发达国家之所以拥有较强的产业和产品竞争力，重要原因就在于拥有高度发达的产业分工。如2007年美国年收入8000万美元以上的公司外部采购费用中，30%用于购买信息技术服务、16%用于购买人力资源服务、14%用于购买市场和销售服务、11%用于购买金融服务。特别是，生产性服务业的发展不但可以为制造业提供优质的中间服务，而且同时创造着对制造业的较强需求，如对信息通讯技术装备的巨大需求等。从这个意义上可以说，没有发达的生产性服务业，就没有发达的先进制造业，也就难言建设先进制造业基地。

2. 包头市生产性服务业面临难得的发展机遇。

（1）国际生产性服务业的加速转移，为包头市生产性服务业提供了“借力”发展的机遇。生产性服务业从本质上说是制造业等生产企业职能的外延，两者之间的天然联系决定了在国际制造业加速向发展中国家转移的同时，必然带来部分生产性服务业的连带转移。近年来，西方发达国家的跨国公司、大型企业和金融机构纷纷将其商务流程中非核心的中间环节和客户服务环节向低成本国家和地区转移，形成了“商务流程外包”（BPO）的新潮流，有力地说明了这一点。根据制造业借助引进外资实现腾飞的经验，发达国家和港澳台地区生产性服务业的加速转移，无疑为包头市生产性服务业的加速发展提供了难得的机遇。通过引进国外先进的生产性服务业，不但可以增强包头市生产性服务业的实力，而且有助于推进生产性服务业企业技术和管理水平的提高。关键在于如何抓住并利用好这一机遇，选好方向和重点，率先在部分行业领域实现突破，促进我市生产性服务业的快速发展。

（2）先进制造业的加速发展，为全市生产性服务业提供了较强的需求基础。产业的发展离不开一定的市场需求，没有需求的产业不可能实现较快发展。“十一五”期间，包头市工业大市建设取得了重大成就，但同时面临产业升级和增长方式转变的巨大压力。特别是国家实施宏观调控以后，“倒逼”机制迫使越来越多的制造业企业认识到：单纯依靠自身力量已无法支撑企业的持续高速发展，必须转入外购（外包）与自主创新相结合的发展新阶段，充分发挥产业外和企业外的力量，加快培育和提升自己的核心竞争能力。这就对生产性服务业的发展提出了新的要求。特别是对占全市制造业企业大多数的中小企业而言，由于自身无力提供某些生产性服务，因而对外购服务的需求尤为迫切。同时，包头市制造业经过多年快速发展，企业规模不断扩大，也已基本具备分工细化的条件。关键在于生产性服务行业能否及时提供适销对路、价廉物美的服务产品。

（3）新的产业政策的加速形成，为全市生产性服务业提供了强劲的发展动力。从国家层面看，早在 2002 年国务院办公厅就转发了《国家计委关于“十五”期间加快发展服务业若干政策措施的意见》，提出了加快服务业发展的 12 个方面 37 条政策措施。随后，国务院又召开全国服务业工作电视电话会议，做出了重点发展信息、科技、金融、会计、咨询、法律服务等生产性服务业的战略部署。《包头市国民经济和社会发展第十二个五年规划纲要》把推动服务业发展作为产业结构优化升级的战略重点，再次把生产性服务业放在发展服务业的突出位置，这意味着有利于生产性服务业发展的政策措施正在加速形成。今后一段时间内，关键在于如何将这些政策举措落到实处。

五、生产性服务业发展的总体思路、主要目标及战略重点

1. 总体思路。2010 年，包头市人均 GDP 达到 14000 美元以上，工业化已进入中后期阶段，工业经济具有相当规模，生产性服务业已具备快速发展的良好条件和坚实基础。包头市经济的快速发展和消费结构的巨大变化，不仅对服务业提出了加快发展的需求，而且以“高物耗、高能耗、高污染、低附加值”的“三高一低”为特征的工业化增长模式难以为继。面对资源环境的压力和全球产业价值链的竞争，大力发展生产性服务业，是包头市改变单纯依靠增加物质投入，以消耗资源、污染环境为代价的粗放式经济增长方式的必然要求；也是重化工业摆脱缺乏技术创新能力、处于产业价值链低端的被动局面，顺利实现转型升

级，从而在国际竞争中提高竞争力的必要条件。因此，加快发展生产性服务业的总体思路，就是大力发展生产性服务业，加快生产性服务业与制造业的融合、互动，以知识、技术、信息密集型的生产性服务业的发展改造传统工业，支撑现代工业，促进制造业的技术进步、产品升级和结构优化，加快转变经济增长方式，提高资源利用效率，有效缓解能源资源短缺的瓶颈制约，推进新型工业化道路，提高生产性服务业在服务业中的比重和服务业在三次产业结构中的比重，在新型工业化进程中不断增强综合实力。“十二五”期间，生产性服务业增加值增速要高于生产总值增速，从生产性服务业供给与需求两方面入手，坚持生产性服务业与制造业互动发展，突出五大重点领域，打造生产性服务业支撑平台，初步建成与新型工业化相适应的生产性服务业体系。

2. 主要目标。紧紧抓住21世纪头二十年经济发展的重要战略机遇期，立足于包头生产性服务业发展的现实基础和先进制造业基地建设的实际需要，按照科学发展观的要求，坚持科学发展、加速发展、率先发展、集约发展，不断调整优化生产性服务业结构，着力提高生产性服务业的自主创新能力，在重点行业和区域加快形成一批规模大、效益好、知名度高、服务能力强的大企业、大集团和企业集群，努力把包头建设成为国内知名、区域领先、与工业强市相适应的生产性服务业高地。

建设生产性服务业高地，就其内涵而言，至少应包括以下四个方面的含义：

（1）建设生产性服务业高地，就是要使包头成为国民经济中生产性服务业占比较高的地区之一。占比高低是衡量生产性服务业发达程度的重要标志，也是体现生产性服务业高地的重要特征。建设生产性服务业高地，必然要求进一步扩大生产性服务业的产业规模，形成在一定程度上影响或决定国内产业发展和市场供求关系的产业综合实力。

（2）建设生产性服务业高地，就是要使包头成为生产性服务业市场竞争力较强的地区之一。市场竞争力是一种由服务能力、创新能力、配套能力、营销能力、管理能力等要素综合集成的能力。较强的市场竞争力意味着能够在较大程度上引领国内生产性服务业的发展方向，是构成生产性服务业高地的本质特征之一。实践表明，仅有较大的产业规模，而没有较强的市场竞争力，仍难以超出一般产业的水平面隆起为产业高地。

(3) 建设生产性服务业高地，就是要使包头成为生产性服务业与先进制造业互动发展的地区之一。加速推进先进制造业基地建设是建设生产性服务业高地的重要目的。从这个意义上讲，充分发挥生产性服务业的产业潜能和产业优势，加快形成生产性服务业与先进制造业之间供求平衡、相互促进、优势互补的协调互动发展机制，是建设生产性服务业高地的题中应有之义。

(4) 建设生产性服务业高地，就是要使包头成为吸引国内外生产性服务业集聚发展的地区之一。不但拥有发展生产性服务业所需的良好的政策环境、服务环境和社会环境，而且拥有发展生产性服务业必备的需求市场和要素市场，对各种服务资本具有持续的吸引力和凝聚力，成为国内外生产性服务业争先投资的产业中心。

《包头市国民经济和社会发展第十二个五年规划纲要》中提出，到2015年，包头市将努力形成三次产业比例更趋合理，服务业增加值占GDP比重争取达到45.7%左右的产业结构调整目标，综合考虑在21世纪头二十年内提前基本实现社会主义现代化的要求，宜将生产性服务业的发展目标定位为：经过10年左右的努力，力争到2020年基本建成生产性服务业高地，达到中等发达国家发展的水平，具体说：

——增长速度高于服务业。生产性服务业的增长速度要高于自治区服务业增速，而且要快于全市GDP的增长；生产性服务业逐渐成为全市经济的主要新增点。

——总量规模和占比位居自治区前列。2011年，生产性服务业增加值占GDP的比重争取达到17%左右；2015年达到25%左右；对全市国民经济尤其是六大支柱产业和服务业的带动作用进一步增强。

——产业结构调整取得重大进展。商务服务、科学研究技术服务、计算机信息服务和软件业等薄弱行业得到迅速发展；基本形成与六大支柱产业需求相适应、产业特色优势、品牌优势和集聚发展优势明显的生产性服务业结构。

——创新能力和竞争力明显增强。基本建立以企业为主体、市场为导向、产学研相结合的服务技术创新体系，主要行业拥有较强的自主创新能力；研发费用占企业收入之比居全国先进水平；优势行业服务产品要打入全国市场。

——产业发展的外向度显著提高。生产性服务业在服务贸易中的比重不断提高，逐渐成为全市对外贸易的重要行业之一。基本形成立足中西部、面向全国的开放型的生产性服务业服务体系。

3. 战略重点。生产性服务业的发展水平直接关系到制造业的竞争力，生产性服务业的大发展是我市由工业大市转变为工业强市的重要条件。传统工业化方式大多以能源消耗高、环境污染大为代价，而新型工业化强调生态建设和环境保护，着重处理好经济发展与人口、资源、环境之间的关系，走资源消耗低、环境污染少的道路。这意味着在工业的中间产品投入结构中，非再生性资源耗费比重将下降，而再生性资源耗费比重将上升，导致第二产业对实物资源的需求相对下降，对服务资源的需求相对上升。与传统工业相比，新型工业化更加倚重生产性服务业，交通运输、物流、信息服务、金融保险、商务服务、科学研究、技术服务等行业将在新型工业化建设中发挥举足轻重的作用。如果没有生产性服务业发展的支撑，新型工业化就只能停留在比较初级的阶段。所以，综合各种因素考虑，我们认为以下行业应是包头市未来生产性服务业的投资战略重点：

（1）交通运输、仓储和邮政业。交通运输、仓储和邮政业尽管是相对传统的生产性服务业，但在包头市仍然是需要大力发展的重要产业，也是全市生产性服务业中投资规模最大的产业。未来包头市交通运输、仓储和邮政业的投资重点是积极推进 110 国道、211 省道包头段改建等项目，尽早实现市区到旗县区的一级公路通达。加快城市外环路和城区“五横八纵”路网建设。加大“无水港”等临港物流基地和满都拉口岸物流基地建设，着力构建完善的综合交通运输体系，提高交通物流效率，降低社会物流成本。加快交通建设和投资市场对民间资本的开放步伐，充分发挥民间资本的投资积极性，建立国家投资、地方筹资、社会融资、利用外资的多元化筹资渠道，加大对山北地区公路建设的财政补贴和政府投资倾斜力度。

（2）信息传输、计算机服务和软件业。信息传输、计算机服务和软件业已成为国际竞争的焦点和各国竞相发展的战略性先导产业。尽管包头市信息传输、计算机服务和软件业与先进地区相比还有相当大的差距，但作为一个新兴产业，包头市在产业起步上抓住了难得的机遇，落后并不太多，发展相对较快。2009年包头市信息传输、计算机服务和软件业的投资总额达到86.12亿元，仅次于交通运输、仓储和邮政业、商务服务业，而在第三产业14个行业中居第三位。在未来产业竞争中，包头市必须充分发挥后发优势，抓住工业社会向信息社会过渡的历史机遇，在推进工业化的过程中同时大力推进信息化，“以信息化带动工业化，以工业化促进信息化”，实现经济社会的快速发展。未来信息传输、计算机服务和软件业发展的重点是以提高自主创新能力为核心，以发展具有自主知识产权的技术和产品为突破口，抓住契机，集中力量支持关键软件产品及技术的研发和产业化，全面提升和增强产业核心竞争力；提高信息资源开发与共享能力，加大信息产业和传统产业融合的力度，利用信息技术改造传统产业，推进产业结构升级，培育新型信息化产业体系，加快新型工业化步伐。未来投资重点应是继续强化信息传输网络基础设施建设，加大新一代移动通讯与互联网技术研发、软件开发产业基地（园区）基础设施建设、信息资源开发建设的投资力度。

（3）金融业。国民经济的各项活动都离不开金融服务业的强有力支撑。在经济全球化时代，谁掌握了金融控制权，谁就掌控了在竞争中的主导权，发达地区利用强大的金融体系掌控着资源的价格及其在区域间的配置。目前我市金融业在国民经济活动中存在着影响力弱、覆盖面不广等问题，对经济发展应有的推动作用还远没有发挥出来。未来金融服务业发展的关键并不是金融业固定资产投资的问题，而是金融体系的健全、金融市场的对内开放、金融市场配置资源效率的提高。要优化金融业发展布局，市区要加快“一线三点”金融区建设（一线即钢铁大街、阿尔丁大街传统金融街，三点即棉纺金融商务区、阿尔丁金融文化广场、高新区金融广场），旗县区要合理分布金融机构网点。而在未来投资战略选择上，重点应是加大对中小金融机构、农村金融体系、金融信息化设施等建设的扶持力度，开放金融投资市场，支持和鼓励民间资本投资金融服务业。

（4）商务服务业。商务服务业包括企业管理服务、法律服务、会计与审计服务、市场调研、广告与营销策划、评估咨询、会展服务等，其专业技术性强，是典型的知识密集型专业服务业。发达地区的经验表明，现代商务服务业是增长快、就业广、生产率高的行业之一，体现出现代经济发展的三大特征：高成长性、高附加值和强积聚性与辐射性。从现代制造业的产业价值链看，在研发、生产制造、销售及服务三个环节中，生产制造是附加值最低的环节，而研发、销售及服务环节的附加值占整个产业的绝大部分。包头市目前的商务服务业从整体和分行业来讲都与先进地区平均水平差距较大，在许多领域无法与其进行竞争，难以对包头市工业制造业的发展和竞争力的提升提供强大的支撑力。但是，近年来包头市商务服务业发展很快，成为第三产业的重要产业。2009 年包头市租赁和商务服务业的投资总额达到 106. 35 亿元，超过信息传输、计算机服务和软件业、科学研究、技术服务业，在第三产业中居第二位。

对于商务服务业的发展，固定资产投资的多少并不是一个非常重要的因素，除会展业对固定资产投资的依赖相对较高外，其他行业主要以人力和知识资本的投入为主，因而未来商务服务业的发展主要是培育市场主体，尤其是本土民营企业。通过对内开放市场、消除政策歧视、政府采购、税收优惠、融资支持等措施，扶持商务服务企业成长与壮大；通过培育市场品牌、规范市场秩序、建立行业标准和市场监管制度，以及加快市场信用建设，以提高商务服务的产品质量、扩大商务服务的市场需求。

（5）科学研究、技术服务业。科学技术是生产要素体系中的主导因素，是经济持续发展的源泉，是决定产业竞争力的关键因素。国际经验表明，在人均 GDP 1000 美元到 3000 美元的发展阶段，经济社会结构变化最为活跃，传统生产要素对经济增长的贡献将出现递减趋势，科学研究、技术服务业的重要性将明显上升。包头市当前正处于这一阶段，但目前科研和技术服务业现状却是：科技向现实生产力转化能力不是很强，高新技术产业化程度比较低，产学研结合还不紧密，许多科研成果走不出实验室，而制造业和企业所需要的大量先进技术和科研成果又一时得不到满足，导致制造业和经济竞争力提升的速度受到限制，基本上还处于产业价值链的中低端环节。

现实国情、世界科技和社会发展趋势要求我们必须大力发展科研和技术服务等现代生产性服务业，以迅速赶上世界科技产业发展的步伐，以现代科学技术的发展提升包头市产业综合竞争力。要落实《国家中长期科学和技术发展规划纲要（2006～2020）》，增强自主创新能力、建设创新型城市，保证研究与经费的投入（最少要占GDP的比重1.5%以上）。按这一比例推算，到2015年时这一行业的固定资产投资将达到300.99亿元以上。未来投资的重点是不断改善科研条件和科研手段，加大对重点实验室、关键研究实验设备的投资力度，通过加大对企业研发投资的财政资金补贴、税收优惠和信贷扶持力度，降低企业研发投资风险，提高企业研发投资的积极性。

六、加快生产性服务业发展的对策建议

要把生产性服务业发展的有利机遇转化为产业优势，必须注重学习发达国家和地区发展生产性服务业的先进经验，科学处理生产性服务业发展中的相关关系，进一步深化影响生产性服务业发展的体制改革，加快建立有利生产性服务业快速发展的政策支持体系。

1. 着力借鉴好三大发展经验。

（1）发达国家推进生产性服务业发展的经验。主要是实行更加宽松的服务业管制政策，采取多种措施鼓励服务业的发展。

（2）先进地区加快生产性服务业发展的经验。

①上海市。根据《上海加快发展现代服务业实施纲要》，上海市提出了以国际化提升服务业能级，市场化做大服务业规模，信息化提高服务业发展水平，法治化创造服务业发展环境；依托一批重大基础性、功能性项目，加大开放力度，争取政策突破，着力提升功能型服务业、大力发展知识型服务业、延伸发展生产性服务业、改造提升传统服务业，提高国际竞争力，加快构筑与国际化大都市相适应的“高增值、强辐射、广就业”现代服务业体系，进一步增强城市综合服务功能和服务全国的现代服务业发展战略目标。拟在六大重点领域实施政策聚焦、集中突破、以点带面，带动现代服务业快速发展和能级提升：即以资源积聚和金融创新为抓手，大力发展金融业；以综合改革试点为契机，积极扶持文化服务业；以扩大“两港”开放为突破口，加速发展现代物流

和航运服务业；以公共平台建设为抓手，培育壮大信息服务业；以市场化、专业化为方向，着力提高专业服务业水平。与此同时，推出了着力打造生产性服务业集聚区和加快发展创意产业两项重大举措。

②西安市。2010 年 9 月，西安市政府出台了《关于加快服务业发展的若干政策意见》（以下简称《意见》）。到 2010 年底，西安市的服务业增加值已达到 1400 亿元左右，年增长率约 16%，占 GDP 比重的 52.2%。西安将尽快形成以服务经济为主的产业结构，成为区域服务业中心，在西部迅速形成服务型经济中心区、高新技术产业集聚区、西部大开发的核心带动区、未来中国创新发展的示范区。

此次出台的《意见》，瞄准具有产业化优势的服务业。重点是生产性服务业、包括民生和社会的公共服务业、农村社会化服务体系、现代物流会展服务业、金融服务业、信息服务平台、服务外包和创意产业、专门专业的中介服务等。

《意见》的扶持范围涉及服务业用地建设、用水用电、财税优惠、补贴奖励、降低准入等方面，作为服务业项目、企业和从业人员等，都将享受一系列新政扶持。

以特别重大项目的税费减免为例，5 年内不分割、出售产权的新开工特别重大项目，自营和物业租赁所缴纳的营业税、增值税和企业所得税留成部分，可得到 50% 的奖励。市外新引进年实际缴纳营业税、增值税和企业所得税超过 1000 万元以上的服务企业，每年也将得到新增税收地方留成部分的 30% 奖励。西安市还将根据企业的综合贡献率，对大企业大集团进行表彰奖励。

西安市还根据《意见》在最近出台了细则。通过不断拓宽服务业领域，优化产业结构，完善公共服务体系，提升就业容量，全面提高生产性服务业发展水平。

③呼和浩特市。已被确定为首批国家服务业综合改革试点城市，目前，服务业已占地区生产总值的 60%。根据《呼和浩特加快现代服务业发展规划》，生产性服务业被确立为发展重点，现正在加快建设一批重点现代服务业聚集区，将重点打造总部经济，引进银行和企业集团总部的入驻。呼和浩特现代服务业园区（白塔国际物流园区）在赛罕区和新城区境内，位于京藏高速公路以南、白塔机场高速公路以北，西至

哈拉更沟，东接绕城高速公路，总体规划面积41.54平方公里。该区域将以现代物流为主导产业，形成现代物流业与商贸流通业、金融业、科技研发等相关行业融合互动发展的生产性服务业聚集区，重点发展临空物流、保税物流、农副产品物流、家具建材物流、大宗产品物流、第三方物流；盛乐物流园区在和林县境内，位于和林县盛乐经济开发区北面，总体规划面积20平方公里，近期规划建设面积10平方公里。产业发展定位以现代物流为主导产业，积极发展农牧业示范和食品加工旅游业，重点发展农副产品物流、家居建材物流、大宗产品物流、乳业第三方物流。正积极打造融资平台和运作平台，重点项目重点推进，力争在生产性服务业发展方面取得新进展。

（3）制造业由大变强、迅速崛起的经验。包头市由制造业大市快速向制造业强市迈进，其发展经验对于加快生产性服务业发展具有重要启示：一是坚持走产业结构优化升级之路；二是坚持走特色产业发展之路；三是坚持走产业集聚发展之路。

2. 正确处理好三大发展关系。

（1）生产性服务业与先进制造业之间的关系。经济活动由以制造为中心转向以服务为中心，服务业与制造业之间的界线变得越来越模糊，是发达国家服务业与制造业关系演变的新趋势。生产性服务业的发展有助于促进制造业企业的业务外包。生产性服务企业通过向制造业企业提供研究开发、信息技术及网站、财务结算和数据分析、辅助工作等专业化服务，可以大大降低制造业企业的生产经营成本。国际经验表明，商务流程外包可使企业平均节省成本9%。同时，制造业企业竞争力的提高也有赖于把更多的非核心业务外包。将自己不擅长的业务外包给专门企业，有利于将企业的人力、财力、物力集中于主业，是增强制造业企业核心能力的有效选择。据测算，外包可使企业的能力和质量提升15%。生产性服务业和先进制造业之间这种相互依存的内在联系，决定了我们必须把两者的发展有机地结合起来，坚持先进制造业与生产性服务业发展“双轮驱动”，大力鼓励先进制造业企业外包服务，加快构建两者互动发展的产业新格局，努力形成一种具有强大竞争力的全新的产业结构。

（2）生产性服务业与其他服务业之间的关系。加快发展服务业是当前及今后一个时期全市经济发展的重要任务。相对于其他服务业而言，生产性服务业的发展尤为重要和紧迫。这不但因为生产性服务业的发展已明显落后于其他服务业，而且因为生产性服务业的滞后会严重影响其他产业的竞争力。因此，必须把生产性服务业的发展置于整个服务业发展的重中之重。按照优先发展、重点发展、大力发展的原则，科学规划好生产性服务业的发展。特别是六大支柱产业，更要围绕企业的需求，构建一批有特色的生产性服务业。与此同时，要从有利于人民生活和经济发展出发，通过改造优化，进一步提高生活性和公共性服务业的水平，努力形成各种服务业协调发展的新局面。

（3）生产性服务业发展中政府与市场的关系。社会主义市场经济体制的建立，为更大程度地发挥市场在促进生产性服务业发展中的基础性作用奠定了基础。它客观上要求我们必须加快推进经济和行政管理体制改革，重塑政府与市场在生产性服务业发展中的关系。一方面，政府要自觉按照市场经济规律办事，强化市场监管责任，严厉打击违规和弄虚作假行为，着重做好生产性服务业发展的规划和管理工作，跳出以往那种习惯于自己投资办企业的思维和做法，除少数特殊行业外，更多地依靠社会力量来推进生产性服务业的发展；同时，对于目前仍由政府经营的部分生产性服务行业，要通过改革加快推向市场或按照市场化运作。另一方面，企业要在生产性服务业发展中发挥主体作用。特别是那些吃惯了“皇粮”的转制企业，更要转变观念，学会在市场经济大海中搏击风浪的本领。

3. 努力构建好三大支撑体系。

（1）建立健全生产性服务业发展的政策体系。打造生产性服务业高地，既要充分发挥市场调节这一无形之手，更要善于运用产业政策引导这一有形之手。借鉴制造业产业政策的成功经验，着力构建有利于生产性服务业发展的产业政策体系。

一是加快清理妨碍生产性服务业发展的法规和政策。进一步清理现行服务业法律、法规和政策中不适应形势发展要求的内容，取消投融资、用地、用电、用工等方面歧视生产性服务业发展的有关政策和规定，继续梳理各项收费。特别是与生产性服务业发展有关的部门，要认真贯彻国务院关于鼓励发展生产性服务业的决定和意见，加快修订完善部门法律规章，切实将发展生产性服务业的相关政策落到实处。努力形成政策限制少、产业间公平发展、不同所有制平等竞争的良好发展环境。

二是加快实施支持性的财税政策和政府采购政策。在政府权限范围内，实行轻税薄赋发展生产性服务业。改革和完善生产性服务业的税种设置；推行与制造业基本相当乃至略轻的税负政策。鼓励外资和民资参与国有生产性服务企业的改制重组；将生产性服务业纳入相关产业政策的扶持范畴，如出口扶持政策、科技成果转化政策、优先供地政策、中小企业扶持政策、人才引进政策等等。科学运用政府消费和采购政策，促进生产性服务业的发展。

三是加快设立生产性服务业发展专项资金。为了促进生产性服务业的发展，目前不少省市开始设立综合性或专项性的产业发展资金，如苏州市每年安排不少于5000万元的服务业发展引导基金，用于对重大服务业项目的贷款贴息或补贴；北京市科委设立百万元奖金，奖励在国内具有权威影响力的工业设计项目。以此为鉴，包头市及有条件的旗县区也应在本级财政预算中设立相应的专项资金，用以鼓励和支持生产性服务业的发展。

(2) 建立健全生产性服务业发展的服务体系。生产性服务业的发展，需要建立完善的服务体系：

一是人才供给保障体系。相对充足的高素质专业人才是建设生产性服务业高地的有力保证。改变目前生产性服务业人才短缺的现状，必须从高等教育专业调整入手，加快设置一批生产性服务业发展急需的紧缺专业，大力培养复合型、国际型的服务业人才。同时，制订和实施新的人才政策，保护使用好现有服务业人力资源，允许服务技术入股，改革服务领域的收入分配制度，吸引国内外更多的服务业人才来包头投资创业。

二是基础设施支撑体系。加大对生产性服务业基础设施建设的投入，进一步开放各级政府投资的各种实验室，形成基础技术知识、信息高速公路以及经济技术数据库等重大基础设施资源的共享机制。整合政府部门、科研单位和其他机构的信息资源，建立多层次的公共信息网络，为生产性服务企业提供信息服务。结合城市改造和城市建设，在城市的中心地带形成若干中央商务区，努力营造生产性服务业集聚发展的基本条件。借鉴韩国、香港等地的做法，建立科技基金等各种专项基金，积极搭建生产性服务业产业化平台，切实解决资金投入不足问题。

三是生活服务体系。近年来，部分外资出现向中西部地区转移较慢的状况，原因就在于这一地区的商务成本有增无减。据调查，目前长三角、珠三角的生产成本比西部地区低10%至20%。生活成本是商务成本的重要组成部分。包头市不断攀升的生活费用，不仅影响投资者的收益，也影响就业者的生活。必须采取有效措施稳定房价，把生活费用降下来。与此同时，要加快面向外来投资者和创业者的廉租房建设，在子女就学等方面实行“市民待遇”。

（3）建立健全生产性服务业发展的标准体系。标准是任何行业发展的生存之本。由于生产性服务业生产的是知识形态的产品，产品的质量和服务的水平在很大程度上取决于人们的主观认识和判断。如果没有相应的行业标准和行为规范，不但容易引发供求双方的纠纷，且难以有效解决；而且会影响制造业企业对服务的需求，最终影响生产性服务业的发展。因此，建设生产性服务业高地，必须把制订和实施行业技术标准和技术规范放在突出位置。鉴于目前国内生产性服务业中多数行业尚无统一的技术标准和规范，可考虑借鉴美、日等发达国家的服务标准，加快制定市场准入标准、信用评价标准和服务标准等行业技术标准。同时，加强行业自律和外部监管，全面推进职业资格证书制度，加快建立服务业职业资格标准体系。

4. 抓紧实施好三项体制改革。

（1）着力推进宏观调控政策改革。多年来，为了加速推进工业化，各地自觉不自觉地形成了工业优先的产业政策导向，造成了重化工业突进和服务业慢进的不协调局面。今后，在制定宏观调控政策时，必须把促进生产性服务业发展放在更加重要的地位。加快转变经济发展方式，实施先进制造业和生产性服务业“双轮驱动”的经济发展新战略，尽快实现三个转变：一是变重点鼓励制造业发展为同时鼓励制造业和服务业协调发展，当务之急是要把生产性服务业纳入各级政府鼓励发展的产业目录，实行与制造业相同的产业支持政策。二是变全面鼓励制造业企业自建研发机构为有重点地支持大中型企业搞自主研发，鼓励小企业和微小企业从市场上购买技术服务。三是变总量性的经济考核为结构性的经济考核，加大对各地经济结构调整和产业升级的考核比重。

（2）着力推进行政事业体制改革。尽管生产性服务业不少领域的改革权限在中央，但地方政府并非无能为力。至少可在以下方面有所作为：一是积极呼吁国家有关部门加快改革步伐。如打破区域之间的“银政壁垒”，允许国内银行进行跨区域资金流动和服务延伸。二是努力争取国家有关改革工作的试点。目前，越来越多的生产性服务业领域已被国家有关部门列入改革议程，包头市应积极争取拿到试点机会，力争借助改革试点取得“先发效应”。三是大力推进服务行业的审批制度改革。在强化电信、金融等少数行业监管的同时，按照《行政许可法》的要求，精减审批项目，简化审批程序，提高审批效率。尽早成立推进生产性服务业发展的协调委员会及其办事机构，有些涉及多个部门的行业应明确牵头单位，加快改变生产性服务业多头管理、交叉管理和无人管理状况。四是继续深化事业单位的市场化改革。进一步减少公益类事业单位的数量，凡是适合市场化、产业化发展的事业单位应尽可能彻底推向市场；努力巩固近年来事业单位改革和中介机构“脱钩”的成果，防止“回潮”；探索事业单位与所挂靠服务企业的“脱钩”改革；推进传统行业协会的市场化运作。五是探索建立科学、全面的生产性服务业统计调查制度。依托首次经济普查资料，加快建立生产性服务业的日常统计制度，努力为生产性服务业发展提供可信的决策依据。

（3）着力推进生产性服务企业改革。按照现代企业制度的要求，积极推进生产性服务企业的公司化改革，进一步完善法人治理结构。重点抓好四个方面的改革：一是加快在垄断行业引入竞争机制。通过业务拆分等途径，在电信、铁路等垄断行业培育若干竞争主体，努力营造有效竞争的市场格局。二是积极推进生产性服务企业之间的联合重组。引导生产性服务企业开展联合、兼并和资本运营，不断做大企业规模，加快在重点行业形成若干个规模大、实力强、辐射广的生产性服务龙头企业。三是鼓励生产性服务企业集聚发展。围绕先进制造业基地，高起点、高标准地规划建设一批生产性服务业园区，大力发挥产业集群优势。四是充分发挥信息化对生产性服务业的带动作用。鼓励生产性服务企业加大技术改造和技术研发的投入，进一步增强自主创新能力；积极采用信息技术、网络技术等先进技术，不断提高服务能力和服务水平，最大限度满足制造业企业的需求。同时，立足于从起步阶段就注重生产性服务业的品牌建设。

5. 充分利用好三大外来资金。据测算，2010年，全球仅商务流程外包（BPO）的市场份额就达到1.5万亿美元。如何利用好巨大的国际服务业市场资源，对于打造我市生产性服务业高地具有非同小可的意义。为此，要从三个方面着手：

（1）主动承接港、澳、台服务资本的转移。中国香港、中国澳门、中国台湾是生产性服务业发达的地区。2009年服务业占港、澳、台生产总值的比重分别高达86%、91.2%和68.7%。服务业是香港、澳门和台湾的优势产业，也是三地对外贸易的重要产品。《内地与香港关于建立更紧密经贸关系的安排》和《内地与澳门关于建立更紧密经贸关系的安排》的实施，为港澳服务业直接进入内地创造了条件；以制造业为主的多家台资企业在中西部地区直接投资生产，创造了大量的生产性服务需求。应紧紧抓住这一有利机遇，积极吸引三地服务业资本来包头市投资，将服务环节前移。

（2）积极争取发达国家服务资本的转移。目前，生产性服务业的全球转移已成为紧随制造业转移之后的新一轮国际产业转移浪潮。据统计，美国本土约90%的企业已将软件开发业务外包到海外，其中印度获得了近60%的业务。在承接国际制造业转移的竞争中，内蒙古自治区居后，包头市本应挑起大梁，面对新一轮的产业转移，早做安排，率先行动，抓住承接外包业务的先机。

（3）努力吸引国内服务资本的转移。包头市巨大的生产性服务需求，对国内服务资本具有强大的吸引力。关键是如何创造条件让国内服务资本愿意来、留得住、做得大。2010年以来，市委、市政府在重视引进外资的同时，做出了加强引进内资工作的部署。建议在引进内资工作中，应将生产性服务业列入引进目录，进一步拓宽招商引资工作的领域和范畴。

包头市“十二五”发展现代农牧业的思考

（2011年4月16日）

王德山

《中华人民共和国国民经济和社会发展第十二个五年规划纲要》（以下简称《纲要》）中指出：“同步推进工业化、城镇化和农业现代化。坚持工业反哺农业、城市支持农村和多予少取放活方针，充分发挥工业化、城镇化对发展现代农业、促进农民增收、加强农村基础设施和公共服务的辐射带动作用，夯实农业农村发展基础，加快现代农业发展步伐。”本文结合贯彻落实《纲要》精神，就包头市如何加快发展现代农牧业进行一些思考和探讨，供参考。

一、现代农牧业是农牧业发展的必由之路

现代农牧业是科技化、市场化、信息化、机械化、生态化、社会化的农牧业，是在国民经济中具有较高水平的农牧业生产能力、较强竞争力的现代产业。它是不断地引进新的生产要素和先进经营管理方式，用现代科技、现代工业产品、现代组织制度和管理方法来经营的农牧业，是保护生态平衡和可持续发展的农牧业。2007年的中央一号文件曾提出：“发展现代农业是社会主义新农村建设的首要任务。用现代物质条件装备农业，用现代科学技术改造农业，用现代产业体系提升农业，用

现代经营形式推进农业，用现代发展理念引领农业，用培养新型农民发展农业。”党的十七大报告进一步强调：“要坚持把发展现代农业，繁荣农村经济作为首要任务，走中国特色农业现代化道路。”现代农牧业概括起来就是：以科学发展观为指导，以保障粮肉安全与食品安全、增加农牧民收入、实现农牧业可持续发展为主要目标，不断引进新的生产要素和先进经营管理方式，用现代科学技术、现代物质装备、现代产业组织体系制度和管理手段来经营，在经济中具有高水平土地产出率、劳动生产率、资源利用率的市场化、标准化、产业化的农牧业形态。现代农牧业的基本内涵是：用现代科技武装农牧业，如优良品种、先进种养殖技术和栽培、农牧业工程技术等，而且不断地创新；用现代工业产品增加农牧业投入和装备农牧业；用现代的组织制度和经济管理方法组织和管理农牧业；用现代科技和经济管理知识培训农牧业生产者，使他们成为适应现代农牧业生产经营要求的现代农牧民。

二、国内外科技促进现代农牧业发展的经验

当前世界农牧业发展的趋势是由平面式向立体式发展，由农产式向公园式方向发展，由常规型向生态型发展，由单向型向综合型发展，由机械化向智能化方向发展。在这个转变过程中，科技创新与应用起到了至关重要的作用。

（一）国外现代农牧业发展的核心是高新技术应用

世界农牧业发展发生着深刻变化。其主要发展趋势：一是农牧业日益高科技化。特别是生物技术和信息技术的迅猛发展及其在农牧业生产中的广泛应用，给全球农牧业带来前所未有的巨大变革。二是农牧业领域和功能加速拓展。农牧业功能进一步向产后延伸，进入医药、生物、化工、能源、环保等领域。三是农产品质量安全日益受到重视。食品安全与人类健康日益成为人们关注的焦点。四是农牧业可持续发展成全球共识。农牧业发展愈来愈以管理和保护自然资源为基础，调整技术和机制变化的方向，以便获得并持久地满足当代人和后代人对农产品的需

求。五是政府对农牧业的保护制度和手段更加多样化、体系化、法制化。

与此同时，生物技术、信息技术、设施农牧业技术、新型肥料及施肥技术、农牧业病虫害生物防治技术、农畜产品深加工技术、农牧业装备技术、农牧业防灾减灾技术、高效节水技术、循环农牧业技术等十大技术在农牧业上的组装集成与广泛应用，有力地提升了现代农牧业的发展水平。

（二）科技有效地推进了我国现代农牧业发展

科学技术促进了我国农牧业生产效率的大幅度提高。品种改良、农作物病虫害防治、防护林网技术、畜禽水产饲料技术、农牧业机械工程技术、农田水利和水土保持技术、土地利用工程技术、农副产品加工工程技术、农村建筑和农牧业生物环境工程技术、农村能源工程技术成果转化应用效果逐年增大。在科技的推动下，我国在传统农牧业向现代农牧业转变的进程中进行了有益的探索，形成了许多模式。其中，适合包头市未来现代农牧业建设可资借鉴的主要模式有：

龙头企业带动型：农牧业龙头企业作为现代农牧业产业化发展的主体，本着自愿、有偿、规范、有序的原则，采用公司+基地+农户等产业化组织形式，将大量分散在千家万户农牧民的土地纳入到企业的经营开发活动中。

特色农牧业主导型：以特色农畜产品生产为核心，形成地域特征和产品特征鲜明、科技含量高、市场竞争力较强的农牧业产业体系。

规模经营推动型：通过土地流转与有偿转让，形成土地规模化、产业化、机械化、水利化、标准化经营的现代农牧业发展模式。

现代设施支撑型：通过建设现代化的设施，提高农牧业经济效益的发展模式。现代设施农牧业使作物（畜禽）的生长速度加快、生长周期缩短、产量增加、质量提高，其效率和效益比传统农牧业提高几倍甚至几十倍。

休闲观光拉动型：利用田园景观、自然生态及环境资源，结合农林牧渔生产经营活动、农村文化及农家生活，开展农牧业休闲旅游活动，发展生态高效农牧业。

农牧业科技园区驱动型：以农牧业科研、教育、推广单位作为依托，引进国内外高新技术，集成现有农牧业科技成果，对现代农牧业技术和新品种、新设施、新产品进行试验和示范，形成高效农牧业园区的开发基地、中试基地、生产基地，并通过农牧业科技园区的示范，促进农牧业科技进步和农牧业产业结构升级，带动现代农牧业发展。

（三）现代农牧业与传统农牧业对比

现代农牧业是以科技支撑的农牧业。科技是现代农牧业的助推器，是决定现代农牧业进程的核心要素。通过科学技术的应用，能够推动农牧业发展方式、生产者思维方式及价值观念的转变，能够大幅度提高农牧业劳动生产率、农牧业综合生产能力和生产效益，有力推动现代农牧业发展。国内外在农牧业上应用基因技术、生物工程技术、遥感遥测技术、精准农牧业技术、计算机技术以及激光技术等高新技术，有力地提高了现代农牧业发展水平。

传统农牧业的生产工具是铁制农具。以人力和畜力为动力、以手工操作为主，生产者根据世代相传的经验和技能组织和从事农牧业生产活动。传统农牧业与现代农牧业相比较，传统农牧业经营主体是个体农户，而现代农牧业的经营主体是农牧业企业和家庭农场；传统农牧业的土地产出率很低，而现代农牧业的土地产出率相对很高；传统农牧业的劳动生产率低下，而现代农牧业的劳动生产率则相对较高；传统农牧业的资本和劳动投入比例较低，而现代农牧业的资本和劳动投入比例则相对较高；传统农牧业的生产要素由农户自行解决，而现代农牧业的生产要素则从市场购买；传统农牧业没有社会化服务体系，而现代农牧业的社会化服务体系是完善和健全的；传统农牧业的生产技术没有根本性变化，而现代农牧业的生产技术是不断创新提高的；传统农牧业的生产手段是比较落后或比较传统的，而现代农牧业的生产手段则是新式先进的；传统农牧业的生产目标是自产自销，而现代农牧业是追求较高收入的。由此，农牧业的发展必须坚定不移地走现代化道路。

三、包头市农牧业发展现状

“十一五”期间，包头市农牧业发展立足于工业城市和城郊型农牧业的实际，以促进农牧民持续增收和增加城市有效供给为目标，全面实施“收缩、转移、集中”和“南菜北薯、乳肉并举”战略，强化投入、科技、装备、项目四大支撑，调整优化农牧业结构，转变农牧业发展方式，全力提升菜、薯、肉、乳四大主导产业的速度、质量和效益，实现了农牧业经济不断发展。

1. 农牧民收入持续增加。2010 年，全市农牧民人均纯收入由 2005 年的 4667 元提高到 8766 元左右，年均增长 13.4%。政策性收入、非农产业收入和农牧业优势产业收入所占比重逐年增加。

2. 农牧业综合生产能力稳步提升。2010 年，全市粮食产量由 2005 年的 84.8 万吨增加到 99.25 万吨，年平均增长 3.2%。年末牲畜总存栏 275 万头只，比 2005 年增加 72.29 万头只。出栏肉牛 16.7 万头、出栏肉羊 208 万只、出栏肉猪 45 万口。2009 年农机综合机械化水平由 47.7% 增加到 80% 左右。

3. 农牧业内部结构进一步优化。2010 年，全市优势作物马铃薯、玉米、蔬菜种植面积分别达到 123 万亩、146 万亩和 18 万亩，较 2005 年分别增加 49 万亩、18 万亩和 4.5 万亩。奶牛良种化率由 2005 年的 75% 提高到 100%，平均单产由 2005 年的 5 吨增加到 6.3 吨。优质肉羊良改率由 2005 年的 20% 提高到 40%。水产、土鸡、野猪等特色养殖规模不断扩大。

4. 设施农业发展迅速。通过实施“南菜北薯”战略，全市蔬菜保护地总面积由 2.1 万亩增加到 5.1 万亩，新建面积相当于之前总面积的 70%。设施马铃薯面积由 5.1 万亩扩大到 53 万亩，设施马铃薯面积占马铃薯种植总面积的比重由 6% 提高到 43%。

5. 畜牧业生产方式明显转变。奶产业基本实现由数量型向质量、效益型转变，奶牛小区由 178 个增加到 219 个，奶站由 416 个减少到 193 个，奶牛规模化水平由 50% 提高到 80%。羊产业基本实现由散养为主向舍饲圈养的重大转变，全市累计新改建羊舍饲棚圈270万平方米，建设青贮窖32.6万立方米，羊规模化饲养水平由30%提高到60%，优质肉羊良改率由20%提高到40%。

6. 农牧业产业化深入推进。截至2010年底，全市规模以上农牧业产业化企业达152家，农畜产品行业获中国驰名商标数达到8个。到2009年底，规模以上产业化龙头企业销售收入、增加值和利税分别达到202.2亿元、43.2亿元和41.1亿元，比2005年分别提高27.5、21和35个百分点。土地流转面积达到113万亩，较2005年增加70万亩。

7. 生态环境状况取得阶段性成效。在全市范围全面推行围封禁牧、舍饲圈养战略，加强对山北地区2400万亩草场保护，牧民实行移民搬迁。截至2010年底，转移安置牧民6620户、2万人。同时，在国家退牧还草、京津风沙治理和我市“收缩、转移、集中”战略等重点生态建设工程示范带动下，全市草原生态建设取得突破性进展，山北地区草场植被盖度达到28%，较禁牧前提高5.7个百分点，呈现总体遏制局部好转态势。

四、包头地区发展现代农牧业的有利条件

发展现代农牧业，就是用现代理念引领农牧业，用现代物质条件装备农牧业，用现代科学技术改造农牧业，用现代产业体系提升农牧业，用现代经营形式推进农牧业，不断提升农牧业产业层次和整体水平，大幅度增加农牧民收入，促进包头市由农牧业劣势产业向农牧业优势产业转变。综合分析包头地区农牧业现状，对照发展现代农牧业的具体要求，目前包头市农牧业发展正处于由传统农牧业向现代农牧业转型的关键时期，传统农牧业生产仍占主体，但现代农牧业的迹象已初现端倪。

（一）发展现代农牧业具备了一定基础

“十一五”期间，包头市委、市政府认真贯彻落实中央、自治区的各项强农惠农政策，紧紧围绕“通过推进现代农牧业建设、全面深化农村牧区改革和加快城镇化进程，强化社会主义新农村建设的产业支

撑、物质条件和体制保障，在加大政府对新农村建设投入力度的同时，鼓励社会资金多元化投入，推动城乡协调发展”这一核心目标，加大基础建设力度，转变农业发展方式，农村经济和农民收入实现了快速增长。到2010年，全市实现第一产业增加值66.48亿元，农牧民人纯均收入8766元。粮食总产量达到99.25万吨；牲畜存栏275万头只；蔬菜总产量82.23万吨。特别是实施了“收缩、转移、集中”战略和“南菜北薯、乳肉并举”方针，极大地改善了农牧民生产生活条件；启动了农牧业发展战略，优化了农牧业经济结构，设施农业和舍饲圈养正成为农牧民增收新的增长点；同时，大力推广农牧业先进适用技术，加快农牧业科技成果转化，切实提高农牧业科技贡献率，继续组织实施农牧业“种子工程”，支持大宗农作物和畜禽良种繁育基地建设，努力扩大优质高效的农作物和畜禽良种比例。推广农牧业机械化，抓好以机耕、机播、机收为重点的机械化耕作技术推广工作，引进饲草料收获及加工用新型机械。这一系列重大战略举措的实施，为传统农牧业向现代农牧业转型奠定了扎实的基础。

（二）发展现代农牧业的资源优势明显

一是农业资源量大。包头市2009年实有耕地面积422.11千公顷，（其中有效灌溉面积135.72千公顷），按农业人口83.28万人计算，人均耕地7.6亩，（其中人均水浇地2.4亩）。二是农业机械化、电气化有了一定的基础。全市农牧业机械净值89842万元，农牧业机械总动力1467188千瓦。农业综合机械化水平已达到75%左右，其中机械耕地面积279.21千公顷，占耕地面积的66.15%；机械播种面积243.13千公顷，占农作物总播种面积的79.57%；机械收割面积121.20千公顷，占农作物总播种面积的39.66%。农村用电量达到28252万千瓦小时，平均每公顷耕地用电量669.30千瓦小时。三是畜牧业资源丰富。全市拥有天然草场面积2120.04千公顷，其中围栏草场面积764.70万亩，人工种草保有面积139.33千公顷，当年打草量75.38万吨。四是有无污染的绿色环境。包头农村牧区没有大型工业企业，没有工业污染，是天然的绿色农牧业示范区。五是小麦、玉米、荞麦、莜麦等传统优势农产品品质优良，油料、甜菜、药材、马铃薯、蔬菜、瓜果、中药材等特色农产品在内蒙古西部地区闻名，具备发展有机、绿色和特色农业的优势。六是地缘和区位优势突出。包头市是国家“十二五”时期“两横三纵”城市化战略布局呼包鄂榆地区的中心城市。包头市拥有国家二类季节性公路口岸——满都拉口岸，是连接中国华北、西北的重要交通枢纽和中国西部重要的邮电通讯中心，是17个全国性物流节点城市之一，已基本形成了铁路、公路、航空综合交通网络。包头市山南地区已被国家划定为“十二五”时期“七区二十三带”农产品主产区之一——河套灌区范围之内。

（三）政策环境机遇使农产品市场预期效益高

近年来，国家、自治区、包头市相继出台了扶持农牧业发展和促进农牧民增收的一系列优惠政策和措施；随着新一轮国家西部大开发等一系列战略举措的实施，必将对包头市发展现代农牧业提供更加强有力的政策、项目和资金支持；近年来，农畜产品市场看好，农畜产品价格一直在高位运行，农牧民发展农业生产的预期效益有保障，发展农牧业生产积极性很高。

（四）反哺农业的经济实力雄厚

一是经济基础雄厚、财力充足。包头是内蒙古自治区第一大城市，全国特大型城市，建成区面积250平方公里。同时，包头市也是内蒙古最大的工业城市，中国最为重要的工业基地之一，中国重要的稀土、钢铁、冶金、机械制造、军工基地。2010年，包头市生产总值达到2460.8亿元，人均GDP近14000美元。第二产业增加值达到1331.45亿元，其中工业增加值达到1188.78亿元。地方财政收入达到243.3亿元。雄厚的工业经济基础和较充足的财政收入使包头具备工业反哺农业的经济实力。二是农业人口少，城市化率高。据《包头市国民经济和社会发展第十二个五年规划纲要》公布的数据显示：2010年全市人口265万，其中非农人口212万人，农业人口53万人，城镇化率达到80%，这在全国城市的城镇化率中也是高水平的。高城镇化率对于城市带动农村，工业反哺农业的能力很强。三是具有人才优势。全市有3所普通高等学校，6所高等职业院校，还有13所中等专业学校、2所职业中学，每年毕业学生数万人。全市规模以上工业企业办科技机构82个，从事科研人员8585人，多专业的大中专毕业生队伍、多学科科技人才队伍为发展现代农牧业奠定了人才基础。

五、制约发展现代农牧业的主要问题

1. 发展现代农牧业的理念有待加强。部分干部对现代农业知识学习不够，有抓传统农业的思维定势，用现代农牧业谋划发展的理念还未形成，面对新时期新的发展机遇，思想转变不够；部分农牧民思想观念陈旧，还存在着“小富即安”和“等靠要”的思想，勤劳致富、科技致富和市场意识不强，发展现代农牧业的主体意识有待提高。

2. 农牧业基础设施建设仍然滞后。农牧业基础设施薄弱，抗灾避灾能力很差。中低产田改造严重不足，靠天吃饭、广种薄收观念根深蒂固。农田基本水利设施80%老化，山南地区水资源条件较好，但农田灌溉仍以传统落后的漫灌方式为主，山北地区水资源短缺，但喷、滴灌技术推广面很小。生态保护投入少，大部分耕地没有配套防护林，草场退化、林地干枯、水土流失现象严重，地下水位下降，生态环境脆弱。畜牧业基础设施条件仍然较差，舍饲圈养设施建设水平低，适应舍饲圈养的优良种畜基地建设滞后。农畜产品加工基地仍显不足，发展现代农牧业的物质装备条件亟待改善。

3. 土地规模化经营程度低。2010年全市农村累计家庭承包耕地流转的总面积达106.18万亩，占耕地总面积的16.8%。保护地蔬菜种植面积（指设施蔬菜地）5.5万亩，仅占蔬菜种植总面积17.5万亩的31.4%。山北地区以滴灌和旱作覆膜为主的设施马铃薯种植面积26.06万亩（其中滴灌6.06万亩，旱作覆膜20万亩），仅占马铃薯种植面积的27%，设施农业水平较低、比例不高。目前，还有相当数量农户的土地还是一家一户的分散经营，总体土地规模化经营程度低，直接制约和影响了标准化生产和高产高效技术的推广应用，根本上制约了现代农牧业的发展。

4. 农牧业产业化层次低。现有的农产品加工企业规模小，层次低，产业链短，大部分农产品只能以原料或初级加工品输出；2010 年，全市农民专业合作经济组织 222 个，其中，已在工商部门登记的 202 个，被农业主管部门认定为规范化管理的合作社仅有 4 个，拥有注册商标的农民专业合作社仅有 10 个，通过农产品质量认证的农民专业合作社仅有 6 个。农村经济合作组织虽然发展较快，但大多仍处于“小弱单散”的起步阶段，带动能力弱；农民组织化程度低，企农利益联结机制还没有真正建立；标准化种植基地面积小，农产品品牌建设严重滞后，自治区 156 个农产品名牌产品中，包头市只占 9 个，绿色、特色农业资源优势难以转换为经济优势。

5. 农牧科技应用水平低。包头市还没有真正意义上的农牧业科研机构，农牧业局下属的事业单位行政化倾向严重，科技服务职能衰退，现有技术人员少，培训不够，服务技能低；基层服务设施不健全，技术服务激励机制不够，农技人员队伍不稳定，积极性不高。农作物单产品质与巴彦淖尔市相比仍有较大差距，现代农牧业科技整体应用水平相对较低。

六、“十二五”时期包头市发展现代农牧业的对策建议

“十二五”时期，包头市加快发展现代农牧业，要以科学发展观为统领，树立生态立农、科学跨越、后发超越的理念，以农牧民持续大幅增收为核心，深入贯彻中央、内蒙古自治区“十二五”规划纲要精神，进一步加快推进农牧业现代化进程，把农牧业和工业连起来做，把城市和农村牧区连起来做，把龙头企业和原料基地连起来做，用工业化、产业化的思路和理念来指导农牧业发展和农村牧区工作。立足资源优势，抢抓机遇，加大投入，不断强化基础生态工程建设，加快推进规模化、机械化、标准化、产业化、品牌化建设，着力构建自治区重要的粮种、蔬菜、畜牧、林果特色农畜产品四大示范型基地，加速发展现代农牧业。力争到 2015 年，实现由传统农牧业向现代农牧业转变。

1. 解放思想，牢固树立发展现代农牧业的理念。深入学习贯彻《中华人民共和国国民经济和社会发展第十二个五年规划纲要》、《内蒙

古自治区国民经济和社会发展第十二个五年规划纲要》精神，认真落实《包头市国民经济和社会发展第十二个五年规划纲要》。有计划、有组织、有层次地安排“市、旗（县）、镇（乡）、村”四级干部和群众外出学习考察调研，紧紧把握“十二五”时期发展现代农牧业的良好机遇，准确认识发展现代农牧业的内涵，真正做到思想大解放，观念大转变，自觉树立现代农牧业的发展理念，用抓工业的思路抓农牧业发展，坚持走绿色农牧业、生态农牧业、特色农牧业之路，不断推进包头市传统农牧业向现代农牧业方向转变。

2. 加大投入，夯实发展现代农牧业物质基础。积极争取上级项目支持，加快建立政府持续加大投入、援助资金支持、农牧民筹资投入、社会力量广泛参与的多元化投入机制，进一步加大对农牧业基础建设的投入。

（1）加大生态工程建设力度。按照“蓝天、绿水、青山、大草原”生态建设的要求，树立保护生态、恢复生态就是发展的理念，坚决改变以破坏生态为代价，单纯追求经济指标的不科学做法。继续抓好沿黄湿地的保护利用和生态恢复工程；继续强化牧区禁牧督查和草原治理工程，加快提升舍饲圈养水平；继续组织实施天然林保护京津风沙源治理、退耕还林等国家生态重点工程建设，力争到2015年，地下水下降和草场退化得到有效遏制，牧区草场植被覆盖率达到40%以上，山北地区森林覆盖率达到8.0%以上，山南地区森林覆盖率达到20.0%以上。

（2）加快水利设施建设步伐。加快重点河流中小水库的建设项目争取力度，争取尽快开工建设；认真组织实施好农牧区蓄水工程建设；加快人畜安全饮水工程建设，彻底解决农村人畜安全饮水问题；加快节水设施建设和节水措施推广，“十二五”时期，修建防渗渠应占总渠长的85%以上，高效节水灌溉面积（指喷灌、滴灌）应占总有效灌溉面积的80%以上。

（3）加强农牧区基础设施建设。要按照“有利于现代农牧业发展、有利于提高农牧民收入水平、有利于提升农牧民生活质量”的原则，扎实做好农（牧）民新村各项生产、生活配套设施建设和完善，不断提升规范农（牧）民新村。

（4）提高农牧业机械化水平。进一步加大农机购置补贴争取力度和信贷支持，重点推广目前机收率低的马铃薯收获机、玉米收获机和小麦收获机等大型机收机械，以及机械挤奶机等现代畜牧业机械设备，降低生产成本，节本增效，力争到2015年农牧业综合机械化率达到90%以上。

3. 以规模化、标准化为重点，加快发展现代农业。在确保粮食安全和提升本地蔬菜供给率的基础上，进一步调优结构，大力推进规模化、标准化、认证化生产，发展适销对路的经济作物。到2015年，基本建成小麦、玉米、马铃薯、蔬菜、林果特色农作物五个百万亩生产基地，培育出优质小麦制种、设施马铃薯、设施玉米、暖棚蔬菜和特色林果五大优势产业。

（1）坚持依法自愿的原则，积极引导土地规模化经营。土地集中经营是农牧业规模化、标准化的前提，也是发展现代农牧业的基础。因地制宜，加强引导，按照依法自愿的原则，积极推进以土地互换、反租倒包等多种形式的“土地流转”，促使种植户将分散的土地、草场集中整合，不断提高土地规模化、集约化经营程度。力争到2015年，以各种形式形成的土地规模化经营程度达到50%以上，2020年，达到80%以上。

根据目前看，可以采取三种模式。一是土地置换的“互换模式”。主要针对农民地块多而分散，采取召开村民大会的方式，实施土地互换，将农民分散在不同区域的地块集中调整成一个地块，实现一定程度上规模经营。二是合作社模式。以农村专业合作经济组织为纽带，通过平等自愿协商，将原本在一个区域分散的农户土地以入股或反租倒包的形式，集中成一个地块，由合作社统一集中管理经营。三是直接土地经营权流转模式，由种养殖大户或专业合作社，将分散在农户手中的土地或草场长期承包，实现规模化经营。

（2）全面推进标准化生产。包头市的现代农牧业建设与发展应该成为自治区现代农牧业的典范。包头要围绕现代农牧业标准化生产示范园区建设，不断建立和完善农业标准化体系，加快建设农业标准化示范基地，引领推进农产品生产基地标准化建设。到2015年，建设农业标准化示范区30个，全市农业标准化生产面积达到320万亩，占全市总播种面积的70%以上。

（3）大力发展绿色和有机农产品。依托包头发展现代农业的时机，加快推进绿色、有机农产品的基地建设认定和农业产品认证。到2015年，无公害、绿色和有机农产品基地认证面积分别达到500万亩、200万亩和30万亩，无公害、绿色、有机农产品认证达到200个以上。

4. 实施两轮驱动战略，加快发展现代畜牧业。在加快牧民新村建设、推进牧区畜牧业传统放牧向舍饲圈养转变的同时，加快农区传统畜牧业改造提升，加速向现代畜牧业转变，形成农区带牧区、牧区促农区、农牧区协调发展的产业格局。到2015年，牲畜年末存栏400万头（只），年均增长6.0%，出栏率95%、商品率80%，畜牧业占农业产值比重提高到60%以上。

（1）突出发展农区现代畜牧业。分类指导，做好农区畜牧业发展的产业规划，加快培育规模化专业化养殖基地。加快引导养殖户“以优换劣”，压缩劣质畜群的数量，大力发展优质奶牛、肉牛、肉羊、猪禽的规模化、标准化养殖。

（2）扎实做好牧民新村建设。按照包头市城乡一体化的要求，进一步完善集中定居区域的规划，到2015年基本实现全市牧民进入牧民新村定居。大力实施新型养殖基地工程，全面推行舍饲圈养，依托定居点和土地、草场两种资源，加快发展标准化规模养殖。

（3）扩大农牧区劳动力转移。强化组织领导和培训服务，不断扩大农牧区富余劳动力转移，拓宽农牧民的增收渠道，实现农牧区富余劳动力得到妥善安置转移，带动农牧民人均收入有较大的增长，生活水平有明显的提升。

5. 抓住第二次西部大开发战略的机遇，做大做强外向型设施农业。坚持巩固提高、稳步发展的基本原则，走以优促强、以强促大、先强后大的发展模式。一是在抓好旧棚改造的基础上，以春秋棚为主、周年型棚为辅，实施园区化发展战略，继续抓好基地建设。二是加快壮大技术保障体系。在引进外地种植技术人才的同时，依托校地联办合作，充分发挥设施农业示范基地的作用，切实抓好设施农业技术培训推广，不断提高设施农业种植效益。三是强化市场拓展。在加快引进龙头企业和培育壮大设施农业农民专业合作社的同时，加大资金支持，防范点对点的市场风险，强化市场促销平台建设和市场对接，不断扩大周边城市市场和西北地区广大市场的外销份额，使外向型设施农业成为农民增收的主渠道之一。

6. 大力发展龙头企业，着力提升农牧业产业化水平。一是以优势特色农牧产品加工企业为重点，加大农口招商引资力度。到 2015 年，全市规模以上农业产业化龙头企业达到 100 家以上，其中自治区级以上龙头企业 30 家，主要农产品精深加工转化率达 60% 以上。二是加强引导扶持，大力发展农村经济合作组织，逐步建立起覆盖生产、流通各环节的农村经济合作组织体系，加快提高农民组织化程度，促进形成“企业 + 合作组织 + 基地 + 农户”风险共担、利益共享的企农利益联结新机制，有力支撑产业化发展。到 2015 年，规范化及在工商部门登记的农村经济合作组织达到 300 家，培育合作社产品品牌 80 个，80% 以上的农牧民实现有组织、基地化生产。三是立足国际国内农畜产品交易会，着力加强农产品促销平台建设。切实把农畜产品外销平台和品牌建设摆上重要议事日程，拿出专项资金扶持，重点抓好中国农产品交易会、内蒙古农畜产品展览会和北京、上海、广州等经济中心城市农产品展会的参展组织工作。四是强力推进实施农产品品牌战略。抓住自治区和包头市安排专项资金用于农产品品牌培育的机遇，精心组织，科学规划，强化责任，有计划有重点地打造优势特色农产品和知名品牌。到 2015 年，力争培育出 8 个以上中国名牌、15 个以上自治区名牌和 100 个以上包头市名牌产品。

7. 扎实开展科技推广行动，全面提升技术应用水平。一是坚定不移地加快现代农牧业技术推广普及。以农牧业科技推广促进行动为支撑，以特色种养殖基地建设为引领，大力推广高效节水、配方施肥、品种改良、精量播种、残膜回收、丰产栽培、种畜培育、舍饲圈养管理等农牧业新技术。二是加强技术服务队伍建设。建立以农牧区乡镇为重点的基层农牧业技术服务机构，包头招录事业编制人员，重点向基层农牧技术服务部门倾斜。到 2015 年基本实现乡镇农牧业技术服务部门编制满员；严把进出口关，凡招录进农牧业技术服务部门必须专业对口，新招录农牧业技术人员 6 年内不允许转岗；加强基层站所和技术人员培训，“十二五”期间，实现所有乡镇农牧业技术服务站所配套和所有在岗农技人员培训。三是加强农牧业技术推广机制创新，加快建立科学的农牧业技术人员绩效评价机制，充分调动基层技术人员的积极性。到2015年，建立包头市主要农作物科技示范园区、良种培育基地、种畜繁育基地，良种覆盖要达到95%以上；测土配方施肥面积要到80%以上，牲畜良种率达到95%以上，主要农牧业生产技术指标位列自治区前列。

包头市城乡居民收入差距问题研究

（2011 年 4 月 16 日）

杨春才

近年来，包头市经济发展迅速，城乡居民生活水平也有较大提高。与此同时，城乡居民之间的收入差距却在不断扩大，贫富分化日趋明显，社会不平等日益加深，不利于和谐社会的构建。《中华人民共和国国民经济和社会发展第十二个五年规划纲要》（以下简称《纲要》）中明确指出："加快形成合理有序的收入分配格局，努力提高居民收入在国民收入分配中的比重，提高劳动报酬在初次分配中的比重，尽快扭转收入差距扩大趋势。"《纲要》更是要求"坚持把保障和改善民生作为根本出发点和落脚点"，充分说明中央对民生的关注。

一、包头市城乡居民收入差距现状

2005 年以来，随着包头市经济持续快速健康发展，综合实力显著增强，财政收入大幅增加，人民生活稳步提高，政府、企业和居民个人都享受到了经济发展所带来的成果，人民群众得到了更多的实惠。截至 2010 年末，包头市城镇居民人均可支配收入达到 25862 元，比 2005 年的 13218 元增加 12644 元，增长 51.1%，年均增长 11.62%；农民人均纯收入达到 8766 元，比 2005 年的 4667 元增加 4099 元，增长了

53.2%，年均增长13.2%。虽然农村牧区居民收入的增速快于城镇居民收入，但城乡居民收入的绝对差距仍在进一步扩大。

1. 城乡居民收入差距扩大。2005年，包头市城乡居民收入差距为8551元，到2010年底，包头市城乡居民收入差距扩大到17096元，城乡居民人均收入之比为2.95∶1。而农牧民收入中包括约40%的实物收入，再加上农牧民现金收入中约有20%必须用于生产资料的购买，实际上城乡居民收入差距远大于2.95∶1。据测算，包头市城乡居民可用于消费的实际差距约为6∶1，这远远超出国际劳工组织公布的大多数国家城乡居民收入差距1.5∶1的范畴。

2. 不同行业间收入差距拉大。2009年，包头市全部在岗职工平均工资为36723元，排在前三位的行业分别是金融业59341元、电力、燃气及水的生产和供应49911元、公共管理和社会组织47666元，分别是全市平均工资水平的1.62倍、1.36倍和1.30倍。排在后三位的行业分别是农林牧渔业、住宿和餐饮业、批发和零售业，平均工资依次为22237元、22471元和26172元，仅相当于包头市平均工资的60%～71%。2009年，包头市高低行业收入差距为37104元，比2005年的22834元增加14270元，可见近年来行业收入差距也在不断扩大。

3. 地区之间城乡居民收入差距明显。由于经济发展的不平衡和地域上的差异，致使地区之间居民收入差距不断扩大。2009年，包头市城镇居民人均可支配收入最高的昆都仑区38892元比包头市平均水平36723元高出2169元，比最低的固阳县30249元高出8643元。从农牧民人均纯收入看，2009年包头市农牧民人均纯收入最高的昆都仑区10600元比最低的固阳县5958元高出4642元，比2008年的收入差距增加477元。

4. 体制改革本身带来了收入差距的扩大。就改革后20多年来收入差别的扩大趋势而言，也主要来源于对经济体制、政治体制的重大改革。体制改革给经济注入了活力，允许多种经济成分存在，多种分配方式并存，允许一部分人先富起来等等，使城乡居民收入水平不断提高。但在农村牧区经济体制改革和城市经济体制改革中，农村牧区居民内部和城镇居民内部的个人收入增长都是不平衡的，这在客观上推动了收入差别的逐渐拉大，并逐渐形成高、中、低各种层次的收入阶层，这不能不归结为体制因素作用的结果。从城乡整体角度讲，城乡居民收入差距的拉大与农村牧区改革的相对滞后是有关系的。

5. 制度转型中的不合理收入扩大了收入差距。政府鼓励一部分人先富起来的政策是对的，也极大地激励了生产力的发展，问题在于许多人似乎忘了先富的前提条件是“诚实劳动和合法经营”。1984 年，我国开始对国有企业进行改革，但同时伴生的竟是国有资产流失，特别是股份制改造，在一些地方竟成了社会主义公有制的最后一次“免费午餐”。这些年，因为监督机制缺位，甚至是权力的介入，产生大量黑色收入，导致一部分人暴富，为广大人民深恶痛绝。另外，还有一些介于合法与非法之间的“灰色收入”。西方把这种因享有特权而获得额外利益的现象称为寻租行为。寻租泛滥，产生很多严重的不平等。这些不合理收入，使一些人站在较高的起点上，在新一轮的角逐中进一步扩大了贫富差距。

二、包头市城乡居民收入存在的问题

尽管改革开放以来，包头市城乡居民收入实现较快增长，但在增长和发展过程中，存在着以下问题：

1. 城乡居民收入增长与经济增长不同步。经济增长是居民收入增长的基础，2010 年，包头市城镇居民人均可支配收入和农牧民人均纯收入年均实际分别同比增长 12%，而全市 GDP 年同比增长 16.0%，两者差距 4 个百分点，经济增长明显快于城乡居民收入水平的增长。

2. 农牧民收入内部结构不合理的矛盾依然存在。“十一五”期间，包头市农牧民收入与全国差距呈现减小的趋势。但是收入内部结构存在明显不合理状况。一是从农牧民家庭经营收入内部结构来看，2009 年包头市来自非农产业的收入占家庭经营收入的比重为 11.5%，与同期全国 34.3% 的比重相差 22.8 个百分点；二是从农牧民纯收入内部结构来看，2009 年包头市来自工资性收入占农牧民纯收入的比重为 19.2%，与同期全国 38.9% 比重对比低 19.7 个百分点。

3. 就业面的差异放大了工薪收入差距。家庭就业面（就业人口占全部人口的比重）的差异成为造成居民家庭工薪收入差别的关键因素。近几年来，包头市20%最高收入家庭与20%最低收入家庭的就业面之比一般在1.4倍左右。2009年，20%最高收入城市家庭就业面为60%，而20%最低收入城市家庭为37%，前者是后者的1.62倍，从而导致20%最高收入城市家庭与20%最低收入家庭人均可支配收入的差距由2002年的3.43倍扩大到2009年的5.27倍。

4. 财产性收入所占比重较小。近年来，包头市城市居民财产性收入和经营性收入增长较快，但是占家庭全部可支配收入的比重仍然比较小。2009年，在包头市城镇居民家庭人均可支配收入中，财产性收入占2.3%。而同期全国财产性收入占2.5%。

三、城乡居民收入差距扩大的因素分析

1. 城乡产业结构差异导致工农效率差异。城市支柱产业主要是利润率高的第二、第三产业。尤其是工业借助于体制创新、科技创新，在市场化、城市化、信息化的带动下，集中了大量资金和优质劳动力，具有较高的劳动生产率，这是城市居民收入快速增长的基础。而农牧业受自然与科技的双重制约，产业弱质。近年来，尽管包头市农牧业基础设施建设有所增强，但农牧业生产仍未摆脱靠天吃饭的局面，一旦遇到大的自然灾害，农牧业就要减产甚至绝收。加之农牧民文化素质整体偏低，在文化素质、生产经营管理和观念意识等方面，难以适应新形势的要求。农村牧区劳动力无论是在本地就业还是外谋职业，都受到文化素质的限制，导致劳动力就业不充分。

2. 对农牧业的总体投入太少。从近几年财政支农情况来看，虽然用于农业产业发展、基础设施建设和生态环境建设的资金增长幅度较大，但与农牧业和农村牧区经济发展对资金的需求仍有较大差距。现有的农田水利设施一部分已年久失修，功能老化，配套不全，保障能力大大降低。随着人类对生态环境的破坏，各种自然灾害频繁发生，农牧业基础设施脆弱的问题更加突出。尽管2004年开始国家实施粮食直补，2005年取消农业税，政策效应对农牧民收入的影响开始显现。但国家

对农牧业的补贴和支持力度与发达国家相比仍有较大差距，难以满足农牧业自身发展的要求。加之农牧户投资短期化现象比较突出，总是偏重于周期短、见效快的“短、平、快”项目，而对诸如改良土壤、兴修水利或其他收效预期长的项目，一般不愿投入或者少投入，农牧户这种“竭泽而渔”的掠夺式经营方式和政府对农牧业基础投入的弱化，影响了农牧业发展后劲，使城乡居民收入差距不断扩大。

3. 社会保障差异是城乡居民收入差距扩大的重要原因。城市的社会保障程度大大高于农村牧区。过去二十多年时间，大多数城市职工的社会保障基本由国家（单位）一包到底，住房实行分配，看病实报实销，退休国家发给退休金等。近年来，虽然社会保障在逐步走向社会化，但城乡社会保障体系在保障机制、保障水平等方面差别很大，互相分割，互不相融，存在“一条腿长、一条腿短”的问题。如城镇居民基本养老保险与农村牧区养老保险之间差别较大，城市居民医疗实行医保、退休由国家发放退休金。而农村牧区养老保险范围、保险标准太低，且刚刚全面铺开，这些都在客观上加大了城乡居民收入的差距。

4. 税收的再分配功能软弱。税收，尤其是所得税，是进行收入再分配的一种有效手段。而现行税制结构以流转税为主体，以流转税为主体的税制在充分发挥收入功能，保障税收大幅度增长的同时，也弱化了所得税调节收入分配的功能。在收入分配差距逐渐扩大的情况下，个人所得税收入与个人财富的积累进度和规模极不相称，政府却未能根据形势变化建立有效的收入监督和控制体系。由于税务部门征管手段落后，征管力量不强，公民纳税观念淡薄，部分高收入群体逃税、避税现象屡见不鲜。加之有关部门执法不严，对违法行为打击不力，致使税收的再分配功能弱化，没有发挥应有的作用，不能有效遏制收入差距的急剧扩大。

5. 行业差异和垄断经营是行业收入差距扩大的直接因素。受国家政策的影响，从事农林牧渔业的工作人员工资收入一直处于偏低的水平。由于资源禀赋不同，以及国家计划干预的存在，使部分行业如电信、金融、通讯等的经营具有许多优惠条件，成为垄断行业，其行业利润普遍较高。长期以来，垄断行业的收入往往高出其他工薪阶层几倍甚至更多，即使在这些行业内部，收入水平也有非常大的差异，极少数高级管理人士的收入往往是基层工作人员的几十倍。因此，垄断行业的存在是造成收入结构性差别的重要因素。

四、收入差距扩大对经济社会发展带来的负面影响

1. 不利于社会主义和谐社会的构建。城乡居民收入差距的扩大，将导致城乡经济发展不平衡和居民生活水平相差悬殊。仅从消费水平看，包头市农村牧区居民人均生活消费支出 2010 年为 6132 元，比上一年增长了 11%，而城镇居民人均消费支出 2010 年为 20994 元，仍比农村牧区居民人均生活消费支出高 14862 元。在城镇居民的轿车、住宅、教育、美容、旅游等成为新的消费热点时，农村牧区居民仍未摆脱以生活必需品为主的生存型消费模式。在城市居民生活水平早已达到小康向更加殷实阶段过渡时，农村牧区还有很多居民生活则刚刚解决温饱。如此大的收入差距不利于社会公正，会导致个人权利和发展机会的不平等，同时也不利于社会的和谐与稳定。

2. 制约了农村消费需求，加大了经济运行风险。针对当前的国际、国内形势，国家提出了经济转型的目标，目的就是要扩大内需，重点是扩大农村消费，启动农村市场。近年来，政府通过家电下乡，提高农机补贴等一系列举措刺激农村消费，取得了一定的成效，但与巨大的农村消费市场相比，潜力还有待进一步挖掘。2010 年包头市乡村零售额为 18.57 亿元，仅占全市社会消费品零售额的 2.6%。农牧民消费市场启而未动，主要症结在于农牧民收入过低，农村牧区消费需求不足，宏观经济难以摆脱投资拉动和对外依存度高的基本格局，从而加大了经济运行风险。

3. 收入差距扩大导致居民消费倾向下降。根据凯恩斯的绝对收入假说，边际消费倾向随收入水平的提高而呈现递减规律，收入的绝对水平越高，收入与消费之间的缺口也就越大。当收入差距越大，越向少数人集中时，总体的消费倾向将会降低，并影响经济的发展。这是因为，高收入者的收入主要用于储蓄，而低收入者的收入主要用于消费。因此，如果收入分配过于向高收入阶层倾斜，就会使整个社会积累过多。

而总消费需求的不足，最终必然导致社会总需求小于总供给的生产过剩局面，影响经济的增长，降低经济效率。同时，收入差距过大，会影响低收入者对人力资本的现实支付能力，减少受教育的机会，从而影响经济的发展。长此以往，将会影响到整个社会的平均素质的提高，从而影响社会经济的健康持续发展。

4. 居民收入差距的扩大会加剧劳动力市场的不公平竞争。劳动素质差别的存在会导致劳动者在劳动力市场中竞争的不公平。这种不公平是居民经济机会不平等的重要方面，并且劳动力市场的不公平竞争引起的收入差距可能产生收入分配分化的“马太效应”。因为收入差距过大会导致个人权力和发展机会的不平等，而在市场经济中，权力和金钱常常是可以互换的，收入差距一旦扩大，高收入者很可能获得更大的权力，而权力的不均等又能成为收入和财富进一步扩大的源泉。换句话说，结果的不平等会导致和加深起点的不平等，起点的不平等反过来又会加深结果的不平等，导致恶性循环。这意味着收入差距扩大后，收入和财富的多寡往往不能取决于人们的努力程度，当这种情况普遍发生时，劳动者的工作热情必将大打折扣，经济效率的下降将成为必然。

5. 影响产业结构和产品结构的优化升级。居民收入的合理增长可以带动消费需求均衡提高，从而促使产业结构链顺利连接。“马斯洛需求层次论”认为，在收入合理增长且差距适度的前提下，可刺激需求体系的分化和产业分化，引起产业和部门之间的利益差别，最终促使资源由基本生存资料生产领域向加工度高的综合性生产领域转移，使产业结构优化与升级。但目前包头市城乡居民收入差距不断扩大，给产业结构和产品结构的升级带来不利影响。

6. 弱化社会效率并引起社会不安定。虽然收入差距并不是影响社会效率的唯一因素，但收入差距如果超出了社会公众的心理承受能力，可能加剧低收入阶层的不满情绪，有的甚至铤而走险，走上犯罪的道路，从而引发社会动荡和冲突，危及社会稳定和安全，从而影响正常的经济运行秩序。

五、缩小居民收入差距的对策与思考

收入分配问题，是群众呼声最强烈、全社会十分关注的问题，也是包头市当前经济社会发展中的问题。要把合理调整收入分配关系作为加强社会建设，实现社会公平正义，促进社会和谐稳定的一项十分重要的工作，切实提高全市城乡居民收入水平和缩小城乡居民收入差距程度。

1. 推进城乡充分就业。经济发展是城乡居民收入水平提高的根本前提，只有整个社会财富增加了，调节收入分配才有了坚实的物质基础。只有实现城乡劳动者充分就业，提高就业质量，才能有效增加城乡居民收入。为此，我们要大力推进农村牧区劳动力转移，实现城乡劳动者充分就业。一是要坚持统筹城乡就业的方针，建立健全劳动力市场体系，逐步形成市场经济条件下促进农村牧区劳动力转移就业的机制，为城乡劳动者提供平等的就业机会和服务。同时继续深化户籍管理、劳动就业、义务教育、社会保障等方面的改革，放宽农牧民在城镇就业、定居和落户的条件。并根据农民工流动性大的特点，兼顾农民工工资收入低的实际情况，实行低标准进入社会保障体系，调动用人单位和农民工参保的积极性。二是要大力发展县域经济，加快推进农业产业化和城镇化，扩大农村牧区劳动力就地转移。通过招商引资，鼓励发展农牧产品精深加工业、农村牧区服务业，发展个体私营经济，就地吸纳农村牧区劳动力就业。三是要在就业的大环境中采取政策倾斜，认真落实好现有的各种优惠政策，讲究实效，提高针对性。要加大完善就业服务力度，多渠道兴办规范的就业服务机构，加强对城乡低收入者的职业培训，免费提供各类就业信息，尽可能地为低收入群体创造更宽松的就业环境。

2. 完善社会保障制度。一是尽快建立比较完善的覆盖城乡的最低生活保障制度。针对目前城市的下岗职工和农村牧区富余劳动力的增加，应加大财政转移力度等有效措施来保障他们的生活最低线，防止因贫困带来的贫富差距恶化而导致的政治后果。二是逐步建立起覆盖全社会多层次的社会保险体系。加大对养老保险的投入力度，尤其是农村牧区的养老保险，不断扩大“新农合”的覆盖范围。同时建立起一套科学的医疗保险体系，改善农村牧区就医条件，包括对医务人员的培训、医疗卫生条件改善等。另外，逐步扩大失业保险范围，在宏观上建立和健全对失业的调控体系，逐步建立覆盖城乡的地区失业保险体系。三是扩大社会保障的受益范围。先城镇后农村牧区逐步使每个劳动者均享有养老保险、失业保险、医疗保险，积极推进“社会统筹”与“个人账户”相结合的社会养老保险制度。四是加强政府和职能部门的综合协调，保证下岗失业人员和城镇贫困群体的最低生活保障费足额发放。五是要认真落实农村牧区扶贫脱困政策，防止新的贫困群体的再产生。

3. 加大对“三农三牧”的扶持力度。把中央的各项支农、扶农政策及时落实到位，保护农牧民利益，真正让农牧民从中得到实惠。同时，我们要紧密结合实际，进一步加大财政支持力度，将新增财力物力向“三农三牧”倾斜，增加财政支农资金的投入总量。增加对农田水利、乡村道路等基础设施建设的支持力度，提高农牧产品的竞争力和综合生产能力。同时，对农用物资的生产和流通，采取扶持和补贴政策，改善农村医疗条件，提高农牧民医疗保障水平，逐步提高农村牧区低保以及养老保障覆盖面，以新农村新牧区建设为契机，提高农牧民的生活质量。

4. 大力推进农牧业结构调整，提高农牧业竞争力和效益。农牧业发展进入新阶段后，农牧产品市场出现了一些新的变化，居民的消费结构升级，传统意义上的副食品如肉、蛋、奶、菜、果，逐步上升为“主食”，人们已不再满足于吃“饱”，而要求吃“好”。面对这些变化，必须从本地资源、市场、区位、经济、技术等实际情况出发，积极调整结构，切实提高竞争力。一要突出特色，培育区域主导产业；二要大力发展农牧产品加工业，加快农产品加工、保鲜、储运技术和设备的引进、开发，满足市场多样化的需求；三是依靠工业支持和反哺农牧业。工业项目建设要注意利用农村牧区的资源、农畜产品进行深度加工，积极发展农村牧区合作经济组织，建立起农牧业产业园区和现代农牧业基地，增强农牧业综合效益和竞争力，将传统农牧业改造成为现代农牧业。

5. 全力推进农牧业产业化进程，带动农牧业增效。“三农三牧”问题的核心是农牧民问题，农牧民问题的核心是收入问题，增收是农村牧区小康社会的关键。当前要在农牧业产业结构调整放在重要位置，推进农畜产品的优质化，通过优势农牧产品和优势区域布局规划和实施，优化农畜产品的品质结构、品种结构和区域结构；推进农牧业产业化经营，重点解决农牧业产业化龙头企业资金短缺和精深加工水平低的问题；推进农畜产品质量安全管理，重点加强农牧业标准化生产管理、产地环境管理和农畜产品市场准入管理。提高农牧民的组织化程度，把千家万户的小生产与千变万化的大市场连接起来，坚持“民办、民管、民有”的原则，进一步支持农牧民合作经营组织的发展，为其提供更宽松的发展环境。积极培育连锁经营、物流配送等现代流通方式，大力发展农畜产品连锁超市、连锁店，加速连锁超市配送基地的建设，实现农富产品由集市向超市、由本地向外地、由国内向国外的战略转移。

6. 采取有效措施规范收入分配秩序。一是尊重劳动力市场工资。企业的工资标准应该以市场需求为依据来设定和调节。发挥工资指导线、劳动力市场价位、人工成本预测预警对收入分配的指导监控作用，对于市场工资严重偏离劳动力价值的要通过行政手段进行适当干预。制定最低工资标准，避免收入分配的过度集中，导致贫富差距拉大。二是通过经济的、法律的手段进行调节。可以借鉴发达国家的税收征集方法，改革和完善税收制度。加强税收监管力度，在税收上阻止收入差距的拉大。建立严格的个人应税收入申报制度，完善覆盖全社会的个人信用体系和个人收入银行结算办法，加强个人收入调节税的征收力度；可考虑适当提高累进税率。同时还可以考虑适当提高偶然所得税率，加大个人所得税的征管力度，加大逃税、漏税和避税的打击力度，要求各企事业单位提高收入的透明度，建立个人收入纳税申报制度，坚决取缔非法收入和各种灰色收入，以规范分配秩序，维护合法收入，防止财富向少数人集中，缩小制度外的收入差距。

7. 鼓励城乡居民创业。各级党委和政府必须把改善创业环境和增加就业岗位作为重要职责。应以体制、科技和管理创新为核心，提高企业竞争能力。通过抓体制创新，积极扶持有竞争力的企业特别是民营科技企业加快发展；抓技术创新，主要是推动建立以企业为主体的技术创新体系，增强企业自主创新能力和核心竞争力；抓管理创新，主要是积极引导民营企业根据自身特点和发展阶段，选择适宜的企业制度，建立科学的管理体制和机制。通过政策引导，鼓励支持企业通过科学管理把企业做好、科技创新把企业做强、资本运作把企业做大，以吸纳更多的城乡劳动力，不断提高居民生活水平。

8. 建立健全劳务输出工作机制。积极探索劳务输出新途径，不断扩大劳务输出规模，促进城乡居民增收。一是通过加大劳务输出工作的宣传力度，引导务工人员转变观念，树立现代就业意识。二是加强资源信息收集工作，与外地中介服务机构建立协作关系，及时掌握外地用工信息并推荐给本地居民。三是加强外出务工人员的岗前培训，结合用工需求进行相应的技能培训和必需的法律法规政策知识培训，提高外出务工人员的素质，增强其就业能力。四是加强劳务输出基地建设，与用人单位建立长期稳定的劳务合作关系，拓宽劳务输出渠道，提高劳务输出组织化程度。五是制定促进劳务输出的优惠政策和鼓励奖励机制，切实推动劳务输出工作的发展，促进城乡居民增收。

9. 加快培育和发展一个更具开放性、流动性的劳动力市场。通过劳动力的自由流动来平抑地区之间、城乡之间的工资差异和收入差异，彻底破除阻碍劳动力自由流动的各种制度性障碍，深化户籍制度改革，逐步剥离依附在户籍制度上的居住权、教育权、社会参与权、社会保障权、医疗服务权和公共设施与福利服务权；进一步消除对农牧民进城务工的限制和歧视性规定，在制度和法津上保障农民工进城就业、居留的同等权利，保障农民工的合法权益，做到同工、同酬、同权；通过政府和市场两种运作方式，建立城乡平等的就业培训机制，将农牧区职业技能教育纳入国家总体教育规划，将农牧区劳动力的培训纳入各级财政的支持范围，使农牧区劳动力在用工单位享受平等的就业培训权利。

10. 稳定市场物价。物价上涨不但使居民生活费用增加，还使得居民实际收入相对减少。当前市场物价保持在多年来的高位，与人民生活密切相关的食品价格不断走高。由于目前国际和国内不确定因素较多，未来一段时间的物价工作还面临着较为复杂的局面。各级政府必须重视和稳定物价工作，保持价格总水平基本稳定。稳定市场物价，抑制通货膨胀，一是大力支持粮、肉等农牧产品生产，保障基本生活必需品供应，抑制物价过快上涨；二是积极组织好商品的流通，做好必需商品进口以及储备物资投放等，促进市场供求平衡和物价基本稳定；三是加强价格监管和预警，要继续加强对粮食、肉禽蛋、食用油、水、电、燃料等生活必需品价格及教育、医药收费项目的监管，建立和完善对公共事业项目、垄断行业和教育收费标准的听证制度，充分考虑弱势群体对价格改革的承受能力，确保城乡居民尤其是低收入居民的实际生活水平不受物价上涨的影响。

比利时、德国、丹麦公共服务平台建设考察报告

（2011 年 4 月 16 日）

武利琴[①]

为学习借鉴欧盟国家借助信息化手段服务于社会与广大市民，推动包头市信息化建设，笔者曾随团赴比利时、德国、丹麦，对其公共服务平台建设的管理体制、运作模式、设计理念、具体做法等方面进行了考察。考察团访问了三国的城市信息化主管部门、信息化应用部门及 IT 企业，较为系统和深入地了解了三国公共服务平台建设的政策法规、管理体制以及主要的运作模式和具体做法。现将考察情况报告如下：

一、考察所了解的基本状况

欧盟主要将政府信息化定位于“每个人都能享受到电子政务带来的好处、实现效率与效能的变革、关注企业和民众最重要的服务、强调公众参与与民主监督”四大功能。在这一原则指导下，作为欧盟成员国的比利时、德国、丹麦等国家都高度重视真正“以市民为中心”的信息化建设，力求通过电子政务，使公民无须了解复杂的政府结构，就

① 武利琴：（1967 年～　　），女，汉族，山西灵石人，包头市经济和信息化委员会高级经济师。研究方向：经济管理。

可以方便地获得政府的服务。

1. 比利时基本状况。比利时国家虽小，但其重要的地理位置使其成为欧洲的心脏，欧盟总部就设在比利时首都布鲁塞尔，因此，比利时的信息化现状，基本反映了欧洲的整体水平。目前，联结欧盟各国和比利时各大城市的光纤主干网络已经建成，网络连通率在欧洲处于第二位。PC 的普及率是 25%。每个联邦、地区都有各自的主网站，并且相互连接，为所有公民提供信息化服务。此外，设立信息亭、具有语音识别功能的城市电子地图项目、数字医疗等等都是借助信息化手段，为比利时公民提供的信息化服务项目。

2003 年 4 月，比利时政府开始执行电子身份认证卡（EID）项目。电子身份证只有信用卡大小，上面除印有拥有者姓名、照片和生日之外，还内置芯片，能使多个应用安全地共存于一个智能卡中。使用该证件的比利时公民能够更加便捷、安全地使用电子政府服务，比如退税、变更地址、获取公民记录/出生证明、申报家庭雇员等等。每位持卡者都有一个可验证自己身份的保密的 PIN 码，同时该卡还能生成一个用于安全声明和管理程序的具有法定约束力的电子签名。该卡使比利时居民无论在什么情况下需要访问政府的相关信息时，都能非常容易地被鉴别身份，进行安全的电子访问。随着电子身份证的普及，面向公众服务的应用系统将更加广泛和深入。这一 EID 项目让比利时政府和居民拥有了低成本、多功能且安全的国民认证方式，使比利时在欧洲各国中走到了电子政务应用的前沿。目前，比利时政府已经发放了 15 万张电子身份证，并且规定，到 2009 年，12 岁以上的比利时公民都必须拥有自己的电子身份证。

2. 德国基本状况。德国是欧洲头号经济大国，也是仅次于美国、中国、日本的世界第四经济强国。德国非常重视信息化建设，为了增强综合国力和国际竞争力，制定了“2005 年联邦政府在线计划”，旨在通过推行电子政务提高行政效率，开拓新的工作领域，促进政府服务现代化。通过这个计划，电子政务的整体功能得到提高，联邦政府、州政府和地方政府能够共同提供在线服务。目前，联邦政府在线提供 440 项服务，州政府在线提供 300 项服务，全国 30% 的人享受在线服务，几乎百分之百的企业都能利用互联网与政府打交道。例如布莱梅市，在线提供200项服务，并且在法院系统、政府采购等方面都有很好的应用。

德国还是世界上第一个建立电子政务标准的国家，为此还专门成立了制订标准的部门。德国整合全国政务信息系统更多的是通过推广标准进行的。联邦政府通过代理机构发布电子政务应用的标准文件，而且每年修改，由联邦内务部在各地的代理机构实施，确保电子政务的互操作性。这些文件虽然是建议性而不是强制性的，但因为有统一的机构去推动，作用十分明显。

3. 丹麦基本状况。丹麦是一个仅有550万人口的高福利国家，由于丹麦政府对信息化建设的高度重视，丹麦在许多IT领域已取得世界瞩目的成就，也因此在2003年全球信息化排名中跃居榜首。目前每三个丹麦家庭中就有二个家庭拥有至少一台电脑，而且是家庭上网率最高的国家，有54%的家庭可以上网，大大高于欧盟28.4%平均家庭上网率。在550万的总人口中，有超过200万的丹麦人使用网络发送或接收电子邮件，有160万人从政府网站上查询信息，有140万人通过网络寻找新的就业机会。“以公民为中心”的电子政务应用卓有成效，公民可通过一个平台解决生活中遇到的诸如地址变更、领取福利、申请学校等一切事情。

丹麦的信息化教育培训工作走在了世界前列，其推出的信息化实现的主要目标之一，就是建立终身教育体制，推进全民使用信息技术。由此提出了IT人才培养新计划，为建立实现“数字丹麦”目标提供人才储备。

二、主要体会

1. 在欧盟及各个国家层面上都有切实可行的发展战略。为了使欧洲成为全球最具竞争力的地区之一，2000年欧盟制订了里斯本计划，目标是从2002年到2005年，实现整个欧盟地区的电子政务、电子商务、欧盟地区的纳税、社会保险金发放、卫生医疗保险、公民电子身份证等可以在国际互联网上进行。欧盟《电子政务2010年执行计划》已制定，并且25个成员国已同意执行此计划。25个成员国依此计划相应制定了各自切实可行的发展战略。通过制定和实施信息化发展战略，欧盟各国信息化获得了较快的发展。

2. 健全完善的管理体制保证了信息化建设的有序有效推进。以比利时为例，比利时实行君主立宪下的联邦制，联邦政府和议会掌握国家重要决策权，各级地方政府享有很大的自主权，各个地区和社团可在其被授权的领域中，独立进行对外联系。比利时国家行政机构的复杂性，给比利时电子政府建设带来了诸多不便和问题，但比利时联邦政府适应欧盟电子政府发展的总体要求，采取各种有效的措施和发展策略，极大地推动了比利时电子政府建设。自 20 世纪 90 年代以来，比利时联邦政府积极推进行政改革，强调以公民和企业为中心，整合和改善政府服务。为确保电子政务的有效推进，2001 年，由国会通过，国王签署命令，成立信息通信技术办公室（FEDICT），明确为政府组成部门，具体负责组织电子政府的建设，并为政府各部门的电子政务项目建设和数据交换提供技术支持，从而确立联邦政府信息通信技术办公室的法律地位，为电子政务建设提供了组织与技术上的保障。

与比利时不同，丹麦实行的是君主立宪下的君主制，有统一的领导与协调推进体制。由财政部、经贸部、外交部、科技部等有能力推广电子政务的部门，联合组成电子政务小组，面向全国，分国家部委、区省、市三层次专门推进电子政务建设，强有力的管理体制确保了电子政务建设的有效推进。

3. 创新合理的运作模式确保了信息化建设的持续推进。当前，欧盟各国在电子政务建设上推广采用 PPP 模式（Public Private Partnership，PPP，政府、企业、代表政府的第三方），即以公私合作的形式从事社会基础设施的建设和经营。虽然是第三方机构在实施信息化工作，但政府高度介入，在信息化规划和体制建设上，进行统一规划和部署，并且由专门部门负责标准、体系规划的制订，避免标准制定和体系建设的脱节。而在资金投入上，因有私营企业的介入从而保证了项目的运营，满足了资金需求。

4. 以服务公众为宗旨推进电子政务应用。“以人为本、公民至上”，这是我们此行考察对欧洲电子政务建设最深刻的感受。比利时政府在推行电子政务的每一个环节，包括政府网络基础的构架、后台整合的基准、项目的选取和评估，都始终贯穿着“以人为本、服务于民”这一根本理念。目前，比利时比较完善的电子政务应用都是便民领域的应用，如社会保险、劳动就业、纳税申报等系统。电子身份证系统也正在四个地区进行推广。德国、丹麦也是如此。

5. 采取有力措施解决信息公开和跨部门信息资源共享问题，强大的基础数据库成为推进电子政务建设的支点。欧盟通过实施公共部门数据交换项目，使成员国各自基础数据库实现共享。以德国为例，通过在汉堡搭建统一数据平台，使德国各地区数据资源达到共享。比利时政府在推动本国电子政务发展中，采用了“先后台整合，再前台建设”的策略，即首先在政府部门内部及政府部门之间进行业务流程和数据库的整合，统一信息定义，界定业务关联，实行信息的一次性采集和存储，在此基础上再进行面向用户的前台服务项目建设。由于比利时在后台信息整合等基础性工作方面走在欧洲的前列，因而今后将比其他成员国以更快的速度推进电子政务在更深层次上的应用。

6. 利用法律手段保障电子政务的发展。以比利时为例，一是在体制确立方面，由国会通过、国王签署命令确立比利时联邦政府信息通信技术办公室（FEDICT）的法律地位，明确为政府组成部门，由联邦政府秘书长兼任负责 FEDICT 的部长。二是在信息管理方面，通过法律明确：信息收集和保存须由统一的部门负责，信息搜索和交换须确保一次性完成，个人和企业可拒绝多次提供信息，每个部门必须参与电子政务建设且必须达到信息共享，信息存取须采取电子验证等。三是在信息通信技术方面，遵循欧盟制定的相关法律，如《电子签名法》、《个人数据保护指令》等。四是各个部门根据需要，与相关部门签订相互协作的协议，对电子政务的原则性问题进行协调。

7. 以规范化和标准化的方法发展电子政务，从而保证了信息安全。信息化建设必须有标准化的支持，统一标准是互联互通、信息共享、业务协同的基础。德国标准化工作在电子政务工作中的成功应用深刻说明了这一点。

三、对建设包头市“公共服务平台”的建议

比利时、德国、丹麦的电子政务建设虽然起步并不早，但由于措施和策略得当，从而实现了快速发展。尽管国情、市情不同，但其电子政务建设以服务为宗旨，以公民和企业为中心，从基础做起，并特别注重跨部门合作，注重政府信息和网络的整合等等做法，给我们留下了深刻的印象，非常值得我们借鉴。通过在比利时、德国、丹麦的学习考察，针对包头市公共服务平台建设，提出如下几点建议：

1. 建立完善的项目建设管理体制，形成强有力的协调推进机制，确保项目的顺利进行。包头市公共服务平台建设，是在充分利用各类资源的基础上，通过整合开发与老百姓工作生活密切相关的政务、教育、房产、劳动社会保障等各类信息资源，搭建一个“以市民为中心”功能强大的公共信息服务平台，使社会公众能够非常便捷地查询各类信息，并实现部分在线办事功能，从而提升电子政务服务水平，提高城市信息化程度。可以说项目建设的宗旨与欧盟国家电子政务建设实现的目标比较吻合，项目选项合理，定位准确。但是如何有效实施，确保项目建设真正实现“以人为本，公民至上”的服务宗旨，是项目建设过程中需认真考虑的问题。借鉴欧盟国家经验，建议在项目建设初期重视与完善体制建设，政府高度介入，在项目建设规划和体制建设上，进行统一规划和部署，并且成立专门小组，负责标准、体系与规划的制定，避免标准制定、体系建设与规划制定的脱节。同时，建立良好的协调与推进机制，督促各相关部门紧密合作、协调一致，合力推进项目建设。

2. 建立合理的项目建设运作模式，确保项目的有效推进。为确保项目建设的持续、有效、规范运作，应着手建立信息资源开发、整合、稽核与共享机制、信息更新与维护机制、监督管理机制，确定公共服务平台与包头市电子政务的关系，与包头政府网站的关系，并就如何进行资源整合，如何解决涉及跨部门之间的信息共享问题，如何改变现有工作模式等制约电子政务发展的棘手问题进行深层次的探讨。

3. 以务实的精神搞好项目建设。务实是此行考察给我们留下的又

一深刻感受。各国的电子政务建设，处处都体现着一种务实精神。在项目的选择上，从大处着眼，小处着手，从关系市民工作与生活的基本需求入手，注重应用，注重解决实际问题；机构的设置上，成立专门的机构，每一项目成立专门的项目建设推进组，协调解决项目建设过程中遇到的一切问题；运作方式上，探索创新了 PPP 模式，保证项目建设的持续运行；环境建设上，为保障项目的规范有效推进，颁布了一系列切实可行的法律法规，为项目建设提供政策与法律依据。设备选型上，追求“够用”、“好用”、“实用”。例如德国不莱梅法院使用的电子政务应用系统分为两个鲜明的层次，面对用户的服务界面采用比较流行、友好的 windows 界面设计，后台管理系统和用户终端沿用十几年前甚至更长时间以前的 DOS 环境下的应用系统。可见“够用”、“好用”、“实用”是欧洲电子政务遵循的目标。

对于我们这样一个经济还不够发达的城市，更需用务实的精神去推进我们的电子政务建设。为此建议：一是“包头公共服务平台”建设项目要从事关人民群众切身利益、与人民群众日常工作与生活密切相关的业务入手，予以优先建设；二要在方案设计中选用成熟、适当的技术和设备，不盲目追求高水平、高档次；三要从解决实际问题出发，扎实做好信息采集、流程优化等基础性工作，切实解决涉及跨部门信息资源的采集与共享问题。

4. 学习借鉴比利时“先后台整合，再前台建设”的策略。首先在政府部门内部及政府部门之间进行业务流程和数据库的整合，统一信息定义，界定业务关联，实行信息的一次性采集和存储，在此基础上再进行面向用户的前台服务项目建设。与其他国家一样，我们项目建设的难点也是对所涉及的信息的后台收集与整合。因此从系统建设规划开始，就应着手做好相关业务系统的关联设计工作，对于新建的应用系统，首先做好部门之间的协调工作，搞好业务关联调查，考虑相关应用系统的互通与共享问题，然后再进行系统的开发和建设。

5. 重视信息安全和隐私保护。构建信息安全保障体系是一项复杂的系统工程，公众只有对电子政务网络和系统感到放心，觉得个人信息不会因系统故障丢失，不会被网络黑客窃取，不会因管理不善被他人轻易获得，其隐私权可以得到有效保护，才会积极利用信息化手段接受政府的服务。德国为加强信息安全采取了一系列的措施，包括重大基础设施的保护，增强社会各界的信息安全意识，通过设立安全门户网站为企业和个人提供相关信息和安全工具，开展信息安全认证，推广新的安全技术，与IT企业合作开展安全技术趋势研究，大力研发和使用密码技术等，所有这些都值得我们学习与借鉴。

6. 加强信息化教育培训力度，为项目建设培养大量人才。信息化人才的多少、水平的高低，直接影响着项目建设的质量与进展。公民信息技术手段的掌握程度直接决定着今后“公共服务平台”的应用程度。因此，应面向相关部门与社会，开展多层次、不同内容、不同形式的教育培训，充分利用社会上各种教育资源，培养一大批专业技术型、复合型、适用型人才，为项目建设，为包头市的信息化建设构筑人才高地。

关于包头经济全面转型发展的研究

（2011年5月6日）

王德山　刘　洁

2011年3月8日，全国“两会”期间，胡锦涛总书记在参加内蒙古自治区代表团审议时强调：“要以更大的决心，下更大的气力，推动转变经济发展方式取得实质性进展。要确保抓‘三农’劲头不减弱、工作不松懈，努力创造农牧业稳定发展、农牧民持续增收、农村牧区全面进步的新业绩。要统筹处理好资源开发和环境保护的关系，实现资源开发和环境保护双赢。要把加强社会建设和社会管理放在更加突出的位置来抓，促进人民幸福安康、民族团结进步、社会和谐稳定。要着力深化改革开放，为推动科学发展、加快转变经济发展方式提供强大动力。”胡锦涛总书记的重要讲话对内蒙古自治区和包头市经济全面转型发展具有十分重要的指导意义。

把经济全面转型发展作为今后一个时期的重要战略任务，是党和政府对我国经济发展规律认识的进一步深化，是我们国家经济发展进入新阶段的必然要求。同理，更是包头市深入贯彻落实科学发展观，实现经济全面转型发展的必然选择。

一、经济发展方式的概念及其意义

1. 经济发展观。经济发展观包括三个方面的内容：经济发展的内涵和指标，经济发展的方式和政策，经济发展成果的分配和享用。这三个方面是相互联系、相互制约、相互统一的，经济发展的认识和指标的制定决定了对发展方式的选择和发展成果的享用；经济发展方式是实现经济发展目标的途径和分享发展成果的物质保证；发展成果的分配和享用体现了发展的内涵和发展的目的。经济发展方式是对以往经济增长方式从内涵、方式和目标的一种全方位深化，不单单是一个经济总量和发展速度的问题，更多是经济增长的质量和效益，是涉及整个经济结构的问题，是经济因素和社会因素的综合，核心要求表现为经济结构和社会结构及其各自内部结构的和谐统一。

2. 经济全面转型发展的意义。长期以来，基于经济发展所处的历史阶段及整体技术水平的限制，包头市经济增长主要通过增加生产要素的投入和物质消耗的粗放型增长的方式来实现。

在包头经济迄今为止的快速增长过程中，在原有的以高投入、高能耗、高物耗、高污染、多占地为特征的“四高一多”式的粗放型增长方式并未得到根本改变的同时，又积累了较多的经济社会矛盾和问题。这些矛盾和问题不仅表现为以投资消费关系不协调、“一二三产业”发展比例不协调、城乡发展和区域发展不协调、自主创新能力低下为表征的不稳定因素的存在，也表现为以收入差距的扩大及其所引发的一系列经济社会矛盾和问题为特征的经济发展中不和谐因素的存在。不仅使我们为经济增长所付的代价日益增大，使经济增长与资源环境的矛盾日趋尖锐，也使经济社会的发展具有内在的矛盾性结构。而在当前包头经济较快增长和通胀率较高的表象下，上述矛盾和问题的存在可能隐蔽着较大的经济风险和社会风险的内生因素。

由此可以判定：当前影响包头经济未来发展的因素已不再局限于单纯的经济增长模式，而是已扩大和涉及整个经济结构的各个方面。只有加强对经济运行和发展的调控，才能实现和确保包头经济又好（即高质量）又快（即高速度）地发展。因此，及时地实施经济全面转型发展在当前包头经济生活中具有第一位的必要性和紧迫性。

党的十七届五中全会通过的《中共中央关于制定国民经济和社会发展第十二个五年规划的建议》强调："加快转变经济发展方式是我国经济社会领域的一场深刻变革，必须贯穿经济社会发展全过程和各领域，提高发展的全面性、协调性、可持续性，坚持在发展中促转变、在转变中谋发展，实现经济社会又好又快发展。"《中华人民共和国国民经济和社会发展第十二个五年规划纲要》指出："坚持把经济结构战略性调整作为加快转变经济发展方式的主攻方向；坚持把科技进步和创新作为加快转变经济发展方式的重要支撑；坚持把保障和改善民生作为加快转变经济发展方式的根本出发点和落脚点；坚持把建设资源节约型、环境友好型社会作为加快转变经济发展方式的重要着力点；坚持把改革开放作为加快转变经济发展方式的强大动力。"这既是我国经济发展方式的历史性转变，同时对于包头市经济全面转型发展具有重要意义。其实质在于提高经济发展的质量：即主要通过科技进步和创新，在优化结构、提高效益和降低能耗、保护环境的基础上，实现包括速度质量效益相协调、投资消费出口相协调、人口资源环境相协调、经济发展和社会发展相协调在内的全面协调，真正做到又好又快的发展。

二、包头经济发展的历程

改革开放30多年来，包头经济发展大致经历了从粗放型发展为主—以提高经济效益为中心—发展方式初步调整的历程。尤其是进入新世纪以来，全市国民经济实现跨越式发展，经济总量迅速提升，综合实力显著增强，确立了在自治区城市中的"率先"发展地位。

1. 包头经济粗放发展阶段（1978~1990年）。从改革开放之初到整个20世纪80年代，经济发展的内在动力十分强劲，市场消费需求异常旺盛，随着非公经济的成长和市场力量开始在资源配置中发挥越来越大的作用，包头经济开始走上发展的道路。全市GDP总量已由1978年的9.52亿元提升到1990年的45.05亿元，全市GDP翻了两番多。在经济逐年增长的同时，产业结构也发生了较大变化，第一、第二、第三产业比例由 1978 年的 10.7:67.0:22.3 调整为 1990 年的 10.9:58.7:30.4，第三产业得到较快发展。在这一时期，投资对经济增长的主导作用开始显现出来，固定资产投资总额由 1978 年的 1.93 亿元，增加到 1990 年 9.43 亿元，十二年间增加了近 5 倍；资本形成总额占 GDP 比重逐年缓慢提高，从 1978 年的 20.3% 上升到 1990 年的 20.9%。由于这一时期正处于计划经济体制向社会主义市场经济体制转轨过程中，宏观调控机制尚不健全，经济发展的模式还是基本沿袭传统的计划经济模式，产品的生产比较单一、商品匮乏和短缺的现象比较突出，包头经济发展相对于改革开放前尽管较快，但经济总量仍然较小，经济徘徊发展的特征显著。

2. 以提高经济效益为中心的发展阶段（1991～2000 年）。进入 20 世纪 90 年代后，商品匮乏和短缺的现象逐渐消失，供求关系的转化对产品质量、产业布局提出了更高要求。这个阶段包头经济发展的特点：一是经济发展的稳定性逐步提高。90 年代，包头经济规模迅速扩张，全市 GDP 由 1990 年的 45.05 亿元提升到 2000 年的 228.37 亿元，十年间翻了两番多；包头 GDP 占自治区的比重由 1990 年的 14.1% 提升到 2000 年 14.8%；人均 GDP 由 1990 年的 2447 元提高到 2000 年的 11186 元。二是产业结构得到进一步调整。1990 年以来，第一产业占 GDP 的比重逐步降低到 10% 以下；第二产业比 90 年代初有所上升，经济总量稳步提升；第三产业占 GDP 的比重略有提升。三次产业结构比例由 1990 年的 10.9:58.7:30.4 调整为 2000 年的 8.4:60.0:31.6。三是非公有制经济得到极大发展。1990 年以来，随着包头国有企业、集体企业和乡镇企业改组、改制、改造，非公有制经济以其特有的活力和效率，成为经济增长、税收增加、就业扩大的重要渠道，成为推动包头经济发展的主要力量，推进了包头经济在产业结构、经济效益等方面的优化。到 2000 年，全市私营企业达到 6913 户，注册资本金 457974 万元，总产值 266264 万元，销售总额 378451 万元，社零总额 128355 万元；个体工商户 97247 户，注册资金 192486 万元，总产值 145066 万元，销售总额 517432 万元，社零总额 217183 万元。

但是，这一阶段是以重化工业大发展为特征的粗放型发展，尤其稍后一个时期，包头市把钢铁、铝业、稀土、装备制造、电力、煤化工等六大行业作为支柱产业来发展包头经济，三次产业及产业内部结构之间呈现失衡状态，资源、环境、就业、民生问题逐渐凸显。

3. 经济增长方式初步调整阶段（2001～2010年）。进入21世纪后，城乡区域差距扩大、资源要素制约、生态环境压力和内外市场约束等问题进一步突出。同时，包头也迎来了国家实施西部大开发战略和把包头建成中西部地区经济强市的千载难逢的发展机遇。市委市政府以经济建设为中心，实施了推进城市建设、深化国企改革、对区旗县放权、发展民营经济和改革社会保障体制等一系列战略举措。2006年10月中共包头市第十次党代会及2007年1月中共包头市十届二次全委会提出了“科学发展、富民强市”战略和“两个高于、三个翻番”的奋斗目标，到2010年，全面建成我国中西部地区经济强市，人民各项生活指标达到全面小康社会标准。在这一阶段，包头经济社会实现跨越式发展，城市综合竞争力显著增强。城镇居民年人均可支配收入由2000年的5436元跃升到2010年的25862元，农牧民年人均纯收入由2000年的2548元跃升到2010年的8766元；GDP总量为2460.8亿元，包头GDP占自治区的比重由2000年的14.8%提升到2010年21.1%；2010年人均GDP为14000美元，达到世界发达国家城市初级水平，三次产业结构比例由2000年的8.4∶60.0∶31.6调整为2010年的2.7∶54.1∶43.2。在这一阶段，包头以重化工业为主导的工业经济和以投资为主导的经济拉动的经济增长方式虽然进行了初步调整，但还没有达到根本性转变。

三、改革开放三十二年的成效

（一）经济结构逐步调整

1. 产业结构趋向优化。从三次产业来看，第二、第三产业已成为拉动包头经济增长的主要动力。1978年，包头GDP为9.52亿元，其中第一、第二、第三产业增加值分别为1.02亿元、3.38亿元和2.12亿元，三次产业结构为20.9∶65.3∶13.8。因此，在改革开放之初，包头第一产业比重较高，第二产业比重最大，第三产业薄弱，包头仍是典型的重化工业城市。到 2010 年，包头 GDP 达 2468.8 亿元，三次产业增加值占 GDP 比重为 2.7∶54.1∶43.2。经过 32 年的发展，包头的产业结构发生了深刻变化，已走上了由重化工业城市向新型工业化城市的逐步转变的过程中，城市的经济总量由小变大，工业强市地位业已确立，同时第三产业也得到了较快提升。

2. 工业行业内部结构逐步实现由传统工业向现代工业转变。进入 21 世纪，在“十五”、“十一五”时期，包头坚持实施工业强市战略，通过大力推进招商引资、兴建大项目、组建企业集团等发展战略举措，加大技术改造和高附加值产品的研发力度，工业产品结构和行业结构进一步得到优化，实现了从传统工业向现代工业的演进，形成了中央内蒙古驻包企业、开发区和旗县区工业竞相发展，工业化和城市化互动并进的新格局。包头拥有包钢集团、一机集团、北方重工集团、包铝集团、中冶集团二冶公司、二〇二厂、电力系统、东方稀铝、华业特钢、神华包头矿业公司、鹿王纺织集团等一批在全国同行业具有较大影响力的骨干企业；形成了钢铁、稀土、有色金属、重型汽车、矿用汽车、铁路货车、电力、化工、机械设备、建材、绒纺、食品等多门类工业发展体系，以及钢铁深加工、铝深加工、稀土应用、汽车及零部件、风电设备、乳业、羊绒制品、食品酒类等特色产业链。近年来，包头一大批大型骨干企业和中小企业茁壮成长，已成为全市工业经济跨越式发展的重要支撑力量。到 2010 年，全市规模以上工业企业达 715 家，比 2000 年增加了 503 家。规模以上工业企业总产值达 2405.23 亿元，是 2000 年 257.24 亿元的 9.4 倍。规模以上工业企业实现增加值 952.37 亿元，是 2000 年 80.49 亿元的 11.8 倍，位居自治区第二位。

3. 第三产业结构不断优化。“十一五”时期，包头第三产业得到了快速发展。2010 年全市第三产业增加值达 1062.87 亿元，分别是 1978 年和 2000 年的 501 倍和 14.7 倍。第三产业占 GDP 的比重比 1978 年提高了 29.4 个百分点，比 2000 年提高了 11.6 个百分点。与此同时，第三产业内部结构不断优化。在传统第三产业继续保持较快发展的同时，金融、房地产、会展、旅游和现代物流等一些新兴第三产业得到快速发展。第三产业比重的提高以及内部结构的优化，对于调整产业结构、缓解环境保护压力、降低过高的交易成本，提高经济效率具有重要意义。

4. 投资、消费、对外经济的得到发展。进入21世纪，包头经济实现了跨越式发展。一是固定资产投资规模迅猛扩张，为全市经济发展积蓄了后劲。包头坚持实施投资拉动、项目带动发展战略，全市固定资产投资呈现出总量扩张、投资结构进一步优化、投资主体多元化的新格局。全市固定资产投资由2000年的53.95亿元扩张至2010年的1800.5亿元。固定资产投资占GDP的比例为73.2%，比2000年提升49.6个百分点。二是市场体系逐步完善，消费需求不断增长已成为包头经济发展的拉动力量。随着社会主义市场经济体制逐步建立与完善，包头消费品市场呈现出市场建设快速发展、经营主体多元化、经营方式多样化的新格局，对拉动全市经济增长的作用日益显现。通过打造区域性商贸中心，大力发展现代物流业，推动金融业、旅游业、会展业发展等方式，推动全市第三产业繁荣活跃，健康发展。到2010年，全市社会消费品零售总额达720.7亿元，是2000年的6.2倍。三是开放型经济初见成效，为包头经济发展注入了活力。包头坚持大开放战略不动摇，开放型经济实现了历史性的跨越，在自治区率先构建了全方位、多层次、宽领域的开放型经济格局，开发国内和国际两个招商引资渠道，为包头体制改革和创新发展烙下了时代印记。“十一五”时期，全市累计完成进出口总额达86.2亿美元，其中出口54.5亿美元，是“十五”时期的3.2倍；五年累计实际利用外资到位金额40.2亿美元，是“十五”时期的4.4倍；五年累计实际引进区外资金1520亿元，是“十五”时期的3.4倍。

5. 所有制结构不断完善，形成了多种经济共同发展的方式。改革开放以来，依靠单一公有制经济的发展方式被迅速打破，建立起多种所有制经济共同发展的良好局面。1990年以来，包头掀起了发展非公有制经济的高潮，特别是个体私营经济发展迅速，带动整个国民经济快速发展。到2010年，全市个体工商户突破7万户，私营企业和内资企业发展到近2万户，注册资本金达到1095.6亿元；全市非公有制经济实现增加值1210亿元左右，占全市GDP的比重达到50.5%；完成固定资产投资1100亿元左右，占全市社会固定资产投资的66%；实现税收近百亿元，占全部税收的近一半。同时，非公有制经济创造了大量就业机会，不仅吸收了社会新增就业人员，也吸纳了从国有企业和集体企业分流出来的下岗职工和农村富余劳动力，对增加城乡居民收入、促进社会稳定和提高人民生活水平发挥着重要作用。到2010年，全市非公有制企业从业人员达到90万人，占全社会从业人员的比例达到60%以上，成为吸纳劳动力的主渠道。

（二）经济发展质量得到提升

1. 城市综合竞争力进入全国50强。根据中国经济社会发展研究中心2011年1月6日发布的中国294个城市综合竞争力排名显示：2011年中国城市综合竞争力100强前40名城市是：1北京、2上海、3香港、4深圳、5广州、6台北、7南京、8大连、9苏州、10青岛、11无锡、12佛山、13重庆、14宁波、15杭州、16成都、17武汉、18澳门、19天津、20沈阳、21厦门、22泉州、23珠海、24东莞、25唐山、26福州、27长沙、28大庆、29常州、30西安、31烟台、32潍坊、33徐州、34中山、35济南、36鄂尔多斯、37哈尔滨、38长春、39包头、40呼和浩特。包头市位居中国城市综合竞争力100强的第39位（本排名系中国经济社会发展研究中心2010年度两岸社会科学合作课题成果之一，所参考的数据截至2010年10月13日。城市综合竞争力的是以经济竞争力，文化竞争力和社会竞争力为基础，并结合生态环境竞争力后计算得出。城市经济竞争力涵盖GDP总量、GDP增速、人均GDP、人均可支配收入、职工平均工资水平、经济和产业结构、全社会固定资产总投资额、社会消费品零售总额、金融机构存贷款总额以及经济发展潜力等方面）。

2. 在自治区盟市中保持“率先发展”地位。2010年，包头市主要经济指标在自治区12个盟市中继续保持前列位次，在自治区重要经济地位相对巩固。全市GDP、地方财政收入、工业增加值、固定资产投资、社会消费品零售总额、城镇居民年人均可支配收入、农牧民年人均纯收入分列自治区的第2位、第2位、第2位、第2位、第2位、第1位、第1位。人均GDP达到14000美元，达到了世界发达国家初级水平，居自治区各盟市中的第2位。

3. 财政收入迈上新台阶。21世纪以来，全市财政收入连年跃上新台阶。2010 年，全市财政总收入（原口径）达 296.78 亿元，分别是 1978 年和 2000 年的 184.4 倍和 10.9 倍。财政收入的较快增长，大大增强了包头市的财力，有力地支持了国家和包头经济建设，使包头在基础设施建设、社会保障体系的完善等方面均走在全自治区前列。

（三）技术创新体系逐步形成

1. 科技创新能力增强。2009 年，包头研究与试验发展经费支出达到 17.10 亿元，占地区生产总值的 0.79%。与此同时，包头一大批工业产品得到更新，涌现出一批技术含量高、市场容量大、附加值高的新产品。2009 年，高新技术企业总数达到 41 家，占包头市 91%，占自治区 51%；全年规模以上高新技术企业实现工业总产值 152.6 亿元，占规模以上企业总产值的 47%；专利总数达到 1017 项；各类企业研发中心总数达到 38 个；高新区各级知识产权试点企业总数达到 35 家。拥有“自治区国内首创的新设备、新工艺和新技术”13 项，占自治区总数的 43.4%。

2. 创新主体多元化。在财政科技投入不断增加的同时，全社会科技投入也大幅度增加，已基本形成以政府资金为引导，以企业资金为主体，其他资金为补充的科技投入体系。2009 年，政府研究与试验发展经费支出（R&D 经费投入）0.46 亿元，占全市研究与试验发展经费支出的 2.7%；大中型工业企业研究与试验发展经费支出 15.0 亿元，占全市研究与试验发展经费支出的 87.7% 以上；境外资金 78 万元，占全市研究与试验发展经费支出的 0.046%；其他资金 1.65 亿元，占全市研究与试验发展经费支出的 9.6%；全市已累计创建自治区级以上科技创新型试点企业 12 家，其中国家级科技创新型企业 1 家；累计创建市级创新型试点企业 36 家；新增自治区级工程技术研究中心 3 家、市级企业技术（研发）中心 11 家。

（四）资源短缺和环境恶化的趋势有所扭转

1. 资源利用效率有所提高，GDP 能耗下降。近年来，包头按照“突出重点、分步实施、整体推进”的思路，通过改造淘汰落后工艺，关停高能耗高污染小企业，调整产业结构，大力推进企业标准化管理，全市工业污染得到明显遏制，资源利用水平不断提高，能源消费结构有所优化。根据统计资料显示：2009年，包头市全年能源消费总量3635.74万吨标准煤，比2005年增加1224.86万吨标准煤；单位GDP能耗为2.1125吨标准煤，比2005年降低0.6919吨标准煤；单位工业增加值能耗为3.4551吨标准煤，比2005年降低1.6449吨标准煤；单位GDP电耗为1612.2千瓦时，比2005年降低511.3千瓦时。预计“十一五”时期，单位工业增加值能耗累计下降37%，提前一年完成“十一五”工业节能目标。

2. 污染排放得到抑制，生态环境得到保护。近年来，随着生态环保理念深入人心，包头通过实施“绿水、青山、大草原三大生态工程”、“收缩、转移、集中战略”、“三片一线”和面源污染整治及企业脱硫设施建设、关停小发电机组等专项整治活动，环境污染和生态环境得到有效控制，环境质量持续改善提高，总体生态环境质量不断提升。包头市先后获得“全国文明城市”、“中华环境奖”、“全国园林绿化先进城市”、“国家园林城市”、“国家森林城市”等荣誉称号。全市污染减排工作按计划有序推进，污染减排重点工程持续发挥环境效益。2010年，全市空气质量二级以上良好天数达到316天。全市二氧化硫和化学需氧量排放量分别控制在18.32万吨和2.70万吨以内。全市工业废水排放达标率为98.26%，二氧化硫排放达标率为96.37%，烟尘排放达标率为92.82%，粉尘排放达标率为94.86%。实施一系列污染减排重点工程，重点企业污染源在线监控实现全覆盖。

四、包头现阶段经济发展中所面临的问题

改革开放以来，尤其在“十一五”时期，包头市深入贯彻落实科学发展观，有效应对金融危机冲击，加快转变经济增长方式，统筹推进各项工作，经济发展实现了历史性的跨越，包头发展站在了新的历史起点上，为“十二五”时期经济社会发展奠定了坚实基础。但是，我们不能不看到，包头的经济发展基本上还是属于粗放型的。长期过于追求经济增长的速度，产生了经济结构和社会结构的不和谐因素，而这些不

和谐的因素在经济发展的初始阶段和高速增长中，或表现不明显，或被经济高速增长的表象所掩盖，逐步累积下来，从而演化为现阶段经济结构和社会结构所面临的深层次矛盾。而当前和今后一个时期，不仅全国，而且包头市都面临着人口、资源、环境矛盾和问题最为突出的时期，是现代化进程中一个非常关键的阶段，也是经济结构发生深刻变化的重要阶段，如果处理不当，就可能导致经济增长徘徊和社会的不安定。包头现阶段经济发展中所面临的问题主要有：

1. 重化工业阶段的资源环境约束。2010 年包头市第二产业增加值达到 1331.45 亿元，占 GDP 总量的 54.1%。全市规模以上工业企业实现增加值为 952.37 亿元，占第二产业增加值的 71.5%。按轻重工业分组看，轻工业增加值达到 72.88 亿元，占工业增加值的 7.7%；重工业增加值达到 879.49 亿元，占工业增加值的 92.3%，表明包头市仍处在工业化中后期阶段，即以重化工工业为主的阶段，这就对资源供应总量和环境承载能力提出了更高的要求。包头市能源消费总量持续快速增长、一路攀升，2005～2009 年包头的能源消耗总量分别为 2410.86 万吨标准煤、2724.28 万吨标准煤、3037.96 万吨标准煤、3366.12 万吨标准煤、3635.74 万吨标准煤，年均增速为 10.8%。2009 年，包头市万元 GDP 能耗为 2.1125 吨标准煤，而全国万元 GDP 能耗为 1.077 吨标准煤，自治区万元 GDP 能耗为 2.009 吨标准煤，包头市万元 GDP 能耗高于全国和自治区平均水平。包头市的污染物排放总量大，环境污染严重。据 2009 年统计资料显示：包头市工业废水排放总量为 4416.77 万吨，工业废气排放总量为 5436.59 亿标立方米，工业二氧化硫排放量为 15.83 万吨，烟尘排放量为 2.73 万吨，工业粉尘排放量为 5.28 万吨，工业固体废物产生量为 1829.77 万吨。工业“三废”排放量均居自治区第一位，目前的水环境、土壤环境、大气环境均受到严重污染。从发展的方面看，由于重工业本身就有高耗能、高污染的特点，如果继续坚持传统的重化工业的发展道路，就会进一步加剧节能减排、降低环境污染的难度。

同时，包头市还面临着资源总量有限、资源利用效率低与技术创新能力不足的结构性矛盾。

2. 产业结构不合理与就业结构扭曲。包头市现阶段产业结构不合理主要表现在：农业基础依然很薄弱，“靠天吃饭”的局面没有根本改变；工业大而不强，制造业规模虽已位居自治区第一，但缺乏自主知识产权、核心技术和世界知名品牌。消耗高、污染多的行业和企业所占比重过高；服务业发展相对滞后，其增加值占国内生产总值的比重比中低收入国家平均水平低十几个百分点，特别是现代服务业的数量和质量远不能满足需求。从近些年发展的结果看，第二产业、第三产业占地区生产总值比重的变化方向出现偏差，经济增长主要依靠第二产业带动的格局不仅没有改变，反而继续强化，进一步加重了资源环境的压力。第二产业增加值占地区生产总值的比重2005年以来不断提升，由53.0%提高到2010年的54.1%，对经济增长的贡献率高达66.2%。第三产业增加值占地区生产总值的比重由2005年的43.3%下降到2010年的43.2%。

产业结构的不合理直接导致了包头就业结构的扭曲。2009年包头市第一产业所占比重为2.5%，却吸收了15.4%的劳动力总人数，数量可观的剩余劳动力聚集于第一产业，由于农业产业化、规模化进展缓慢，造成第一产业劳动生产率低。而包头重化工工业虽然持续快速发展，但第二产业吸收的劳动力增速却非常有限。第三产业发展增速远远低于第二产业增速，限制了就业范围的进一步扩大，无法大量吸纳闲置在第一产业和第二产业的劳动力资源。

3. 拉动经济增长的投资、消费与出口的不协调发展。投资、消费与出口是拉动经济增长的“三驾马车”，但三者的动力结构却是很不协调，突出的矛盾就是经济增长主要靠投资拉动，消费对经济增长的贡献率偏低。具体表现在：投资与消费关系不协调，投资率偏高，消费率偏低。2010年，全市固定资产投资达到1800.50亿元，与2005年相比，“十一五”时期，投资始终在高位运行，全市固定资产投资年均增长率保持在29.1%以上，资本形成占地区生产总值的比重超过70%。而从包头最终的需求结构看，城乡居民的最终消费占GDP的比重一直偏低，并呈下滑态势，2005～2010年社会消费品零售总额占地区生产总值的比重分别为34.0%、34.6%、32.6%、30.3%、28.0%、29.3%。这就是说，“十一五”时期，尽管消费需求一直在增长，但消费占GDP比重不断徘徊甚至下降，消费对经济增长的贡献率偏低。

内需与外需关系不协调，出口增长快，但贸易量极小。2005～2010年出口贸易总额不断增长，从2005年的5.22亿美元增加到2010年的12.04亿美元，年均增长18.2%。但总的来看，包头市外向型经济弱小，外贸出口量少，而且出口商品绝大部分是低端产品或原材料，出口贸易远没有成为拉动包头经济的重要力量。

4. 城乡收入差距扩大。从城乡居民人均收入比来看，城乡居民收入差距进一步拉大。我国在改革开放初期的1980年城乡居民人均收入比为2.50∶1，1990年为2.04∶1，1995年为2.30∶1，2000年为2.13∶1，2005年为2.83∶1，2010年为2.95∶1。从恩格尔系数看，2000年城镇居民家庭恩格尔系数为38.0%，农村居民家庭恩格尔系数为48.4%，相差10.4个百分点；2005年城镇居民家庭恩格尔系数为32.64%，农村居民家庭恩格尔系数为39.0%，相差6.36个百分点；2010年城镇居民家庭恩格尔系数为31.6%，农村居民家庭恩格尔系数为37.2%，相差5.6个百分点；从基尼系数来看，城乡居民收入分配的社会公平程度严重失衡（因为包头市没有基尼系数的统计资料，我们只能依据全国的平均水平来进行分析），1978年前我国城乡居民收入的综合基尼系数约在0.20～0.24之间，但此后城乡居民收入的综合基尼系数开始拉大。1990年为0.343，1995年为0.389，2000年后达到0.417。世界银行最新有关中国的发展报告预测，到2020年中国城乡居民收入的综合基尼系数将达到0.474，问题十分严重。如果再将城市居民享受的带有很大福利性成分的公共服务等计算在内，剔除农民收入中不可计算的实物部分以及用作生产资料的投入，城乡居民实际收入差距更是十分巨大，约达5∶1或6∶1。

5. 区域经济发展不平衡。改革开放以来，在一系列政策和市场机制的作用下，包头地区生产要素大量地向山南城市建成区聚集，昆都仑区、青山区、东河区、稀土高新区以及九原区率先发展起来，而山北地区则长期发展缓慢，尤其城市建成区经济得到较大发展的时候，却对山北地区的带动作用并不明显，包头山南地区与山北地区的协调发展并没有实现。尽管在前几年包头对山北地区大力实施扶持发展战略，但山南地区与山北地区经济发展差距仍然不断扩大。山南地区已形成自我积累、自我发展能力，外来资本、民间资本充分，产业结构升级迅速，制造业、服务业已成为拉动经济增长的主要力量；山北地区经济增长则主要靠高投入、高能耗、高物耗、高污染、多占地为特征的“四高一多”式的中小型民营重化工企业拉动，外资、民间资本不足，中高端制造业、服务业发展不快，投资效益不高。山南地区与山北地区之间的经济总量、人均 GDP 的差距都比较大。2010 年，山北地区 GDP 总和仅为 269.67 亿元，占全市 GDP 的 11.1%；而山南地区 GDP 达到 2186.5 亿元，占全市 GDP 的 88.9%。2009 年，山南地区人均 GDP 为 87693 元，山北地区仅为 67334 元，人均 GDP 山南地区比山北地区高出 20359 元。

6. 社会发展落后于经济发展。长期以来，包头经济社会发展不协调，教育、科技、文化、医疗卫生、社会保障、环境保护等公共事业的发展严重滞后于经济发展。社会结构如人口结构、就业结构、地区结构、城乡结构、阶层结构的调整落后于经济结构的调整。究其根本原因在于政府在经济社会发展中过多地承担了经济建设的职能，公共服务职能被长期弱化。改革开放 32 年的实践充分说明，仅有经济的增长是远远不够的，要求政府提高公共服务方面的职能。尤其在包头面临巨大的就业压力、人口老龄化社会的到来以及信息社会对高素质劳动者的要求，需要包头政府迅速转变角色，大力发展社会事业。

五、包头经济全面转型的目标、原则及战略

（一）目标和要求

从以上的分析可以看出，包头市经济发展方式存在的矛盾和问题比较明显，不仅已严重影响当前经济的平稳运行，而且已构成对未来经济持续发展的潜在威胁。经济全面转型发展已经成为一项重大而紧迫的任务。经济全面转型发展内涵丰富，涉及面广泛，而且各部分内容和各环节之间相互联系、相互制约，又是一项综合系统的艰巨任务。推进发展方式全面转型，既要考虑需要，又要考虑可能；既要有紧迫感，又不可操之过急。通过分析发展方式存在的矛盾和问题的性质与程度，以及影响发展方式转变的因素及其制约强度，我们的看法是，实现包头经济全

面转型发展这一目标要经历两个阶段：

第一阶段，“十二五”时期，要突出重点，着力消除制约发展方式全面转型的深层体制性因素，努力构建支撑科学发展的体制机制，推动转变发展方式取得实质性进展，使发展方式面临的突出矛盾得到明显缓解，与包头市情特点的协调性明显提高，与新阶段发展要求的适应性显著增强，为在“十三五”规划期间实现经济全面转型发展奠定良好的基础。

第二阶段，“十三五”时期，应全面部署、统筹推进，通过进一步完善体制机制，从根本上消除制约科学发展的体制和政策因素，基本形成与包头发展阶段和外部环境相适应，全面、协调、高效、普惠、可持续和应变能力强的经济发展方式。

我们所要努力构建的经济发展方式，应是与包头市的工业化城镇化进程相一致、与外部环境相协调的发展方式。其具体要求主要包括：

1. 反映全面发展的要求。在新的历史时期，现代化应是包括人的发展在内的全面发展的现代化，而不应再是过去那种过于偏重经济发展的现代化。我们所要建立的新的发展方式，也应有助于经济建设、政治建设、文化建设、社会建设、生态建设的全面建设。

2. 反映协调发展的要求。现代化的各个方面是有机的整体，只有协调各方面的发展，才能保证现代化的持续推进。不仅现代化的各个方面要协调发展，各方面内部不同部分之间也要协调发展。新的发展方式应有助于包头经济内部结构的优化、经济与社会、经济与自然的协调发展。

3. 反映高效发展的要求。高效发展是指在相同约束条件下实现更多产出的发展。它不仅有助于加快发展，而且有助于增强发展的持续性。经济要高效率地发展，是包头自然禀赋和生态环境承载容量这一基本市情所决定的。要实现高效发展，除努力提高自然资源的利用效率外，还要着力提高资本和人力资源等的利用效率。同时，新的发展方式还要有利于优化资源和要素在部门、区旗县、城乡之间的配置，提高资源配置效率。

4. 反映普惠的要求。在“让一部分人通过诚实劳动和合法经营先富起来”的政策实施几十年后的今天，让全体人民共享发展成果已成为全社会的共识。这不仅是满足人民群众新期待的需要，也是促进社会各阶层和谐共处、扩大国内需求、发挥发展潜力、保持发展连续性的必然要求。新的发展方式要有助于包头各区旗县、社会各阶层共享发展成果。

5. 反映可持续发展的要求。保持发展的持续性，对于一个地区的现代化至关重要。现在，包头市人民群众的温饱问题已经解决，人民群众生活已总体上达到小康水平。保持经济发展的持续性，是新时期包头地区实现现代化面临的突出任务。这一方面要求将发展保持在资源环境可承载的范围之内，另一方面，也要求通过技术的不断进步、体制的不断创新，为发展提供不竭的动力。

6. 有足够强的应变能力。发展方式是一定历史和技术条件下的产物，条件变了，发展方式也要随之调整。否则，就会产生一系列的经济和社会问题。这是被世界其他国家和城市的发展历程所证实。新的发展方式要具有随着内外条件和环境变化而进行自我调整和优化的能力。包头市应根据经济发展进程和条件环境变化，及时调整经济发展方式。

（二）坚持六项原则

1. 坚持更新观念，全面落实科学发展观的原则。有什么样的发展观，就有什么样的发展思路、发展战略和发展举措。要有正确的行动，就必须有正确的理念。科学发展观不仅是对中国也是对全球经验的总结，也是当今世界最先进和最符合规律的发展理念。用科学发展观指导实践，一定能使包头的经济沿着正确的轨道持续发展。因此，要推动发展方式实现实质性转变，就必须全面贯彻落实科学发展观，坚持以人为本，坚持全面、协调、可持续发展，坚持为社会各阶层参与发展创造公平的机会，坚持让全体人民公平地分享发展成果。

2. 坚持协同推进，重点突破的原则。包头经济发展方式存在的六个方面的问题，相互掣肘，互为因果，共同制约着全市经济的持续稳定发展和社会的和谐稳定。全面转型发展是一项系统工程，必须要有全局性、系统性的设计，必须协调推进。当然，协调推进并不意味着在各个方面均衡用力，也不意味着在各个方面同时取得突破。全面转型发展，要分轻重缓急，根据需要和可能，在某些领域率先取得突破，以重点突破带动全面转型。同时，要着力拓展发展空间，用增量的创新带动存量的调整和改革。

3. 坚持调动和保护各方面的积极因素，形成合力的原则。市场不完备，政府会失灵，企业的决策也会受到信息不充分等因素的影响。推动发展方式转变，仅靠一方面，无论这个方面是什么，都不能达到预期的目标。因此，全面转型，特别是推动竞争优势实现动态转换，即实现由低成本优势向技术知识优势的转变，需要发挥各个方面的积极作用。这需要界定政府和市场、企业和社会各界各自发挥作用的领域，使它们形成相互补充而不是相互替代的关系，为发挥好政府和市场、企业和社会各界的作用创造必要的前提。还需要建立健全有利于发展方式转型的激励机制，以利益关系的合理调整，调动各方面的积极性、主动性和创造性，形成推动发展方式转变的强大合力。

4. 坚持抓住机遇，迅速行动的原则。经济全面转型发展，需要一定的条件。在经济上升期，各种矛盾和问题往往处于蛰伏状态，转变发展方式的压力不大，动力不足。在经济下行期，各种矛盾往往会暴露出来，并日益尖锐化，转变发展方式的压力会增大，共识会凝聚，动力会增强。受国际金融危机影响和国家十大产业政策调整振兴规划出台，包头经济发展不全面、不协调、不可持续的问题表现得比较突出，经济运行也出现了诸多新情况新问题。要充分利用后金融危机时期全球经济增长放缓和国家经济发展方式转变给我们带来的挑战和机遇，加快推进经济全面转型发展。

5. 坚持扩大开放，推进全面转型的原则。经过 32 年的发展，包头经济已经与外部经济紧密联系在一起。发展方式转变，应该必须，也有条件利用两个市场、两种资源加以推进。要通过提高对外开放的水平和质量，为发展方式转变提供要素支撑（包括技术要素支撑）和市场支撑。

6. 坚持深化改革，以体制机制作根本保障的原则。经济发展方式能否实现实质性转变，关键取决于各市场主体能否有正确的行为。而市场主体的行为受制于其身居其中的制度环境。说到底，经济发展方式能否转型成功，取决于能否建立起一整套有利于发展方式转型的制度体系。因此，促进经济发展方式转型，要继续深化重要领域和关键环节的改革，把破旧和立新结合起来，在消除制约发展方式转变的体制障碍的同时，建立健全有利于经济发展方式不断调整和优化的体制机制。

（三）实施四大战略

针对包头市经济发展方式存在的突出问题及其深层体制性缺陷，"十二五"时期应在完善社会保障体系、提升产业中高端竞争力、加快城乡一体化进程和节能减排、生态环境保护等方面有重大进展，相应实施如下四大战略。

1. 以完善社会保障和扩大基本公共服务为重点的改善民生、扩大内需战略。包头市财政基本保障支出比重和居民基本保障水平都比较低。扩大政府基本保障支出，提高居民基本保障水平，可以成为促进居民消费、扩大内需的重要途径。为了挖掘基本保障拉动消费的潜力，应重点解决基本保障覆盖面窄和城乡间、职业间待遇不公平的问题，应优先保证五项"人人享有"，即免费的义务教育和中职教育、少量收费的基本医疗卫生服务、适当的住房救助、最低生活保障和社会养老安排。

2. 以农民工市民化为重点的城镇化战略。改革开放以来，包头市的城镇化进程取得重大进展，城镇数量、城镇人口规模都有大幅度增长，城镇人口总人口的比重也有显著提升。2000～2010年，包头城镇人口由125.42万人增加到211.92万人，城镇化率由61.4%提高到80.0%。即便如此，包头的城镇化不仅质量不高，发展水平也低于国内沿海发达城市。加快推进城镇化，持续提高城镇化水平和质量，使大多数农牧民进入非农产业和城镇，并变为真正的城市居民，是解决包头市"三农三牧"问题的根本途径，也是包头地区扩大内需最具潜力的领域之一。

目前农牧民进入非农非牧产业和城镇面临着两方面的问题：一个是要有足够的非农就业岗位可以使农牧民就业；另一个是在农牧民有非农就业岗位的基础上，使农牧民及其抚养人口成为完整意义上的城镇居民。这就是所谓农民工市民化的问题。农民工市民化可以促进居民消费和固定资产投资增长；农民工市民化可以提高服务业比重，优化经济结构；农民工市民化还可以促进人口转移，缩小居民收入差距。

3. 以提升中高端产业竞争力为重点的产业转型升级战略。国际经验表明，处在产业高端的竞争力才有持久的竞争优势；但在一个城市，不可能所有产业，只能是一部分产业可能具备这种能力。包头市应根据不同产业的特性，重点在研发设计、规模经济、产业链和产品链、供应链、品牌和营销渠道等方面下功夫，形成一批今后二三十年乃至更长一个时期在全国乃至全球范围具有持久竞争力的产业和企业。

从目前的产业状况看，有可能、有潜力形成中高端竞争优势的产业：一是以较强的生产制造能力为基础，同时具有一定研发设计能力、产业配套能力和集群发展特征突出的资本技术密集型制造业。二是以劳动密集和产业配套优势为基础，同时具有较大的研发设计、市场营销和品牌等竞争优势提升空间的产业。三是具有显著的市场和生产规模经济优势，同时具备技术、管理和经营上的系统集成能力的产业。四是由于技术重大突破或全球范围打破技术瓶颈，形成新的技术平台和发展机遇的产业，以及体现国家战略要求，由国家直接大量投入支撑的产业。当然，哪些产业能够形成长期竞争力，最终将取决于市场竞争。

4. 以促进节能减排增效和生态环境保护、降低单位GDP碳排放强度为重点的绿色发展战略。我国政府已经提出2020年单位GDP二氧化碳排放比2005年下降40%～45%的自主减排目标，并制定和实施相应的行动规划。包头市应以降低单位GDP碳排放强度为主要目标，确定“十二五”时期全市节能减排战略和路线图，形成以市场机制为基础、多种手段有机结合的节能减排长效机制；积极引进和发展先进的低碳技术和减排技术，培育新的经济和科技增长点。由于大部分二氧化碳是由化石燃料使用所产生，在一定意义上可以说节能就是减排。降低单位GDP碳排放强度，是一个能够反映节能减排进度的综合性指标，也便于与国家和国际接轨。

六、政策建议

（一）把制度创新作为全面转型发展的保障

经济全面转型发展，必须完善社会主义市场经济体制，建立健全能够有效促进经济发展方式转变的体制机制。体制不顺、机制不灵，经济发展就缺少动力和活力，运行就缺乏效率。改革开放以来，包头经济面貌发生了巨大的变化，经济发展方式转变也取得了初步成效，其中一个重要原因就是进行制度创新。当然，我们也要清醒地看到，目前包头转变经济发展方式还是初步的、阶段性的。近年来，包头市委市政府在深化资源要素改革、推进土地要素市场化改革、建立环境资源化和资源有偿化的有效机制、推进就业体制和社会保障制度等方面进行了成功和有效的探索。这些改革的深化都将进一步完善社会主义市场经济体制，形成有效合理配置资源的市场机制，为优化经济结构，提高资源的利用效率和环境的保护力度，推动包头经济发展方式的进一步转变，提供体制机制保障。

（二）把经济结构优化提升作为全面转型发展的关键

全面转型发展的重要内容是调整经济结构和转变发展方式。这是相互联系、互为制约的两个方面，包头市经济结构不合理是导致增长方式粗放、增长成本过大的重要原因。三次产业中第二产业轻重工业比失衡，重工业比重过大，工业中高能耗、高物耗的行业增长偏快，是造成单位 GDP 能耗高、环境压力大的主要因素。目前，包头市三次产业结构的特征是：第一产业的现代农牧业体系还没有建立起来，农牧业产业化规模化经营进程缓慢，农牧业服务体系不健全，“三农”问题还没有得到根本解决；第二产业比重高，工业的“重型化”特征明显，轻工业发展薄弱；第三产业尚不发达，尤其现代服务业存在“短腿”现象。这些问题也是包头市调整经济结构、转变经济发展方式的主攻方向和主要任务。因此要转变经济发展方式，就必须调整三次产业结构，特别要提高农牧业综合生产能力，推进农牧业产业化进程，健全农牧业服务体系；必须摆脱传统的工业化模式，大力发展轻工业和高新技术产业，走出一条科技含量高、经济效益好、资源消耗低、环境污染少、人力资源优势得到充分发挥的新型工业化道路；改造提升传统服务业，大力发展新兴服务业，积极培育现代服务业。这些问题的解决，必将使包头经济的发展步入科学发展的快车道，跨入全国经济强市行列。

（三）把科技创新作为全面转型发展的支撑

全面转型发展的本质是更加高效地配置各种生产要素，以尽可能少的投入实现尽可能多的产出。在能源资源约束强化和低成本竞争优势弱化的情况下，只有将增长建立在科技进步的基础上，促使经济增长由主要依靠资金和物质要素投入带动向主要依靠科技进步带动转变，经济发展才是有后劲、可持续的。要正确处理企业与产业的关系，以创业创新带动产业发展。如今，竞争不再完全是单个企业与单个企业之间的竞争，更主要的是产业与产业之间的竞争。要做大做强产业，就必须依靠一大批企业的创新创业。我们应围绕包头市各产业集群，充分发挥企业在科技投入、技术研发、专利申报、品牌创建中的作用，大力扶持企业的技术创新活动，鼓励企业主动面向科研机构、高等院校寻求智力支持，开展产学研合作，建立具有较强研究开发能力的研发中心，使企业真正成为创新投入的主体、引进人才的主体、产学研合作的主体，做强企业、做大产业。近年来，包头科技支撑经济发展的作用日益显现，但应该看到，自主创新能力还有待于进一步挖掘，科技发展任重而道远。

（四）把发展循环经济作为全面转型发展的必由之路

在全社会推广应用循环经济，能够明显减少资源消耗，从源头上减少污染排放，这不仅可以改善资源利用效率和生态环境效益，而且有助于提高企业经济效益。做大做强循环经济，在近期内能够为扩内需、保增长、调结构提供重要支撑，从长远看有利于增强发展后劲。壮大循环经济产业，还有利于提高对外开放水平，更好地参与国际国内竞争。包头市应把发展循环经济放到重要位置，寻求新的增长路径，赢得未来发展先机。

循环经济是以资源的高效利用和循环利用为核心，以“减量化、再利用、资源化”为原则，以低消耗、低排放、高效率为基本特征，符合可持续发展理念的经济发展模式。我们认为，发展循环经济大体上有企业、园区、市域、资源再生利用等四个层次，这些层次是由小到大依次递进，前者是后者的基础，后者是前者的平台。首先，要发展企业层次的循环经济，以企业为单位，建立“点”上的小循环。其次，是发展园区层次的循环经济，以行业为单位，建立“线”上的中循环。再次，要积极发展市域层次的循环经济，以包头市为单元，建立“面”上的大循环。最后，要发展资源再生产业，通过废物和废旧资源的处理、处置和再生产，从根本上解决废物和废旧物资在全社会的循环利用问题。

在“十一五”期间，包头大力推动循环经济发展，已经在钢铁、铝业两大产业，建设了循环经济示范园区，依托包铝、包钢两个生态工业园区，大力发展循环经济，进一步延伸产业链条，经济效益、环保效益大幅提高，起到了积极的示范作用。同时，还积极引进资源利用技术，初步建立城市废物无害化处理及循环再利用设施体系。循环经济理念正在逐渐被企业和管理者接受，并取得初步成效。包头作为资源型工业城市，大力发展循环经济对于缓和资源约束矛盾、从根本上减轻环境污染、改变传统的经济发展方式显得尤为重要，将成为包头经济持续、科学发展的必然选择。

包头发展文化产业的系统思考

（2011 年 6 月 20 日）

杨春才

2010 年 9 月，国务院出台《文化产业振兴规划》，将发展文化产业上升为国家战略。年初，胡锦涛总书记在省部级主要领导干部专题研讨班上提出，在加快经济发展方式转变中，要加快发展文化产业。发展文化产业，有利于推动发展方式从资源消耗型向知识密集型转变，有利于满足人民群众日益增长的精神文化需求，是提升区域综合竞争力的有效路径。如何遵照规律，顺应时势，扬长避短，做大做强包头文化产业，打造包头经济转型升级的新引擎，是一项摆在全市人民面前、值得认真研究的重大课题。

一、文化产业的定义和分类

1. 文化产业的定义。文化产业，从实质上说，就是以文化产品生产和服务为经营特点的产业集群。因此，集团化、规模化就是文化产业发展的必然趋势。集团化、规模化依赖两个基本要素：一是文化资源有效地不断地整合、互补和提高；二是形成产业价值链，从横向到纵向不断整合、延伸和提升，从而实现规模效益和价值效益。由此看来，加快文化资源整合，是做大做强文化产业的必由之路。从方法论角度说，这一整合是运用系统论思维方式，在战略思维层面上，通过组织或机构的协调，把一定范围内处于离散和相对独立状态的文化资源，在多价值平台上进行统一，形成为文化市场服务的资源系统。在我国，文化产业最早出现在2000年中共十五届五中全会通过的《中共中央关于制定国民经济和社会发展第十个五年计划的建议》中。关于文化产业定义的提法很多，《文化部关于支持和促进文化产业发展的若干意见》中指出，文化产业是从事文化产品生产、提供文化服务的经营性行业。《中国文化产业年度发展报告》将文化产业定义为从事文化产品与服务的生产经营活动以及为这种生产和经营提供相关服务的产业。国家统计局《文化及相关产业分类》中，将文化产业定义为：为社会公众提供文化、娱乐产品和服务的活动，以及与这些活动有关联的活动的集合。本文所指的文化产业，主要参考国家统计局对文化产业内涵的界定。

2. 文化产业的分类。迄今为止，国际统计界并没有把“文化产业”列为一个专门、独立的产业门类。虽然联合国教科文组织在1986年初步制定了一个文化统计框架，并于1993年作了修正，但由于种种原因，国际上目前还缺乏统一、专门的“文化产业”统计口径。不过，一些国家也已开始着手建立有关文化产业方面的分类体系。如澳大利亚统计局于1991年专门成立了国家文化和娱乐统计中心（NCCAS），制定了“文化和休闲活动的行业和产品分类”。美国、加拿大、墨西哥三国于1994年建立的“北美产业分类系统”（NAICS）就列出了娱乐业与电子传媒业、印刷业与出版业、旅行与旅游产业等文化产业相关门类。

在我国，根据国家统计局《文化及相关产业分类》标准，文化产业分为核心层、外围层和相关层（核心层包括新闻、书报刊、音像制品、电子出版物、广播、电视、电影、文艺表演、文化演出场馆、文物及文化保护、博物馆、图书馆、档案馆、群众文化服务、文化研究、文化社团、其他文化等；外围层包括互联网、旅行社服务、旅游景点文化服务、室内娱乐、游乐园、休闲健身娱乐、网吧、文化中介代理、文化产品租赁和拍卖、广告、会展服务等；相关层包括文具、照相器材、乐器、玩具、游艺器材、纸张、胶片胶卷、磁带、光盘、印刷设备、广播电视设备、电影设备、家用视听设备、工艺品的生产和销售等）。其中核心层和外围层是文化产业的主体部分，相关层是文化产业的补充部分。文化及相关产业共涉及9个行业大类，24个行业中类，80个行业小类。

二、文化产业发展的时代背景

1. 政策支持的强力助推。随着小康社会与和谐社会建设的深入推进，文化产业发展迎来了新一轮的热潮。2010 年 9 月，国务院将文化产业列为国家战略产业，并出台了《国家文化产业振兴规划》。市委、市政府明确把拉动文化消费作为扩大内需的重要内容，先后制定了《包头市建设文化大市的发展规划》，并制定出台了《关于加快文化产业发展的若干政策意见》。明确了文化产业的发展方向、重点领域和财税、投融资等一揽子扶持政策。包头市还在 2011 年 3 月编制了《包头市文化产业“十二五”发展规划》，制订了近期目标和远景规划，明确了“十二五”期间的主要任务。

2. 市场需求的强劲拉动。从市场需求的角度来看，文化消费需求增势强劲。根据发达国家文化产业的发展规律和经验，人均 GDP 超过 1000 美元，文化消费进入快速启动阶段；如果人均 GDP 达到 3000 美元，文化消费进入快速增长阶段；人均 GDP 达到 5000 美元时，就会出现对文化消费的“井喷”需求。改革开放 30 多年来，老百姓的衣食住行问题基本得到解决，精神文化需求越来越迫切，文化消费支付能力也越来越强劲。2008 年，我国人均 GDP 已超 3000 美元，按照国际标准计算，我国文化消费支出总量应在 4 万亿元以上，而当年我国文化产业增加值不到 8000 亿元。一方面是居民文化消费的潜力未得到充分挖掘，另一方面是精神文化产品的生产量远远不够，这都给文化产业的发展留下了较大弹性空间。2010 年，包头市的人均 GDP 已达到 13926 美元，早已经进入文化消费的“井喷”期。强劲的潜在市场需求，为文化产业的发展提供了强有力的支撑。

3. 转型升级的必然要求。从包头市情来看，推进文化包头建设势在必行。改革开放 30 多年，包头经济发展突飞猛进，“十一五”期间，已从经济大市迈向中西部地区的经济强市。但是，我们在看到包头经济快速增长的同时，也要清醒地认识到经济发展方式中存在的问题，以及所付出的资源和环境代价。尤其是当前节能减排、原材料价格上涨、人民币升值、用工成本上升等压力，使制造业发展面临困境。面对这种"倒逼"机制，我们必须痛下决心，转变经济发展方式，促进产业结构转型升级。与制造业相比，文化产业具有带动能力强、产品附加值高、资源消耗低、环境污染少的特点。这些特点使文化产业理所当然地成为包头优化产业结构、转变发展方式、实现全面协调可持续发展的重要产业。

三、包头文化产业发展的基本情况

1. 包头历史文化资源。包头文化历史悠久。阴山岩画，赵长城、秦长城、汉长城遗址，九原郡（五原郡）遗址，五原塞遗址，怀朔镇遗址，赵王城遗址都在包头境内。五千多年以前，从东到西就有先民在草原上生活，几乎与中原文明同步。在汉字记载的史书上，历朝历代都有与之对应的游牧民族。春秋称胡，秦汉称匈奴，魏晋称鲜卑，拓跋建立的北魏，契丹建立的辽，女真建立的金，蒙古建立的元都曾入主中原。最后一个封建王朝清朝，就是由建州女真建立的。五千年中华文明每一页历史上，都有草原文明的痕迹。赵武灵王、秦始皇、蒙恬、卫青、王昭君、吕布、高欢、三娘子、三世达赖等历史名人都与包头有关。明朝之后包头是陕西、山西人走西口的重要一站，同时也是汉民族的茶文化、丝绸文化向北传播的重要通道。多民族的过往造就了包头特有的文化内涵，使之成为包头市发展文化产业取之不尽、用之不竭的文化源泉。

2. 包头文化产业的现状。"十一五"期间，包头文化产业发展很快，截至2009年，全市在文化管理部门登记注册的经营性文化企业2300多家，国家级、自治区级文化产业示范园区各1个，投资在5000万元以上的在建、续建文化产业园区项目6项，文化及相关产业从业人员25552人，全年营业收入37亿元，固定资产26亿元。2010年，文化产业在全市GDP中的比重占到1.8%，比上年增长0.42个百分点。目前已经形成以文化旅游、娱乐、营业性演出、互联网上网服务、广播影视、电影放映、出版印刷发行、美术品经营、广告会展等门类构成的文化产业体系。

3. 包头文化产业的不足。包头文化产业的发展虽已具备一定的基础，但从总体上看，还面临着不少困难和问题，各旗县区频繁举办的各种文化节会赛事接踵摩肩，在呈现出文化多样性的同时，没有形成合力，没有形成包头文化的整体形象，难以塑造出一个在国内外叫得响的文化品牌，仍然处于“零敲碎打”的状态，也可以形象地称为一种“游击战”的传统发展方式，没有实现从“单兵作战”到“兵团作战”这种质的飞跃。

（1）产业发展意识明显不强。把文化产业当做文化事业、当做附属产业，而不是当做新产业主体来看待，主要表现为部分地方政府仍习惯以对待文化事业的眼光来看待文化产业，仅将其作为活跃群众文化生活、改善经济投资环境的一种工具和手段，没有认识到发展文化产业对于转变经济增长方式的重要意义，以及发展文化产业可能带来的经济效益和社会效益，工作推进力度不强。文化产业的投资者对文化产业经营方式的认识把握不高，总是以小生产观念来看待文化产业，并没有真正把它作为一种产业来开拓、发展，没有用经济的办法、产业的方式来办文化，阻碍了包头文化产业的兴办和发展。

（2）产业发展规模明显偏小。当今文化产业越来越向集约化方向发展，而目前包头文化产业发展不是很充分，呈现出散、弱、小，社会化产业程度不高的状况，真正具有竞争力、集约化的大型文化产业的运营企业只有极少数几家。就包头市现有的产业运营规模看，已是远远低于发达地区，如北京、浙江等，也低于中部地区如湖南、安徽等，虽然在西部地区还不算太靠后，但与之差距均很小。

（3）产业结构不合理。集中表现为传统文化产业比重过大，新兴的文化产业比重偏小，基本上以传统文化经营为主，以信息化、数字化为核心的新兴产业如软件业、影视业、会展业、音像业等发展缓慢，有的传统产业如出版业急需用信息化、数字化对其进行改造，使其结构优化，达到产业升级的目的，但进展一直不快。此外，有的旗县区的文化产业结构雷同，各自为战，搞的产品项目大多一窝蜂，同一产品同一项目重复生产重复建设，要么均是草原旅游，要么都搞节庆活动，小而全小而散，质量没有保证，没有着力发展地区独特的文化产品项目，进行同板块大手笔的资源整合，难以形成互通有无的文化产业链，造成总体落后。

(4) 文化产品科技含量和附加值不高。未能有效地培育新兴文化产业，而且即便是确定了重点培育也是呈现开发周期长更新慢的状况，应用现代科技改造抢救传统的民族文化资源很不充分，致使有些优秀的民间文化濒临消亡。受产业规模和集约化水平的限制，对丰富内涵的文化资源缺乏深入的挖掘和创新，尚无法形成具有核心竞争力的品牌产品和品牌企业，导致发展后劲不足，使得文化资源和高新技术结合的高附加值和高回报的品牌文化产品难于批量涌现。

(5) 文化经营市场活力不足。表现在文化经营部门规模小，集约化程度低，大多数为中小经营户，缺乏龙头企业；经营运行机制僵化，冗员多，经费短缺，设备陈旧，经营活力不足，虽然也组建了一些企业集团，除个别有点起色外，多数经营情况一般，效益不理想，没有在全区全国叫得响的企业和品牌。

四、指导思想、基本原则及目标

1. 指导思想。以科学发展观为统领，牢牢把握社会主义先进文化的前进方向，以满足人民群众日益增长的精神文化需求为目标，以体制机制创新、内容形式创新、传播方式创新为手段，按照建设“文化大市”的战略构想和文化理念，以全局视角，对项目建设的各方面、各层次、各种要素进行统筹考虑，和谐各种关系，传承历史文脉，彰显包头个性，打造特色品牌，扩大包头对外影响力，努力把全市的人文资源优势转变为经济优势和产业优势，带动相关产业发展，形成“政府引导、规划先行、项目载体、市场运作、企业经营、全民参与”的发展模式，把文化产业培育成新的主导产业。为建设充满活力、富裕文明、和谐稳定、山川秀美的新包头提供精神动力、智力支持和文化条件。

2. 基本原则。

(1) 坚持文化产业发展和文化事业发展相协调的原则。一手抓公益性文化事业的繁荣，一手抓经营性文化产业的发展。建立促进文化产业发展的保障体系，实现政府扶持与市场运作的良性互动。着眼于维护国家文化安全，健全文化产业法规，完善相关管理办法与措施，确保文化产业健康有序发展。

（2）坚持社会效益和经济效益相统一的原则。坚持文化产业与经济社会发展相结合，既要重视文化的意识形态属性，同时又要考虑文化产品的产业属性，引导各类文化企业把社会效益放在首位，增强社会责任，努力生产和提供既有良好社会效益又有良好经济效益的文化产品和文化服务。

（3）坚持政府推动和市场调节相结合的原则。牢固树立市场意识和开放意识，充分发挥市场在配置文化资源方面的基础性作用。同时，要加大政府扶持力度，深化文化体制改革，优化产业结构，整合优质资源，创新发展环境。

（4）坚持文化产业和相关产业联动发展的原则。积极促进文化产业与信息、休闲、体育特别是旅游产业的联动发展，以旅游激发文化活力，靠文化增添旅游魅力。加强文化创意与工业设计、会展经济、城市建设、家居服饰等的融合，推动文化用品、设备及相关文化产品的生产和销售，形成新的经济增长点。

（5）坚持文化产业发展和先进科学技术相交融的原则。充分利用先进技术和现代生产方式，改造传统文化生产和传播模式，培育新的文化业态，推进文化产业升级，延伸文化产业链，提高文化产业整体技术水平和核心竞争力。

3. 发展文化产业的目标。“十二五”期间，基本形成符合市场经济规律，与全市经济发展水平相适应，具有包头特色的文化产业结构、管理体制和运行机制，推进文化产业快速发展。到“十二五”期末，文化产业的增加值占全市GDP的比重达到5%左右，使文化产业成为全市新的经济增长点和新的支柱产业。

五、包头文化产业发展的主要任务

运用系统论的工作方法，指导全市文化产业建设，形成众星拱月的态势，以增强产业项目、景区园区对游客的的吸引力，提高其认可度。

1. 培育文化市场主体。放宽市场准入条件，打破国有资本单一投入发展文化产业的格局，除了国家明令禁止社会力量进入的文化领域外，全面向社会资本开放，逐步形成投资主体多元化、投资方式多样化、投资机制市场化的文化投融资体制。鼓励、支持和引导社会各类资本以多种形式投资文化产业，参与文化基础设施建设，兴办影视制作、动漫、放映、演艺、娱乐、印刷、发行、会展、中介服务、体育、网络制作、艺术品等文化企业，并享受与国有文化企业同等待遇；增强国有文化企业的活力和市场竞争力，对国有文化企业和具备市场化条件的国有文化事业单位，按照产业化发展的方向和现代企业制度的要求，进行公司制改造，在市场中自主经营，发展壮大；鼓励和引导多种所有制市场主体进入文化经营领域，通过改制、重组、联合、兼并、收购、租赁、承包经营等多种形式进行文化产权制度和经营机制改革，发展一批社会力量兴办的中小型文化企业，填补市场空间，优化市场结构，促进市场竞争；鼓励和扶持文化企业以资本和业务为纽带，实施跨行业、跨地区、跨不同所有制规模扩张，做大做强一批拥有知名品牌和具有自主知识产权，整体创新能力、市场开拓能力、成本控制能力较强的支柱性文化产业集团；支持和引导社会资本发展科技含量高的文化产业，增加文化产品的科技附加值，提高文化产业的现代化水平。

2. 完善文化市场体系。完善文化消费政策，改善文化消费环境，引导文化消费观念。适应市场需求，生产和提供多品种、多层次、多形式的文化产品和服务，积极促进文化与旅游、文化与体育、文化与其他产业的结合，促进文化消费市场的繁荣。制定管理办法、行业标准和执业许可制度，发展独立公正、规范运作的文化经纪、咨询、代理等中介机构，培育和扶持一批诚信度高的文化中介品牌。规范和发展各类行业协会，充分发挥行业协会的组织、协调、沟通和服务的功能。完善人才激励机制，形成优秀人才脱颖而出和人尽其才的良好环境。拓宽选拔途径，引进高层次、高素质的文化经营管理、经纪、科技创新等急需人才。打破各种条件限制，建立灵活的人才培养、培训机制，在有条件的高等院校增设相关专业，打造公共培训平台，重点培养具有创意的文化设计人才、懂经营善管理的人才和中高级技工人才，建设一支高素质的文化产业人才队伍。培育和规范文化市场体系，依法加强对文化产品和服务的市场准入、生产制作、市场营销的监督管理，充分运用法律和政策手段解决文化产业发展中出现的新问题、新情况，建设具有影响力的文化产品专业市场和文化生产要素市场。

3. 扶持重点文化产业。根据包头市实际情况，确定重点发展的文化产业和领域，形成以重点文化产业为主导、相关产业联动发展的格局。

（1）现代传媒业。优化整合资源，合理调整结构，强化内部管理，提高科技含量，做大做强包头广电集团和包头日报报业集团。建立健全现代企业制度，创新经营管理机制、运用高新技术改造产业形态，拓展延伸产业链，实行跨媒体、跨行业、跨地区发展，成为主业突出、多元经营的文化产业领军集团。

（2）文化演艺业。深掘和重塑漫瀚剧、二人台等一批老字号文艺演出品牌。深化艺术表演团体的体制改革，进一步开放演出市场，整合市内艺术表演团体资源，鼓励社会资本投资节目创作策划和举办演出活动。鼓励演艺单位与企业集团多种形式联合，探索演艺市场经营新机制。努力打造原创产品、着力创作文艺精品。扩大对外交流与合作，倡导高雅文艺演出。

（3）娱乐休闲业。搞好对经营性娱乐场所的布局调整，支持社会资本兴建新型健康的娱乐场所，倡导特色经营，加强引导，规范管理，进一步提高娱乐业的整体层次，满足人民群众多层次、多样化的休闲娱乐需求。培育一批上档次、上规模的娱乐文化企业和连锁网点，引进和开发现代时尚娱乐休闲项目，着力培育娱乐消费市场。

（4）文化旅游业。促进文化和旅游的结合，以古城古迹旅游、寺庙民俗文化旅游、都市休闲旅游、大青山山水旅游、草原文化旅游为主线，以麻池古城旅游区、秦长城旅游区、希拉穆仁草原旅游区、五当召宗教民俗文化旅游区、南海黄河湿地旅游区、北方兵器文化旅游区、九峰山生态养生旅游区、满都拉口岸旅游区为重点，开发历史人文旅游系列，打造多元文化的旅游发展格局。

（5）数字动漫业。依托民族历史文化资源发展动漫产业，扶持反映蒙古民族历史故事、英雄人物的动漫游戏、动画片和衍生产品的创作。大力发展软件业，提高动漫原创能力，促进数字动漫产业的规模化、特色化、高端化和集聚化，使软件业和数字动漫产业成为包头现代服务业发展的突破口和生力军。大力发展数字电视、移动电视、手机电视、手机报纸、网络电视、电子商务等新型文化业态，推进新型文化产业迅速发展。

(6) 创意设计业。完善和优化创意产业发展的内部与外部的环境，构成与完善创意产业的产业链条，依托老仓库、老厂房、老建筑改造，规划打造若干个创意设计类文化产业集聚区。逐步建立创意设计产业人才培养、引进和使用机制，认真落实国家对创意设计产业的各项优惠政策，为创意设计产业的发展提供智力支持和人力资源保障。

(7) 影视产品业。加快发展影视内容产业，提升电视剧、非新闻类电视节目和动画片的制作能力，积极打造影视文化的产业链。依托内蒙古电视台、充分利用包头市广播影视资源，进一步拓展产业发展的潜在空间。借助包头丰富的历史文化资源以及良好的生态环境，吸引社会资金进行影视基地建设，实现以影视剧拍摄带动影视基地建设、以影视基地建设促旅游产业以及相关产业发展。

(8) 出版印刷业。进一步发展印刷复制业、出版发行业，积极推动电子音像、版权交易、网络出版的发展，建成包装印刷和光存储基地和出版物流动基地。优化印刷资源配置，加快产业技术升级，促进规模化、集约化经营。

(9) 会展广告业。结合包头经济结构和产业优势，依托城市品牌优势、区位优势和高端产业发展优势，引进和打造品牌会展项目，做大做优草原狂欢节、鹿城文化艺术节、秦长城热气球节、敕勒川文化节、稀土文化节等一批有影响的节庆会展活动。加强会展基础设施建设，吸引社会资本投入，探索政府与社会力量合作的新路子，积极引进国内外有影响的会展项目。大力培植专业会展公司和经纪人，宣传包头本土文化，推介包头产品。进一步吸引国内外著名广告机构进入包头广告市场，提高广告行业知识、技术、人才、资本的密度。

(10) 艺术培训业。整合以器乐、声乐、舞蹈、绘画、民族工艺等门类为龙头培训资源，扶持一批规模化、专业化、企业化、社会化的艺术教育培训机构，逐步形成一个以国有事业单位为主，民营、个体为辅的多元化艺术培训市场，促进学历教育与非学历教育相结合，各种层次、多种形式、开放性的艺术培训网络的形成，力争在“十二五”期间形成一个艺术培训的产业集群。

4. 加快文化产业园区建设。在“文化产业园区”建设策划中，所有的园区都是一个有机的整体，这些园区之间互相影响，互相促进，共同为整体的良性运转积极服务，形成具有比较优势的文化产业群。

（1）内蒙古文化传媒创意园。联合内蒙古电视台新闻制作中心、影视制作中心、动漫网游制作中心、内蒙古动漫网友人才培训基地及内蒙古文化传媒创意产业示范基地等单位，打造内蒙古文化传媒创意园；在对现有的地区资源进行科学规划及合理整合基础上，引进国内外著名的动漫、网游公司、与日本、韩国、新加坡等国合作开发大型动漫、网游产品；构建互联网、软件、游戏、创意设计、文化形象包装、影视制作等产业集群，引领经济发展模式从制造型向创意型转变，带动包头相关产业的建设和发展。

（2）内蒙古敕勒川文化产业园。以美岱召宗教历史文化为核心，依托九峰山的天然生态资源，开发建设美岱召历史人文景区、美岱召清水沟旅游度假区、萨拉齐生态公园及农牧民文化活动中心等，形成以生态、自然和古朴为特色，集避暑、休闲、度假、观光、娱乐为一体的原生态文化旅游产业。

（3）南海湿地文化产业园。南海湿地位于呼包鄂旅游圈中心，融城市、黄河、湿地于一体，景区从北向南依次分布着南海湖、二海子和疏林草地，是国家4A级旅游风景区。南海湿地文化产业园区将依托南海子湿地自然保护区，建设南海子黄河湿地博物馆、影视拍摄基地、百鸟园、观鸟塔、科研监测综合楼和休闲康体中心，推动保护区的保护能力和旅游功能的提升。

（4）五当召宗教民俗文化园。五当召是内蒙古最大的藏传佛教寺庙，是国家重点文物保护单位，国家4A级旅游景区。“十二五”期间五当召景区将被打造成包头市首家5A级景区。园区将新建、扩建额尔德尼山景区、宗教文化景区、庚毗沟景区、敖包山景区、西沟景区、民族风情园和综合旅游服务基地七个区域及配套基础设施。全面提升民俗文化内涵和旅游功能。

（5）西口文化产业园。走西口是汉民族与蒙古及其他少数民族融合融汇融通、从而形成了一种绝无仅有的新的文化——西口文化。西口是个大西口，上下三百年，纵横 9000 里，所以西口文化是个大文化，因为它沉积了历史。西口文化产业园将规划设计西口老物件及历史资料陈列馆、“走西口”微缩景观、影像资料放映馆、西口文化餐饮体验中心等，使旅游观光者亲身感受当年“走西口”的场景，体味前辈顽强抗争的民族精神。利用文化产业园组织西口文化论坛、西口地方戏曲展演、“西口人家”乡村体验活动、西口物资交流贸易大会等一系列活动，使人们能够把珍贵的“西口文化”发扬光大并代代相传。

（6）燕家梁遗址文化生态园。位于九原区的麻池—燕家梁遗址历史文化生态园，周边 4 公里范围内坐落有全国重点文物保护单位麻池古城，以燕家梁遗址公园为核心，建设包括麻池古城、张龙圪旦汉墓保护区和召湾汉墓群及西壕口汉墓群、燕家梁遗址博物馆在内的历史文化产业链，全力打造本市南部生态文化休闲旅游区和文化旅游景点。

（7）乔家金街北梁文化产业园。以原有古迹为中心，突出蒙晋建筑特色，按照国际化街铺布局，把商贸区划分为餐饮娱乐带、文化街区和现代商贸中心三大业态特色区；将晋商文化、佛教、道教文化以及本地的特色人文旅游产业紧密结合，打造西北地区集娱乐、购物、观光、旅游为一体的综合性特色步行街。

（8）昆都仑旅游文化产业园。以昆都仑召、昆都仑河、昆都仑水库、包钢为中心，建立昆都仑文化旅游一条龙产业带。推动宗教文化、自然景观、文化休闲、工业文明有机结合，打造具有浓厚历史文化底蕴、美丽自然山水和现代工业文明特色的昆都仑旅游文化产业园。

（9）秦长城文化产业园。通过深入挖掘，确立了秦长城的文化主题和形象定位，实现“从文物旅游到文化旅游”。通过景观情景化手法刻意打造一些如“蒙恬将军旗”、“秦边互市”等系列情景小品，强化“秦长城是万里长城之母”概念，使游客感受到金戈铁马的民族冲突与融合的“塞上风云”气息；挖掘“古今国防对比”，策划包头首家 CS 野战拓展俱乐部，依托特有的“古今国防”文化的文脉，将一般的野战训练营、拓展训练营等项目进行主题化改造，把景区特有的“长城”、“古战场”等元素融入现代的野战基地的场地布景中；推动“长城·见证”博览园项目运作，打破传统博物馆静态陈列模式，运用场景复原、幻影成像、声光电渲染氛围等手段使游客身临其境触摸到历史脉搏。展现塞上古长城所见证的，草原文化和中原文化、游牧民族和中原民族融合的风云节点，如“胡服骑射”、“蒙恬筑长城”、“龙城飞将李广”、“卫青大捷”、“昭君出塞”、“北朝五胡与高欢”、“一代天骄”……纵览草原文明和中原文明融合的历史风云。力图将“长城·见证”博览园的积极立意发挥到极致，彰显包头和固阳的城市文化底蕴，成为地方城市名片，并推动景区的市场运作。建立秦长城热气球公园，办好一年一度的长城热气球节，在未来三至五年，秦长城热气球公园将建设成为国内规模最大、专业化程度最高的热气球活动场地。

(10) 军工文化旅游产业园。以北方兵器城、一机集团三湖广场等为依托，打造军工文化产品展示一条街。通过市场化运作，推出具有浓厚军工文化特色的、参与性、体验性强的旅游项目，结合军工基地的具体实际，发展红色旅游，带动军工文化旅游产品的设计和生产。力争在“十二五”期末把包头建成中西部地区著名的军工文化旅游基地。

六、加快包头文化产业发展的对策建议

文化产业是一个复杂的系统工程，我们在具体工作中应该特别注重以下几个问题。

1. 进一步优化产业布局。一要抓好规划引领工作。依托包头独特的文化资源，精心部署文化产业发展的空间结构布局、重大产业项目、体制机制改革和政策举措创新，制定既具有可操作性，又具有前瞻性的文化产业发展规划。在实施规划的过程中，必须要强化其指导地位，坚持规划的严肃性和约束性，确保既定规划得到有效实施。二要强化龙头项目带动作用。积极培育龙头企业、领军人物和产业品牌，把分散的、小规模的经营企业组织起来，改进管理、提高服务，从而带动整个行业水平的提高。当务之急是要推进电信网、广播电视网和互联网“三网融合”，加快组建报业、广电等传媒集团。三要集聚发展。建立文化产业集群，使同类企业间的资金流、信息流、人才流更为顺畅，在发展的重大问题上更好地达成共识，步调上更为一致，避免因盲目投资、过度

开发和同质化竞争带来的市场风险和资源浪费。当前，要集中力量打造一批高起点规划、高水平建设、高品质管理的文化产业园区。

2. 进一步促进产业融合。文化产业具有高度的融合性，文化产业与制造业融合形成了推动经济发展的新动力，文化产业内各门类的融合促成了文化产业资源的整合，加强产业融合，不仅能提升文化产业内涵，更能不断扩大文化产业外延。一是着力推进数字网络、信息技术与文化产业的融合发展，努力在以数字网络技术为基础的高科技文化产业方面取得重点突破；二是着力推进现代服务业与文化产业融合发展，推动形成设计、艺术、媒体、娱乐、版权、拍卖、会展等现代文化服务产业板块；三是着力推进制造业与文化产业融合发展，使包头的制造业和文化产业直接“嫁接”，整合低端制造业，提升包头制造业的竞争力，形成先进制造业与文化产业相互带动格局；四是着力推进都市农业与文化产业融合发展，形成生态化观光休闲和体验产业。

3. 进一步做强产业特色。发展文化产业必须结合当地的特色，避免同质化和重复性建设。包头文化产业发展要坚持因地制宜，扬长避短，突出历史与人文资源优势，着力打造历史文化、民族艺术、宗教文化、草原观光等文化品牌。一是围绕历史文化做文章。依托草原岩画、敖伦苏木古城、秦长城、赵长城、麻池古城等历史文化遗存打造历史文化品牌。二是围绕民族艺术做文章。重点打造“漫瀚剧”和“二人台”，创作一批以内蒙古历史、现实为主题的民族艺术品牌，作为重大的文化产业项目进行开发。三是围绕宗教文化做文章。打造以五当召、美岱召、昆都仑召、妙法寺为核心的宗教文化品牌。宗教文化产业作为文化产业中极为特殊的一环，在扩展文化产业市场、转化宗教智慧财富等方面具有独到的优势，要挖掘道教精神与现代“和文化”的联系，开发宗教体验、休闲养生产业，打造宗教文化旅游基地。四是围绕草原观光做文章。重点打造以希拉穆仁草原、新宝草原为主的草原民族风情品牌。草原上的蒙族人居住蒙古包。服饰，男女老幼皆穿长袍腰带，穿高腰靴子。饮食以粮、乳、肉、奶茶为主，其中奶豆腐、奶茶、黄油、奶酒最具特色，全羊、手扒肉是招待贵客的宴席，独具民族特色。蒙古族的最高礼节是敬献哈达。祭敖包、草原盛会——那达幕是蒙古族的传统活动和特有的民族风情。这些民俗文化现象经历漫长的岁月，仍然保持了很多传统的文化现象，为我们今天的旅游发展和开发提供了原始的文化民俗资源。五是围绕现代化大工业做文章。要牢牢把握文化精神与特质，科学化、精细化地挖掘和包装丰富的文化资源，依托包头庞大的现代化大工业体系，实现产业之间的有效联姻，使产业之间快速兼容与提升，逐步靠近世界先进潮流。

4. 进一步完善政策制度环境。要加紧制定鼓励和支持文化产业发展的相关政策的实施细则，贯彻落实好现有的文化经济政策，并根据实际需要进一步完善相关配套政策，特别是在财政、税收、投融资、市场准入、土地使用、人才机制、社会保障等方面，要制定一些强有力的鼓励促进文化产业发展的专项政策和扶持措施，让从事文化产品生产和服务的企业有章可循，有利可图。另外，政府要加强对文化市场的监管，健全相关法律法规，维护合法经营，保护知识产权，严厉打击侵害知识产权等非法活动，建立起公平、公正、公开的文化市场竞争体系。

5. 进一步加大基础设施投入。一要加大对公共文化基础设施的投入力度，建设完善的图书馆、博物馆、文化馆、群艺馆、基层文化俱乐部、乡镇文化站等公共文化基础设施。二要加大数字影院、高档楼宇、旅游休闲娱乐设施等非公益类文化设施的建设力度，为文化产业的发展奠定物质基础。三要整合现有文化设施，提高使用效率，对那些功能未完全丧失、不宜拆建的重大文化基础设施在原有基础上进行大规模改造，而对没有改造价值的建筑可以根据实际情况，在原址新建或通过置换另择新址进行重建。

6. 进一步拓宽投融资渠道。加大金融创新力度，充分发挥金融机构，特别是商业银行在文化产业投融资方面的主导作用，积极引导和鼓励金融机构优化资产评估制度，在控制风险的前提下开展金融产品创新，完善金融服务，建立健全中小文化企业信用担保体系，采取更加灵活、创新的方式为广大中小文化企业提供资金来源，加大对文化企业的信贷力度。另外，积极引导全市民营资本和国际战略投资，在包头市设立文化产业风险投资基金，对那些前景好、具有广阔市场的优质文化企业进行战略投资，为众多新兴文化企业，特别是创业企业提供资金支持，提高企业的市场竞争力，甚至可以推动有条件的企业在股票债券市场上直接融资。

7. 进一步完善文化中介组织。文化中介机构，作为联结文化生产、交流、服务与消费的中间环节，在引导文化消费，促进文化市场活跃方面起着非常重要的作用。根据包头文化市场发展的现状，必须大力发展文化中介机构，促进文化市场繁荣。一是完善文化经纪人制度，强化行业自律机制，规范文化经营行为；采取积极措施，使文化中介机构逐步与政府脱钩，成为独立的市场活动主体，活跃文化市场；二是按照社会事业社会办的原则，通过文化中介组织的媒介作用，探索文化活动组织方式的社会化；三是发挥各行业和文化中介组织在文化交流等方面的作用，鼓励和吸引社会力量参与和承办各类文化活动，扩展明星效应，开发无形资产，繁荣文化市场。

8. 进一步优化人才成长环境。一方面要建立健全文化人才培养、引进、选拔和激励机制，注重青年人才的培养和锻炼，培育文化人才后备队伍。建立激励机制，给予在各类文化活动中表现突出、有艺术成就的人才和文化经营管理人才等特殊的奖励，努力形成事业留人、感情留人、生活待遇留人的良好的用人环境。另一方面要着力培养、吸引和用好一批熟悉文化工作、懂经营、善管理的复合型人才，造就一批文化名人和文化经营人才，推动包头市文化产业的发展，鼓励文化经营企业与各大院校和先进企业的人才合作，提高企业的经营水平以及培养更多的文化产业经营人才，从而构建包头市文化人才高地，为包头市文化产业的发展服务。

全国文明城市"十二五"规划八大新看点

（2011年6月20日）

王德山

据监测，截至2011年6月15日，全国文明城市厦门、大连、宁波、深圳、包头、中山、烟台、成都、南京、南宁、惠州、南通、东莞、马鞍山、大庆等15个（地级及副省级）城市公布了各自的《"十二五"规划纲要》。上述各城市对"十二五"时期在经济发展、科技教育、资源环境、人民生活等方面谋篇布局。我们选取这15个城市《"十二五"规划纲要》中的指导思想、经济发展目标、第一产业发展目标、第二产业发展目标、第三产业发展目标、科技教育发展目标、资源环境发展目标、人民生活发展目标等8个方面进行分析比较，以期更加清晰地了解15个全国文明城市"十二五"期间在整体和各个方面的战略走向，以及看清包头市所处的地位。

一、"十二五"时期全国文明城市经济社会发展指导思想

在"十二五"时期指导思想方面，各城市都把科学发展、转变经济发展方式、调整经济结构、创新发展、惠及民生、优化生态环境和绿色发展作为指导思想的重要内容，同时又根据各城市的市情，确定了经济社会发展重点和城市发展定位。

——厦门市提出：着力岛内外一体化，着力第二、第三产业共推进，着力内外需齐拓展，着力惠民生促和谐，加快建设现代化国际性港口风景旅游城市和海峡西岸重要中心城市。

——大连市提出：推进综合实力全面提升和城市转型，初步建成区域核心城市和生活富裕的生态宜居城市，向东北亚重要国际城市迈进。

——宁波市提出：加快打造国际强港，加快构筑现代都市，加快创建智慧城市，建设现代化国际港口城市。

——深圳市提出：以创新发展加快国家创新型城市建设，以和谐发展建设民生幸福城市，建设中国特色社会主义示范城市和现代化国际化先进城市。

——包头市提出：大力实施"科学发展、全面转型、富民强市"战略，建设富裕文明和谐的生态宜居城市。

——中山市提出：围绕"加快转型升级、建设幸福中山"这个核心，加快建设适宜创业、适宜创新、适宜居住的全面协调可持续发展的新型城市。

——烟台市提出：向着全面建设文明富庶新烟台的宏伟目标，建设现代化国际性港口城市。

——成都市提出：深入实施城乡统筹、"四位一体"科学发展总体战略，建设世界现代田园城市。

——南京市提出：大力实施创新驱动、富民优先、城乡一体化、绿色发展和城市国际化战略，建设现代化国际性人文绿都。

——南宁市提出：突出构建现代产业体系，突出建设现代宜居宜商城市，建设区域性国际城市和广西"首善之区"。

——惠州市提出：大力实施"内生发展、创新发展、协调发展、绿色发展、和谐发展"五大战略，全面建设幸福惠州。

——南通市提出：把南通建成江海交汇的现代化国际港口城市、长三角北翼经济中心和国内一流的宜居创业城市。

——东莞市提出：以"加快转型升级，建设幸福东莞"为核心，建设幸福东莞。

——马鞍山市提出：实施工业主导、城乡一体、创新推动、开放带动、民生优先、可持续发展战略，建设和谐幸福马鞍山。

——大庆市提出：坚持“生态、自然、现代、宜居”的城市建设理念，打造中国北方文化名城，创建国家级创业型城市，建成现代化国际化大城市。

我们认为，在“十二五”时期，包头市在城市发展上应定位于建设中西部中心城市和以战略性新兴产业强市，打造资源节约型和环境友好型现代化大都市。

二、“十二五”时期全国文明城市经济发展目标

在“十二五”时期经济发展目标方面，各城市经济仍将处于快速发展状态，除东莞市生产总值年均增长预期目标为8%以外，其他城市生产总值年均增长预期目标均在10%以上，同时，各城市的人均GDP和地方财政收入都有大幅度提升。各城市生产总值年均增长预期目标是：

——深圳市2010年地区生产总值为9510.91亿元，“十二五”时期预期地区生产总值年均增长10%，到2015年地区生产总值达到15000亿元。

——成都市2010年地区生产总值为5551.30亿元，“十二五”时期预期地区生产总值年均增长12%，到2015年地区生产总值达到10000亿元。

——大连市2010年地区生产总值为5158.10亿元，“十二五”时期预期地区生产总值年均增长14%，到2015年地区生产总值达到10000亿元。

——宁波市2010年地区生产总值为5125.82亿元，“十二五”时期预期地区生产总值年均增长10%，到2015年地区生产总值达到10000亿元。

——南京市2010年地区生产总值为5010.36亿元，“十二五”时期预期地区生产总值年均增长13%，到2015年地区生产总值达到10000亿元。

——烟台市2010年地区生产总值为4358.46亿元，“十二五”时期

预期地区生产总值年均增长12%，到2015年地区生产总值达到7600亿元。

——东莞市2010年地区生产总值为4246.25亿元，“十二五”时期预期地区生产总值年均增长8%，到2015年地区生产总值达到6250亿元。

——南通市2010年地区生产总值为3417.88亿元，“十二五”时期预期地区生产总值年均增长13%，到2015年地区生产总值达到6297亿元。

——大庆市2010年地区生产总值为2900.10亿元，“十二五”时期预期地区生产总值年均增长15%，到2015年地区生产总值达到5833亿元。

——包头市2010年地区生产总值为2460.80亿元，“十二五”时期预期地区生产总值年均增长15%，到2015年地区生产总值达到5100亿元。

——厦门市2010年地区生产总值为2053.74亿元，“十二五”时期预期地区生产总值年均增长15%，到2015年地区生产总值达到4200亿元。

——中山市2010年地区生产总值为1826.32亿元，“十二五”时期预期地区生产总值年均增长11%，到2015年地区生产总值达到3077亿元。

——南宁市2010年地区生产总值为1800.43亿元，“十二五”时期预期地区生产总值年均增长11%，到2015年地区生产总值达到3600亿元。

——惠州市2010年地区生产总值为1729.90亿元，“十二五”时期预期地区生产总值年均增长10%，到2015年地区生产总值达到2786亿元。

——马鞍山市2010年地区生产总值为811.01亿元，“十二五”时期预期地区生产总值年均增长13%，到2015年地区生产总值达到1600亿元。

就经济总量预期增长速度而言，包头市与厦门市、大庆市都是年均增长15%，并列第1位。但就2015年预期地区生产总值绝对值比较，包头市位于第10位，与2010年位次相同。通过比较可以看出，包头市在“十二五”时期生产总值预期年均增速15%的目标是适宜的，但关键在于增长的质量、三次产业结构和各产业内部结构协调与合理。

三、“十二五”时期全国文明城市第一产业发展目标

在“十二五”时期第一产业发展目标方面，各城市大力发展现代农业，积极实施“菜篮子”、“米袋子”工程，保障城乡农副产品有效供给，并以此作为“十二五”时期的工作重点。同时，科技农业、特色精品农业、高效设施农业、生态休闲农业建设是“十二五”期间各城市发展现代农业的主要着力点。

——厦门市大力发展休闲农业和生态农业，建设了一批各具特色的生态休闲农业基地。积极实施“菜篮子”、“米袋子”工程，保障城乡农副产品有效供给。

——大连市加快发展都市型现代农业，做强做大优势农业、特色农业、精品农业。稳定粮食生产，进一步提高渔业、畜牧、水果、蔬菜、花卉等优势产业的规模和效益。

——宁波市积极发展新型业态农业，提高生态农业和循环农业发展水平，加快发展农家乐、乡村旅游、景观农业等新型休闲农业。加快科技兴农步伐，大力发展科技设施型农业。

——包头市实施“南菜北薯、乳肉并举”和“品牌带动”战略，加强以水利为重点的基础设施建设，强化科技示范和推广体系，做好社会化服务，提高农牧业规模化、设施化、产业化、标准化水平，打造高产、优质、安全农牧业。

——中山市发展无公害、绿色有机农产品，建设优势农产品产业带和规模化水产品养殖基地，打造国家级现代农业示范区，争创国家级苗木重点市场。

——烟台市优化农业产业结构，扩大高效经济作物和海珍品种养面积，加大精品蔬菜和水果基地建设力度，发展生态果业和畜禽生态养殖，推进“国家级绿色农业示范区”建设。

——成都市大力发展都市型现代农业，建成“西部第一，全国领先”的现代农业基地和国家现代农业示范区，成为全国重要的农产品信息交流中心、价格形成中心、物流配送中心和质量检测中心。

——南京市整合各类农业生产要素，进一步优化农业区域布局和产业结构，逐步实现农业用地分区布局、集中投入、连片推进、规模经营。

——南宁市发展高产、优质、高效、生态、安全农业，打造特色产业，提升农业现代化水平，提高农业综合生产能力、抗风险能力和市场竞争能力，建设区域性特色农业基地。

——惠州市做大做强特色精品农业、优质高效农业、高科技农业、绿色生态农业和休闲观光农业。推进农业产业化、规模化、集约化经营，打造农产品生产供应、加工流通和农业观光旅游中心。

——南通市大力发展都市生态型现代农业，积极发展设施园艺业、规模畜牧业、优质蚕桑业、特粮特经和特色水产业，促进优势产业向优势区域集中。

——东莞市打造园区型、品牌型、安全型、生态型的现代都市农业。优化提升种养业结构，稳定粮食综合生产能力，稳定蔬菜、水果种植面积，优化蕉区产业结构，发展花卉园艺产业。

——马鞍山市大力发展优质粮油、生态水产、特色畜禽、精细蔬果、苗木花卉和速生林业六大优势农业，着力拓展农业休闲功能和为城市服务功能，提高农业综合效益。

——大庆市发展现代农业，巩固提升百亿斤粮食产能，畜牧业占农业比重达到60%，棚室规模达到30万栋以上，建成东北地区最大的蔬菜生产供应基地。

在“十二五”时期，加强和发展第一产业应是包头市经济社会发展的重点之一。发展第一产业是“菜篮子”工程的基础，是农牧民增收的主要来源，是保障城乡农副产品有效供给的前提，是全面建设小康社会的重要目标。而现实情况是包头的农牧业基础设施建设仍然滞后，土地规模化经营程度较低，农牧业产业化层次较低，农牧科技应用水平较低。包头市本土蔬菜有效供应保障能力仅占30%左右，70 %的蔬菜需要从山东等地进入我市。常识告诉我们，蔬菜的产地与销地的距离越长，流通环节就越多、蔬菜的成本就越高、群众的消费支出就越大。因此，大力发展现代农牧业、保障供给应是包头市“十二五”时期第一产业的重点发展目标。

四、“十二五”时期全国文明城市第二产业发展目标

在“十二五”时期第二产业发展目标方面，各城市坚持走新型工业化道路，积极调整和优化工业结构，进一步扩大工业规模，提高效益，强化工业对经济增长的支撑作用。各城市传统产业、支柱产业纷纷以高新技术为带动和提升，同时，战略性新兴产业在经济比重中占据日益重要的地位，都在奋力抢占新兴产业发展的制高点。

——厦门市重点发展环境污染少、经济效益好的资金密集型、技术密集型、劳动密集型工业，继续壮大电子、机械、化工三大支柱产业，大力培育发展软件、光电、生物与新医药等新兴产业，改造提升传统优势产业。

——大连市培育石化、电子信息、软件与服务外包等 8 个产值超千亿元的产业集群，轴承、精品钢材、生物医药等 8 个产值 200～500 亿元的产业集群。推进新能源、新材料、先进装备制造等 10 个领域一批示范工程。加快“三网融合”试点工程建设，争取引进平板显示重大产业项目，抢占新兴产业发展的制高点。

——宁波市全力打造纺织服装、家用电器、电子电器、精密仪器、汽车零配件、模具文具等 10 大产业集群。大力发展新装备、新能源、新材料、新一代电子信息等四大主导型战略性新兴产业，积极培育海洋高技术、节能环保、生命健康和创意设计等四大先导型战略性新兴产业。

——深圳市突破新一代电子信息产业关键技术，建设全球电子信息产业基地。大力发展以自主品牌和自主技术为主的装备制造、航天航空、汽车等产业。推动新一代移动通信、下一代互联网核心设备和智能终端的研发及产业化。大力发展核能、太阳能、新能源汽车等新能源产业和基因工程、干细胞、生物医疗等生物产业，建设国家新能源产业基

地和全球重要生物产业基地。重点发展复合、纳米、智能等共性基础材料产业。

——包头市坚持走新型工业化道路，运用新技术、新工艺改造提升传统产业，优化产品结构，提高附加值，培育名优品牌。积极培育和发展战略性新兴产业，依托产业优势，科学确定发展的重点领域，围绕新材料、新能源、新型煤化工和高端装备制造等加快项目建设，培育新的支柱产业。

——中山市加快发展以风电设备等为重点的装备制造业，加快发展以光电显示核心器件等为重点的电子信息产业，大力培育战略性新兴产业，重点发展新能源、半导体照明（LED）、健康医药等产业。

——烟台市做强做优机械制造、电子信息、食品加工、现代化工等传统优势产业，突破发展新能源、生物技术、新材料、节能环保、新一代信息技术等战略性新兴产业，加快形成先导性、支柱性产业。加快发展汽车、船舶及海洋工程、电脑、手机、葡萄酒、黄金、新型铝材、核电装备、聚氨酯、新型化纤等产品集群。

——成都市打造全国一流的电子信息产品制造基地和信息服务基地，建设国内重要的生物医药创新中心、中西部制造中心和医药贸易中心。初步建成成都新能源产业国家高技术产业千亿元基地。发展高性能纤维及复合材料、电子信息材料以及化工、新能源、生物医药等关键性、基础性和国家战略需要的新材料。形成特色突出、创新能力强、拥有知名品牌和自主知识产权的成都航空航天产业集群。

——南京市重点发展风电光伏装备、电力自动化与智能电网、通信、节能环保、生物医药、新材料、轨道交通、航空航天等新兴产业。运用新技术、新装备、新工艺提升电子信息、石油化工、钢铁、汽车四大产业发展水平。

——南宁市建成我国西部铝精深加工基地。大力发展电力电气设备、港口机械、农机等专用成套设备制造和汽车及零配件制造等机械装备制造产业，建设机械装备制造业基地。改造提升制糖、食品等农产品加工以及化工、轻纺、建材、造纸等传统产业。加快培育和发展新一代信息技术、新能源、生物、新材料、节能环保等战略性新兴产业。

——惠州市建设世界级石油化工产业基地，建设国家级电子信息产业基地，建设清洁能源生产基地，建设战略性新兴产业基地，重点发展高端新型电子信息、半导体照明（LED）、节能环保、生物医药、高端装备制造、新能源、新材料等战略性新兴产业。

——南通市优先发展海洋工程、新能源、新材料等优势产业，加快培育生物和新医药、智能装备、节能环保、软件和服务外包等成长型产业。促进装备制造、电子信息、精细化工等主导产业向高端发展，大规模改造提升纺织服装、轻工食品、建筑业等传统产业。

——东莞市重点发展装备制造、汽车及零配件、精细化工、船舶制造等行业，加快建成一批先进制造业基地。实施高端新型电子信息、电动汽车、半导体照明、太阳能光伏四大战略性新兴产业“五年倍增计划”，发展壮大新材料、生物医药、节能环保、海洋生物等高技术产业，力争建成国家战略性新兴产业重要基地。

——马鞍山市做大做强钢铁制造产业，积极发展新能源汽车。重点发展装备制造关键基础件、冶金成套设备、工程机械、机床等4大装备制造行业。做大做强精细化工产业，做大做强食品加工产业。积极发展铁基新材料、各类合金材料、半导体材料、无机非金属材料和碳基新材料、功能性复合材料及产品。

——大庆市支持天然气勘探开发，力争油气当量稳中有升。推动石油化工、商贸流通两个销售收入已超千亿元产业实现倍增。做大油化装备、新兴装备，推动现代装备产业销售收入超千亿；发展汽车产业，加快形成整车生产和关联配套能力农产品深加工、新材料、新能源、建筑安装等产业销售收入分别实现超百亿。

与其他城市比较，目前包头市第二产业的主要问题是经济结构重型化特征明显、轻重工业比严重失衡、轻工业发展严重滞后、高端产业和产品培育不足、重工业发展资源环境约束加大。这些问题应是“十二五”时期亟待解决的问题。在第二产业发展目标、路径、结构和项目选择上，我们可以借鉴厦门、大连、宁波、深圳、成都、南京等城市的经验和做法。

五、"十二五"时期全国文明城市第三产业发展目标

在"十二五"时期第三产业发展目标方面，各城市坚持把推动服务业大发展作为产业结构优化升级的战略重点，做大服务业总量和规模，提高比重和层次，推动服务业跨越发展。各城市优先发展现代物流、金融、科技信息、商贸服务、文化创意等生产性服务业，加快建立高效生产服务体系；改造提升旅游、商贸餐饮、房地产、养生养老、社区服务等生活性服务业，更好地满足城乡居民消费扩大和消费升级的需求。

——厦门市重点发展口岸物流、第三方物流、城际配送物流，建设区域性国际航运物流中心和全国重要物流节点城市。重点发展滨海旅游、文化旅游、对台旅游、高端旅游，建设国际知名旅游目的地。大力发展总部经济和高端中介服务，营造良好金融商务环境，初步建成"立足厦门、辐射海西、服务两岸"的两岸区域性金融服务中心。重点发展应用软件、集成电路设计和嵌入式软件、数字内容、信息技术服务等，积极创建"中国软件名城"。

——大连市推进网络动漫、科技研发、工业设计、创新服务等产业发展。建设以旅顺、金石滩、长山群岛、金渤海岸等重点区域为依托的黄、渤海旅游经济带和北部温泉走廊，提升旅游产业的国际化水平。积极发展会展经济。推行信贷、网上消费等新兴消费形式，合理引导住房、汽车等消费。

——宁波市加快发展国际贸易、现代物流、金融保险等为重点的生产性服务业。加快发展旅游休闲、社区服务、体育健身、家庭服务和老年服务等生活性服务业。培育壮大文化创意、研发设计、现代会展等新兴服务业，大力发展总部经济、服务外包、电子商务等新兴业态。

——深圳市建设全国金融中心，构建全球性物流枢纽城市，建设国家服务外包示范城市，发展商贸会展业，建设国际知名旅游目的地城市，大力发展法律、会计、设计、咨询、公共关系、经纪与人才猎头等专业服务业。到2015年第三产业增加值占GDP比重达到60%，现代服

务业增加值占 GDP 比重达到 60%。

——包头市加快推进钢铁、煤炭、建材、重大装备、液态化工、农畜产品等大型专业物流园区和物流基地建设，建设区域性物流示范城市。培育资本市场，加快形成有力支撑全市经济社会发展的现代金融体系。支持科技型服务业发展。加快发展总部经济和营销中心，培育发展会展经济和各类中介服务。大力提升餐饮住宿、商贸娱乐等生活性服务业水平。到 2015 年，第三产业增加值年均增长 17%，占 GDP 比重达到 45.7%。

——中山市重点发展金融、现代物流、信息服务、科技服务、总部经济、商务会展、文化创意、旅游等八大现代服务业，建设区域性产业服务中心、物流中心、休闲度假旅游中心、文化产业基地。加快服务业集聚区建设，促进服务业资源整合、企业集中、业态集聚，打造服务业发展载体平台。发展总部经济，吸引企业总部、研发中心、销售机构进驻。

——烟台市优先发展现代物流、金融、科技信息、商贸服务、文化创意等生产性服务业。改造提升旅游、商贸餐饮、房地产、养生养老、社区服务等生活性服务业。培育壮大服务业重点城区、重点园区、特色街区、重点企业和重点项目等载体。打造服务业发展坚实支撑。积极探索适合新型服务业态发展的市场管理办法，调整税费和土地、水、电等要素价格政策。

——成都市加快发展现代物流业、商务服务业、文化创意产业、会展产业等先导服务业。加快提升金融业、商贸业、旅游业等支柱服务业。加快培育电子商务、服务外包、数字新媒体、健康产业等新兴服务业。构建可持续发展的国际化、专业化、集约化、均衡化的服务业体系。努力建设全国服务业区域中心和改革创新示范区，建成服务西部、面向全国、走向世界的现代服务业基地。到 2015 年，第三产业增加值占 GDP 的比重达到 52%。

——南京市建成全国物流区域中心城市。加快文化创意产业园区、动漫产业基地建设，建成在全国有影响的文化创意中心城市。运用现代信息技术、创新营销模式及金融服务配套等手段，提升商贸流通业的现代化水平。发展以观光旅游为基础、休闲度假为主导、专项旅游为特色的现代旅游业。大力发展就业保障、文化娱乐、社会养老等公共服务业。积极发展中医药养生、专业康复、护理服务、心理健康保健等健康服务业。

——南宁市优先发展以现代物流、金融、信息服务、电子商务、会展、中介服务、科技服务、服务外包、研发设计、咨询策划等为主的生产性服务业，优化发展商贸流通、旅游、房地产、餐饮、文化体育、教育培训、家政、养老、社区服务等生活性服务业。

——惠州市重点发展金融、物流、信息服务、科技服务、外包服务、总部经济和商务会展、文化创意以及旅游等八大现代服务业。建设一批石化、电子、鞋业、纺织服装、农产品等专项产品国际采购中心，推进商贸物流国际化。大力培育和发展具有国际竞争力的现代物流龙头企业，推动石化产业和港口物流业协调发展。有序推进商业网点建设，提升批发零售、商贸、餐饮行业发展水平。

——南通市发展研发设计、现代物流、金融服务等生产性服务业。培育壮大服务外包业，重点发展应用软件、客户支持以及重点行业研发设计外包，适应消费结构升级，重点发展商贸服务、健康服务、养老服务、社区服务、家庭服务等生活性服务业，加快发展旅游业和文化体育产业，建设独具魅力的江海旅游门户城市和旅游休闲城市。大力发展电子商务、物联网等新兴服务业。

——东莞市加快发展生产性服务业，重点发展金融、物流、商务会展、信息服务、文化创意、工业设计、总部经济、服务外包等现代服务业，加快建设金融强市，促进服务业和制造业融合发展。提升发展商贸餐饮、旅游休闲、房地产、社区服务、家庭服务等生活性服务业。到2015年，第三产业增加值占GDP比重达到50%以上，现代服务业增加值占GDP比重达到30%以上。

——马鞍山市以产业深度融合为重点，大力发展生产性服务业。优先发展现代物流业，大力发展金融服务业，积极发展软件动漫和服务外包业，壮大发展会计、审计、法律、工程科技咨询、信息服务、评估、代理等商务服务业。以促进消费需求为重点，提升发展生活性服务业。大力提升发展商贸流通业，提升商贸能级，拓展城市商圈，促进多样化商业业态发展。加快提升发展休闲旅游业。提升发展家庭服务业。以缩小城乡服务差距为重点，培育发展农村服务业。

——大庆市适应多样化消费需求，打造都市休闲经济，做活生活服务业；适应经济快速扩张和发展方式转变，做大生产服务业。加快建设中央商务区，打造高端商贸。扩大城市社区连锁，拓展农村便民连锁，完善利民商业网络。突出石油文化、湿地、温泉、草原风情等特色旅游。创意开发休闲文化产品，提升文化创意产业园规模层次，培育文化产业市场。服务石化生产，建好石化产品物流园区。

从各城市第三产业发展目标中可以看出，深圳市、成都市、东莞市发展理念科学、方向正确、特色鲜明。包头市在“十二五”时期应注意大力发展法律、会计、咨询、公共关系、经纪与人才猎头等专业服务业。积极发展科技研发、工业设计、高新技术服务业。加快发展旅游休闲、社区服务、体育健身、家庭服务和老年服务等生活性服务业。加快培育电子商务、服务外包、数字新媒体、卫生健康产业等新兴服务业。

六、“十二五”时期全国文明城市科技教育发展目标

在“十二五”时期科技教育发展目标方面，各城市坚持自主创新、重点跨越；支撑发展、引领未来的方针，加快建设创新体系，着力提高企业创新能力，促进科技成果向现实生产力转化，推动经济发展更多依靠科技创新驱动。加快教育改革发展，按照优先发展、育人为本、改革创新、促进公平、提到质量的要求，推动教育事业科学发展，提高教育现代化水平。

——厦门市到2015年高新技术产业产值翻一番以上，全市科技研发投入占地区生产总值4%，努力建设海峡西岸区域性研发中心和自主创新高地。坚持“优先发展、育人为本、促进公平、提高质量、服务发展”方针，全面实施教育优先工程，努力办好让人民满意的教育，教育发展主要指标进入全国领先水平。

——大连市建立并完善企业主导、企－校－研－园联合、优势互补、利益共享、风险共担的“产学研用”合作机制。科技研发投入占地区生产总值比重2.8%。进入公办幼儿园的幼儿比例达到50%以上。

实现域内义务教育发展基本均衡。省级示范高中比例达到40%以上。建设一批与产业发展和促进就业相结合的高等职业院校和中等职业学校。加强重点大学和重点学科建设，优先发展我市产业升级和高精尖产业急需的学科和专业。

——宁波市力争到2015年发明专利授权数突破2500件，高技术产业增加值占工业增加值的比重达到20%以上。着力构建以企业为主体、以市场为导向、产学研相结合的区域创新体系。力争到2015年研究与试验发展经费支出占生产总值比重提高到2.5%。高标准高质量普及十五年基础教育。优化学前教育结构，大力推进规范办园。

——深圳市到2015年科技进步贡献率达到60%，高技术产业增加值占GDP比重达到35%，全社会研发支出占GDP比重达到4%。推进高等教育跨越式发展。到2015年，高等教育在校生达到15万人，户籍人口高等教育毛入学率达到55%。推进义务教育均衡发展，实行义务教育学校设备设施的标准化配置和统一的生均拨款制度。加大学前教育投入，到2015年，95%以上幼儿园达到规范化标准。探索建立中职中技、高职高技、应用型本科、专业硕士教育衔接贯通的现代职业技术教育体系。

——包头市到2015年，高新技术产业增加值占工业增加值比重达到20%，研究与实验发展（R&D）经费支出占地区生产总值比重达到1.5%，新增劳动力平均受教育年限达到13.5年。抓好学前教育，解决入园难问题。优化学校布局，确保进城务工人员随迁子女平等接受义务教育。推动高中教育优质发展，促进高中办学体制多样化。加快职教园区建设，逐步推行中等职业教育免费制度。促进高等教育高质量发展，实施高等教育教学质量与教学改革工程。

——中山市培育30家以上创新能力强、经济效益好的国家和省创新型企业，重点打造5家以上国家级创新型龙头企业。建成30个以上科技公共服务平台，创业投融资规模突破200亿元。研究和试验经费支出占生产总值比重达2.5%。高质量普及学前到高中15年教育。学前三年毛入园率达98%以上，创建若干所国家级示范性普通高中，高中阶段教育毛入学率接近100%。打造中山职教品牌，创建2～3所国家级示范性中等职业技术学校。实施高等教育内涵提升工程。高等教育毛入学率达60%。

——烟台市重点搭建科技创新支持平台、资源共享平台、知识产权维护援助与信息服务平台、成果转化平台。全社会研发支出占GDP比重达到3%，高新技术产业产值占规模以上工业总产值的比重达到48%，对外技术依存度降到30%以下。进一步提高学前教育质量，推动城乡义务教育均衡发展，扩大高中段教育，高水平普及15年基础教育。扩大高等教育规模，加强职业教育基础能力建设。

——成都市研究与试验发展（R&D）经费支出占地区生产总值比重达到3%，每万人口发明专利拥有量达6件。建成一批国家级和省级关键共性技术创新平台，培育和发展一批集研发、设计、制造于一体的创新型企业和高新技术企业，打造一批具有自主知识产权的高新技术产品和知名品牌。在中西部地区率先基本实现教育现代化。形成体系完整、布局合理、结构优化的现代教育体系，学前三年入园率达98%，义务教育阶段巩固率达99%，高中阶段毛入学率达96%，实现免费中等职业教育，高等教育毛入学率达50%，新增劳动力平均受教育年限达到14年。

——南京市到2015年全社会研发经费支出占地区生产总值比重达4.5%，高新技术产业产值占规模以上工业产值比重提高到50%，科技进步贡献率达60%。形成南京特色的科技创新体系，基本建成国家科技创新中心和国家创新型城市。大力发展幼儿园，全市省优质园达到75%以上，学前三年教育毛入园率达到98%。义务教育入学率、巩固率继续保持100%。高中阶段毛入学率保持100%。高等教育毛入学率达到65%以上。创新发展职业教育，重点支持10所学校争创国家改革发展示范性职业学校，10所学校争创国家优质特色职业学校。重点建设25个中等职业教育实训基地。

——南宁市加强支柱产业和电子信息、生物医药、新材料、生物能源等战略性新兴产业工程技术研究中心、重点实验室、战略产业联盟等创新基地建设，把南宁打造成为国家创新体系的重要节点。到2015年，全社会研发经费支出占地区生产总值比重达2.5%。优先发展教育，学前三年毛入园率达75%，学前一年毛入园率95%，九年义务教育巩固率93%，适龄残疾儿童入学率90%，高中阶段毛入学率93%，在全区率先普及高中教育。

——惠州市力争到2015年，全市研发经费支出占生产总值1.25%以上，科技进步贡献率达到59%以上，高新技术产品产值占规模以上工业产值比重达到37%以上。坚持教育优先发展，加快推进从幼儿园到高中阶段免费教育。加快发展学前教育，推进标准化建设。合理配置教育资源，推进区域、城乡教育均衡发展。巩固提升“普高”成果，推进高中阶段教育优质特色发展。

——南通市到2015年，全市高新技术产业产值占规模以上工业总产值比重达到37%。到2015年，财政科技支出占一般预算支出的比例超过3%。“十二五”期末拥有研发机构的大中型企业所占比重达到80%以上。切实加强学前教育，学前三年毛入园率达到98%以上，省优质幼儿园比例达到80%以上。建成5所国家级示范性职业学校、5所省级示范性职业学校和10个以上全省领先的职业学校创业园。继续提高高等教育毛入学率，推进高等教育内涵发展。

——东莞市到2015年，高新技术制造业增加值比重达31%，研发经费支出占地区生产总值比重达1.5%，每百万人口发明专利申请量430件。全面普及学前到高中教育，到2014年实现市级和镇街财政性教育拨款占财政总支出的比例达到25%以上。将学前教育纳入公共教育服务体系。建立覆盖职业技能培训、中等职业教育、专科职业教育和应用技术型本科的现代职业教育体系。实施高等教育创新工程，扩大高等教育办学规模。

——马鞍山市到2015年，高新技术产业总产值超1000亿元，专利申请量超2000件，授权量超1000件，全社会研发投入超30亿元，均较2009年增长两倍左右。推进学前教育三年行动计划，推进义务教育由基本均衡达到优质均衡，率先高质量普及高中阶段教育，推进职业教育与支柱产业的深度对接，积极发展高等教育，加大扶持与我市支柱产业和新兴产业相关的学科专业建设。

——大庆市推行“政府引导+企业投资+风险投资+科研院所”模式，完善孵化器、科技成果交易中心等载体功能，重点对接转化生物、新能源、新材料等领域技术成果，助推产业升级发展。加快发展教育事业，撤并中小学校27所，维修改造中小学校80所，新增义务教育标准化学校40所，扩大优质高中教育覆盖面，启动建设中等职业教育园区和大型公共实习实训基地，加强高校与地方深度融合。

从各城市“十二五”科技教育发展目标来看，具有战略眼光和超前理念的代表性城市是厦门市、深圳市、南京市，三城市全社会研发经费支出占地区生产总值比重分别达到4%、4%、4.5%，而包头市仅为1.5%。城市的研发能力和应用能力是产业、行业、企业发展的灵魂与动力，是加快推进国家创新型城市建设的源泉。在科技投入机制、投入方向、科技平台建设方面，我们应该向这三个城市学习和借鉴。在教育方面，包头市的义务教育、高中教育、职业教育水平处于前列，主要是在布局上应适时调整，学前教育应等到加强。高等教育的重点是学科建设，应优先发展我市产业升级和高精尖产业急需的学科和专业。

七、“十二五”时期全国文明城市资源环境发展目标

在“十二五”时期资源环境发展目标方面，各城市增强危机意识，树立绿色、低碳发展理念，以节能减排为重点，健全激励与约束机制，加快构建资源节约、环境友好的生产方式和消费模式，增强可持续发展能力，提高生态文明水平。其重点目标是：加强资源节约和管理，大力发展循环经济，加大环境保护力度，促进生态保护和修复。

——厦门市到2015年，万元生产总值能耗、万元生产总值二氧化碳排放量控制在国家、省下达的目标内。优化工业结构，发展低耗能产业，加强重点领域、重点行业、重点企业的节能减排工作。倡导低碳生活方式，2015年居民绿色出行率达60%以上。完善多层次的资源循环利用系统，实施“蓝天、碧水、绿色、宁静、洁净”等重点环保工程，巩固和提升国家环保模范城市创建水平，保持厦门生态文明水平居全国前列。到2015年森林覆盖率达42.9%，建成区绿化覆盖率达42%。

——大连市增加森林资源总量，创建国家森林城市。加大地质环境的保护和整治力度。严格控制没有比较优势且开发后地质环境破坏严重并难以恢复的新矿开发。加强对黄海、渤海生态型岸线的环境保护力度，建立海陆一体的生态保护体系。以提高资源产出效率为目标，推进

生产、流通、消费各环节循环经济发展。实施园区污水集中处理，提高污水处理率。加大二氧化碳、主要污染物排放量控制。加强生活垃圾、工业废物和危险废物等固体废物的管理、无害化处理和综合利用。加强土壤污染防治，规范工业建设项目土壤污染监管和治理，控制农业面源污染。

——宁波市单位生产总值能耗下降、二氧化碳和主要污染物减排实现阶段性目标，资源利用效率大幅提高。林木蓄积量达到1245万立方米，生态环境质量显著提高。加大对重点行业、重点领域、重点企业的节能技术改造力度。严格控制高耗能行业盲目扩张，加快淘汰落后产能步伐。加强污染物排放整治，加快推动生态化改造城市空气质量优良率稳定在90%。加强水环境保护和治理，加强固体废物污染防治，发展低碳产业。

——深圳市树立低碳发展理念，倡导低碳生产和生活方式，强化节能减排，大力发展绿色经济和循环经济，加强环境保护和生态建设，率先建成资源节约型和环境友好型社会，实现人口、经济、社会、资源、环境协调发展。到2015年，万元GDP能耗下降到0.47吨标准煤，万元GDP水耗累计下降20%，化学需氧量、氨氮、二氧化硫、氮氧化物排放量分别累计下降21%、22%、4%、3.5%。

——包头市推行绿色、低碳发展战略，实施“蓝天、绿水、青山、大草原”四大工程。到2015年，单位GDP能耗、二氧化碳排放和主要污染物排放减少达到自治区要求，森林覆盖率达到18.1%，耕地保有量不低于42.19万公顷。加大空气污染综合整治力度，力争空气质量二级以上良好天数达到329天，占全年比例达到90%。实施“健康水”和污水“零排放”工程，确保各类生产生活污水得到有效处理，生活污水处理率达到90%，化学需氧量、氨氮等污染物排放控制达到规定要求。再生水利用率达到60%以上。重点工业企业废水达标排放率达到100%。

——中山市推进节能减排和资源节约，发展循环经济和推行清洁生产，着力提升新能源和可再生能源在能源消费中的比重。加强节能减排重点工程建设。完善落后产能退出机制。推进传统农业、制造业、建筑业、交通运输业生态化改造。支持循环经济示范企业，打造生态产业园区。到2015年，将实现生态环境明显改善，资源利用效率显著提高。万元生产总值能耗五年累计下降18%，主要污染物排放总量显著减少，森林覆盖率达到19.4%以上，耕地保有量不少于4.968万公顷，低碳经济、循环经济加快发展。

——烟台市严格落实自然保护区、森林公园、湿地滩涂保护制度，建立矿山生态环境保护的长效机制。改善水系、流域生态环境。强化重要海域、海湾、海岛的生态保护，加强海洋生态修复。健全工业污染防控体系，严格控制农村面源污染。加强对重点河口、海域的排污监管和控制，严格实施排海污染物浓度与总量双控。实行最严格的耕地保护制度，大力发展节水农业，依法管理矿产资源。到“十二五”期末，单位国内生产总值能源消耗大幅下降，主要污染物排放总量显著减少。

——成都市耕地保有量保持在42.1万公顷，单位工业增加值用水量比“十一五”期末降低30%，农业灌溉用水有效利用系数达到0.55，非化石能源占一次能源消费的比重不低于31%；单位生产总值能耗较2010年下降16%，单位生产总值二氧化碳排放量较2010年下降17%，主要污染物化学需氧量、氨氮、二氧化硫、氮氧化物排放在2010年基础上分别削减8%、10%、8%、10%，江河水质、大气质量明显提高，森林覆盖率达到38%以上，森林蓄积量达到2910万立方米。

——南京市到2015年，燃煤电厂基本上全部实现脱硫、脱硝改造，重点企业主要设备完成烟气脱硫、脱硝改造工程；确保城市集中式饮用水源水质达标率稳定保持100%；主城污水集中处理率达到95%；城镇生活垃圾无害化处置率达到100%，生活垃圾分类收集覆盖率达到60%；农村生活垃圾收运体系覆盖率达到100%；万元地区生产总值环比节能量累计达到1600万吨标准煤左右；全市单位工业增加值新鲜水耗下降到20立方米/万元；全市累计新增造林面积20万亩。

——南宁市单位地区生产总值能耗和二氧化碳排放继续下降，主要污染物排放总量继续减少，能源资源利用效率明显提高，万元生产总值综合能耗保持全区先进水平。森林覆盖率逐步提高，生态环境质量保持全国领先水平。全面实行资源利用总量控制、供需双向调节、差别化管理。加强环境保护综合整治，着力解决饮用水不安全和空气、土壤污染等损害群众健康的突出问题，保持良好环境质量。

——惠州市强化项目节能和环保审批，提高能耗和环保准入门槛，从源头上限制审批高能耗、高污染建设项目，实现二氧化硫、化学需氧量、氨氮与氮氧化物和单位生产总值二氧化碳排放量有所下降。提高土地节约集约利用水平。探索土地使用制度改革，完善土地管理长效机制。加强生态建设和环境保护。严格执行生态分区控制，在自然保护区、水源保护区、风景名胜区、森林公园和湿地等地区实行强制性保护。

——南通市低碳经济、循环经济得到大力发展，资源利用效率不断提高，单位地区生产总值能耗和二氧化碳、主要污染物排放总量明显减少，污染得到有效防治；生态得到切实保护，耕地保有量保持在45.9万公顷左右，森林覆盖率提高到21%，人民群众对生态和人居环境满意度持续提高，建成国家生态市。到“十二五”期末，全市工业固体废弃物综合利用率保持在98%以上，工业用水重复利用率提高到80%。到“十二五”期末，工业固体废弃物无害化处理率达到100%。

——东莞市围绕建设资源节约型和环境友好型社会，加强生态建设和环境保护，提高资源节约集约利用水平，倡导绿色低碳生产生活，增强可持续发展能力，建设绿色生态文明城市。到2015年，森林覆盖率达到37.5%以上，城市人均公共绿地达17平方米以上；万元生产总值能耗比2010年下降16%；城镇生活污水处理率达到85%以上，工业废水排放达标率达到98%；工业固体废物综合利用率达到95%以上，城镇生活垃圾无害化处理率达到90%以上，危险废物及核辐射源100%得到安全处置。

——马鞍山市争取实现单位生产总值的二氧化碳排放降低20%，其中工业的减排贡献率达到2/3。全市单位生产总值能耗比“十一五”期末下降20%。确保“十二五”期间全市耕地保有量、基本农田面积不减少。实现全市90%以上的地表水水域功能区达到规定标准。抓好水污染治理。开展大气污染治理，全市空气质量优良率保持在95%以上。推进固体废物污染治理，加强噪声污染防治，全面推进生态建设。

——大庆市实施植树、复草、治水、净气、降噪工程，建设防护林带，恢复草原植被，建成区绿化覆盖率达到45.5%，打造健康完整的现代城市生态体系。

在15个地级及副省级全国文明城市中，包头市是典型的“高碳”经济城市。目前，包头市重化工业增加值占全市工业增加值的94%，火电占全市装机总量的91%以上，重化工业“三废”占全市工业污染源的96%以上。重化工业畸形发展对资源能源和生态环境提出了严峻挑战。包头市在“十二五”规划纲要中，提出了具体的资源环境发展目标，基本符合包头的实际，但要从根本上解决资源环境问题，还是要从调整经济结构、产业结构和工业经济内部结构着手。

八、“十二五”时期全国文明城市人民生活发展目标

在“十二五”时期人民生活发展目标方面，各城市坚持民生优先、完善就业、收入分配、社会保障、医疗卫生、住房等保障和改善民生的制度安排，推进基本公共服务均等化，努力使发展成果惠及全体市民。其重点目标是：提升基本公共服务水平，实施就业优先战略、合理调整收入分配关系、完善基本医疗卫生制度、提高住房保障水平。

——厦门市力争年均新增城镇就业人数18万人，城镇登记失业率控制在4%以内，城乡居民收入水平保持全国东部地区先进城市行列。初步建立基本住房保障型城市，在全国率先建立多层次、全覆盖的社会保障性住房体系。努力建设服务对象公众化、服务主体多元化、服务内容多样化的新型福利体系。大力发展医疗卫生事业，努力实现城乡基本医疗卫生保障服务和城乡居民主要健康指数基本达到发达国家水平。

——大连市大幅提高预算内社会事业支出占财政支出的比例，5年新增城镇实名制就业100万人；实现城镇职工基本医疗保险和城乡基本养老保险制度全覆盖，城镇居民基本医疗保险覆盖率达95%以上，大幅提高新型农村合作医疗保险标准；城镇登记失业率控制在3%以内；农村自来水普及率达到90%；城乡居民收入和生活质量大幅提高。

——宁波市五年新增城镇就业60万人，市区居民人均可支配收入年均增长10%，农村居民人均纯收入年均增长10.5%，城乡居民收入比缩小到2.1:1。覆盖城乡居民的社会保障体系更加完善，城乡三项医

疗保险参保率稳定在95%以上。教育、卫生等社会事业加快发展，基本公共服务均等化程度显著提高。

——深圳市登记失业率控制在3%以下。全市城镇职工基本养老保险参保率达到95%以上，每千名户籍老人机构养老床位数达到40张。形成廉租住房、公共租赁房、安居型商品房和货币补贴相结合的住房保障体系。社保、教育、医疗卫生等基本公共服务水平进一步提升，社会服务体系更加健全，居民人均可支配收入达到4.9万元。

——包头市城镇新增就业人数累计超过20万人，城镇登记失业率控制在3.9%以内，城镇参加基本养老保险人数达到102.5万人，城乡三项医疗保险参保率达到95%，建设城镇保障性安居房20.8万套。城镇居民人均可支配收入和农牧民人均纯收入年均增长14%左右。

——中山市城乡一体社会保障体系更加完善，城镇户籍从业人员养老保险参保率达99%左右，人口自然增长率不超过7‰。城镇登记失业率控制在3.5%以内。城镇居民人均可支配收入年均增长8%，农村居民人均纯收入年均增长9%，城乡收入比缩小到1.62:1。人民生活质量和水平不断提高。

——烟台市城乡居民收入普遍较快增加，努力实现居民收入增长和经济发展同步，基本建立起科学合理公平公正的收入分配体系。覆盖城乡居民的基本公共服务体系逐步完善，就业和社会保障水平显著提高，全民受教育程度稳步提升，科学文化素质和健康素质不断提高。城市居民人均可支配收入和农民人均纯收入年增长均为12%；城镇登记失业率控制在3.5%以内。

——成都市覆盖城乡的基本医疗卫生制度不断完善，居民预期寿命提高到78.5岁。城乡居民人均纯收入年均增长12%以上。基本实现充分就业，动态消除“零就业家庭”，年度城镇登记失业率控制在4%以内，城镇新增就业人数50万人以上。新增城镇职工养老保险参保人数达50万人，城乡居民养老保险覆盖率达90%以上，城乡居民医疗保险参加率达98%以上，城镇保障性安居工程建设31.9万套。

——南京市实现农民收入五年倍增，城市居民收入六年倍增，确保农民收入增幅高于城市居民收入增幅，确保低收入者收入增幅高于居民平均收入增幅。有就业愿望、有劳动技能的农业富余劳动力转移就业率超过75%，毕业生当年就业（就学）率达到90%，特困家庭毕业生就业率达到100%。推进医疗卫生资源均衡化、基本医疗卫生服务标准化、城乡医疗卫生服务一体化，加快实现基本医疗保障全覆盖。

——南宁市重点做好高校毕业生、农村转移劳动力、城镇就业困难人员特别是城镇零就业家庭人员的就业工作。努力提高居民收入在国民收入分配中的比重和劳动报酬在初次分配中的比重。建立健全统筹城乡的广覆盖、保基本、多层次、可持续的社会保障体系，逐步实现人人享有基本社会保障。增加财政投入，深化医药卫生体制改革，把基本医疗卫生制度作为公共产品向全民提供。

——惠州市社会就业更加充分，社会事业更加发达，覆盖城乡居民的社会保障体系更加完善，努力实现居民收入增长和经济发展同步。坚持新增财力70%以上用于民生事业，五年累计新增就业岗位32.5万个，转移农村富余劳动力6.5万人，城镇登记失业率控制在3%以内。城乡居民人均收入年均增长10%以上。

——南通市城乡居民收入普遍较快增加，努力实现居民收入增长与经济发展同步、劳动报酬增长与劳动生产率提高同步，城镇居民人均可支配收入和农民人均纯收入分别达到4万元和1.9万元，力争实现倍增；社会就业更加充分，五年新增城镇就业40万人以上，城镇登记失业率低于全省平均水平；社会保障体系日益完善，人民群众享有较高水平的教育、健康服务和公共文化产品，幸福感明显提高。

——东莞市创业就业更加充分，城乡居民收入普遍较快增加，社会保障体系不断完善，文化教育、卫生等公共服务水平显著提高。城市居民人均可支配收入和农村居民人均纯收入年均增长8%以上。城镇登记失业率控制住3%以内，累计新增就业人数40万人。基本公共服务支出占财政一般预算支出比重达56%。城镇职工基本养老保险参保率92%。城镇基本医疗保险参保率99%。城镇保障性安居工程建设9300套。

——马鞍山市城乡居民收入年均增长14.9%，期末分别达到45800元和17480元。城镇新增就业26万人，城镇调查失业率控制在6%以内。居民普遍享有基本的教育、医疗等公共服务。建设保障性住房10万套。城镇职工基本养老保险35万人，农村养老保险参保人数8万人。

城镇基本医疗保险参保人数50万人，每千人拥有医生数3.3人。

——大庆市城镇居民人均可支配收入年均增长12%以上、达到35500元，农民人均纯收入年均增长15%以上、达到16000元。提高医疗卫生水平，建立起覆盖城乡、优质便民的医疗服务体系。城镇登记失业率控制在4.5%以内。推进城乡医保、城乡低保、城乡养老保险统筹发展，形成大保障格局。

在人民生活发展目标方面，包头市的发展目标处于15个全国文明城市的前列，但要注意遏制城乡居民收入比不断扩大的趋势，解决困难群体的就业、医疗、住房等实际问题。同时要不断提高社会保障的覆盖面，提升社会保障的水平和质量。

包头城市竞争力 2010 年度点评

（2011 年 8 月 26 日）

王德山

由中国社会科学院城市与竞争力研究中心主任倪鹏飞博士牵头，两岸四地城市竞争力专家共同携手，国内著名高校、国家权威统计部门和地方科研院所近百名专家联合完成，社会科学文献出版社出版的《2011 年中国城市竞争力蓝皮书：中国城市竞争力报告》（以下简称“报告”）于 2011 年 5 月 6 日在北京发布。

报告对包括港澳台在内的全国 294 个地级以上城市竞争力进行比较。在城市综合竞争力排序中，包头市综合竞争力排序位次由 2005 年的第 60 位提升到 2010 年的第 27 位，进入全国 50 强。本文对包头市城市综合竞争力及其综合增长竞争力、经济规模竞争力、经济效率竞争力、发展成本竞争力、产业层次竞争力、收入水平竞争力、幸福感竞争力等 7 个分项进行点评，以期求解包头市城市竞争力的优势与劣势，确定转变经济发展方式的方向和调整经济结构的重点。

一、城市综合竞争力

1. 城市综合竞争力的涵义。城市综合竞争力是一个综合概念，指的是一个城市又好又快地创造财富的能力。它的高低及其变动，反映城市在经济增长率、经济规模、综合生产率、产业层次、收入水平、发展成本、幸福感等方面的相对状况及其变化趋势。

2. 包头城市综合竞争力指数及排序。2010 年，包头城市综合竞争力指数为 0.723，位列全国第 27 位，排名比 2005 年的第 60 位提升了 23 位。说明构成包头综合竞争力的各分项竞争力指标比 2005 年有了较快的提升。与包头同时进入全国城市综合竞争力 50 强的还有鄂尔多斯市、呼和浩特市。鄂市指数为 0.722，位列全国第 28 位；呼市指数为 0.711，位列全国第 32 位。内蒙古的其他城市均排名在全国第 125 ~ 240 位。

3. 对包头城市综合竞争力的点评。包头与呼和浩特、鄂尔多斯三市形成了内蒙古经济发展最为活跃的“经济圈”，其辐射和带动作用对自治区经济发展具有举足轻重的作用。而就城市综合竞争力来讲，包头与呼市、鄂市的指数和排名最为接近，包头并没有绝对的优势，尤其是发展成本竞争力、产业层次竞争力等分项指标还存在着亟待解决的问题。

二、城市综合增长竞争力

1. 城市综合增长竞争力的涵义。是城市综合竞争力的第一分项。城市综合增长竞争力衡量的是城市价值扩展的速度及潜力，主要是用城市综合经济增长速度来测度，主要指标是 GDP 综合增长率。

2. 包头城市综合增长竞争力指数及排序。2010 年，包头城市综合增长竞争力指数为 0.985，位列全国第 6 位、自治区第 2 位。内蒙古的其他城市排名是：鄂尔多斯市位列全国第 1 位、自治区第 1 位；赤峰市位列全国第 13 位、自治区第 3 位；巴彦淖尔市位列全国第 14 位、自治区第 4 位；通辽市位列全国第 17 位、自治区第 5 位；呼伦贝尔市位列全国第 22 位、自治区第 6 位；乌海市位列全国第 39 位、自治区第 7 位；乌兰察布市位列全国第 47 位、自治区第 8 位；呼和浩特市位列全国第 52 位、自治区第 9 位。

3. 对包头城市综合增长竞争力的点评。城市综合增长竞争力的二级指标由短期 GDP 增长率、中期经济增长率、长期经济增长率三项指标构成。“十一五”时期，自治区各城市 GDP 年均增长率是：鄂尔多斯市36.9%、通辽市29.2%、乌海市26.6%、赤峰市25.6%、包头市25.2%、呼伦贝尔市23.5%、巴彦淖尔市22.7%、呼和浩特市21.6%、乌兰察布市19.8%。各城市的GDP年均高增长率形成了自治区在“十一五”时期GDP年均增长25.0%的高速度。从综合增长竞争力指标上看，鄂尔多斯市在2009年和2010年始终保持着全国第1名。包头市在这两年中也始终处在全国10强的位置。除呼和浩特市位居全国第52名，自治区其余城市均进入全国50强。但是，必须看清楚，自治区各城市的经济发展方式仍然是粗放型的。虽然经济发展的速度是反映竞争力的关键指标，但由于资源环境等因素的约束，并不是速度越快越好。包头市应注意解决好速度与效益、发展与质量、经济总量与惠及民生的关系。

三、城市经济规模竞争力

1. 城市经济规模竞争力的涵义。是城市综合竞争力的第二分项。城市经济规模竞争力指的是一个城市创造价值的相对规模，即一个城市的产品在全部城市产品市场中的份额，也就是综合市场占有率。主要用GDP总量指标来衡量。

2. 包头城市经济规模竞争力指数及排序。2010年，包头城市经济规模竞争力指数为0.319，位列全国第32位、自治区第1位。呼和浩特指数为0.250，位列全国第43位，自治区第2位。鄂尔多斯指数为0.148，位列全国第85位，自治区第3位。包头和呼市双双进入全国50强。其他城市的排名是：赤峰市位列全国第112位，自治区第4位；通辽市位列全国第130位，自治区第5位；乌海市位列全国第135位，自治区第6位；巴彦淖尔市位列全国第215位，自治区第7位；呼伦贝尔市位列全国第236位，自治区第8位；乌兰察布市位列全国第272位，自治区第9位。

3. 对包头城市经济规模竞争力的点评。就自治区范围来看，包头城市经济规模竞争力虽然处于龙头地位，但其经济规模主要体现在第二产业的工业经济上，而且主要是重化工业。包头的经济规模主要表现为第一产业规模弱化，其增加值占GDP比重仅为2.7%；第二产业规模强大，其占比为54.1%；第三产业规模发育不足，其占比为43.2%。这样的经济规模对经济的可持续发展是不利的，应注意调整和改善产业结构，关注第一、第三产业，尤其是加快发展第三产业。

四、城市经济效率竞争力

1. 城市经济效率竞争力的涵义。是城市综合竞争力的第三分项。城市经济效率竞争力是城市创造价值的投入产出效率的集中体现，很大程度上衡量了城市发展的快慢。反映城市经济效率最重要的指标就是地均GDP、人均GDP，这是衡量地均产出和人均产出的重要指标。

2. 包头城市经济效率竞争力指数及排序。2010年，包头城市经济效率竞争力指数为0.514，位列全国第23位、自治区第1位。鄂尔多斯指数为0.467，位列全国第30位，自治区第2位。呼和浩特指数为0.426，位列全国第42位，自治区第3位。呼包鄂三市经济效率竞争力进入全国50强。其他城市的排名是：乌海市位列全国第85位，自治区第4位；呼伦贝尔市位列全国第101位，自治区第5位；通辽市位列全国第137位，自治区第6位；乌兰察布市位列全国第175位，自治区第7位；赤峰市位列全国第184位，自治区第8位；巴彦淖尔市位列全国第194位，自治区第9位。

3. 对包头城市经济效率竞争力指数的点评。2010年，包头城市经济效率竞争力之所以能排名在自治区第1位、全国第23位，是从地均GDP和人均GDP两个指标综合测度得出的，这样可以克服生产力指标的不足，从更加综合的角度，反映经济发展的效率。需要指出的是，城市经济效率竞争力排名在包头之前一些城市（如广州、大连、长沙、青岛、佛山、东莞、中山、大庆、无锡等城市），人均GDP都在包头之后，但地均GDP却在包头之前，两项指标综合测度，这些城市的经济效率竞争力排名都在包头之前。这说明包头市的地均GDP不是最好的，仍有一定的差距。“节约集约使用土地、注重地均产出”，应该是也必须是包头市经济发展需要解决的根本性问题，一定要把地均GDP和人均 GDP 同时作为考核经济效率重要指标。

五、城市发展成本竞争力

1. 城市发展成本竞争力的涵义。是城市综合竞争力的第四分项。城市发展成本竞争力指的是城市创造价值时所节约的能源量以及环境的保护，体现了城市在发展过程中资源环境成本节约的程度。一般采用工业固体废物综合利用率、工业废水排放达标率、单位 GDP 电耗、产生单位 SO_2、生产的 GDP、单位 SO_2 面积（平方千米/吨）等指标衡量城市发展成本竞争力。

2. 包头城市发展成本竞争力指数及排序。2010 年，包头城市发展成本竞争力指数为 0.443，位列全国第 211 位、自治区第 3 位。鄂尔多斯指数为 0.718，位列全国第 20 位、自治区第 1 位。呼和浩特指数为 0.639，位列全国第 48 位、自治区第 2 位。其他城市的排名是：乌兰察布市位列全国第 225 位、自治区第 4 位；赤峰市位列全国第 255 位、自治区第 5 位；呼伦贝尔市位列全国第 268 位、自治区第 6 位；乌海市位列全国第 269 位、自治区第 7 位；通辽市位列全国第 278 位、自治区第 8 位；巴彦淖尔市位列全国第 286 位、自治区第 9 位。

3. 对包头城市发展成本竞争力指数的点评。包头是内蒙古最大的工业城市，在综合竞争力指数及其分项经济规模竞争力指数、经济效率竞争力指数、幸福感竞争力指数在自治区内均排名第 1 位，但其发展成本竞争力指数在全国排名相对较低，属于下游水平，这说明包头的城市环境为经济发展付出了巨大代价，发展的绩效就会打折扣。包头发展成本体现在以下三个方面：一是能源消费总量增长快。包头的能源消费总量由 2005 年的 2410.86 万吨标准煤增加到 2010 年的 4018.00 万吨，年均增长 10.8%。二是单位 GDP 能耗高。2010 年包头单位 GDP 能耗 2.01 吨标准煤，比全国平均水平 1.034 吨标准煤高出近两倍。三是“三废”排放强度大。2009 年，包头工业废水总量为 4416.77 万吨；工业废气排放总量为 5436.59 亿标立方米，是 2005 年 2799.62 亿标立方米的两倍，其中工业二氧化硫排放量为 15.83 万吨；工业固体废物产生量达到1829.77万吨，而综合利用率仅为55.33%。包头发展成本竞争力指数在全国排名相对较低的根本原因就是三次产业结构不合理，工业经济的轻重工业比失衡，高新技术行业发展滞后。

六、城市产业层次竞争力

1. 城市产业层次竞争力的涵义。是城市综合竞争力的第五分项。城市产业层次竞争力是城市经济竞争力的重要结构表现，它主要是指产业体系和产业环节的技术含量和知识水平。通常用人均第三产业增加值和第三产业增加值占GDP的比重等指标来衡量。

2. 包头城市产业层次竞争力指数及排序。2010年，包头城市产业层次竞争力指数为0.396，位列全国第71位、自治区第4位。呼和浩特指数为0.511，位列全国第27位、自治区第1位。鄂尔多斯指数为0.458，位列全国第40位、自治区第3位。其他城市的排名是：呼伦贝尔市位列全国第28位、自治区第2位；乌兰察布市位列全国第139位、自治区第5位；赤峰市位列全国第196位、自治区第6位；乌海市位列全国第200位、自治区第7位；通辽市位列全国第240位、自治区第8位；巴彦淖尔市位列全国第256位、自治区第9位。

3. 对包头城市产业层次竞争力指数的点评。包头城市产业层次竞争力位列全国第71位、自治区第4位，没有进入全国50强，这个位次只能算为中游水平。而呼和浩特、鄂尔多斯市分别位居第27位、第40位，进入全国50强。2010年，按户籍总人口计算，包头市人均第三产业增加值47986元，第三产业增加值占GDP比重为43.2%。呼和浩特市人均第三产业增加值47710元，第三产业增加值占GDP比重为58.7%。鄂尔多斯市人均第三产业增加值64364元，第三产业增加值占GDP比重为37.1%。从上述数据可以看出，在第三产业增加值占GDP比重比较中，包头不如呼市，呼市已接近发达国家60%的水平，其三次产业结构最为合理。在人均第三产业增加值比较中，包头不如鄂市，鄂市人均第三产业增加值要比包头高出16378元，说明鄂市虽然因为有得天独厚的煤炭资源，致使第二产业占比较高，但其创造的第三产业增加值也是可观的。与2005年相比，包头第三产业增加值占GDP比重并没有得到提升，反而下滑了0.5个百分点。

七、城市收入水平竞争力

1. 城市收入水平竞争力的涵义。是城市综合竞争力的第六分项。收入水平反映城市居民的收入能力，是影响一个城市市场容量的重要指标。我国的发展规划一直都非常重视提高人民的生活水平，突出表现在提高居民的收入水平上。主要使用人均地方财政一般预算内收入和城镇居民人均可支配收入来作为重要衡量指标。

2. 包头城市收入水平竞争力指数及排序。2010年，包头城市收入水平竞争力指数为0.270，位列全国第32位、自治区第2位。鄂尔多斯指数为0.337，位列全国第14位、自治区第1位。呼和浩特指数为0.244，位列全国第39位、自治区第3位。呼包鄂三市均进入全国50强。其他城市的排名是：乌海市位列全国第61位、自治区第4位；赤峰市位列全国第189位、自治区第5位；通辽市位列全国第199位、自治区第6位；巴彦淖尔市位列全国第204位、自治区第7位；呼伦贝尔市位列全国第214位、自治区第8位；乌兰察布市位列全国第243位、自治区第9位。

3. 对包头城市收入水平竞争力指数的点评。2010年，包头与呼和浩特、鄂尔多斯城市收入水平竞争力同时进入全国50强，说明三市收入水平处于全国上游水平。但与收入水平竞争力指数为1.000的香港相比，我们既有较大的差距，也有较大的提升空间。从呼包鄂三市城镇居民人均可支配收入来看，包头为25862元，鄂市为25205元，呼市为25174元，三市处于同一水平。但从人均地方财政一般预算内收入来看，三市差距较大。呼市人均地方财政一般预算内收入为5523元，包头为5332元，鄂市为15689元。包头比呼市低191元，仅为鄂市的34%。而鄂市是包头的2.94倍，是呼市的2.84倍。从比较可以看出，包头市地方财政一般预算内收入存在着较大问题。

八、城市幸福感竞争力

1. 城市幸福感竞争力的涵义。是城市综合竞争力的第七分项。幸福感是非货币表现的综合的价值收益，反映出居民对生活与工作、家庭与社会、当前与未来等诸多方面的快乐和满意程度。幸福感采用打分的方法体现。而后将构成城市居民幸福感的各个方面，如经济收入、居住状况、医疗保健条件等设定为解释性指标，即运用解释性指标力图从构成城市居民幸福感的各个方面做出解答。

2. 包头城市幸福感竞争力指数及排序。2010 年，包头城市幸福感竞争力指数为 0.929，位列全国第 8 位、自治区第 1 位。鄂尔多斯指数为 0.905，位列全国第 21 位、自治区第 2 位。呼和浩特指数为 0.840，位列全国第 175 位、自治区第 7 位。其他城市的排名是：巴彦淖尔市位列全国第 72 位、自治区第 3 位；乌海市位列全国第 93 位、自治区第 4 位；呼伦贝尔市位列全国第 148 位、自治区第 5 位；通辽市位列全国第 156 位、自治区第 6 位；乌兰察布市位列全国第 180 位、自治区第 8 位；赤峰市位列全国第 259 位、自治区第 9 位。

3. 对包头城市幸福感竞争力指数的点评。包头城市幸福感竞争力位列全国第 8 位，进入全国 10 强。这说明包头城镇居民总体比较幸福，经济收入、居住状况、医疗保健条件等民生基础有了较大的提升。同时，我们也应该清醒地认识到，幸福感是城市居民的幸福程度，城市发展的根本目的在于提升居民幸福感，使居民生活幸福、安居乐业是包头市经济发展的出发点和落脚点。如何把城市经济的快速发展转化为居民幸福感的提升是包头市始终把握的问题。

结论：包头城市综合竞争力处于上游中等水平，各分项竞争力中，综合增长竞争力、幸福感竞争力表现最好，进入全国 10 强，经济规模竞争力、经济效率竞争力、收入水平竞争力已进入全国 50 强。而发展成本竞争力表现最弱，排在下游水平。同时产业层次竞争力不强，排在中游水平。发展成本竞争力弱小、产业层次竞争力不强，会影响包头今后经济发展的潜力。

政策建议：包头市亟待转变经济发展方式，调整经济结构，真正实现科学发展、全面转型、富民强市的目标。在“十二五”期间，必须实现由主要依靠“第二产业中的重化工业带动”向“第一、第二、第三产业协同发展”转变，切实重视钢铁、铝业、装备制造、电力、稀土等传统行业的改造和提升，在战略性新兴产业、现代制造业、现代服务业等领域给予更多的政策与资金扶持。同时，注重科技投入，不断提升劳动者素质，提升工商企业的管理水平，实现包头经济社会的多元发展与多元支撑。

关于包头扩大内需与消费的研究

（2011 年 11 月 15 日）

杨春才

消费需求是社会再生产的终点和新的起点。在拉动经济增长的三要素——投资需求、消费需求和国外需求中，消费需求一直是首要要素。只有增加消费需求，才能从根本上促进生产规模的扩大，保证增加的投资取得预期效益，实现社会再生产的良性循环。但经过“十五”、“十一五”时期较高增长，包头市消费同全国宏观背景一样：有效消费需求不足，市场升级换代慢，同时也存在较大消费需求空间的问题。

包头作为中西部地区的一个城市，经济外向度和依存度都不高，支撑经济增长的是投资与消费。扩大投资与消费需求仍是促进包头市经济平稳较快增长的主要措施。鉴于我国经济管理体制，重要投资项目和财政信贷政策的决定权在政府手中，扩大投资需求主要由政府主导，而消费意愿与消费行为是由居民个人决定，扩大消费需求更多的是市场行为，政府的作用主要是助推和引导消费并创造一个良好的消费环境。

消费需求通常是居民消费和公共（政府）消费，既包括物流消费也包括服务消费。对于政府而言，扩大消费需求是不需要政府花费太多成本的促进经济增长的措施，是动员全社会力量共同促进经济发展的经济发展方式。根据当前宏观经济政策和包头市已经开始实施的“十二五”规划，扩大消费需求、促进经济增长，需要从产业导向、财政与信贷政策、社会保障与就业、整顿和规范市场秩序，努力营造便利、安全、放心的消费环境，培育消费热点与开拓农村市场，加快商贸流通环境等基础设施建设等多个层面着力，以扩大消费需求，确保包头市经济和社会快速发展。

一、“十一五”期间社会消费结构及特点

“十一五”时期，在市委、市政府的正确领导下，在各有关部门的大力支持下，在包头市广大人民群众的共同努力下，充分发挥包头作为中西部地区工业大市和区位优势的辐射带动作用，依托六大支柱产业，坚持大力发展商贸服务业，“十一五”期间国内贸易得到了全面的发展和提升。

1. 社会消费品零售总额总量扩张，增量翻番，提前一年完成目标任务。2009 年包头市社会消费品零售总额已达到 617.7 亿元，比上一年增长 19.0%。2010 年达到 720.7 亿元，5 年间年均增长 19.8%，比以 2000 年为基础的“十五”时期的年平均增速 12% 高出 7.8 个百分点。总量由 88 亿元到 292.6 亿元，增加了 3.3 倍。而“十一五”时期比“十五”时期总量由 292.6 亿元到 720.7 亿元，增加了 2.5 倍。

2. 壮大龙头企业，发挥引领带动作用。坚持把培育壮大流通领域龙头企业作为加快发展服务业的重要支撑和重点工作。按照“龙头带动产业”的发展思路，重点引进了沃尔玛、华润万家，肯德基、麦当劳、香格里拉等一批国际知名企业；王府井百货、北京华联、万达集团、维多利、居然之家等一批国内知名企业也入驻包头；大力扶持包百、友谊、永盛成、新奥蒙华、小肥羊、小尾羊、海德等企业，一批本土企业得到长足发展。截至 2010 年底，包头市已有批发零售、住宿餐饮企业（含私营、个体）61662 户，其中限额以上批发企业 108 户，零售企业 189 户，住宿餐饮企业 270 户，比 2005 年分别增长 2.04 倍、1.87 倍和 2.73 倍。2010 年，呱呱叫、友谊蔬菜、宁鹿石油等 50 户批发企业年销售额达到 200 多亿元；包百、王府井百货、西北汽车城等 50 户零售企业年销售额达到 100 多亿元；小肥羊、小尾羊、香格里拉等 50 户住宿餐饮企业年营业额达到 100 多亿元。服务业龙头企业的发展壮

大，已成为带动服务业发展的骨干力量，为搞活流通，繁荣市场，扩大消费发挥了重要作用。

3. 加强市场建设，搞活流通，扩大消费。“十一五”期间包头市服务业投资累计完成2676亿元，是“十五”时期的5.79倍。2006~2009年累计安排商贸流通重点项目157个，总投资374亿元。2010年安排的35个重点项目全部开复工，年内实际完成投资120亿元，比上年增加28亿元，增长130%，占计划投资的40.7%。总投资86亿元的包头市金融商务区，总投资58亿元的包头汽车城，总投资25亿元的高新区金融商务区，总投资12亿元的凯旋中央公园，总投资10亿元的东正财富广场等一批投资10亿元以上的特色项目也正在抓紧建设。这些有规模、有特色、有品位的特色项目的实施，不仅成为包头市商贸流通的新亮点和新形象，而且为扩大内需和促进消费注入了新活力，标志着包头市服务业水平已经进入了一个新的发展阶段。

4. 市场体系逐步完善。经过近几年的不懈努力，通过招商引资，包百、神华、香格里拉、娜琳等六大商务区快速发展，已成为包头市居民消费的主要集聚区；鞍山道、幸福路、文化路、和平路等六条商业街基本建成，其中鞍山道、幸福路、和平路三条商业步行街与地下商城形成立体式结构，成为集购物、观光、旅游、娱乐、美食、文化休闲等为一体的特色商业街。大力推进社区商业，使便民消费进社区、便民服务进家庭。包头市的永盛成、好又多、呱呱叫等品牌企业在社区建设便民店50家，3个社区获商务部示范社区。积极发展农村牧区服务业，推进城乡市场一体化。截至2010年底，又新建和改造农家店40个，截至目前，累计建设农家店555家，覆盖包头市84%的行政村。为了提高配送率，新改造和建设配送中心5个，商品配送率达到50%以上，农村牧区零售市场体系基本形成。在友谊蔬菜市场和沙尔沁副食品交易市场进入国家“双百市场工程”的基础上，又新申报1个农产品批发市场和3个农贸市场进入国家扶持工程。包百和友谊市场在土右旗的连锁分店已开始建设，本土龙头品牌企业开始向旗县延伸，市场体系逐步完善。

5. 消费结构变化符合消费趋势。大力调整产品结构，培育不同消费群体，满足市场多样化需求。经过多年的改革开放和经济发展，目前商品市场繁荣，品种日益丰富，但品种数量与消费需求相比仍然存在较大差距，难以满足多样化的社会需求。据测算，目前，外地商品品种规格多达20万个，而本地只有10万个左右。即便如此，也发挥流通的先导作用，积极反馈市场需求信息，引导经营企业积极开发适销对路的新产品，特别是注重开发适合不同消费阶层和消费群体的新产品，满足消费的个性化需求。加快了开发适应消费结构升级的热点商品，大力发展了旅游、健身、教育和文化娱乐产业。

6. 消费对经济发展的拉动。近20年来，我国消费需求对国内生产总值的贡献率始终保持在60%左右，而2010年却下降到40%。包头市服务业增加值由2005年的367.3亿元增加到2010年的1062.9亿元，增长2.9倍，年均增长17.3%；服务业比重达到43.2%，高于全区35.9%和全国43%的平均水平；对GDP的贡献率达到42.9%。服务业对GDP增长率的拉动力已突破了60%。包头市经济发展主要由工业拉动正在向工业与服务业共同拉动转变。

7. 服务业成为吸纳就业的重要渠道。服务业城乡从业人员由2005年的54.43万人增加到2010年的74.27万人，比重由46%上升到54%，其中城镇比重由58.4%上升到64.3%。服务业完成地方税收占包头市地方税收总收入的50%。服务已成为吸纳城镇下岗职工、新增劳动力就业和农村剩余劳动力转移的主渠道。

二、“十二五”期间社会消费结构及特点预测

1. 总量扩张，实现数量跨越。抢抓机遇，乘势而上，努力扩大消费总量。近年来历次中央经济工作会议都明确提出要扩大内需，拉动消费。尤其是为应对国际金融危机的不利影响，保持经济平稳较快发展，党中央国务院审时度势，出台了进一步扩大内需的十项政策，并要求出手要快，出拳要重，措施要准，工作要实。这些政策虽然表面上看起来是直接面向基础设施，民生工程等项目投资，但深入分析起来，对消费的拉力是很大的，而且扩大居民消费也是这次扩大内需的重要内容。所以包头市要抓住机遇，乘势而上，把流通设施水平和消费总量提升到一

个新的高度。

2015年包头市社会消费品零售总额将达到1700亿元，年均增长19%以上，服务业增加值、服务业固定资产投资、社会消费品零售总额、实际利用外资、外贸进出口五项指标在2010年的基础上翻一番。

2. 质量提升，扩大有效消费。2010年底，包头市居民储蓄存款余额达750.75亿元，人均28341元，全国人均为10710元。包头市人均比全国人均高2.6倍，包头市的消费潜力是很大的。因此，积极扩大内需，就要加大刺激居民消费需求的力度。着力启动消费市场，积极扩大消费需求。

结构升级带来的消费需求是经济增长的重要引擎。改革开放以来特别是近十年来，居民消费结构发生了明显变化，食品支出在消费中的份额明显下降。2006~2009年，包头市城镇居民的恩格尔系数从53.3%下降到31.6%，农村牧区居民的恩格尔系数下降到了37.1%。包头市人均GDP已达到96000元，国民经济进入了新的发展阶段。居民消费结构升级的趋势明显，汽车、电脑、高档电器加速进入城镇家庭，住房、医疗保健和娱乐教育文化服务等消费需求不断增长。2010年包头市城镇居民人均消费总支出20994元，比上年增长10.8%，其中人均交通通讯支出2688元；教育文化、娱乐服务消费2734元；平均每百户家庭拥有家用汽车21辆，家用电脑59台。农村牧区居民人均生活消费总支出6132元，增长11.0%，平均每百户拥有彩色电视机102台、洗衣机84台、电冰箱68台、移动电话126部、摩托车64辆。伴随着包头市小康进程的加快，新一轮消费结构升级将持续相当长的时期，结构升级带来的消费需求是未来一段时期经济增长的重要动力。

3. 体系完善，市场健全。“十二五”期间，要主动融入以呼包鄂为核心的西部城市群发展，加快与周边地区在重大基础设施等方面的连接，增强辐射带动能力。完善“五横八纵”骨架路网建设，加快城区道路尤其是中心城区主干道改造，拓展次干路、支路系统，到2015年，公路总里程达到7700公里，铁路营业总里程达到681公里。加快建立与区域性中心城市相适应的公共服务体系，发挥城市的流通、交换和服务功能，增强区域综合服务能力。突出优势特色，健全金融、保险、科技、通信和商品流通、市场营销等生产配套型服务功能，依托商贸、教育、文化、体育、医疗、旅游等生活性服务基础，多渠道引进、培养高层次业务和管理人才，发挥行业的领先优势，提升综合服务层次，增强辐射力、吸引力。形成区域品牌，以打造“五个一流”即一流管理、一流人才、一流技术、一流设备和一流服务为目标，加大政策和资金支持力度，把特色品牌和无形资产做大，营造区域性高端消费环境。

4. 消费拉动，经济稳健增长。近 20 年来，我国消费需求对国内生产总值的贡献率始终保持在 60% 左右，而去年却下降到 40%。在包头市消费需求对国内生产总值的贡献率始终保持在 30% ~40% 左右，2010 年为 33.6%。其主要原因是固定资产投资迅猛增长，其增速高出 GDP4 个百分点。“十二五”期间，将保持经济平稳较快增长。地区生产总值年均增长 15% 左右，地方财政总收入年均增长 16%，固定资产投资年均增长 18% 以上，社会消费品零售总额年均增长 19% 以上。

在目前买方市场已经初步形成的情况下，经济发展的主要矛盾是启动需求。从社会再生产看，只有启动了消费需求，经济增长才能获得持久的拉动力量。因此，在扩大投资需求的同时，应采取必要的刺激消费政策措施。首先，要充分认识消费需求对经济增长的拉动作用。从近几年的统计资料看，居民消费率每提高 1 个百分点，对经济增长的拉动为 0.3 个百分点。要加大刺激居民消费需求的力度，进行消费观念上的“引导”和“鼓励”，以促进经济的增长。其次，要调整城镇居民支出预期，让老百姓对未来支出心中有数，从而扩大即期消费。再次，要积极促进农牧民消费。包头市农村牧区市场广阔。开拓农村牧区市场，推动广大农牧民消费，有必要做到：一是增加农牧民收入减轻农牧民负担，切实保护农牧民利益；二是加快小城镇建设，将名品名店销售体系延伸到农村牧区去，方便农牧民的购物需求；三是针对农牧民消费特点改进销售方式，向农牧民供应价廉物美的农村牧区适用型商品；四是大力发展水、电、路等基础设施建设，为农牧民扩大耐用品消费创造条件。

三、"十一五"期间存在的主要问题

"十一五"期间，虽然包头市国内贸易各行各业得到了快速发展，但是从现阶段看，仍存在以下几方面问题。

1. 有效需求消费不足，消费主体预期支出逐步上升。目前，在住房、教育、就业、医疗、养老及耐用消费品等方面的预期支出在逐步上升，据包头市2010年城乡居民住户抽样调查资料反映，居民在这几方面的支出占收入的51.6%，在"十二五"期间这个比例还有上升的趋势。进一步的原因是收入增长低于消费支出的增长。"十一五"期间包头市农牧民家庭人均纯收入年均增长13.4%，城镇居民人均可支配收入年均增长14.4%，而即期消费的社会消费品零售总额年均增长19.8%。如果这一反向趋势得不到扭转，在"十二五"期间继续扩大消费，将是一句空话。

2. 流通企业规模小，市场竞争力不强。包头市流通企业规模普遍较小，组织化程度低，"散、弱、小"的问题比较突出，经营成本普遍较高，资金周转慢，市场竞争力不强，流通先导作用未能发挥。

3. 流通企业经营方式落后，业态结构不合理。全行业仍以传统的百货、集贸市场为主，连锁经营、物流配送、电子商务等现代流通方式比重较小，且基础设施建设滞后，资金短缺，管理不规范，人才严重匮乏。

4. 在市场体系建设方面，市场基础设施建设落后于市场的发展。一方面缺乏相应的资金投入，使市场基础设施建设严重滞后。另一方面商品市场信息化建设滞后，缺乏流通业信息化总体规划和建设，流通业技术、标准化的基础工作十分薄弱，有些方面虽有国家标准，但没有加以普及和应用，制约了流通现代化的进程。

5. 缺少专业的物流园区。虽然包头市在各种新兴市场的建设中投入了大量的人力、物力、财力，也取得了一定的成绩，但是包头市物流业内的专业航空运输公司、特种运输公司和仓储设备公司等都还是空白，能提供综合物流服务的公司也很少，专业的物流园区成为包头市现代物流中心建设的当务之急。

6. 居民收入水平不高和农村牧区消费需求不足并存。以2010年为例，包头市城乡居民人均收入比为1:0.32，城乡居民人均消费水平比为1:0.29，城乡居民收入差距和消费支出差距有如此之大，因此提高城乡居民收入水平，尤其是开拓农村牧区市场，是扩大消费需求的巨大潜力所在。由于居民收入水平不高，城乡居民的消费意愿下降、即期购买力不强，从而导致消费不足，对市场竞争持有保留态度。在“十二五”期间继续扩大消费，就必须破解城乡居民收入水平低，城乡收入、消费差距大的难题。

7. 千方百计确保城乡居民充分就业。保就业是保增长的重要基础，没有充分就业是不可能持续保持消费快速增长。据统计，2010年包头市城镇居民新登记的失业人员7.5万人，农村牧区富余劳动力转移就业约30万人次，劳务经济收入占到了农牧民收入的30%以上，劳务人员收入占其家庭收入的近40%，劳动力转移就业已成为农牧民增收、致富奔小康的重要渠道。确保农民工就业，是保农牧民增收、促进农村牧区消费需求的前提。

“十一五”期间存在的以上问题，在宏观背景层面和包头市客观实际层面上，同时存在于“十二五”期间。

四、“十二五”时期扩大消费的有利条件

1. 地缘区位优势明显。包头市位于黄河中游“几字头”综合经济区，是环渤海经济圈的重要支点、呼包鄂经济圈的核心，也是连接我国东部地区与西北地区的交通枢纽，承担着转载东部京津地区向西部经济辐射或互动的桥梁作用，具有重要的战略地位。包头矿产资源丰富，矿藏种类多、储量大，尤以金属矿产得天独厚，其中稀土不仅是包头的优势矿种，也是国家矿产资源的瑰宝。主要能源除煤炭之外，还有丰富的风能、太阳能，可开发风能储量达到2700万千瓦以上。

2. 社会经济发展迅速。经过半个多世纪的建设与发展，包头市已成为拥有冶金、机械制造、稀土、能源、化工等较多门类、基础雄厚的

国家重工业基地。特别是“十一五”时期以来，包头市综合经济实力大幅跃升，GDP 年均增速 18.3%。2010 年包头市完成地区生产总值 2460.8 亿元，实现财政收入 243.3 亿元。城镇居民人均可支配收入达到 25862 元，农牧民人均纯收入达到 8766 元。产业结构调整为 2.7∶54.1∶43.2。在我国中西部地区 166 个地级城市中，包头市的主要经济指标均位居前列，综合实力进入中国百强城市。

3. 物流市场需求潜力巨大。丰富的自然资源为包头市建设现代物流中心提供了有利的物质保障。六大支柱产业已具有较大的规模且保持着高速增长的态势。经积极争取，包头市已获国家物流节点城市和商务部现代物流示范城市，并以此为契机，以发展现代物流业为突破口，加快发展现代服务业，为加快推进新型工业化提供服务支撑。经过几年的发展，包头市从事物流业的企业已发展到 600 多家，其中年营业额在 5000 万元以上的 80 家，物流增加值占服务业增加值的比重超过 40%，占 GDP 的比重达到 14% 以上，物流业已经成为包头市的支柱产业。

4. 文化底蕴深厚。包头拥有大量珍贵的历史文化遗产和丰富的人文自然资源。在包头境内有星罗棋布的名胜古迹遗址群，从战国到明清，各个朝代都在这里修筑边塞，移民屯边，留下了绵延的秦汉长城、北魏长城、金界壕和古城墙遗址，其中不少是国家级重点文物保护单位。宗教景观有内蒙古佛教文化发源地、明朝的金国都城——美岱召。有大青山深处的古刹五当召，是内蒙古地区最大的召庙，也是内蒙古地区佛学最高学府。它依山势而建造，规模宏大，气势雄伟，金碧辉煌，是典型的藏式古建筑群，被誉为内蒙古的“布达拉宫”，是国家 5A 级景区。五千多年以前，从东到西就有先民在草原上生活，几乎与中原文明同步。

5. 发展环境优越。经过近几年的培育和发展，包头市已经形成了城乡统筹，大中小结合，专业与综合相配套，多层次、多功能并存的商品市场体系。形成了以区域市场、特色街区和百货商场、专业市场、超市、专业店等新兴业态为主导的现代流通格局。形成了以城市消费为主导，城乡互动，批零共进，与住宿餐饮共同发展的消费格局，为扩大消费营造了良好环境。

包头市山川秀美，生态良好，2010 年，包头市空气环境质量二级以上的天数达316天，森林覆盖率15.1%，是“国家园林城市”。水资源较丰富，向山北地区引水工程已完成。2010年发电量262.1亿千瓦时，“十一五”期间，年均增速为21.1%，已经形成运转有效、沟通内外的市场格局。水、电及土地资源具备大规模开发条件，适宜发展现代化产业群和建设高质量宜居城市。招商引资政策优惠，已有国内外一批知名企业落户包头。2002年包头市被联合国改善人居署授予“人居奖”。2008年再次荣获“全国文明城市”称号。

6. 发展前景广阔。2010年，全社会固定资产投资1800.5亿元，年均增长26.3%。“十一五”期间，相继建成了一批重大工程项目，区域综合交通体系更趋完善，电力、水利、通信、市政等公共服务设施保障能力不断增强。新型工业化格局初步形成，建立了以六大支柱产业化为引领，围绕新型建材、新能源、新型煤化工和高端装备制造等重点领域，培育和发展战略性新兴产业。到2015年，高新技术产业占工业增加值比重达到20%。

五、“十二五”时期扩大消费的指导思想、发展目标

1. 指导思想。坚持以科学发展观为指导，认真实施包头市的“科学发展、全面转型、富民强市”战略，按照“三个提升”的主要目标、“五个转变”的基本要求和“六大工程”的主要任务，全面实施“服务带动、物流先行”的战略定位，坚持发展提速、比重提高、竞争力提升的基本原则。以加快转变经济发展方式为主线，以优化服务业结构和扩大内需为重点，依托包头的区位优势全力构建安全、规范、便利、繁荣和可持续发展的现代商贸服务业，把包头建设成为呼包鄂经济圈物流枢纽和中西部地区商贸中心。

2. 发展目标。

（1）近期目标：2011年，服务业增加值完成1244亿元，增长17%；服务业固定资产投资完成1007亿元，增长20%左右；社会消费品零售总额完成858亿元，增长19%；实际利用外资完成12.4亿美元，增长15%；外贸进出口总额完成22.4亿美元，增长15%。

(2)“十二五”时期目标：到2015年，基本建成与呼包鄂经济圈相适应的区域商贸中心，发展成为中西部地区大型商品集散地之一，培育形成钢铁、铝材、煤炭、化工产品、果蔬、牛羊肉、奶制品等能够辐射服务周边地区的区域性专业市场。使包头在呼包鄂经济区具有较强的辐射力和吸引力，并初步具备走向国际化、现代化的能力和水平。

到2015年，服务业比重要达到45%左右，社会消费品零售总额年均增长19%以上，达到1700亿元以上，具有一定规模的专业市场不断完善，交易额达到60亿元；各类贸易网点达到5万个，从业人员达到25万人以上。服务业增加值、服务业固定资产投资、社会消费品零售总额、实际利用外资、外贸进出口五项指标在2010年的基础上翻一番。

六、“十二五”时期扩大消费的主要任务

1. 营造良好消费环境。

(1) 加强市场建设。一是全力实施金廊银带工程。落实钢铁大街退二进三政策，打造钢铁大街包头市服务业名片，全力实施金廊银带工程，新增4个星级酒店。二是改造提升老商务区和打造新的大型商务区。通过实施重点特色项目，引进知名品牌，调整业态，改造提升包百、神华等6个商务区，打造新都市区、金融商务区、滨河新区、昆区南部区、东河南部区等5个新兴商务区。三是建设大型特色专业市场。构筑结构布局合理、配套设施完善、竞争能力强劲、发展空间广阔的大市场和大流通新格局。加大生产性和生活性市场建设力度，建设特色专业市场。青山区要加快建设汽车专业市场；昆区要加快建设钢铁专业市场；东河区要加快建设进出口货物专业市场；高新区要加快建设冷链专业市场；九原区要加快建设农副产品专业市场；土右旗要加快建设煤炭专业市场；近郊旗县要加快建设马铃薯和肉菜专业市场。四是继续推进社区商业和农村牧区市场建设。深入实施“双进工程”，完善社区商业网络和服务功能。深入实施“万村千乡市场工程”，在原有基础上再新建农家店30个，覆盖率达到88.3%。鼓励有条件的企业发展直营店和连锁店，推动城乡市场一体化。五是继续推进“双百市场工程”和农

超对接，做好家电下乡工作。抓好3个大型农产品批发市场的标准化改造，实施5个农产品物流项目。培育和扶持1～2户大型连锁超市（批发市场）实现“农超对接”。完成8个农贸市场的标准化改造。依托家电下乡工程支持农村市场销售和服务网络建设，力争使销售量累计突破20万件，销售额累计突破4亿元。

（2）加强市场运行监管。一是保障市场供应。推进农超对接，减少流通环节，平抑肉菜价格，丰富市场，确保肉菜供应，满足消费需求。在经营肉、菜、酒流通企业推行质量溯源制度和服务承诺制度，逐步形成食品安全的长效管理机制。组织指导“三绿工程”和“菜篮子”流通工作。着力推进“放心肉、放心菜、放心酒、放心早餐四放心工程”，营造便利安全的消费环境。二是加强市场监测。建立和完善商务经济运行预警和预测应急机制，密切关注市场变化和经济运行走势。加强重点行业、重点企业、重点市场和重点商品的日常监测，及时协调解决运行中的问题，确保市场平稳运行。三是整顿和规范市场秩序。强化依法行政，落实行政执法责任制，推进政务公开。贯彻落实《包头市商业网点规划建设管理条例》，优化商业网点布局。全面清理整顿屠宰企业，落实分等定级评审和分类监管制度。抓好酒类和药品等重点领域的执法检查，保障消费者身体健康和生命安全。继续推动商务领域信用建设，落实完善融资担保和贸易信用风险政策。完善市场监管和公共服务体系建设，组建商务综合行政执法队伍，开通12312举报投诉电话。加大反垄断执法力度，维护市场竞争秩序。强化特行管理，开展典当、拍卖、报废车拆解、二手车交易、成品油等专项整治活动，提高行业自律度，规范行业经营行为。

（3）推动流通现代化。以推动现代流通方式，发展新兴业态为搞活流通的主要内容，加快对批发零售、住宿餐饮等传统服务业的升级改造。大力推行连锁经营、直营配送、电子商务等现代流通方式，大力发展新型业态，促进升级换代，适应消费结构转型升级的新要求。

2. 抓重点项目建设，扩大服务业投资。坚持把项目作为扩大投资，拉动经济增长的重要抓手，不断加强协调调度和服务指导，及时研究解决项目建设中的问题，全力推进项目的开工建设和竣工运营，推动服务业优化升级。一是大力推进387个三产项目。二是重点打造78个商贸流通项目。三是重点实施38个商贸流通特色项目。四是确保投资10亿元以上的一批续建特色项目顺利运营。五是确保投资5000万元以上的20个新建项目按时开工建设。

3. 抓龙头企业，创自主品牌。坚持把培育壮大流通领域龙头企业作为加快发展服务业的重要支撑和重点工作。按照“龙头带动产业”的发展思路，重点引进了沃尔玛、华润万家，肯德基、麦当劳、香格里拉等一批国际知名企业，王府井百货、北京华联、万达集团、维多利、居然之家等一批国内知名企业也入驻包头，继续大力扶持包百、友谊、永盛成、新奥蒙华、小肥羊、小尾羊、海德等企业，让本土企业能够得到长足发展。一是发展壮大龙头企业，重点培育和扶持商贸系统50户亿元以上批发企业、零售企业和住宿餐饮企业发展壮大。二是推进品牌建设，积极推进服务业品牌建设，提高品牌意识，逐步形成培育和保护名牌的良好氛围。

4. 抓物流园区和商务圈建设，加快现代物流业发展。在物流示范城市和物流节点城市的基础上，积极打造枢纽城市，着力构建“物流基地—物流园区—物流中心”及商务中心，形成规模化、集约化、广覆盖的现代物流和商务圈布局体系。培育壮大物流和商务企业，使物流和商务成为包头市有竞争力的主导产业之一。

建设钢铁石化物流基地、装备机电物流基地、煤炭物流基地三大物流基地。建设稀土产品物流园区、有色金属物流园区、原材料物流园区、农副产品物流园区、国际临港物流园区、满都拉口岸国际物流园区。建设电子物流中心、建材交易中心、家用电器物流配送中心、冷链产品物流中心、粮油交易中心、肉羊交易中心、蔬菜交易中心、马铃薯交易中心、水果交易中心九个物流（交易）中心。

加快商务圈建设，发展会展业。以会展中心投入运营为契机，以打造国内国际会展品牌为主攻目标，举办1~2个具有影响面广的专业性、综合性展会和经贸洽谈会。

5. 扩大对外开放，推动外向型经济平稳较快发展。一是转变对外贸易增长方式。继续实施“科技兴贸”和品牌战略，充分利用国内外两个市场、两种资源，扩大外贸规模，优化外贸结构，提高对外贸易的质量和效益。二是提高利用外资的质量和水平。加大招商引资力度，组织境外项目推介活动，积极引导外资投向主导产业和重点领域。全力做好2011年“内蒙古·香港经贸合作活动周”的各项准备工作，积极参加境外招商活动。三是促进对外经济合作。继续实施“走出去”战略，加强与俄蒙在能源、资源等方面的互利合作，提高外包工程和劳务合作质量。鼓励支持有比较优势的企业开拓国际市场，拓展外经合作领域。落实外援项目，加强外派劳务市场秩序的监管和规范工作。加强区域合作，举办晋冀蒙六城市商务经济区域合作会。四是发展口岸经济。实施“向北开放”战略，加大满都拉口岸公路、铁路等基础设施建设力度，加快推动境外段铁路、公路对接建设的前期工作，积极协调将杭吉口岸至珠恩巴音铁路列入蒙古国铁路网建设计划。完善口岸服务功能，扩大口岸货运量，力争实现常年开放。力争过货量突破20万吨。

七、“十二五”时期扩大消费的对策措施

扩大内需已成为包头市经济又好又快发展的战略性问题，要从根本上解决投资与消费的扭曲结构，使消费增长进入长期持续的快速上行通道，更需长期的努力，但必须采取措施，下大力气解决。

1. 转变观念，把扩大内需的重点从投资转向投资与消费并重。拉动消费，扩大内需，是近年来历次经济工作会议上政府提出的要求。在“十二五”规划建议中，首次将“扩大内需”成为独立章节。在该章节中提出，坚持扩大内需特别是消费需求的战略，必须充分挖掘我国内需的巨大潜力，着力破解制约扩大内需的体制机制障碍，加快形成消费、投资、出口协调拉动经济增长新局面。这说明拉动消费，扩大内需已经到了必须高度重视且非解决不可的地步。我们必须采取对症下药、有的放矢等措施加以落实到位。必须坚定不移贯彻落实中央精神，改变在经济发展中“重积累、轻消费”的传统办法，改变百姓“重储蓄、轻消费”的传统观念，把思想和行动集中到中央扩大消费的精神上来。目前社会再生产环节的主要矛盾已由生产转为消费，消费将成为拉动经济增长的主引擎，政府的主要精力也应随之转换，从研究生产和供给，逐步向研究消费和需求上转变，重新调整“三驾马车”驱动姿态。着力

从体制上和政策上去调整消费结构，启动不同层次的消费需求，转变经济增长方式，实现又好又快发展。

2. 实施扩大就业发展战略，稳定收入预期，提高消费信心。就业是民生之本，收入之源泉。“十二五”时期我国仍处于劳动力就业的高峰期，因此，要把扩大消费的长期目标和短期政策措施紧密结合起来，实施扩大就业发展战略，增加广大劳动者获取收入的机会，稳定收入预期，提高消费能力和消费信心。在结构调整以及安排主要产业布局和重大项目时，要优先考虑对扩大就业的影响。包头市在大力发展第三产业时，尤其要积极推动商务服务、现代物流、金融服务等生产性服务业发展，鼓励和支持中小企业、非公有制经济发展，充分发挥服务业和中小企业对就业的拉动作用。进一步完善自主创业的政策环境和市场环境，鼓励自谋就业。

3. 提高中低收入者收入，增强居民消费能力。扩大消费，解决消费需求不足的问题，最根本的在于提高居民收入。首先要加快收入分配体制改革，对国民收入分配格局进行大的调整。针对目前存在的资本要素参与分配处于强势地位，劳动要素参与分配体现不足的情况，分配政策应当向劳动者倾斜，大幅度提高劳动者报酬占国民收入的比重，扩大中等收入者比重，调节过高收入，增加城乡居民特别是中低收入群体的收入。一要研究建立企业职工工资正常增长机制和支付保障机制，逐步提高最低工资标准，同时，加快建立工资集体协商制度，建立健全工会组织，充分发挥工会在工资集体协商中的作用。二要适度降低宏观税负，减轻企业和居民税收负担。三要加大再分配调节力度，着力缩小居民内部收入差距。逐步提高政府支出用于改善民生、扩大消费的比重，增加对城镇低收入群体和农牧民的补贴。加大税收调节力度，改革和完善个人所得税制度，调节居民收入水平。四要完善最低生活保障制度，不断提高最低生活保障水平，加大对低收入者转移支付力度，提高低收入群体的即期消费能力。其次要提高居民财产性收入。要拓宽居民投资渠道，逐步完善储蓄、债券、保险、股票、商品期货和房屋出租等多种市场，让居民拥有更多获得财产性收入的机会。同时还要通过稳定物价、规范资本市场等途径保证居民财产性收入增加，发挥财富对消费的拉动作用。

4. 加快城镇化进程，扩大农村牧区消费需求。从长期来看，加快城市化进程，有序转移农村牧区劳动力是提高农牧民收入、扩大农村牧区消费、进而扩大最终消费需求的根本出路。应加快农民工转化为市民的进程，打破城乡二元的制度安排，改革户籍制度，尽快解决农民工及其家庭的市民化问题，变农牧民消费为市民消费。加快城市化进程，一要在进一步增强中心城区的综合辐射带动能力的同时，大力推动乡镇建设。二要加大政府公共支出力度，配套推进安居工程、教育、医疗、社会保障等相关公共服务和社会福利政策，使进城农牧民享有基本公共服务。三要在城镇化过程中让农牧民从土地的保值增值中得到更多的财产性收入，提高对农牧民的补偿标准。四要稳步推进农村牧区集体用地和农牧民宅基地流转，创新流转模式，多渠道提高农牧民收入和增加农牧民财富，为农牧民收入稳定增长提供可靠的制度保障，切实提高农牧民的消费能力。

5. 推进城乡基本公共服务均等化，消除居民消费后顾之忧。推进基本公共服务均等化，是扩大消费需求的重要条件。一要加快完善和推进覆盖城乡居民的社会保障体制建设。加大财政对社会保障的投入力度，并多渠道筹集资金，建立科学合理的社会保障筹资机制。二要加快建立新型农村牧区社会养老保险制度，逐步扩大新型农村牧区社会养老保险试点范围，争取到“十二五”期末新型农村牧区社会养老保险覆盖所有农村牧区，让广大农村牧区居民老有所养，消除他们消费的后顾之忧。同时，要尽快解决农民工保险账户可转移接续问题。三要建立企业退休人员基本养老金和城乡最低生活保障标准正常调整机制，逐步提高退休人员基本养老金和城乡居民最低生活保障标准。四要落实三年医疗卫生体制改革方案，着力解决群众“看病难、看病贵”问题。推进基本医疗保障制度建设，将全体城乡居民纳入基本医疗保障范畴，切实减轻群众个人支付的医药费用负担。五要加快解决公共服务供给不足问题，提高财政在公共服务领域（包括扶贫、义务教育、公共医疗、公共安全等）的投入比重，推进基本公共服务均等化。六要继续加大保障性住房的投入力度，健全廉租住房制度，切实解决低收入家庭的住房问题。

6. 改善消费环境，挖掘消费需求增长潜力。首先，要围绕消费结构升级的需要，调整投资结构，努力改善消费的硬环境和软环境。要继续加大城市轨道交通等公共设施建设，进一步拓展消费空间，为汽车、房地产及相关服务业大规模的消费增长创造条件。同时，增加文化、旅游基础设施建设，为扩大居民文化、休闲、旅游等服务性消费创造条件。加大对农村牧区基础设施、教育、卫生等投入，大力提高农村牧区自来水普及率，完善农村牧区电网和乡村道路，推广利用太阳能和沼气，扩大“家电下乡”财政补贴品种，释放广大农牧民巨大的消费潜力。适应消费结构从生存型向发展型升级的要求，要加大对现代服务业、新型服务业的投资，开拓新的消费空间、消费渠道与消费模式。其次，要扩大消费信贷。继续建立和完善个人消费贷款征信体系、消费贷款抵押担保体系，扩大消费信贷品种，鼓励住房建设公司和汽车生产销售企业发展贷款金融业务，降低消费贷款风险，优化消费信贷市场环境。其三，建立健包头市场秩序，保护消费者合法权益。“十二五”期间包头市在全面促进市场提质升级的同时，要加强职能部门的行业管理和市场内部管理，提高服务能力。同时加强农村牧区市场秩序建设，尤其要针对家电、汽车等产品下乡活动，严把农村牧区商品市场主体准入关，深入推进农村牧区市场商品质量准入制度改革，完善各项监管制度，努力构建农村牧区商品市场监管长效机制。加快城乡现代化流通网络建设，加大财政资金对流通领域的投入力度，加快传统流通业的改造提升，大力发展现代流通组织形式和新兴流通业态，着力构建农村牧区现代商品流通网络，促进工业品与农牧副产品双向流通。继续推进“万村千乡市场工程”和“双百市场工程”。

7. 加强市场体系建设，为提升消费打好基础。一是高标准建设特色街区。按照政府引导、市场运作模式，整合资源，提升品位；逐步引导和规范泰和和沃尔玛地段商贸格局，使之充分发挥其小商品批零的主导作用，并着手开发庙前街地段商贸经济。二是高标准建设农贸市场。依据包头市国民经济和社会发展规划，用3~5年的时间，对中心城区的农贸市场，采取改造、新建和拆迁等方式逐步治理，彻底取消以路为市、占道经营现象，全面提升市场档次，完善市场功能，建立起以社区零售市场、菜店为基础，城郊大中型批发交易市场为枢纽，各类大中型超市为辅助的适应现代化城市发展管理水平的农牧产品市场流通体系。

三是高质量建设大型专业市场。大型专业市场和市场集群建设要重规划、重规模、重效益，着眼长远。大力引进大型商场、批发中心、连锁超市、区域代理、经营总部等优质商贸企业，提升消费档次，加快建设区域性的优质物流批发集散中心，确保市场价格性能比最优，花色品种、质量档次与一线城市接轨，形成与城市拓展同步、布局合理、功能配套、设施齐全的大市场大流通大配套的综合服务网络。四是积极开拓农村牧区市场。认真贯彻落实国家实事工程，仔细分析领悟农村牧区扶持政策，启动农村牧区市场整体规划，为农村牧区城镇建设和消费升级打好基础。各乡政府要制定2011～2015年市场建设规划；鼓励城区大型企业进军农村牧区市场，建立健全日用品消费网络和农资消费网络，要求“万村千乡”龙头企业加强服务网点的物资配送和后期管理工作；发展农村牧区农贸市场，为农牧民自产自销农牧产品提供交易平台；搞好“家电下乡工程”建设，做好销售网点备案和其他服务性工作。五是积极开发物流市场潜力。按照“建设现代物流旺市”的要求，加快物流园区建设，健全完善现代物流网络；对现有工业及商业批发、仓储、通讯、交通运输等企业的物流配送资源进行有效整合，支持现有物流运输企业扩规模、上档次、强功能，尽快完成改造升级；规范整顿物流市场秩序，不断提高物流从业人员素质。

8. 优化文化消费结构，促进居民文化消费的增长。文化消费是人们用于文化、娱乐产品和服务等相关方面的支出和消费活动，文化消费作为文化产业链上的终端环节，既是文化产业发展的现实基础和动力，也是文化产业发展的最终目的。

要着力提高热点文化消费项目的比重和服务，对目前居民最热衷的文化消费项目进行挖掘，提升其内涵、层次和服务质量，扩大范围，从中培育出新的消费增长点。要大力开拓新的文化消费领域，开发新的文化消费项目，引导居民多往国家鼓励发展的文化消费热点和领域进行文化消费活动，促进消费结构的换代升级。要改变政府“包办文化”的体制和局面，营造良好的文化产业发展和文化消费氛围。通过体制改革，使文化团体去面向市场，面向社会，面向消费者，充分了解研究并尊重消费者的需求，真正做到群众需要什么就生产、服务什么，不断满足最广大群众的文化消费需求，为文化市场注入活力，带动居民文化消费不断增长。

9. 积极培育和发展新消费热点，倡导健康文明消费方式。要根据我国居民收入差距较大的特点，顺应不同层次居民消费结构升级的需要，采取更加全面、更加广泛的刺激消费政策，迎接大众消费时代的到来。引导企业调整产品结构，开发适销对路商品，引导消费结构升级。进一步拓展电子信息、通信产品、教育培训、家政服务、文化娱乐、体育健身、休闲旅游等服务性消费。引导个性化、差异化、时尚化、品牌化消费，培育和发展“定制类”消费。同时，要合理引导消费者预期，鼓励节能型消费、无害型消费、文明型消费，避免炫耀型消费、跟风型消费、奢侈型消费。大力推广节能住宅、节能汽车和无污染产品，促进资源的循环利用，提高消费的经济效益和社会效益。

包头稀土高新技术产业开发区六项经济指标横向比较分析

（2011年11月25日）

王德山

包头稀土高新技术产业开发区（以下简称“包头稀土高新区”）于1992年经国务院批准为国家级高新技术产业开发区，是全国国家级高新区中唯一以资源命名的高新区，也是内蒙古自治区的两家国家级高新区之一。

包头稀土高新区由建成区、希望园区和正在崛起的滨河新区三部分组成，注册企业2476户。经自治区认定的高新技术企业54家，占全自治区的43%，占包头市的93%。2010年稀土高新区经济社会发展继续保持不断发展的态势，生产总值完成227.4亿元，同比增长20%；财政收入实现50.5亿元，同比增长25.7%；固定资产投资达到288.6亿元，同比增长18.8%。

全市各族人民对稀土高新区寄予厚望，对其发展给予关注。那么，稀土高新区在与国家级经济技术开发区横向比较中是怎样的状态，处于怎样的位置？我们必须要有清醒的认识。到目前为止，经国务院批准的经济技术开发区122个，其中90个国家级开发区对外公布了相关统计资料。我们把六项经济指标排在前十位经济开发区（国家级经济开发区先进水平）与包头稀土高新区做一横向比较，同时为了体现单位土地产出效益、树立节约集约用地意识，把地均经济指标作为重要的比较指标，以便得出一个客观的评价。这对于稀土高新区厘清发展思路，转变发展方式，调整经济结构具有十分重要的意义。

一、六项经济指标对比

1. 地均GDP和GDP横向比较。地均GDP是每平方公里土地创造的GDP，反映土地的使用效率（可以部分反应此地的工业与商业密集程度）。地均GDP是一个反映产值密度及经济发达水平的极好指标，它比人均GDP更能反映一个区域的发展程度和经济集中程度。

GDP即国内生产总值，通常对GDP的定义为：一定时期内（一个季度或一年），一个国家或地区的经济中所生产出的全部最终产品和提供劳务的市场价值的总值。GDP是宏观经济中最受关注的经济统计数字，因为它被认为是衡量国民经济发展情况最重要的一个指标（见表1）。

表1

地均GDP前十位开发区（单位：亿元/平方公里）		GDP前十位开发区（单位：亿元）	
开发区名称	地均地区生产总值	开发区名称	地区生产总值
虹桥经济技术开发区	147.89	广州经济技术开发区	1617.83
广州南沙经济技术开发区	68.79	天津经济技术开发区	1545.86
呼和浩特经济技术开发区	55.21	苏州工业园区	1380.00
漕河泾新兴经济技术开发区	47.32	昆山经济技术开发区	1201.67
闵行经济技术开发区	44.50	大连经济技术开发区	1200.12
天津经济技术开发区	38.65	青岛经济技术开发区	1038.00
福清融侨经济技术开发区	34.90	沈阳经济技术开发区	836.50
上海金桥出口加工区	20.53	烟台经济技术开发区	791.18
广州经济技术开发区	20.50	北京经济技术开发区	700.14
九江经济技术开发区	20.34	漕河泾新兴经济技术开发区	675.71
包头稀土高新技术开发区	1.96	包头稀土高新技术开发区	227.40

分析评价：地均GDP横向比较，包头稀土高新区仅为位于前十位经济技术开发区平均水平49.86亿元/平方公里的3.9%，是位于第一位虹桥经济技术开发区147.89亿元/平方公里的1.3%，是位于第十位九江经济技术开发区20.34亿元/平方公里的9.6%；GDP横向比较，包头稀土高新区仅为前十位经济技术开发区平均水平1098.7亿元的20.7%，是位于第一位广州经济技术开发区1617.83亿元的14.1%，是位于第十位漕河泾新兴经济技术开发区675.71亿元的33.7%。从比较中可以看出，包头稀土高新区经济总量弱小，发展速度相对落后；每平方公里土地创造的GDP低下，工业与商业密集程度很小，土地利用粗放。

2. 地均税收收入和税收收入横向比较。地均税收收入是指每平方公里土地创造的税收收入，反映单位土地的企业和个人依法上交税收的量化指标。地均税收收入是一个反映税收密度及企业和个人为社会贡献水平的重要指标，它比人均税收收入更能反映一个区域的企业发展质量和个人富裕程度。

税收收入是指国家依据其政治权力向纳税人强制征收的收入，它是最主要的一种财政收入形式。税收具有强制性、无偿性和固定性三人特征。除组织收入的职能外，税收对经济社会运行和资源配置都具有重要的调节作用。我国财政收入中绝大部分都是依靠税收收入而取得的（见表2）。

表2

地均税收收入前十位开发区（单位：亿元/平方公里）		税收收入前十位开发区（单位：亿元）	
开发区名称	地均税收	开发区名称	税收收入
广州南沙经济技术开发区	30.48	广州经济技术开发区	316.26
虹桥经济技术开发区	13.85	天津经济技术开发区	274.62
闵行经济技术开发区	10.54	苏州工业园区	258.41
上海金桥出口加工区	9.35	上海金桥出口加工区	252.44
天津经济技术开发区	6.87	广州南沙经济技术开发区	215.21
呼和浩特经济技术开发区	6.84	北京经济技术开发区	212.34
惠州大亚湾经济技术开发区	5.79	青岛经济技术开发区	196.52
北京经济技术开发区	5.31	武汉经济技术开发区	158.16
漕河泾新兴经济技术开发区	4.71	大连经济技术开发区	157.75
广州经济技术开发区	4.01	惠州大亚湾经济技术开发区	136.67
包头稀土高新技术开发区	0.31	包头稀土高新技术开发区	36.15

分析评价：地均税收收入横向比较，包头稀土高新区为位于前十位经济技术开发区平均水平9.78亿元/平方公里的3.2%，是位于第一位广州南沙经济技术开发区30.48亿元/平方公里的1.0%，是位于第十位广州经济技术开发区4.01亿元/平方公里的7.7%；税收收入横向比较，包头稀土高新区仅为前十位经济技术开发区平均水平217.84亿元的16.6%，是位于第一位广州经济技术开发区316.26亿元的11.4%，是位于第十位惠州大亚湾经济技术开发区136.67亿元的26.5%。从比较中可以看出，包头稀土高新区税收收入量小，对社会贡献率不高；每平方公里土地创造的税收收入不高，工商企业发展的质量和效益亟待提高。

3. 地均财政收入和财政收入横向比较。地均财政收入是指每平方公里土地创造的财政收入，反映单位土地的财政收入量。财政收入规模的大小，可以采用绝对量和相对量两类指标加以反映。财政收入适用于财政收入计划指标的确定、完成情况的考核以及财政收入规模变化的纵向比较，而地均财政收入适用于衡量财政收入水平、分析财政收入的动态变化以及对财政收入规模进行纵向和横向的比较分析；前者适用于静态和个量分析，后者适用于动态和总体分析。

财政收入是指政府为履行其职能、实施公共政策和提供公共物品与服务需要而筹集的一切资金的总和。财政收入表现为政府部门在一定时期内（一般为一个财政年度）所取得的货币收入。财政收入是衡量政府财力的重要指标，政府在社会经济活动中提供公共物品和服务的范围和数量，在很大程度上决定于财政收入的充裕状况（见表3）。

表3

地均财政收入前十位开发区（单位：亿元/平方公里）		财政收入前十位开发区（单位：亿元）	
开发区名称	地均财政收入	开发区名称	财政收入
广州南沙经济技术开发区	35.01	广州经济技术开发区	388.56
天津经济技术开发区	9.03	天津经济技术开发区	361.13
金昌经济技术开发区	8.81	苏州工业园区	360.42

续表

地均财政收入前十位开发区（单位：亿元/平方公里）		财政收入前十位开发区（单位：亿元）	
开发区名称	地均财政收入	开发区名称	财政收入
呼和浩特经济技术开发区	7.27	青岛经济技术开发区	281.90
惠州大亚湾经济技术开发区	7.07	大连经济技术开发区	250.39
北京经济技术开发区	5.31	广州南沙经济技术开发区	247.18
广州经济技术开发区	4.92	北京经济技术开发区	244.01
宁波经济技术开发区	4.31	武汉经济技术开发区	182.80
萧山经济技术开发区	3.87	惠州大亚湾经济技术开发区	166.76
哈尔滨经济技术开发区	3.04	昆山经济技术开发区	150.48
包头稀土高新技术开发区	0.44	包头稀土高新技术开发区	50.51

分析评价：地均财政收入横向比较，包头稀土高新区为位于前十位经济技术开发区平均水平8.86亿元/平方公里的5.0%，是位于第一位广州南沙经济技术开发区35.01亿元/平方公里的1.3%，是位于第十位哈尔滨经济技术开发区3.04亿元/平方公里的14.5%；税收收入横向比较，包头稀土高新区仅为前十位经济技术开发区平均水平263.36亿元的19.2%，是位于第一位广州经济技术开发区388.56亿元的13.0%，是位于第十位昆山经济技术开发区150.48亿元的33.6%。从比较中可以看出，包头稀土高新区财政收入总量相对较少，财政实力不强，在社会经济活动中提供公共物品和服务的范围和数量有限；每平方公里土地创造的财政收入不高，反映出单位土地财政收入水平低，以致造成稀土高新区财政实力相对较弱。

4. 地均实际利用外资和实际利用外资横向比较。地均实际利用外资是指每平方公里土地实际利用外资水平，反映出实际利用外资的强度和效率，反映出经济开发区对外开放的力度和水平。同时也反映出经济开发区产业层次的水准。

实际利用外资是指国家或地区在和外商签订合同后，实际到达的外资款项。只有实际利用外资才能真正体现国家或地区的外资利用水平。外资是加快经济开发区经济发展的催化剂，国家级经济技术开发区是吸收外资的主要载体，合理引进外资是经济开发区经济工作一个重点(见表4)。

表4

地均实际利用外资前十位开发区（单位：亿美元/平方公里）		实际利用外资前十位开发区（单位：亿美元）	
开发区名称	地均实际利用外资	开发区名称	实际利用外资
虹桥经济技术开发区	1.2000	天津经济技术开发区	36.60
天津经济技术开发区	0.9150	大连经济技术开发区	31.66
广州南沙经济技术开发区	0.8895	苏州工业园区	18.50
呼和浩特经济技术开发区	0.7557	大连长兴岛经济技术开发区	15.27
萧山经济技术开发区	0.3272	青岛经济技术开发区	12.80
太原经济技术开发区	0.3271	广州经济技术开发区	12.26
哈尔滨经济技术开发区	0.3209	沈阳经济技术开发区	9.24
闵行经济技术开发区	0.2314	长春经济技术开发区	9.09
宁波经济技术开发区	0.2193	昆山经济技术开发区	8.73
福清融侨经济技术开发区	0.1840	镇江经济技术开发区	8.70
包头稀土高新技术开发区	0.0086	包头稀土高新技术开发区	1.00

分析评价：地均实际利用外资横向比较，包头稀土高新区仅为位于前十位经济技术开发区平均水平0.5370亿美元/平方公里的1.6%，是位于第一位虹桥经济技术开发区1.2亿美元/平方公里的0.7%，是位于第十位福清融侨经济技术开发区0.1840亿美元/平方公里的4.7%；税收收入横向比较，包头稀土高新区仅为前十位经济技术开发区平均水平16.29亿美元的6.1%，是位于第一位天津经济技术开发区36.60亿美元的2.7%，是位于第十位镇江经济技术开发区8.70亿美元的11.5%。从比较中可以看出，包头稀土高新区实际利用外资水平较低，对外开放力度不够，招商引资通道狭窄；每平方公里土地实际利用外资额非常小，反映出地均实际利用外资强度弱小，以致产业结构层次长期处于中低端水平。

5. 地均工业增加值和工业增加值横向比较。地均工业增加值是指每平方公里土地创造的工业增加值，反映土地利用产出效益。地均工业增加值是一个反映工业增加值密度及工业经济发达水平的重要指标，也反映一个区域的工业企业发展程度和工业企业集中程度。

工业增加值是指工业企业在报告期内以货币形式表现的工业生产活动的最终成果；是工业企业全部生产活动的总成果扣除了在生产过程中消耗或转移的物质产品和劳务价值后的余额；是工业企业生产过程中新增加的价值（见表5）。

表5

地均工业增加值前十位开发区（单位：亿元/平方公里）		工业增加值前十位开发区（单位：亿元）	
开发区名称	地均工业增加值	开发区名称	工业增加值
广州南沙经济技术开发区	52.58	广州经济技术开发区	1159.00
呼和浩特经济技术开发区	49.53	天津经济技术开发区	1157.31
闵行经济技术开发区	43.93	昆册经济技术开发区	963.22
天津经济技术开发区	28.93	苏州工业园区	870.04
福清融侨经济技术开发区	27.14	大连经济技术开发区	740.21
漕河泾新兴经济技术开发区	25.34	青岛经济技术开发区	632.00
上海金桥出口加工区	17.87	烟台经济技术开发区	565.90
九江经济技术开发区	14.75	上海金桥出口加工区	482.38
广州经济技术开发区	14.69	长春经济技术开发区	412.84
萧山经济技术开发区	14.30	武汉经济技术开发区	412.03
包头稀土高新技术开发区	1.28	包头稀土高新技术开发区	148.32

分析评价：地均工业增加值横向比较，包头稀土高新区仅为位于前十位经济技术开发区平均水平28.91亿元/平方公里的4.4%，是位于第一位广州南沙经济技术开发区52.58亿元/平方公里的2.4%，是位于第十位萧山经济技术开发区14.30亿元/平方公里的9.0%；工业增加值横向比较，包头稀土高新区仅为前十位经济技术开发区平均水平739.49亿元的20.1%，是位于第一位广州经济技术开发区1159.00亿元的12.8%，是位于第十位武汉经济技术开发区412.03亿元的

36.0%。从比较中可以看出，包头稀土高新区工业经济总量偏小，产业层次和产品层次处于中低端；每平方公里土地创造的工业增加值密度很小，工业企业集中程度不够，土地利用率不高。

6. 地均出口额和出口总额横向比较。地均出口额是指每平方公里土地向国外出口商品的价值，反映单位土地创汇的能力。地均出口额大小是反映工业产品层次及技术含量的重要指标，也是反映经济开发区的对外开放程度和对外经济依存程度评估指标。

出口总额通常指的是一个国家或地区的外贸出口总值。具体来说出口总值就是指一定时期内一国或地区向国外出口的商品的全部价值，称为出口贸易总额或出口总值。它也是国家级经济开发区开放度的评估与衡量指标之一（见表6）。

表6

地均出口额前十位开发区（单位：亿美元/平方公里）		出口总额前十位开发区（单位：亿美元）	
开发区名称	地均出口额	开发区名称	出口总额
福清融侨经济技术开发区	12.4300	昆山经济技术开发区	464.88
漕河泾新兴经济技术开发区	8.9167	苏州工业园区	343.25
广州南沙经济技术开发区	5.0227	烟台经济技术开发区	166.34
闵行经济技术开发区	4.8629	天津经济技术开发区	165.53
天津经济技术开发区	4.1383	广州经济技术开发区	136.77
昆山经济技术开发区	4.0424	北京经济技术开发区	130.31
烟台经济技术开发区	3.2616	漕河泾新兴经济技术开发区	127.33
北京经济技术开发区	3.2578	青岛经济技术开发区	75.48
宁波经济技术开发区	2.0345	大连经济技术开发区	72.92
萧山经济技术开发区	1.8576	福清融侨经济技术开发区	62.15
包头稀土高新技术开发区	0.0852	包头稀土高新技术开发区	9.88

分析评价：地均出口额横向比较，包头稀土高新区仅为位于前十位经济技术开发区平均水平4.9825亿美元/平方公里的1.7%，是位于第一位福清融侨经济技术开发区12.4300亿美元/平方公里的0.7%，是位于第十位萧山经济技术开发区1.8576亿美元/平方公里的4.6%；出

口总额横向比较，包头稀土高新区仅为前十位经济技术开发区平均水平174.50亿美元的5.7%，是位于第一位昆山经济技术开发区464.88亿美元的2.1%，是位于第十位福清融侨经济技术开发区62.15亿美元的15.9%。从比较中可以看出，包头稀土高新区出口总额量小，由于产业层次和产品层次低，可供出口的产品数量很少，且品种单一；单位土地出口额低下，高新技术企业匮乏，高附加值产品不多。

二、横向对比结论

包头稀土高新区经济发展虽然纵向比较成绩显著，但横向比较差距明显，经济总量小，自身发展仍然存在一些深层次的矛盾和问题。通过横向比较和深入分析，得出如下结论：

1. 从产业结构上看，主要靠工业带动，服务业发展滞后。2010年稀土高新区的经济结构为1.0∶72.5∶26.4，第三产业比重还不到30%，既低于自治区、包头市第三产业比重，也远远低于先进的国家级经济开发区第三产业比重。第二产业仍以稀土、铝铜、机电为三大主导产业，工业品终端产品少，地均经济效益低，稀土高新区的产业结构与经济发展所处的阶段不相适应。

2. 从需求结构上看，2010年包头稀土高新区社零总额为46.63亿元，固定资产投资为134.71亿元，需求与投资比为1.0∶2.9，需求弱小，投资拉动仍然是经济增长的主要动力，消费市场不够活跃，内需动力明显不足。

3. 从产品结构上看，处于产业链中低端、长度短、附加值偏低的产品居多，高新技术、高附加值的中高端产品偏少。说明招商引资落地的大项目、好项目、高新项目偏少，科技含量不高。

4. 从科技投入上看，科技研发投入占地区生产总值的比重仅为1.8%，这对于一个国家级高新技术开发区来讲名不副实、经费匮乏。科技研发是高新技术产业发展的灵魂，科技研发经费投入少，是包头稀土高新区产品长期处于产业链中低端的根本原因之一。

5. 从科技创新上看，稀土高新区高新技术企业数量为52家，虽然占全市的九成，自治区的一半，但与排在前十位的国家级高新区相比，在高新技术企业数量、专利授权量等科技创新指标方面都相差甚远。

6. 从人才结构上看，多数企业缺乏有效激励自主创新的机制，缺乏高端人才、领军人才。按照科技部火炬中心最新通报的国家高新区评价结果，稀土高新区综合排名比较靠后。评价指出，包头稀土高新区“在知识创造能力、创新支撑条件、创新创业活力等方面有待进一步加快提高。

三、对策与建议

作为以稀土立区的国家级高新技术开发区，既要注重创新发展，更要体现稀土的独特性、唯一性，而且要在全国范围内争创一流水平，把“建设全国一流创新型特色稀土高新区”作为包头稀土高新区的发展定位。

1. 合理精选战略产业。认真规划包头稀土高新区未来发展的战略产业，精选一批具有区位比较优势，能够培育和发展壮大的新兴产业，贯彻落实国家十大产业调整和振兴规划，致力于建立一批具有国际影响力、特色鲜明的产业聚集区。

（1）集中力量改造提升传统产业。发展非资源型产业，最现实的路径是依托现有的产业基础，在延伸产业链、推动产业优化升级上做文章。要改造提升铝镁铜深加工和机电产业，组织实施一批深加工项目，进一步推动资源精深加工、产业配套协作和循环再生利用。着力引进相关配套及中下游项目，使稀土高新区传统优势产业链条更长、层次更高、效益更好、可持续性更强。今后注意绝对不能把冶炼等低端企业引进开发区并冠以“优势特色产业”来发展，批准入驻企业不能有悖于高新技术开发区的宗旨和发展定位，更不是处于产业链中低端企业的叠加。

（2）积极培育战略性新兴产业。要围绕新材料、新能源加快项目建设，培育新的支柱产业。特别是稀土产业要以全面加快“稀土之都”建设这个中心，扩大稀土功能材料及终端应用产业规模，加速稀土应用成果产业化，打造国际级稀土产业基地。要加快科技型龙头项目建设，推进稀土终端产品、通用航空、风光电设备制造、高端机械装备制造、生物制药、计算机及电子设备等战略性新兴产业做大做强，尽快形成新的增长点。

（3）加快发展现代服务业。重点加快现代物流、金融保险等服务业发展，构建与工业化发展相配套的生产性服务业体系。依托金融商务园区、总部经济园区的集聚优势，打造区域金融中心、信息服务中心和结算中心。

2. 以创新发展作为经济发展的动力。稀土高新区的招商引资项目虽然很多（绝大部分是国内企业），但大多数项目仅仅作为外省市区域性生产和制造中心，而不是一个高技术的开发和创新中心。国内外经济技术开发区发展的经验和教训告诉我们：高新技术开发区不仅要作为经济发达的区域，更应成为重大技术、关键技术突破的源头，成为先进技术的创新基地，让科学技术成为推动稀土高新技术开发区经济成长的原动力。

（1）大力聚集创新要素。加强同国内知名科研院所和重点院校的合作，联合共建研发机构、公共技术平台、科技中介服务机构。加强企业科技资源整合，促进科技资源共享。要加大科技投入，完善科技创新机制。要充分发挥科技第一生产力和人才第一资源的作用，突出建设好全国稀土人才高地、西部地区冶金人才高地、装备制造业人才高地。利用省部级共建“中国包头留学人员创业园”和“内蒙古自治区海外高层次人才创新创业基地”的品牌效应，积极引进海外高层次创新创业人才、“千人计划”人才，为推动科技进步与创新提供有力的人才保证。

（2）不断优化创新环境。充分发挥好创业中心、专业孵化器、孵化基地和产业化基地的作用，建设良好的科技创业环境。搭建多元化的科技创新平台，为在孵企业提供物业、资金、信息、中介等方面的服务，进一步完善孵化器功能。要加快建设海创基地，吸引更多的海外高层次人才到稀土高新区创业。积极发挥稀土产业技术创新战略联盟和包头装备制造科技创新服务平台的作用，突破和解决制约产业发展的投入瓶颈，大幅提升稀土产业和装备制造产业的技术创新能力。

总体布局中，包头属于西部地区率先发展的重点经济区城市；在国家主体功能区战略格局中，包头属于重点“沿黄沿线”城市；在自治区西部沿黄河沿交通干线经济带和城镇群战略格局中，包头属于优先发展的“节点”城市。尤其是《国务院关于进一步促进内蒙古经济社会又好又快发展的若干意见》的实施，为西部经济崛起创造了有利条件，为包头市未来发展提供了重要的历史机遇和宝贵的现实机遇。还应当看到，经过“十一五”时期的快速发展，包头市广大党员干部群众在实践中开阔了视野、积累了经验、提升了本领，为实现长期平稳较快发展提供了强大的精神动力。综合分析各方面因素，我们完全有条件继续保持一个较长的快速发展期。

二、转变经济发展方式的具体内容

同“转变经济增长方式”相比，“转变经济发展方式”在内涵上更深刻、更宽泛，它本身不仅包含了经济增长方式从粗放型向集约型的转变，而且还从单纯注重数量的扩张转向既注重数量扩张又注重质量提高；不仅强调经济效益的提高，而且更加注重经济结构的调整和优化；不仅要重视经济的发展，而且还要保持人与自然、人与社会、人与环境的和谐发展。因此，“转变经济发展方式”的提法更科学，更符合包头市的实际，它准确体现了科学发展观的内在要求。

当前，“转变经济发展方式”至少包括以下内容：一是粗放型增长方式向集约型增长方式转变，即处理好速度与效益的关系，从过去那种单纯追求速度、盲目扩大数量的增长方式转变到数量和质量、速度和效益相统一的发展方式上来；二是资源消耗型发展向资源节约、环境友好型发展转变，即处理好经济发展与资源环境的关系，从经济发展严重依赖资源和破坏环境转到经济发展要以节约资源保护环境为前提；三是技术引进型发展向技术创新型发展转变，即处理好技术引进与技术创新的关系，从过去那种过度依赖技术引进转到注重消化吸收和提高技术创新的发展模式上来；四是外需拉动型发展向内需主导型发展转变，即处理好国外市场与国内市场的关系，从过去的“让利性”开放转向“互利性”开放、从过于重视“引进来”转变为“引进来”和“走出去”相结合；五是投资拉动型增长向居民消费拉动型增长转变，即处理好投资与消费的关系，由过度依赖投资拉动经济增长向主要依靠消费拉动经济增长转变；六是倾斜型发展战略向均衡型发展战略转变，即处理好城乡之间、区域之间协调发展的关系，改变由于“政策倾斜”形成的地区之间、城乡之间发展不平衡、不协调的状况；七是效率优先的分配模式向兼顾效率与公平的分配模式转变，即处理好效率和公平之间的关系，改变收入分配失衡状况，让人民群众平等地享受发展成果。

三、转变经济发展方式的主要制约因素

当前，世界经济复苏的不稳定性不确定性突出，风险挑战增多。国内经济企稳向好，自治区内各盟市竞相发展，包头经济发展基础较好，但也面临不少困难和挑战。包头市经济总量偏低、产业结构不优、资源消耗过大、生态环境严峻等问题也日益突出。在这种机遇与挑战并存、动力与压力同在的特殊形势下，加快经济发展方式的转变已成当务之急。

对照上述加快经济发展方式转变的具体标准来考察，目前制约包头市经济发展方式转变的主要因素突出表现在以下几个方面：

1. 经济呈粗放型发展特征。“十一五”期间包头市经济总体上保持了较快增长，2010 年，全市生产总值完成 2460. 8 亿元，比 2006 年增长 1425. 9 亿元，年均增长 18. 3%；人均生产总值由 5293 美元达到 13926 美元，比 2006 年增长了 8633 美元，年均增长 1726. 6 美元左右。但经济呈粗放型发展特征，资源的产出效益不仅大大低于发达国家水平，也低于世界平均水平。包括钢铁、装备制造、铝业、电力、化工等传统产业，主要依靠增加生产要素的投入，即增加投资、扩大厂房、增加劳动投入来增加产量，这种外延型增长方式消耗较高，成本较高，产品质量难以提高，经济效益较低。

2. 资源、能源消耗过大。长期以来，包头市经济发展主要以重化工业为主，重工业占全市工业的比重达 90% 以上，高能耗、高排放企

业占有较大比重。而在发展理念上，过分强调经济发展速度，过分依赖和过度透支自然资源，盲目地把自然资源优势等同于产业优势和经济优势。循环经济发展水平有待提高，一些节能减排指标仍高于全国平均水平，重点流域水污染治理形势严峻。这种典型的“两高一低”型经济结构，使包头经济发展方式转变面临重重困难，要在较短时间内取得节能降耗的根本性胜利确实有较大难度。

3. 产业结构不尽合理。包头市产业结构的总体特征是，工业主导地位突出，第一产业发展偏低，第二产业发展过重，第三产业发展不足。从2010年第一、第二、第三次产业的构成情况来看，全国为10.6∶46.8∶42.6，自治区为9.5∶54.6∶35.9，包头市为2.7∶54.1∶43.2。包头市第一产业占比分别比全国、自治区少7.9和6.8个百分点，这说明包头市第一产业还处于较低层次，2006年对全市经济增长的贡献率仅为1.4%，到2010年已降到1.1%。第三产业这几年虽然发展较快，主要是传统服务业，而现代服务业和生产性服务业却发展缓慢，一些新兴的流通、信息、咨询、科技、服务业发育不足，特别是一直以来大力呼吁的生产性服务业，仍未形成规模，功能也不够完善，2006年对全市经济增长的贡献率为37.7%，到2010年下降到33.6%。包头市第二产业属典型的重型结构，产业初级化依然明显，传统产业比重较大，轻工业发展滞后，高新技术产业和中小企业、非公有制企业发展严重滞后，产业层次相对较低，高端技术和自主知识产权发展不足，初级加工产品比重大，产品低端化明显、高附加值产品少，产业创新、延伸、多元发展不够。

4. 自主创新能力不强。一是产品技术含量低。长期以来，包头市工业生产过分依赖于传统产业，企业自主创新能力不足，加工链条短，缺少核心技术和自主知识产权，科技含量低、附加值低，更多地依靠廉价劳动力的比较优势、依靠资源能源的大量投入来赚取微薄利润。二是高新技术企业规模偏小。全市58个高新技术企业中只有6家企业年销售收入过亿，大多数企业规模较小，市场竞争力很低，抵御市场风险能力较弱。三是企业自主创新水平偏低。全市企业自主创新能力普遍薄弱，拥有知识产权、自主品牌、高附加值的产品比重较低，技术创新对外依赖程度偏高。在全市规模以上企业中，仅有20%的企业开展了研发活动，仅有12%的企业拥有自己的专利，对外科技依存度在40%以上。此外，企业管理方式陈旧，据调查，全市非公有制企业中有70%以上仍然实行家族式管理，企业没有长远规划，没有新的投入，适应能力差，存在小富即安的思想，难以做大做强。

5. 投资与消费关系不协调。投资、消费与出口是拉动经济增长的三驾马车，但三者的动力结构却是很不协调，突出的矛盾就是经济增长主要靠投资拉动，消费对经济增长的贡献率偏低。具体表现在：投资与消费关系不协调，投资率偏高，消费率偏低。“十一五”时期，投资始终在高位运行，全市固定资产投资年均增长率保持在26.3%以上，资本形成占地区生产总值的比重超过70%。而从包头最终的需求结构看，城乡居民的最终消费占GDP的比重一直偏低，并呈下滑态势，2006～2010年社会消费品零售总额占地区生产总值的比重（消费率）分别34.6%、32.6%、30.3%、28.0%、29.3%。这就是说，“十一五”时期，尽管消费需求一直在增长，但在GDP总比例中不断徘徊甚至下降，消费对经济增长的贡献率偏低。从世界上一些主要国家的消费率来看，其平均水平已高达80%，到2010年，包头市低于世界平均水平达52.7个百分点。在这些国家中，无论是美国、日本，还是欧洲的几个大国，推动经济增长的第一要素都是消费，譬如，美国是国际上第一大进出口国，但其出口对本国经济的贡献率也只有百分之十几，出口对经济发展的贡献率远排在消费之后。高投资、低消费的后果必然是造成投资效率低下，部分行业产能过剩，影响产业结构调整，影响居民整体生活水平的提升，最终则会影响经济的可持续发展。

6. 城乡之间发展不均衡。改革开放以来，包头市国民经济实现了快速增长，居民生活水平也迅速提高。城镇居民人均可支配收入由2006年的15122元上升到2010年的25862元，农牧民人均纯收入由2006年的5338元上升到2010年的8766元。然而，在居民收入得到较大增长的同时，收入分配不公、分配差距加大等问题也逐渐显现出来。以2010年为例，包头市城乡居民人均收入比为1∶0.32，城乡居民人均消费水平比为1∶0.29，如果再将城市居民所享受的住房、医疗、教育、交通以及公共服务计算在内，城乡居民收入的差距更大，可见包头市城乡居民收入差距被逐渐拉大。这说明包头市经济多年来高速增长的成果并未被社会各阶层所共享，而是聚集在少部分人手里。居民收入差距过大，大量居民属于低收入或中低收入阶层，这也是包头市居民消费占GDP比重过低的根本原因。

四、“十二五”时期转变经济发展方式的着力点

1. 对包头经济发展方式的判断。根据上面对包头经济发展方式制约因素的一系列分析，可总结以下特点：

(1) 包头经济处于快速增长和总量快速扩张的阶段。

(2) 从三次产业的角度看，当前包头经济增长处于工业化加速时期，第一产业的比重和贡献率都不断下降。第二、第三产业对包头经济增长的拉动中又以第二产业中的工业为主，第三产业占比变动缓慢，贡献不足。

(3) 从工业发展的角度看，包头工业的增长动力在发展过程中不断变化，但目前以重化工为主的产业格局没有打破，工业结构调整的道路仍很漫长。

(4) 从需求的角度看，投资需求一直占据较大份额的比重，全市经济依然在靠生产要素的数量扩张，靠高投资而实现粗放型的经济增长。

总体来看，目前包头市发展方式仍然没有完全摆脱粗放型的某些特征，科技进步对经济增长的贡献率仍处于相对较低水平，产业结构仍然比较落后，物耗较高，城市环境问题较为突出。因此，转变经济发展方式迫在眉睫。从“转变经济增长方式”到“转变经济发展方式”，就是注重经济增长的同时兼顾经济结构转变，是在注重经济增长的速度、规模等数量指标的同时，又在结构优化、技术创新、环境保护、资源节约等方面改善经济增长的质量，要从拓展结构优化与升级的内涵体系入手，从更广阔的视野寻求包头转变经济增长方式的新思路。

2. 包头加快转变经济发展方式的思路。为了实现更好更快地发展，必须大力推动三个转变：一是要素支撑逐步从劳动、资源密集型为主向技术、资本密集型为主转变。包头市的劳动力成本优势依然存在但将逐

步弱化，储蓄率高的优势仍将保持但提高投资率的空间越来越小。能不能保持经济持续平稳较快增长，归根结底取决于科技进步，使自主创新成为经济发展的主动力。二是产业结构逐步从工业经济为主导向服务经济为主导转变。包头市服务业比重偏低，既是经济发展的“弱项”，也是经济发展的潜力所在。必须在大力发展先进制造业的同时，加快发展现代服务业，推进先进制造业和现代服务业相互融合、相互促进，从根本上减轻资源环境压力，提高经济整体竞争力和发展质量。三是城乡发展逐步从二元结构向经济社会发展一体化转变。包头市城镇化步伐仍滞后于工业化步伐，城乡发展差距仍然较大，必须协调推进新型工业化和城镇化，以工业反哺农牧业、城市带动农村牧区为切入点，推进城乡经济社会发展一体化发展。

五、加快转变经济发展方式的建议

从包头经济发展轨迹与现状看，发展方式转变主要有：一是开放型经济迈上新台阶，从以往单向开放向双向开放转化。要通过“高层次引进来”、“大踏步走出去”的双向、互动和全方位的开放，加快与外界经济融为一体。二是工业产业链向高端延伸，从“粗放型”向“集约型”转化。随着周边省市在资源上的异军突起，包头已逐渐丧失了原有的资源、成本优势。应以钢铁、铝业、化工为主的重化工业优势向高新技术产业延伸，实现从“制造”到“创造”的跨越，这是包头市工业优化升级的主攻方向。三是服务业迅速崛起，从传统服务业向现代服务业转化。利用包头独特的区域位置优势，大力发展物流、金融、会展、法律会计服务等生产性服务业，催生新兴生产性服务业业态的发展壮大。

1. 深化认识，更新观念，向服务型政府转变。这是转变经济发展方式的前提条件。有什么样的发展理念，就有什么样的发展道路和经济发展方式。必须摈弃那种单纯追求经济增长速度，而不惜高投入、高消耗、高排放的发展观念。要密切联系包头资源禀赋，牢固树立以人为本、全面协调可持续的科学发展观，贯彻落实富民强市总战略，明确经济增长不代表经济发展，进一步深化对转变经济发展方式的认识，切实增强转变经济发展方式的紧迫感和自觉性。同时，转变经济发展方式并非一朝一夕的事情，是一项长期而艰巨的任务，必须坚持不懈地扎实推进。要加快建立健全干部政绩考核体系，激励广大干部树立和实践科学的政绩观、资源观、成本观和产业观。积极转变政府职能，规范政府行为，建设有限政府。政府不应再参与或过多干预微观主体的经济活动，应把职能转向经济调节、市场监管、社会管理、公共服务和创建公平的市场环境上来。继续深化财税体制改革，实行有利于科技进步、资源节约和环境保护的财税制度，合理划分各级政府的事权和财权。继续深化投资体制改革，健全政府投资决策责任制度。继续完善价格机制作用，让市场来优化资源配置。加快制定和完善资源环境法律法规体系，坚决制裁各类浪费资源、破坏环境的行为。

2. 加快推进以调整经济结构为核心的经济发展转型。一是以优势产业带动城市经济。今后一个时期是包头成为自治区乃至我国西部地区创新型经济增长极的关键时期。包头工业要按照国家、自治区产业布局要求，大力组织实施一批工业重大项目，发展现代装备制造、稀土、核电材料、新型煤化工、电子信息等产业，改造提升钢铁、有色等传统产业，努力推进高新技术行业、装备制造业等现代制造业发展；着力打造产业优势，将松散的产业组织形态调整为产业链为纽带的产业集群模式，促进生产要素和市场份额向集群产业和优势企业集中，以组织的优化实现传统产业的升级；推进自主创新与新兴产业紧密结合，集中力量突破关键核心技术，加快转化重大科技成果，培育壮大特色产业基地，形成新兴产业先发优势。二是大力发展循环经济和“低碳”经济。通过制订相关优惠扶持政策，鼓励企业积极发展循环经济，提高资源利用效率和回收再利用，实现清洁生产；规划调整能源发展战略，大力发展新能源产业，扩大新型能源比重，巩固包头在风电、太阳能光伏产业等领域的领先地位，不断完善低碳产业体系；严格控制高污染、高耗能项目的审批，加强重点区域及重点企业的环境监测力度，加快落后产能的淘汰进度。三是加快发展现代服务业。服务业在优化产业结构、提升产业层次、吸纳就业、提高居民生活水平、增加地方税收等方面作用显著，尤其是现代服务业是新型工业化不可缺少的重要支撑。要坚持市场化、产业化、社会化方向，吸引外资和社会资金以各种方式进入服务业市场，消除服务业发展的体制障碍，鼓励服务创新，优先发展交通运输、邮电通信、金融保险、中介咨询等生产型服务业，促进现代服务业和现代制造业协调发展，大力发展能带动劳动力就业的社区服务、旅游、商贸等服务业，逐步实现服务业上规模、上层次、上水平。

3. 以战略视野加快包头区域经济协调发展。在包头历史上曾多次进行过结构调整，但收效并不显著，而且往往是越调越重，经济增长方式也没有显著的变化，主要是没有把包头的结构调整置于全国区域经济发展的大战略中进行。我们在推进经济发展方式转变时，不是就包头本身的问题进行思考和谋划，而是要把包头放在呼包鄂经济圈、放在沿黄沿线经济带，甚至放在全国经济发展的大格局中来思考和谋划，由此进一步明晰包头经济结构调整的主攻方向。要积极推进呼包鄂经济圈一体化进程，加强产业竞争与合作，在更广领域和更高层次上促进区域经济的优化布局和产业的集聚发展。要鼓励和支持呼包鄂开展多种形式的经济技术协作和人才交流。协调区域内市场竞争规则，形成统一开放、竞争有序的区域共同市场。要借鉴历史上包头在联结东中西部地区中发挥的重要作用，并由此崛起的发展脉络，考虑到在新的历史条件下，包头在我国承东启西、促进东中西部地区协调发展中的区位优势，把包头建设成中西部地区经济中心城市，使之成为引领自治区“西部崛起”的“增长高地”和“创新高地”，为包头市的发展拓展更大的空间，促进圈内城市共同发展。

4. 鼓励创新驱动，引领高新技术产业快速发展。提高产业科技支撑能力。发挥技术创新对结构调整的引领支撑作用，强化企业创新主体地位，支持和引导企业加大技术投入，深化产学研合作，提升产业技术创新和新产品开发能力。推动实施一批关联效应大、支撑力强、促进产业升级的重大科技项目，研究开发节能环保、新材料、重大装备等领域的关键技术，在高强度汽车用钢、高档电力用钢和工磨具钢、特殊大型铸锻件等钢材品种和白云鄂博低品位、共生矿的高效利用技术，装备制造企业精密高效加工和成型设备、大型复杂铸锻件加工技术及设备、数字化制造设备等技术，稀土新材料研究开发，钍资源综合利用，含高铝粉煤灰提取氧化铝、硅铝镁合金等工艺技术方面取得突破。

加强技术创新平台建设。开展创建国家级、自治区级产业技术创新联盟和重点实验室，完善共性技术研发平台、中试基地等共性技术服务平台，推进核心技术攻关和关键共性技术研究，加快自主创新成果产业化进程。同时，完善创新服务体系，强化政府对科技创新的引导和推动作用，加大财政资金支持，培育科技中介机构，搭建中介信息平台。

实施品牌带动战略。把自主知名品牌建设作为工业自主创新的重要环节，坚持以企业为主体、市场为导向、政府积极推动的原则，健全和完善品牌培育体系。

加强人才队伍建设。加大在新一轮经济发展中对高层次人才、尤其是领军型人才的需求投入，制定相应的对策措施，积极发展职业技术教育，加快培养专业人才和技能型人才，扩大专业人才队伍规模，为包头市工业自主创新和良性发展提供人才保障。

5. 推动投资型拉动向三大需求协调拉动转变。这是转变经济发展方式的重要内容。投资、消费、出口是拉动经济增长的“三驾马车”，三者的速度要相对均衡，才能保持经济持续健康稳定增长。但目前包头经济增长主要依靠投资来拉动，消费明显疲软，造成产能相对过剩。因此，在优化投资结构，保持投资稳定增长的同时，要着力扩大消费需求，提高消费对经济增长的贡献率。要研究制定鼓励消费的政策措施，营造良好的消费环境，引导消费观念，培育和扩大旅游、休闲等消费领域。努力解决目前汽车、住房等大额消费存在的问题，进一步刺激消费增长。努力完善社会保障体系，让老百姓敢于消费，乐于消费。只有“三驾马车”跑得又好又快，经济发展才能又好又快。

6. 注重提高劳动者素质的提升。这是转变经济发展方式的重要支撑。美国经济学家舒尔茨认为，人力资本，即人的知识能力、健康等素质的提高，对经济增长的贡献远比物质资本和劳动力数量的增加重要得多。世界银行的研究显示，劳动力受教育的平均时间每增加 1 年，GDP 就会增加 9%。当前，包头市劳动力素质与经济发展已经表现出一定程度的不适应，特别是高级管理人才、中高级技工、工程技术人才等的缺口已经较大。而且，随着科技的不断进步，经济结构的进一步调整和优化，对劳动者素质的要求将越来越高，迫切要求包头大力发展教育事业，全面提高劳动者素质，变劳动力资源优势为人力资本优势。因此，包头要把实施科教兴市战略与可持续发展战略结合起来，积极推动教育改革，大力发展各级各类教育，营造人才辈出、人尽其才、才尽其用的局面。同时，制定相应配套政策措施，发挥用人机制和流动机制作用，营造吸引人才、留住人才、用好人才的良好环境，实现人力资源的市场化合理配置。

总之，转变经济发展方式是包头深入推进工业化、信息化、城市化、市场化、国际化关键时期的战略选择，是确保实现全面建设和惠及全市人民的奋斗目标的必然要求，是一项长期而艰巨的任务。在“科学发展、全面转型、富民强市”的总战略指引下，坚定不移地转变经济发展方式，努力把经济发展转入科学发展轨道，促进经济又好又快发展，必定能迎来包头发展更美好的明天。

后记 Postscript

加快转变民族地区经济发展方式、推进产业结构优化升级，是深入贯彻落实科学发展观的具体体现，是事关国家经济社会发展全局的战略任务，是西部地区崛起的战略选择。经过三个月的紧张工作，《民族经济全面转型发展战略研究》一书终于付梓出版了。这是包头综合开发研究院（以下简称“研究院”）成立十年来，对少数民族地区经济分析、思考、研究的成果汇报，也是对研究院研究能力的集中展示。

研究院是中共包头市委、包头市政府，为适应中国加入世界贸易组织、西部大开发和建设经济强市的需要，与中国社会科学院、中国系统科学研究会、中国老教授协会、中国生产力促进中心等机构于2001年9月17日共同成立的研究机构。该院的宗旨是为中共包头市委、市政府的经济社会发展战略提供决策服务，为内蒙古经济社会发展以及国家西部大开发战略的实施提供智力服务。

研究是一种责任，是一种使命。以少数民族地区经济社会发展和改革开放为己任，我们探索、研究、建言。为包头、呼包鄂经济圈实施经济赶超发展与构筑经济强市战略，进而转变为“科学发展、全面转型、富民强市”战略，作出了我们的努力。在这十年发展进程中，我们积极探讨少数民族区域经济社会发展的新思路、新模式与新路径，为构建富强包头、平安包头、绿色包头、和谐包头而努力地研究与探讨。

十年的发展，弹指一挥间。而这十年的发展与改革，庆幸我们亲身经历参与了包头在崛起、呼包鄂经济圈在崛起、内蒙古在崛起、伟大祖国在崛起。十年的发展历史本身只有一个，为了记住这段伟大复兴经历，我们把本院同仁们的研究成果汇编成册，以反映我国西部少数民族地区人民团结拼搏、不甘落后、奋发创新的精神，作为历史足迹留给后人评判。

这部论文集，涉及包头、呼包鄂经济圈、蒙西地区的经济发展、社会进步、城市品位的提升；论文集更多地谋求产业结构调整转型、科技自主创新、生态环境保护、民生就业扩大、基础设施建设，以及企盼民族地区人民的居住条件、生活环境、基础设施和交通堵塞的改善。在这十年中，“包头模式”带动了呼包鄂经济圈的快速崛起，呼包鄂经济圈的崛起又带动了内蒙古自治区的发展。而今，鄂尔多斯超越包头，领跑全自治区各盟市经济社会发展。相互学习、千帆竞发，你追我赶，百舸争流！这已成为内蒙古经济社会发展的内生动力机制。这部论文集也反映出研究人员对区域经济社会发展研究脉脉情怀和拳拳依恋，为我们生活工作的地方贡献微薄之力。我们深深爱着包头，深深爱着内蒙古！

在人类社会发展史上，每一位不虚度人生的人们，都像一只红烛，燃烧自己，照亮别人。研究院成立十年来，共完成研究报告 49 项，专项课题研究 172 项。本书选编收录的 59 篇研究报告和专项课题，仅是全部研究成果的一部分。这些科研成果的研究对象是包头市、呼包鄂经济圈、蒙西地区经济社会发展的现状与过程、问题与差距、对策与建议；研究方式通常采用实证研究和数量分析的方法。

自 2001 年研究院成立十年以来，始终得到历届市委、市政府领导和相关部门的支持与帮助，并对研究院的工作给予指导。同时，得到了原中共中央委员、中国社会科学院副院长王洛林；原全国政协委员、国家体制改革委员会副主任乌杰；中国法学会副会长、中共内蒙古自治区党委原常委、原政法委书记、内蒙古自治区人大原副主任胡忠；中国社会科学院学部委员、数量与技术经济研究所原所长汪同三；国家体制改革研究所原所长杨德向；

中国老教授协会国杰研究院经济研究所原所长李海等一批领导和专家学者的指导。值此本书出版之际，我们向给予研究院支持帮助的领导同志、专家学者以及朋友们致以崇高的敬意和衷心的感谢！

本书得到了中国财政经济出版社大力支持，没有他们的友好协作和积极协调，本书也就不能顺利地出版发行。我们向中国财政经济出版社表示深深的谢意！

在本书收录的研究报告和专项课题中，参阅了大量的国内外文献资料，借鉴吸收了一些专家学者的研究成果，在此表示衷心的感谢！因水平有限，本书定有不妥之处，敬请读者给予指正。

《民族经济全面转型发展战略研究》编委会

2012年7月30日